BOUQUINS
Collection fondée par Guy Schoeller

D1722570

OUVRAGE PUBLIÉ AVEC LE CONCOURS
DU CENTRE NATIONAL DU LIVRE

DOMINIQUE FRÉMY
CLAUDE SCHOPP

QUID

D'ALEXANDRE DUMAS

BIBLIOGRAPHIE
ÉTABLIE PAR CLAUDE SCHOPP

ROBERT LAFFONT

I

BIOGRAPHIE D'ALEXANDRE DUMAS

ÉTAT CIVIL

• Né le 24 juillet 1802, mort le 5 décembre 1870.

• **Noms.** *Dumas* et *Davy de la Pailleterie.* Son père, Thomas-Alexandre Davy de la Pailleterie, avait pris en s'engageant dans les dragons de la Reine (2 juin 1786) comme nom de guerre *Dumas,* qui était le nom de sa mère, Césette Dumas.

• **Prénoms.** *Alexandre,* porté successivement par son arrière-grand-père, Alexandre (1674-1757), son grand-père, Alexandre-Antoine (1714-1786) et son père, Thomas-Alexandre (1762-1806).

SURNOMS ET PSEUDONYMES

• **Surnoms.** *A sa naissance,* il est surnommé **Berlick** : pendant sa grossesse, sa mère a assisté à une représentation de Polichinelle mettant en scène un diable noir nommé Berlick. Lors de l'accouchement, l'enfant, étranglé par le cordon ombilical, apparaît violet ; sa mère croit avoir donné naissance au diable Berlick. Le surnom lui reste.

Plus tard, il a porté des surnoms péjoratifs comme **le nègre** ou **le marquis.** Marie Dorval l'appelait affectueusement **mon bon chien.**

• **Pseudonymes.** Pour ne pas compromettre le nom glorieux de son père, Dumas a signé **Davy** (patronyme abandonné) ses premiers vaudevilles : *La Chasse et l'amour, La Noce et l'enterrement,* et a utilisé son seul prénom, **Alexandre,** pour une parodie d'*Henri III et sa cour, La Cour du roi Pétaud.*

☞ Le nom **Alexandre Dumas** a parfois été utilisé (avec l'aval de Dumas) par des éditeurs et des auteurs (Paul Meurice, la comtesse Dash, Victor Perceval) pour des œuvres signées par d'autres afin d'attirer le public.

PORTRAIT PHYSIQUE

AUTOPORTRAIT

• **Enfant.** C'est un enfant mal fagoté, car sa mère, par économie, lui taille ses habits dans les vieux vêtements de son père. « Je faisais un assez joli enfant : j'avais de longs cheveux blonds bouclés, qui tombaient sur mes épaules ; et qui ne crêpèrent que lorsque j'eus atteint ma quinzième année ; de grands yeux bleus qui me sont restés à peu près ce que j'ai encore aujourd'hui de mieux dans le visage ; un nez droit, petit et assez bien fait ; de grosses lèvres roses et sympathiques ; des dents blanches et assez mal rangées. Là-dessous, enfin, un teint d'une blancheur éclatante, lequel était dû, à ce que prétendait ma mère, à l'eau-de-vie que mon père l'avait forcée de boire pendant sa grossesse et qui tourna au brun à l'époque où les cheveux tournèrent au crépu. Pour le reste du corps, j'étais long et maigre comme un échalas » (A. Dumas, *Mes Mémoires*, chap. XXVI).

• **Jeune homme.** Toujours grand et maigre, il se distingue par de jolies mains, des dents fortes et très blanches et des pieds singulièrement petits pour sa grande taille. Jusqu'à son arrivée à Paris, il porte les cheveux assez longs ; mais dès avril 1823, il les fait couper, si bien qu'il ressemble à « un phoque ».

A travers le témoignage de ses amis

• **Adulte. 28 ans :** « J'admirais cette souple et robuste musculature, assez rarement alliée avec les supériorités de l'intelligence et de la pensée. J'estimais, sur la foi de ces révélations, qu'il n'eût pas recueilli moins d'applaudissements comme écuyer dans l'arène du cirque, ou comme virtuose au théâtre de Mme Saqui, qu'il n'a soulevé d'acclamations comme auteur sur les premières scènes » (Victor Pavie, *Souvenirs de jeunesse et revenants*).

35 ans : « Sa taille était superbe, on sait combien il était grand. On se mettait encore en culottes courtes en ces temps-là pour certains bals. Dumas montrait volontiers de très belles jambes. Avec cela de très beaux yeux bleus couleur de saphir dont ils avaient l'éclat, lorsque son intelligence les animait » (Comtesse Dash, *Mémoire des autres*).

45 ans : « Il avait l'air d'un vieux bélier par la toison grise, d'un bœuf par le ventre » (Nestor Roqueplan).

46 ans : « Un homme grand et fort apparaît. C'est lui ! [...] Lui seul peut avoir cette fière prestance, le teint basané, cette chevelure qui regarde (!) le ciel ; cet œil lucide, perçant, cet air de bonhomie qui ne s'ignore pas » (*L'Union*, 7 juin 1848).

Autoportrait tracé en 1868, sur le livre d'or de son amie la poétesse Amélie Ernst

Votre vertu favorite : La charité.
Vos qualités favorites chez l'homme : L'indulgence.
Vos qualités favorites chez la femme : L'amour.
Votre occupation favorite : Le travail.
Le trait principal de votre caractère : L'insouciance.
Si vous n'étiez pas vous, qui voudriez-vous être ? : Hugo.
Où préféreriez-vous vivre ? : Partout, pourvu que j'aie une femme, du papier, une plume et de l'envie.
Vos héros favoris dans la vie réelle : Jésus-Christ, Jules César.
Vos héroïnes favorites : Madeleine, Jeanne d'Arc, Charlotte Corday.
L'objet de votre plus grande aversion : Je ne hais rien, ni personne.
Quelle est votre situation d'esprit actuelle ? : L'attente de la mort.
Pour quelle faute avez-vous le plus d'indulgence ? : Je les pardonne toutes, excepté la calomnie, le vol et le faux.
Quelle est votre devise favorite ? : La liberté. Dieu a donné, Dieu donnera.

• **Vieillard.** 61 ans : « Âgé de soixante et un ans, on ne lui en donnerait pas plus de cinquante. En voyant sa haute stature, son buste et ses membres fortement constitués, on se demande d'abord s'il est bien vrai que la nature ait logé dans ce corps de demi-athlète plus d'intelligence encore que de matière ; mais à son regard vif et pénétrant, à son front dont les pensées semblent jaillir, à l'extrême mobilité de sa figure et à sa parole claire, rapide et abondante, on s'aperçoit bientôt qu'on est en présence de l'auteur d'*Antony* et de *Monte-Cristo* » (X. Stockmar, *Alexandre Dumas à Berne,* 1863).

63 ans : « Une sorte de géant, aux cheveux d'un nègre devenu poivre et sel, au petit œil d'hippopotame, clair, finaud, et qui veille même voilé, et, dans une face énorme, des traits ressemblant aux traits vaguement hémisphériques que les caricaturistes prêtent à leurs figurations humaines de la Lune. Il y a je ne sais quoi chez lui d'un montreur de prodiges et d'un commis voyageur des *Mille et Une Nuits* » (Jules et Edmond de Goncourt, *Journal,* 1ᵉʳ février 1865).

☞ A tout âge, dès que ses moyens le lui ont permis, Alexandre Dumas a eu le goût du vêtement, ne reculant pas, parfois, devant certaines excentricités.

SANTÉ

MALADIES

Dumas jouit, jusqu'à un âge avancé, d'une excellente santé. « Ce n'est certainement pas 64 ans que Dieu lui envoie mais 24 ! » écrit Marie Dumas, le 25 juillet 1866. Sa correspondance et ses *Mémoires* révèlent cependant des maladies intermittentes.

Choléra. Attaque bénigne. En 1832, le 15 avril, il est pris de frissons, ses jambes se dérobent et il a un éblouissement : c'est le choléra. Pendant la nuit, pris d'une très grosse fièvre, il avale un demi-flacon d'éther laissé par mégarde sur sa table ; il lui semble qu'il avale « l'épée de l'ange exterminateur » mais il est sauvé par cette curieuse médication. Sa domestique Catherine le frictionne, le rôtit avec une bassinoire brûlante et il guérit.

Maux de dents. Crise en janvier 1838.

Ophtalmie. Il souffre des yeux en décembre 1840.

Grippe. En décembre 1847 puis en janvier 1852.

Difficultés articulaires. Elles l'empêchent de plier le genou ; d'abord en septembre 1857 puis en juillet 1859.

Anthrax. Au cou, en novembre 1863.

Laryngite chronique. A partir de 1867.

Maladies vénériennes. On ignore si Dumas en a été victime mais on sait qu'il les craignait beaucoup pour son fils.

☞ *A partir de 1868,* ses mains se mettent à trembler au point qu'il doit dicter ses textes ; il est pris de somnolence, il a les jambes engourdies et le ventre gonflé. *Pendant l'hiver 1869-70,* il ne peut presque plus marcher ; son visage est devenu tout blanc et il a maigri de trente livres. *En mars 1870,* un abcès persistant à la bouche le condamne au silence. *En août 1870,* il est frappé d'une crise (apoplexie ?) qui le laisse à peu près paralysé et il meurt deux mois plus tard.

MÉDECINS

Bien que sa santé soit bonne, Dumas a beaucoup fréquenté les médecins ; le premier est le docteur Pierre-Jacques-André Thibault qui lui enseigne un peu « de physiologie et d'anatomie », la physique et la chimie. Il consulte, surtout pour ses enfants et ses maîtresses, les docteurs Jansenne, Laussedat, Ricord, Larrey, Jules Cloquet, Desmarquais. Au moment de sa mort, ses médecins sont les docteurs Déclat et Pierre-Adolphe Piorry.

• **Jugement sur les médecins et la médecine.** Dans plusieurs de ses romans, Dumas met en scène des médecins *(Les Mémoires d'un médecin, Ange Pitout et Le Docteur mystérieux).*

« Un médecin est le confesseur du corps » (A. Dumas, *Le Docteur mystérieux*).

« Créer et ne plus mourir, n'est-ce point l'idéal de la science. Car la science est la rivale de Dieu » (A. Dumas, *op. cit.*).

« Vous auriez tort [...] de leur contester le droit qu'ils ont de poursuivre, par tous les moyens possibles, une découverte dont les lois, une fois reconnues et régularisées, sont peut-être appelées à révolutionner le monde » (A. Dumas, *Ange Pitou,* chap. XXXII).

RELIGION

• **Sacrements.** Le 12 août 1802, Dumas est **baptisé** dans l'église de Villers-Cotterêts. A. Dumas est élevé dans la religion catholique par une mère pieuse et l'abbé Grégoire dont il fréquente l'école.

Communion. En mai 1815, il fait sa communion solennelle et s'évanouit d'émotion au cours de la cérémonie. « Dès cette époque, écrit-il, il y avait en moi un respect profond pour tout ce qui est saint, une religieuse adoration pour tout ce qui est grand ; toute flamme céleste allumait en moi un foyer intérieur, qui se répandait immédiatement audehors, comme une lave d'un volcan dont le cratère est trop plein [...]. Je ne fus point l'homme de la pratique religieuse. Il y a même plus, cette fois où je m'approchai de la sainte table fut la seule ; mais [...] quand la dernière communion viendra à moi comme j'ai été à la première, quand la main du Seigneur aura fermé les deux horizons de

ma vie [...] il n'y trouvera pas une pensée mauvaise, pas une action que j'aie à me reprocher » (*Mes Mémoires,* chap. XXXI).

De sa pieuse éducation, Dumas a toujours gardé une teinte de religiosité ; il ne peut entrer dans une église sans y prendre de l'eau bénite, ni passer devant un crucifix sans se signer, mais sa spiritualité connaît des éclipses. Il n'aime généralement pas parler de religion et se contente de dire : « Je crois à un Dieu infiniment puissant et bon. Ne m'en demandez pas plus ».

Candidat aux élections législatives de 1848, il rédige pour le clergé une étonnante circulaire :

« Monsieur le curé. Si parmi les écrivains modernes, il est un homme qui a défendu le spiritualisme, a proclamé l'âme immortelle, exalté la religion chrétienne, vous me rendrez la justice de dire que c'est moi. Aujourd'hui, je viens me proposer comme candidat à l'Assemblée nationale. J'y demanderai le respect pour toutes les choses saintes, et parmi les choses saintes, la Religion a toujours été mise par moi au premier rang. Je crois qu'un peuple qui saura allier la Liberté et la Religion sera le premier des peuples. Je crois que nous serons ce peuple-là. C'est dans le désir de contribuer, autant qu'il est en moi, à cette œuvre sociale, que je viens vous demander non seulement votre voix, mais encore les voix que la haute confiance inspirée par votre caractère peut mettre à votre disposition. Je vous salue avec l'amour d'un frère et l'humilité d'un chrétien. »

Cependant, le clergé ne se fait pas son agent électoral. A 52 ans, Dumas dédie *La Conscience* à Victor Hugo en ces termes : « C'est à vous, mon cher Hugo, que je dédie mon drame de *La Conscience.* Recevez-le comme le témoignage d'une amitié qui a survécu à l'exil et qui survivra, je l'espère, même à la mort. Je crois à l'immortalité de l'âme ».

Dix ans plus tard, ses idées changent. Pifteau prétend l'avoir entendu dire à un convive qui parlait de l'âme et d'une seconde vie : « L'âme ! Une seconde vie ! Je n'y crois pas, car une seconde vie est inutile. — En quoi ? — En ceci, c'est que nous ne nous souviendrions pas de la première. Or, que m'importe à moi, de revivre deux fois, cent fois et à quoi bon, si je n'ai pas souvenir de mes existences précédentes et s'il n'y a aucun rapport, aucun lieu de l'une à l'autre, c'est-à-dire si je ne retrouve pas ceux que j'ai connus et aimés ».

Vers la fin de sa vie, un dilemme le préoccupe : « L'impossibilité physique qu'est l'immortalité de l'âme et l'impossibilité morale qu'est le néant ». Il souhaiterait croire, néanmoins, à l'immortalité de l'âme, si l'on se rapporte à cette conversation, supposée, avec Gérard de Nerval : « Vous savez que je suis matérialiste. Hélas, je ne veux pas faire de prosélytes à ma triste religion. Je demande au contraire à être converti à la vôtre [la croyance en l'immortalité de l'âme affirmée par Nerval] » (*Nouveaux Mémoires, Dernières amours*, 1866.)

• **La superstition de Dumas.** On a parfois expliqué la superstition d'Alexandre Dumas par son atavisme ancestral et ses origines. Quoi qu'il en soit, Dumas a toujours été très superstitieux : il croit au mauvais œil, porte une petite corne à sa chaîne de montre pour conjurer le mauvais sort, et se fait souvent dire la bonne aventure par Mme Desbarolles, une voyante qui officie la tête entourée de feuilles et de têtes de serpent en caoutchouc.

• **Dumas franc-maçon ?** Dans *Le Siècle de Louis XV*, Dumas affirme n'avoir jamais été franc-maçon. Cependant, les pratiques maçonniques tiennent une grande place dans *Joseph Balsamo* et *Les Mohicans de Paris* mais, de toute évidence, Dumas les a peintes en empruntant beaucoup à *L'Histoire pittoresque de la franc-maçonnerie* de Clavel (1843).

PORTRAIT PSYCHOLOGIQUE

A travers la description d'André Maurois

« De son père, Alexandre tient la force, la générosité, l'imagination et les vastes appétits. Comme toute cette jeunesse dont les soldats de l'Empire ont formé l'esprit, il a été nourri de récits d'aventures radieuses ou sanglantes. Le drame est son élément. Il croit à la puissance du hasard, à l'influence des petits faits. Tous ces soldats ont été sauvés par un portrait, tués par une balle perdue, disgraciés pour un mouvement d'humeur du Maître. Dumas aimera, dans l'histoire, tout ce qui évoquera les mystères de la chance. L'instinct du théâtre, comment ne l'aurait-il pas ? L'époque a été théâtrale. Mais ce côté dramatique de la vie, dont tous alors éprouvent le besoin, Dumas sera mieux fait que les autres pour l'exprimer parce qu'il est "une force de la nature".

« Force de la nature, d'abord par ce sang primitif apporté par son père de Saint-Domingue. "Une sorte de Diderot, a-t-on dit, aristocratique par son père, populaire par sa mère." Oui, mais doté, en outre, de la prodigieuse exubérance et du don mythique des Africains. Force de la nature aussi par son refus de toute discipline. Faute d'un homme dans la maison pour le dompter, il a couru les bois librement. Il n'a été ni formé ni déformé par les écoles. Toute contrainte lui est insupportable. Les femmes ? Il les aime, en bloc ; il les a trouvées faciles dès ses débuts ; il ne comprend pas que l'on puisse jurer fidélité à l'une d'elles. Il n'est pas immoral ; il ignore la morale conventionnelle. Quelles histoires d'amour a-t-il entendues ? Celles du régent et de ses soupers à Villers-Cotterêts, qui n'étaient pas des berquinades ; celles des colosses de l'Empire, conquérants des cœurs comme des provinces, indulgents pour des femmes abandonnées à leurs faiblesses. Dans son adolescence, il a été grand chasseur, grand hâbleur, amoureux de toutes les filles qui l'écoutaient, ambitieux de tout ce qu'on peut avoir. A dix-huit ans, tout le tente et surtout l'impossible. N'a-t-il pas, pense-t-il, un magnétisme qui le fera triompher là où un autre échouerait ? » (*Les Trois Dumas,* p. 42-43).

A travers le témoignage de ses contemporains

Hippolyte Romand : « M. Dumas [...] est une des plus curieuses expressions de l'époque actuelle. Passionné par tempérament, rusé par instinct, courageux par vanité, bon de cœur, faible de raison, imprévoyant de caractère, c'est tout Antony pour l'amour, c'est presque Richard [Darlington] pour l'ambition, ce ne sera jamais Sentinelli pour la vengeance ; superstitieux quand il pense, religieux quand il écrit, sceptique quand il parle ; nègre d'origine et Français de naissance, il est léger même dans ses plus fougueuses ardeurs, son sang est une lave et sa pensée une étincelle ; l'être le moins logicien qui soit, le plus anti-musical que je connaisse ; menteur en sa qualité de poète, avide en sa qualité d'artiste, généreux parce qu'il est artiste et poète ; trop libéral en amitié, trop despote en amour ; vain comme femme, ferme comme homme, égoïste comme Dieu ; franc avec indiscrétion, obligeant sans discernement, oublieux jusqu'à l'insouciance, vagabond de corps et d'âme, cosmopolite par goût, patriote d'opinion ; riche en illusions et en caprices, pauvre de sagesse et d'expérience ; gai d'esprit, médisant de langage, spirituel d'à-propos ; don Juan la nuit, Alcibiade le jour ; véritable Protée, échappant à tous et à lui-même ; aussi aimable par ses défauts que par ses qualités, plus séduisant par ses vices que par ses vertus : voilà M. Dumas tel qu'on l'aime, tel qu'il est,

ou du moins tel qu'il me paraît en ce moment ; car, obligé de l'évoquer pour le peindre, je n'ose affirmer qu'en face du fantôme qui pose devant moi je ne sois pas sous quelque charme magique ou quelque magnétique influence » (« La Revue des Deux Mondes », 15 janvier 1834).

Comtesse Dash (1804-1872) : « On ne peut en vouloir à Dumas que de loin. On arrive près de lui avec une rancune motivée, avec des dispositions hostiles ; en se trouvant en face de ce bon et spirituel sourire, de ces yeux qui pétillent, de cette main qui se tend franchement vers vous, on oublie ses griefs, d'abord ; on se souvient pour s'en plaindre, au bout d'un instant ; on ne veut pas céder à cet entraînement, dont on est presque honteux, tant il ressemble à la domination. On capitule avec soi-même ; on se plaindra tout à l'heure, quand il aura fini de raconter [...]. Il est, en même temps, *franc* et *dissimulé.* Il n'est pas faux, il est menteur, souvent à son insu. Il commence par faire (comme nous tous) un mensonge nécessaire, officieux ; il raconte une histoire apocryphe. Huit jours après, mensonge et histoire sont devenus une vérité. Il ne ment plus ; il croit ce qu'il dit ; il se l'est persuadé ; il le persuade [...]. Ce que l'on refusera de croire, ce qui est véritable cependant, c'est la constance fabuleuse du grand romancier dans ses amours. Je ne dis pas sa *fidélité,* remarquez-le. Il établit une différence totale entre ces deux mots qui, selon lui, ne se ressemblent pas plus que les choses. *Jamais il n'a su quitter une femme.* Si celles-ci ne lui avaient rendu le service de l'abandonner, il aurait encore toutes ses maîtresses, depuis la première. Personne, plus que lui, ne tient aux habitudes [...]. Il est très doux et très aisé à conduire ; il ne demande pas mieux que de l'être...

« Dumas a des admirations sincères pour les autres ; s'il est question de Victor Hugo, sa physionomie s'anime, il est heureux de le louer ; il ergoterait vertement avec ceux qui le contrarieraient. Et cela n'est pas joué, c'est réel. Il se met sur la même ligne, mais il le veut à ses côtés. Il a besoin de partager avec lui l'encens qu'ils reçoivent ensemble » *(Mémoires des autres).*

Victor Hugo (1802-1885) : « Le père, c'était le génie, et même, il avait plus de génie que de talent. Son imagination concevait une multitude de faits qu'il jetait pêle-mêle dans la fournaise. En sortait-il du bronze ou de l'or ? C'est ce qu'il ne s'est jamais demandé. Il n'usait point l'ardeur de sa nature tropicale dans les effusions de son œuvre prodigieuse ; il éprouvait le besoin d'aimer, de se dévouer et le succès de ses amis était aussi le sien » (Propos cités dans « L'Opinion », 1ᵉʳ août 1924).

QUELQUES TRAITS
DE SA PERSONNALITÉ

La vanité : « Sa vanité apparaissait telle qu'il serait monté derrière sa voiture pour faire croire qu'il avait un nègre à son service » (A. Dumas fils).

La gaieté : Une anecdote la dépeint : un Anglais qui se présente chez lui l'entend rire dans son cabinet de travail et demande au domestique :

« J'attends que monsieur Dumas soit seul...
— Mais Monsieur n'a personne.
— Je l'ai entendu rire.
— Monsieur travaille mais il rit souvent ainsi en travaillant. »

La générosité et la prodigalité : « Son cœur ? Un bureau de bienfaisance ouvert à deux battants » (Hirschler, son homme d'affaires).

« Sa plume nourrissait une tribu, une smala tout entière. Les familles de ses maîtresses, si elles étaient pauvres, se faisaient de droit entretenir par lui. Père, mère, sœurs, frères, y en eût-il une demi-douzaine, tout cela était à ses frais. Les oncles, les tantes, les cousines, arrivaient à la rescousse, et comme il ne se piquait pas de constance, ce petit exercice se répétait à perpétuité » (Comtesse Dash, *Mémoires des autres).*

Comme il le dit lui-même : « Le Plutarque qui racontera ma vie ne manquera pas de dire en style moderne que j'étais un panier percé, en oubliant d'ajouter, bien entendu, que ce n'était pas toujours moi qui faisais les trous au papier » (A. Dumas, *Histoire de mes bêtes).*

☞ Au fur et à mesure qu'il s'enrichit, Dumas se ruinera autant par ses libéralités envers ses maîtresses, amis et parasites, que par ses propres dépenses en train de maison, voyages, folles constructions.

Les bonnes œuvres : *En avril 1864,* il se rend au Havre pour rassembler de l'argent, afin d'offrir un bateau à la ville de Naples et le *27 avril,* il organise un concert où chante la Gordosa. Bénéfice : 1 000 F. A Lincoln qui lui a demandé un autographe, il envoie 10 dollars et cent autographes qui seront vendus à Pittsburgh au profit d'une œuvre de charité. *En 1865,* il effectue une tournée de causeries dont le but est de « soulager les infortunés » : à Anvers, *le 24 mars,* au profit des mineurs et des naufragés de la chaloupe « Hoop » ; à Lyon et Saint-Étienne, *les 9 et 21 avril,* en l'honneur des ouvriers sans travail. Il pousse même jusqu'à Vienne pour venir en aide à la fille de l'humoriste Saphir.

A partir du 14 mai 1868, « Le Dartagnan » se consacre à des monographies sur les bonnes œuvres parisiennes.

L'ESPRIT D'ALEXANDRE DUMAS

En société, Dumas est un causeur étourdissant : « La parole est abondante, toutefois sans grand brillant et sans le mordant de l'esprit, et sans la couleur du verbe. Ce ne sont que des faits, des faits curieux, des faits paradoxaux, des faits épatants, qu'il tire d'une voix enrouée, au fond d'une immense mémoire. Et toujours, toujours, toujours, il parle de lui, mais avec une vanité de gros enfant qui n'a rien d'agaçant » (E. et J. de Goncourt, *Journal,* 1er février 1865). Il prend parfois des libertés avec la vérité : « J'ai entendu Alexandre Dumas raconter Waterloo devant des généraux qui avaient figuré sur le champ de bataille. Il allait, il allait, plaçant des troupes et citant des mots historiques. Un des généraux put enfin l'interrompre : "Mais ce n'est pas ça, mon cher monsieur ; nous y étions, nous... — Allons, mon général, c'est que vous n'y avez rien vu !'' » (Prosper Ménière, *Journal.*)

Quelques mots d'esprit

• Pendant le carnaval de 1843, Dumas valse avec Mélanie Waldor et tombe en dansant. « Comme *Les Burgraves* », commente Paul Foucher, faisant allusion au récent four de la pièce. « Mais moi je me relève », riposte Dumas.

• Un homonyme, Adolphe Dumas, fait jouer une tragédie et, le soir de la première, le directeur met les deux Dumas dans la même loge. Adolphe entreprend Alexandre sur le hasard qui a voulu qu'ils portent tous deux le même nom. « On dira les deux Dumas, comme on a dit les Corneille ! » (Pierre et Thomas). A la fin de la pièce, en prenant congé, Dumas lance à son interlocuteur : « Au revoir, Thomas ».

• Remarquant, un soir, un camée que porte à sa cravate un professeur de l'Université, il observe :
« Voilà un beau profil de César ».
Le professeur s'étonne :
« A quel titre connaissez-vous César ?
— Mais comme son historien.
— Le monde savant ne connaît pas votre livre, monsieur.
— Oh ! le monde savant ne parle jamais de moi.
— Une histoire de César doit, cependant, faire une certaine sensation.

— La mienne n'en a fait aucune, on l'a lue, voilà tout. C'est comme les dîners qu'on ne digère point ; les dîners que l'on digère, on n'y pense plus le lendemain ».

• Un magistrat de Bourg-en-Bresse lui demande, goguenard :
« Alors, c'est un roman que vous allez faire *vous-même* ?
— Eh oui, monsieur, j'avais fait faire le dernier par mon valet de chambre ; mais comme il a eu un grand succès, le drôle m'a demandé des gages si exorbitants, qu'à mon grand regret je n'ai pu le garder ».

• Un soir, au Théâtre-Français, il assiste à la représentation d'une pièce d'Alexandre Soumet et, assis à côté de l'auteur, Dumas observe un spectateur endormi dans son fauteuil : « Vous voyez, lui dit-il, l'effet que produisent vos pièces ». Le lendemain, on joue une pièce de Dumas ; Soumet, toujours assis à côté de Dumas, lui fait à son tour remarquer un spectateur qui dort :
« Vous voyez, mon cher Dumas, que l'on peut dormir également à votre prose.
— Allons donc ! répond Dumas, c'est le monsieur d'hier qui ne s'est pas encore réveillé ».

• Dumas est invité à un dîner ennuyeux chez un ministre. Le lendemain, un ami lui demande comment s'est passée la soirée : « Ah ! heureusement que j'étais là : autrement, je m'y serais affreusement ennuyé ! »

• Traversant le foyer du Théâtre-Français, il entend un petit homme malbâti chuchoter à son voisin : « On dit qu'il a beaucoup de sang noir. » Dumas se retourne et lui lance : « Mais parfaitement, monsieur, j'ai du sang noir : mon père était un mulâtre, mon grand-père était un nègre, et mon arrière-grand-père était un singe ! Vous voyez que nos deux familles ont la même filiation, mais pas dans le même sens ! »

• A quelqu'un qui lui reprochait de violer l'Histoire dans ses romans,

Dumas répond : « Oui, je le reconnais, je la viole, mais je lui fais de si beaux enfants ! »

• Le jour où il doit quitter Monte-Cristo, il offre à un ami deux petites prunes dans une assiette ; l'ami en mange une.

« C'est 100 000 F que tu viens de manger là, dit Dumas.

— 100 000 F ?

— Eh oui ! ces deux petites prunes étaient tout ce qui me reste de Monte-Cristo et Monte-Cristo m'a coûté 200 000 F. »

• Une souscription est ouverte pour assurer des obsèques décentes à un huissier mort dans la gêne ; on demande 20 F à Dumas : « Voici 40 F. Enterrez *deux* huissiers ! »

• Un des derniers jours de sa vie, Dumas voit sur une table, à côté de son lit, deux louis d'or et dit à son fils : « Alexandre, tout le monde a dit que j'étais un prodigue ; toi-même, tu as fait une pièce là-dessus. Eh bien ! Tu vois comme on se trompe ! Quand j'ai débarqué à Paris, j'avais deux louis dans ma poche. Regarde. Je les ai encore ! »

OPINIONS DE DUMAS SUR...

• **L'amitié.** « Les yeux d'un ami sont des verres grossissants avec lesquels on regarde ses qualités et qu'on chausse adroitement pour regarder ses défauts. » *(Hector de Sainte-Hermine).*

« Il n'y a que les méchants qui nient l'amitié, parce qu'ils ne la comprennent pas. » (*Vingt Ans après,* chap. XXII).

• **L'amour.** « Ce vague de la pensée [...] permet à l'homme amoureux d'entendre et de voir tout ce que l'on dit et tout ce qu'on fait, comme derrière une gaze, au théâtre, on voit les objets sans leurs angles et sans les crudités de leurs tons ; état délicieux qui est presque un rêve, car tout en suivant de l'âme sa pensée douce et fidèle, on a les sens distraits

par la parole et le geste d'un ami. » *(La Dame de Monsoreau).*

« Le pays des gens qui aiment, c'est le pays de ceux qu'ils aiment. » (*Le Vicomte de Bragelonne,* chap. XCII).

• **L'art.** « En art, pour moi, la forme n'est que secondaire, la pensée est tout. » (*L'École des Beaux-Arts,* dans « Paris-Guide », 1867).

• **L'avenir de l'humanité.** « Souvent, c'est au moment où Dieu semble retirer sa main des choses de la terre que, penché sur elle, il lui imprime quelqu'un de ces mouvements décisifs qui change la face des sociétés [...]. La Providence avait décrété que les monarchies tiraient à leur fin ; elle avait d'avance écrit au livre de bronze du destin la date de la prochaine république. » *(Les Mille et Un Fantômes).*

• **Le cœur.** « Notre pauvre cœur est ainsi fait qu'il s'efforce de puiser la douleur au sein du bonheur même. » (*Le Chevalier de Maison-Rouge,* chap. XII).

• **Le corps humain.** « [Vous avez vu] le double isolement de la matière et de l'esprit : de la matière, chose inerte, poussière qui retournera poussière ; de l'âme, étincelle divine enfermée un instant dans cette lanterne sourde qu'on appelle le corps et qui, fille du ciel, après la chute du corps, retournera au ciel. » (*Joseph Balsamo,* chap. CVI).

« Dieu prête l'âme au corps, il est vrai ; mais il n'en est pas moins vrai que, tout le temps que l'âme possède ce corps, il y a union entre eux, influence de l'un sur l'autre, suprématie de la matière sur l'idée, selon que dans ses vues qui nous sont inconnues, Dieu a permis que le corps fût roi ou que l'âme fût reine. » (*Op. cit.,* chap. CVI).

• **La curiosité.** « Il y a dans la curiosité des stimulants aussi énergiques que dans les élans de toute passion. Ce désir de savoir est si grand qu'il a dévoré la vie de plus d'un curieux. » *(Op. cit.).*

• **L'enfance.** « Je voyais, l'autre jour, un petit enfant qui voulait à toute force faire manger un morceau de sucre à un bouton de rose qui commençait à s'entrouvrir. Il est évident que l'enfant ne prenait pas ce bouton de rose auquel il donnait la becquée, pour une fleur. "Pourquoi le prenait-il, alors?" me demanderez-vous. Oh ! cela ne me regarde pas ; c'est bien assez d'avoir pour mon état à lire dans le cœur des hommes [...] sans avoir aussi à lire dans l'esprit des enfants. D'ailleurs dans l'esprit des enfants, rien n'est écrit encore ; c'est un registre blanc où Dieu trace la première ligne : "Aime ta mère !" Passé cela, l'œil le plus habile n'y voit que des objets mouvants et passagers, quelque chose comme de l'ombre qui se reflète dans une chambre obscure » (« La Figurine de César », *Causeries*).

• **Les femmes.** « L'esprit des femmes est encore plus dans leur cœur que dans leur tête. » (*Le Docteur mystérieux*, chap. XI).

« Ma vanité n'a jamais eu, si jeune que j'aie été, ce que vous appelez les bonnes fortunes pour objet. Dans certaine position de richesse ou de célébrité, on n'a pas le temps de chercher, on n'a pas besoin de mentir. J'ai eu au bras les plus jolies femmes de Paris, de Florence, de Rome, de Naples, de Madrid et de Londres, souvent non seulement les plus jolies femmes, mais les plus grandes dames, et je n'ai jamais dit un mot qui pût faire croire [...] que je ressentisse autre chose pour cette femme que le respect ou la reconnaissance que j'ai toujours eue pour la femme qui se mettait sous ma protection si elle était faible, qui me prenait sous la sienne si elle était puissante. » (*Une aventure d'amour*, chap. I).

« Trente-quatre ans, cet âge délicieux de la femme, du sommet duquel elle plane à la fois sur sa jeunesse passée et sur sa vieillesse future. » (*Les Compagnons de Jéhu*, chap. XX).

« La mission de la femme indiquée à la fois par la nature et par la société est d'aimer et d'être aimée. » (*Le Comte de Moret*).

« Il y a cela de particulier, dans l'organisation des femmes, que le présent peut presque toujours effacer chez elles les traces du passé et les menaces de l'avenir. » (*Le Chevalier de Maison-Rouge*, chap. XVI).

« L'œil d'une femme sait lire tout orgueil ou toute souffrance sur les traits de l'homme qu'elle aime ; on dirait qu'en raison de leur faiblesse, Dieu a voulu accorder aux femmes plus qu'il n'accorde aux autres créatures. Elles peuvent cacher leurs sentiments à l'homme ; l'homme ne peut leur cacher les siens. » (*Le Vicomte de Bragelonne*, chap. CII).

« Les femmes les meilleures n'ont pas de pitié dans l'orgueil. » (*Op. cit.*, chap. CLXVI).

« La femme est toujours jeune : on a toujours vingt ans dans quelque coin du cœur. » (*Op. cit.*, chap. XCII).

• **La galanterie.** « Quand vous pouvez lire son âge sur le visage d'une femme, il est inutile de le lui demander ; quand vous ne le pouvez plus, c'est indiscret. » (*Vingt Ans après*, chap. XXII).

• **La générosité.** « Il y a dans l'œil, quand il est jeune, des fibres qu'il faut savoir endurcir et l'on n'est vraiment généreux et bon que du moment où l'œil est devenu dur et le cœur resté tendre. » (*Le Vicomte de Bragelonne*, chap. LXI).

• **Les hommes forts.** « Ceux que les femmes font pleurer le plus facilement, ce sont les hommes qui se font le plus craindre des hommes. » (*La Dame de Monsoreau*).

• **L'imagination.** « Il y a des moments où l'âme la plus sereine, la plus maîtresse d'elle-même, s'oublie à des violences que lui commandent les puissances subalternes de l'imagination. » (*Le Chevalier de Maison-Rouge*, chap. XII).

• **La liberté de la presse.** « Cette liberté de la presse dont le soleil fait éclore tant de vermine impure, mais en même temps, mûrit de si riches moissons. » (*La Comtesse de Charny*, chap. CXXXII).

• **La littérature.** « Ce sont les hommes, et non pas l'homme, qui inventent, chacun arrive à son tour et à son heure, s'empare des choses connues de ses pères, les met en œuvre par des combinaisons nouvelles, puis meurt après avoir ajouté quelques parcelles à la somme des connaissances humaines, qu'il lègue à ses fils ; une étoile de la voie lactée. [...] L'homme ne vole pas, il conquiert ; il fait de la province qu'il prend une annexe de son empire ; il lui impose ses lois, il la peuple de ses sujets, il étend son spectre d'or sur elle. » *(Comment je devins auteur dramatique).*

• **Le mariage.** « Quand un mariage n'est pas la suprême félicité, c'est presque toujours la suprême douleur. » *(La Reine Margot).*

• **La misère.** « La misère lui faisait horreur, car il savait qu'elle tombe comme un manteau de plomb sur les épaules et qu'elle couche les plus forts. » *(Op. cit.).*

• **La nature.** « L'homme qui vit soixante-dix ou quatre-vingts ans, dans ses longues années a des nuits de dix à douze heures, et se plaint que la longueur de ses nuits abrège encore la brièveté de ses jours ; la nature, qui a une existence infinie, les arbres, qui ont une vie millénaire, ont des sommeils de cinq mois qui sont des hivers pour nous et qui ne sont que des nuits pour eux. Les poètes chantent, dans leurs vers envieux, l'immortalité de la nature, qui meurt chaque automne et ressuscite chaque printemps ; les poètes se trompent : la nature ne meurt pas chaque automne, elle s'endort ; la nature ne ressuscite pas chaque printemps, elle se réveille. Le jour où notre globe mourra réellement, il sera bien mort, et alors il roulera dans l'espace ou tombera dans les abîmes du chaos, inerte, muet, solitaire, sans arbres, sans fleurs, sans verdures, sans poètes. » *(Les Compagnons de Jéhu,* chap. XXIX).

• **Les pamphlets.** « Les pamphlets salissent ceux qui les écrivent, bien plus que ceux contre lesquels on les a écrits. » *(Le Vicomte de Bragelonne,* chap. CLXVI).

• **La papauté.** « Monseigneur, le temps du pouvoir temporel est passé, les papes l'ont tué de leurs propres mains : aujourd'hui, aux yeux de la raison et du progrès de la philosophie, de la religion même, c'est un inconcevable et monstrueux paradoxe que de voir un souverain, juge temporel et spirituel en même temps, dont les sbires, dénonciateurs et bourreaux à la fois, arrêtent et condamnent, exécutent les corps, donnent l'absolution aux âmes, portent en terre avec des chants qu'ils profanent les cadavres qu'ils ont faits, les déposent dans les fosses qu'ils ont creusées, plantent une croix bénie par eux sur cette fosse, et reviennent partager les biens de ceux qu'ils ont assassinés. » (A Mgr Dupanloup, *Le Pape devant les Évangiles, l'histoire et la raison humaine*).

• **Les pays : la France.** « L'avenir de la France c'est l'avenir du monde. » (A la Garde nationale de Saint-Germain-en-Laye, 27 février 1848).

« Que la France ait été ingrate envers ses enfants, c'est tout simple ; les enfants ont deux mères : celle qui les a enfantés comme hommes, celles qui les a enfantés comme peuples. A la mère qui les a enfantés comme hommes, ils doivent leur amour. A la mère qui les a enfantés comme peuples, ils doivent plus que leur amour, ils doivent leur sang. » *(Le Docteur mystérieux).*

• **Les Français.** « Le caractère de la nation française est l'amour-propre [...]. Les Français n'aiment pas les chefs d'une intelligence inférieure. » *(La Dame de Monsoreau)*.

• **La Prusse et l'Autriche.** « Êtes-vous pour les Autrichiens ou pour les Prussiens ? » lui demande Hollander, directeur du journal « La Situation », au moment de la guerre austro-prussienne (1866). « Ni pour l'un, ni pour l'autre. La Prusse représente la force brutale et l'Autriche, le despotisme héréditaire. »

• **L'Italie.** « C'est l'Italie, la vieille reine, la coquette éternelle, l'Armide séculaire qui envoie au-devant de nous ses paysannes et ses fleurs [...]. Au loin, là-bas derrière l'horizon, Florence, Rome, Naples, Venise, ces villes merveilleuses dont les poètes vous ont raconté tant de féeries [...]. Le ciel est pur, l'air est tiède, et l'on reconnaît, comme dit Pétrarque, la terre aimée de Dieu ; la terre sainte, la terre heureuse, que les invasions barbares, les discordes civiles n'ont pu dépouiller des dons qu'elle avait reçus du ciel. » *(Impressions de voyage*, Suisse, III, chap. LXV et LXVI).

• **L'Angleterre.** « Ce gredin de pays où il fait froid toujours, où le beau temps est du brouillard, le brouillard de la pluie, la pluie du déluge ; où le soleil ressemble à la lune, et la lune à un fromage à la crème. » *(Vingt Ans après*, chap. LXII).

• **L'Europe.** « L'Europe comprenait qu'un jour [...] elle ne formerait, elle aussi, qu'une immense fédération des citoyens, qu'une colossale société de frères. » *(La Comtesse de Charny*, chap. LXVI).

• **La reconnaissance.** « On s'attache par les services qu'on rend, bien plus qu'on n'est attaché par les services qu'on reçoit. C'est qu'il y a, dans le cœur de l'homme, bien plus d'orgueil que de reconnaissance. » *(La Comtesse de Charny*, chap. XVI).

• **Les révolutions.** « Pour les hommes d'État, les révolutions sont une théorie, pour les peuples, les révolutions sont une vengeance. » *(La Comtesse de Charny*, chap. CXLIII).

• **La richesse.** « Pour être assez riche, il faut être trop riche. » *(Le Vicomte de Bragelonne*, chap. CCXXV).

• **La sexualité.** « L'accouplement est le but de l'humanité » (A Mathilde Shaw).

« Lorsque la nature a créé l'homme et la femme, elle n'a pas, toute prévoyante qu'elle est, eu la moindre idée des lois qui régiraient les sociétés humaines : avant de songer à créer l'homme et la femme, elle avait, comme dans les autres espèces d'animaux, songé à créer le mâle et la femelle. Sa principale affaire, à cette grande Isis aux cent mamelles, à la Cybèle grecque, à la bonne déesse romaine, c'est la reproduction des espèces. De là la lutte éternelle des instincts charnels contre les lois sociales, de là, la puissance d'asservissement de l'homme sur la femme et d'attraction de la femme vers l'homme. » *(Une aventure d'amour*, chap. III).

• **La société.** « Les privilèges sont les entraves du progrès général, les ennemis du bien-être universel. Tout bon citoyen doit tendre au bien-être universel. Tout grand esprit doit concourir au progrès général. Plus de privilèges. [...] Le travail est la destination de l'homme. Toute vertu découle du travail comme tout vice de l'oisiveté. Dieu donne à l'un la force physique, à l'autre la force intellectuelle. La paresse est un crime social [...]. La rétribution selon le travail. » *(Profession de foi*, 1848).

• **La solitude.** « J'aime fort la solitude. Le premier besoin de l'homme qui travaille et qui travaille beaucoup, c'est la solitude. La société est la distraction des corps ; l'amour, l'occupation du cœur ; la solitude, la religion de l'âme. Cependant, je n'aime pas la solitude seule. J'aime la solitude du paradis terrestre, c'est-à-dire la solitude peuplée d'animaux. Je déteste les bêtes, mais j'adore les animaux. » (*Histoire de mes bêtes,* chap. II).

• **Le songe.** « Songer, c'est le bonheur suprême des gens d'action, c'est le seul repos qu'ils se permettent. » *(Les Quarante-Cinq).*

• **La superstition. Le temps qui passe.** « Je ne sais si après moi, il restera quelque chose de moi ; mais en tout cas et à tout hasard, j'ai pris cette pieuse habitude, tout en oubliant mes ennemis, de mêler le nom de mes amis, non seulement à ma vie intime, mais encore à ma vie littéraire. De cette façon, au fur et à mesure que j'avance vers l'avenir, j'entraîne avec moi tout ce qui a eu part à mon passé, tout ce qui se mêle à mon présent, comme ferait un fleuve qui ne se contenterait pas de réfléchir les fleurs, les bois, les maisons de ses rives, mais encore qui forcerait de le suivre jusqu'à l'océan l'image de ces maisons, de ces bois et de ces fleurs.

« Aussi ne suis-je jamais seul tant qu'un livre de moi reste près de moi. J'ouvre ce livre. Chaque page me rappelle un jour écoulé, et ce jour renaît à l'instant de son aube à son crépuscule, tout vivant des mêmes émotions qui l'ont rempli, tout peuplé des mêmes personnages qui l'ont traversé. Où étais-je ce jour-là ? Dans quel lieu du monde allais-je chercher une distraction, demander un souvenir, cueillir une espérance ? [...] Quel prince m'a appelé son ami ? Quel mendiant m'a appelé son frère ? Avec qui ai-je partagé ma bourse le matin ? Qui a rompu son pain avec moi le soir ? Quelles sont depuis vingt ans les heures heureuses notées à la craie, les heures sombres marquées au charbon ?

« Hélas ! le meilleur de ma vie est déjà dans mes souvenirs, je suis comme un de ces arbres au feuillage touffu, pleins d'oiseaux, muets à midi, mais qui se réveilleront vers la fin de la journée, et qui, le soir venu, empliront ma vieillesse de battements d'ailes et de chant ; ils l'égaieront ainsi de leur joie, de leurs amours et de leurs rumeurs, jusqu'à ce que la mort touche à son tour l'arbre hospitalier, et que l'arbre en tombant effarouche tous ces bruyants chanteurs, dont chacun ne sera autre chose qu'une des heures de ma vie. » (*Un dîner chez Rossini).*

• **Le sens de la vie.** « La route qui descend au tombeau est peuplée de spectres ; la route qui monte au ciel est échelonnée d'anges. L'homme est-il un fait isolé au milieu du vide, qui sans relation avec le ciel avant la vie tombe dans le néant après la mort ? ou l'homme est-il un chaînon visible et matériel placé entre deux mondes immatériels et invisibles ?

« Quelque chose de nous nous a-t-il précédés ? Quelque chose de nous doit-il nous survivre ? Ce qui nous précède devine-t-il nos affections ? Ce qui nous succède se souvient-il ? Ce quelque chose enfin peut-il revêtir un aspect visible, quoique impalpable ; agissant quoique immatériel ? » (Au duc de Montpensier, L'Assemblée nationale, mai 1849).

• **La vie et le suicide.** « Il n'y a guère que les sots qui s'ennuient en ce monde et qui vont chercher la distraction dans l'autre. » *(Op. cit.).*

LES « HOBBIES »

• **La chasse.** Très jeune, Alexandre Dumas est attiré par la chasse. Mais à la suite d'un accident de chasse qui provoque la mort de Stanislas Picot, Mme Dumas tente, en vain, de l'empêcher de chasser. Ses premiers exploits tiennent plutôt du braconnage que de la chasse : il pratique la « marette » (qui consiste à entourer de gluaux les mares où viennent boire les oiseaux) et la « pipée » (qui consiste à attirer les oiseaux en plumant un geai vivant).

En octobre 1812, son futur beau-frère Victor Letellier lui offre sa première arme, un pistolet de poche. (Plus tard, son armurier sera Devisme chez qui il dépensera des fortunes). *A partir de 1815* (à 13 ans), Alexandre participe à ses premières chasses avec les gardes forestiers que dirige M. Deviolaine. *En février 1816,* au cours d'une chasse au sanglier, il est témoin d'un accident mortel : un garde-chasse, Choron, tue son oncle. *En décembre 1823,* il assiste à un nouvel accident qui coûte la vie au garde Choron.

Par la suite, Dumas fait presque chaque année l'ouverture de la chasse à Villers-Cotterêts ou dans les environs. *A partir de 1848,* il chasse volontiers chez son ami Charpillon, notaire à Saint-Bris dans l'Yonne, qu'il a connu pendant sa campagne électorale. *En 1849,* il loue une chasse à Mormant.

Lorsqu'il voyage, Dumas aime chasser le gibier local. Son tableau de chasse se compose ainsi : lièvres et perdreaux blancs (en Russie), ours et sangliers (au Caucase), pélicans, veaux marins (le long de la Caspienne), cygnes (le long de la Volga), aigles (près de Constantine en Algérie), marsouin (à Trouville). Tout au long de ses *Mémoires* et *Impressions de voyage,* il se fait passer pour un grand chasseur, mais il use, parfois, de procédés peu sportifs lorsqu'il raconte comment il a tué des chevreuils *arrêtés* et parle de perdrix tuées *à terre.*

• **Le magnétisme.** Dans ses *Mémoires,* Dumas raconte comment, la nuit où son père mourut, il fut réveillé en sursaut à l'heure même où il expirait.

Adulte, il se passionne pour le magnétisme et l'hypnose (dont il fait largement état dans les *Mémoires d'un médecin*). A Monte-Cristo, il organise des séances de magnétisme. *Le 5 septembre 1847,* notamment, il y fait venir M. Marcillet et son somnambule Alexis Didier dont les démonstrations l'enthousiasment. *En octobre,* il fait revenir Alexis et fait l'essai de son propre pouvoir hypnotique sur lui : Alexis tombe raide endormi sur un canapé et lui dit à son réveil : « Prenez garde ! Un peu plus fort vous m'auriez tué ! » L'expérience a eu lieu en présence de Louis Boulanger, Cordelier-Delanoue, Jules de Lesseps, Collin, Monge, Delaage, Muller, Bernard, Louise Pradier, Séchan, l'abbé Villette. Charlatanisme ? Crédulité ? Dumas prend la chose au sérieux : « Je voudrais arriver à démontrer ce que vous prêchez si bien, l'immortalité (de l'âme) », dit-il à l'abbé Villette. *En 1852,* à Bruxelles, il se livre à des passes magnétiques sur « la belle pâtissière » (voir p. 1305) et lui fait faire des « contorsions surprenantes », au dire de Nerval.

Cultiver ce talent lui vaut quelques satisfactions : « Étant pour quelques jours dans le château de lady X... [raconte-t-il] et pensant dans ma chambre combien j'aimerais la voir, je la vis entrer, attirée par ma suggestion. Elle semblait endormie. En galant homme, je la reconduisis chez elle trois nuits de suite [...] et ma foi ! quand elle vint pour la quatrième, je ne la reconduisis plus ! » Ce goût pour l'hypnose l'amène à se lier, pendant *l'hiver 1857-1858,* avec le spirite Daniel Douglas Home qui le choisit comme garçon d'honneur à l'occasion de son mariage célébré à Saint-Pétersbourg.

Jusqu'à un âge très avancé, Dumas se livre à l'hypnose et Pifteau se souvient l'avoir vu, vieillard, faire des passes, « surtout s'il trouvait pour sujet une jolie fille ».

• **La cuisine.** Dans ses *Propos d'art et de cuisine,* Dumas a expliqué son goût pour la cuisine, goût qu'il hérita de sa mère, fille d'un maître d'hôtel du duc d'Orléans, et il ajoute : « Mon goût de la cuisine, comme celui de la poésie, me vient du ciel. L'un était destiné à me ruiner — le goût de la poésie, bien entendu — l'autre à m'enrichir, car je ne renonce pas à être riche un jour. »

Ses goûts sont assez simples et il ne met rien au-dessus du « bœuf bouilli de la veille et réchauffé sur le gril ». Dumas aime par-dessus tout faire la cuisine pour ses amis.

Spécialités. Ce sont la matelote de carpes, le méchoui (qu'il a appris à faire en Afrique du Nord), le lapin cuit dans sa peau, le macaroni, la pieuvre frite ou au gratin, le risotto, et la bouillabaisse. A chaque fois qu'il se rend à Marseille, il tient à montrer son savoir-faire aux Marseillais : il va sur les quais, achète poissons et crustacés, rentre avec son marché à son hôtel et, en bras de chemise, confectionne une bouillabaisse dans les cuisines. « Je vois avec plaisir [écrit-il] que ma réputation culinaire se répand et promet bientôt d'effacer ma réputation littéraire. Dieu soit loué ! Je pourrai donc me vouer à un état honorable et léguer à mes enfants, au lieu de mes livres dont ils n'hériteraient que pour quinze ou vingt ans, des casseroles ou des marmites dont ils hériteront pour l'éternité ».

En novembre 1864, Dumas qui raffole des melons passe avec la municipalité de Cavaillon un marché pour la fourniture de douze melons par an, en échange desquels il donnera tous ses ouvrages parus ou à paraître.

En 1866, Edmond et Jules de Goncourt révèlent, dans leur *Journal* du 14 février, que Dumas aurait pensé ouvrir un restaurant sur les Champs-Élysées, projet qui n'a pas eu de suite. *Pendant l'été 1869,* il écrit, à Roscoff, son dernier livre : *Le Dictionnaire de la cuisine,* dans lequel il consigne son amour de la bonne chère, qui sera publié après sa mort.

GRANDES ÉTAPES DE SA VIE

DÉROULEMENT CHRONOLOGIQUE

☞ Célèbre depuis la première d'*Henri III et sa cour* (10 février 1829), Dumas n'a depuis cette époque cessé d'occuper le devant de la scène : les difficultés pour bien connaître sa vie proviennent plutôt d'une pléthore d'informations, souvent inexactes, que d'un manque de renseignements. Les petits journaux se font un plaisir de « mordre au talon » l'homme trop célèbre, créant des légendes que Dumas accrédite en ne les démentant pas, sauf à la fin de sa vie.

Sur cette première couche d'inexactitudes, Dumas a multiplié les écrits autobiographiques (voir plus loin) qui, bien que souvent assez sincères, souffrent d'une certaine fantaisie dans la présentation des faits et leur datation pour un même événement : il peut exister deux versions sinon contradictoires, du moins différentes. D'autre part, la vie débridée de Dumas, son œuvre pléthorique découragent tout recensement. Enfin il serait vain de signaler toutes les erreurs commises par les biographes, certains se sont même contentés de réécrire les *Mémoires.*

- *1802-1821.* Enfance et adolescence.
- *1822.* Entrée dans les bureaux du duc d'Orléans.
- *1827.* Liaison avec Mélanie Waldor ; entrée dans les salons ; première et triomphe d'*Henri III et sa cour.*
- *1830.* Participation aux « Trois Glorieuses ».
- *1836-1838.* Critique de « La Presse ».
- *1840-1842.* Exil économique à Florence.
- *1844-1846.* Collaboration avec Maquet ; triomphe du roman historique.
- *1847.* Succès du Théâtre-Historique.
- *1848.* Tentation politique.
- *1849-1851.* Échecs politique et littéraire ; faillite du Théâtre-Historique.
- *1851-1853.* Exil à Bruxelles.
- *1853-1856.* Création du « Mousquetaire ».
- *1857-1860.* Création du « Monte-Cristo » ; voyage en Russie ; préparation du grand voyage à travers la Méditerranée ; contrat Lévy.
- *1860-1864.* Dumas rejoint l'expédition des Mille de Garibaldi ; séjour napolitain.
- *1864-1870.* Échec de la reconquête de Paris ; vieillesse bohème.

Petite enfance

1802 : Naissance, *le 24 juillet 1802,* à cinq heures et demie du matin, 46 rue de Lormet, à Villers-Cotterêts (Aisne). En venant au monde, il a le cou étranglé par le cordon ombilical, et apparaît « violet ». L'acte de naissance est établi le jour même et signé par Claude Labouret, grand-père maternel du nouveau-né, et Jean-Michel Deviolaine. **Baptême,** *le 12 août,* à l'église de Villers-Cotterêts. *Parrain :* son grand-père Claude Labouret ; *marraine :* sa sœur aînée, Aimée Dumas.

1805 : *septembre,* au cours d'un voyage à Paris avec son père, le général Dumas, il va voir Mme de Montesson (veuve du duc d'Orléans) et assiste à *Paul et Virginie* à l'Opéra-Comique ; *19 septembre,* il déjeune avec Brune et Murat. *Octobre,* avec son père, il rend visite à Pauline Bonaparte au château de Montgobert.

1806 : *26 février,* mort de son père. *10 mai,* Jacques Collard, conseiller général de l'Aisne est nommé tuteur des enfants Dumas.

1807 : *2 mai,* mort de Marie-Françoise-Petronille Fortier, dite « Maman Zine », cousine éloignée d'Alexandre à qui elle a servi de seconde mère (voir p. 1272).

1809 : *30 septembre,* mort de son grand-père Claude Labouret.

1811 : *octobre,* il entre au petit collège de l'abbé Grégoire, qu'il fréquente jusqu'en 1813.

De 12 à 18 ans

1814 : *de février à mars,* pendant la campagne de France, A. Dumas assiste à divers épisodes militaires (voir p. 1223). *Novembre,* il hérite de l'abbé Conseil une bourse pour aller au séminaire ; mais il s'enfuit de chez sa mère pour y échapper : sa fugue dure trois jours. **1815** : *15 mars,* il va voir, en prison, le général Lallemand (voir p.   ). *Mai,*

il fait sa communion solennelle. *12 et 20 juin,* il assiste au passage de Napoléon à Villers-Cotterêts, sur la route de Waterloo, puis à son retour. *Octobre,* il participe à ses premières chasses.

1816 : *août,* il entre comme troisième clerc de notaire, chez Me Mennesson, à Villers-Cotterêts.

1819 : il fait la cour à Aglaé Tellier (voir p. 1289). *27 juin,* lors de la fête de Corcy, il rencontre Adolphe Ribbing de Leuven, son initiateur littéraire. *Septembre,* chez les Leuven, il fait connaissance de l'auteur dramatique A.V. Arnault et de ses enfants. Aglaé Tellier devient sa maîtresse. *Octobre,* il assiste à Soissons à une représentation de l'*Hamlet* de Ducis.

1820 : *mars,* avec Leuven, il écrit deux vaudevilles *(Le Major de Strasbourg, Un dîner d'amis)* et une pièce *(Les Abencérages).*

De 19 à 30 ans

1821 : *mars-avril,* il séjourne à Dreux chez son beau-frère Victor Letellier, et fait la cour à une « femme mariée ».

1822 : *août,* il entre en qualité de second clerc dans l'étude de Me Lefèvre, notaire à Crépy-en-Valois. *Septembre,* il visite Ermenonville, s'éprend d'Athénaïs Lecornier et écrit *Pèlerinage à Ermenonville. Novembre,* premier voyage à Paris : *2 nov.,* en compagnie de son ami Paillet, il quitte Crépy. Nuitée à l'hôtel de la Croix d'Ermenonville ; *3 nov.,* arrivée à Paris hôtel des Vieux-Augustins ; *4 nov.,* il rend visite à Leuven qui l'emmène chez Talma. Le soir, ils assistent à une représentation de *Sylla* de Jouy ; Leuven conduit Dumas dans la loge de Talma qui le baptise poète « au nom de Shakespeare, Corneille et Schiller » ; *6 nov.,* retour à Crépy : Me Lefèvre lui donne congé, il retourne chez sa mère à Villers-Cotterêts.

1823 : *mars-avril,* deuxième voyage à Paris : *le 29 mars,* il quitte Villers-Cotterêts ; *30 mars,* il descend à l'hôtel des Vieux-Augustins ; *31 mars,* il sollicite sans succès le général Victor, ministre de la Guerre, le maréchal Jourdan, le général Sébastiani, le général Verdier ; *1er avril,* il va voir le général Foy qui le fait engager comme surnuméraire dans les bureaux du duc d'Orléans ; *3 avril,* retour à Villers-Cotterêts ; *4 avril,* il tombe à la conscription, mais, comme fils de veuve, il est exempté ; *5 avril,* il quitte Villers-Cotterêts pour s'installer à Paris, place des Italiens ; *10 avril,* il fait son entrée officielle dans les bureaux du duc d'Orléans. *Juillet,* brève liaison avec Manette Thierry. *Août,* début de sa liaison avec Laure Labay, sa voisine de palier chez qui il emménage bientôt. *A la fin de l'année,* il publie *Blanche et Rose* et *Romance.*

1824 : *février,* il est augmenté. Avec sa mère qui est montée à Paris, il déménage au 53, rue du Faubourg-Saint-Denis. *10 avril,* il est nommé expéditionnaire. *27 juillet,* naissance de son fils Alexandre.

1825 : *6 janvier,* duel avec Charles B. *Mars,* Dumas et Leuven s'adjoignent James Rousseau comme collaborateur ; ils écrivent *La Chasse et l'amour. 22 septembre,* première de *La Chasse et l'amour,* à l'Ambigu-Comique. Dumas est réprimandé par Oudard, son chef de service, qui lui interdit de faire de la littérature. *Novembre,* il écrit l'*Élégie sur la mort du général Foy* qui remporte un certain succès dans le milieu libéral.

1826 : *février,* il fonde, avec Leuven et l'imprimeur Sétier, la revue poétique « La Psyché ». *27 mai,* publication des *Nouvelles contemporaines* (trois exemplaires vendus). *21 novembre,* première de *La Noce et l'enterrement,* à la Porte-Saint-Martin.

1827 : *février,* il est muté au Bureau des secours du duc d'Orléans. *3 juin,*

il fait connaissance de Mélanie Waldor (voir p. 1292) qui devient sa maîtresse le 22. *11 septembre,* il assiste à une représentation d'*Hamlet* donnée par les comédiens anglais et en ressort bouleversé.

1828 : *janvier,* il est muté aux Archives. *Février,* il passe aux Bureaux forestiers. *Octobre,* ses appointements sont supprimés : il emprunte 3 000 F au baron Laffitte. *En novembre,* Virginie Bourbier devient sa maîtresse.

1829 : *7 février,* sa mère est frappée d'une apoplexie ; *10 févr.,* première triomphale de *Henri III et sa cour.* Du 5 au 15 mai, voyage en Val-de-Loire : Paris - Chartres - Angers - Nantes - Paimbœuf - Lorient - Paris. *20 juin,* il est nommé bibliothécaire adjoint du duc d'Orléans. *Juillet,* il séjourne à Chartres chez sa sœur ; *16-18 juil.,* il voyage en Normandie : Le Havre, Cherbourg, Dieppe.

1830 : *25 février,* il participe à la bataille d'*Hernani. 30 mars,* première de *Christine* : succès mitigé. *1er avril,* il rencontre Marie Dorval qui repousse ses avances. *En juin,* il fait la connaissance de Belle Krelsamer qui devient sa maîtresse à la fin du mois. *Juillet-août,* il participe aux événements de 1830 (voir p. 1224). *De mi-août à septembre,* il voyage en Vendée : Blois - Tours - Angers - Nantes - Clisson - Torfou - Tiffauges et séjourne à La Jarrie chez les Waldor. *Octobre,* il est admis dans la cavalerie de la Garde nationale, *11 oct.,* Harel et Mlle George l'enferment dans une pièce, pendant cinq jours, pour qu'il écrive *Napoléon Bonaparte ; mi-octobre,* après une entrevue avec le roi Louis-Philippe, il donne sa démission. *Décembre,* il est élu capitaine dans la 4e batterie de l'artillerie de la Garde nationale (elle sera dissoute le 1er janvier 1831).

1831 : *10 janvier,* première de *Napoléon Bonaparte,* à l'Odéon. *11 février,* il redonne publiquement sa démission.

5 mars, naissance de Marie Dumas (voir p. 1296), fille de Belle Krelsamer. *3 mai,* première triomphale d'*Antony* à la Porte-Saint-Martin. *Avril,* il est élu lieutenant lors de la reconstitution de l'artillerie de la Garde nationale. *Du 6 juillet à la mi-août,* il voyage en Normandie avec Belle Krelsamer : Rouen - Le Havre - Honfleur - Trouville - Paris. *Septembre,* ouverture de la chasse en Seine-et-Marne. *Le 20 octobre,* première de *Charles VII. 10 décembre,* première de *Richard Darlington.*

1832 : *6 février,* première de *Teresa. Vers le 10,* Ida Ferrier devient sa maîtresse. *4 avril,* première du *Mari de la veuve,* malgré l'épidémie de choléra. Fuyant Paris, il part ensuite à Nogent-le-Rotrou où l'épidémie le rejoint : il regagne Paris ; *15 avril,* il est atteint du choléra mais en réchappe. *29 mai,* première de *La Tour de Nesle* à la Porte-Saint-Martin. *5 juin,* il participe aux émeutes qui éclatent à l'occasion des obsèques du général Lamarque (voir p. 1226). *21 juillet au 20 octobre :* il voyage dans les Alpes avec Belle Krelsamer : Lyon - Genève - Aix-les-Bains - La Grande-Chartreuse - Lausanne - Fribourg - Berne - Thun - Interlaken - Louëche - Vallée de la Mötta - Immersee - Lucerne (où il rencontre Chateaubriand) - Zurich - Constance - Arenenberg - Baden - Bienne - Neuchâtel - Le Grand-Saint-Bernard - Genève - Chamonix (rencontre avec Balmat, premier vainqueur du mont Blanc) - Route du Simplon - Lac de Côme - Milan - Pavie - Turin - Paris. *3 novembre,* première enthousiaste de *Périnet Leclerc.*

De 31 à 40 ans

1833 : *janvier-février,* il participe au duel collectif qui oppose « Le National » au « Corsaire », mais ne se bat finalement pas. *30 mars,* il donne un grand bal costumé pour le carnaval (voir p. 1246). *19-27 juin,* il frôle un nouveau duel avec Gustave Planche à cause

de George Sand (voir p. 1191 et 1319). *De la mi-août au 3 octobre,* il séjourne à Vizille, chez Édouard Badon. *Novembre,* c'est le début de sa brouille avec V. Hugo (voir p. 1315). *Début décembre,* Marie Dorval devient sa maîtresse. *28 déc.,* première d'*Angèle* à la Porte-Saint-Martin : c'est un succès.

1834 : *du 1er au 6 janvier,* Dumas rejoint Marie Dorval qui fait une tournée à Rouen ; *24 janv.,* il la suit à Bordeaux. *24 février,* rupture probable avec Marie Dorval. *7 mars,* première de *La Vénitienne* (faible succès). *2 juin,* première de *Catherine Howard,* boudée par la critique. *Le 6 juillet,* duel avec Maurice Alhoi (voir p. 1191). *17 octobre,* il inaugure la statue de Corneille à Rouen. *7 novembre,* départ de Paris pour Marseille, il passe par Fontainebleau - La Charité-sur-Loire - Moulins - Lyon (où, le 14 novembre, il rencontre Hyacinthe Meynier) - Nîmes - Valence - Montélimar - Orange - Avignon - Marseille (où il arrive le 7 décembre). Faute d'argent pour continuer le voyage, il rebrousse chemin et revient à Paris *vers le 20 décembre.*

1835 : *29 janvier,* il constitue une société pour financer son voyage en Méditerranée. *Du 12 mai au 25 décembre,* il voyage en Méditerranée avec Ida Ferrier : la Côte d'Azur, Gênes, Livourne, Florence, Rome, Naples d'où il embarque pour Capri, le tour de la Sicile, la Calabre et Naples ; de là, il rentre à Rome par la terre, passe à Florence, et rentre à Paris. *24 août,* Caroline Ungher devient sa maîtresse.

1836 : *4 mars,* rupture avec Caroline Ungher. *26 mars,* il est condamné à cent vingt heures de prison pour manquement au tour de la Garde nationale. *30 avril,* échec de *Don Juan de Marana* à la Porte-Saint-Martin. *Du 20 au 23 mai,* il séjourne à Fourqueux chez Victor Hugo (réconciliation complète). *Juillet,* c'est le début de sa collaboration à « La Presse » de Girardin. *31 août,* première de *Kean* aux Variétés. *Du 18* *septembre au 3 octobre*, il séjourne à la maison d'arrêt de la Garde nationale.

1837 : *4 janvier*, il est de nouveau condamné à quinze jours de prison pour refus de service dans la Garde nationale. *Du 8 au 10 mai*, nouvel emprisonnement. *10 juin*, il se rend à l'inauguration du musée de Versailles. *3 juillet*, il est nommé chevalier de la Légion d'honneur. *Vers le 15 août*, le duc d'Orléans qui commande le camp de Compiègne l'invite à s'installer non loin de là, à Saint-Corneille. *26 décembre*, première de *Caligula* : c'est un échec.

1838 : *21 janvier*, il assiste à la fête donnée par Victor Hugo en l'honneur du duc et de la duchesse d'Orléans. *21 mai*, première triomphale du *Bourgeois de Gand*, à l'Odéon. *1er août*, mort de sa mère. *Du 8 août au 2 octobre*, il voyage en Belgique et en Allemagne avec Ida Ferrier : Bruxelles, Gand, Aix-la-Chapelle, Cologne, remontée du Rhin jusqu'à Mayence, puis Francfort (où il séduit Octavie Durand), remontée du Rhin de Mayence à Mannheim, Heidelberg, Karlsruhe, Baden, Strasbourg et retour à Paris. *8 novembre*, ouverture du théâtre de la Renaissance. Dumas fait la connaissance de Maquet.

1839. Tout au long de l'année, active collaboration au « Siècle ». *Le 2 avril* : première de *Mademoiselle de Belle-Isle* à la Comédie-Française : gros succès ; *du 7 au 13 avril*, aventure avec la mystérieuse Ad(èle) ; *16 avril*, première de *Léo Burckart* à la Porte-Saint-Martin : échec.

1840 : *5 février*, Dumas épouse Ida Ferrier à Saint-Roch. *28 mai*, ils quittent Paris pour Florence. *5 juin*, ils embarquent à Marseille sur le « Pharamond », débarquent à Livourne et arrivent *le 7 juin* à Florence où ils demeureront jusqu'en *mars 1841*. Pendant ce premier séjour florentin, Dumas travaille « comme un pauvre cheval », excepté *du 9 au 12 octobre*, pendant lesquels il fait une excursion à l'île d'Elbe.

1841 : *18 mars*, Dumas et Ida sont de retour à Paris où Dumas veut appuyer sa candidature à l'Académie. *1er juin*, première d'*Un mariage sous Louis XV*, à la Comédie-Française : succès mitigé. *Du 4 juin au 21 septembre*, voyage et deuxième séjour à Florence. Dumas revient ensuite à Paris pour présenter *Lorenzino* à la Comédie-Française. *Du 22 septembre au 14 octobre*, séjour à Senlis où il retrouve son fils.

1842 : *vers le 15 janvier*, Dumas quitte Paris avec son fils, pour Marseille où ils se séparent. *De janvier 1842 à janvier 1843*, troisième séjour à Florence, avec un bref aller et retour à Paris en mai. *Du 27 juin au 1er juillet*, excursion à l'île d'Elbe avec le prince Napoléon. *18 juillet*, invité au Quarto, à Florence, chez Jérôme Napoléon, Dumas apprend l'accident mortel du duc d'Orléans et décide sur-le-champ de se rendre à ses obsèques. *3 août*, il arrive à Paris et assiste aux funérailles à Notre-Dame, puis il se rend le lendemain à Dreux pour l'inhumation. La fin de l'année est mystérieuse : sans doute regagne-t-il Florence en septembre.

De 41 à 50 ans

1843 : *mars*, Dumas est de retour à Paris pour le carnaval. *Vers le 21 avril*, début de sa liaison avec Anaïs Aubert. *Le 2 mai*, il quitte Paris pour Florence ; *11 mai*, à Florence, il est assailli par Jules Lecomte (voir duels, p. 1191) ; *23 mai*, il est de retour à Paris où il vient rechercher des documents accablant Lecomte. *24 mai*, à la suite d'une représentation de *Phèdre*, il fait la connaissance de Rachel. *Vers le 15 juin*, il rentre à Florence en passant par l'Allemagne et Turin ; *21 juin*, il débarque à Marseille où Rachel est en tournée (voir p. 1211) ; *26 juin*, il est de retour à Paris. *Juillet*, par lettre, Dumas fait une cour passionnée mais infructueuse à Rachel ; *25 juillet*, première des *Demoiselles de Saint-Cyr* à la Comédie-Française : succès. *8 août*, un duel avec Jules Janin (voir p. 1191) est finalement évité.

1844 : *avril,* Dumas devient l'amant d'Eugénie Scrivaneck. *30 mai,* il s'installe à Saint-Germain-en-Laye, au pavillon Henri-IV. *16 juin,* au cours d'une promenade à Port-Marly, il décide de construire un château. *Juillet-août,* il achète les terrains pour la propriété. *Du 10 au 28 août,* escapade à Trouville avec Eugénie Scrivaneck. *1er septembre,* avec son fils il ouvre la chasse à Brassoire chez Mocquet. *15 octobre,* il se sépare d'Ida Ferrier. *Du 24 au 31 octobre,* il voyage en Belgique, Hollande et à Francfort, avec son fils. *Vers le 15 novembre,* il quitte le domicile conjugal pour le 10, rue Joubert.

1845 : *Vers le 20 février,* Mirecourt lance son pamphlet *Fabrique de romans. Alexandre Dumas et Cie :* Dumas l'assigne devant les tribunaux pour diffamation (voir p. 1331). *15 mars,* il gagne son procès. *Mai,* il s'installe à Saint-Germain, à la Villa Médicis où il séjourne jusqu'à l'achèvement de son château de Monte-Cristo. *27 octobre,* première des *Mousquetaires* à l'Ambigu-Comique (c'est un succès).

1846 : *du 25 au 29 mars,* il se rend à Rouen avec son fils, pour témoigner au procès de leur ami Beauvallon, tué en duel. Les Dumas y font scandale avec leurs maîtresses respectives, Atala Beauchêne et Anaïs Liévenne. *1er avril,* première d'*Une fille du régent* à la Comédie-Française (échec). *Août,* début de sa liaison avec Béatrix Person. *17 septembre,* première de *Hamlet* au Théâtre de Saint-Germain. *D'octobre à janvier 1847,* il va en Espagne, assiste au mariage du duc de Montpensier avec l'infante Luisa Fernanda, et poursuit son voyage à travers le Maroc, l'Algérie et la Tunisie.

1847 : *vers le 7 janvier,* il est de retour à Paris. *11 février,* il est publiquement attaqué à la Chambre des députés ; *20 févr.,* ouverture triomphale du Théâtre-Historique avec *La Reine Margot. Fin juin,* il s'installe à Monte-Cristo. *25 juillet,* pendaison de la crémaillère. *28 novembre,* grippé, il ne peut assister à un banquet réformiste organisé à Saint-Germain, mais il envoie un message pour affirmer son soutien « au principe populaire et réformiste ». *Décembre,* il est élu commandant de la Garde nationale de Saint-Germain.

1848 : *janvier,* pour surveiller les répétitions de *Monte-Cristo,* il s'installe provisoirement à Paris, cité Trévise. *2 février,* première de *Monte-Cristo,* au Théâtre-Historique. *Février et juin,* il prend part aux journées révolutionnaires (voir p. 1227). *12 mars,* il se met sur les rangs pour les élections à la Constituante. Tout le reste de l'année est occupé par plusieurs campagnes électorales dans l'Yonne où il est battu (voir p. 1227). *14 octobre,* première de *Catilina,* au Théâtre-Historique (c'est un succès).

1849 : *du 9 au 16 mai,* il voyage en Hollande pour le couronnement du roi. *20 mai,* dernière entrevue avec Marie Dorval, mourante. *26 juillet,* première du *Chevalier d'Harmental* au Théâtre-Historique (c'est un succès). *10 novembre,* première du *Testament de César* à la Comédie-Française (succès mitigé). *22 nov.,* première du *Comte Herman,* au Théâtre-Historique (succès moyen). *Du 18 au 21 décembre,* il chasse à Villers-Cotterêts.

1850 : *janvier,* séjour « à la campagne ». *22 février,* Dumas est arrêté à la suite d'un jugement de contrainte par corps prononcé contre lui pour une lettre de change de 3 600 F à M. Moreau ; dans un référé devant la première chambre : son défenseur Nogent-Saint-Laurens fait valoir une demande de cession de biens et obtient sa libération. *Août,* il devient l'amant d'Isabelle Constant ; il est saisi rue Frochot. *Du 27 août au début septembre,* il voyage en Angleterre pour assister aux obsèques de Louis-Philippe. *23 septembre*, première du *Capitaine Lajonquière* au Théâtre-Historique (succès honorable). *16 octobre*, fermeture du Théâtre-Historique. *Novembre*, il chasse dans la région de Villers-Cotterêts. *20 décembre*, faillite du Théâtre-Historique.

1851 : *17 mars*, naissance d'un fils présumé : Henry-Francis Baüer (voir p. 1282). *21 avril*, première de *La Barrière de Clichy*, au Théâtre-National. *Du 11 au 20 juillet*, il séjourne à Enghien et Montmorency. *Juillet-août*, il séjourne à Monte-Cristo. *Septembre*, sous le coup d'une contrainte par corps, il va chasser à Mormant. *4 octobre*, pour faire lever l'interdiction qui pèse sur la pièce de son fils, il certifie que *La Dame aux camélias* est « une pièce essentiellement morale ». *10 décembre*, fuyant beaucoup plus la contrainte par corps que les conséquences du coup d'État de Louis Napoléon Bonaparte, il part pour Bruxelles.

1852 : *2 février*, il ne peut assister au triomphe de *La Dame aux camélias*, mais s'en réjouit de loin. *Du 8 au 10 février*, il séjourne à Gand. *Du 10 février au 1ᵉʳ mars*, Isabelle Constant séjourne à Bruxelles. *Les 25 février, 11 et 7 mars*, Mme Guidi vient lui rendre visite. *Du 28 mars au 10 avril*, muni d'un sauf-conduit, il se rend à Paris où il assiste, le 1ᵉʳ avril, à la première de *Benvenuto Cellini*. *Mi-avril*, il passe une nuit avec la « belle pâtissière ». *19 avril*, premier dîner hebdomadaire qui réunira désormais quelques réfugiés au 77, boulevard de Waterloo. *1ᵉʳ mai*, arrivée à Bruxelles de Marie Dumas. *9 mai*, il est en route pour la Hollande, G. de Nerval rend visite à Dumas : séance de magnétisme. *Vers le 8 juin* et *du 20 au 27 juin*, il fait de brefs séjours à Paris. *Du 31 juillet au 1ᵉʳ août*, il accompagne Victor Hugo à Anvers où il s'embarque pour l'Angleterre. *Du 6 au 10 août*, il voyage sur les bords du Rhin, avec Mme Guidi (Mayence, Baden). *10 août*, il est de retour à Paris. *Du 17 août*

au 3 octobre, il voyage à Rome avec Isabelle Constant pour se documenter sur *Isaac Laquedem*. *11 octobre*, il est de retour à Bruxelles. *Du 1ᵉʳ au 6 novembre et du 6 au 15 décembre*, il fait de brefs séjours à Paris. *14 décembre*, premier concordat de la faillite.

De 51 à 60 ans

1853 : *du 29 janvier au 6 février*, il séjourne à Paris ; *1ᵉʳ février*, il rencontre le prince Napoléon pour faire lever l'interdiction d'*Isaac Laquedem*. *Du 23 au 30 mars*, il reste à Paris, chez Mme Guidi (*le 26 mars*, toujours pour lever l'interdiction, il va voir le préfet de police, avec le prince Napoléon qui l'invite à dîner et *le 27 mars*, il passe le dimanche de Pâques en compagnie d'Isabelle Constant, très malade). *Du 2 au 8 mai*, il séjourne de nouveau à Paris (le *2 mai*, deuxième concordat de la faillite). *Du 25 mai au 6 juin* et *du 14 au 20 juin* : brefs séjours à Paris. *Autour du 6 août*, il reste à Compiègne avec « une femme libre », pour travailler à *La Jeunesse de Louis XIV*. *Du 15 au 18 août*, il passe quelques jours à Paris. *28 août*, en l'honneur de la danseuse espagnole Petra Camera, il donne une fête boulevard de Waterloo. *Du 30 août au 1ᵉʳ septembre* et *du 13 au 23 septembre*, brefs séjours à Paris pour assister aux répétitions de *La Jeunesse de Louis XIV*. *Du 7 octobre au début novembre*, il revient à Paris pour obtenir la levée de l'interdiction qui pèse sur *La Jeunesse de Louis XIV*. En vain. *Fin octobre*, escapade à Blois et Chambord. *Du 10 au 15 novembre*, de retour à Paris, il assiste à la première de *Diane de Lys*, de Dumas fils. *20 nov.*, sortie du premier numéro du « Mousquetaire ». *18 nov.*, retour (presque) définitif à Paris. *29 nov.*, il s'installe 1, rue Laffitte.

1854 : *13 janvier*, première de *Romulus*. *Du 19 au 22 février* et *du 18 au 25 mars*, brefs aller et retour à Bruxelles. *Septembre*, il chasse en Beauce et dans le Loiret. *Du 12 au 19 sept.*, aller et retour à Bruxelles d'où il revient avec sa fille Marie. *Vers le 14 octobre,* dernier aller et retour à Bruxelles ; *28 oct.,* démission en bloc des principaux rédacteurs du « Mousquetaire ». *4 novembre,* première de *La Conscience* à l'Odéon (succès).

1855 : *26 janvier,* suicide de Gérard de Nerval ; *28 janv.,* Dumas fait la connaissance d'Emma Mannoury-Lacour, venue aux obsèques de Nerval. *Du 4 au 8 mars,* séjour au château de Monts chez les Mannoury-Lacour. *20 mars,* il assiste avec fierté au triomphe du *Demi-Monde* de son fils. *Du 28 au 30 avril,* séjour à Bruxelles pour régler des affaires. *Vers le 26 mai,* bref séjour à Caen où il retrouve Emma. *Juin,* Marie Dumas, furieuse contre son père à cause de ses aventures féminines, dévaste l'atelier de la rue d'Amsterdam : il s'ensuit une brouille et la séparation du père et de la fille. *1er septembre,* ouverture de la chasse à Bernay. *Du 5 sept. au 9 octobre,* la signature de Dumas n'apparaît pas dans « Le Mousquetaire » : peut-être chasse-t-il à Monts, ou se cache-t-il à Courseulles avec Emma Mannoury-Lacour, ou encore séjourne-t-il chez son fils ? *A l'automne,* Emma fait une fausse couche : Dumas se rend à son chevet.

1856 : *5 janvier,* première de *L'Orestie* à la Porte-Saint-Martin : succès. *6 mai,* Dumas marie sa fille à Olinde Pétel, à Saint-Philippe du Roule (voir p. 1279). *Du 19 au 22 mai,* il refait avec Paul Bocage la route de Varennes que Louis XVI avait empruntée lors de sa fuite. *Du 22 septembre au 4 octobre,* séjour à Saint-Adresse, chez Dumas fils. *Du 4 au 6 oct.,* escapade à Lyon, Bourg-en-Bresse, Brou, pour rechercher les pièces des procès des Compagnons de Jéhu. *Du 21 au 25 novembre,* nouveau voyage à Bourg-en-Bresse, Dijon, Brou.

1857 : *7 février,* le dernier numéro du « Mousquetaire » est mis en vente. *Du 7 au 17 février,* Dumas séjourne à Saint-Bris (Yonne) chez son ami le notaire Charpillon pour chasser le sanglier. *Du 27 mars au 7 avril,* il est envoyé en Angleterre par « La Presse » pour rendre compte des élections anglaises (*les 4 et 6 avril,* il rend visite à Victor Hugo à Guernesey). *Du 25 au 31 mai,* nouveau séjour en Angleterre pour assister au derby d'Epsom. *Du 13 au 21 juillet,* il passe quelques jours à La Houmière (près de Ligueil) chez Prosper Vialon : il chasse et pêche. *23 août,* il organise un feu d'artifice sur les ruines du château de Pierrefonds. *1er septembre,* il fait l'ouverture de la chasse à Villers-Cotterêts, puis se rend à Saint-Bris mais handicapé du genou droit, il ne peut chasser. *Du 21 septembre au début octobre,* voyage en Allemagne pour accompagner Lilla Bulyowski (Bruxelles, Spa, Cologne, descente du Rhin jusqu'à Mannheim).

1858 : *16 janvier,* il assiste à la première du *Fils naturel* d'A. Dumas fils. *Du 13 février à la fin mars,* il voyage et séjourne à Marseille, où il dirige les répétitions des *Gardes forestiers* dont la première a lieu le 23 mars. *Vers le 16 avril,* il se rend au Havre pour commander un yacht à l'armateur Mazeline, en vue d'un voyage en Méditerranée. *7 juin,* il invite à dîner le spirite Home. *10 juin,* il dîne chez le comte et la comtesse Kouchelef qui l'invitent à l'accompagner en Russie. *Du 15 juin au 10 mars 1859,* voyage en Russie (la Belgique, Aix-la-Chapelle, Berlin, Stettin, Cronstadt, Saint-Pétersbourg, la Finlande, Moscou, Zagorsk, Pereslav, Elpativo, la Volga, Nijni-Novgorod, Kazan, Astrakhan, la Caspienne, la Georgie, le Caucase, traversée de la mer Noire, Constantinople, Athènes, Marseille).

1859 : *mars,* il séjourne à Châteauroux chez sa fille. *Avril,* il prend les eaux à Pierrefonds. *Mi-avril,* début de sa liaison avec Émilie Cordier. *Juillet,* il loue une maison à La Varenne-Saint-Hilaire. *Du 10 au 20 août,* il séjourne à

Marseille où il essaye son yacht le « Monte-Cristo », commandé l'année précédente à Athènes (voir p. 1258). *Septembre,* ouverture de la chasse à Villers-Cotterêts, puis chasses à Saint-Bris. *Du 5 au 8 octobre,* il voyage à Marseille. *20 décembre,* signature du traité entre Dumas et Michel Lévy, qui détermine leur long procès (voir p. 1329). *Du 24 déc. au 17 février,* il voyage en Italie avec Émilie Cordier : Marseille, Livourne, Florence, Gênes, Turin (où il rencontre Garibaldi), Milan, Venise, Mantoue, Milan, lac de Côme (où il a une nouvelle entrevue avec Garibaldi), Gênes, Livourne, Rome, Marseille.

1860 : *17 février,* Dumas est de retour à Paris. *26 avril,* il quitte Paris pour l'Yonne où il séjourne quelques jours à Saint-Bris chez Charpillon, puis continue vers Marseille. *9 mai,* il embarque à Marseille sur l'« Emma » avec Émilie Cordier. *De mai à novembre,* il navigue en Méditerranée (Gênes, Palerme, Malte, la Sicile, Naples) où il est mêlé à l'expédition des Mille de Garibaldi (voir p. 1228). *Novembre,* il fait un bref aller et retour à Paris. *1er décembre,* il est de retour à Naples.

1861 : *1er janvier,* il apprend la naissance de sa fille Micaëlla (voir p. 1283). *Du 24 janv. au 6 février,* il se rend à Paris pour rendre visite à la mère, Émilie Cordier, et à l'enfant. *Mai,* il revient à Paris et repart avec Émilie ; en chemin, à Lyon, il croise sa fille Marie qui revient, seule, de Jérusalem. *Juillet,* il assiste à une éruption du Vésuve. *Du 8 au 10 décembre,* il assiste à une nouvelle éruption du Vésuve et explore le cône du volcan.

1862 : *vers le 8 février,* il est de retour à Paris pour régler des affaires de famille. *Vers le 26 févr.,* il se rend à Châteauroux pour le procès en séparation intenté par Marie Dumas contre son mari. *Avril,* il est de retour à Naples. *Octobre,* il devient l'amant de la cantatrice Fanny Gordosa. *Novembre,* il

est contacté par la junte gréco-albanaise (voir p. 1230).

De 60 à 68 ans

1863 : *du 10 au 15 mars,* aller et retour à Turin. *10 juin,* avec Émilie Cordier et Micaëlla, il quitte Naples pour Paris par Turin, le Saint-Gothard, Lucerne, Berne. *3 juillet,* après avoir rompu avec Émilie, il quitte Paris pour Naples. *Fin octobre,* il séjourne à Sorrente.

1864 : *du 24 au 27 février,* nouveau séjour à Sorrente. *6 mars,* il quitte Naples avec la Gordosa qu'il désire faire connaître à Paris. *12 mars,* il est de retour à Paris où il assiste à une représentation de *L'Ami des femmes* de Dumas fils. *Du 23 au 28 avril,* il se rend au Havre pour acheter un bateau de sauvetage avec les fonds qu'il a rassemblés à Paris. *19 mai,* il s'installe à Enghien, à la Villa Catinat. *2-3 septembre,* il fait l'ouverture de la chasse chez Bouchet à Fernet-Yonne, puis à La Fère près de Soisson. *Vers le 15 sept.,* il est de retour à Enghien. *Du 27 octobre au début novembre,* il se rend à Marseille pour y monter *Les Mohicans de Paris.* *31 décembre,* il assiste, à Neuilly, au mariage de son fils avec la princesse Naryschkine.

1865 : *1er mars,* il donne sa première causerie (sur Delacroix, première d'une longue série à Paris, en province et à l'étranger). *Du 23 au 28 mars,* causeries à Anvers. *Du 6 au 8 avril,* causeries au Havre ; *du 9 au 25 avril,* causeries à Lyon et Saint-Étienne. *En juin,* pour avoir dit : « Je continue à donner la main à ceux que leur changement d'opinion conduit au malheur et à l'exil, mais je la retire à ceux que leur changement d'opinion conduit à la fortune et aux honneurs », ses conférences sont interdites à Paris, mais cette interdiction ne s'applique pas à la province ; *13 juin,* causeries à Cherbourg ; *du 23 au 27 juin,* causeries à Bordeaux. *Vers le 20 juillet,* causeries à Limoges. *30 et*

31 juil., il assiste à une représentation des *Gardes forestiers* à Villers-Cotterêts. *1er septembre,* causeries à Beauvais ; *3 sept.,* à Laon ; *5 sept.,* à Tours. *Du 12 novembre au 9 janvier 1866,* voyage en Autriche et Hongrie avec sa fille Marie (Cologne, Dresde, Prague, Vienne, Pest, Vienne, Prague, Dresde).

1866 : *9 janvier,* il est de retour à Paris. *24-26 février,* causerie à Lille. *3-4 avril,* il se rend à Saint-Tropez pour l'inauguration de la statue de Suffren ; *19 avril,* il accompagne une tournée des *Gardes forestiers* à Valenciennes. *Vers le 18 mai,* il quitte Paris pour Naples par Marseille, Livourne, Florence où il séjourne jusqu'au *2 juin* puis s'embarque à Livourne à destination de Naples, où il arrive *le 4 juin* ; 12 juin, après la déclaration de guerre de l'Italie à l'Autriche, il quitte Naples pour se rapprocher des combats et va le *22 juin* à Florence, *le 24* à Bologne, *le 25* à Ferrare puis revient, *le 30,* à Florence. *Vers le 15 juillet,* il est de retour à Paris, après un séjour à Aix-les-Bains. *Septembre,* il séjourne à Villers-Cotterêts. *Novembre,* début de sa liaison avec Olympe Audouard ; *10 nov.,* il prend la direction littéraire du « Mousquetaire ». *Décembre,* début de sa liaison avec Adah Menken.

1867 : *16 mars,* à la première des *Idées de Madame Aubray,* il reçoit les félicitations du public à la place de son fils ; *28 mars,* il pose avec Adah Menken en maillot chez le photographe Liébert (voir p. 1311). *Du 6 au 12 avril,* pendant qu'éclate le scandale, il voyage en Allemagne (Francfort, Sadowa, Langensalza) pour son prochain roman *La Terreur prussienne. Août-septembre,* il séjourne à Trouville. *4 octobre,* il assiste à la reprise d'*Antony* au Théâtre Cluny (succès).

1866 : *4 février,* il lance le premier numéro du « Dartagnan » ; *17 février,* à la reprise de *Kean* à l'Odéon, des étudiants réclament *Ruy Blas* (qui est interdit) et chahutent Dumas : il doit quitter sa loge avec Adah Menken. *Du 23 juin à la fin août,* avec Nina de Callias, il se rend à l'Exposition du Havre où il assiste aux courses dominicales de taureaux, et d'où il fait des excursions à Lisieux, Fécamp, Trouville, Dives-sur-Mer. *Début septembre,* séjour à Étretat avec Courbet et Monet ; *mi-sept.,* il est de retour à Paris pour les répétitions de *La Conscience,* reprise au Châtelet. *31 octobre,* première de *Madame de Chamblay* à la Porte-Saint-Martin.

1869 : *4 mars,* il assiste aux obsèques de Lamartine à Saint-Point ; *10 mars,* première de *Les Blancs et les Bleus. Mars-avril,* il séjourne pendant cinq à six semaines dans une petite maison du parc de Maisons-Laffitte, mise à sa disposition par Olympe Audouard. *Avril,* sa santé commence à se détériorer : somnolences continuelles, tremblements. *8 mai,* il assiste à une représentation du *Filleul de Pompignac* de Dumas fils. *Juillet,* son médecin lui recommandant l'air de la mer, il quitte Paris pour la Normandie : il séjourne au Havre, puis au château de Crèvecœur, chez le comte d'Houdetot. *Du 25 juil. au début septembre,* il s'installe en Bretagne à Roscoff pour rédiger son *Dictionnaire de cuisine.*

1870 : *5 mars,* il quitte Paris, en compagnie d'A. Goujon, pour l'Espagne, via Saint-Jean-de-Luz. *Fin avril,* il arrive à Madrid. *29 avril,* à une représentation du Théâtre-Royal, il s'assoupit et dérange la représentation par ses ronflements : réveillé et confus, il quitte le théâtre. *3 août,* il est de retour à Paris « sans un sou » après un séjour à Biarritz. *12 septembre,* avec Marie Dumas et Adolphe Goujon, il prend le train pour Dieppe pour se rendre chez son fils à Puys. On l'installe au rez-de-chaussée dans une chambre donnant sur la mer. A son fils qui lui demande un jour s'il veut travailler : « Il n'y a pas de danger qu'on m'y reprenne, répondit-il, je suis trop bien comme cela !» Il se repose, joue aux dominos avec ses petits-enfants, contemple la mer. *28 novembre*, il se couche pour ne plus se relever.

Mort d'Alexandre Dumas

Jour de sa mort. Le *3 décembre 1870*, il entre en agonie ; *le 4 décembre*, il est frappé d'apoplexie ; *le 5 décembre*, il a déjà perdu connaissance quand l'abbé Andrieu, curé de la paroisse Saint-Georges de Dieppe lui donne l'extrême-onction. Il meurt le soir, à dix heures moins sept, dans les bras de sa fille Marie. Le même jour, les Prussiens ont pénétré dans Dieppe.

• **Enterrement.** Après une messe à Neuville-les-Pollet, il a lieu *le 8 décembre,* dans le cimetière de Neuville, devant une délégation du conseil municipal dieppois et quelques écrivains et artistes. M. Lebourgeois, conseiller délégué, prononce une allocution ; Adolphe Lemoine Montigny, directeur du Gymnase, parle pour les écrivains, et le peintre Bénédict Masson, au nom des artistes.

Après la guerre et la fin de l'occupation prussienne son corps est **exhumé** *le 14 avril 1872,* transporté à Villers-Cotterêts et inhumé dans le cimetière, dans la tombe de ses parents.

Sont présents : Girardin, Chindolle, Meissonnier, E. About, le baron Taylor, Got, les sœurs Madeleine et Augustine Brohan, la comtesse Dash, Maquet ; Alexandre Dumas fils avec sa femme et ses deux filles ainsi que Marie Dumas conduisent le deuil. Après les discours de divers Cotteréziens, et du représentant de l'Instruction publique, Dumas fils prend la parole : « Mon père avait toujours désiré d'être enterré ici. Il y avait laissé des amitiés, des souvenirs, et ce sont ces souvenirs et ces amitiés qui m'ont accueilli hier soir lorsque tant de bras dévoués se sont offerts, pour suppléer les porteurs et conduire eux-mêmes à l'église le corps de leur

grand ami [...]» Il explique qu'il a voulu que son père ne revienne dans sa ville natale que dans une patrie libérée et qu'avec le printemps : « Je voulais que cette cérémonie fût moins un deuil qu'une fête, moins un ensevelissement qu'une résurrection ».

• **Testament.** *Le 17 octobre 1865,* par testament olographe, Dumas avait fait de Louis-Étienne Charpillon, notaire à Saint-Bris, son légataire universel.

• **Succession.** Le legs n'est pas décrit, mais à sa mort, Dumas ne laisse que quelques meubles et tableaux, ainsi que sa propriété littéraire qui a été vendue à Lévy jusqu'en 1880. Alexandre Dumas fils rachètera à Charpillon certains meubles et objets ayant appartenu à son père, ainsi que la propriété littéraire. La Bibliothèque nationale possède les lettres de Charpillon à Dumas fils, elles exposent les tractations difficiles qui ont suivi le décès de Dumas.

ÉTUDES

De 1811 à 1813, Dumas a fréquenté le petit collège ouvert en 1810 à Villers-Cotterêts par l'abbé Louis-Chrisostome Grégoire (Villers-Cotterêts, 10 juillet 1767 - 4 juillet 1835). Nommé vicaire, l'abbé Grégoire continue à lui dispenser des leçons de latin, tandis que Jean-Baptiste-Honoré Oblet (Fleury, 2 décembre 1778 - Villers-Cotterêts, 5 octobre 1864) tente de lui enseigner le calcul : « J'ai toujours eu pour l'arithmétique une si profonde antipathie que je n'ai jamais pu dépasser la multiplication. » En revanche, il réussit à lui donner une « belle main » : « Pour la calligraphie [...] j'étais doué ! [...] Et je continuai mes cinq genres d'écriture, mes pleins et mes déliés, mes ornements, mes cœurs, mes rosaces et mes lacs d'amour ». Dumas prend également des leçons d'armes avec le père Mounier (pensionnaire du dépôt de mendicité), des leçons de danse avec Brézette (un ex-caporal de voltigeurs) et des cours de violon avec Antoine-Nicolas Hiraux (Villers-Cotterêts, 6 mai 1766 - 25 mars 1836) : « Au bout de trois ans de leçons chez Hiraux, je ne savais pas mettre mon violon d'accord ! Je renonçai ».

☞ En 1822, il constatera, devant le général Foy : « Mon éducation est complètement manquée et, chose honteuse ! c'est aujourd'hui, c'est de ce moment que je m'en aperçois [...] Oh ! mais je la referai, je vous en donne ma parole ».

• **Lectures.** Il apprend à lire « dans un gros volume de Buffon », sans doute *Le Buffon de la jeunesse* ; puis ses premières lectures seront La Bible, *Robinson Crusoé*, les *Lettres à Émilie sur la mythologie* de Desmoutier (né comme lui à Villers-Cotterêts), *Les Mille et Une Nuits* et le *Journal de l'Empire*.

1813 : il tombe par hasard sur *L'Onanisme ou Dissertation sur les maladies produites par la masturbation* d'André Tissot, dont la lecture lui fut, dit-il, « providentielle ». **1815** : année de sa communion, il dévore les *Lettres d'Héloïse à Abélard,* mises en vers par Collardeau, Voltaire, Pigault-Lebrun, Parny, Legouvé. **1817** : Amédée de La Ponce lui fait découvrir *Werther* de Goethe et *Lénore* de Burger. **En 1818,** il découvre au grenier *Les Aventures du chevalier de Faublas* de Louvet de Couvray, qui passe à l'époque pour un livre licencieux et qu'il lit en cachette. **1819** : après avoir assisté à une représentation d'*Hamlet* de Ducis, il se procure le livre et apprend par cœur le rôle du héros. **1823** : dès sa publication, il lit avec passion le *Mémorial de Sainte-Hélène.* A la même époque, son collègue de bureau, Lassagne, entreprend son éducation littéraire et lui dresse un programme de lectures qui comprend des antiques : Eschyle, Sophocle, Euripide, Sénèque, Plaute, Aristophane ; du théâtre : Shakespeare, Molière, Racine, Corneille, Voltaire, Schiller ; des romans : Goethe, Walter Scott, Fenimore Cooper ; des Mémoires : Joinville, Froissart, Monstrelet, Chatelain, Juvénal des Ursins, Montluc, l'Estoile, le cardinal de Retz, Saint-Simon ; Villars, Mme de La Fayette, Richelieu ; des poètes : Homère, Virgile, Dante, Ronsard, Mathurin Régnier, Milton, Goethe, Uhland, Byron, Lamartine, Victor Hugo, André Chénier.

CLERC DE NOTAIRE

« En 1816 [raconte Dumas], j'avais quinze ans. On jugea qu'il était temps de me faire apprendre un état, et l'on se décida pour celui de notaire [...] tout état, excepté celui de séminariste, m'était assez indifférent ».

1816 : *en août,* il entre comme saute-ruisseau chez Me Armand-Julien-Maximilien Mennesson, un ami de la famille, notaire à Villers-Cotterêts, « homme d'esprit, brusque souvent, entêté toujours, volontairien enragé, et déjà républicain à une époque où personne ne l'était encore ». Son travail consiste à aller faire signer à domicile les actes que le notaire rédige pour les paysans des environs, une tâche qui se combine très bien avec la chasse ! **1822** : *en août,* il est engagé comme « deuxième ou troisième clerc » chez Pierre-Nicolas Lefèvre, notaire à Crépy-en-Valois, mais dès *le 6 novembre,* il est remercié après son escapade à Paris.

DANS L'ADMINISTRATION : LES BUREAUX DU DUC D'ORLÉANS

Secrétariat. *En 1823,* il est engagé comme surnuméraire, à 1 200 F par an, il entre en fonction le *10 avril.* Il travaille au troisième étage du Palais-Royal, et partage son bureau avec Ernest Basset (commis d'ordre) et Hippolyte Lassagne (sous-chef). Son chef de bureau est Jacques-Parfait Oudard.

FONCTION : arrivé le matin à 10 h 30, reparti à 5 h, il copie d'une belle écriture les lettres que signent selon leur importance, M. Oudard, M. François Manche de Broval (secrétaire des commandements du duc d'Orléans) ou le duc lui-même. Parfois, lorsque le duc est au château de Neuilly, il doit revenir au bureau de 8 h à 10 h du soir pour « faire le portefeuille », c'est-à-dire envoyer au duc par estafette les journaux du soir et le courrier de la journée, et recevoir en retour les ordres du lendemain. *En février 1824,* Dumas est augmenté, il gagne alors 1 600 F par an. *Le 10 avril,* il est nommé expéditionnaire.

Bureau des secours. Il y est muté, *en février 1827,* et gagne 1 800 F par an. Le directeur est Benjamin Appert. Alexandre Dumas parcourt Paris pour rendre visite et prendre des renseignements sur les malheureux qui ont fait appel à la générosité du duc ; mais à partir d'octobre, les visites aux nécessiteux sont souvent remplacées par des rendez-vous galants avec Mélanie Waldor et c'est peut-être pour cette raison qu'il est de nouveau muté.

Secrétariat des Archives. Il y arrive *en janvier 1828* ; son supérieur est M. Bichet (80 ans) qui, très fier de compter un poète parmi ses subordonnés, lui laisse les coudées franches, mais Dumas manque de discrétion et néglige trop ouvertement sa tâche pour ses travaux littéraires.

Bureaux forestiers. Il y est muté, *en février 1828,* et se retrouve sous les ordres de M. Deviolaine (voir p. 1272) avec pour chef de bureau M. Fossier. En bougonnant, M. Deviolaine lui accorde un réduit où, sa tâche terminée, il peut travailler à son œuvre, *Christine,* à l'abri des bavardages de ses collègues. *En octobre 1828,* ses gratifications sont supprimées, le duc d'Orléans ayant écrit de sa main en marge du tableau des gratifications : « Supprimer les gratifications de M. Alexandre Dumas qui s'occupe de littérature ». Néanmoins, le 17 juin 1829, Dumas sollicite du duc d'Orléans la place de bibliothécaire du château d'Eu.

Bibliothécaire adjoint. *Le 20 juin 1829,* il est nommé non pas à Eu mais au Palais-Royal, ses appointements sont de 1 200 F par an. Ses collègues sont Vatout et Casimir Delavigne qui accepte avec réticence ce jeune rival.

FONCTIONS MILITAIRES

Service militaire. *En avril 1823,* Alexandre Dumas tire à la conscription le n° 9. Mais comme fils de veuve, il est exempté de service militaire. (Le jour même, il joue le 9 à la loterie et gagne 73 F).

Mission à l'Ouest. *Après la révolution de 1830,* on propose à Dumas de partir à Saint-Pétersbourg pour accompagner M. Athalin, envoyé de Louis-Philippe auprès de Nicolas Ier. Il refuse. En revanche, il sollicite et obtient du général La Fayette la mission de parcourir les départements de Vendée (Loire-Atlantique, Morbihan, Maine-et-Loire) pour y organiser une garde nationale. Il effectue tournée en *août* et *septembre 1830.* A son retour, il adresse son rapport, « Mémoire sur la Vendée » au roi Louis-Philippe qui le reçoit en audience *(mi-octobre).* Leurs avis sur la Vendée divergent. Froissé, Dumas envoie le jour même sa démission au roi.

Garde nationale. *En octobre 1830,* il est admis par acclamation dans la cavalerie de la Garde nationale, puis en décembre dans la 4ᵉ batterie de l'artillerie, surnommée « la Meurtrière » car elle comprend de nombreux médecins. Dans son uniforme (galons, épaulettes, corde à fourragère en or), il participe à l'exercice qui a lieu trois fois par semaine de 6 h à 10 h du matin, dans la cour Carrée du Louvre, avec tir à Vincennes deux fois par mois. *Le 21 décembre,* pendant les émeutes provoquées par le procès des ministres de Charles X, Dumas est sous les armes et fait la connaissance de Mérimée, pendant une faction.

Capitaine. *Le 26 décembre 1830,* il est nommé capitaine en second. *Le 1ᵉʳ janvier 1831,* l'artillerie doit venir rendre une visite au roi Louis-Philippe, mais une ordonnance de la veille a dissous l'artillerie, suspectée de républicanisme ; Dumas, qui n'en a pas été averti, se présente en uniforme aux Tuileries où il est fraîchement accueilli par le roi. On parle beaucoup de l'incident, les uns croyant à une plaisanterie de mauvais goût, les autres à un acte héroïque.

Lieutenant. *En avril 1831,* l'artillerie est reconstituée et Dumas est élu lieutenant. A ce titre, il participe aux obsèques du général Lamarque et aux émeutes qu'elles provoquent. Cependant Dumas, qui n'est pas un garde national modèle, répugne à prendre ses tours de garde. Condamné à trois cent soixante heures de prison pour manquements à la garde, il est écroué, *du 18 septembre au 3 octobre 1836,* à la maison d'arrêt de la Garde nationale, rue des Fossés-Saint-Bernard. *Le 4 janvier 1837,* il est de nouveau condamné à quinze jours de prison pour refus de service. Il fait appel et est finalement condamné à quarante-huit heures de prison, peine qu'il purge du *8 au 10 mai 1837.*

Colonel. *Le 10 décembre 1846,* Dumas est élu colonel de la Garde nationale de Saint-Germain-en-Laye. *En février 1848,* il tente d'entraîner ses troupes rétives dans la révolution. C'est revêtu de son uniforme qu'il parcourt tantôt acteur, tantôt témoin, les rues de la capitale (voir p. 1227).

LES DUELS

Dumas a pris dans son enfance des leçons d'armes avec le père Monnier, ancien maître d'armes, pensionnaire du dépôt de mendicité de Villers-Cotterêts. Monté à Paris, il parfait sa maîtrise en fréquentant les salles d'armes, et acquiert la réputation d'un bon bretteur. Son caractère le prédispose à de nombreuses affaires d'honneur qui n'ont pas toutes été jusqu'au bout.

Contre Miaud *(mai 1818).* Dumas a 16 ans lorsqu'il est éconduit par Laurence (voir p. 1312) qui lui préfère Miaud, un jeune bellâtre, employé au dépôt de mendicité de Villers-Cotterêts, qui se moque de sa tenue démodée et inélégante : « Voilà Dumas qui va refaire sa première communion ; seulement il a changé de cierge ». Dumas le provoque en duel ; en réponse, il reçoit le lendemain une poignée de verges, accompagnées de la carte de Miaud : de rage, il fait une fièvre cérébrale.

Contre Charles B. *(6 janvier 1825).* Le 3 janvier 1825, en entrant à l'Estaminet Hollandais, Dumas arbore un manteau « à la Quiroja ». Or, porter ce manteau qui tient son nom d'un général espagnol libéral est un acte de foi politique. Dans le restaurant, des joueurs de billards — dont Charles B. — ricanent. Dumas carambouille leurs boules ; le ton monte : un duel est fixé entre Dumas et Charles B. qui choisit l'épée. La rencontre a lieu le 6 janvier, à la barrière Rochechouart. Les témoins de Dumas sont ses collègues Betz et Tallancourt. D'un simple dégagement de tierce Dumas touche son adversaire à l'épaule : le duel est arrêté.

Contre Alcide-Hyacinthe du Bois de Beauchesne *(février 1833).* Après l'arrestation de la duchesse de Berry, deux médecins sont dépêchés auprès de la prisonnière. Les journaux légitimistes accusent les mauvais traitements subis par la duchesse ; un journal républicain, « Le Corsaire », insinue qu'il pourrait plutôt s'agir d'une grossesse. Les légitimistes envoient aussitôt un défi collectif à la rédaction. Les journaux républicains dont « Le National » prennent fait et cause pour leur confrère, si bien que « Le National » reçoit à son tour une provocation collective. Bien qu'il trouve le prétexte assez dérisoire, Dumas décide de se battre par fidélité républicaine : par lettre, il provoque en duel un légitimiste, son ami Du Bois de Beauchesne qui, pour l'heure, est à la campagne. Le duel est remis à son retour à Paris. Mais entre-temps, les esprits se sont calmés et le duel n'a finalement pas lieu.

Contre Gustave Planche *(juin 1833).* Le 19 juin, Florestan Bonnaire invite à dîner des collaborateurs de « La Revue des Deux Mondes » : Buloz, George Sand avec son chevalier servant Gustave Planche et Dumas. Ce dernier risque une allusion au récent fiasco de Mérimée dans le lit de George Sand (Dumas a été mis au courant par une indiscrétion de Marie Dorval, confidente de George Sand) : George Sand s'estime insultée ; Planche renchérit. Le 21, George se rend aux bureaux de « La Revue », rue des Beaux-Arts, et demande réparation à Dumas. Celui-ci répond qu'il ne peut se battre avec une femme ; d'ailleurs, ajoute-t-il : « lorsqu'on vient demander une explication en se faisant accompagner d'un homme, on rend l'homme responsable des suites. Je ferais volontiers l'homme qui vous accompagne responsable de ces suites, mais il paraît, puisqu'il ne veut pas descendre, qu'il me tourne le dos ; j'aurais volontiers un duel avec lui. » George va trouver Planche qui est au premier étage des bureaux : « Je vais descendre », déclare Planche qui se laisse pourtant retenir par Buloz. Le 24, par lettre, il demande réparation à Dumas, mais comme il souffre d'une ophtalmie, il remet le duel à plus tard. Dumas se met à sa disposition et lui envoie ses témoins : Alexandre Bixio et Auguste X. Planche voudrait reculer et, bon prince, Dumas lui offre une possibilité de repli : il avouera qu'il a eu tort dans cette affaire, si Planche lui écrit « positivement que n'étant pas l'amant de George Sand », il ne peut répondre de ses propos. Planche s'exécute et Dumas s'excuse de ses propos insultants (27 juin).

Contre Maurice Alhoy *(6 juillet 1834).* Le 29 juin, le journal satirique « L'Ours » publie un article désobligeant sur Dumas : « M. le vicomte Alexandre Dumas est le plus mauvais sujet que l'on puisse imaginer, n'ayant ni souci, ni soins, homme de plaisir et de fêtes, jetant par les fenêtres l'or, le vin et les femmes, un Don Juan, un Lovelace, un Faublas, un régent ». Le 4 juillet, Dumas demande réparation à l'auteur de l'article. Le 5, ses témoins (Victor Hugo, Dermoncourt et Bixio) sont reçus par Broc, le gérant de « L'Ours » ; le rédacteur, Maurice Alhoy, se déclare prêt à répondre en l'absence de l'auteur de l'article, mais ses témoins affirment que « l'attaque n'était nullement dirigée contre le caractère et la personne de M. Alexandre Dumas ». On trouve un arrangement que Dumas refuse. Le duel a lieu le 6, à l'épée : Alexandre est légèrement blessé. Selon Jacquot de Mirecourt, le duel aurait été arrangé, mais Maurice Alhoy, emporté par l'ardeur du combat, aurait serré Dumas de si près que ce dernier se serait écrié : « Mais, cher ami, cela n'a pas été convenu ainsi ». Ce témoignage est à considérer avec une grande réserve.

Contre Jules Janin *(décembre 1837-janvier 1838* et *juillet-août 1843).* Critique aux « Débats », Jules Janin attaque si violemment *Caligula* que Dumas le provoque en duel, provocation qui n'est pas suivie d'effet.

Après la première des *Demoiselles de Saint-Cyr* (25 juillet 1843), Jules Janin (1804-1874) dénonce dans « Les Débats » du 27 juillet « cette comédie insipide avortée ». Le 30 juillet, dans « La Presse », Dumas lui répond : « Quoi ! Monsieur Janin, vous massacrez ma comédie, comme vous avez massacré ma tragédie ! Vous qui causiez pendant le spectacle avec des confrères dans les couloirs ! Étonnez-vous de n'avoir rien compris ! » Le 7 août, riposte de Janin : « Une pièce à trente-six pères qui n'est qu'un vaudeville refusé aux Variétés, sous le titre *Les Deux Mousquetaires* ». Dumas lui envoie ses témoins ; Janin qui a pris du ventre, se calme : on se réconcilie.

Contre Gaillardet *(17 octobre 1834).* Dans « Le Musée des familles » du 16 octobre, Gaillardet (voir p. 1330 et 1342) accuse Dumas de lui avoir volé la gloire et la fortune avec *La Tour de Nesle.* Dumas demande réparation. Ses témoins (Longpré et Maillan) et ceux de Gaillardet (Soulié et Fontan) organisent, à Saint-Mandé, la rencontre au pistolet qui a lieu le lendemain. Bixio y assiste en tant que chirurgien. Les adversaires tirent chacun une balle, sans résultat. Dumas veut un combat à mort et souhaite qu'on recharge les armes, mais les témoins s'y opposent.

Contre Buloz *(23-24 avril 1841).* Le 23 avril, Dumas a une violente altercation avec Buloz, à propos de la mise en scène, à la Comédie-Française, d'une pièce de Soumet. Le lendemain, il lui envoie ses témoins (Jules Lefèvre et E. Deschamps). Buloz refuse le duel.

Contre Jules Lecomte *(11-13 mai 1843).* Début mai, Jules Lecomte qui séjourne, comme Dumas, à Florence, lui propose ses services. Rendu méfiant par le passé d'escroc de Lecomte, Dumas refuse ses offres de service et ne se prive pas de déclarer hautement les motifs de son refus qui sont bientôt connus à l'ambassade : le 11 mai, Lecomte est chassé de Florence. Furieux, il se rend, accompagné du prince Doukoukoff-Korsakoff aux Cascines où se promène Dumas et lui assène un coup de canne. Dumas, qui bavardait à la portière de la voiture de la comtesse de Wurtemberg, pare le coup et, avec sa propre canne, frappe Lecomte au visage. Ne pouvant pas se battre avec un escroc, il provoque Korsakoff en duel. Le prince relève le défi, mais, renseignements pris, le 13 mai, il fait amende honorable.

Comte Léon de Malleville *(février 1847).* Après son voyage en Algérie, sous la protection de Salvandy, Dumas est l'objet de vives attaques à l'Assemblée. Le député périgourdin Léon de Malleville tempête : « Est-il vrai qu'un ministre a dit : "Dumas révélera l'Algérie à messieurs les députés qui ne la connaissent pas ?" » Dumas demande réparation au député et pressent Victor Hugo comme témoin. Salvandy s'entremet pour que les choses en restent là.

DUMAS ET LES PRINCES

Dumas a toujours manifesté un goût prononcé pour les princes qui peut étonner chez un républicain. Par snobisme ou fierté naïve, il recherche leur société, leur estime et leurs décorations.

Les Orléans

• **Le duc d'Orléans**[1]. Employé dans les bureaux du duc d'Orléans depuis 1823, Dumas fait personnellement sa connaissance en avril 1824, lorsque le duc lui dicte directement un mémoire qui doit rester secret (il s'agit de la réfutation des prétentions de Maria-Stella Chiappini, baronne Sternberg, qui se prétend la fille de Philippe Égalité, à laquelle aurait été substitué le duc d'Orléans). En octobre 1828, le duc supprime les gratifications de cet employé peu zélé « qui s'occupe de littérature ».

Dumas, lorsqu'il débute au Théâtre-Français, prie le duc d'assister à la première d'*Henri III et sa cour* : le duc se dit empêché par un dîner ; Alexandre retarde alors son spectacle, le 10 février 1829, le duc et sa famille peuvent ainsi assister à la représentation. La pièce finie, il manifeste son contentement en se découvrant lorsqu'on acclame l'auteur ; il assiste même à la deuxième représentation et fait venir Alexandre Dumas dans sa loge pour le féliciter. Le 20 juin 1829, Dumas est

---

1. Devenu en 1830 le roi Louis-Philippe (1773-1850).

nommé bibliothécaire adjoint du duc.
Le 2 août 1830, au Palais-Royal, le duc
d'Orléans, alors lieutenant général du
royaume, félicite Dumas pour son épopée à Soissons (voir p. 1225) : « Monsieur Dumas, vous venez de faire votre
plus beau drame ! » et le 11 août, Dumas est invité au dîner que donne Louis-
Philippe en l'honneur de sa proclamation comme roi des Français.
Ces excellentes relations se détério-
rent bientôt. Envoyé en mission en Vendée pour y étudier la formation d'une
garde nationale capable d'empêcher
une nouvelle chouannerie, Dumas rédige un rapport pour le roi qui, mi-
octobre, le reçoit en audience ; Louis-
Philippe conteste les conclusions du
rapport : « Moi, je vous dis que j'ai mis
aussi le doigt sur le pouls de la Vendée,
lui dit le roi. Je suis un peu médecin,
comme vous savez. [...] C'est un triste
métier que la politique. Laissez ce
métiez-là aux rois et aux ministres. [...]
Vous êtes poète, vous ; faites de la poésie ». Vexé, Alexandre envoie sa démission le jour même. Il choisit la République contre l'amitié du duc de Chartres et la reconnaissance qu'il doit au
roi.
Une maladresse involontaire achève
de le brouiller avec Louis-Philippe : le
31 décembre 1830, le roi dissout l'artillerie de la Garde nationale suspecte
de sentiments révolutionnaires. Le lendemain (1er janvier), Dumas qui ignore
cette dissolution, se présente aux Tuileries à la réception du jour de l'an, en
costume d'artilleur. « Ah ! bonjour Dumas, lui dit le roi, je vous reconnais bien
là ! » Sa pièce *Napoléon Bonaparte*
(janvier 1831) est pour Dumas l'occasion d'affirmer son attitude à l'égard
du pouvoir : dans le préambule du
drame, il signifie au roi qu'il reprend
sa liberté : « Sire, il y a longtemps que
j'ai écrit et imprimé que chez moi
l'homme littéraire n'était que la préface
de l'homme politique [...]. » Lisant ce
préambule, le roi aurait dit : « Grand
collégien ! »

En juin 1837, Dumas est sur la liste
des promus chevaliers dans l'ordre de
la Légion d'honneur. Louis-Philippe
raye son nom. Alexandre l'apprend et
renvoie le carton d'invitation qui lui a
été envoyé pour le dîner donné à Versailles en l'honneur du mariage du fils
du roi, le duc d'Orléans. Consterné, le
jeune duc intercède pour Dumas et le
roi cède : le 3 juillet, Dumas est nommé
chevalier et, le 10 juin, il se rend à la
fête de Versailles. Cependant, il restera
dans l'opposition pendant tout le règne.
Toutefois, lorsqu'il apprend la mort de
Louis-Philippe à Claremont, Dumas se
rend immédiatement en Angleterre
pour assister à ses obsèques, mais on
lui fait comprendre qu'il est indésira-
ble et il ne peut rendre un dernier hommage au roi.

• **Ferdinand, duc de Chartres,** puis **duc
d'Orléans** (1810-1842). Dumas fait sa
connaissance au Palais-Royal dans le
cadre de ses fonctions d'employé de
Louis-Philippe. Une amitié naît entre
les deux jeunes gens qui résiste aux
pompes du pouvoir et à la rupture
d'Alexandre avec le roi Louis-Philippe.
En 1836, le jeune duc mène une vie de
plaisirs qui menace sa santé ; la famille
royale demande à Dumas d'intervenir
auprès du duc pour qu'il se ménage et
Dumas lui écrit une lettre dans ce sens.
Le duc n'y répond pas mais change
d'existence et se marie et c'est grâce à
son intervention que Dumas aura la Légion d'honneur (voir ci-dessus). Il est
invité à Versailles à la soirée donnée en
l'honneur du mariage du duc avec Hélène de Mecklembourg.
Signe de la faveur ducale, le duc et
la duchesse d'Orléans assistent généralement aux premières des pièces de leur
ami et c'est encore grâce au duc que Dumas obtient, en 1836, le privilège d'un
théâtre consacré au répertoire romantique : le Théâtre de la Renaissance. En
décembre 1837, Dumas offre à la duchesse d'Orléans le manuscrit de *Caligula,* orné de dessins de Dauzats et de
Barye ; il en est remercié par un bronze

de Barye au chiffre ducal qu'il conservera à travers toutes les péripéties de sa vie.

Le 18 juillet 1842, au Quarto à Florence, chez Jérôme Bonaparte, il apprend la mort accidentelle du duc survenue le 13 juillet. Il raconte qu'il s'est jeté dans les bras de Jérôme en lui disant : « Monseigneur, permettez-moi de pleurer un Bourbon dans les bras d'un Bonaparte ». Il part immédiatement pour la France afin d'assister aux obsèques de celui dont il disait : « Quel miracle il avait fait ! Il nous avait réconciliés avec la royauté. » Le 3 août, il arrive à Paris et assiste aux funérailles à Notre-Dame ; il se rend ensuite à Dreux pour l'inhumation. Précieusement, il conservera la serviette tachée de sang qui, après l'accident, a enveloppé la tête du duc. « Il y avait [a-t-il écrit] dans la voix du duc d'Orléans, dans son sourire, dans son regard, un charme magnétique qui fascinait. Je n'ai jamais retrouvé chez personne, même la femme la plus séduisante, rien qui se rapprochât de ce regard, de ce sourire et de cette voix […]. J'avais une douleur, j'allais à lui ; j'avais une joie, j'allais à lui, et joie et douleur, il en prenait la moitié. Une partie de mon cœur est enfermée dans son cercueil ». *(La Villa Palmieri)*.

• **Le duc de Montpensier** (1824-1890). Dumas lui est présenté le 27 octobre 1845, soir de la première des *Mousquetaires*. Le cinquième fils de Louis-Philippe reprend auprès de Dumas le rôle de protecteur et d'ami qu'assurait feu le duc d'Orléans. C'est lui qui obtient pour Alexandre le privilège du Théâtre-Historique (qui, en projet, s'appelait Théâtre Montpensier). En octobre 1846, Dumas se rend à Madrid pour assister à son mariage avec l'infante d'Espagne. Lors de la révolution de 1848, tiraillé entre l'amour de la République et sa fidélité au prince, il lui écrit (dans « La Presse » du 7 mars) pour protester de son attachement : « Ce titre d'ami, Monseigneur, quand

vous habitiez les Tuileries, je m'en vantais ; aujourd'hui que vous avez quitté la France, je le réclame. » Au Théâtre-Historique, les soirs de première, « sa » loge est toujours réservée.

• **La duchesse d'Orléans**, devenue la **reine Marie-Amélie** (1782-1866). En juin 1827, Dumas est chargé de traduire de l'italien en français le récit du sacre de Charles X, rédigé par la duchesse d'Orléans dans son journal intime.

• **La duchesse de Berry** (1798-1870). Le 10 juin 1830, le roi et la reine de Naples, accompagnés de leur fille la duchesse de Berry, assistent à une représentation de *Christine*. A la fin de la pièce, Dumas, dans leur loge, s'agenouille devant la duchesse et lui offre un exemplaire relié de *Christine*.

Les Bonaparte

• **La reine Hortense** (1783-1837). Pendant l'été 1832 et au cours de son voyage en Suisse, Dumas lui fait parvenir sa carte au château d'Arenenberg. Le 13 septembre, la reine l'invite à dîner et à déjeuner le lendemain : Dumas lui expose ses conceptions républicaines.

• **Jérôme Bonaparte** (1784-1860), frère de Napoléon. A. Dumas fait sa connaissance à Florence, en juin 1842. Comme le prince regrette que son nom ne soit pas inscrit sur l'Arc de triomphe de l'Étoile, Dumas intervient auprès du ministre Villemain pour réparer l'oubli. C'est de la bouche de Jérôme Bonaparte qu'il apprend, le 18 juillet 1842, au Quarto, la mort du duc d'Orléans ; il pleure dans ses bras. En 1848, le prince Jérôme soutient la candidature de Dumas aux élections législatives.

• **Le prince Napoléon** dit « **Plon-Plon** » (1822-1891). En juin 1842, à Florence, Dumas fait la connaissance du fils de Jérôme Bonaparte. Il est séduit par la personnalité du jeune prince : « J'appréciai en lui des qualités extraordinaires dans un jeune qui n'a pas encore atteint sa vingtième année. Ces qualités sont une intelligence profonde et juste, un esprit poétique et élevé, une éducation libérale et étendue enfin une étude étrangement exacte de l'Europe». Ensemble, du 27 juin au 1ᵉʳ juillet, ils font une excursion à l'île d'Elbe. Sous l'Empire, sa haine pour Napoléon III n'éloigne nullement Dumas du libéral « Plon-Plon » et connaissant les sentiments à l'égard de l'empereur, Dumas lui offre même un exemplaire des *Châtiments* de Victor Hugo.

• **Napoléon III** (1808-1873). A. Dumas voit pour la première fois le jeune Louis Napoléon Bonaparte à Arenenberg, en septembre 1832, au cours de son voyage en Suisse. Entretenant à Florence avec Jérôme Bonaparte et ses enfants des rapports amicaux, Dumas rentre en France et s'intéresse à Louis Napoléon prisonnier à Ham. Il obtient de lui rendre deux visites (l'une au printemps 1845) sous le prétexte qu'il participe à la rédaction des *Mémoires* du général Montholon.

Après les journées de juin 1848, Dumas, effrayé par les «rouges», opte pour l'ordre et fait sa campagne électorale dans l'Yonne sous la bannière du prince. Le 10 décembre 1848, lors des élections présidentielles, il vote pour lui, plaçant son espoir en cet ancien carbonaro. Mais très vite, il déchante : le 22 novembre 1849, Louis Napoléon (le prince-président) assiste à la première du *Comte Hermann* mais Dumas a fait retenir les loges d'honneur, généralement occupées par le duc de Montpensier, pour « ne pas avoir le chagrin de voir un autre prince dans ces deux loges. Je ne suis pas de ceux qui oublient, et si j'eusse été le maître de changer le nom du Théâtre-Historique, le lendemain de la révolution de février, le Théâtre-Historique se fût appelé le Théâtre Montpensier » (*Lettre au directeur du « Corsaire »*, le 25 novembre 1849) ; le divorce est consommé : cette république-là, avec ce prince-là, n'est pas la sienne.

Après le coup d'État du 2 décembre 1851, A. Dumas fuit à Bruxelles, mais il s'exile surtout pour échapper à une prise de corps. La proclamation de l'Empire qui heurte ses convictions républicaines, et les démêlés avec la censure qui interdit ses pièces : *La Jeunesse de Louis XV* et *La Jeunesse de Louis XVI*, le jettent dans une fronde permanente. Dès lors, Dumas déploie une grande activité pour propager l'œuvre vengeresse de Victor Hugo, notamment *Les Châtiments* : il pousse l'audace jusqu'à offrir un exemplaire des *Châtiments* à la princesse Mathilde et au prince Napoléon, cousins de Napoléon III. Il dit pis que pendre du souverain, accrédite la thèse de sa bâtardise (selon laquelle il serait le fils de l'amiral hollandais Verhuell) et fait circuler jusque dans les salons de la princesse Mathilde des épigrammes comme celle-ci :

> Dans leurs fastes impériales
> L'oncle et le neveu sont égaux :
> L'oncle prenait des capitales,
> Le neveu prend nos capitaux.

En août 1864, lorsque la censure interdit *Les Mohicans de Paris,* Dumas s'adresse à l'empereur pour s'en indigner. Les journaux publient sa lettre ; la princesse Mathilde intervient auprès de son cousin : les répétitions reprennent, mais l'opposition de Dumas ne se démentira pas, malgré l'estime qu'il manifeste pour certains ministres de l'empereur, comme Victor Duruy. Il semble que l'attitude intransigeante de Victor Hugo que Dumas ne voulait pas trahir ait pesé dans son choix politique.

• **La princesse Mathilde** (1820-1904). Dumas est un fréquent commensal de la princesse à Paris et à Saint-Gratien. C'est grâce à elle que la censure pesant sur le drame *Les Mohicans de Paris* est levée en août 1864. Mais, après s'en être amusée, la princesse Mathilde se lasse de Dumas ; elle dit qu'il est « devenu tout à fait impossible, et qu'il ne l'avait d'ailleurs jamais attiré que comme un pantin amusant ».

Les princes étrangers

• **Le prince de Prusse**, le futur roi de Prusse **Frédéric-Guillaume IV** (1795-1861). Au cours de son voyage en Allemagne en 1838, Dumas s'arrête, le 28 août, à Hozenfels et demande à visiter le château. Au nom de l'écrivain, l'intendant lui ouvre les portes et à l'issue de la visite, Alexandre découvre que l'« intendant » n'est autre que le prince de Prusse qui l'invite à séjourner au château.

• **Le roi Guillaume III de Hollande** (1817-1890). Grand admirateur de l'œuvre de Dumas, le roi l'invite, le 11 mai 1849, à son couronnement à Amsterdam. Alexandre s'y rend avec empressement. La reine le reçoit trois fois au cours de son séjour.

• **Le tsar de Russie Nicolas Ier** (1796-1855). En 1839, Dumas a l'idée d'offrir au tsar le manuscrit de *L'Alchimiste*, orné et relié. Il espère que ce geste incitera Nicolas Ier à lui décerner l'ordre de Saint-Stanislas. Pressenti, le ministre Ouvarov répond favorablement et le manuscrit part pour Saint-Pétersbourg. « Une bague avec chiffre suffira », décrète le tsar qui refuse d'octroyer la décoration. Dumas reçoit la bague, et le 25 novembre il remercie froidement Nicolas Ier. Bientôt, il publie dans « La Revue de Paris » un roman, *Mémoires d'un maître d'armes,* mettant en scène deux conspirateurs décembristes. Le roman est interdit et Dumas déclaré *persona non grata* en Russie.

• **La reine Isabelle II d'Espagne** (1830-1904). Décoré de la croix d'Isabelle la Catholique, Dumas lui envoie une copie autographe de *Mademoiselle de Belle-Isle*, ornée de dessins de Vernet, Roqueplan et Isabey.

• **Le pape Grégoire XVI** (1765-1846). Le 3 décembre 1835, Dumas est reçu

---

Les décorations de Dumas

France : chevalier de la Légion d'honneur (3 juillet 1837) (voir p.   ).

Belgique : Croix belge offerte par Léopold Ier (7 juillet 1838).

Espagne : Chevalier de l'ordre d'Isabelle la Catholique (mai 1839) ; commandeur de l'ordre de Charles III (21 octobre 1846).

Suède : Ordre de Gustave Wasa (24 juillet 1840).

Lucques : Grand-croix de l'ordre de Saint-Louis de Lucques (17 décembre 1840).

Pays-Bas : Croix du Lion néerlandais (14 mai 1849).

Tunisie : Ordre du Nicham, donné par le bey de Tunis (décembre 1846). Dumas met en gage cette décoration ornée de joyaux pour payer une partie des funérailles de Marie Dorval.

---

en audience par le pape qui lui donne un chapelet fait de noyaux d'olives récoltées dans le jardin des Oliviers. Pourtant, le 4 décembre, à Foligno, il sera arrêté par la police pontificale et expulsé des États pontificaux où il lui est désormais interdit de remettre les pieds sous peine de cinq ans de galères.

DUMAS ET L'ACADÉMIE FRANÇAISE

D'après les souvenirs de Mary Lafon, c'est vers la fin de 1834, ou au début de 1835, que Dumas songe, pour la première fois, à poser sa candidature à l'Académie. « Un jour, écrit Mary Lafon, que je venais d'apporter mon volume à Michaud, dans sa belle maison de Passy, la porte du salon s'ouvre violemment ; un homme de haute taille, aux cheveux touffus comme une forêt et crépus, s'élance en deux bonds jusqu'au fauteuil de Michaud et lui jette ces mots : "Monsieur Michaud, je me porte candidat au fauteuil de Parseval de Grandmaison (mort le 6 décembre) et vous demande votre voix. — Déjà ! répondit le malin vieillard, qui savait qu'on avait enterré ce jour-là son collègue. Et il ajouta : Vous êtes donc venu par le corbillard ?" Abasourdi, c'est le mot, par cette épigramme, Dumas nous regarda tous, mit son chapeau et, tournant les talons, disparut aussi brusquement qu'il était entré ».

A partir de 1839, Dumas se consacre sérieusement à son projet. Après le succès de *Mademoiselle de Belle-Isle,* il écrit à Buloz : « Parlez donc de moi dans "La Revue" [des Deux Mondes] pour l'Académie... » Dans « La Revue » du 5 décembre 1840, Magnin le propose en effet, avec Hugo, Vigny, Mérimée, Sainte-Beuve. L'élection de Victor Hugo, en janvier 1841, donne espoir à toute la génération romantique. « Les Académies, dit Hugo, comme tout le reste, appartiendront à la nouvelle génération. En attendant, je suis la brèche vivante par où ces idées entrent aujourd'hui et par où ces hommes entreront demain ». Après l'élection d'Hugo, Ballanche prévoit celles de Vigny, d'Ampère, de Sainte-Beuve, « puis la porte s'ouvrirait à une autre série qui commencerait à Alexandre Dumas ». Dumas, qui avait déclaré : « Les trois candidats sérieux devraient être Hugo, moi et de Vigny ».

Peu après l'élection d'Hugo, il écrit à son ami Nodier, académicien : « Croyez-vous que j'aurais en ce moment des chances à l'Académie ? Voilà Hugo passé. Tous ses amis étaient à peu près les miens. Si vous voyez que la chose prît quelque consistance, montez à la tribune académique et dites, en mon nom, à vos honorables confrères, quel serait mon désir de siéger parmi eux [...], enfin, dites de moi tout le bien que vous en pensez et même celui que vous n'en pensez pas ». A la même époque, il écrit au baron Taylor : « Songez à mon Académie ; chauffez Nodier, Barante et Molé ; ce sont, je crois, les trois personnes sur lesquelles vous avez le plus d'influence... » Dans le même but, il écrit à Scribe, Delavigne, Villemain, Soumet, Hugo. Occupé alors à la

réécriture d'un drame dont Eugène Bourgeois lui a remis le manuscrit, *Jeannic-le-Breton,* il refuse de signer la pièce corrigée : « Le silence, le silence le plus absolu est ma condition. Dans ce moment-ci, une chute ou une œuvre peu littéraire me rejetterait à cent lieues de l'Académie ». Les chances de Dumas sont cependant trop faibles et il préfère ne pas s'exposer par une candidature officielle à l'humiliation d'un échec ; désormais, il ne fera plus aux académiciens que des invitées discrètes. Ainsi, à la mort de Casimir Delavigne (11 décembre 1843), il écrit au directeur du « Siècle » : « Plusieurs journaux ont annoncé que j'avais sollicité et obtenu la place de bibliothécaire à Fontainebleau. Veuillez, je vous prie, démentir cette nouvelle qui n'a aucun fondement. Si j'avais ambitionné un des fauteuils que l'auteur des *Messéniennes* et de *L'École des vieillards* a laissé vacants, c'eût été seulement son fauteuil à l'Académie. » A la mort de Chateaubriand (1848), Vacquerie, dans « L'Événement » propose trois candidats : Alexandre Dumas, Théophile Gautier et Joseph Méry, auxquels l'Académie préfère le duc de Noailles. Le lendemain, Dumas écrit à Vacquerie : « Monsieur, mille grâces de l'initiative que vous avez prise à mon égard, relativement à la candidature au fauteuil de l'auteur du *Génie du christianisme* et des *Natchez,* initiative dont je vous suis on ne peut plus reconnaissant. Seulement, ayez la bonté de dire que je n'étais sur les rangs que dans les colonnes de votre journal, et que je connais trop l'inutilité des visites que je pourrais rendre à une trentaine de membres de l'Académie, pour en avoir jamais fait ou être tenté d'en jamais faire ».

A la suite d'un de ses échecs, Alphonse Karr lui prête ce mot : « Je demande à être le quarantième, mais il paraît qu'on me veut faire quarantaine » *(Les Guêpes).* Finalement, l'Académie ne voudra pas de Dumas, de même qu'elle a refusé Balzac. Mme de Girardin en a proposé une explication : « MM. de Balzac et Alexandre Dumas écrivent quinze à dix-huit volumes par an, on ne peut pas leur pardonner ça. — Mais ces romans sont excellents. — Ce n'est pas une excuse, ils sont trop nombreux. — Mais ils ont un succès fou. — C'est un tort de plus : qu'ils en écrivent un seul tout petit, médiocre, que personne ne le lise, et on verra. Un trop fort bagage est un empêchement à l'Académie, la consigne est la même qu'au jardin des Tuileries ; on ne laisse point passer ceux qui ont de trop gros paquets » (*Les Lettres parisiennes,* 5 mai 1845). En réalité, ce n'est pas tant la fécondité de Dumas qui effraie l'Académie que sa vie scandaleuse, ses enfants naturels, ses innombrables maîtresses et ses dettes.

Quatre ans après la mort de son père, Alexandre Dumas fils est élu à l'Académie. Comme on lui demande à qui il succède sous la coupole, il répond : « A mon père ». Et dans son discours de réception, il déclare aux académiciens assemblés : « Votre porte s'est ouverte [...] à cause d'un nom que vous ne pouviez plus honorer qu'en moi », une leçon qui ne fut pas appréciée de tout le monde...

Les comités auxquels Dumas a appartenu

• **Société des auteurs et compositeurs dramatiques.** Fondée en 1829. Elle perçoit les droits d'auteurs de ses sociétaires et prélève sur la recette brute une redevance de 1 % sur sa caisse. Une commission, élue, en dirige l'administration. Dumas en est membre dès sa fondation ; il est réélu le 13 mars 1832 mais éliminé par tirage au sort, le 2 avril 1836.

• **Société des gens de lettres.** Créée en avril 1838 par Desnoyer. Elle surveille les droits de la propriété littéraire de ses membres, et en particulier les droits de reproduction. Dumas en fait partie dès l'origine.

• **Athénée ouvrier de Marseille.** Société d'éducation populaire créée le 9 mars 1859. Dumas en est nommé membre honoraire.

• **Comité des sauveteurs méditerranéens** qui portent secours aux naufragés. Dumas est nommé président honoraire le 18 novembre 1863.

• **Comité Shakespeare.** Créé en avril 1864 pour célébrer le tricentenaire de la naissance de Shakespeare. Dès l'origine, Dumas en est nommé membre avec Berlioz, George Sand, Jules Janin, Barye et Victor Hugo, en exil, qui est nommé président.

Représentations à la Comédie-Française

C'est à la Comédie-Française que Dumas a remporté son premier triomphe, préludant à la fin du règne classique. Il y connut des succès dans la comédie d'intrigues *(Mademoiselle de Belle-Isle, Les Demoiselles de Saint-Cyr)* ; en revanche, ses tentatives dans la tragédie *(Caligula)* ou le drame *(Lorenzino, Une fille du Régent)* ont été autant d'échecs cuisants.

« Oh ! le Théâtre-Français, c'est un cercle de l'enfer oublié par Dante, où Dieu met les auteurs tragiques qui ont cette singulière idée de gagner la moitié moins d'argent qu'ailleurs, d'avoir vingt-cinq représentations au lieu d'en avoir cent, et d'être décorés sur leurs vieux jours de la croix de la Légion d'honneur, non pas pour les succès obtenus, mais pour les souffrances éprouvées » *(Mon Odyssée à la Comédie-Française).*

DUMAS ET LA COMÉDIE-FRANÇAISE

Titres	Périodes de représentation	Nombre de représentations	
		A la Comédie-Française	A l'extérieur
Henri III et sa cour	1829-1895	165	9
Le Mari de la veuve	1832-1905	169	6
Charles VII chez ses grands vassaux	1837-1897	71	2
Caligula	1837-1838	20	
Angèle	1838		4
Le Bourgeois de Gand	1838-1843	17	21
Mademoiselle de Belle-Isle	1839-1916	466	10
Un mariage sous Louis XV	1841-1894	154	1
Lorenzino	1842	7	
Les Demoiselles de Saint-Cyr	1843-1930	281	5
Une fille du Régent	1846	16	
Le Testament de César	1849-1851	24	
Trois Entractes pour « L'Amour médecin »	1850	3	
Romulus	1854-1862	69	1
Hamlet	1866-1916	206	1
L'Invitation à la valse	1887-1889	109	
Antony	1912-1913	9	2
La Dame de Monsoreau	1958-1959	34	
TOTAL		1 820	62

☞ Voir également les tableaux chronologiques des œuvres p. 1403.

Les comédiens français, contrariés par les hardiesses de la prose ou du vers romantiques et par la violence du jeu scénique, contraires à leur tradition, jouent de mauvais gré des pièces telles que *Henri III et sa cour* et *Antony* de Dumas ou *Hernani* de Hugo. Les romantiques se réfugient sur les théâtres du Boulevard (Porte-Saint-Martin) où des comédiens, formés au mélodrame (Marie Dorval, Frédérick Lemaître, Bocage) se donnent entièrement à des rôles écrits pour eux.

Cependant, la Comédie-Française est menacée de faillite. En février 1831, Hugo et Dumas présentent un plan d'exploitation (le bailleur de fonds est Bénézet) : ils ne réclament aucune subvention mais s'engagent à jouer une fois par semaine le répertoire à la condition que l'autorité leur assure 2 000 F pour cette représentation hebdomadaire. Le plan est repoussé. *Antony* de Dumas et *Marion Delorme* de Victor Hugo passent à la Porte-Saint-Martin. La reprise à la Comédie-Française d'*Antony*, retirée à la veille de la représentation sous la pression d'un groupe de députés, le procès contre Jouslin de La Salle qui s'ensuit marquent la rupture d'un rapprochement souhaité par le président du Conseil, Thiers. Sous l'administration de Jouslin de La Salle (3 juin 1833-31 janvier 1837), Dumas est le fournisseur attitré de la Porte-Saint-Martin. Devenu feuilletoniste dramatique de « La Presse », à partir de juillet 1836, il ne manque pas une occasion de s'en prendre à la Comédie-Française : « Le Théâtre-Français [...] offre un terrain préparé depuis dix ans, Dieu merci ! les morts engraissent promptement les champs de bataille et fleurs et moissons poussent richement dans les cimetières » (18 septembre 1836).

En 1837, pourtant, et contre l'engagement d'Ida, il accepte, sous l'amicale pression du commissaire royal par intérim, Edmond Cavé, de donner à la Comédie sa tragédie *Caligula*. Les prétentions financières et les excentricités de Dumas, l'échec de la pièce (26 décembre 1837), entraînent l'hostilité d'une partie des sociétaires et du directeur-gérant, Védel. Dumas prend sa revanche dans ses articles de « La Presse » en battant « un roulement sur la peau de M. Védel » : « Maintenant, nous le demandons à M. Védel lui-même, a-t-il jamais réfléchi à l'importance de la mission qui lui était confiée ; a-t-il jamais compris que quand le ministère et la royauté abandonnent l'art, c'est à celui qui ouvre et ferme à son gré les portes du sanctuaire de se faire roi et ministère : a-t-il jamais pensé aux reproches que lui adresseront un jour ceux qui, l'ayant chargé de veiller comme une sentinelle sur la flamme du phare, le trouveront endormi près du phare éteint ? » (23 février 1838).

Quand Buloz est nommé commissaire royal le 17 octobre 1838, Dumas, qui, par ailleurs, a obtenu avec Victor Hugo le privilège du Théâtre de la Renaissance, théâtre de drame, lui fournit des comédies d'intrigue *(Mademoiselle de Belle-Isle, Un mariage sous Louis XV, Les Demoiselles de Saint-Cyr)*. Réconcilié avec Mlle Mars, il songe surtout à offrir des rôles à la grande comédienne. Mais le projet de donner à la Comédie de nouvelles traductions de Shakespeare *(Hamlet, Macbeth)* échoue, son drame *Lorenzino*, mal monté, ne résiste qu'à sept représentations (1842) et Dumas, à son retour de Florence, envoie une volée de bois vert au commissaire royal : ce sont les « Lettres à M. D.L., rédacteur de "La Démocratie pacifique" » (27 novembre-25 décembre 1844), violente diatribe contre Buloz, homme « ignorant, brutal, inintelligent ».

La nomination d'Arsène Houssaye comme commissaire du gouvernement, puis administrateur général du théâtre (16 novembre 1849 - 29 janvier 1856) instaure une embellie. Dumas écrit *Trois Entractes pour l'Amour médecin* à l'occasion de l'anniversaire de la naissance de Molière, une comédie en un acte (qui est la dernière pièce montée aux Français de son vivant) ; mais l'arrêt par la censure en 1853 de deux comédies en cinq actes : *La Jeunesse de Louis XIV* et *La Jeunesse de Louis XV*, interrompt ces bonnes relations.

Avec les administrateurs successifs, Empis (1856-1859) et Édouard Thierry (1859-1871), Dumas n'a plus désormais que des rapports, souvent orageux, concernant son répertoire à la Comédie-Française.

DÉPLACEMENTS, VOYAGES ET VILLÉGIATURES

JUGEMENTS DE DUMAS SUR LES VOYAGES

• **Voyager, c'est vivre.** « Voyager, c'est vivre dans toute la plénitude du mot ; c'est oublier le passé et l'avenir pour le présent ; c'est respirer à pleine poitrine, jouir de tout, s'emparer de la création comme d'une chose qui est sienne, c'est chercher dans la terre des mines d'or que nul n'a fouillées, dans l'air des merveilles que personne n'a vues, c'est passer après la foule et ramasser sous l'herbe les perles et les diamants qu'elle a pris, ignorante et

Dumas et la censure

Henri III et sa cour. La pièce est interdite le lendemain de la première (10 février 1829). Après la visite de Dumas à Martignac, l'interdiction est retirée à condition que soient supprimés quelques mots sur la religion dans les deux premiers actes.

Christine, ou Stockholm, Fontainebleau et Rome. Reçue par l'Odéon, la pièce est suspendue jusqu'à ce que des suppressions soient effectuées et un nouveau prologue écrit.

Antony. Représentée alors que la censure ne s'exerçait plus, la pièce est interdite en 1840 par le ministre Duchâtel, puis de nouveau en 1851 par Persigny. Le veto n'est levé qu'en 1857.

La Tour de Nesle. Interprétée pour la première fois à la Porte-Saint-Martin, le 29 mai 1832, la pièce est menacée d'interdiction, en 1836, par Thiers, qui recule devant sa popularité. Elle fait partie des pièces interdites par Persigny (18 février 1853), puis est de nouveau autorisée à Paris, en 1861, à condition que des modifications y soient apportées.

Angèle. Créée à la Porte-Saint-Martin le 28 décembre 1833, la pièce est interdite le 24 janvier 1838, lors d'une reprise à l'Odéon, puis en 1855, pour ne reparaître qu'en 1861 à l'Ambigu.

La Jeunesse de Louis XIV. Reçue à la Comédie-Française, le 30 août 1853, la pièce est retirée du programme, en octobre au cours des répétitions ; les censeurs y voient des allusions au mariage de l'empereur et d'Eugénie. La pièce est alors jouée au Vaudeville de Bruxelles ; puis, légèrement retouchée par Dumas fils, après la mort de Dumas, elle est montée à l'Odéon le 14 mars 1874.

La Jeunesse de Louis XV. Écrite en quelques jours pour remplacer *La Jeunesse de Louis XIV*, la pièce connaît le même sort. Réduite à trois actes, elle est créée au Gymnase le 15 décembre 1856, sous le titre *Le Verrou de la reine*.

Les Mohicans de Paris. Mis en répétition à la Gaîté, le drame est arrêté quelques jours avant la représentation. Dumas écrit à Napoléon III : « On veut me ruiner » ; l'empereur intervient, la censure est levée et la pièce est représentée le 13 août 1864.

Isaac Laquedem. Publié en feuilleton dans « Le Constitutionnel » à partir du 10 décembre 1852, le roman est bientôt interrompu par le journal en vertu d'un sentiment de « haute convenance » ; repris, après l'intervention de Dumas et celle de l'empereur Napoléon III, il est définitivement arrêté à la suite d'un violent article dans « L'Univers » du 28 février 1853. Seule la première partie est écrite. Sous le titre *Enoch Jédésias*, un des derniers collaborateurs de Dumas, Alfred Mercier, terminera le récit dans « Les Comptes rendus de l'Athénée louisianais ».

insoucieuse qu'elle est, pour des flocons de neige ou des gouttes de rosée. [...] Beaucoup sont passés avant moi où je suis passé, qui n'ont pas vu les choses que j'y ai vues, qui n'ont pas entendu les récits qu'on m'a faits, et qui ne sont pas revenus pleins de ces mille souvenirs poétiques que mes pieds ont fait jaillir en écartant à grand-peine quelquefois la poussière des âges passés » (*Impressions de voyages,* II, 24).

• **Pèlerinage d'artiste.** « Le pèlerinage que nous entreprenions n'était ni une promenade de gens du monde, ni une expédition de savants mais un pèlerinage d'artistes. Nous ne comptions ni brûler les grands chemins dans notre chaise de poste, ni nous enterrer dans les bibliothèques, mais aller partout où un point de vue pittoresque, un souvenir historique ou une tradition populaire nous appelleraient. En conséquence, nous nous mîmes en route sans itinéraire arrêté, nous en remettant au hasard et à notre bonne fortune du soin de nous conduire partout où il y aurait quelque chose à prendre, nous inquiétant peu des récoltes déjà faites par nos devanciers, certains que les hommes ne peuvent rentrer dans leurs granges tous les épis que Dieu sème, et convaincus qu'il n'y a pas de terre si bien moissonnée, qu'il n'y reste pour l'histoire, la poésie ou l'imagination, une dernière gerbe à y glaner » (*Le Midi de la France*).

• **Les préparations détruisent les sensations.** « Un des malheurs auxquels est exposée cette classe de voyageurs que Sterne désigne sous le nom de voyageurs curieux, c'est qu'en général on ne peut être transporté sans transition d'un lieu à un autre. Si l'on avait la faculté de bondir de Paris à Florence, de Florence à Venise, de Venise à Naples, ou de fermer au moins les yeux tout au long de la route, l'Italie présenterait des sensations tranchées inouïes, ineffaçables ; mais au lieu de cela [...] il faut bien traverser un paysage, il faut bien aborder dans un port ; les préparations détruisent alors les sensations. [...] Toute impression perd alors son inattendu, et par conséquent, sa force » (*Le Corricolo*, 2, XII).

• **L'omission et l'ennui.** « Je suis placé, comme narrateur, entre l'omission et l'ennui. Si j'omets, ce sera justement de la chose omise qu'on me demandera compte ; si je passe tous les objets en revue, je risque de tomber dans la monotonie » (*Le Corricolo*, 2, XVII).

• **Le Juif errant de la civilisation.** « Voilà bien le touriste, le voyageur superficiel, le Juif errant de la civilisation qui, ne s'arrêtant nulle part, ne peut rien apprécier, rien approfondir, juge chaque chose par la sensation qu'elle lui apporte » (*Les Compagnons de Jéhu*, XI).

• **L'étranger, c'est la prospérité.** « Tout au contraire de ce que je devrais éprouver, mon cœur se serre toujours quand après un voyage lointain je remets le pied en France. C'est qu'en France m'attendent les petits ennemis et les longues haines. Tandis qu'au contraire dès qu'il a passé la frontière de la France, le poète n'est plus en réalité qu'un mort vivant qui assiste aux jugements de l'avenir. La France, ce sont les contemporains, c'est-à-dire l'envie. L'étranger, c'est la postérité, c'est-à-dire la justice » *(Le Véloce)*.

• **La liberté épistolaire.** « Un voyage comme celui que j'entreprends, sans aucun itinéraire tracé, sans aucun plan suivi, un voyage soumis, en Espagne, aux exigences des routes, en Algérie, au caprice des vents ; un pareil voyage se trouvera merveilleusement à l'aise dans la liberté épistolaire, liberté presque sans limite, qui permet de descendre aux détails les plus vulgaires et d'atteindre les sujets les plus élevés. Enfin, n'y eût-il que cet attrait de jeter ma pensée dans un nouveau moule, de faire passer mon style par un nouveau creuset, de faire étinceler quelque nouvelle facette de cette pierre que je tire de la mine de mon esprit, diamant ou strass, et auquel le temps, cet incorruptible lapidaire, fixera un jour sa valeur ; n'y eût-il que cet attrait, dis-je, je céderais à cet attrait ; l'imagination [...] est chez moi la fille de la fantaisie, si toutefois elle n'est pas la fantaisie elle-même » (*De Paris à Cadix*, I).

• **En bonne compagnie.** « Je comptais bien partir en bonne compagnie. Le voyage seul, à pied, avec le bâton à la main, convient à l'étudiant insoucieux ou au poète rêveur. J'ai malheureusement passé cet âge où l'hôte des universités mêle sur les grandes routes son chant joyeux aux grossiers jurons des rouliers ; et si je suis poète, je suis poète actif, homme de combat et de lutte d'abord, rêveur après la victoire ou la défaite, voilà tout » (*De Paris à Cadix*, I).

LES VOYAGES DE DUMAS

• **1829. Mai :** *le 5,* en route pour un voyage sur la Loire, Dumas s'arrête à Chartres chez sa sœur ; *le 7,* il assiste à Chartres aux obsèques du général de Toustain ; *le 9,* il descend la Loire d'Angers à Nantes sur le bateau à vapeur ; *le 10,* il s'embarque à Paimbœuf sur la *Pauline* et descend la Loire jusqu'à l'océan. Après une étape sans doute à Lorient, il est de retour à Paris. **Juillet,** au début du mois, nouveau séjour à Chartres chez sa sœur, où il commence *Edith* ; *du 16 au 18,* après le refus d'*Edith*, il fait un court voyage en Normandie (Le Havre, Cherbourg, Dieppe) pendant lequel il remanie *Christine*.

• **1830.** *Vers la mi-***août,** chargé par La Fayette d'étudier l'organisation d'une garde nationale dans les départements de l'Ouest, Dumas part pour la Vendée. Par Blois, Tours, Angers (hôtel du Faisan), Nantes, Clisson, Torfou, Tiffauges, il rejoint Mélanie Waldor à La Jarrie où il s'installe. **Septembre :** *le 6,* il est à Nantes ; *le 22,* il quitte La Jarrie ; *le 24,* il a regagné Paris par Cholet.

• **1831. Juillet :** *le 6,* il quitte Paris pour la Normandie, en compagnie de Belle Krelsamer ; *le 7,* il passe la journée à Rouen ; *le 8,* il se rend au Havre par le bateau ; *le 9,* ils visitent Honfleur et s'installent à Trouville à l'auberge de Rose Oseraie ; *le 12,* ils quittent Trouville pour Paris. **Septembre :** *le 4,* Dumas quitte Paris pour faire l'ouverture de la chasse en Seine-et-Marne en compagnie de Louis Viardot, Louis Boulanger, Alexandre Bixio, et Bessas-Lamégerie ; ils visitent Montereau et arrivent de nuit au château d'Esgligny appartenant à M. Dupont-Delporte ; *le 5,*

la chasse commence et Dumas se brouille avec Viardot à propos de la chienne Dianne ; *le 8,* Dumas, Boulanger et Bixio (les autres sont partis) descendent au Grand Monarque de Montereau ; *le 9,* ils retournent à Paris.

• **1832.** *Début* **avril,** fuyant le choléra qui ravage Paris, Dumas part pour Nogent-le-Rotrou chez sa sœur, où l'épidémie le rejoint bientôt ; il regagne alors Paris.

De juillet à octobre, Dumas s'éclipse après les événements de juin et voyage en Suisse. **Juillet :** *le 21,* il part pour la Suisse en compagnie de Belle Krelsamer ; *le 22,* ils visitent Montereau et passent la nuit à Auxerre ; *le 23,* ils arrivent à Chalon-sur-Saône ; *le 24,* ils visitent La Roche-Pot et le Vaux-Chignon puis retournent à Chalon ; *le 25,* Dumas prend le bateau pour Lyon où il restera jusqu'au 29 au soir ; *le 30,* il se rend à Genève en passant par Cerdon, Nantua, Bellegarde et Saint-Genis ; *le 31,* après avoir visité Genève, il part pour Aix-les-Bains. **Août :** *du 1ᵉʳ au 3,* il séjourne à Aix et visite le lac du Bourget, Hautecombe, les bains de Grésy ; il fait l'ascension de nuit de la dent du Chat ; *le 4,* il quitte Aix pour la Chartreuse en traversant Chambéry, Les Échelles, Saint-Laurent et passe la nuit à la Chartreuse ; *le 7,* il prend le bateau pour Lausanne ; à midi, il part pour Avranches par Moudon et Payerne ; *le 8,* arrivé à Morat, il va passer la nuit à Fribourg ; *le 9,* il se rend de Fribourg à Berne par Laupen et loge à l'hôtel du Faucon pour la nuit ; *le 10,* il visite Reichennach et retourne à Berne ; *le 11,* après la visite de Berne, il part pour Thun où il arrive dans la nuit ; *le 12,* il quitte Thun pour Interlaken ; *le 13,* il fait une excursion à Unsprunnen, Schenige Platte, Lauterbrünnen ; *le 14,* autre excursion au glacier de Grindenwald et, *le 15,* le Faulhorn ; *le 16,* il rejoint Rosenlaui, par Oberhalsi et Meyringen où il s'embarque pour Interlaken avec des arrêts à Brienz et à Giessbach ; *le 18,* à 5 h, c'est le départ pour Loüeche par Blumslialp, l'auberge de Swarenbach, Gemmi et le lac de Daube ; *le 19,* après la visite des bains de Loüeche, il traverse le Rhône et passe la nuit à Brig ; *le 20,* il déjeune à Lax et, à Munster, engage Francesco comme guide, puis passe la nuit à Obergestellen ; *le 21,* il traverse Obergestellen, Realp, Andermatt et, *le 22,* Attinghausen jusqu'à Altdorf où il fait halte pour dîner à l'hôtel du Cygne avant de repartir en voiture pour Flüelen ; *le 23,* il embarque pour Teller Platte et traverse la vallée de la Mötta, Sissigen, Gutlin, Brünnen, Ibach ; *le 24,* il déjeune à Schitz, repart pour Ruffenberg et le lac de Zug, et s'arrête à Art, à l'hôtel de l'Aigle noir ; *le 25,* il parcourt le trajet de Immersee à Lucerne en bateau ; Dumas descend au Cheval blanc et envoie sa carte à Chateaubriand ; *le 26,* il déjeune avec Chateaubriand, puis prend le bateau pour Weggis, il passe la nuit à l'auberge de Rigi ; *le 27,* il est à Rigi Kulm puis retourne à Lucerne où Alcide Jolivet provoque en duel un Anglais ; *le 28,* le duel a lieu près de Küsnacht, Dumas en est témoin ; l'Anglais est tué, Jolivet blessé ; Dumas embarque pour Stanstad avec un arrêt à Stanz (à La Couronne), et passe la nuit à Sarnen, au Cor de Chasse ; *le 29,* il visite Alpnach, Gstad, Stenibach, Winkel avant le retour à Lucerne ; *le 30,* il passe l'après-midi à Küsnacht avec Alcide Jolivet ; *le 31,* il fait la traversée Immersee-Zug en bateau, et de là, se rend à Horgen.

Septembre : *le 1er* à midi, il arrive à Zurich dont il visite la bibliothèque et l'hospice des sourds-muets ; *le 2,* il visite la cathédrale avant de s'embarquer pour Rapperswil où il descend à l'hôtel du Paon ; *le 3,* il se rend de Rapperswil à Weesen ; *le 4,* il voyage à Nafels et à Glaris, il est hébergé chez Prosper Lehman ; *le 5,* il chasse le chamois avec Lehman ; *le 6,* il reprend son périple par Glaris, Schanden, Rüti puis *le 7,* par Linthal, Partenbrücke et Hanz où il fait halte à l'hôtel du Lion ; le 8, il visite, à

Reichenau, l'ancienne école où avait enseigné Louis-Philippe, avant de se rendre à Chur et de rejoindre, *le 9,* les bains de Pfäfers par Ragatz et Valens ; *le 10,* il reprend la route vers Wartenstein, Malans, Saint-Luzisteig et Vaduz ; *le 11,* il déjeune à Bregenz, embarque pour Lindau et Oberndorf avant de faire halte à Meersburg ; *le 12,* à son arrivée à Constance, il visite la cathédrale et le château ; *le 13,* Dumas envoie sa carte à la reine Hortense ; après la visite de l'île de Reichenau et du château de Volberg, il dîne avec la reine et Mme Récamier à Arenenberg ; *le 14,* il quitte Arenenberg pour Schaffenhausen où il descend à La Couronne ; *le 15,* il est aux chutes du Rhin et s'embarque pour Kaiserstühl ; *le 16,* Dumas déjeune à Baden avant de reprendre la route vers Sainte-Claire, Schatznacht et Aarau (hôtel de la Cigogne) ; *le 17,* depuis Solothurn, il fait une excursion à Weissentein ; *le 18,* il arrive à Bienne à 1 h du matin ; *le 19,* il visite l'île Saint-Pierre, Carlier et arrive le soir à Neuchâtel ; *le 20,* après la visite de Granson, il embarque pour Yverdon et Lausanne ; *le 21,* il se rend en bateau jusqu'à Villeneuve et, de là, à Bex où il pêche à la serpe (de nuit) ; *le 22,* il y visite des salines et repart pour Martigny (hôtel de la Poste) ; *le 23,* il est à l'hospice du Saint-Bernard, qu'il visite *le 24,* avant de se rendre à Aoste pour dîner, puis à Villeneuve et Saint-Dizier ; *le 25,* il est à Moustier à la Croix-Rouge ; *le 26,* il repart pour Genève par Salines, Chambéry, Aix et retourne, *le 27,* à Martigny ; *le 28,* il emprunte le col de Balme pour rejoindre Chamonix où il fait une excursion à la Croix de Flégère, avant de dîner avec Balmat ; *le 29,* il visite la Mer de Glace, rencontre Payot et dîne avec Balmat ; *le 30,* il revient à Martigny par la Tête-Noire, les Montets, et la Vallorcine.

Octobre : *le 1er,* il emprunte la route du Simplon, fait ses adieux à Francesco à Brig et reprend son périple par Algaby, Gondo, Isella, Varzo, Crevola,

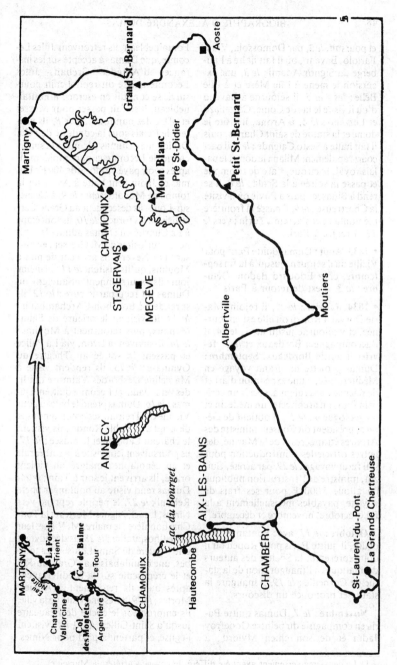

LE VOYAGE DE DUMAS DANS LES ALPES (1832)

et poursuit, *le 2*, par Domossola, Villa, Fariolo, Baveno, où il fait halte à l'auberge du Signor Adami ; *le 3*, une excursion le mène à l'île Mère et à l'île Belle ; *les 4 et 5*, il séjourne à Baveno d'où il visite le lac de Côme, Castellazo et Lezzeno ; *le 6*, à Arona, il visite le dôme et la statue de saint Charles, puis il fait halte à Sesto Calende ; *le 7*, il parcourt rapidement Milan : le dôme, le palais royal, le cirque, l'arc de triomphe et passe la soirée à la Scala ; *le 8*, il se rend à Binasco, puis à Pavie où il visite la Chartreuse ; *le 9*, il passe la frontière piémontaise et s'arrête à Turin ; vers *le 20*, il rentre à Paris.

• **1833.** Août : Dumas quitte Paris pour Vizille où il séjourne jusqu'à la fin **septembre**, chez Édouard Badon. **Octobre :** *le 3*, il est de retour à Paris.

• **1834.** Janvier : *le 1er*, il rejoint Marie Dorval à Rouen où elle est en tournée, et y séjourne jusqu'*au 5* ; le 24, il l'accompagne à Bordeaux et *le 1er* **février** il quitte Bordeaux. **Septembre :** Dumas projette un grand voyage en Méditerranée, « une expédition d'art et de science où seraient associés un écrivain [lui], un architecte, un médecin et un géologue » ; *le 1er*, il obtient de Gérard, président du Conseil, ministre des Affaires étrangères et de la Marine, des lettres officielles d'introduction pour son futur voyage ; *le 29*, par arrêté, Guizot, ministre de l'Instruction publique lui alloue 5 000 F pour ses frais de voyage, payables mensuellement à la fin d'octobre, novembre et décembre[1].

Octobre : *le 17*, avec Fontan et Dupeuty, il quitte Paris pour Rouen où il doit représenter la Société des auteurs dramatiques à l'inauguration de la statue de Corneille ; *le 19*, il inaugure la statue et prononce un discours.

Novembre : *le 7*, Dumas quitte Paris en compagnie du peintre Godefroy Jadin et de son chien Mylord ; à Fontainebleau, ils retrouvent Jules Lecomte, que Dumas a accepté sur les instances d'Amédée Gréban. Jules Lecomte qui se dit républicain poursuivi, se conduit en escroc : à Fontainebleau, il se fait passer pour Musset et offre des banquets... ; *le 8*, ils visitent le Palais sous la conduite de Félix Deviolaine ; Dumas découvre la supercherie de Lecomte et part rapidement après avoir payé l'ardoise de 400 F ; Dumas et Jadin font halte à Avon sur la tombe de Monaldeschi ; *le 9*, à Cosne-sur-Loire, ils descendent au Grand Cerf et visitent les forges ; *le 10*, ils font étape à La Charité où Dumas admire le cabinet de curiosités de M. Gresset : en passant par Nevers, ils arrivent de nuit à Moulins, qu'ils visitent *le 11* ; le même jour, ils excursionnent à Sauvigny où Dumas est reçu par le curé ; *le 12*, ils se rendent à Bourbon-l'Archambault ; *le 13*, ils visitent le prieuré de Saint-Menoux, puis retournent à Moulins ; *le 14*, ils arrivent à Lyon, via La Palice et passent la soirée au Théâtre du Gymnase ; *le 15*, ils rendent visite à Marceline Desbordes-Valmore qui lit des vers ; Jadin et Lecomte quittent Dumas ; *le 16*, Dumas prend le bateau pour Vienne où il rejoint ses compagnons et descend à la Table Ronde ; ils visitent le château Labadie et le musée ; *le 17*, ils poursuivent leur visite à la cathédrale et au cénotaphe ; malgré un violent orage, ils arrivent le soir à Tain ; *le 26*, Dumas rend visite au boulanger poète Reboul ; *le 27*, le périple reprend vers Nîmes, Lunel, Aigues-Mortes et la Tour Charbonnière ; le maire, M. Vigne, leur offre l'hospitalité ; *le 28*, ils découvrent une « galère de Saint Louis », les tombes, une bouillabaisse au Grau-du-Roi et le crépuscule sur la Méditerranée ; après quoi ils retournent à Aigues-Mortes ; *le 29*, après une visite de la ville, ils empruntent le coche de Beaucaire jusqu'à Saint-Gilles ; *le 30*, ils y visitent l'église, et partent à pied pour Nîmes.

---

1. Le deuxième versement ayant été différé, le voyage s'arrêtera à Marseille.

Décembre : le 1er, ils assistent à la grande ferrade de Nîmes, après la visite de la Tour Magne ; le 2, en compagnie de Reboul, ils visitent la Maison Carrée ; après déjeuner, ils partent pour le château de Beaucaire, puis l'église de Tarascon, avant d'arriver à Arles ; les 3 et 4, ils visitent la ville et assistent à la foire aux moutons ; le 18, ils montent à l'Ermitage et y déjeunent, puis se rendent à Tournon, au château de Soubise, font halte, à cause de la pluie, dans un cabaret de Saint-Peray et arrivent à Valence dans la soirée ; le 19, ils font la visite de Valence sous la conduite de M. Delacroix (tour penchée, cathédrale, le Pendentif, la maison Dupré, le château du gouvernement) ; le 20, ils vont à Montélimar en cabriolet ; le 21, le périple continue : vue de Saint-Paul-les-Trois-Châteaux, Pont-Saint-Esprit, visite de l'ermitage de Saint-Pancrace ; le 22, ils font une halte au château de Mornas, puis arrivent à Orange où ils visitent l'antiquaire Nogent ; le 23, M. Nogent les emmène à l'arc de triomphe, puis au théâtre antique ; après déjeuner, ils se mettent à la recherche du passage d'Annibal ; ils font une arrivée mouvementée à Avignon, sous la conduite des gendarmes ; le 24, ils visitent Avignon (le château des Papes, église des Doms) ; après une excursion à la fontaine de Vaucluse, ils retournent à Avignon ; le 25, ils se rendent à Villeneuve (la tour, la chartreuse) où ils rencontrent le peintre Paul Huet, qui les accompagne au Pont-du-Gard ; ils arrivent de nuit à Nîmes où ils séjournent jusqu'au 4 janvier.

• **1835. Janvier :** le 5, ils font une excursion aux Baux par Peluque et Maussane, puis s'en retournent par Saint-Martin et Castelet ; le 6, ils embarquent sur le coche d'eau jusqu'à Bouc ; le 7, au point du jour, ils partent pour Martigues, où ils chassent les macreuses sur l'étang de Berre ; le même jour, ils arrivent à Marseille (hôtel des Ambassadeurs) ; du 9 au 14, ils séjournent à Marseille ; le 15, Dumas quitte Marseille et, après une brève halte à Lyon le 17, il est de retour à Paris vers le 20 ; le 29, devant Me Bonnaire, Dumas signe un acte avec Drouot de Charlieu pour constituer une société qui financera son voyage en Italie : 100 actions à 1 000 F sont mises en vente.

Mars : le 23, sous seing privé, Dumas et Jadin passent un acte : Jadin s'engage à fournir 15 à 20 dessins contre la somme de 25 000 F ; le 25, devant Me Tourin, Dumas et Andrée Pichot signent un acte pour le financement du voyage et la publication de « La Méditerranée ».

Mai : le 12, Dumas quitte Paris en compagnie de Jadin et d'Ida Ferrier ; le 16, ils arrivent à Marseille ; le 17, à Toulon, Dumas s'installe dans une bastide appartenant à M. Lauvergne ; le 20, il visite le bagne puis dîne à bord du « Triton » à l'invitation du commandant Baudin. **Juin :** le 15, il quitte Toulon et dîne à Cournoulles ; le 16, son voyage le mène à Grasse et Golfe-Juan ; il passe la nuit à Antibes ; le 17, il visite Antibes et assiste à une procession funéraire ; à Nice, il descend à l'hôtel d'York ; le 18, il participe à la fête des Corporations ; le 19, il poursuit son périple vers La Turbie, Monaco, Vintimille, Bordigherra, San Maurizzio, San Remo ; il s'arrête pour la nuit à Oneille ; le 20, le voyage continue : Alaccio, Albenga, Savone ; le 21, Coletto, Pegli, et enfin l'arrivée à Gênes ; du 21 au 24, il séjourne à Gênes, visite ses palais et ses églises ; le 24, invité par un émissaire du gouvernement pour quitter Gênes, Dumas s'embarque sur le « Sully » ; le 25, il débarque à Livourne où il séjourne jusqu'au 28 ; il visite Montenero ; le 28, il se rend à Pise où il reste jusqu'au 30, il visite la ville et son vieux port.

Juillet : le 1er, il va à Florence en passant par Pontedera, Empoli, San Miniato ; puis il s'installe à l'hôtel de Mme Hombert ; du 2 au 20, Dumas visite Florence où il retrouve son ami, Amaury-Duval ; le 20, il quitte Florence pour Arrezzo ; *le 22*, il va voir les fresques du Pérugin à Pérouse ; *du 23 au 25*, il passe par Spolète avant de rejoindre Rome où il descend à l'hôtel d'Espagne, jusqu'au *31* ; l'ambassadeur de Naples refuse un passeport à Dumas ; celui-ci emprunte le passeport de Guichard, peintre de la Villa Médicis que dirige Ingres ; il assiste à une audience du pape, Grégoire XVI. **Août** : *le 1er*, il quitte Rome et passe la nuit à Terracine avant d'arriver, *le 2*, à Naples (hôtel de la Vittoria) ; *du 3 au 22*, il visite Naples : Chaïa, Toledo, Forcella, les églises, le musée ; il fait des excursions au Vésuve, à Pouzzoles, à Païa, à Herculanum et Pompéi ; *le 23*, Dumas s'embarque sur le « Speronare » du capitaine Arena avec Jadin, Ruolz et Caroline Ungher qui doivent se marier à Palerme où Caroline est engagée ; Ida Ferrier reste à Naples ; ils visitent la grotte d'Azur et Caprée ; *le 24*, Caroline devient la maîtresse de Dumas ; *le 26*, ils débarquent à Messine et visitent la ville ; *du 26 au 29*, une indisposition de Jadin prolonge l'étape ; *le 29*, ils assistent à la fête patronale « Della Pace » et à une présentation de *Norma* ; Dumas fait ses adieux à Caroline Ungher qu'il doit rejoindre à Palerme après avoir fait le tour de la Sicile ; *le 30*, ils s'embarquent après une pêche à l'espadon, dépassent Contessi, Reggio, Pistorera, Sainte-Agathe et Scaletta ; *le 31*, ils font escale à Taormine, à Acireale, à la grotte de Polyphème.

Septembre : *le 1er*, une nouvelle escale à Catane leur donne l'occasion de rencontrer le père de Bellini ; *les 2 et 3*, ils partent en excursion à dos de mulet jusqu'au sommet de l'Etna en passant par Gravina, Santa Lucia, Massaminziata, Nicolosi, Gemellaro, Monte Rosso, le couvent de Saint-Nicolas-le-Vieux ; *le 4*, le bateau longe Hyba et Augusta avant d'accoster à Syracuse ; ils visitent Ortygie ; *le 5*, la journée est consacrée à la visite du musée, des temples de Diane et de Minerve, de la fontaine Aréthuse, de Neapolis, des

Latonies ; le soir, ils dînent avec le comte Gargallo ; *le 6*, l'escale se termine et le voyage reprend ; *le 7*, ils doublent le cap Passero et font relâche à l'île Porri ; *le 8*, ils doublent l'île Julia ; *le 9 au 11*, après une escale dans l'île de Pantellerie, ils abordent la rade d'Agrigente ; *les 12 et 13*, ils visitent Agrigente : la villa de Cocalus, les temples de Junon, Proserpine, la Concorde, les tombeaux et les temples des Géants, d'Hercule, d'Esculape ; Dumas quitte le bateau pour traverser la Sicile à pied et à dos de mulet ; *le 14*, Dumas quitte Agrigente pour Maccaloubi ; *le 15*, il traverse Fontana Fredda et Corleone ; *le 16*, il arrive à Palerme où il descend à l'hôtel des Quatre-Cantons ; il retrouve Caroline Ungher ; *du 16 septembre au 4 octobre*, il séjourne à Palerme : il visite la ville, excursionne à Sainte-Rosalie, à Castellamare, à Montreale, à la Favorite, dîne chez le vice-roi, le prince de Campo Franco, à la Bagherie et assiste à la représentation de la *Norma* à l'Opéra.

Octobre : *le 4*, Dumas embarque sur le « Speronare » qui a rejoint Palerme ; *le 5*, le bateau double l'île d'Alicudi et fait escale *le 6*, à Lipari où Dumas est hébergé chez les Franciscains ; *le 7*, il visite l'île de Vulcano et retourne à Lipari pour dîner avec le gouverneur ; le bateau reprend le large ; *le 8*, il fait relâche dans l'île Panarea puis jette l'ancre au large du Stromboli ; *le 9*, une excursion est organisée au Stromboli ; le bateau atteint dans la nuit le détroit de Messine ; *le 10*, Dumas se rend à Della Pace en barque, puis visite Messine ; *le 11*, il excursionne à Bauso, ville du brigand Pascal Bruno ; *le 12*, il fait la traversé Messine - San Giovanni ; *du 13 au 18*, la tempête retient les voyageurs à San Giovanni ; *le 18*, un tremblement de terre secoue toute la Calabre ; *le 19*, Dumas et Jadin, qui ont décidé de poursuivre le voyage par voie terrestre, quittent San Giovanni, et se rendent à Scylla et à Bagnara avant de passer la nuit à Palmi ; *le 20*, ils traversent Gioai, Rosarno, Mileto, Monteleone et s'arrêtent pour la nuit à Automo Adamo ; *le 21,* ils sont à Pizzo où Murat a été fusillé ; *le 22,* le périple se poursuit par Fundaco del Fico et Maïda, puis, *le 23,* par Vena Triolo, malgré un temps épouvantable ; *le 24,* ils arrivent à Rogliano ; *le 25,* ils visitent Cosenza, en partie détruite par le tremblement de terre ; *du 26 au 1er novembre,* ils attendent le « Speronare » qui doit aborder à San Lucindo.

Novembre : *le 2,* ils embarquent ; le bateau longe Cetraro, Belvedere, Diamante, Scalea, le cap Palinuro ; *le 3,* ils visitent Paestum et Salerne ; *le 4,* le débarquement a lieu à Amalfi, d'où ils se rendent à Cava ; *le 5,* ils reviennent à Naples en passant par Nocera, Pompéi, Torre Annunziata et Resina ; *du 6 au 24,* ils séjournent pour la seconde fois à Naples ; *le 20,* Dumas est arrêté par la police : il obtient, grâce à l'intervention du vicomte de Béarn, un passeport pour Rome ; *le 24,* il quitte Naples, de nuit ; *le 25,* il parcourt Capodichino, Sant'Agata di Goti, Caserte ; *le 26,* Capoue, la voie Appienne, Mola, Istrie ; *le 27,* Fondi, Terracine, les marais Pontins ; *le 28,* il fait étape à Velletri ; *le 29,* il excursionne à Cori et à Monte, puis, *le 30,* repart pour Rome en passant par Velletri, Genzano, Albano.

Décembre : *le 1er,* ils rendent visite à Ingres et à M. de Tallenay qui obtient pour Dumas une audience du pape ; ils font une excursion à Civitavecchia ; Dumas revoie un court moment Caroline Ungher ; *le 2,* Dumas est reçu par le pape Grégoire XVI qui lui accorde un passeport pour les États romains ; *le 3,* Dumas quitte Rome ; *le 4,* à Foligno, il est arrêté et interrogé, puis reconduit à la frontière ; *le 5,* à Pérouse, Dumas assiste à une représentation théâtrale ; *le 6,* il visite le lac de Trasimène, Passignagno et Turro, toujours surveillé par les autorités qui le quittent à la frontière ; *le 7,* il arrive à Florence où il séjourne jusqu'au *10* avant de retrouver Paris, *vers le 25.*

● **1836. Mai :** *vers le 20,* Dumas fait un court séjour à Fourqueux, chez Victor Hugo avec lequel il se réconcilie.

● **1838. D'août à octobre,** pour se distraire du chagrin causé par la mort de sa mère (1er août), Dumas effectue un voyage en Belgique et en Allemagne.

Août : *le 8,* il quitte Paris en compagnie d'Ida Ferrier ; *le 9,* ils descendent à l'hôtel de la Reine de Suède à Bruxelles, qui sera le point de départ de toutes les excursions ; *le 10,* ils visitent Bruxelles : l'Hôtel de Ville, Sainte-Gudule, Manneken-Pis, l'hôtel du prince d'Orange ; *le 11,* ils visitent Waterloo ; *le 12,* ils partent visiter Anvers ; *le 13,* Gand est le but de leur excursion ; ils y descendent à l'hôtel des Pays-Bas ; *le 14,* ils se rendent à Bruges, dînent à Blankenberghe et retournent, *le 15,* à Bruxelles ; *le 16,* Dumas assiste à Malines au jubilé de Notre-Dame d'Hanswyck ; *le 17,* il a une entrevue avec Léopold 1er dans son château de Laeken ; il part ensuite pour Liège où il descend à l'hôtel d'Albion ; *le 18,* après le déjeuner chez Polain, d'où l'on découvre la ville, il part pour Aix-la-Chapelle ; *le 19,* il descend à l'hôtel du Grand Monarque, visite la ville et ses environs (Frankenberg, Loosberg, Salvatorberg) ; *le 20,* il voyage toute la journée en direction de Cologne (hôtel de Hollande ; *le 22,* sur le Rhin, il longe en bateau Brühl, Rodinkirchen, Langen, Berghem, Mondorf, Sieg, Benel, Roisdorf, jusqu'à Bonn où il descend à l'hôtel de l'Étoile ; il visite la ville, puis Schwartz, Rheinsberg, Kreutzberg ; *le 23,* il remonte le Rhin de Rungsdorf à Coblence ; *le 24,* il visite Coblence : Ehrenbreitstein, Saint-Cador et le tombeau de Marceau ; *le 25,* il embarque de nouveau ; à Holzenfels, Dumas est accueilli par le prince royal de Prusse (incognito) et passe la nuit au château ; *le 26,* la remontée du Rhin se poursuit ; Lasneck, Oberlaustein, Rhensee,

Marksburg, Boppart, Saint-Goar, Katzmellen, Lorelei, Ober-Wechsel, Gutenfels, Pfalz, Bacharach, Sonneck, Falkenburg, Rheinstein, Johannisberg, Biberich ; il fait un bref arrêt à Mayence ; *le 27,* dans la nuit, il arrive à Francfort (hôtel de l'Empereur romain) où il séjournera jusqu'au *21 septembre,* successivement reçu par les Bethmann, les Rothschild et Durand, directeur du « Journal de Francfort ».

Septembre : *le 15,* Nerval rejoint Dumas à Francfort pour travailler à *Léo Burckart* ; ils assistent à une soirée et un souper chez l'envoyé de Russie ; *le 16,* Dumas et Nerval font une excursion dans la principauté de Hombourg ; *le 18,* ils déjeunent avec le médecin de Mme Rothschild, ancien condisciple de K. L. Sand, modèle de *Léo Burckart ; le 19,* M. de Rothschild offre une chasse à Dumas ; *le 21,* Ida et Nerval quittent Francfort en compagnie d'Octavie Durand et d'A. Weill ; *le 22,* ils font une halte à Mayence avant de continuer leur voyage sur le Rhin ; ils passent par Worms, arrivent à Mannheim et visitent la maison de Sand ; sur le Sands-Himmelfahrt ils rencontrent le directeur de la prison ; *le 23,* Dumas recueille le récit du directeur et recopie les pièces officielles de l'affaire Sand ; le soir ils se rendent à Heidelberg pour souper et y passer la nuit ; *le 24,* leurs visites les mènent au bourreau Widemann, aux ruines du château et à la taverne des étudiants de Kaiserstühl ; l'étape du soir est Carlsruhe où ils descendent à l'hôtel d'Angleterre ; *le 25,* ils visitent le château de Rastadt et, *le 26,* la Favorite, avant le départ pour Baden qu'ils atteignent par Koupperstein, Rothenfelz, Guernbach, Eberstein, Stauffenberg ; ils descendent à l'hôtel du Soleil ; *le 27,* ils passent la journée à Baden ; *le 28,* ils repartent par Bülh, Salzbach, Achern, en direction de Strasbourg où ils s'installent à l'hôtel du Corbeau ; *le 29,* ils visitent la cathédrale et reprennent le chemin de Paris.

Octobre : *le 1er,* Nerval quitte la voiture à Troyes ; *le 2,* Dumas et Ida sont de retour à Paris.

● **1840. Mai :** *le 28,* Dumas quitte Paris pour Florence avec Ida Ferrier ; *le 30,* ils arrivent à Marseille. **Juin :** *le 5,* ils s'embarquent sur le « Pharamond » ; *le 7,* ils débarquent à Livourne et arrivent le soir à Florence. **Octobre :** *du 9 au 12,* ils font une excursion à l'île d'Elbe. **Décembre :** *le 1er,* ils visitent Pise.

● **1841. Mars :** *le 14,* Dumas et Ida quittent Florence pour Paris, où ils arrivent *le 18.* **Juin :** *le 4,* Dumas repart pour Florence où il écrit *Lorenzino.* **Septembre :** *le 21,* la pièce achevée, il remonte à Paris pour la faire jouer ; *du 22 au 14 octobre,* il fait un séjour de trois semaines à Senlis où il retrouve son fils.

● **1842. Janvier :** *le 4,* par arrêté, Villemain accorde à Dumas 1 000 F pour une « mission en Épire » ; *vers le 15,* Dumas quitte Paris en compagnie de son fils ; *le 21,* tandis que son fils séjourne dans le Midi, il s'embarque pour Marseille ; *vers le 30,* il est à Florence. **Mai :** il fait un aller et retour à Paris. **Juin :** *le 27,* avec le prince Napoléon, Dumas s'embarque pour l'île d'Elbe sur le « Duc-de-Reichstadt » ; la barque essuie une tempête ; *le 28,* ils débarquent à Porto-Ferrajo et visitent l'île ; *le 29,* ils chassent sur l'île de Pianosa ; *le 30,* Dumas et le prince relèvent la position de l'île de Monte-Cristo mais ils ne peuvent y descendre à cause de la contumace qui frappe l'île ; en souvenir du voyage, Dumas promet d'écrire un roman qui portera le nom de Monte-Cristo. **Juillet :** *le 27,* Dumas quitte Florence pour aller assister aux obsèques du duc d'Orléans à Paris ; il s'embarque pour Gênes ; *le 28,* il prend une voiture de poste et passe par Milan et le Simplon ; *le 30,* il passe la nuit à l'hôtel de la Poste à Marigny. **Août :** *le 3,* il arrive à Paris et assiste aux obsèques à Notre-Dame, puis, en voiture de poste, avec Giulhem,

Ferdinand Leroi et Bocher, il se rend à Dreux où il arrive dans la nuit ; *le 4,* il assiste aux cérémonies de l'inhumation, puis revient à Paris. La date de son retour à Florence est inconnue (sans doute vers la fin de l'année 1842).

• **1843. Mai :** *vers le 15,* Dumas s'embarque à Livourne pour venir chercher à Paris des documents prouvant la culpabilité de Lecomte (voir p. 1192). **Juin :** *vers le 15,* il est de retour à Florence ; *le 20,* il s'embarque à Gênes sur le « Marie-Antoinette », à destination de Marseille, pour y voir Rachel (voir p. 1181), puis remonte à Paris où il arrive *le 26.*

• **1844. Août :** *vers le 10,* Dumas quitte Paris pour Trouville, en compagnie d'Eugénie Scrivaneck. Ils sont de retour à Paris *le 28.* **Septembre :** *le 2,* il se rend à Brassoire, chez Mocquet, pour l'ouverture de la chasse. **Octobre :** *le 24,* il quitte Paris pour la Belgique, la Hollande et sans doute Francfort, en compagnie de son fils, de Dujarrier, gérant de « La Presse » et de Buchon ; *le 31,* Dumas est de retour à Paris.

• **1846. Avril :** *le 25,* il part de Paris, en compagnie de son fils et de leurs maîtresses respectives (Atala Beauchêne et Anaïs Liévenne), pour Rouen où ils témoignent au procès de Beauvallon accusé d'avoir truqué un duel avec Dujarrier. **Septembre :** M. Salvandy, ministre de l'Instruction publique, propose à Dumas une mission en Algérie afin d'y attirer un plus grand nombre de colons ; Dumas est donc chargé d'écrire un livre pour faire connaître ce pays aux Français. A la même époque, le duc de Montpensier invite Dumas à son mariage avec l'infante d'Espagne, à Madrid ; *le 29,* un arrêté gouvernemental charge officiellement Dumas d'une « mission littéraire en Algérie : pour financer cette mission, une indemnité spéciale de 575 F, plus une indemnité supplémentaire de 500 F lui sont accordées *le 24 décembre* par le ministère de l'Instruction publique. *Le 5*

février 1847, une autre indemnité, de 3 000 F, lui est allouée sur le fonds d'encouragement aux sciences et lettres. Le duc de Montpensier ajoute 12 000 F.

Octobre : *le 3,* à 18 h, Dumas quitte Paris, par le chemin de fer, pour l'Espagne en compagnie de son fils, Maquet, Boulanger, et d'Eau-de-benjoin. Un incident survient à Beaugency ; *le 4,* ils arrivent de nuit à Angoulême par la diligence ; *le 5,* à Bordeaux, Dumas loue une voiture de voyage qui part pour Rochefort, Mont-de-Marsan, Saint-André-de-Cubsac et Bayonne, où il rend visite au consul d'Espagne ; ils repartent par la malle-poste ; *le 7,* ils franchissent la frontière et passent Ernani, Andouin, Tolosa et Villa-Franca ; ils dînent à Vittoria ; *le 8,* après une brève halte à Burgos, ils repartent sur Lerma et traversent la Somo Sierra ; *le 9* au matin, ils arrivent à Madrid et s'installent à la Casa Monnier où Dumas partage l'atelier de Girardet, Blanchard, Gisnain ; à l'ambassade, Dumas rend visite au duc d'Aumale et au prince de Montpensier ; il rencontre Gautier et Amédée Achard et retrouve Giraud et Desbarolles qui décident de l'accompagner en Afrique ; il dîne à l'ambassade ; *le 10,* dans la chapelle royale, Dumas assiste au mariage de la reine Isabelle et de son cousin don François d'Assise, et à celui de l'infante Luisa Fernanda et du duc de Montpensier ; *le 11,* après la cérémonie de bénédiction des anneaux dans l'église Notre-Dame d'Atocha, des spectacles de danse et d'illuminations sont offerts aux convives ; *le 12,* Dumas est invité à la cérémonie du baise-main et à la soirée au Théâtre de la Cruz ; *le 13,* il assiste aux courses, place des Toros ; *le 14,* ils partent pour l'Escurial ; les voyageurs (Dumas, Dumas fils, Boulanger, Desbarolles, Giraud, Achard) descendent à la posada de Calistro Burguillos ; *le 15,* ils visitent l'Escurial et retournent à Madrid où un banquet est offert par la colonie française ; *le 16,* les voyageurs sont reçus chez le duc d'Ossuna (El

Capricio) ; *le 17,* ils assistent aux courses royales sur la Plaza Mayor ; *le 18,* un dîner et un bal sont offerts au Palais ; *le 19,* un autre bal est donné à l'ambassade ; *le 21,* Dumas fait ses adieux au duc de Montpensier ; *le 22,* les voyageurs quittent Madrid ; le soir ils dînent à la Fonda de los Caballeros de Tolède ; *le 23,* ils visitent Tolède, puis se rendent à la Villa-Mejor ; la voiture se renverse ; *le 24,* ils arrivent à l'aube à Aranjuez (parador de la Costuera) ; ils visitent le château ; Achard quitte les voyageurs ; ils soupent à Ocana ; *le 25,* le voyage se poursuit en diligence par Venta de Quexada, jusqu'à Puerto Lapice, Manzanares et Val de Penas où ils soupent ; *le 26,* ils entrent en Andalousie : Despena Perros - La Carolina - Baylen - Jaen ; *le 27,* à leur arrivée à Grenade, les voyageurs sont accueillis par le comte d'Ahumeda et Couturier qui sera leur guide ; ils visitent l'Alhambra et assistent aux danses au Carmen de los Siete Suelos ; *du 28 au 30,* la visite continue par Las Cuevas et un spectacle de danse au théâtre (Calandena Melindés) ; mais le séjour à Grenade est troublé par des pierres jetées aux Français, lors d'une séance de dessin ; pour éviter les poursuites judiciaires, ils pressent le départ ; *le 31,* à 4 h du matin, Dumas quitte Grenade à mule, il déjeune au parador San Antonio de Tino et atteint Alcala Reale à la nuit.

Novembre : *le 1er,* le voyage reprend ; ils font un arrêt à Los Pateros, avant d'atteindre Castro del Rio ; *le 2,* ils arrivent à Cordoue et s'installent à Las Diligencias ; *le 3,* ils visitent la ville (la mosquée, le cirque) ; *les 5 et 6,* ils participent à une chasse dans la sierra Morena avec les gentilshommes de la montagne ; *le 8,* ils partent pour Séville sans Dumas fils, retenu par une aventure sentimentale ; *le 9,* à l'aube, ils sont à Alcala et, dans la journée, parviennent à Séville et descendent à l'hôtel de l'Europe ; *le 10,* ils visitent la ville et passent la soirée au théâtre où dansent Anita, Petra et Carmen ; *le 11,* Dumas

fils les rejoint ; ils visitent les curiosités de la ville (Alcazar, cathédrale, hospice de la Charité) ; *le 18,* Dumas fils repart pour Cordoue, les voyageurs s'embarquent sur « El Rapido » qui remonte le Guadalquivir ; ils arrivent à Cadix en fin d'après-midi et descendent à l'hôtel de l'Europe ; *le 19,* ils changent d'hôtel (les Quatre-Nations) ; dans la journée, ils font une promenade autour de la baie de Cadix ; *le 20,* ils s'installent à bord du « Véloce » qui quitte Cadix *le 21,* passe par Trafalgar et jette l'ancre à une lieue de Tanger ; de là, les voyageurs rendent visite au chancelier de l'ambassade qui promet d'organiser une chasse ; *le 22,* ils assistent à une pêche en rade de Tanger ; après le déjeuner, ils entrent à Tanger, un jour de marché, font des achats au bazar, visitent la casbah et le consulat, puis embarquent de nouveau sur le « Véloce » ; *le 23,* ils chassent le sanglier avec Saint-Léger, chancelier du consulat anglais ; *le 24,* Dumas est convié à une noce juive ; *le 25,* le « Véloce » repart, passe le détroit de Gibraltar et mouille dans le port ; Dumas fils rejoint ses compagnons à terre, ils rencontrent le gouverneur, sir Robert Wilson qui a participé à l'évasion de Lavalette en 1815 ; *le 26,* le « Véloce » lève l'ancre et, dans la journée, relâche devant Tétouan ; les voyageurs font une brève descente à terre avant que le bateau reprenne sa route vers Mellila qu'il atteint ; *le 27,* ils y apprennent la libération des prisonniers de Sidi-Brahim ; le bateau met le cap sur Djema-r'Azouat ; *le 28,* ils traversent la baie de Malluénas, le cap Tresforcas, le cap Mélonia puis le bateau jette l'ancre devant Djema-r'Azouat où les voyageurs rencontrent les prisonniers ; ils font un pèlerinage à la tombe du capitaine Géraux, héros de Sidi-Brahim, et assistent à un banquet présidé par Mac-Mahon ; au soir, ils embarquent de nouveau ; *le 29,* le « Véloce » longe les côtes algériennes, sans faire escale ; *le 30,* ils arrivent en vue d'Alger ; en l'absence de Bugeaud, le contre-amiral de Rigodie accepte que le « Véloce » conduise Dumas en Tunisie ; Ausone de Chancel se joint aux voyageurs.

Décembre : *le 1er*, le « Véloce » quitte Alger et longe la côte pendant quatre jours ; *le 4*, le bateau fait escale en Tunisie, à Bizerte, où les voyageurs assistent à une chasse avant d'embarquer de nouveau, à 6 h du soir ; *le 5*, à 2 h du matin, le bateau jette l'ancre en rade de Tunis ; après le déjeuner, les voyageurs débarquent à La Goulette où ils sont accueillis par le consul Gaspari ; à leur arrivée à Tunis, Laporte, le chargé d'affaires par intérim, les accueille ; ils s'installent au Foundouk des Français ; *le 6*, ils découvrent Tunis sous la conduite de Laporte, font des achats au bazar, puis rendent visite au cheik Médine ; ils dînent ensuite chez Laporte ; *le 7*, Dumas est reçu au Bardo par le bey du camp, Sidi Mohammed ; *le 8*, ils visitent Carthage et le « tombeau de Saint Louis » où Dumas admire le travail du stucateur Younis ; il médite sur la plage avant de déjeuner à bord du « Montezuma », commandé par Cunéo d'Ornano ; le soir, ils sont conviés à un bal au consulat ; *le 9*, ils rendent visite au bey du camp à Touret el Bey : il accorde un congé à Younis que Dumas emmène pour sculpter une chambre à Monte-Cristo ; un dîner est offert par les consuls des treize puissances représentées à Tunis, suivi d'un bal au consulat ; *le 10*, ils se rendent au collège Saint-Louis avant de quitter la ville ; les voyageurs font halte à La Goulette, chez Gaspari, puis regagnent le « Véloce » ; *le 11*, ils abordent pour une chasse sur l'île de la Galite et font une excursion à l'amphithéâtre de El-Djem ; *le 12*, dans la nuit, le bateau jette l'ancre devant Bône ; les voyageurs font une brève visite de la ville, et se rendent au monument de Saint-Augustin à Hippone ; *le 13*, le « Véloce » essuie une tempête : il doit mouiller en face du fort génois ; *le 14*, le bateau a perdu son ancre mais elle sera retrouvée ; *le 15*, le

« Véloce » repart de nuit : dans la journée il mouille devant Stora ; les voyageurs descendent à terre et se rendent à Philippeville à l'hôtel de la Régence ; *le 16*, ils quittent Philippeville pour El-Arouch ; *le 17*, ils déjeunent au camp de Smindou, traversent La Hamma et arrivent à Constantine (hôtel du Palais-Royal) ; *le 18*, ils rendent visite au général Bédeau après quoi ils découvrent la ville ; *le 19*, tandis que Dumas prend des notes dans le cabinet de Bédeau, ses compagnons assistent à un bal mauresque ; *le 21*, ils passent tous la nuit au camp fortifié de Smindou, chez le trésorier-payeur, Maurice Collard, ami d'enfance de Dumas ; *le 22*, ils retournent à Philippeville ; *le 23*, ils embarquent à Stora ; en raison de la tempête, le « Véloce » doit mouiller à Collo ; *le 24*, le « Véloce » repart et double Bougie et Bengut ; *le 25*, le bateau arrive en vue d'Alger ; les voyageurs y débarquent et s'installent à l'hôtel de Paris ; *le 26*, ils ont une entrevue orageuse avec Bugeaud, après quoi ils visitent la ville dans la calèche du général Youssouf, chez qui Dumas a déjeuné ; *le 27*, ils passent la soirée dans la vieille ville et assistent à des spectacles de danse ; *le 30*, ils quittent Alger pour Bouffarik, la colonne de Béni-Maed et Blida ; *le 31*, ils font une excursion dans les montagnes puis retournent à Bouffarik.

• **1847. Janvier :** *le 1er*, ils empruntent l'omnibus jusqu'à Alger où ils assistent à la réception d'investiture du cheik El Mockrani, kalife de la Medjana, chez Bugeaud ; *le 3*, dans la nuit, ils embarquent sur l'« Orénoque » qui transporte aussi Tocqueville et soixante prisonniers arabes ; *le 4*, ils arrivent à Toulon après trente-neuf heures de traversée ; ils repartent ensuite vers Paris.

Les suites du voyage : *le 10 février*, à la Chambre des députés, MM. de Castellane, Malleville et Lacrosse attaquent la mission de Dumas en Algérie ; Castellane interpelle le gouvernement en ces termes : « J'ai appris qu'un entrepreneur de feuilletons a été chargé d'une mission pour aller explorer l'Algérie. Un bateau de la marine royale [le "Véloce"] aurait été envoyé à Cadix pour y prendre ce monsieur. Ne m'est-il pas permis de dire que le respect du pavillon a été offensé. Je rappellerai que ce navire avait été précédemment aménagé pour recevoir le roi. » Le ministre de la Marine, M. Moline Saint-Yvon, se défend maladroitement : « Le maréchal Bugeaud était en inspection à l'intérieur. Le commandant par intérim à Alger, voyant arriver dans le port un navire qui, normalement, aurait dû ne pas y venir, a cru que la personne qui se trouvait à bord était chargée d'une mission particulière. D'ailleurs, cette personne le disait à tout le monde. » Léon de Malleville interroge : « Est-il vrai qu'un ministre a dit : "Dumas révélera l'Algérie à messieurs les députés qui ne la connaissent pas ?" » Visé, Salvandy assume ses responsabilités ; *le 11 février,* Dumas envoie au « Siècle » une lettre dans laquelle il se justifie des attaques dont il est l'objet :

« On m'apporte, au milieu de ma répétition, une épreuve du "Moniteur" dans laquelle je vois que j'ai été aujourd'hui à la Chambre l'objet d'une attaque sinon inattendue, du moins inouïe. Un ministre a été jusqu'à dire : *L'homme* qui montait le "Véloce" se disait chargé d'une mission extraordinaire. *L'homme* qui montait le "Véloce" est un homme qui n'a jamais dit que ce qui est — d'ailleurs il n'avait besoin de rien dire puisque le fait était consigné sur son passeport, et que ce passeport, émané du ministre des Affaires étrangères et signé Guizot, était entre les mains du capitaine. Maintenant, cette mission extraordinaire, dans quelles conditions l'accomplissait-il ? En quittant pour l'accomplir les affaires les plus importantes, en perdant trois mois et demi de son temps et en ajoutant 20 000 F de son argent aux 10 000 que lui avait alloués M. le ministre de l'Instruction publique. Quant

au "Véloce", que je m'étais approprié, dit-on, par surprise, il m'a été parfaitement envoyé à Cadix par M. le maréchal Bugeaud. Il avait l'ordre de me prendre moi et les personnes qui m'accompagnaient, "soit à Cadix même, soit sur tout autre point de la côte où je pourrai me trouver, et où il devait aller me chercher". En arrivant à Alger, et en l'absence de M. le maréchal Bugeaud, le "Véloce" fut remis à ma disposition pour dix-huit jours. J'avais toute liberté d'aller où je voulais avec le "Véloce". L'ordre n'était pas une erreur, l'ordre n'était pas un malentendu, l'ordre était donné par M. le contre-amiral de Rigaudit. D'ailleurs, il ne se fait pas de si graves erreurs, il ne commet pas de si singuliers malentendus. »

Le 12, Maquet, Desbarolles, Boulanger, Giraud, envoient au « Siècle » une lettre : ils étaient les compagnons de voyage de Dumas et non sa « suite ». Le même jour, Dumas envoie un cartel à Malleville, Dumas fils à Lacrosse et Maquet à Castellane. Salvandy s'entremet pour que le scandale cesse : l'affaire n'a pas de suite.

• **1848. Mai :** *le 31,* Dumas quitte Paris, en compagnie de sa fille Marie et de son secrétaire (Adolphe Herr ?) pour une tournée électorale dans l'Yonne ; ils passent la nuit à Sens. **Juin :** *le 1er,* ils se rendent à Joigny pour assister à une réunion électorale qui a lieu au théâtre ; ils sont ensuite conviés à un banquet à l'hôtel de Bourgogne et passent la soirée chez le procureur de la République ; *le 2,* une autre réunion électorale a lieu à Auxerre devant 5 000 personnes. *A la fin du mois,* une deuxième campagne électorale se déroule dans l'Yonne. **Septembre :** *du 3 au 13,* Dumas poursuit la campagne (son quartier général est à Saint-Bris chez le notaire Charpillon). **Novembre :** *du 9 au 26,* une troisième campagne électorale appelle Dumas dans l'Yonne.

• **1849. Mai :** *le 9,* Dumas quitte Paris avec son fils et le peintre Biard pour assister au couronnement du roi de Hollande ; *le 10,* ils arrivent à Bruxelles où ils visitent une collection ornithologique ; ils repartent pour Anvers par le chemin de fer, puis remontent l'Escaut (Dordrecht, Rotterdam), et reprennent le chemin de fer jusqu'à La Haye où ils descendent à l'hôtel de la Couronne impériale ; *le 11,* Dumas reçoit un laissez-passer pour le convoi spécial et une carte de tribune diplomatique pour assister au couronnement ; ils quittent La Haye pour Amsterdam ; ils y déjeunent chez Wittering qui héberge Dumas ; il retrouve le peintre Gudin ; plus tard, il assiste à l'entrée de Guillaume III, avant d'entreprendre une excursion à Monnikendam ; *le 12,* Dumas assiste au couronnement de Guillaume III ; il est reçu par le roi et la reine ; *le 13,* le roi le convie à une chasse au faucon ; *le 14,* Dumas quitte Amsterdam pour Paris où il arrive *le 16.* **Décembre :** *vers le 18,* Dumas se rend à Villers-Cotterêts pour chasser.

• **1850. Août :** *le 27,* Dumas quitte Paris pour Londres afin d'assister aux obsèques du roi Louis-Philippe ; il voyage en compagnie de Pasquier ; *le 28,* ils arrivent à Londres ; *le 29,* il va signer le registre ouvert à Claremont ; Pasquier lui fait comprendre que sa présence n'est pas souhaitée aux obsèques ; il est accueilli par lord et lady Holland ; *le 30,* il visite Newstead Abbay ; *le 31,* il se rend à l'exposition de Liverpool. **Début septembre,** Dumas retourne à Paris. **Novembre,** il fait un séjour à Villers-Cotterêts pour chasser.

• **1851. Juillet :** *le 11,* Dumas va à Enghien pour rédiger le chapitre CX de ses *Mémoires* ; il descend à l'hôtel du Cheval blanc de Montmorency et y séjourne jusqu'*au 20.* **Septembre :** *vers le 1er,* il va à Mormant pour chasser. **Décembre :** *le 10,* fuyant la contrainte par corps qui pèse sur lui, il part le soir pour Bruxelles ; *le 11,* il s'installe à l'hôtel de l'Europe.

• **1852. Février :** *du 8 au 10,* il fait un séjour à Gand. **Mars :** *le 28,* ayant obtenu un sauf-conduit, il part pour Paris où il demeure jusqu'au *10 avril.* **Juin :** autour *du 8* puis *du 20 au 27,* il fait de courts séjours à Paris. **Juillet :** *le 31,* Dumas accompagne Victor Hugo qui s'embarque à Anvers pour l'Angleterre. **Août :** *le 6,* avec Mme Guidi, il quitte Bruxelles pour les bords du Rhin (Mayence, Baden) ; *le 10,* il est à Paris ; *le 17,* il part pour l'Italie avec Isabelle Constant ; *du 22 au 24,* ils séjournent à Gênes chez Mme Galatini ; *le 24,* ils arrivent à Rome et parcourent la via Appia. **Octobre :** *le 3,* ils sont de retour à Paris (par Turin et le Mont-Cenis) ; *le 11,* Dumas rejoint Bruxelles. **Novembre :** *du 1er au 6* et *du 6 au 15,* il fait de courts séjours à Paris.

• **1853.** L'année est hachée par de courts aller et retour à Paris, pour régler ses affaires ou surveiller les répétitions de ses pièces ; il n'y reste que très peu de temps pour ne pas donner à ses créanciers la possibilité de l'appréhender : *du 29 janvier au 6 février ; du 23 au 30 mars ; du 2 au 8 mai ; du 25 mai au 2 juin ; du 14 au 20 juin ; du 6 au 18 août ; du 30 août au 1er septembre ; du 13 au 23 septembre ; du 7 octobre au début novembre ; du 10 au 15 novembre. Le 18 novembre,* c'est le retour « presque définitif » à Paris.

• **1854.** Réinstallé à Paris, Dumas effectue de brefs séjours à Bruxelles où il achève de régler ses affaires : *du 19 au 22 février ; du 18 au 25 mars.* **Septembre :** *du 4 au 11,* il participe à des chasses en Beauce et dans le Loiret (à La Ferronnière) ; *du 12 au 19,* Dumas se rend à Bruxelles pour en ramener sa fille. **Octobre :** *vers le 14,* il fait le dernier aller et retour à Bruxelles.

• **1855. Mars :** *le 4,* il quitte Paris pour Caen où il rejoint Emma Mannoury-Lacour ; *le 6,* il va à Thury-Harcourt ; il couche sans doute au château de Monts, chez les Mannoury-Lacour ; *le 8,* il est de retour à Paris. **Avril :** *du 28* *au 30,* il fait un bref séjour à Bruxelles. **Mai :** *vers le 26,* il retourne à Caen avec **Emma. Septembre :** *le 1ᵉʳ,* il fait l'ouverture de la chasse à Bernay. Il se rend ensuite à Monts, au chevet d'Emma qui a fait une fausse couche.

• **1856. Mai :** *le 19,* Dumas et Paul Bocage quittent Paris en chemin de fer pour refaire la route de Varennes ; *le 20,* ils parcourent Châlons, Notre-Dame de l'Épine, Courtisols, Pont-de-Somme-Vesle, et font étape à Sainte-Ménéhould (hôtel de Metz) ; ils visitent la ville avec M. Mathieu ; *le 21,* ils quittent Sainte-Ménéhould et arrivent à Varennes où ils dînent au Grand Monarque après avoir consulté les archives de la mairie ; *le 22,* ils reprennent la route de Paris par Châlons. *Du 22* septembre *au 4* octobre, Dumas fait un séjour à Sainte-Adresse (près de Melun) chez son fils. **Octobre :** *le 4,* Dumas quitte Sainte-Adresse et passe la nuit à Lyon ; *le 5,* Bourg-en-Bresse où, guidé par Milliet, il recherche les pièces du procès des Compagnons de Jéhu ; *le 6,* il visite Brou et retourne à Paris. **Novembre :** *du 21 au 25,* il fait un nouveau voyage à Bourg-en-Bresse, Dijon et Brou.

• **1857. Février :** *autour du 17,* il va à Saint-Bris, chez Charpillon, pour chasser. **Mars :** *le 27,* Dumas quitte Paris pour Londres, envoyé spécial de « La Presse », pour rendre compte des élections anglaises ; *le 28,* il arrive à Douvres et visite la couleuvrine de la reine Anne avant de repartir pour Londres où il descend chez Nind (Sablionière Hôtel, Leicester Sq.) ; il se rend à l'hôtel de ville où se confirme l'élection de Lionel Rothschild ; il assiste au meeting électoral de Southwark et à l'exhibition de G. Cumming ; *le 29,* au banc des sténographes, il assiste à la proclamation des résultats de la Cité (élus : J. Duke, lord Russel, Crawford, Rothschild). **Avril :** *le 2,* il part pour Brentford, dans le Middlesex où il assiste à une élection en province ; *le 4,* il rend visite à Victor

Hugo à Guernesey ; *le 6,* il est de retour à Londres, puis à Paris *vers le 8.* **Mai :** *le 25,* il repart pour Londres ; *le 26,* il descend à la London Coffee House ; il visite le musée Tussaud, se promène à Hyde Park et sur la Tamise avant le dîner à Brunswick, à l'hôtel Blackwall ; *le 27,* il assiste au Derby d'Epsom ; *le 28,* il visite le Palais de Cristal et Westminster ; *le 29,* il visite l'exposition de Manchester ; *le 31,* il retourne à Paris.

Juillet : *du 13 au 21,* il fait un séjour à La Houssière près de Ligueil, chez Prosper Vialon (chasse et pêche). **Août :** *vers le 18,* à Pierrefonds, il organise un feu d'artifice sur le château. **Septembre :** *le 1ᵉʳ,* il fait l'ouverture de la chasse dans la région de Villers-Cotterêts ; *du 3 au 6,* il chasse à Saint-Bris, chez Charpillon ; *le 21,* Dumas quitte Paris par le chemin de fer pour accompagner Lilla Bulyovski ; *le 22,* à Bruxelles, ils se reposent à l'hôtel de Suède, visitent la ville (Sainte-Gudule, la place de l'Hôtel-de-Ville, le musée) ; Dumas rencontre Marie Pleyel ; ils repartent pour Spa où ils descendent à l'hôtel de l'Orange ; *le 23,* Dumas rencontre Cherville, avec lequel il élabore des plans de romans ; il fait une brève visite de Spa avec Delahaye, inspecteur général des Forêts ; le soir, ils repartent pour Aix-la-Chapelle ; *le 24,* ils arrivent à Cologne, embarquent sur le Rhin et débarquent à Coblence à 21 h ; *le 25,* ils embarquent de nouveau ; ils passent devant Holzenfels, Oberlahnstein, Rheinsal, Saint-Goar et atteignent Mannheim ; *le 26,* ils rendent visite à la tragédienne Mme Schroeder qui accepte Lilla comme élève ; *le 27,* Dumas quitte Mannheim pour Paris.

• **1858. Février :** *le 13,* Dumas quitte Paris pour Marseille, accompagné de Cherville et de son secrétaire Wolff ; *le 14,* ils descendent à l'hôtel Bristol ; Dumas assiste à La Joliette à l'embarquement du roi Thibault ; *le 15,* il déjeune à La Réserve et visite son île du château d'If ; *le 16,* il assiste à un

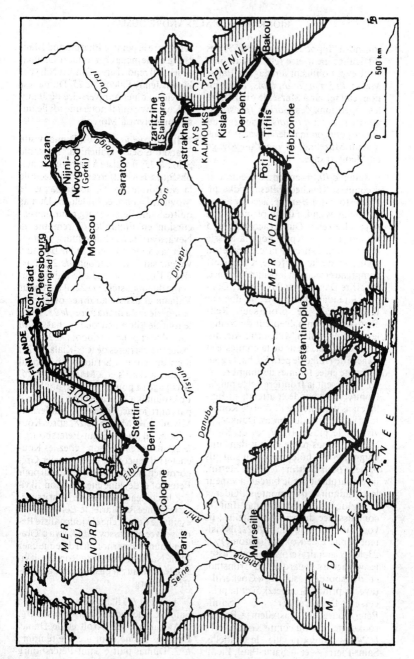

LE VOYAGE DE DUMAS EN RUSSIE (1858/1859)

tournoi à l'hippodrome ; *vers le 27*, des difficultés, peut-être relatives au procès Lévy, l'obligent à regagner Paris. **Mars** : *du 5 à la fin du mois*, il fait un nouveau séjour à Marseille où il dirige les répétitions des *Gardes forestiers*. **Avril** : *à la fin du mois*, il se rend au Havre pour commander un yacht à l'armateur Mazeline, en vue d'un voyage en Méditerranée.

Juin : *le 10*, il rencontre le comte et la comtesse Koucheleff-Besborodka qui font le tour de l'Europe, accompagnés de quelques amis ; ils lui proposent de se joindre à eux : Dumas accepte ; *le 15* au soir, c'est le départ pour la Russie par le train express ; la caravane du comte et de la comtesse Koucheleff comprend également le peintre Moynet, le spirite Daniel Douglas Home, Dandré, intendant du comte, le docteur Koudriavtzef, le professeur Reltchensky, ancien précepteur du comte, le musicien italien Millelotti ; Alexandrine de Kroll, sœur de la comtesse et fiancée de Home, le petit Sacha, la gouvernante et les femmes de chambre ; *le 16*, ils passent la frontière belge puis la frontière allemande et atteignent Berlin où ils déjeunent à l'hôtel de Rome ; sous la conduite du libraire Dunker, ils visitent le musée (fresques de Kaulbach) ; Dumas passe la nuit dans une baignoire de l'hôtel ; *le 18* au soir, ils partent pour Stettin ; *le 19*, à Stettin, ils embarquent sur le bateau à vapeur le « Vladimir », ils remontent l'Oder et la Baltique ; *le 20*, Dumas fait la connaissance du prince Galitzine ; ils vont sur l'île de Gotland ; *le 21*, ils visitent le phare de Kokelar (Estonie) ; *le 23*, le « Vladimir » croise la flotte russe ; les voyageurs débarquent à Cronstadt et transbordent sur le « Cockerill » (avec le prince Troubetzkoï et la princesse Dolgorouki) ; à Saint-Pétersbourg, ils s'installent à Bezborodko, maison du comte Koucheleff ; *le 24*, ils visitent la ville : la citadelle, Saint-Pierre — et — Saint-Paul, Lietni Sad, le palais de Pierre Ier ; Dumas

rencontre le peintre Pharamond Blanchard qui le mène chez le duc d'Ossuna, absent ; il rend visite à Dimitri Narychkine et Jenny Falcon ; *le 25*, Dumas est convié au dîner anniversaire de Jenny Falcon, avec qui il noue une idylle qui se poursuivra à Moscou.

Juillet : *début du mois*, Dumas visite Tsarskoïe Selo, Galichina, Krasnoïe Selo ; *le 13*, il assiste à Saint-Isaac aux obsèques de Montferrand, architecte de la cathédrale ; *le 20*, accompagné de Moynet, Dandré et Millelotti, Dumas quitte Saint-Pétersbourg pour une excursion en Finlande : il remonte la Neva, s'arrête à Schlüsselburg pour visiter la forteresse, et prend le bateau à vapeur sur le lac Ladoga ; *le 21*, il arrive à Konivetz et passe la nuit à l'auberge du monastère ; *le 22*, il part pour Valaam et assiste au dîner offert par le supérieur du monastère ; *le 23*, il fait le tour de l'île en barque et chasse ; au soir, il part pour Serdopol ; *le 24*, il va visiter les carrières de Rus-Kiala ; *le 25*, il est de retour à Serdopol ; il se rend ensuite à Ostoïs et à Mansilda ; *le 26*, le voyage se poursuit par Kronnborg, Poksouilalka et Kaelsholm ; *le 27*, il parcourt le lac Pihlavasi, Naïderma, Miviniami et Magra ; *le 28*, après Koutiatkina, il atteint Saint-Pétersbourg ; *le 29*, il visite la prison ; chez les Koucheleff il rencontre le romancier Grégorovitch ; *le 30*, il prend le bateau pour Peterhof et déjeune chez Samson ; il visite le château, les îles de Tsaritsyne, de la princesse Marie, le Belvédère ; il est invité à dîner chez le journaliste Panaëv, avec Nikrassov ; *le 31*, il va d'Oranienbaum à Peterhof où il déjeune chez Mme Naptal-Arnault ; à Ropcha, il visite le château ; il passe la nuit à Saint-Pétersbourg.

Août : *le 1er*, il assiste au mariage, à Sainte-Catherine de Saint-Pétersbourg, d'Alexandrine de Kroll et de Daniel Douglas Home dont il est le témoin ; *le 3*, Dumas quitte Saint-Pétersbourg pour Moscou par le chemin de fer ;

le 4, à Moscou, Dumas s'installe à Petrovsky-Park chez Narychkine ; *le 5*, il déjeune avec Schetnhinsky, chef de la police ; puis il part visiter Novo-Diévitchi : le Kremlin, l'église Vasili-Blagennoï ; *le 6*, il retourne à Novo-Diévitchi avec Moynet ; *du 7 au 18*, Dumas visite Moscou et ses environs (Kolomonskoé, Ismaïloi, le mont des Oiseaux, Tsaritsyna) grâce au quadrige de Narychkine ; *le 19*, Dumas quitte Moscou pour Borodino : il passe par Dorogomilof, le mont du Salut, Veslaina, Narra, Koubenskoé jusqu'à Mojaïsk ; *le 20*, il repart vers le couvent de Féraponté, Gorki, La Kolochia ; il est accueilli par Constantin Vargenevsky, colonel de la garde ; *le 21*, il visite le champ de bataille de Borodino et le couvent de Borodino-du-Sauveur ; à Semenenskoé, il va voir la colonne commémorative ; *le 22*, il est de retour à Moscou ; *du 23 août au 18 septembre* à Moscou, Dumas travaille dans les bibliothèques du Kremlin.

Septembre : *le 18*, Dumas fait une dernière visite au Kremlin ; *le 19*, Dumas et Moynet quittent Moscou en compagnie de Narychkine et de Jenny, pour Elpativo, domaine de Narychkine ; ils passent par Pouchkino Selo, Rachmanova, Zagorsk ; ils dînent et couchent à l'auberge du couvent de la Troïtsa ; *le 20*, Dumas visite la Troïtsa et excursionne en tarantass, avec Jenny, au couvent de Béthanie ; ils couchent à Zagorsk ; *le 21*, ils reprennent la direction d'Elpativo en passant par Pereslav ; *le 22*, ils chassent en voiture ; *du 23 au 30*, ils séjournent à Elpativo.

Octobre : *le 1er*, Dumas, Moynet et Kalino quittent Elpativo ; ils font halte à Troïski-Nerli puis à Kaliasine, où ils déjeunent avec les officiers de la garde ; ils embarquent sur le bateau de la Volga : les officiers décident d'accompagner Dumas jusqu'à Ouglitch ; *le 2*, ils quittent les officiers et font halte à Mologa avant de repartir pour Romanof ; à Somino, ils s'arrêtent pour la nuit ; *le 3*, à Jaroslav, Dumas rencontre la princesse Anne Dolgorouky ; il descend à terre à Kostroma pour visiter le couvent de Sainte-Hypate, la maison Romanof et le monument de Souzanine ; *le 4*, la princesse les quitte ; ils passent la nuit en face de Balakna ; *le 5*, ils arrivent à Nijni-Novgorod et Dumas descend chez Grass ; il passe la soirée chez le gouverneur Alexandre Mouroviev ; *le 6*, en compagnie de Grass, Dumas embarque sur le « Lotsman » ; il va jusqu'à Liscovo ; *le 7*, il passe par Makharief ; à la nuit, il arrive à Kazan ; *le 8*, il visite la ville (le kremlin, les boutiques, l'université) ; il passe la soirée chez Jablonovsky ; *le 10*, il chasse avec le général Lahn ; *le 12*, il se rend à Simbirsk en bateau ; *le 13*, il atteint Samara ; *le 15*, à Saratov, il dîne chez Adèle Servieux avec la poétesse Zénaïde, le maître de police Posniak et le prince Labanof qui offre l'hospitalité à Dumas ; *les 17 et 18*, Dumas reprend le bateau ; il descend à Nikolaïevsk et traverse la steppe ; *le 19*, dans la steppe, il campe au bord du lac Elton ; le général Becklemichef, hetman des cosaques d'Astrakan, prend en main l'organisation du lendemain ; *le 20*, il contourne le lac jusqu'à Stafa-Karaïskaïa ; *le 21*, il va du lac de Bestouchef à Bogdo ; en tarantass, il fait la traversée de l'Actouba ; à Tsaritsyne, il embarque sur le « Nakimof » ; *le 22*, il atteint Vodianoïa ; *les 23 et 24*, le bateau navigue sans escale ; *le 25*, le « Nakimof » accoste à Astrakan ; *le 26*, après la visite d'Astrakan sous la conduite de Cournaud, Dumas dîne chez Strouvé, gouverneur de la ville ; *le 27*, introduit par le maître de police, Dumas visite des familles arméniennes et tatars ; il dîne chez l'amiral Machine ; *le 28*, il embarque de nouveau pour aller chasser dans les îles, et pêcher l'esturgeon ; *le 29*, Dumas poursuit son périple sur un autre bateau, le « Verbloud » ; après le débarquement, il assiste à une cérémonie bouddhique chez le prince Toumaine, puis à une course de chevaux et de chameaux ; il traverse la Volga pour visiter les troupeaux du prince ; il est invité sous la tente de la princesse pour le thé et le dîner ; elle lui offre une pelisse de mouton noir ; *le 30,* après le déjeuner, Dumas prend congé du prince Toumaine et de la princesse ; il repart pour Astrakan.

Novembre : *le 2,* Dumas quitte Astrakan par la route ; le général Beklemichef lui donne une escorte de douze cosaques ; *le 3,* il atteint Bathmaschakovskaïa puis Tchernoskaïa ; *le 4,* il traverse la steppe et passe la .nuit à Kouminskaïa ; *le 6,* il arrive à Gortkochnaïa ; *le 7,* le voyage se poursuit par Touravnovski et Kislar ; *le 8,* il traverse le Terek : Souhoïposk, Novo, Utchergdemaïa et Schoukovaïa ; *le 9,* il part pour une excursion à la forteresse de Tschervelone où il est témoin du supplice d'un condamné ; il est reçu chez Ivan Ivanovitch Dogodesky ; *le 10,* de retour à Schoukovaïa, il déjeune avec le colonel Chatikoff qui donne des chevaux à Dumas pour se rendre à Kasafiourte ; Dumas y est accueilli par le capitaine Grabbé et le colonel Coignard qui l'invitent à dîner ; il participe à une expédition de nuit contre des voleurs ; *le 11,* il quitte Kasafiourte pour Aoul Andrew, où il est reçu par Ali-Sultan ; à Tchinourth, il est accueilli par le comte Nostik et le prince Dundukoff-Korsakoff ; *le 12,* après Unter Kale et un poste cosaque, Dumas rebrousse chemin et retourne au poste pour ne pas traverser de nuit une zone dangereuse ; *le 13,* une tempête de pluie et de neige rend l'arrivée à Temir-Kan-Choura difficile ; *le 14,* à Paraoul, les voyageurs sont contraints de faire halte, faute de chevaux ; *le 15,* le voyage les mène à Aoul-Hully et à Karbadakent ; à Bouinaky, le prince Bagration décide Dumas à revenir sur ses pas pour voir le sommet du Karanay ; il passe la nuit à Karbadakent ; *le 16,* il déjeune à Ichkharti et se rend au sommet du Karanay ; *le 17,* il parcourt Hully, Karbadakent, Bouinarky, avant d'arriver à

Karakent ; *le 18,* par Kan-Choura, Hammet, Kalmiskaïa il atteint Derbent ; *le 19,* il visite le bazar, la mosquée, la muraille et déjeune chez le gouverneur de la citadelle ; il repart pour Koulazé puis arrive à Kouba où il loge chez Khlziowsky ; *le 20,* il traverse le Karatchay, l'Akchay et le Velvele avant d'atteindre Soumgaïd où il campe avec les Tatars ; *le 21,* à Bakou, il reçoit l'hospitalité de Pigoulewsky, puis dîne chez le général du district ; il visite le sanctuaire des adorateurs du feu zoroastriens à Artech-Gah avant le retour à Bakou ; *le 22,* Dumas rend visite au prince Khaçard-Outzmieff ; il prend ensuite la mer vers la mosquée de Fathma ; à Bakou, il assiste à la fête anniversaire de la mort d'Hussein ; *le 23,* il visite le palais des Khans et la Porte des Loups, puis repart pour Schumaka ; *le 24,* le maître de police fait visiter Schumaka à Dumas ; *le 25,* après une chasse au faucon, Dumas reprend la route et arrive à Tourmanchaïa ; *le 26,* de nuit, il arrive à la Maison de la Couronne de Noukha ; *le 27,* Dumas rencontre le prince Tarkanoff et son fils Ivan, avec lequel il se lie d'amitié ; il assiste à une soirée tatare (combat de moutons, luttes, danses) ; *le 28,* il repart par la vallée de l'Alazan et passe la nuit à la station de Barbaratminskaïa ; *le 29,* il traverse les steppes d'Oussadaï : Tzarki, Kalotzi ; il soupe avec le prince Melikoff ; *le 30,* Dumas visite le château de la reine Tamara, la station de Tcheroskaïa et Tsaignaskaïa, avant de dîner à Majorskaïa.

Décembre : *le 1ᵉʳ,* après une brève halte à Sarticholskaïa, il atteint Tiflis ; il descend chez Ivan Zoubalow ; le baron Finot, consul de France, lui ouvre sa table ; *le 2,* il rend visite au prince Orbéliani et au prince Bariatinski, gouverneur, qui accueille Dumas ; *le 3,* il rend visite à la princesse Tchawchawadzé ; *le 10,* un banquet géorgien est offert à Dumas par les journalistes de « L'Aurore » ; *le 22,* Dumas quitte Tiflis pour Wladiskas et Mskett ; il longe l'Aragwi et atteint Douchett ; *le 23*, malgré la neige, il gagne Passanour ; *le 24*, il part sur un traîneau attelé à des bœufs en direction de Kaïchour ; *le 25*, il visite le district de Gouda ; confronté à une avalanche, il retourne à Kaïchour ; *le 28*, il est de retour à Tiflis.

• **1859. Janvier** : *jusqu'au 17*, Dumas séjourne à Tiflis ; *le 18*, il assiste à la bénédiction des eaux de la Koura ; *le 22*, Dumas est convié à un dîner d'adieu chez le prince Bariatinsky ; *le 23*, il se sépare de son interprète, Kalino, qui regagne Moscou, en oubliant les clés des malles ; Grégory, un jeune Arménien, se joint aux voyageurs qui quittent Tiflis ; ils atteignent Mksett ; *le 24*, ils sont sur la route de Koutaïs ; la neige les oblige à prendre un traîneau ; *le 25*, ils sont à la station de Quensens et passent la nuit à Tchalaky ; *le 26*, ils passent par Gori avant de traverser, avec difficulté, l'Iaque ; ils atteignent Ruys ; *le 27*, le voyage se poursuit par Sourham, Tsippa et Molite ; *le 28*, les voyageurs sont bloqués à Molite ; *le 29*, ils font la traversée du Quirill et gagnent Koutaïs ; *le 30*, à Koutaïs, ils visitent le bazar et excursionnent à Gaëlaëth ; Dumas se perd dans la forêt de Marlakki et arrive finalement, tard dans la nuit, à Gourbenskaïa.

Février : *le 1ᵉʳ*, ils traversent l'Oustskenskale dans la boue ; à Maranne, ils rencontrent le prince Salomon Ingheradze ; *le 2*, ils partent en barque vers Poti ; ils passent la nuit à Cheinskaïa ; *le 3*, à Poti, le bateau à vapeur étant passé la veille, les voyageurs s'installent à l'hôtel Yakob dans l'attente du prochain bateau ; *du 4 au 12*, Dumas chasse, pêche et cuisine ; il engage un jeune valet, Vassili ; *le 13*, les voyageurs embarquent sur le pyroscaphe le « Grand-Duc Constantin » ; ils longent la côte du Lazistan ; *le 14*, le bateau jette l'ancre à Batoum ; *le 15*, ils atteignent Trébizonde où ils embarquent à bord du « Sully » ; *le 16*, ils arrivent en vue de la Corne d'Or et atteignent, *le 17*,

Constantinople ; *du 17 au 23*, le « Sully » est à l'ancre mais Dumas ne descend pas à terre car il réserve Constantinople pour un prochain voyage ; *vers le 24*, ils arrivent à Athènes.

Mars : *le 3*, Dumas embarque sur le « Gange », des Messageries impériales, en direction de Marseille ; *le 9*, en costume circassien, il débarque à Marseille, en compagnie de Grégory ; *le 10*, il est de retour à Paris ; *dans le courant du mois*, Dumas séjourne à Châteauroux chez sa fille. **Avril** : il se rend à Pierrefonds pour prendre les eaux. **Août** : *le 10*, à l'annonce de l'arrivée de son yacht, le « Monte-Cristo », il quitte Paris pour Marseille ; *le 11*, il effectue une sortie en mer. Il est de retour à Paris *vers le 20*. **Septembre** : *jusqu'au 4*, il chasse à Montereau ; *du 11 au 14*, il chasse à Saint-Bris. **Décembre** : *le 27*, avec Émilie Cordier, il est de nouveau à Marseille où il compte s'embarquer sur le « Monte-Cristo », mais des difficultés surviennent pour l'obtention de son pavillon (voir p. 1258) ; *le 29*, il quitte Marseille pour Livourne à bord du « Capitole » avec Émilie, Roux et Crapelet ; *le 31*, ils arrivent à Florence.

• **1860. Janvier** : *le 1ᵉʳ*, ils partent pour Livourne ; *le 2*, ils embarquent sur le « Quirinal » pour Gênes ; de là, ils se rendent à Turin en chemin de fer ; *le 4*, Dumas a une entrevue avec Garibaldi ; *le 6*, Dumas arrive à Milan où il descend à l'hôtel Royal ; *les 10 et 11*, il va à Brescia et à Venise, où il séjourne du *12 au 18* ; *le 18*, il part pour Vérone et *le 19*, pour Mantoue ; *le 20*, il est de retour à Milan. **Février** : *le 4*, il s'embarque à Livourne sur le « Quirinal » pour Civitavecchia, et arrive à Rome *le 5* ; *le 12*, à Civitavecchia, il embarque sur le « Philippe-Auguste » et atteint Marseille ; *le 17*, il est de retour à Paris.

Avril : *le 29*, par un détour à Auxerre, il se rend à Marseille et embarque sur l'« Emma ». **Mai** : *le 9*, l'« Emma » quitte Marseille ; Dumas voyage en compagnie du photographe Legray, d'Édouard Lockroy, de Paul Parfait, du médecin Albanel, de Vassili, de Théodore, de l'interprète grec et de l'« amiral » (Émilie Cordier) ; *le 12,* l'« Emma » met le cap sur Hyères ; ils dînent sur la terrasse de l'hôtel de l'Europe ; *le 13,* à Brégançon, ils mangent une bouillabaisse à la bastide de Chapron ; *le 14,* ils débarquent à Nice : Dumas rend visite à Alphonse Karr ; *le 15,* Dumas déjeune dans le jardin de Karr avec soixante convives ; les voyageurs embarquent de nouveau, pour Gênes. (Pour la suite de l'équipée italienne, voir p. 1228).

• **1861.** Apprenant la naissance de sa fille Micaëlla, Dumas, qui séjourne alors à Naples, fait un aller et retour à Paris *du 24 janvier au 10 février.* **Début mai,** il fait un nouvel aller et retour à Paris.

• **1862. Février :** *vers le 8,* Dumas revient à Paris pour régler des affaires de famille. Il repart en **avril.**

• **1863. Mars :** *du 10 au 15,* il fait un aller et retour à Turin. **Juin :** *le 10,* en compagnie d'Émilie Cordier et de Micaëlla, il quitte Naples et *le 13,* ils arrivent à Turin ; *le 14,* ils se rendent en chemin de fer, jusqu'à Arona puis en bateau à vapeur jusqu'à Faido ; *le 16,* ils parcourent le Pont-du-Diable, Altdorf et Fluelen avant d'arriver à Lucerne (Switzerhof) ; *le 19,* ils sont à Lucerne ; ils traversent le Brünig, le lac de Brienz et de Thun et gagnent Interlaken ; *le 20,* ils quittent Interlaken pour Berne ; *le 25,* Dumas est à Paris pour un court séjour. **Juillet :** il repart à Naples. **Septembre :** Dumas fait un séjour à Sorrente.

• **1864. Février :** *du 24 au 27,* il fait un deuxième séjour à Sorrente. **Mars :** *le 6,* en compagnie de la Gordosa, Dumas quitte Naples pour Paris où ils arrivent *le 12.* **Avril :** *le 23,* il se rend au Havre pour acheter un bateau de sauvetage (fabriqué par Mouë) ; *le 27,* a lieu un concert en faveur de l'Œuvre de Sauvetage, où chante la Gordosa ; Dumas essaie le bateau sur le bassin du Commerce ; *le 28,* il est de retour à Paris. **Octobre :** *vers le 27,* il effectue un aller et retour à Marseille, où il monte *Les Mohicans de Paris.*

• **1865.** Pendant toute cette année, Alexandre Dumas effectue à travers la France une tournée de « Causeries » **Novembre :** *le 12,* toujours dans le cadre de ses causeries, il quitte Paris pour Vienne (Autriche), accompagné de sa fille ; *le 14,* il va à Cologne, Brunswick, Magdebourg, Dresde (hôtel Bellevue) ; *le 15,* il se rend à Bodenbach ; *le 16,* il repart pour Prague, Brunn, Wagram ; *le 17,* il arrive à Vienne (Goldenes Lamb) ; il visite Schoënbrunn avec Fanny Essler ; *le 19,* il assiste à une conférence à la Redoute, en présence du prince Wasa. **Décembre :** *le 7,* il est à Presbourg et *le 8* à Pest (hôtel de l'Europe) ; *le 30,* il retourne à Vienne.

• **1866. Janvier :** *le 4,* il se rend à Prague (La Cour anglaise) ; il visite la ville avec Alfred Meissner ; *le 5,* il passe la journée à Dresde ; *vers le 9,* il rentre à Paris. **Février :** *du 24 au 26,* il est à Lille pour une « causerie ». **Mars :** *le 30,* il quitte Paris pour Saint-Tropez où il doit inaugurer la statue de Suffren ; *le 3,* toujours à Saint-Tropez, il assiste à la retraite aux flambeaux et, *le 4,* à l'inauguration de la statue. **Avril :** *le 19,* Dumas est à Valenciennes où il accompagne une tournée des *Gardes forestiers.* **Mai :** *vers le 18,* il quitte Paris pour l'Italie ; *le 21,* il débarque à Livourne et se rend à Bagni di Lucca ; *le 22,* il entreprend une excursion à Braga ; *le 23,* il est à Florence. **Juin :** *le 2,* il embarque à Livourne sur le « Quirinal » à destination de Naples ; *le 3,* le bateau fait escale à Civitavecchia : interdit dans les États romains, Dumas reste à bord ; *le 4,* il arrive à Naples ; *le 12,* il quitte Naples pour Florence où il arrive *le 15* (voir la suite p. 1230). **Juillet :** *vers le 15,* après un séjour à Aix-les-Bains, il est de retour à Paris.

• **1867. Mars :** pendant qu'éclate le scandale des photos (voir p. 1311), Dumas entreprend un petit voyage en Allemagne : *le 6,* il quitte Paris pour Francfort où il arrive *le 7 ; du 7 au 11,* il visite Francfort, Sadowa et Langensalza ; *le 12,* il rentre à Paris. **Août-septembre :** il séjourne à Trouville ; *le 30,* il est de retour à Paris.

• **1868. Juin :** *le 23,* Dumas arrive au Havre (où a lieu une grande exposition), accompagné de son secrétaire Georges d'Orgeval et de Nina de Callias (hôtel Frascati) ; Dumas assiste à la plupart des courses dominicales de taureaux : *le 28 juin, les 5, 12, 19, 26 juillet, les 9, 16, 30 août, les 6, 13 septembre, les 12, 18, 25 octobre.* **Juillet :** *le 7,* il quitte l'hôtel Frascati pour l'hôtel Washington ; *le 19,* il assiste aux courses à l'hippodrome de Harfleur. **Août :** *le 5,* il part en excursion à Fécamp. **Début septembre :** il fait un séjour à Étretat en compagnie de Monet et Courbet. **Novembre :** il rentre à Paris.

• **1869. Mars :** *le 4,* Dumas se rend aux obsèques de Lamartine à Saint-Point près de Mâcon. **Juillet,** il quitte Paris pour Le Havre ; il séjourne au château de Crèvecœur chez le comte d'Houdetot, avant de s'installer en Bretagne à Roscoff pour rédiger son *Dictionnaire de cuisine.* **Septembre :** il rentre à Paris.

• **1870. Mars :** *le 5,* il quitte Paris pour l'Espagne, en compagnie de A. Goujon ; *vers le 12,* il séjourne à Saint-Jean-de-Luz. **Avril :** *à la fin du mois,* il arrive à Madrid et séjourne à l'hôtel des Quatre-Nations. **Juin :** *le 29,* il quitte Madrid et s'installe le lendemain à Biarritz. **Août :** *le 2,* il est à Bagnères-de-Luchon ; *vers le 30,* il retourne à Paris. **Septembre :** *le 12,* accompagné de Marie Dumas et de Goujon, Dumas, « le regard hébété », est hissé dans un wagon de chemin de fer, en direction de Dieppe ; il s'installe au Puys, chez son fils. C'est sa dernière étape.

DUMAS ET LES GRANDS ÉVÉNEMENTS HISTORIQUES

« Nous avons vu tomber trônes, républiques, croyances même » (*Lettre à Méry,* 25 janvier 1863).

Témoin de l'histoire de son siècle : campagne de France et chute de Napoléon (1814-1815), chute des Bourbons de la branche aînée et de la branche cadette (1830 et 1848), colonisation de l'Algérie (1846), avènement de Napoléon III (1851), abolition du servage en Russie (1858), unification de l'Italie (1860-1861), victoire de la Prusse (1866), Dumas a également participé aux Trois Glorieuses et aux manifestations républicaines qui suivirent la prise de pouvoir par Louis-Philippe (1830-1832) ; à la révolution de 1848 et aux campagnes électorales qui succèdent à la proclamation de la République en 1848 ; à la campagne de Garibaldi pour la conquête de la Sicile et de Naples en 1860.

Sous le premier Empire

• **La campagne de France** (1814). A l'âge de 14 ans, il assiste, le 15 février 1814, à Villers-Cotterêts, à l'arrivée de la division de Marmont (duc de Trévise) qui dîne le soir chez les Deviolaine ; il est d'ailleurs présent à ce dîner. Lorsque, le 3 mars, une avant-garde de cosaques fait irruption à Villers-Cotterêts et tue Jean Ducoudray (marchand de bas), Alexandre et sa mère se réfugient dans une carrière près de la ferme de Noue. Pour fuir les combats, le 20 mars, ils partent à Paris et Alexandre assiste, cour des Tuileries, à la revue de la Garde nationale. Sur la route du retour, ils s'arrêtent à Crépy-en-Valois où ils se réfugient chez les Millet ; le 2 avril, il est témoin de quelques escarmouches entre Prussiens et hussards.

Sous la première Restauration

• **La conspiration Lallemand** (1815). Pendant la première Restauration des

Bourbons, deux généraux, les frères Lallemand : François-Antoine (1774-1839) et Henry-Dominique (1777-1823), ayant conspiré contre Louis XVIII, sont arrêtés par la gendarmerie de Villers-Cotterêts et hués par la population de la petite ville royaliste. Révoltée par ces insultes (son mari ayant aussi été général), Mme Dumas décide d'aider les prisonniers. Le 15 mars, elle emmène Alexandre à Soissons où sont incarcérés les frères Lallemand et charge son fils de s'introduire dans la prison pour leur passer de l'or et des pistolets qu'il cache sous son manteau. Connaissant Charles Richard (le fils du geôlier), Alexandre s'introduit sans difficulté dans la prison et parvient auprès de l'un des généraux. Celui-ci, sachant que l'Empereur vient de débarquer et, comptant qu'il sera à Paris avant leur procès, refuse l'or et les armes. Le 21 mars, les Lallemand, libérés, passent par Villers-Cotterêts pour saluer Mme Dumas.

• **Les Cent-Jours** (1815), En route pour la Belgique, Napoléon s'arrête, le 12 juin 1815, au relais de Villers-Cotterêts. Fasciné, Alexandre aperçoit l'Empereur dans sa berline. Après Waterloo, il le revoit toujours au relais, le 20 juin, et assiste les jours suivants au passage dans la ville des débris de la Grande Armée vaincue.

• **La révolution de 1830.** *25 juillet :* le roi signe les ordonnances dissolvant la Chambre et abolissant la liberté de la presse. Dumas, sur le point de partir pour Alger, remet son voyage.

26 juillet : les ordonnances sont publiées dans « Le Moniteur » ; Paris est calme. Dumas, en compagnie d'Étienne Arago, assiste à une séance de l'Institut où l'astronome François Arago prononce un discours. Ensuite, il part dans Paris à la recherche de son ami Leuven et d'informations.

27 juillet : Paris est toujours calme ; Dumas va voir sa mère, rue Madame,

puis, accompagné de Carrel, directeur du « National », ils arrivent aux bureaux du « Temps » pour assister à la saisie des presses de l'imprimerie ; ils vont ensuite aux bureaux du « National », place des Italiens. Seul, Dumas remonte les boulevards. L'insurrection commence : il court vers la Bourse d'où partent les premiers coups de feu, rencontre en chemin le docteur Thibault qui prépare un ministère Mortemart-Gérard. Du Café des Nouveautés, où il se restaure, il assiste à l'incendie du corps de garde de la Bourse, et à l'érection des premières barricades.

28 juillet : Marmont est placé à la tête de l'armée de Paris. Après avoir été embrasser sa mère, Dumas part à la recherche de Cavaignac, place Dauphine. En vain. Il va rassurer Belle Krelsamer, puis rentre chez lui et endosse son costume de chasse. Il aide à la construction d'une barricade rue du Bac et, à cette occasion, rencontre Bixio. La barricade achevée, il se rend au Palais-Royal, à son ancien bureau et s'entretient avec Oudard, son ancien chef, puis rejoint Carrel aux bureaux du « National ». On se bat à l'Hôtel de Ville : Dumas prend le commandement d'un groupe (cinquante hommes, deux tambours et un drapeau) qui tente de rejoindre la place de Grève par le pont suspendu. L'attaque est repoussée : Dumas se réfugie chez le peintre Lethière. Le soir, il se rend chez La Fayette, puis au « National » où un gouvernement provisoire composé de La Fayette, du général Gérard et du duc de Choiseul est proclamé.

29 juillet : le matin, Dumas participe à l'assaut donné au musée de l'Artillerie. Il s'empare de plusieurs pièces précieuses (casque, bouclier, épée de François Ier et arquebuse de Charles IX) qu'il sauve en les emportant chez lui, puis il repart place de l'Odéon où s'assemblent les combattants avant l'attaque des Tuileries. Il se joint à un corps d'armée qui se prépare à forcer le pont des Arts et s'abrite derrière un des lions de bronze du perron de l'Institut. Sa troupe est mise en déroute et il se réfugie à l'Institut, chez Mme Guyet-Desfontaines (fille du secrétaire perpétuel) avant de rentrer chez lui se changer. Entre-temps, les Tuileries ont été prises. Dumas les visite avec le peuple insurgé. Dans la bibliothèque de la duchesse de Berry, il aurait, dit-il, retrouvé l'exemplaire de *Christine* relié en maroquin violet qu'il avait offert à la princesse. Le soir, recherchant Oudard, il passe au Palais-Royal puis chez le banquier Laffitte où sont réunis les députés libéraux. De là, il suit le cortège de La Fayette qui, ayant accepté le gouvernement de Paris, va installer le gouvernement provisoire à l'Hôtel de Ville. Non loin de là, Dumas se restaure dans une gargote, Aux prunes de Monsieur, d'où il suit les allées et venues autour de l'Hôtel de Ville où un bureau l'accueille pour la nuit.

30 juillet : le matin, Dumas apprend qu'on menace de fusiller le duc de Chartres, arrêté à Montrouge. Il veut faire seller un cheval et courir délivrer le duc, mais des dispositions ont déjà été prises. Il attend jusqu'à 14 h qu'on vienne lui annoncer que le duc est sauvé. Comme la poudre manque aux insurgés, Dumas propose à La Fayette de partir en chercher hors de Paris. La Fayette lui fournit un laissez-passer et un ordre (ratifié par le général Gérard) de s'emparer des poudres de Soissons ainsi qu'une proclamation pour les habitants. Après avoir proposé à Amaury-Duval (horrifié) de l'accompagner, il part à 15 h en compagnie du peintre Bard. A 9 h, à Villers-Cotterêts, la troupe s'augmente du Soissonnais Hutin qui fait ouvrir, à 11 h 30, les portes de Soissons. Les conspirateurs passent la nuit chez Mme Hutin.

31 juillet : le duc d'Orléans accepte la lieutenance générale du royaume. A 7 h, Dumas et Bard reconnaissent le dépôt des poudres au fort Saint-Jean. Les officiers se rendent sans difficulté, mais le commandant Liniers qui refuse de

Peut-on croire Dumas ?

Dans *Mes Mémoires* (chap. CXLIII à CLXIV), Dumas raconte les journées révolutionnaires avec beaucoup de détails. Le député Mauguin a contesté certaines affirmations, notamment celles qui concernent le gouvernement provisoire installé à l'Hôtel de Ville. Mais ces affirmations qui blessent l'amour-propre du député se trouvent confirmées par Louis Blanc et son *Histoire de dix ans* (que Dumas a certainement utilisée) et par Charras. « Évidemment, dit Henri Clouard, les historiens ne puiseront pas dans Alexandre Dumas ; mais [...] une vérité générale qui a fini par envelopper tout le récit rayonne de scènes merveilleusement bien enlevées. »

livrer la poudre y est finalement contraint sous la menace du pistolet de Dumas. Celui-ci ne découvre dans le dépôt que 200 livres de poudre ; il défonce alors les portes de la chaudière qui en contient 3 000. Après avoir chargé les munitions sur des chariots, la troupe quitte triomphalement Soissons à 6 h 30 et arrive à Villers-Cotterêts à 10 h. Dumas s'endort sur la route de Paris.

1er août : à 9 h, le convoi arrive à l'Hôtel de Ville. La Fayette félicite Alexandre Dumas. Après un bain à l'école de natation Deligny, Dumas se rend à l'hôtel Laffitte, puis au Palais-Royal où Louis-Philippe accueille ceux qui l'ont soutenu.

2 août : Charles X abdique en faveur du duc de Bordeaux (qui sera le roi Louis-Philippe). Dumas va voir le duc d'Orléans (lieutenant général du royaume) ; en l'apercevant, le duc vient à lui et dit : « Monsieur Dumas, vous venez de faire votre plus beau drame. »

3 août : le bruit court que Charles X marche sur Paris avec 20 000 hommes et des canons ; Paris se soulève pour marcher à sa rencontre. Dumas veut participer à l'« expédition de Rambouillet ». De l'Odéon, il s'embarque dans un fiacre surmonté du drapeau tricolore et se rend à Versailles, Saint-Cyr, Cognières où il bivouaque avec les Parisiens de l'armée improvisée.

4 août : à 5 h, une fusillade éclate à Cognières et fait fuir le fiacre de Dumas. Ce n'est qu'une fausse alerte, car Charles X a quitté Rambouillet et se dirige vers Cherbourg et l'exil. L'armée des insurgés se disperse et Dumas rentre à pied à Versailles, puis à Paris en voiture. La révolution est finie.

☞ « Alexandre n'oubliera jamais ces journées pendant lesquelles, atome, on participait au mouvement de l'histoire universelle. Il était entré dans l'action, par antipathie certes pour les Bourbons qui bâillonnaient la pensée, mais surtout par goût de l'action elle-même. Il a vécu intensément, si intensément que ce grand jeu sérieux l'a changé pour jamais. Pendant qu'il courait dans Paris, qu'il tirait sur des soldats du roi, naissait en lui une conscience politique. Il ne trahira jamais cette révolution qui trahira ses amis, les républicains. L'homme de lettres cède le pas à l'homme d'action » (Claude Schopp, *Alexandre Dumas,* p. 176).

Jugement de Dumas sur la révolution de 1830

« Ceux qui ont fait la révolution de 1830, ce sont ceux que j'ai vus à l'œuvre, et qui m'y ont vu ; ceux qui entraient au Louvre et aux Tuileries par les grilles rompues et les fenêtres brisées [...]. Ceux qui ont fait la révolution de 1830, c'est cette jeunesse ardente du prolétariat héroïque qui allume l'incendie, mais qui l'éteint avec son sang ; ce sont ces hommes du peuple qu'on écarte quand l'œuvre est achevée, et qui, mourant de faim après avoir monté la garde à la porte du Trésor, se haussent sur leurs pieds nus pour voir, de la rue, les convives parasites du pouvoir, admis, à leur détriment, à la curée des charges, au festin des places, au partage des honneurs. » (*Mes Mémoires,* chap. CL).

Sous la monarchie de Juillet

• **Les journées de juin 1832.** *1er juin :* le général libéral Lamarque meurt. Sa famille désigne Dumas comme commissaire aux obsèques et le charge de faire prendre sa place à l'artillerie, derrière le char funèbre.

• *5 juin :* à 8 h, en uniforme de lieutenant d'artillerie, Dumas va saluer la dépouille de Lamarque, rue Saint-Honoré, puis il prend sa place dans le cortège. A 11 h 30, au milieu d'une foule considérable, le convoi se dirige vers la Madeleine et les boulevards. Il est détourné vers la colonne Vendôme où l'on contraint le corps de garde à rendre les honneurs, puis il gagne la Bastille par la rue de la Paix et les boulevards. A 15 h, le cortège rejoint le pont d'Austerlitz où doivent être prononcés des discours, avant que la dépouille soit acheminée vers Mont-de-Marsan. Pendant que Dumas, faible (il relève d'une attaque de choléra) et affamé, se restaure aux Gros Marronniers, les premiers coups de feu éclatent : c'est l'insurrection qui se rend rapidement maîtresse du cœur de Paris et élève des barricades. Renseigné à la barrière de Bercy, Dumas remonte la Contrescarpe et rencontre le décorateur Séchan sur une barricade de Ménilmontant. Au faubourg Saint-Martin, il reconnaît dans les rangs de la ligne un de ses camarades, Grille de Beuzelin ; il s'avance vers lui, esquissant un geste de reconnaissance ; Grille de Beuzelin tire : la balle siffle aux oreilles de Dumas qui se réfugie au Théâtre de la Porte-Saint-Martin où il fait donner vingt fusils du magasin d'accessoires à des insurgés. Chez Mlle George, il retire son uniforme d'artilleur et endosse un habit de bourgeois qui lui permet de se rendre sans encombre à l'hôtel Laffitte (centre de l'opposition) puis, brûlant de fièvre, il rentre chez lui où il tombe évanoui.

6 juin : pendant la nuit, l'insurrection a été refoulée et concentrée dans deux quartiers : le faubourg Saint-Antoine et les rues Saint-Martin et Saint-Merri. Après avoir pris des nouvelles chez Bernard de Rennes, Dumas accompagne Arago au « National », puis se rend chez Laffitte où l'Assemblée, partagée, envoie trois commissaires au roi pour implorer sa clémence : Dumas et l'astronome Savary s'en prennent aux députés qui abandonnent le peuple. Du Café de Paris, il assiste, écœuré, au passage du roi venu encourager les gardes nationaux. Le soir, les derniers insurgés, réfugiés dans le cloître de Saint-Merri, sont massacrés.

9 juin : Dumas lit dans un journal légitimiste qu'il a été pris les armes à la main, jugé militairement dans la nuit, et fusillé à 3 h, au cloître de Saint-Merri. A la suite de quoi, il juge prudent de quitter quelque temps Paris et part pour la Suisse.

• **La révolution de 1848.** *Fin 1847 :* Dumas se jette dans la campagne de réforme qui agite la monarchie de juillet. Il est parmi les premiers à s'inscrire au banquet réformiste qui se tient le 27 novembre 1847 à Saint-Germain mais, grippé, il ne peut y assister : « Je suis au lit affreusement malade d'une grippe qui me tient à la tête et la poitrine ; exprimez mes regrets à nos réformistes, dites en mon nom que je suis de cœur au milieu de vous. Je devais porter un toast à la presse, c'est-à-dire aux écrivains qui combattaient en 1830 et combattent encore en 1847 pour le principe populaire et réformiste. Je le porte d'ici. Faites-vous en l'écho » (*Lettre à Odilon Barrot,* « Les Débats », 2 décembre 1847).

22 février 1848 : les premières barricades apparaissent. Dumas demande à Hostein de ne pas jouer le soir : « Ce serait une insulte à la chose publique ».

23 février : les barricades se multiplient. Louis-Philippe renvoie Guizot et confie le ministère à Molé. Le soir, sur le boulevard des Capucines, devant le ministère des Affaires étrangères, la troupe tire sur le peuple et fait seize morts. Dumas assiste à la scène ; il revêt son uniforme de commandant de la Garde nationale et, dans la cour de la mairie du IIIᵉ arrondissement, il harangue la garde et lui demande de marcher sur l'Hôtel des Capucines, au ministère des Affaires étrangères. Le détachement crie : « En avant ! » En témoin, il suit la marche de l'insurrection qui gagne tout Paris.

Après l'abdication de Louis-Philippe, il est partisan de la régence de la duchesse d'Orléans. A la suite des émeutiers, il entre dans les Tuileries désertées par le roi, puis assiste à la séance de la Chambre où la duchesse d'Orléans tente en vain de se faire proclamer régente.

27 février : Dumas assiste à la proclamation solennelle de la République au pied de la colonne de Juillet.

7 mars : il publie dans « La Presse » une lettre à E. de Girardin, dans laquelle il proteste contre le renversement de la statue du duc d'Orléans dans la cour du Louvre.

Jugement de Dumas

« Ce que nous voyons est beau ; ce que nous voyons est grand. Car nous voyons une république, et jusqu'ici, nous n'avions vu que des révolutions » (A. Girardin, « La Presse », 1ᵉʳ mars 1848).

Sous la IIᵉ République

• **Candidat à la députation (1848).** *12 mars 1848 :* il pose sa candidature de député à l'Assemblée constituante, en Seine-et-Oise. Durant tout le mois, il multiplie les professions de foi à ses électeurs.

28 mars : il plante un arbre de la Liberté (un peuplier de Monte-Cristo) sur la place de Saint-Germain, fait un discours et prononce une allocution au Club des travailleurs de la ville.

23 avril : aux élections, il remporte 261 voix (226 dans le canton de Saint-Germain, 3 dans celui de Dourdan et 32 voix militaires) contre 75 286 voix pour Victor Pigeon, 74 733 pour Hippolyte Durand (l'architecte de Monte-Cristo), 63 919 pour le duc de Luynes et 12 060 pour Eugène Labiche. Son nom n'est même pas porté sur les tableaux récapitulatifs.

4-5 juin : candidat aux élections complémentaires, dans l'Yonne, il est encore battu : il n'obtient que 3 458 voix contre 18 989 pour Ramport Lechen (élu) et 14 621 pour Louis Napoléon Bonaparte (élu).

17-18 septembre : aux deuxièmes élections complémentaires dans l'Yonne (après la démission de Louis Napoléon Bonaparte), Dumas, non candidat, obtient 17 voix, Gaillardet 1 184 ; Louis Napoléon Bonaparte est réélu avec 42 086 voix.

26-27 novembre : aux troisièmes élections complémentaires de l'Yonne (Bonaparte ayant opté pour Paris), Dumas n'obtient que 363 voix, derrière l'avocat monarchiste Claude-Marie Raudot (élu), Jérôme Bonaparte, le général Pyat et Uzanne.

Sous le second Empire

• **Unification de l'Italie (1860-1866).** Au cours de son séjour en Italie, Dumas éprouve l'envie de faire connaissance de Garibaldi qu'il juge comme l'homme « qui a reçu de la Providence mission de surveiller le réveil des peuples et qui, aussitôt qu'un peuple est réveillé, fût-il séparé de lui par un océan, va, poussé par une puissance surhumaine, lui offrir l'appui d'un bras invincible, d'un cœur obstiné, d'une réputation sans tache ».

1860 : *4 janvier,* il rencontre Garibaldi à l'hôtel de l'Europe. Au cours de leur conversation, Garibaldi est appelé par le roi Victor-Emmanuel à Milan pour y dissoudre la Société de la nation armée : Garibaldi devra désormais faire la guerre à son compte. Dumas lui offre son aide et prend un papier : « Je souscris pour douze carabines rayées. Ce 4 janvier 1860 ». A son tour, Garibaldi écrit : « *Raccomando ai miei amici l'illustro amico mio Allessandro Dumas. 4 gennaio 1860*[1] » ; et ils conviennent de se revoir à Milan pour rédiger ensemble les Mémoires de Garibaldi. A la suite de cette rencontre, Dumas écrit : « Il y a quelque chose comme dix ans que je le [Garibaldi] proclamais, non seulement l'apôtre de la liberté italienne, mais l'apôtre de la liberté universelle. En effet, pour Garibaldi, n'existe point cette étroite nationalité, limitée par les fleuves ou bornée par les montagnes. Non, pour lui, il n'y a qu'une grande famille qui, longtemps esclave, un jour a tressailli à la parole libératrice du Christ ! » (A. Dumas, *Une visite à Garibaldi,* 1860).

Comme convenu, Dumas retrouve Garibaldi dans une villa sur le lac de Côme ; le général commence à lui dicter ses *Mémoires* puis, lassé, renvoie, le 22 janvier, Dumas à des notes manuscrites qu'il a déjà rédigées.

De mai à juin : *le 9 mai,* Dumas embarque sur son yacht l'« Emma » pour un nouveau voyage en Italie. *Le 18,* il débarque à Alexandrie où il travaille aux *Mémoires de Garibaldi,* dans la villa du colonel d'Aubri, avec des notes qui lui ont été remises par Vecchi et Bertani. *Le 28,* il apprend la nouvelle de la prise de Palerme par Garibaldi et décide de détourner son itinéraire pour se rendre sur le théâtre des opérations : *le 31 mai,* l'« Emma » quitte Gênes pour Palerme, où elle jette l'ancre *le 10 juin.*

Apprenant que la ville est aux mains de Garibaldi, Dumas descend à terre, rencontre Menotti Garibaldi qui le

---

1. Je recommande à mes amis mon illustre ami Alexandre Dumas.

conduit à son père. Celui-ci accueille l'écrivain avec effusion : « Cher Dumas, vous me manquiez ! » Après un déjeuner spartiate, Dumas s'installe dans l'appartement du gouverneur, au palais royal que Garibaldi a mis à sa disposition, à côté de son propre appartement. *Le 20 juin,* Dumas participe avec La Porta à la célébration de la mise en liberté des prisonniers, place du Château. Il se montre au balcon et reçoit une ovation frénétique ; des Palermitains roulent devant lui la tête de la statue du roi Ferdinand (geôlier du général Dumas). *Le 21 juin,* Dumas quitte Palerme pour suivre la colonne Türr des volontaires piémontais et fait avec elle un arrêt de trois jours à Villafrati où il est logé au château du marquis de San Marco. *Le 23,* il apprend par le journal officiel de Sicile qu'il a été fait citoyen d'honneur de Palerme.

Juillet : *le 5,* à Agrigente, il retrouve l'« Emma » qui doit continuer vers Malte. Le bateau fait relâche à Licata pour que Théodore aille rechercher un nécessaire que Dumas a oublié à Agrigente. *Le 9,* Dumas écrit à Garibaldi pour lui proposer d'aller chercher pour lui des armes en France. *Le 10,* Théodore revient et l'« Emma » repart pour La Valette (du 11 au 14). *Le 14,* il arrive à Catane et reçoit la réponse de Garibaldi : « Je vous attends pour votre chère personne et pour la belle proposition de fusils » ; le conseil municipal de Catane lui remet des lettres de citoyenneté. *Le 19,* l'« Emma » traverse le détroit de Messine ; *le 20,* au large de Milazzo, le canon tonne ; l'« Emma » jette l'ancre et Dumas suit le combat à la lorgnette : les Napolitains sont repoussés et Dumas débarque à la nuit à Milazzo, où il retrouve Garibaldi endormi sous le porche d'une église. Il passe la nuit dans un canot sur la plage. *Le 22 juillet,* il rejoint Garibaldi sur le « Turkery » ; le général lui ouvre un crédit de 100 000 F auprès de la municipalité de Palerme pour acheter des armes et lui suggère un titre (« L'Indipen-

dente ») pour le journal que Dumas souhaite fonder. Puis Garibaldi vient sabler le champagne sur l'« Emma » qui appareille ensuite pour Palerme. *Le 23,* Dumas débarque à Palerme ; la municipalité lui refuse le crédit : il télégraphie à Garibaldi qui lui conseille de s'arranger avec de Pretis, ce qu'il fait. *Le 27,* ayant raté le bateau direct Palerme-Gênes, il réembarque sur l'« Emma » qui, à la suite d'une avarie, manque de couler. *Le 28,* après une entrevue à Messine avec Garibaldi, il s'embarque, *le 29,* sur le « Pausilippe » (bateau à vapeur des Messageries impériales) pour Marseille.

Août : *le 4,* il atteint Marseille et achète à l'armurier Zoué 1 000 fusils rayés et 550 carabines, pour 91 000 F, puis il s'embarque pour Messine sur le « Pausilippe » et confie les armes au « Mercey ». Faisant escale à Civitavecchia, il s'entretient avec le général Filangeri (ex-ministre de François II). *Le 14,* il arrive à Messine et livre les fusils à un second de Garibaldi, puis rembarque sur l'« Emma », emmenant à son bord frère Jean (le chapelain de Garibaldi). *Le 20,* l'« Emma » jette l'ancre devant Salerne ; frère Jean descend à terre et revient avec une trentaine de Salernitains : on boit à la santé de Garibaldi. *Le 22,* l'« Emma » quitte Salerne pour Naples. Dans la baie de Naples, Dumas apprend que les troupes de Garibaldi ont débarqué en Calabre ; *le 23,* Liberio Romano, le ministre de l'Intérieur du régime constitutionnel mis en place par François II, monte sur l'« Emma » : il promet de démissionner si le roi sort de la Constitution et Dumas s'engage à lui donner refuge en cas de besoin. *Le 24,* il reçoit un portrait du ministre avec ces mots : « Écrivez au-dessous de ce portrait : portrait d'un lâche, si je ne tiens pas mes promesses ». L'« Emma » sert ouvertement de bureau d'enrôlement. Les agissements du ministre ont provoqué la colère du roi qui aurait dit : « M. Dumas a empêché le général Scotti de porter secours à mes soldats de la Basilicate ; M. Dumas a fait la révolution à Salerne ; M. Dumas est venu ensuite dans le port de Naples, d'où il lance des proclamations dans la ville, distribue des armes, donne des chemises rouges. »

Septembre : *le 2,* Dumas reçoit l'ordre de quitter la baie de Naples. L'« Emma » va au-devant de Garibaldi. *Le 5,* en face de Picciota, Dumas distribue des chemises rouges, confectionnées à bord, à des hommes venus aux nouvelles, puis l'« Emma » repart vers Messine où l'on apprend l'entrée de Garibaldi à Naples, *le 8,* l'« Emma » lève l'ancre pour Naples. *Le 12,* le bateau est pris en remorque par un bateau à vapeur, le « Pytheas » qui le conduit jusqu'au port de Naples. *Le 13,* Dumas débarque et retrouve Garibaldi. « Ah ! te voilà, lui crie le dictateur, Dieu merci, tu t'es fait assez attendre ! » Il s'installe au palais Chiatamone. *Le 14,* il est officiellement nommé directeur des fouilles et des musées et *le 15,* un décret le charge d'écrire un ouvrage historique, archéologique et pittoresque sur Naples et ses provinces. Ces mesures ne sont pas du goût de tous les Napolitains : on s'indigne qu'un étranger ait été nommé directeur des fouilles, fonction purement honorifique ; on l'accuse de se faire nourrir aux frais de la municipalité, d'organiser des orgies, de chasser dans les chasses royales. *Le 22,* il demande à Garibaldi un crédit de 4 000 F pour faire venir sur place deux dessinateurs et deux graveurs pour illustrer son ouvrage sur Naples et la permission de le faire imprimer ainsi que son journal « L'Indipendente », sur les presses de l'Imprimerie nationale. Mais Garibaldi, qui poursuit les réactionnaires au nord de Naples et fait le siège de Capoue, refuse.

Octobre : dans une lettre datée du *7 octobre,* Dumas se plaint amèrement : « Par grâce, lisez. Quand je vous dis : "Vous m'oubliez", je vous dis : vous

vous oubliez vous-même [...]. Autant vous êtes dévoué à l'idée, autant je suis dévoué à vous, parce que votre idée, c'est la liberté du monde [...]. Vous n'avez pas cru me l'accorder [l'autorisation], peu importe. Mon journal, ou plutôt *votre* journal paraîtra, avec mes seules ressources, sans *société,* par conséquent, obéissant à ma seule volonté [...] »

Le premier numéro de « L'Indipendente », « journal de l'unité italienne, le symbole de la liberté de Rome, de Venise, de la Hongrie », paraît *le 11 octobre.* Le journal combat les manœuvres de Cavour et supplie Garibaldi de ne pas abandonner Naples. Mais Garibaldi se soumet et remet ses pouvoirs dans les mains du roi.

Novembre : *le 9,* Garibaldi s'embarque sur le « Washington » pour se retirer dans l'île de Caprera, Dumas est présent et pleure. Plus garibaldien que Garibaldi, « L'Indipendente » poursuit son combat.

1866 : *en juin,* Dumas est à Livourne, sur la route de Florence, lorsqu'il apprend, *le 19,* la déclaration de guerre de l'Italie à l'Autriche. Pour se rapprocher des combats, *le 22,* il quitte Florence pour Bologne où il suit l'armée italienne dans un wagon de 1re classe ajouté à un convoi militaire. *Le 25,* il arrive à Ferrare et descend à la Stella d'Oro. La veille, les Italiens ont été écrasés à Custozza. Il quitte alors Ferrare pour Florence.

• **La junte gréco-albanaise (1862-1863).** *En décembre 1862,* la junte gréco-albanaise, présidée par le prince George Skanderberg, fait appel à Dumas : « La réforme nationale, [qui] n'a pas à sa tête un génie comme le vôtre pour conduire l'idée des masses, ressemble à une locomotive lancée sans conducteur. » Flatté, Dumas met à la disposition de la junte sa goélette et s'offre à la recommander auprès des armuriers de Paris ; il envoie à Londres un jeune Sicilien,

Prima, pour négocier avec le prince. Il s'agit de soulever l'Albanie, la Thessalie, l'Épire et la Macédoine, et d'en chasser les Turcs ; l'insurrection est prévue pour l'été 1863 ; le prince demande 10 000 F en échange du grade de général pour Dumas. Le premier mouvement de Dumas est d'accepter (il demande même à son fils d'être son aide de camp), puis, peut-être par crainte du ridicule, il se résigne à n'être que surintendant des dépôts militaires de l'armée chrétienne d'Orient. Il écrit à des armuriers parisiens, lorsque la police napolitaine le convoque et lui apprend que le pseudo-prince Skanderberg n'est qu'un escroc qui est parti avec la caisse, mystifiant Dumas et Garibaldi. « Enfoncés jusqu'aux épaules ! comme des sots ! » conclut Dumas.

OPINIONS POLITIQUES DE DUMAS

Dumas était-il républicain ?

Ayant fait le coup de feu pour détrôner Charles X et compromis dans les émeutes de juin 1832 (voir p.   ), Dumas pense dès cette époque que la république est le seul régime qui puisse convenir à la France. En 1833, dans l'épilogue de *Gaule et France,* il prédit l'établissement d'une « magistrature quinquennale, en harmonie avec les intérêts, les besoins et les volontés de tous ». N'ayant plus la faveur de Louis-Philippe, Dumas conquiert cependant l'amitié du duc d'Orléans, et après sa mort, la protection du duc de Montpensier. Son républicanisme théorique s'accommode en partie des faveurs indirectes de la royauté. C'est ainsi qu'il part en Algérie, en 1846, en partie aux frais du ministère. En 1848, il contribue à la révolution qui détrône Louis-Philippe. Le roi chassé, il aurait volontiers appuyé la régence de son petit-fils, mais il se rallie à la république.

. Il gardera toujours un affreux souvenir des émeutes de février 1831, de la mise à sac de Saint-Germain-l'Auxerrois et de l'Archevêché par une populace furieuse. La Terreur lui inspire du dégoût. « Cet individualiste aimait l'individu qui sort du peuple mais la foule le dégoûtait » (H. Clouard, *Alexandre Dumas,* p. 143).

Son amour de la république et de la démocratie ne l'empêche pas de regretter la disparition de la société polie de l'Ancien Régime : « [...] Ce que je regrette avant tout, ce que mon regard rétrospectif cherche dans le passé : c'est la société qui s'en va, qui s'évapore, qui disparaît [...] cette société qui faisait la vie élégante, la vie courtoise, la vie qui valait la peine d'être vécue, cette société est-elle morte ou l'avons-nous tuée ? » (A. Dumas, préface de *Mille et Un Fantômes*).

Son républicanisme le place naturellement dans l'opposition et se radicalise sous l'influence de Hugo et de Michelet comme en témoigne son œuvre *Création et rédemption.* Lorsqu'il apprend la capitulation de Sedan et la proclamation de la république, le 4 septembre 1870, il ne dit rien — il est déjà très affaibli — mais on voit couler une larme sur sa joue.

Quelques prises de position

• « Je crois que vous êtes républicain ?

— Vous ne vous êtes pas trompée ; et cependant, grâce au sens et la couleur que les journaux qui représentent le parti auquel j'appartiens et dont je partage toutes les sympathies, mais non tous les systèmes, ont fait prendre à ce mot [...], je vous demanderai la permission de vous faire un exposé de principes [...] Je n'hésiterai point à dire par quels points je touche au républicanisme social, et par quelle dissidence je m'éloigne du républicanisme révolutionnaire. [Il distingue les républiqueurs qui parlent de "couper des têtes et de diviser la propriété", les républiquistes, qui veulent appliquer à la France les constitutions suisse, anglaise et américaine ; les républiquets, parodistes et aboyeurs qui "élèvent les barricades et laissent les autres se faire tuer derrière"]. Mais, il y en a d'autres [...] pour qui l'honneur de la France est chose sainte, et à laquelle ils ne veulent pas qu'on touche, pour qui la parole donnée est un engagement sacré, qu'ils ne peuvent souffrir de voir rompre, même de roi à peuple, dont la vaste et noble fraternité s'étend à tout pays qui souffre et à toute nation qui se réveille [...] ceux-là, ce sont les puritains et les martyrs [...]. Tout le tort que l'on peut leur reprocher, c'est d'avoir devancé leur époque et d'être nés trente ans trop tôt ; ceux-là, ce sont les vrais républicains.

— Je n'ai pas besoin de vous demander [...] si c'est à ceux-là que vous appartenez ?

— Hélas ! je ne puis pas me vanter tout à fait de cet honneur ; oui, certes, à eux toutes mes sympathies, mais au lieu de me laisser emporter à mon sentiment, j'en ai appelé à ma raison [...]. Je vis que la révolution de 1830 nous avait fait faire un pas [...] mais que ce pas nous avait conduit tout simplement de la monarchie aristocratique à la monarchie bourgeoise, et que cette monarchie bourgeoise était une ère qu'il fallait épuiser avant d'arriver à la magistrature populaire. Dès lors [...] sans rien faire pour me rapprocher du gouvernement dont je m'étais éloigné, j'ai cessé d'en être l'ennemi, je le regarde tranquillement poursuivre sa période [...]. Je ne l'accepte ni ne le récuse, je le subis ; je ne le regarde pas comme un bonheur, mais je le crois une nécessité ». (A. Dumas, *Impressions de voyage,* Suisse).

• « Appartenant moi-même à une ancienne famille dont, par une suite de circonstances étranges je ne porte plus le nom, j'ai toujours pris à tâche, malgré mes opinions *à peu près républicaines* de grandir notre vieille noblesse ». (*Au duc d'Auffray,* 1838).

• « Ce vieux sentiment républicain que je tiens de mon père et qui a toujours reparu dans tout ce que j'ai écrit ». (*A Girardin,* « La Presse », 7 mars 1848).

• « Ma conviction est que l'ère de la république est arrivée. Ma conviction est que, sans aristocratie, sans noblesse, sans grande propriété, il n'y a plus de monarchie possible, et cela m'attriste profondément, car j'aime mieux [...] la royauté de François Ier, de Henri IV et de Louis XIV que la république de Robespierre et de M. Proudhon [...]. Si j'étais le représentant de la nation, ce que je représenterais, ce serait une république sage, grande, intelligente, une république ayant pour tous ceux qui recevraient ses lois quelque chose de la majesté de la reine, fondue avec l'affection de la mère, une république qui appellerait à elle, pour en faire les aînés de son amour, tous les bras puissants qui ont fait sa force, tous les grands esprits qui ont fait sa gloire, toutes les hautes intelligences qui ont fait sa prospérité ». (« La Fraternité de l'Yonne », 13 septembre 1848).

• « La république rouge rêve un autre Quinze-Mai, espère une autre insurrection de Juin. [...] Mes ennemis politiques sont : MM. Ledru-Rollin, Lagrange, Lamennais, Pierre Leroux, Proudhon, Étienne Arago, Flocon, et tous ceux qu'on appelle les Montagnards. Je ne parle pas de MM. Louis Blanc et Caussidière : ils sont en fuite. Je ne parle pas de MM. Blanqui, Raspail et Barbès : ils sont en prison. Mes amis politiques seront ceux dont les chefs me recommandent à vous. Je marcherai avec eux ou plutôt un peu avant eux. Ce sont MM. Thiers, Odilon Barrot, Victor Hugo, Émile de Girardin, Dupin, Bauchart, Napoléon Bonaparte. Ce sont les hommes que les anarchistes appellent la Réaction. Ce sont les hommes que j'appelle l'Ordre ». (*Aux électeurs de l'Yonne,* octobre 1848).

• « Paix, grandeur et prospérité de la France ; lutte incessante contre les hommes qui l'ont faite, depuis huit mois, sanglante, humble et pauvre ». (*A Girardin*, « La Presse », 2 et 3 novembre 1848).

• « Citoyens, je suis le fils du général républicain Alexandre Dumas, l'un des plus purs enfants de la première révolution ; je suis l'auteur des *Mousquetaires*, c'est-à-dire l'un des livres les plus empreints du cachet national et de la couleur française qui existent dans notre littérature [...]. Ma profession de foi ne sera pas longue [...]. Fusion éternelle du peuple et de l'armée. La tranquillité de Paris et le salut de la France sont dans ces sept mots. Sans compter notre gloire à l'étranger [...] (*Aux électeurs de l'Yonne*, 29 juin 1848).

• « Il est juste que le comte de Chambord, innocent de toute tentative contre la France, dont il est exilé depuis dix-huit ans, voie les portes de la France se rouvrir pour lui. Il est juste que quatre jeunes princes qui n'ont jamais rien fait contre vous soient rappelés par vous ; il est juste qu'ayant servi la patrie, ils soient récompensés de leurs bons services. Il est juste que M. le duc d'Aumale qui tenait l'Algérie [...] redevienne gouverneur de l'Algérie. Il est juste que M. le prince de Joinville, qui tenait la flotte, que sa science avait fait la lumière des officiers, que son courage avait fait l'idole des soldats [...] soit rendu à la marine. Il est juste que l'homme qui nous a sauvés de l'anarchie à l'Hôtel de Ville, qui a déchiré le drapeau rouge avec la main, qui avait écrit *Les Girondins*, qui a perdu sa popularité par une erreur et non par une faute ; il est juste que M. de Lamartine soit vice-président de la République. Il est juste que l'homme de Juin, que celui qui, six mois, a exercé le pouvoir en France, qui a expié les fautes de ses amis en buvant jusqu'à la lie le calice du désenchantement ; il est juste que l'homme qui, dignement, noblement, simplement, se retire devant vous, laissant Paris calme et la France confiante, il est juste que le général Cavaignac soit fait maréchal de France ». (*Au prince-président,* 18 décembre 1848).

II
VIE QUOTIDIENNE

HABITUDES

BOISSONS ET TABAC

Dumas ne boit pas de café, ni de liqueurs ; il prend un peu de vin qu'il mélange à de l'eau plate ou à de l'eau de Seltz. Pendant la journée, il consomme de la limonade. Il aime beaucoup l'eau, se pose en fin connaisseur et prétend savoir reconnaître sa provenance. Il ne fume pas, sauf de temps en temps, de légères cigarettes russes ou une « chibouque » (pipe turque) à long tuyau de cerisier et à bouquin d'ambre qu'il bourre de tabac du Sinaï râpé avec de l'aloès ou de légères cigarettes.

HABITUDES DE TRAVAIL

• **Horaires et emploi du temps.** Alexandre Dumas travaille n'importe où, à toute heure du jour ou de la nuit, à volonté. Il peut écrire sans s'isoler, même au milieu du bruit. « Un visiteur arrivait [dit Villemessant], Dumas déposait la plume, causait une demi-heure et reprenait son roman où il l'avait interrompu. [...] Vingt fois interrompu en une matinée, il reprenait vingt fois son travail où il l'avait quitté pour causer avec un journaliste, une actrice ou un directeur ; il abandonnait un roman pour bâcler avec un collaborateur le scénario d'un autre livre ; mais le collaborateur parti, Dumas revenait à son récit, dont pas un instant il ne perdait le fil ».

Interrogé sur les habitudes de son père, Dumas fils raconte : « Mon père ne travaillait pas par coups de collier. Il travaillait dès qu'il était réveillé, le plus souvent jusqu'au dîner. Le déjeuner n'était qu'une parenthèse. Quand il déjeunait seul, ce qui était rare, on lui apportait une petite table servie dans son cabinet de travail, et il mangeait de très bon appétit tout ce qu'on lui servait. Après quoi, il se retournait sur sa chaise et reprenait la plume. [...] Il travaillait quelquefois le soir, mais pas avant dans la nuit ; très bon sommeil.

« Il fallait bien des journées et même des mois de ce travail pour qu'il sentît la fatigue. Alors, il allait à la chasse, ou il faisait un petit voyage, pendant lequel il avait la faculté de dormir tout le temps et de ne penser à rien. Dès qu'il arrivait dans une ville intéressante, il allait voir toutes les curiosités de cette ville et prenait des notes. Le changement de travail lui servait de repos. Durant plusieurs années, je l'ai vu avoir deux ou trois jours, à la suite de ce travail quotidien et incessant, un gros accès de fièvre avec cent vingt ou cent trente pulsations. Il savait ce que c'était ; il se faisait un énorme verre de limonade sur sa table de nuit ; il se couchait et il dormait, ronflant comme une machine à vapeur. Il se réveillait de temps en temps, avalait quelques gorgées de sa boisson et se rendormait. Au bout de quarante-huit ou soixante-douze heures, c'était fini : il se levait, il prenait un bain et il recommençait.

« Il se portait presque toujours bien ; jamais de repos complet que la chasse ou le voyage. Je ne l'ai jamais vu se reposer chez lui. Il avait besoin de beaucoup de sommeil. Quelquefois, dans le jour, il dormait pour ainsi dire à volonté, un quart d'heure avec gros ronflements, et il repartait de la plume. Pas de ratures et la plus belle écriture du monde. En dehors du travail, quand il se trouvait avec ses amis, chez lui ou en ville, une verve intarissable où l'on ne sentait aucune fatigue du travail de la journée.

« Il a eu longtemps une maladie d'entrailles, qui le réveillait, la nuit, avec de très vives douleurs. Quand il voyait qu'il ne pouvait pas se rendormir, il lisait ; quand les douleurs étaient plus fortes, il se promenait dans sa chambre, et quand elles étaient insupportables, il s'asseyait à sa table et travaillait. Le cerveau faisait, chez lui, diversion à tout. Le travail était sa panacée à tous les ennuis et à tous les chagrins ». (L. H. Lecomte, *Alexandre Dumas*, p. 214-215).

● **Tenue de travail.** Légère et confortable : pantalon à pieds de drap et chemise de toile, l'hiver ; pantalon de basin et chemise de batiste, l'été. Dumas travaille généralement en bras de chemise.

● **Écriture.** Elle est demi-ronde, de grosseur moyenne. Dumas écrit presque sans ponctuation, mettant les majuscules au hasard, sans ratures, ni surcharge.

● **Papier, plumes.** C'est un imprimeur de Lille, grand admirateur de ses œuvres, qui lui fournit le papier : il écrit généralement sur des feuillets bleus. Il a ses plumes de théâtre et ses plumes de roman et déteste l'encre bleue.

MODE D'ÉCRITURE

CONCEPTIONS LITTÉRAIRES DE DUMAS

Pas de système. « Je n'admets pas, en littérature, de système ; je ne suis pas d'école ; je n'arbore pas de bannière ; amuser et intéresser, voilà mes seules règles ». *(Napoléon Bonaparte).*

« Le Drame de la France ». « Peutêtre que ceux qui lisent chacun de nos livres isolément s'étonnent-ils que nous appuyions parfois sur certains détails qui semblent un peu étendus pour le livre même dans lequel ils se trouvent. C'est que nous ne faisons pas un livre isolé ; mais [...] nous remplissons ou nous essayons de remplir un cadre immense. Pour nous, la présence de nos personnages n'est point limitée à l'apparition qu'ils font dans un livre : celui que vous voyez aide de camp dans cet ouvrage [Murat], vous le retrouverez roi dans un second, proscrit et fusillé dans un troisième. Balzac a fait une grande et belle œuvre à cent faces, intitulée *La Comédie humaine*. Notre œuvre à nous, commencée en même temps que la sienne, mais que nous ne qualifions pas, bien entendu, peut s'intituler *Le Drame de la France*. (*Les Compagnons de Jéhu*, chap. XLIV).

« Ce succès [des *Chroniques de France*] me décida à faire une suite de romans qui s'étendraient du règne de Charles VI jusqu'à nos jours. Mon premier désir est toujours illimité ; ma première inspiration est toujours pour l'impossible. Seulement, comme je m'y entête, moitié par orgueil, moitié par amour de l'art, j'arrive à l'impossible [...]. Ayant trouvé un filon d'or dans le puits que j'avais creusé au commencement du XVe siècle, je ne doutais pas, tant était grande ma confiance en moi-même, qu'à chaque puits que je creuserais dans un siècle plus rapproché de nous, je ne trouvasse un filon, sinon d'or, du moins de platine ou d'argent. » (*Mes Mémoires*, chap. CCXXXII).

Apprendre l'histoire au peuple. « Notre prétention en faisant du roman historique est non seulement d'amuser une classe de nos lecteurs qui sait mais encore d'instruire une autre qui ne sait pas et c'est pour celle-là particulièrement que nous écrivons. » (*Le Comte de Moret*, chap. VII, note).

« Michelet, mon maître, l'homme que j'admire comme historien, et je dirai presque comme poète au-dessus de

tous, me disait un jour : "Vous avez plus appris d'histoire au peuple que tous les historiens réunis." Et ce jour-là, j'ai tressailli de joie jusqu'au fond de mon âme ; ce jour-là j'ai été orgueilleux de mon œuvre. Apprendre l'histoire au peuple, c'est lui donner ses lettres de noblesse, lettres de noblesse inattaquables et contre lesquelles il n'y aura pas de nuit du 4 août. C'est lui dire que quoiqu'il ait existé comme commune, comme parlement, comme tiers, il ne date réellement que du jour de la prise de la Bastille [...]. La noblesse du peuple date du 14 juillet. Il n'y a pas de peuple sans liberté. » (*Le Docteur mystérieux,* chap. XXXVI).

Commencer par l'intérêt. « On n'est pas toujours maître de se servir ou de ne pas se servir d'un procédé, et parfois, j'en ai peur, c'est le procédé qui se sert de vous. Les hommes croient avoir les idées ; j'ai bien peur, que ce ne soient, au contraire, les idées qui aient les hommes [...].

« En somme, que ce soit moi qui possède mon procédé ou que ce soit mon procédé qui me possède, le voici tel qu'il est : commencer par l'intérêt, au lieu de commencer par l'ennui ; commencer par l'action, au lieu de commencer par la préparation ; parler des personnages après les avoir fait paraître, au lieu de les faire paraître après avoir parlé d'eux. » (*Histoire de mes bêtes,* chap. I).

La disparition du moi. « Quand j'écris un roman, ou quand j'écris un drame, je subis tout naturellement les exigences du siècle dans lequel mon sujet s'accomplit. Les lieux, les événements, me sont imposés par l'inexorable ponctualité de la topographie, de la généalogie, des dates ; il faut que le langage, le costume, l'allure même de mes personnages soient en harmonie avec les idées qu'on s'est faites de l'époque que j'essaie de peindre. Mon imagination, aux prises avec la réalité, pareille à un homme qui visite les ruines

Technique romanesque de Dumas analysée par A. Maurois

« Dumas, ou *Dumas-Maquet*, partait de textes connus, parfois apocryphes comme les *Mémoires* d'Artagnan, parfois authentiques comme les *Mémoires* de Mme de La Fayette d'où est sorti *Le Vicomte de Bragelonne*. Comparons mémoires et roman. Mme de La Fayette raconte, sans dialogues, l'histoire des premières amours de Louis XIV, de la rupture avec Marie Mancini, de la rencontre avec Louise de La Vallière, de la mort de Mazarin et de la disgrâce de Fouquet. Le récit est court, sobre, parfait ; le drame demeure tout intérieur ; Mme de La Fayette se garde d'imaginer les scènes auxquelles elle n'a pas assisté.

« Dumas, lui, s'empare de cette armature et de ces personnages. Chaque fois qu'une scène est indiquée, il l'écrit, comme une scène de théâtre, avec des effets de surprise, de violence ou de comique. Le fin dessin au trait de Mme de La Fayette devient un musée de figures colorées, habillées, un peu caricaturées, mais qui donneront l'illusion de la vie. Les personnages historiques sont peints avec un parti pris affirmé de l'auteur. Dumas aime ses personnages ou les déteste. Son Mazarin est aussi antipathique que celui du cardinal de Retz. Dumas prend fait et cause pour Fouquet, contre Colbert. L'histoire exigerait plus de nuances ; le lecteur de feuilletons aime qu'un caractère soit blanc ou noir.

« Surtout, et c'est là son secret, Dumas introduit des personnages secondaires qui sont bien à lui et il explique les grands événements de l'histoire par l'action de ces inconnus. Parfois ils ont existé. Il y a un vicomte de Bragelonne, ombre à peine entrevue, dans Mme de La Fayette. Parfois Dumas les crée de toutes pièces. Le miracle est que ces héros imaginés sont toujours présents aux moments cruciaux de l'histoire réelle. Athos se trouve sous l'échafaud de Charles Ier Stuart et recueille ses dernières paroles ; c'est à lui que s'adresse le fameux : *"Remember."* Athos et d'Artagnan rétablissent, à eux deux, Charles II sur le trône d'Angleterre. Aramis tente de substituer à Louis XIV un frère jumeau, qui deviendra le Masque de fer. L'histoire se trouve ramenée au niveau de personnages aimés, familiers, et du même coup au niveau du lecteur. » (*Les Trois Dumas*, p. 178-179).

d'un monument détruit, est forcée d'enjamber par-dessus les décombres, de suivre les corridors, de se courber sous les poternes, pour retrouver ou à peu près le plan de l'édifice, à l'époque où la vie l'habitait, où la joie l'emplissait de chants et de rires, où la douleur y demeurait un écho pour les sanglots et pour les rires. Au milieu de toutes ces recherches, de toutes ces investigations, de toutes ces nécessités, le moi disparaît : je deviens un composé de Froissart, de Monstrelet, de Chastelain, de Commynes, de Saulx-Tavannes, de Montluc, de L'Estoile, de Tallemant des Réaux et de Saint-Simon : ce que j'ai de talent se substitue à ce que j'ai d'individualité, ce que j'ai d'instruction à ce que j'ai de verve ; je cesse d'être acteur dans ce grand roman de ma propre vie, dans ce grand drame de mes propres sensations ; je deviens chroniqueur, annaliste, historien ; j'apprends à mes contemporains les événements des jours écoulés, les impressions que ces événements ont produites sur les personnages qui ont vécu réellement ou que j'ai créé avec ma fantaisie. Mais des impressions que les événements de tous les jours, ces événements terribles qui secouent la terre sous nos pieds, qui assombrissent le ciel sur nos têtes, des impressions que ces événements ont produites sur moi, il m'est défendu de rien dire. Amitiés d'Édouard III, haines de Louis XI, caprices de Charles IX, passions de Henri IV, faiblesses de Louis XIII, amours de Louis XIV, je raconte tout ; mais des amitiés qui consolent mon cœur, des haines qui aigrissent mon esprit, des caprices qui naissent dans mon imagination ; mais de mes passions, de mes faiblesses, de mes amours, je n'ose parler. Je fais connaître un héros qui a existé il y a mille ans, et moi je lui reste inconnu ; je lui fais aimer et haïr à mon gré les personnages pour lesquels il me plaît d'exiger de lui sa haine ou son amour, et moi je lui demeure indifférent. » (*Les Mille et Un Fantômes*, 1849).

L'amusement, masque de l'instruction. « Si nous ne faisions qu'un simple roman, nous nous hâterions vers le dénouement, et, pour y arriver plus vite, nous négligerions certains détails dont, assure-t-on, les grandes figures historiques peuvent se passer. Ce n'est pas notre avis.

« Du jour où nous avons mis la main à la plume — et il y aura de cela bientôt trente ans —, soit que notre pensée se concentrât dans un drame soit qu'elle s'étendît dans un roman, nous avons eu un double but : instruire et amuser. Et nous disons instruire d'abord ; car l'amusement, chez nous, n'a été qu'un masque à l'instruction. Avons-nous réussi ? Nous le croyons. Nous allons tantôt avoir parcouru avec nos récits, à quelque tête qu'ils se soient rattachés, une période immense : entre *La Comtesse de Salisbury* et *Le Comte de Monte-Cristo*, cinq siècles et demi se trouvent enfermés. Eh bien, nous avons la prétention d'avoir, sur ces cinq siècles et demi, appris à la France autant d'histoire qu'aucun historien. » (*Les Compagnons de Jéhu*, chap. XXXVI).

Président du tribunal du peuple. « Quoique notre opinion soit bien connue ; quoique sous les Bourbons de la branche aînée comme sous les Bourbons de la branche cadette, sous la république comme sous le gouvernement actuel, nous l'ayons toujours proclamée hautement, nous ne croyons pas que cette opinion ne se soit jamais manifestée intempestivement ni dans nos drames ni dans nos livres [...] ; de même

que nous avons été — littérairement parlant — monarchiste sous la monarchie, républicain sous la république, nous sommes aujourd'hui reconstructeurs sous le consulat.

« Cela n'empêche point notre pensée de planer au-dessus des hommes et au-dessus de l'époque, et de faire à chacun sa part dans le bien comme dans le mal. Or, cette part, nul n'a le droit, excepté Dieu, de la faire à lui tout seul. Ces rois d'Égypte qui, au moment d'être livrés à l'inconnu, étaient jugés au seuil de leur tombeau, n'étaient point jugés par un homme, mais par un peuple. C'est pour cela qu'on a dit : "Le jugement du peuple est le jugement de Dieu".

« Historien, romancier, poète, auteur dramatique, nous ne sommes rien, autre chose qu'un de ces présidents du jury qui, impartialement, résument les débats et laissent les jurés prononcer le jugement. Le livre, c'est le résumé. Les lecteurs, c'est le jury [...]. Eh bien, pour qu'un jugement soit juste, pour que le tribunal d'appel, qui n'est autre chose que la postérité, confirme l'arrêt des contemporains, il ne faut point éclairer un seul côté de la figure que l'on a à peindre : il faut en faire le tour, et là où ne peut arriver le soleil, porter le flambeau et même la bougie. » (*Les Compagnons de Jéhu*, chap. XXXVI).

Visiter les localités. « Il y a une chose que je ne sais pas faire : c'est un livre ou un drame sur des localités que je n'ai pas vues. Pour faire *Christine*, j'ai été à Fontainebleau ; pour faire *Henri III*, j'ai été à Blois ; pour faire *Les Mousquetaires*, j'ai été à Boulogne et à Béthune ; pour faire *Monte-Cristo*, je suis retourné aux Catalans et au château d'If ; pour faire *Isaac Laquedem*, je suis retourné à Rome ; et j'ai, certes, perdu plus de temps à étudier Jérusalem et Corinthe à distance que si j'y fusse allé. Cela donne un tel caractère de vérité à ce que je fais, que les personnes que je plante poussent parfois aux endroits où je les ai plantés, de telle façon que quelques-uns finissent par croire qu'ils ont existé. Il y en a même qui les ont connus. » (*Causeries*, I, « Le Monte-Cristo » du 21 mai 1857).

Donner à un héros moderne la violence des hommes du passé. « L'histoire nous lègue des faits ; ils appartiennent au poète... Mais que nous essayions, nous, au milieu de notre société moderne, sous notre frac gauche et écourté, de montrer à nu le cœur de l'homme, on ne le reconnaîtra pas [...]. La ressemblance entre le héros et le parterre sera trop grande, l'analogie trop intime ; le spectateur qui suivra, chez l'acteur, le développement de la passion, voudra l'arrêter là où elle serait arrêtée chez lui ; si elle dépasse sa faculté de sentir ou d'exprimer à lui, il ne la comprendra plus ; il dira : "C'est faux ; moi, je n'éprouve pas ainsi. Quand la femme que j'aime me trompe, je souffre sans doute... oui... quelque temps... mais je ne la poignarde ni ne meurs. La preuve, c'est que me voilà." Puis les cris à l'exagération, au mélodrame, couvriront les applaudissements de ces quelques hommes qui, plus heureusement (ou plus malheureusement) organisés que les autres, sentent que les passions sont les mêmes au XVe qu'au XIXe siècle, et que le cœur bat d'un sang aussi chaud sous un frac de drap que sous un corselet d'acier. » (*Antony*, acte IV, scène VI).

« *Catherine Howard* est un drame extra-historique, une œuvre d'imagination procréée par ma fantaisie ; Henri VIII n'a été pour moi qu'un clou auquel j'ai attaché mon tableau. » (*Catherine Howard*, Avertissement, 15 juin 1834).

MORCEAUX DE BRAVOURE

Charles VII chez ses grands vassaux. « Comte, dans ton manoir, je suis venu sans suite, pour fuir un ennemi mortel dont la poursuite est, surtout à la cour, acharnée à ton roi. Nous pouvons le combattre et le vaincre : aide-moi.

— Votre espérance, alors, ne sera pas trompée, Sire ! voici mon bras et voici mon épée. Lorsque vous le voudrez, nous marcherons vers lui.

— Non pas !... Nous le fuirons.

— Qu'est-il donc ?

— L'ennui. »

Henri III et sa cour. « Eh bien, serre-lui la gorge avec ce mouchoir ; la mort lui sera plus douce, il est aux armes de la duchesse de Guise ! »

Christine. « Eh bien ! J'en ai pitié, mon père... qu'on l'achève ! »

Antony. « Tu es à moi comme l'homme est au malheur. »

La Tour de Nesle. « N'avez-vous pas remarqué que ce doivent être de grandes dames ? [...] Avez-vous remarqué ces riches habits, ces voix si douces, ces regards si faux ? Ce sont de grandes dames, voyez-vous ! [...] Elles ont oublié toute retenue, toute pudeur ; oublié la terre, oublié le ciel. Ce sont de grandes dames, de très grandes dames, je vous le répète ! »

« Je te parlerai debout et découvert, Marguerite, parce que tu es femme et non parce que tu es reine. »

« Il est trois heures, tout est tranquille ; Parisiens dormez. »

Le Chevalier de Maison-Rouge (dernier acte). Le chant des girondins (qui servit d'hymne patriotique à la seconde République). Refrain : « Mourir pour la patrie ! *(bis)* / C'est le sort le plus beau, le plus digne d'envie *(bis)* ».

FACILITÉ D'ÉCRITURE DE DUMAS

L'importante production littéraire de Dumas s'explique aussi par une étonnante facilité de rédaction.

Quelques exemples

L'honneur est satisfait (comédie en un acte) est écrit en deux jours.

Napoléon Bonaparte (drame en six actes) est écrit en huit jours.

Romulus : l'acte I est écrit en quatre heures, après une matinée de chasse.

La Jeunesse de Louis XV : après l'interdiction de *La Jeunesse de Louis XIV,* Dumas compose la pièce entre le mardi 11 et le samedi 15 octobre : cinq actes en cinq jours. Le manuscrit porte les indications de ce tour de force : Acte I : « Commencé le 11 à 7 heures du matin, fini le 12 à 2 heures et demie » ; Acte III : « Fini vendredi à 6 heures et demie du soir » ; Acte IV : « Samedi, commencé à 9 heures du matin » ; Acte V : « Commencé samedi à 10 heures du matin, fini à minuit moins le quart. »

Les Garde forestiers (drame en cinq actes) est écrit en quatre jours.

Vers 1869, Dumas fait savoir par voie de presse qu'il ne recevrait plus dorénavant que le soir, sans quoi il n'aurait plus le temps d'écrire ses « mille lignes par jour ». On s'étonne. Comment fait-il ? Il n'en sait rien : « Demandez à un prunier comment il fait des prunes ! »

Quelques exemples d'erreurs et d'anachronismes

Dans **Les Trois Mousquetaires** : Les maisons de Paris ont des numéros sous Louis XII, alors que la numérotation ne remonte qu'à 1775.

Dumas dissocie Mme de Combalet de la duchesse d'Aiguillon alors que Mme de Combalet, nièce de Richelieu, fut faite duchesse d'Aiguillon.

La Porte de la Conférence, évoquée dans le roman, ne sera édifiée qu'après les conférences qui ont eu lieu à l'occasion du mariage de Louis XIV.

Dans **Le Vicomte de Bragelonne** : il est question de pommes de terre bien avant Parmentier et l'introduction desdites tubercules.

TRUCS ET TICS

Tiret à la ligne. Parce que les journaux de l'époque payaient la copie à la ligne, Dumas avoue avoir volontairement fait parler Grimaud, le valet d'Athos, dans *Les Trois Mousquetaires,* par monosyllabes.

Les « emprunts ». En avril 1859, Dumas publie dans « Le Caucase » un récit de voyage qui contient mille lignes de *Souvenirs* d'Édouard Merlieux. Le 1ᵉʳ juillet 1859, il est condamné par le tribunal correctionnel de la Seine à 100 F d'amende et 500 F de dommages et intérêts.

La collaboration. (Voir p. 1329).

Les incipit. Beaucoup de ses romans fixent immédiatement les cadres temporels et spatiaux : « Le 20 août 1672, la ville de La Haye... » *(La Tulipe noire).*

« Le 24 février 1815, la vigie de Notre-Dame-de-la-Garde signala... » *(Le Comte de Monte-Cristo).*

« C'était pendant la soirée du 10 mars 1793... » *(Le Chevalier de Maison-Rouge).*

« Le 8 février 1719, une chaise armoriée... » *(Une fille du Régent).*

TRAIN DE VIE

A. Dumas passe du luxe au dénuement, sans transition, tout au long de sa carrière. Quelques témoignages rendent compte de la précarité de sa situation :

1830. « Il paraît qu'il mène grand train, court les rues toute la journée avec son tilbury » (Juste Olivier, *Paris en 1830).*

1840. « Mon mari avec son nom se trouve toujours lancé dans le plus grand monde. [...] Tout en ne donnant pas un verre d'eau chez nous aux gens qui nous invitent sans cesse, nous sommes forcés d'avoir un appartement à peu près convenable. [...] La crainte de la plus légère dépense m'a clouée ici » (Ida Dumas).

« Je viens de le rencontrer dans son équipage avec trois laquais et sa femme » (Édouard Charton à Fourtoul).

1850. « Des gens qui ne l'ont jamais vu, s'en vont répétant partout qu'il vit dans les exagérations d'un luxe mal entendu. [...] Il aime le luxe approprié à sa grande position, mais jamais il n'a franchi les limites qui séparent une dépense convenable d'une folle prodigalité » (Nogent-Saint-Laurens, plaidoirie du 19 novembre 1851).

« On déjeune avec des œufs, parce qu'on n'a pas pu acheter de quoi déjeuner » (Dumas à son fils, vers 1850).

1854. « L'armée des recors[1] apparaît à l'horizon, toujours prête à en finir par un suprême exploit. [...] Dumas, puisqu'il reste à Paris, aurait pu, aurait même dû vendre ses meubles et liquider sa maison ; ou tout au moins, diminuer son domestique, restreindre ses dépenses. Point » (Noël Parfait à son frère).

Cette perpétuelle oscillation entre faste et misère est finalement résumée par la phrase de Dumas mourant à son fils : « Alexandre, tout le monde a dit que j'étais un prodigue ; eh bien, tu vois comme on se trompe ? Quand j'ai débarqué à Paris, j'avais deux louis dans ma poche. Regarde, je les ai encore. »

ANIMAUX

« Je déteste les bêtes mais j'adore les animaux », disait Dumas qui évoque ses animaux favoris dans *Histoire de mes bêtes*.

Le chien Pyrame. Il met au pillage l'étal de Mauprivez, le boucher de Villers-Cotterêts. En février 1823, Dumas le vend 5 napoléons à un Anglais de passage pour acquitter ses dettes envers le tailleur Bamps.

Le chat Mysouff. Lorsque Mme Dumas s'installe rue Madame, ce chat de gouttière a l'habitude, chaque matin, d'escorter Alexandre sur le chemin du Palais-Royal et de l'attendre, le soir, rue de Vaugirard.

Le chien Mouton. Pendant qu'il rédige *Le Bâtard de Mauléon*, Dumas est mordu, le 1er juin 1845, par Mouton ; il continue à écrire de la main gauche.

Les animaux de Monte-Cristo. 14 CHIENS (dont Pritchard, un pointer ; Portugo, un basset ; Mouton, un griffon ; Turc, un chien « turc » ; Caro, une épagneule ; Tombo, un faux king-charles ; Phanor, un caniche ; un loulou de Vienne ; un fox et quelques autres), qui lui coûtent 50 F par mois. 1 CHAT : Mysouff II. 3 SINGES : le Dernier des Laidmanoir, Potish et Mlle Desgarcins, qu'il donne au Jardin des Plantes en octobre 1848. DES CHEVAUX dont Porthos, Athos et Aramis. DES OISEAUX : un faisan doré, Lucullus ; un coq, César et une douzaine de poules ; un paon et une paonne ; deux pintades ; un perroquet bleu et rouge (Buvat) et un perroquet vert et jaune (Papa Evrard) ; une collection d'oiseaux des îles (bengalis, cous-coupés, calfats, damiers, becs de corail, cardinaux, veuves) qui, libérés de la volière par les singes, finissent dévorés par Mysouff II ; un vautour, Jugurtha, acheté à Constantine le 19 décembre 1846 et qui, ayant élu domicile dans un tonneau à Monte-Cristo, a été rebaptisé Diogène. En octobre 1848, Dumas le donne à Collinet, le propriétaire du Pavillon Henri-IV, contre une remise de dettes.

La chienne Flore. Dumas l'achète le 1er septembre 1855 pour l'ouverture de la chasse. Il la marie avec Pritchard. Elle meurt « comme Eurydice » mordue par une vipère.

Le chien Stop. Il succède à Flore, la chienne ; mais il sera volé.

---

1. Elles effectuent les prises de corps.

Le chien Pritchard. C'est le favori de Dumas. En septembre 1855, il est égorgé par un autre chien, Catinat, qui est désormais appelé « Catilina ».

☞ *En 1854-1855,* dans le jardin de la rue d'Amsterdam, on retrouve Flore et Catilina, en compagnie de Charles Quint, un héron ; de Monsieur et Madame Denis, les deux mouettes ; de Malbrouck, un coq de combat et de quelques poules. *En 1865,* Dumas a deux chats jumeaux, Hippolyte et Anatole ; le premier disparaîtra en mai. *Vers la fin de sa vie,* il adopte un gros dogue qui a sauté à la gorge d'un taureau qui fonçait sur lui.

COLLECTIONS

Les armes. Au cours de ses pérégrinations, en particulier en Espagne et en Afrique du Nord, Dumas achète des armes et constitue une collection qu'il dispose à Monte-Cristo dans le salon « cachemire » : « deux fusils à bascule, une carabine-pistolet, deux carabines, un fusil à vent, deux fusils doubles, deux pistolets arabes garnis en argent, quatre pistolets de combat, deux fusils simples, plusieurs gaines d'épées et de poignards, deux demi-espadons, trois épées, sept sabres arabes, deux couteaux de chasse, cinq poignards et yatagans, deux massues arabes, un couteau catalan. »

Une partie de cette collection a été rachetée par Doyen à la vente de Monte-Cristo.

Les œuvres d'art. A partir de 1830, dès qu'il commence à gagner de l'argent, il achète des tableaux à Delacroix : *Hamlet dans le cimetière, Le Giaour, Le Tasse dans l'hôpital des fous*[1].

A MONTE-CRISTO : on admire ses Decamps, ses Bonhommé, ses Delacroix, son bronze de Barye (don du duc d'Orléans).

A BRUXELLES : on peut encore voir dans un petit salon son *Hamlet,* son *Tasse,* un Decamps, ainsi qu'un Slingeneyer (peintre flamand habitué du boulevard Waterloo).

Peu à peu, obligé de vendre certains de ses tableaux (son fils lui en rachète quelques-uns), il conserve cependant jusqu'à sa mort une esquisse de Delacroix, *Le Roi Rodrigue,* souvenir du bal de 1833 (actuellement au Kunsthalle à Bremens, R.F.A.).

Dumas possède également un tableau de Boucher, comme en témoigne ce billet non daté adressé à Giraud : « Veux-tu charger mon Boucher sur le dos d'un commissionnaire. J'ai où le mettre. »

DOMESTIQUES

☞ **Jugement sur les domestiques :** « Quand je donne à un domestique ce signe de considération de l'appeler *monsieur,* c'est qu'il est remarquable par son idiotisme ou sa friponnerie. Au reste, l'idiotisme un grand avantage sur la friponnerie : on voit toujours assez tôt que l'on a un domestique idiot ; on s'aperçoit toujours trop tard que l'on a un domestique fripon. » (A. Dumas, *Une aventure d'amour,* chap. I).

---

1. Alexandre Dumas, « qui adorait la peinture de la pitié et du désespoir [...] l'avait acheté ; mais, un jour où le Pactole avait détourné son cours et ne passait plus par le 77 de la rue d'Amsterdam [...], le grand écrivain engagea son Delacroix pour 1 100 F, chez Wail, le petit marchand de la rue Laffitte. Dumas fils rêvait, il regrettait le Tasse, il voulut le sauver et le dégagea [...]. Mais un beau jour où il le montrait à un amateur, celui-ci lui en offrit 15 000 F. Il courut chez son père et éparpilla sur sa table 13 900 F en beaux billets de banque. Dumas père, dont cela contrariait les habitudes, quitta son grand papier bleu, demanda d'où venait ce trésor, et, l'ayant appris, regarda son fils en s'écriant : "Le Tasse est un grand poëte !" » (Charles Yriarte, *Catalogue [...] de la collection d'Alexandre Dumas fils,* 1892).

Joseph. C'est le domestique de *Mes Mémoires* : il apparaît le 26 juillet 1830, pour disparaître le 15 février 1831. Il est sans doute engagé par Dumas au moment où le succès d'*Henri III et sa cour* lui permet d'emménager rue de l'Université. Il appartient à la catégorie des domestiques idiots et (ou) fripons.

Alexis. Originaire de La Havane, Alexis a été donné à Marie Dorval qui, vers 1846, l'a offert à Dumas dans un grand panier, couvert d'une jonchée de fleurs. « C'était un jeune nègre de treize à quatorze ans, du plus beau noir ». Surnommé **Soulouque** par Michel, Alexis a la charge essentielle de veiller sur les singes et la ménagerie de Monte-Cristo (voir son portrait dans l'« Illustration » 28 février 1848). A la révolution de 1848, comme il désire entrer dans la Marine, Dumas le recommande à Allier qui en fait son domestique. Mécontent, Alexis s'engage dans la garde mobile (après juin 1848) et est ensuite intégré dans l'armée et envoyé en garnison à Ajaccio. A nouveau mécontent de son sort, il obtient de son ancien maître une intervention qui lui permet de revenir, en 1849, auprès de lui comme valet de chambre. Dumas l'emmène à Bruxelles, mais là comme « il sortait à huit heures du matin, rentrait à onze pour déjeuner, ressortait à midi, rentrait à six heures, ressortait à sept et rentrait à minuit », Dumas finit par le renvoyer : le solde de ses gages, 129 F, lui est payé le 2 juillet 1852.

Après avoir dépensé son petit pécule, Alexis se réengage dans l'armée. Dans une lettre, il annonce à Dumas, vers 1855, qu'il vient d'être reçu prévôt d'armes (voir A. Dumas, *Histoire de mes bêtes*, chap. XVIII à XXII).

Pierre-Théodore-Marie Rihan, dit **Paul,** dit **Eau-de-benjoin** (Sénar, Somalie, 1821 - Port-Marly, le 13 septembre 1847). Lorsque Dumas s'apprête à partir pour l'Afrique du Nord, le restaurateur Chevet lui propose Eau-de-benjoin parce qu'il connaît l'arabe. Le domestique deviendra le héros comique du récit *De Paris à Cadix*.

« Noir de peau, Abyssin de naissance, cosmopolite de vocation », Eau-de-benjoin a été échangé contre une bouteille de rhum par un "gentleman-traveller" avec lequel il est resté six ans, jusqu'à ce que son maître se pende. Il est ensuite entré au service d'un colonel français qui l'a emmené en Algérie où il a séjourné pendant cinq ans. Son colonel mis à la retraite, Paul se retrouve sans emploi quand Dumas l'engage comme valet-interprète ; mais il s'avère un buveur invétéré de rhum, de vin et de liqueur, qui a, de surcroît, la manie de tout perdre. De retour en France, il est le second serviteur noir de Dumas, mais il meurt bientôt d'une fièvre typhoïde à Monte-Cristo. » (Voir *Une séance de magnétisme chez M. Alexandre Dumas*).

Ferdinand-Augustin Michel (1816-?). C'est le jardinier légendaire dont Dumas trace un savoureux portrait dans *Histoire de mes bêtes* (braconnier, zoophile, détenteur de recettes surprenantes). Dumas, lorsqu'il s'installe à la villa Médicis de Saint-Germain-en-Laye, l'engage ainsi que sa femme Augustine (née Boisguillaume) qui devient la cuisinière de la maison. Cependant, Michel ne donne toute sa mesure qu'à Monte-Cristo où il surveille la ménagerie, entretient le parc et la serre, déjoue les pièges des huissiers. Après la faillite et la vente du château, Michel y demeure en qualité de gardien.

Pendant son séjour chez Dumas, le couple Michel met au monde deux enfants : une fille Béatrice-Alexandrine[1] et un garçon, Emmanuel-Augustin. A la fondation du « Mousquetaire »,

---

1. Née le 2 juin 1847, elle aura, pour parrain et marraine, A. Dumas et Béatrice Person, puis mourra à Monte-Cristo le 30 septembre 1850.

Michel est intronisé caissier pour la bonne raison qu'il ne sait pas compter.

Victor, Joseph (II) et Théodore. « J'ai eu près de moi trois des plus beaux spécimens de ce genre [domestique bête et fripon] que l'on puisse rencontrer : M. Théodore, M. Joseph et M. Victor ». Nous ignorons à quelle époque Victor fut engagé comme valet ; quant aux Joseph, ils se succèdent chez Dumas : après le Joseph de 1830, un autre Joseph apparaît en 1848 (comme successeur d'Alexis), puis un autre à Bruxelles. Est-ce le même ? Théodore fait fonction de valet de chambre à l'automne 1857 ; il « n'était qu'idiot, mais il l'était bien ».

Louise. Elle est cuisinière rue d'Amsterdam jusqu'en 1859. « Le dernier des cordons-bleus sachant respecter les anciennes et grandioses traditions de la cuisine dans toute leur pureté. » Lors de son départ pour l'Italie, Dumas la laissera à son fils.

Mme Lamarque. Elle est cuisinière à Monte-Cristo.

Vassili. Jeune Géorgien que Dumas rencontre à Poti, alors qu'il attend le vapeur à l'hôtel Yakob. Empêché de le suivre parce qu'il n'a pas de passeport en règle, Vassili rejoint Dumas à Paris, vers le 10 mars 1859. Serviteur fidèle et utile, il reste plus de dix ans à son service : il est de l'expédition héroïque de Sicile et de Naples, vit ensuite au palais Chiatamone et appartient au personnel de la villa Catinat à Saint-Gratien. A la mort de Dumas, il demeure le gardien du 79, boulevard Malesherbes.

Humbert et **Armande.** Font partie des domestiques de la villa Catinat. Humbert est la cuisinière, Armande la nourrice de Micaëlla.

Sophie. Jeune fille un peu simple dont la tâche principale consiste à veiller sur le lévrier Miron.

Türr. Apprenti imprimeur à l'« Indipendente », le jeune homme est choisi par Dumas pour veiller sur Micaëlla. On le retrouve à la villa Catinat.

Tomasso. Engagé à Florence par Dumas lors de son séjour de 1866 boulevard Malesherbes. Un article de Dumas, « Causeries » paru dans « Le Mousquetaire » du 6 décembre 1866, restitue dans un sabir incompréhensible, l'amusant dialogue du maître et du valet.

Célestine Cherrière (Thézet-Saint-Martin, 29 juin 1839 - Rehaupal, 20 mars 1923). Vosgienne, un peu effarée par la vie libre de son maître, elle officie dans l'appartement du boulevard Malesherbes avant d'épouser, dans les Vosges, Charles-Auguste Colin, un veuf qui, avec elle, ouvre une auberge, à Rehaupal. Ses spécialités étaient la matelote de truites noires et le poulet à la ficelle (recette de Dumas).

Marie. En juillet 1869, Dumas part pour Roscoff avec cette cuisinière afin de mettre au point les recettes de son *Dictionnaire de cuisine*. Trouvant le pays détestable, Marie demande son congé.

Témoignage d'une cuisinière

« M. Dumas n'était pas un monsieur comme les autres. Il travaillait comme un damné, gagnait beaucoup d'argent par ses livres et son théâtre, mais vivait comme un "champ-volant". Il n'y avait pas de linge à la maison, souvent pas de vaisselle ; j'ai vu être obligée, un jour qu'il y avait des invités, de mettre un drap de lit sur la table en guise de nappe [...]. Je n'ai pas pu m'y faire et un jour j'ai rendu mon tablier : la place n'était pas assez sérieuse pour moi, ce n'est pas mon monde ; mais j'ai regretté le patron qui était brave homme et gentil avec les domestiques. » (Propos recueillis par A. de Bersaucourt, « Le Gaulois du dimanche », 4 décembre 1920, *Le Gastronome*).

SECRÉTAIRES

Fontaine[1]. « Pendant cinq ans consécutifs [de 1834 à 1839], il eut à sa charge un M. Fontaine qu'il fallait habiller, nourrir et loger ; à rien faire, et qui, outre cela, lui a escroqué énormément d'argent et ce que mon mari lui remettait des fonds pour payer des choses qu'il ne payait pas et jusqu'à des sommes de 500 F à la fois, qu'il a été jouer et perdre » (*Lettre de Ida adressée à Domange,* le 2 novembre 1840).

• **Charles Rusconi** (Mondrécourt, Meuse, le 5 avril 1787 - ?). Il fut le secrétaire de Dumas de 1833 à 1857 et peut-être un peu plus longtemps.

Après avoir fait la campagne de 1812 avec la division italienne de Fontanelli, Rusconi obtient en 1814 la place de commissaire de police à Porto-Ferrajo où il prend une tasse de café avec Napoléon, qu'il suit aux Cent-Jours. Après Waterloo, il se retire à Colmar où il survit en se faisant arpenteur ; il y fait la connaissance de Carrel et de Dermoncourt, ancien aide de camp du général Dumas, et conspire avec eux. Le 28 décembre 1821, il s'enfuit avec Dermoncourt en Allemagne. A l'avènement de Louis-Philippe, Dermoncourt est nommé commandant de la Loire-Inférieure, il engage Rusconi comme secrétaire et l'emmène à Nantes[2], en 1832 ; puis mis à la retraite et devant se séparer de lui, il le recommande à Dumas et le prie de créer « une sinécure dans laquelle Rusconi pût tranquillement passer ses vieilles années ». Vaguement secrétaire, factotum, fondé de pouvoir, appariteur, Rusconi ne fait pas grand-chose chez Dumas qui crée à son usage le verbe « rusconner » !

• **Alfred Letellier** (Voir p. 1271).

• **Louis d'Horbourg** dit **Ludovic** (Paris, le 27 octobre 1808 - Montevideo, vers 1852). Il fut le secrétaire de Dumas de 1847 à 1851.

Né de Marie-Catherine-Josèphe Martel et de père inconnu, Louis est reconnu par Frédéric-Amédée, comte d'Horbourg (dit Joseph Marsange, lors de son mariage avec sa vieille maîtresse, le 24 novembre 1827). Dumas fait connaissance de Louis d'Horbourg lorsque « tout vêtu de deuil, il m'avait apporté comme souvenir de mon père » un ceinturon de sabre que Frédéric-Amédée d'Horbourg avait fait faire avec la peau d'un serpent tué par le général Dumas[3] en Égypte.

• **Adolphe Herr** (1810-?). En 1847, sur l'acte de décès de Pierre-Théodore-Marie Rihan, dit Eau-de-benjoin (voir p. 1242), Adolphe Herr est désigné comme « secrétaire de M. Alexandre Dumas ». On n'en sait pas plus.

• **Edmond Viellot** (vers 1824 - Paris, le 16 juin 1871). Il fut le secrétaire de Dumas de 1847 à 1860.

Commis d'un toiseur vérificateur, ce « grand garçon pâle, maigre, dépenaillé » doit sa place de secrétaire à la parfaite similitude de son écriture à celle de Dumas. Il copie « la moitié des *Quarante-Cinq,* la moitié de *La Dame de Monsoreau, Pitou, Balsamo* », recevant théoriquement 1 800 F. Lors de l'exil à Bruxelles, Viellot (qui habite à Paris, 59, rue de la Chaussée-d'Antin) est chargé, avec Dumas fils et Mme Guidi, d'intervenir auprès des journaux et des théâtres et de s'occuper des affaires privées de Dumas (notamment d'Isabelle Constant). A la fondation du

---

1. Un certain Émile Fontaine publiait entre 1838 et 1846 une série d'œuvrettes en collaboration avec Dumersan, Marc-Michel, Peupin, H. Deschamps, Durantin, Siraudin. Ce pourrait être l'ancien secrétaire de Dumas.

2. C'est à Nantes que Dermoncourt procédera à l'arrestation de la duchesse de Berry.

3. Frédéric-Amédée d'Horbourg avait été l'aide de camp du général Dumas lors de la campagne d'Égypte. Souvent ivre et « ravagé par l'absinthe », il mourra embroché sur son sabre en faisant manœuvrer un régiment.

« Mousquetaire » en 1853, Viellot est élevé au rang de rédacteur. Mais il sombre dans l'alcool. En 1864, après son retour d'Italie, Dumas songe à le reprendre à son service, mais abandonne ce projet en raison de son alcoolisme. Éclaireur de la Seine pendant le siège de Paris, il succombe dans une des ambulances de la presse, en disant : « Je vais aller Le retrouver là-haut ; c'est Lui qui sera étonné quand je lui dirai comment ses amis m'ont lâché, moi, son plus vieux collaborateur ».

La bibliographie de Viellot se réduit à l'édition d'un éphémère *Panthéon de l'industrie, revue encyclopédique des manufactures, fabriques et usines* (4 livraisons, 1855) et sans doute à *France et Russie ou le siège de Sébastopol* (pièce à décors en 17 tableaux par MM. Bocage et Viellot, 1855).

Fontaine. Secrétaire de Dumas du 19 décembre 1855 au 30 avril 1862. Il s'agit peut-être du même Fontaine que celui qu'employait Dumas de 1834 à 1839 (voir ci-dessus). Cependant, le 24 avril 1867, devant la première Chambre, la veuve et la fille de ce Fontaine réclament à Dumas 3 577 F d'appointements impayés. Dumas qui a supporté pendant sept ans l'éthylisme chronique de ce secrétaire et ses indélicatesses, prête serment qu'il ne doit pas un sou et les héritières sont déboutées : « Aussi au nombre des choses que je dois, je vois que je dois sur billet 3 500 F à Fontaine. Je n'ai jamais fait de billet à Fontaine, mais Fontaine imite assez bien mon écriture pour s'être fait un billet signé de mon nom » (*Lettre de Dumas à son fils*, le 22 avril 1863).

Albert Wolff. Le 14 février 1858, le *Sémaphore de Marseille* signale l'arrivée à Marseille de Dumas accompagné de Cherville et d'Albert Wolff, son secrétaire ; ce dernier a peut-être participé à la composition de *L'honneur est satisfait,* en traduisant pour Dumas une pièce allemande (voir « Le Dartagnan », 14 mai 1868).

Adolphe Goujon. De 1861 à 1864, Goujon est le secrétaire de Dumas pendant le séjour napolitain, il est également l'« administratore » de l'« Indipendente » qu'il continue de diriger après le retour de Dumas à Paris et sans doute jusqu'en mai 1868. On le retrouve ensuite, en 1870, auprès de Dumas qu'il accompagne d'abord à Saint-Jean-de-Luz, puis en Espagne et enfin à Puys (c'est le dernier voyage en train que fera Dumas).

Benjamin Pifteau. Dans *Alexandre Dumas en bras de chemise,* Pifteau raconte son année (avril 1864-avril 1865) de secrétariat auprès de Dumas, aux appointements de 100 ou 200 F par mois.

Originaire de Nantes, ce jeune romancier sans succès (*Une bonne fortune de François Ier*, 1860, *Une aventure conjugale,* 1863) est engagé par Dumas à son retour de Naples. Il copie ses articles au « Petit Journal » *(Chronique anniversaire de Shakespeare),* les cinq derniers volumes de *La San Felice* et prépare l'édition des *Bouts-Rimés.* Il connaît la vie tumultueuse d'Enghien, mais Émilie, sa maîtresse, jalouse de la Gordosa, vient faire une scène à la cantatrice ce qui provoque la séparation de Dumas et de son secrétaire. En août 1866, le suicide manqué de Pifteau éveille, dans la presse, des échos malveillants pour Dumas qui rejette toute espèce de responsabilité (« Le Soleil », le 20 août 1866). La même année, Pifteau publie *Deux Routes de la vie* ; puis, après une longue éclipse, *Victor Hugo, homme politique,* 1876 ; *Le Biographe illustré : Louis Blanc, Émile de Girardin, Edgar Quinet, Michelet, Lamennais, Alphonse Esquiros,* 1877 ; *Les Maîtresses de Molière,* 1878 ; *Molière en Province,* 1879 et *Histoire du théâtre en France, des origines au « Cid »,* écrit en collaboration avec Julien Goujon, 1879.

• **Charpentier.** Ami d'enfance de Dumas, il est son secrétaire de 1864 à 1866, et lui sert de prête-nom dans l'accord intervenu avec Massue pour la représentation des *Gardes forestiers,* jouée, le 27 mai 1865, au Grand-Théâtre parisien. Mais Charpentier « confond » la caisse du théâtre avec sa cassette personnelle, et oublie de payer les comédiens. Le 20 août 1866, Dumas signale, sans le nommer, qu'il s'est enfui en emportant 200 F. Attendri par les supplications de la mère du coupable, Dumas ne portera pas plainte.

Saturnine. En 1866, cette jolie paysanne de vingt ans arrive du Vermondois pour lui servir de secrétaire. Dumas l'engage car elle sait par cœur *Le Comte de Monte-Cristo* et possède une belle écriture. (Voir également le livre de Mathilde Shaw, *Illustres et inconnus*).

Émile Blavet (Courmonterral, le 14 février 1838 - Nice, le 15 novembre 1910). Blavet, dans une lettre à Dumas fils, revendique le rôle de secrétaire qu'il aurait tenu auprès de Dumas en 1867. Dumas lui a dicté *La Terreur prussienne,* avant de s'embarquer dans « ses pérégrinations conférencières ».

Ancien élève de l'École normale supérieure, il se lance en 1862 dans le journalisme à Nice (« La Gazette de Nice », « Le Lazzarone »). Après la Commune, c'est l'une des personnalités en vue de la presse parisienne (rédacteur en chef du « Gaulois », 1879, puis de « La Presse ») ; il collabore à « l'Événement », au « Voltaire », au « Figaro », à la « Vie parisienne » avant d'être nommé secrétaire général de l'Opéra (1884-1892). Il est l'auteur du *Fils de Porthos,* donné à l'Ambigu-Comique le 12 novembre 1886.

Georges d'Orgeval. En 1868, pendant le long séjour de Dumas au Havre, Georges d'Orgeval, ancien directeur du « Sport », s'institue son secrétaire en envoyant des lettres aux journaux locaux sur les activités du maître.

Victor Leclère. Secrétaire de Dumas en 1868 et 1869, Leclère participe à l'adaptation des *Blancs et les Bleus,* et lorsque la main de Dumas tremble, c'est sans doute l'écriture de Leclère qu'il faut reconnaître dans la correspondance de cette époque.

RÉCEPTIONS

A. Dumas qui possédait le sens de la fête mêlé à une générosité débordante recevait énormément. Parmi ces fêtes, on peut en citer trois dont les journaux se firent l'écho.

• **Le carnaval du 30 mars 1833.** La réception est donnée au 40, rue Saint-Lazare, dans l'appartement de Dumas, agrandi de celui de son voisin de palier. Trois cents invitations ont été lancées pour un bal costumé. Quelques jours auparavant, Dumas et ses amis (Tony Johannot, Boulanger, Champagny) vont chasser à La Ferté-Vidame et reviennent avec neuf chevreuils et trois lièvres. Chez le traiteur Chevet, Dumas troque quatre chevreuils contre un saumon de trente livres et une galantine colossale. On a prévu 300 bouteilles de bordeaux, 300 de bourgogne et 500 de champagne. Les amis peintres décorent les salons : Alfred Johannot peint une scène de *Cinq-Mars* ; Tony Johannot un *Sire de Giac* ; Clément Boulanger une *Tour de Nesle* ; Louis Boulanger une *Lucrèce Borgia* ; Jadin et Decamps un *Debureau* ; Delacroix un *Roi Rodrigue après la bataille* ; Grandville dessine un orchestre, Barye des tigres et Nanteuil deux médaillons représentant Hugo et Vigny.

Les invités. Ils arrivent vers 10 heures. Dumas et Belle Krelsamer portent des costumes de 1525 ; *les sculpteurs* : sont costumés : Moine en Charles IX, Barye en tigre du Bengale, Etex en Andalou ; *les musiciens* : Rossini en Figaro, Adam en poupard, Zimmermann en cuisinière ; *les peintres* : Giraud en homme d'armes, Tony Johannot en sire de Giac, Alfred Johannot en Louis XI jeune, Menut en page Charles-VII, Louis Boulanger en courtisan du roi Jean, Nanteuil en soudard du XVIe siècle, Gaindrand en fou, Boisselat en seigneur de Charles XII, Châtillon en Sentinelli, Ziégler en Cinq-Mars, Clément Boulanger en paysan napolitain, Roqueplan en officier mexicain, Lépaulle en Écossais, Grenier en marin, Delacroix en Dante, Chenavard en Titien ; *les écrivains* : Amédée Pichot en magicien, Alphonse Royer en Turc, Charles Lenormant en Smyrniote, Victor Considérant en bey d'Alger, Paul de Musset en Russe, Eugène Sue en domino pistache, Paul Lacroix en astrologue, Pétrus Borel en Jeune-France, Francisque Michel en truand ; *les éditeurs* : Eugène Duverger en Van Dyck, I advocat en Henri II, Fournier en matelot ; *les comédiens* : Mlle George en bergère, Mme Paradol en Anne d'Autriche, Rose Dupuis en Lady Rochester, Alexandrine Noblet en Folie, Déjazet en Du Barry, Montrose en soldat de Ruyter, Volnys en Arménien, Bocage en Didier, Cornélie Falcon en Rebecca, Nourrit en abbé de cour, Mlles Mars et Leverd, Firmin, Menjaud et Michelot sont dans leur costume de scène d'*Henri III et sa cour* ; Buloz en domino bleu, le docteur Véron en domino rose, Odilon Barrot et La Fayette en dominos noirs.

Deux absents. Vigny, au chevet de sa mère malade et Victor Hugo qui n'est pas cité par Dumas dans ses *Mémoires*. Oubli ?

• **L'inauguration de Monte-Cristo.** Elle a lieu le 25 juillet 1847, 600 invités y assistent. Le repas vient du Pavillon Henri-IV à Saint-Germain.

• **La fête intitulée Le Rêve des Mille et Une Nuits.** Elle a lieu à Bruxelles, boulevard de Waterloo le 28 août 1853, en l'honneur de Petra Camara, danseuse espagnole. Dumas fait construire une scène et dresser un buffet somptueux dans le jardin d'hiver. Après le spectacle, Dumas distribue aux invitées les cachemires de l'Inde qui ont servi à draper l'estrade.

RÉSIDENCES

VILLERS-COTTERÊTS ET SES ENVIRONS
(1802-1822)

• **De 1802 à 1804. 46, rue de Lormet**[1]. Dumas naît dans cette maison qui avait été louée, 300 livres par an, par son grand-père Labouret à un sieur Dutoya, rentier à Paris.

Un inventaire de la maison fait après la mort du général permet d'en préciser le contenu. Dans le salon : six fauteuils, deux bergères en damas vert, deux tableaux, un petit déjeuner à dessus de marbre blanc et deux bustes sur la cheminée ; dans une chambre : une commode plaquée en bois de rose, un secrétaire, une table de nuit en acajou, un tableau représentant Horatius Coclès, un lit, une toilette en acajou, deux statues représentant Hercule et Vénus ; dans un cabinet à côté, une commode en acajou ; dans une pièce sur la cour, une armoire en chêne servant de portemanteau.

Il semble que le général et sa femme occupaient le rez-de-chaussée tandis que Claude Labouret se réservait le premier étage.

• **De 1804 au 20 juin 1805. Le château des Fossés.** Situé à 4 km de Villers-Cotterêts, près d'Haramont, il s'élève dans un fond marécageux, entouré de forêts. Le général Dumas s'y installe en espérant que l'air de la campagne participerait au rétablissement de sa santé. Depuis, l'architecture de ce château a été remaniée.

---

1. La maison existe toujours ; la rue de Lormet est devenue rue Alexandre-Dumas depuis le 26 janvier 1873.

• **Du 20 juin à mi-septembre 1805. Antilly** dans le canton de Betz (Oise). Le général Dumas, souffrant et se trouvant mal partout, quitte le château des Fossés pour une maison de campagne située à Antilly. Depuis la maison a été remplacée par une autre construction.

• **De 1806 à 1808. Hôtel de l'Épée.** Après être allé à Paris consulter Corvisart, le général Dumas s'installe dans cet hôtel, tenu par Picot, et y meurt le 26 février 1806. Son fils est alors provisoirement confié aux cousines Fortier qui habitent chez leur père, serrurier au 29, rue de Soissons. Après la mort du général, Claude Labouret, devenu veuf, sa fille et le petit Alexandre quittent la rue de Lormet pour l'hôtel de l'Épée, où ils occupent la chambre du mort. A cette époque, Dumas est souvent accueilli dans des maisons amies : chez Mme Darcourt (près de l'hôtel de l'Épée) et chez Jean-Michel Deviolaine (La Faisanderie et l'ancienne abbaye de Saint-Rémy).

• **De 1807 à 1814. Rue de Lormet.** A l'époque de la mort de « maman Zine » (2 mai 1807), Mme Dumas et Alexandre déménagent pour s'installer dans une maison rue de Lormet, non loin de la maison natale de Dumas, mais la situation topographique précise de la maison où Dumas a passé son enfance nous est inconnue.

• **De 1814 à 1822. Le bureau de tabac** (place de la Fontaine). En prévision de l'obtention d'un bureau de tabac, Mme Dumas déménage place de la Fontaine, chez un chaudronnier nommé Lafarge, qui loue son premier étage et s'engage, au cas où elle en verrait la nécessité, à lui céder sa boutique.

Avec Alexandre, elle s'installe au rez-de-chaussée sur la rue, dans une grande salle ornée de deux comptoirs : un pour débiter le tabac, l'autre pour débiter le sel. Ensuite Mme Dumas vendra son bureau de tabac pour rejoindre son fils à Paris.

• **D'août à novembre 1822. Crépy-en-Valois.** Engagé comme clerc de notaire chez Me Pierre-Nicolas Lefèvre, à Crépy, Alexandre est nourri et logé par son patron.

PARIS
(1823-1840)

• **Du 8 avril 1823 au 20 février 1824. 1, place des Italiens**[1]. Dès son arrivée à Paris, Dumas loue, pour 120 F par an, au 4ᵉ étage, une chambre « qui avait le luxe d'une alcôve. [...] Elle était tapissée d'un papier jaune à douze sous le rouleau, et donnait sur la cour. » (A. Dumas, *Mes Mémoires,* chap. LXXIII). Bientôt, il partage le logement de sa maîtresse, Laure Labay (voir p. 1291) qui habite sur le même palier.

• **Du 20 février 1824 à février 1829. 53, rue du Faubourg-Saint-Denis.** Lorsque sa mère vient le rejoindre à Paris, ils emménagent à cette adresse.

Le logement « se composait de deux chambres, dont une à cabine, d'une salle à manger et d'une cuisine. » (A. Dumas, *Mes Mémoires,* chap. XCVIII). Situé au 2ᵉ étage sur la rue, dans une maison attenante au « Lion d'Argent », le loyer (350 F par an) est trop élevé ; c'est pourquoi, après la mort de leur voisin de palier, le chansonnier Claude-Aimé Desprez (26 avril 1824), Dumas et sa mère reprennent son appartement, moins confortable et moins cher (230 F par an). Ils y demeureront jusqu'au 10 février 1829, date du triomphe d'*Henri III et sa cour.*

• **De mars 1829 à 1831. 25, rue de l'Université.** Après le triomphe d'*Henri III et sa cour,* Dumas loue, pour lui seul, un appartement au 4ᵉ étage, au coin de la rue de l'Université et de la rue du Bac. Il essaie de donner à cet appartement une certaine élégance.

---

1. Actuellement, place Boïeldieu.

Les « petites chambres »

De septembre 1827 à 1831. Pour abriter ses amours avec Mélanie Waldor (voir p. 1292) qui devient sa maîtresse le 22 septembre 1827, Dumas loue d'abord « une petite chambre [...] aux quatre murs décorés d'un papier plus ou moins frais et d'une glace plus ou moins belle » ; ensuite il emménage dans une seconde chambre beaucoup plus près de chez Mélanie (84, rue de Vaugirard), « où ils seront moins exposés surtout, la maison n'ayant pas une seule vue sur l'escalier et étant celle d'un marchand de meubles » sans doute au 7, rue de Sèvres. Dumas la loue.

En décembre 1830, Dumas la loue toujours puisque Mélanie lui écrit d'aller « voir nos marguerites bleues, écrire pour notre divan ».

Pour sa mère, atteinte de paralysie, il loue un appartement, 7, rue Madame au rez-de-chaussée avec un jardin et c'est vers cette époque qu'il installe Laure Labay et son fils dans une petite maison située 63, rue de Chaillot à Passy.

Le 25, rue de l'Université est le quartier général des expéditions de Dumas pendant les Trois Glorieuses.

• **De mi-septembre 1831 à décembre 1833. 40, rue Saint-Lazare.** (Square d'Orléans). Mi-septembre 1831, Dumas et Belle s'installent dans la petite cité du square d'Orléans dont l'entrée se trouvait 34-36 et 40, rue Saint-Lazare. Sur une ancienne propriété de Mlle Mars, l'architecte anglais Edward Cresy avait fait construire des immeubles dont la façade principale donnait sur une grande cour carrée commune. Dans cette construction de briques les pièces étaient vastes et hautes de plafond.

Le logement de Dumas, au 3e étage, se composait d'une salle à manger, d'un salon, d'une chambre à coucher et d'un cabinet de travail. C'est dans cet appartement (augmenté d'un logement de quatre pièces sur le même palier) qu'a lieu le fameux bal costumé du 30 mars 1833 (voir p. 1246). Après sa rupture avec Belle Krelsamer à la fin de l'été 1833, Dumas lui laissa pour un temps la jouissance de l'appartement qu'elle conserva jusqu'au début de janvier 1834. Pendant ce temps, Mme Dumas a regagné la rue du Faubourg-Saint-Denis où elle habite désormais au n° 118, dans la maison de Mme Delacroix.

• **De décembre 1833 à mai 1837. 30, rue Bleu[1].** Au début de décembre 1833, A. Dumas se déplace de quelques rues. Il y loge d'abord seul, mais sa maîtresse Ida Ferrier, qui habite rue de Lancry, vient l'y rejoindre l'année suivante. Pour la comtesse Dash, l'appartement « assez modeste se composait de quelques pièces médiocrement meublées[2] ». Pour Jules Lecomte[3] l'« appartement est cité pour son confortable et son élégance artistique. Mon compatriote [...] m'a parlé d'une chambre à coucher tendue en soie chamois, avec des bordures en broderie. Il se souvenait aussi du plafond qui est d'une seule glace, des rideaux qui sont de velours bleu, et du mobilier en bois de citronnier, ainsi que des tapis de pelleteries ». Des travaux d'aménagement sont sans doute intervenus entre ces deux témoignages.

Jusqu'en mai 1837, Ida et Dumas demeurent rue Bleu ; cependant Dumas partira, du 12 mai à fin décembre 1835, visiter l'Italie, en s'arrêtant à Toulon, du 17 mai au 15 juin, où il résidera dans une villa appartenant à M. Lauvergne.

• **De 1838 à 1840. 22, rue de Rivoli.** En 1838, Dumas se rapproche de son cher duc d'Orléans qui réside au pavillon de Marsan et déménage pour la rue de Rivoli, presque en face des Tuileries.

---

1. Nom d'un architecte. Dumas lui-même demandait cette orthographe.
2. Comtesse Dash, *Mémoires des autres*, chap. VI.
3. Jules Lecomte, *Lettres de Van Engelgom*, chap. VIII.

Situé au 4ᵉ étage, l'appartement grand et commode est meublé avec goût et est agrémenté d'un balcon. Parmi les hôtes ordinaires de la maison : Victor Hugo, Gérard de Nerval, Gautier, Méry, Jadin. « Dumas penchait beaucoup pour les artistes et les écrivains ; Mme Ida, au contraire, n'aimait que les gens du monde et tâchait d'en attirer le plus possible »[1] comme le vicomte de Narbonne-Laya et Gaspard Couret de La Bonardière.

Après leur départ pour Florence, l'appartement est confié aux soins d'Anne Ferrand, mère d'Ida, mais, dès le 16 décembre 1840, elle demande qu'on résilie le bail pour la mi-juillet 1841 en faisant valoir l'humidité.

☞ Au printemps 1838, Dumas loue, pour sa mère dont la santé décline, un appartement 48, rue du Faubourg-du-Roule. Il conservera tant qu'il le pourra ce logement où sa mère est morte, mais en 1840, il doit se résigner à s'en séparer.

FLORENCE
(1840-1843)

• **De juin à novembre 1840. Palazzo Langestverde** (Porta alla Croce). « Nous habitons un palais avec belvédère et salle de spectacle plus douze chambres pour nous tout seuls ; nous avons un jardin grand comme celui du Luxembourg, avec jets d'eau, fontaines, naïades, tritons, bosquets de lauriers, bosquets de citronniers et un jardinier nommé Démétrius » (*Lettre à Louis Boulanger,* 9 juin 1840). Cependant, le loyer de 200 F par mois est trop cher et Dumas doit déménager.

• **De novembre 1840 à l'automne 1842. Via Rondinelli**. Dumas loue ensuite un appartement meilleur marché, mais incommode et froid. Il le quitte probablement à l'automne 1842.

☞ Pendant son séjour à Florence, appelé par ses affaires de théâtre, Dumas effectuera de nombreux séjours à Paris : du 18 mars au 4 juin 1841 ; vers le 20 septembre 1841 jusqu'au 15 janvier 1842, de fin avril à début juin 1842 ; du 3 août 1842 au 2 mai 1843 et du 23 mai au 1ᵉʳ juin 1843. Il descend généralement à l'hôtel, vraisemblablement à l'hôtel de Paris, rue Richelieu.

PARIS ET SAINT-GERMAIN-EN-LAYE
(1843-1851)

• **Paris. D'août 1843 à novembre 1844. 45, rue du Mont-Blanc**[2]. En août 1843, depuis l'hôtel de Paris, Dumas demande au directeur des douanes que « des caisses d'habits, d'armes et de livres » lui arrivant d'Italie « soient transportées à son domicile rue du Mont-Blanc, n° 45 ». C'est le dernier domicile conjugal de Dumas et d'Ida. La rupture avec Ida entraîne, en novembre 1844, l'abandon de cet appartement.

De novembre 1844 à 1847. 10, rue Joubert. Le nouvel appartement de Dumas semble avoir été un logement de célibataires qu'il habite avec son fils. Ce sera un pied-à-terre pour Dumas lorsqu'il s'installera à Saint-Germain.

• **Saint-Germain-en-Laye. De mai 1844 au printemps 1845. Le Pavillon Henri-IV**. En mai 1844, Dumas, qui recherche la tranquillité, s'installe à Saint-Germain, bien relié à Paris grâce au chemin de fer (depuis 1837). Il passe au Pavillon Henri-IV une grande partie de l'été 1844 au cours duquel il achète les terrains de Monte-Cristo. Le propriétaire est Collinet, « mon compère en art culinaire et le propagateur, sinon l'inventeur, des côtelettes à la béarnaise ».

Du printemps 1845 à juin 1847. Rue Médicis. Pour mieux surveiller les

---

1. Jules Lecomte, *Lettres de Van Engelgom,* chap. VIII.
2. Rue du Mont-Blanc devenue rue de la Chaussée-d'Antin.

travaux de Monte-Cristo, Dumas loue, au printemps 1845, une grande villa en lisière du parc de Saint-Germain : « Je livrai à mes hôtes la maison depuis la cave jusqu'au grenier, l'écurie avec les quatre chevaux, les remises avec les trois voitures, le jardin avec son poulailler, son palais des singes, sa volière, sa serre, son jeu de tonneau et ses fleurs. Je ne me réservai qu'un petit pavillon à verres de couleur, à la muraille duquel j'avais fait adapter une table, et qui, l'été, me servait de cabinet de travail » (A. Dumas, *Histoire de mes bêtes*).

En février 1846, Dumas, par bail emphythéotique, loue le théâtre de Saint-Germain. A la fin de juin 1847, le propriétaire reprend la villa Médicis qu'il veut vendre et Dumas doit quitter les lieux alors que Monte-Cristo n'est pas encore prêt à le recevoir.

CHÂTEAU DE MONTE-CRISTO
(1847-1851)

Origines. Situé dans les Yvelines, c'est le seul bien immobilier que Dumas ait jamais possédé. Le succès extraordinaire de ses feuilletons (*Les Trois Mousquetaires, Le Comte de Monte-Cristo*) lui permet de concevoir cette demeure qui est autant un lieu de vie qu'un hommage au romantisme.

Il découvre le site (à Port-Marly, au lieu-dit Les Montferrands), sans doute le 16 juin 1844, en revenant à pied de Saint-Germain ; il convoque aussitôt l'entrepreneur Barthélemy Planté et entre le 21 juillet et le 23 décembre se lance dans des achats de terrains[1] pour la somme de 4 950 F. Le 27 juillet, il invite à déjeuner sur les lieux des amis à qui il promet que dans trois ans la demeure sera construite. Pour cela, il choisit comme architecte Hippolyte Durand[2] et lui expose son projet : « Mais, M. Dumas, le sol est un fond de glaise, sur quoi bâtirons-nous le château ? — Vous creuserez jusqu'au tuf où vous construirez deux arcades de caves. — Cela coûtera quelques centaines de mille francs. — J'espère bien ! » Le devis s'élève à 48 000 F, mais le château coûtera plus de 200 000 F.

Description. A grands frais, le rêve de Dumas se réalise : le parc à l'anglaise est clos de murs ; l'entrée principale de la propriété débouche sur le chemin de Marly-le-Roi et deux pavillons latéraux enserrent une grille (les communs sont situés de l'autre côté du chemin) ; une avenue mène à une terrasse circulaire où s'élève le château de style Renaissance (un quadrilatère flanqué de deux tourelles). Le bâtiment est composé d'un rez-de-chaussée et de deux étages, les fenêtres sont copiées sur celles du château d'Anet (de Germain Pilon et Jean Goujon). Les salamandres soutenant des médaillons, sculptés par Pradier, sont les armes données par François Ier à Villers-Cotterêts (ville natale de Dumas). Dans ces médaillons, sont représentés : Homère, Eschyle, Sophocle, Virgile, Plaute, Terence, Shakespeare, Dante, Lope de Vega, Corneille, Racine, Molière, Goethe, Schiller, Walter Scott, Byron et Victor Hugo. Au-dessus de la porte d'entrée, les armes de Dumas avec sa devise : « J'aime qui m'aime ».

Le 22 décembre 1846, le gros œuvre est terminé et le 27 juillet 1847, comme promis, Dumas pend la crémaillère au milieu d'un parterre d'invités. Un acte de vente des meubles de Monte-Cristo daté du 25 janvier 1848, donne une idée de la disposition des pièces et de leur ameublement.

REZ-DE-CHAUSSÉE. *Salon* donnant sur le jardin : un piano droit, dix tableaux à l'huile, un divan ovale, quatre chaises en palissandre, un bureau en marqueterie écaille et cuivre, des

---

1. Terrains qu'il achète à Mmes et MM. Caillé, Marguillé, Chevalier, Gaudin, Huyvert, Jacquemard, Titreville, Gagne et Nallé.
2. Il est aussi le maître d'œuvre de la basilique de Lourdes et de la villa Eugénie à Biarritz.

rideaux de velours doublés de soie. *Boudoir* donnant sur le jardin : une causeuse, deux divans couverts en casimir, trois huiles et un pastel. *Salon dit « cachemire » :* fusils, carabines, pistolets arabes, espadons, épées, sabres, poignards, yatagans, deux divans, une table. *Boudoir :* un buffet, une causeuse, deux fauteuils et deux chaises couverts en velours, une fontaine à thé, dix petits cadres médaillons en bois doré, une cave à liqueur. *Office :* une armoire en acajou, une commode en noyer, une table à écrire. *Salle à manger* au milieu du rez-de-chaussée : deux buffets, une table, dix chaises et deux bancs en chêne sculpté.

PREMIER ÉTAGE. *Pièce sans désignation :* un buffet, un secrétaire en ébène, un bahut et une armoire vitrée en chêne. *Salon arabe :* un coffre en nacre, un tapis de laine. *Chambre à coucher :* une armoire à glace, une table de nuit, une couchette en acajou, cinq fauteuils et une chaise en bois doré couverts en damas. *Boudoir :* un divan, quatre chaises en palissandre, carreaux de pied de marocain. *Salon de réception :* quatre divans, deux fauteuils gondoles, une table couverte de laine, un narghilé, deux estampes, quatre aquarelles. *Salon dit « perse » :* un bureau en marqueterie, deux tables de jeu en ébène, six chaises gondoles couvertes en perse. *Bibliothèque :* un bureau en chêne, un fauteuil en acajou. *Chambre à coucher :* toilette, table de nuit, couchette, bureau, quatre chaises et deux fauteuils en érable, écritoires. *Cabinet de toilette.*

DEUXIÈME ÉTAGE. *Pièce non désignée :* huile, aquarelle, figurines en plâtre, médaillons. *3 chambres de domestiques.*

SOUS-SOL. *Cuisines, salle de bain.*

LE PAVILLON GOTHIQUE : situé à deux cents mètres du château, il est entouré d'eau et l'on y accède en franchissant un petit pont-levis. Sur les pierres sont gravés en rouge les titres des œuvres de Dumas. Au rez-de-chaussée : une pièce unique avec un plafond d'azur, semé d'étoiles, des tentures de drap bleu, une cheminée sculptée et surmontée d'une panoplie, deux chaises et une table. Dumas vient y travailler. Un escalier en spirale monte à une cellule meublée d'un lit de fer où il passe parfois la nuit. Une plate-forme lui permet d'observer ses invités dans le parc.

Le parc renferme aussi un pavillon à un étage (résidence de Michel, le jardinier) ; une serre contenant cinq orangers et huit cents pots variés, une écurie pour huit chevaux, un atelier de peinture, une remise à voitures, une volière et une ménagerie.

Vie quotidienne à Monte-Cristo. Dumas travaille dans son Pavillon gothique du matin au soir. Le matin, après avoir pris du thé, il s'installe dès le petit jour à sa table de bois, vêtu d'un pantalon de coutil et d'une chemise. Quand un visiteur arrive, il lui tend sa main gauche sans cesser d'écrire. Si l'autre insiste, il pose sa plume et bavarde puis, le gêneur reparti, il reprend sa tâche. Il déjeune à onze heures : on lui apporte un déjeuner frugal sur un guéridon ; il fait alors pivoter sa chaise, mange rapidement, boit de l'eau de seltz et se retourne vers sa table. Pendant ce temps-là, ses invités mangent et boivent à ses frais. Il tient table ouverte et tout écrivain, tout peintre gêné peut venir s'installer à Monte-Cristo. Là vit en permanence un peuple de parasites qu'il ne connaît pas toujours. « Pourriez-vous me présenter à ce monsieur là-bas ? » lui demande un jour quelqu'un. « Impossible, je ne lui ai pas été présenté moi-même ! » Parfois, pour se détendre, il fait la cuisine pour ses invités.

Vente de Monte-Cristo. Dumas a peu résidé à Monte-Cristo : le 25 janvier 1848, pour échapper aux poursuites d'Ida, il vend (fictivement), pour 31 799 F, les meubles à Jacques-Antoine-Joseph Doyen. La révolution de 1848 qui désorganise la production

Avis de deux contemporains

Balzac : « Ah ! Monte-Cristo est une des plus délicieuses folies qu'on a faites. C'est la plus royale bonbonnière qui existe. Dumas y a dépensé plus de 400 000 F et il en faut encore 100 000 pour la terminer. [...] Si vous aviez pu voir cela, vous en seriez folle. C'est une charmante villa Pamphili, car il y a vue sur la terrasse de Saint-Germain et de l'eau ! [...] C'est aussi joli, aussi brodé que le portail d'Anet que vous avez vu à l'École des Beaux-Arts. C'est bien distribué ; c'est enfin la folie du temps de Louis XV, mais exécutée en style Louis XIII et avec des ornements Renaissance » (à Eve Hanska, 2 août 1848).

Léon Gozlan : « Je n'ai rien à comparer à ce précieux bijou, si ce n'est le château de la reine Blanche, dans la forêt de Chantilly, et la maison de Jean Goujon. [...] Il n'appartient à aucune époque précise, ni à l'art grec, ni à l'art moyen. Il a pourtant un parfum de Renaissance qui lui prête un charme particulier. [...] On y voit un travail de moulures comme on n'en voit qu'aux plafonds mauresques de l'Alhambra ; c'est un enchaînement de traits en creux, dont l'ensemble produit l'effet et le mirage de la guipure. [...] Je fus frappé d'admiration » (« Le Château de Monte-Cristo », *L'Almanach comique*, 1848).

littéraire et vide les théâtres, porte un coup mortel à son rêve : il doit d'abord disperser sa ménagerie, puis abandonner Monte-Cristo pour se mêler aux événements politiques. Les inscriptions hypothécaires se multiplient sur la propriété qui, le 5 août 1848, est finalement saisie (87 544 F d'inscriptions hypothécaires et 144 924 F d'inscriptions judiciaires), puis vendue, le 22 mars 1849 : à l'audience des criées du tribunal de Versailles, Jacques-Antoine Doyen se rend adjudicataire de Monte-Cristo pour 30 100 F, somme dérisoire qui ne représente sans doute que le dixième de ce que le domaine a coûté. (Doyen n'est sans doute qu'un prête-nom de Dumas, car il n'a jamais pris possession de la maison).

Il semble que malgré la vente, Dumas ait continué à séjourner pendant la belle saison à Monte-Cristo jusqu'à son départ pour Bruxelles (1851).

Sauvetage de Monte-Cristo. A la fin des années 1960, le château menace de tomber en ruines et des promoteurs convoitent le parc de 3 hectares. En 1970, un permis de construire est délivré pour 400 logements et le château doit être rasé. Une campagne de presse, menée par Alain Decaux qui fonde la Société des amis d'Alexandre Dumas, met en garde les pouvoirs publics qui annulent le permis de construire. Monte-Cristo est « classé ». Les municipalités de Port-Marly, Le Pecq et Marly-le-Roi, se regroupent en un syndicat intercommunal pour acheter la propriété (1,5 million de F). 4 millions sont nécessaires pour mettre le château hors d'eau, mais ensuite, l'argent manque pour continuer les travaux. En 1985, le roi du Maroc, Hassan II, admirateur de Dumas (dont il possède les œuvres complètes) adhère à la Société des amis d'Alexandre Dumas et offre d'achever la restauration de Monte-Cristo (en 1985 et 1986, des artisans marocains viendront notamment pour restaurer le salon mauresque).

PARIS
(1848-1851)

● **En 1848. 3, Cité Trévise.** L'acte de vente des meubles de Monte-Cristo du 25 janvier 1848 indique que Dumas réside alors cité Trévise, cependant, le 28 juillet, Dumas affirme au maire du 2e arrondissement : « Je n'habite Paris que momentanément. Je n'ai pas de logement à mon nom et j'appartiens à la garde nationale de Marly. »

• **En 1849. 43, rue Richer.** Dans son édition de *Mes Mémoires*, Pierre Josse indique pour 1849 cette adresse mais nous n'en avons retrouvé mention nulle part.

• **De 1850 à 1851. 7, avenue Frochot.** Le 2 avril 1850, Dumas écrit à Maquet : « Venez me rejoindre avenue Frochot 7, je suis à inspecter mes ouvriers. » C'est une « construction élégante, ornée, précédée d'un petit jardin fermé d'une grille. Un seul corps de logis, formé d'un pavillon carré annexe de deux ailes ; le tout élevé d'un étage en contrebas de rez-de-chaussée, deux étages carrés et trois mansardes. » *(Archives de la Seine).*

Dumas et sa fille occupent le 1er et le 3e étage. Le bail consenti par le propriétaire (Descours) est établi au nom de Marie-Alexandrine Dumas, les loyers sont de 2 500 et 900 F.

A la suite de la confirmation de jugement déclarant Dumas en état de faillite ouverte le 5 janvier 1852, les meubles de l'avenue Frochot sont vendus sur poursuite du propriétaire, pour loyers impayés.

• **D'août 1850 à décembre 1851. 96, boulevard Beaumarchais.** Vers août 1850, Dumas loue cet appartement, situé au 4e étage dans un immeuble neuf, lorsque la fragile Isabelle Constant (voir p. 1303) devient sa maîtresse. « Je lui pris boulevard Beaumarchais un joli appartement au midi. J'obtins de la police, grâce à une construction extérieure de garnir ses fenêtres de fleurs. Je capitonnai ce nid comme un nid de chardonneret avec de la ouate et du satin et voulant ne la quitter ni le jour ni la nuit, je pris deux chambres sur le même carré qu'elle.

Lors de l'inventaire effectué par M. Boulet, syndic de la faillite du 24 janvier 1852, on inscrit, outre une bibliothèque dépareillée de livres de travail, « une fontaine en pierre de pays pour filtrer l'eau, une table de chêne noirci pieds tournés, un lit de fer, un matelas, un traversin, un oreiller, une table de nuit en mauvais état ».

• **Du 10 décembre 1851 à décembre 1852. Hôtel de l'Europe.** Fuyant la faillite, Dumas s'installe à Bruxelles dans cet hôtel qui fait l'angle de la place Royale. Alexis, son valet de chambre noir, partage son exil ; Dumas a « tous les garçons de l'hôtel à son service » et Alexis fait « des études comparatives sur la langue française, la langue belge et la langue créole » mais il se saoule tant, que Dumas doit bientôt le renvoyer. A l'hôtel, Dumas mène une vie presque spartiate, ne dépensant que 20 F par jour.

En mars, il avoue pourtant « 1 750 F de dépenses à l'hôtel où il n'a pas dîné une seule fois ». Il règle avant de s'installer dans la « petite maison » du boulevard Waterloo qu'il a louée et fait aménager.

• **De janvier 1852 à novembre 1853. 73, boulevard de Waterloo.** C'est une petite maison appartenant à M. Meus, banquier belge installé 19, quai Bourbon à Paris. Le loyer de 1 200 F est payable en termes à partir du 1er janvier 1852.

Située à l'extrémité du boulevard, près de la Porte Louise, la maison possède deux étages, une belle porte cochère et un balcon donnant sur le boulevard. Lorsque en mai 1852, Marie décide de le rejoindre à Bruxelles, Dumas, inquiet de la promiscuité, loue au même Meus une autre petite maison attenante à la première ; le percement d'une porte permet de les relier.

Description. Le 7 avril 1852, Dumas pend la crémaillère. Deux de ses visiteurs, Charles Hugo[1] et Émile Deschanel[2] décrivent assez précisément la maison :

LE REZ-DE-CHAUSSÉE. *Vestibule :* divans, natte sur le sol. *Grand salon :* vaste cheminée, dressoir chargé de bronzes de Barye, prie-Dieu gothique, fauteuils de chêne sculptés en ogive, divans algériens, grand bahut sculpté, statues « antiques » *(Vénus de Milo, Le Voleur),* vases de Chine, petits écussons en relief représentant les armoiries réelles ou idéales des principaux poètes contemporains : Chateaubriand, Lamartine, Hugo, Nodier et Dumas ; plafond d'un azur profond à étoiles d'or, sur le plancher une peau d'ours polaire. *Serre :* tapissée de lianes, de plantes tropicales et de fleurs exotiques. *Escalier :* éclairé au gaz.

PREMIER ÉTAGE. *Salle de bain :* lambrissée de marbre. *Petit salon :* divans de cachemire blanc, tableaux : *Hamlet dans le cimetière* et *Le Tasse dans l'hôpital des fous* de Delacroix, un Decamps et un Slingeneyer. *Chambre à coucher :* deux lits, étoffe perse, lampe en verre rose de Bohême. *Boudoir :* vert et or, divan de foulard cerise.

DEUXIÈME ÉTAGE. sous les combles : *mansardes* où Dumas s'est aménagé un cabinet de travail.

DANS LA PETITE MAISON ATTENANTE logent Noël Parfait, sa femme et leur fille Léonie, ainsi que Marie Dumas qui y a installé son atelier.

En novembre 1853, Dumas abandonne définitivement le 73, boulevard Waterloo, cependant Noël Parfait et Marie continuent d'occuper les lieux (pour Marie jusqu'à l'automne 1854). Le 28 avril 1855, se rendant à sa maison bruxelloise, Dumas trouve porte close : Meus a loué au docteur Brayer alors que le loyer est payé jusqu'au mois de juin ; Noël Parfait veut attaquer le propriétaire devant les tribunaux, mais celui-ci réclame 2 000 F de dommages pour dégradations (en fait, il s'agit des améliorations que Dumas a apportées à la maison) ; l'affaire est réglée à l'amiable.

Pendant son exil de deux ans à Bruxelles, Dumas effectue de nombreux petits séjours à Paris ; il descend à l'hôtel (hôtel de Paris ou hôtel Louvois) ou chez ses maîtresses : Mme Guidi (1, rue d'Enghien) ou Isabelle Constant (rue de Laval).

PARIS
(1853-1860)

• **Novembre 1853. Hôtel Louvois.** De retour à Paris pour fonder « Le Mousquetaire », Dumas réside d'abord dans cet hôtel où, les deux années précédentes, il est souvent descendu.

• **Du 29 novembre 1853 à septembre 1854. La Maison d'Or, 1, rue Laffitte.** Les bureaux du « Mousquetaire » sont installés dans la cour carrée, dans l'aile qui fait face au célèbre restaurant ; ils se composent d'une petite pièce (« la caisse »), d'un petit cabinet où l'on jette les invendus et d'une salle carrée et exiguë qui sert de salle de rédaction. Au 3e étage, Dumas a loué un petit logement : « une sorte de cabinet presque cénobitique. Point d'ornements. Pas un tableau ni une statuette. Une petite table de sapin, recouverte d'un tapis rouge des plus simples. Sur cette table, un encrier, des plumes, du papier bleu. Çà et là, trois chaises cannées : c'était tout l'ameublement. Le seul luxe qui s'y montrât était une manière de petit vase étrusque dans lequel baignait ou une rose, ou un œillet de poète, ou une branche de lilas, dernier indice des idylles qui finissaient » (Ph. Audebrand, *A. Dumas à la Maison d'Or*).

---

1. Charles Hugo, *Les Hommes de l'exil.*
2. Émile Deschanel, « Une soirée chez Alexandre Dumas à Bruxelles », dans « L'Indépendance belge », 30 août 1853).

• **De septembre 1854 à 1859.** 77, rue d'Amsterdam. Marie, supportant mal d'avoir été abandonnée à Bruxelles, harcèle son père qui loue, 3 600 F, un petit hôtel rue d'Amsterdam, appartenant à M. Pigeory. En septembre 1854, il fait ses « adieux » à Bruxelles et ramène sa fille ; ils s'installent sans doute le 20 septembre.

Description. « Outre le corps de logis donnant sur la rue, la maison, numérotée 77, avait, lorsque je la louai, une cour pavée, conduisant à des écuries, à des remises et à une chambre de domestique. Puis au-delà de ces écuries et de ces remises, une seconde cour où jeter le fumier. Je louais 3 600 F, je crois, cette maison louée aujourd'hui (1866) 8 ou 10 000 F.

« Comme je n'avais ni voiture ni chevaux, la révolution de 1848 m'ayant emporté tout cela, je fis dépaver la cour. J'y semai du gazon, j'y plantai des arbres et elle devint un jardin. De la remise, ouverte à tous vents, je fis un immense bureau que je fermai avec des vitres et que j'ombrageai avec des lierres. On pouvait, sur une table tenant toute sa longueur, travailler à quatre ou cinq. Je laissai le corridor fruste et l'escalier conduisant à la chambre de domestique sans ornements. Je ne voulais point qu'on pût deviner où conduisait cet escalier. Mais je m'emparai de la chambre de domestique et du cabinet qui en était la dépendance. On arrivait à ce cabinet situé au-delà de la cour à fumier — sans fumier, bien entendu, puisque je n'avais pas de chevaux — par un corridor qui rétrécissait la première chambre, et par un pont jeté de la cour.

« A peine eus-je vu cette disposition que je décidai d'en tirer parti : je fermai le corridor pour élargir la chambre d'un mètre ; je fis de la fenêtre de la chambre une porte ; j'établis un plancher sur la cour inutile ; je fis couvrir en verre tout l'espace qui séparait la grande chambre de la petite, et je me trouvai à la tête d'un second appartement ayant chambre à coucher, serre pouvant servir de salle à manger et cabinet de toilette au-delà de la serre.

« En moins de huit jours la chambre fut tapissée d'un papier velouté de couleur grenat et garnie d'un lit capitonné et de rideaux de velours de la même couleur. La serre chauffée par un poêle invisible vit s'épanouir à la fois les plantes et les fleurs de ma prédilection. Et au-delà de la serre la seconde chambre, la plus petite, revêtue d'un papier à fleurs avec des rideaux d'étoffe perse pareils au papier, offrit tous les détails du cabinet de toilette le plus complet.

« C'étaient ces trois pièces que j'appelais mon Hermitage. C'est là que je me réfugiais lorsqu'un événement quelconque me tirait de cet état de sérénité qui est mon état normal » (A. Dumas, *Dernières Amours* publiées dans « Le Soleil », 1866).

En juin 1855, Marie Dumas, furieuse contre son père à qui elle ne pardonne pas ses aventures amoureuses, dévaste l'atelier contenant les armes de Dumas et ses potiches de Chine, comme elle a dévasté son ancien appartement rue Frochot : « Je recouvrirai les murs comme je pourrai », conclut Dumas et Marie se retire sans doute dans une pension de demoiselles, 16, rue de Berri.

Au cours de l'année 1859, Dumas quitte la rue d'Amsterdam que les lecteurs du « Mousquetaire » connaissent bien à cause des « oubliettes de M. Pigeory » dans lesquelles Dumas est censé jeter les manuscrits sans valeur qu'il reçoit.

• **De février 1859 à mars 1860.** La Varenne-Saint-Hilaire. A partir de février 1859, Dumas loue sur les bords de la Marne à proximité du bac, une petite maison avec un immense jardin. D'ailleurs, *La Marquise d'Escoman*, roman de Dumas et Cherville, renferme quelques chapitres ayant pour cadre une maison, « Le Clos-Béni », dont la description pourrait avoir été faite d'après nature.

La maison est fréquentée par les collaborateurs de Dumas, notamment Gaspard de Cherville qui y écrivit *La Marquise d'Escoman*, *Le Père La Ruine*, *Le Médecin de Java*, et Victor Perceval (pseudonyme de Marie de Fernand) qui, dans les premiers jours de juillet 1860, indique à Michel Lévy qu'elle est très malade et qu'on la transporte à La Varenne.

• **En 1859. 11, rue de Vintimille.** Cette dernière adresse parisienne, avant le séjour napolitain, est connue par les accords des 15 et 20 décembre 1859 passés entre Dumas et Michel Lévy.

NAPLES
(1860-1864)

• **Du 13 septembre 1860 au 6 mars 1864. Palais Chiatamone.** Dès son débarquement à Naples après son odyssée aux côtés des Garibaldiens, Dumas, nommé directeur des fouilles et des musées, reçoit comme logement de fonction le petit palais Chiatamone, ancienne résidence d'été de François II.

« J'étais logé dans un charmant palais qui m'avait été donné par Garibaldi [et qui], occupant le centre du golfe, s'avançait dans la mer par une immense terrasse couverte de chênes verts, trois ou quatre fois centenaires, de massifs de seringats et d'allées de lauriers-roses. Rien n'était ravissant, pendant les heures du matin et du soir, comme de respirer la brise de la mer sur cette terrasse d'où l'on découvrait la plus belle vue qui soit au monde. A droite, la Pausilippe jusqu'à Nisida ; à gauche, Sorrente jusqu'au cap Campanella ; en face, Caprée, à droite et à gauche de Caprée, l'immensité... Presque en face du palais Chiatamone, à l'extrémité de la terrasse du jardin, s'élevait le magnifique palais Caramanico. » (A. Dumas, *Une étoile* « Le Dartagnan », 28 avril 1868).

Le palais bénéficie de domestiques payés par le trésor royal et qu'on suspecte bientôt d'appartenir à un complot bourbonnier. Le journal « L'Indipendente » a son siège dans le palais (Uffizo : Strada Chiatamone[1], 33). Quand Émilie Cordier le rejoint, Dumas mène au palais une vie de famille, près de l'« amiral » et de sa petite Micaëlla.

PARIS ET SES ENVIRONS
(1864-1870)

• **De mars à mai 1864. 112, rue de Richelieu.** Quand il revient de Naples, son ami Polydore Millaud (propriétaire du « Petit Journal ») lui a retenu un appartement provisoire dans la grande maison qui forme le coin de la rue de Richelieu et du boulevard Montmartre.

« Le rez-de-chaussée était occupé par une librairie et un bureau de vente ; à tous les étages se trouvaient des bureaux de rédaction. L'appartement de Dumas était au quatrième, sur le même palier que le photographe Reutlinger. » (G. Ferry, *Les Dernières Années d'A. Dumas*).

• **De mai à décembre 1864. Villa Catinat** (Saint-Gratien). Le 19 mai 1864, il indique à Émile Perrin, directeur de l'Opéra, qu'il part le soir pour Enghien où il demeure « entre le débarcadère de la princesse Mathilde et celui de M. Léger ». La villa Catinat était « une jolie maison spacieuse, confortable. Elle se dressait au milieu d'un vaste jardin semé de grands arbres, coupé de massifs, figurant assez bien un parc. La propriété était riveraine du grand lac d'Enghien. [...] Au second étage de la maison se trouvait une vaste salle de billard, éclairée par une grande fenêtre d'où l'on découvrait une jolie perspective sur la campagne. Le romancier en fit son cabinet de travail » (B. Pifteau, *Alexandre Dumas en bras de chemise*).

---

1. La rue s'appelle aujourd'hui « Via Alessandro Dumas ».

Dumas y demeure au moins jusqu'au 31 décembre avec sa maîtresse Fanny Gordoza, et ses habituels parasites : musiciens faméliques, romanciers ratés, femmes du demi-monde, comédiennes de second emploi.

• **De 1864 à 1866.** <u>185, rue Saint-Honoré</u>, au coin de la rue des Pyramides. D'après Charles Glinel[1], Dumas y aurait occupé, entre 1864 et 1866, un appartement meublé.

• **En 1865.** <u>70, rue Saint-Lazare.</u> C'est encore un meublé qu'il occupe avec Fanny Gordosa. Chaque jeudi, Dumas donne un dîner à l'issue duquel chante sa maîtresse. Il l'occupe sans doute jusqu'à son départ pour l'Autriche le 12 novembre 1865.

• **De mars 1866 à 1870.** <u>79, boulevard Malesherbes.</u> D'après Charpillon, le bail expire le 1er avril 1872 : on peut en conclure (bail trois-six-neuf) que Dumas s'est installé, le 1er mars 1866, dans cet appartement loué à M. Pereire.

« Son cabinet de travail était aussi sa chambre à coucher. Il avait réuni dans cette pièce tous ses souvenirs chers de famille et d'amis. Il y avait là le portrait de son père ; [...] puis des aquarelles fort jolies peintes et données à lui par son ami Guillaume III de Hollande ; aussi une panoplie d'armes anciennes fort belles » (Mathilde Shaw, *Illustres et inconnus*).

YACHTS

• **Le « Monte-Cristo ».** En revenant de son voyage en Russie, Dumas s'arrête à Syra (actuellement île de Syros) où, *le 28 février 1859,* il commande un clipper à l'armateur Nicolas Paghida. Il s'agit d'un « deux mâts de 62 pieds français de long sur 15 de large, de 9 pieds de profondeur de la quille au pont intérieurement tout gréé, chevillé en cuivre, avec deux ancres et deux embarcations, dont l'une à quatre rameurs ». Le clipper, livrable dans cinquante jours, coûte 17 000 F, le paiement doit être effectué en trois versements par traites sur Paris.

Le 4 juillet, le clipper, baptisé « Monte-Cristo », est prêt et quitte Syra pour Marseille, sous les ordres du capitaine Apostoli Podimatas. *Le 10 août,* Dumas l'essaie dans le port de Marseille et autour du château d'If. Il est décidé que le navire transitera par le canal du Midi, doublera le cap Finisterre et remontera la Seine. A Paris, Boulanger, Stevens, Diaz et Moynet le décoreront et Van Loo l'aménagera. Mais à Sète, *le 20 septembre,* le capitaine Podimatas se rend compte que le « Monte-Cristo » a trop de tirant d'eau pour emprunter le canal du Midi : le bateau retourne donc à Marseille où les artistes envoient, tout prêts, les panneaux de décoration ; deux marins grecs (qui, du fait de cette immobilisation, se trouvent inoccupés) retournent en Grèce et exigent d'être défrayés. *Le 24 décembre,* Dumas arrive à Marseille pour prendre possession du bateau qui achève d'être doublé de cuivre. Construit à Syra, il est sous pavillon grec et le consul grec l'a menacé de saisie, parce que Dumas refuse de payer des indemnités aux matelots inoccupés ; cependant Dumas trouve une parade : naviguer sous le pavillon de Jérusalem. *Le 31 décembre,* Dumas est à Florence où le consul de France lui promet la patente de nationalisation désirée. Mais lorsque la patente arrive, on s'aperçoit que l'une des conditions exigées pour un capitaine naviguant sous pavillon de Jérusalem est d'être catholique ; or le capitaine Padimatas est orthodoxe. Dumas se rend alors à Rome où, *vers le 10 février 1860,* il rencontre le duc de Gramont (ambassadeur de France) qui lui propose son ancien yacht, l'« Emma ».

---

1. Charles Glinel, *Notes sur Alexandre Dumas.*

• **L'«Emma»**. C'est une goélette de 78 tonneaux, bâtie à Liverpool, en acajou et érable, qui a coûté 110 000 F. Le duc de Gramont vient de la vendre 36 000 F ; mais le nouveau propriétaire, qui, entre-temps, a épousé une femme ne supportant pas la mer, veut la revendre. Dumas la rachète pour 13 000 F ; il engage comme capitaine un Breton, Beaugrand, et revend le «Monte-Cristo». C'est à bord de l'«Emma» que Dumas effectue son périple en Méditerranée.

Le 9 mai 1860, elle appareille : l'équipage se compose du capitaine Beaugrand, du pilote Podimatas, du second Pierre-François Brémond (originaire de Cannes), de Louis Passerel (originaire de Calvi), de Fulairon, de Thibault et de Schmaltz, un mousse âgé de 13 ans.

En décembre 1864, Dumas prête l'«Emma» au capitaine Mangan ; *le 13,* elle quitte le port de Marseille à destination de l'Afrique. *Le 14,* prise par la tempête, elle coule dans le golfe de Fos : deux matelots sont portés disparus.

Alexandre Dumas, « Inventeur » de Trouville

C'est en août 1831, que Dumas, débarque dans ce bourg de pêcheurs avec Belle Krelsamer, il est conquis par le site et la cuisine de l'auberge de la Mère Oseraie. Les récits qu'il en fait à diverses reprises attirent l'attention de ses lecteurs sur Trouville qui devient bientôt un lieu de villégiature.

« Trouville se composait, alors, de quelques maisons de pêcheurs groupées sur la rive droite de la Touque, à l'embouchure de cette rivière, entre deux petites chaînes de collines qui enferment cette charmante vallée comme un écrin renferme une parure. Le long de la rive gauche s'étendaient d'immenses pâturages qui me promettaient une magnifique chasse aux bécassines. » (A. Dumas, *Mes Mémoires,* chap. CCVI).

REVENUS DE DUMAS

Les revenus de Dumas sont uniquement littéraires : droits d'auteur, billets d'auteur (pour le théâtre), vente aux journaux, revues et libraires.

L'estimation des comptes fantastiques de Dumas est presque impossible à réaliser. En 1840, il estime ses droits théâtraux à 15 ou 16 000 F et sa seule production de juin à novembre à 16 105 F. Si l'on y ajoute les rééditions, les primes théâtrales, etc., on peut avancer un revenu de l'ordre de 80 000 F par an.

Cependant, tout au long de sa carrière, Dumas mange son blé en herbe par une suite du transfert de ses droits d'auteur à des tiers (Domange, Morin, Sipière, Troupenas, Pascalis, Bruslon, Charpillon) et il lui arrive de ne pratiquement rien toucher. Par exemple : « Sur les 3 500 F du traité Girardin et Véron, Pascalis prend 1 250 F, Cheramy 625, Bruslon 625, Domange 500, Girardin ou Véron 500. [...] Sur les 4 000 F (payés par Cadot pour l'édition en volumes) Cherang prend 400 F, Bruslon 400, Fellens 1 000, Cadot 1 400 ».

Sur des volumes vendus 7 500 F, il ne revient à Dumas que 800 F ; encore doit-il supplier ses créanciers pour qu'ils versent une partie de cette somme au collaborateur Maquet.

A partir de 1851, la faillite du Théâtre-Historique complique encore davantage ses affaires embrouillées. Le passif déclaré s'élève à 107 215 F. D'après le concordat homologué le 13 mars 1853, il est remis à Dumas par ses créanciers 75 % du montant de leurs créances ; 26 806 F, soit 25 % restant de leurs créances, seront payés comme suit : 5 % (5 351 F) seront à payer un mois après l'homologation et 20 % seront versés par cinquième à compter du 1er janvier des années suivantes (c'est-à-dire de 1855 à 1858).

Le contrat avec Lévy (voir p. 1264), qui accorde 120 000 F à Dumas, rétablit quelque peu les affaires, mais ses dettes n'en seront pas pour cela apurées.

ENTREPRISES

☞ Les entreprises commerciales de Dumas se rattachent à son activité d'écrivain.

LES THÉÂTRES

• **Théâtre de la Renaissance.** Après de multiples tentatives, auxquelles Hugo est souvent associé, Dumas obtient, en 1836, le privilège d'un théâtre consacré au répertoire romantique, dont la direction est confiée à Anténor Joly. Appelé Théâtre de la Renaissance, il est aménagé dans la salle Ventadour. *Ruy Blas* d'Hugo, *Bathilde* de Maquet (récrit par Dumas), *L'Alchimiste* de Dumas y sont successivement créés ; mais très tôt Dumas se désintéresse de « ce malheureux théâtre » qui disparaît après trois ans d'une existence malheureuse.

• **Théâtre-Historique.** Après avoir vainement tenté d'obtenir le privilège de l'Opéra-Comique, Dumas obtient, le 14 mars 1846, grâce au duc de Montpensier, le privilège d'un théâtre de drame. Ce privilège de douze ans autorise la représentation de drames, de comédies en prose ou vers et, deux mois l'an, d'ouvrages lyriques. Dumas reçoit 100 F de billets d'auteur (dont 40 pour Maquet) à chaque représentation quels que soient la pièce et l'auteur, et il se voit confier la « surveillance littéraire et morale des œuvres jouées ». Ce privilège est mis au nom d'Hostein qui, le 24 mars, forme une société sous la gérance de M. Védel, ancien directeur de la Comédie-Française. Un mois plus tard, la société achète, pour 600 000 F, l'ancien hôtel Foullon et l'estaminet de l'Épi-Scié, boulevard du Temple. Des travaux commencent sous la direction de l'architecte de Dreux et du décorateur Séchan. La salle, décorée par Guichard, Dieterle, Despléchin, comprend cinq étages, 2 000 places et une scène immense. Le théâtre aurait dû s'appeler le Théâtre-Montpensier mais, à cause de l'opposition formelle de Louis-Philippe, il reçoit le nom de Théâtre-Historique suggéré par Védel et accepté par décision ministérielle du 23 décembre 1846. Il est ouvert le 20 février 1847, avec *La Reine Margot*.

En 1847, le Théâtre-Historique fait 700 000 F de recettes, mais la révolution de 1848 fait chuter les recettes à environ 350 000 F pour 1848. A partir de décembre 1849, les directeurs se succèdent : Max de Revel, d'Olon, Doligny, Guerville ; Dumas est amené à agir en lieu et place des directeurs défaillants et le théâtre doit fermer ses portes. Le tribunal de Commerce suit les réquisitions de l'avocat général Metzinger : « M. Alexandre Dumas n'a pas pu se résigner à voir couler une entreprise sur laquelle il avait fondé ses espérances de succès et de fortune. Il a épuisé ses efforts et ses ressources à faire vivre ce théâtre, et c'est ainsi que, sans en avoir la conscience peut-être, l'auteur s'est fait spéculateur, entrepreneur de spectacles publics, assumant ainsi la qualité de commerçant, dont il doit aujourd'hui subir les conséquences », c'est-à-dire : la déclaration de faillite, l'exil pour éviter la contrainte par corps, un concordat, obtenu en 1853, qui désormais grèveront ses rentrées littéraires.

• **Théâtre de Saint-Germain.** En février 1846, Dumas loue par un bail emphytéotique de soixante ans, le théâtre de Saint-Germain-en-Laye[1], proche de la villa Médicis, où il réside alors, et du château de Monte-Cristo (en construction). Nous ignorons les résultats de son exploitation (Dumas y crée *Hamlet, prince de Danemark*).

---

1. Les archives de Saint-Germain ne nomment pas Dumas mais son homme de paille, Doyen.

• **Grand-Théâtre Parisien.** En 1865, après un traité passé entre Massue (directeur du Grand-Théâtre Parisien) et Charpentier (secrétaire de Dumas), *Les Gardes forestiers* y sont représentés. Si l'on en croit des lettres de Dumas adressées à Gautier et à Janin (« J'ai un double intérêt à ce que ton article soit bon, j'y ai un double intérêt, comme auteur et comme intéressé d'argent dans le théâtre »), il semble qu'il tente là une nouvelle entreprise théâtrale qui fera long feu, la discutable honnêteté de Charpentier n'étant pas étrangère à cet échec.

JOURNAUX

Dumas a fondé et géré des journaux qui, malgré un certain succès d'audience, furent des entreprises éphémères en raison de sa gestion fantaisiste.

• **La Psyché** (1826-1827). Revue de poésie fondée, en février 1826, avec Louis-Paschal Sétier et Leuven. *Principaux collaborateurs :* Arnault père et fils, Casimir Delavigne, Vatout, Lassagne, Alexandre Soumet, Chateaubriand, Victor Hugo, Charles Nodier. *Première livraison :* mars 1826, *dernière livraison :* janvier 1827.

• **Le Mois** (1848-1850). « Résumé mensuel et politique de tous les événements jour par jour, heure par heure, entièrement rédigé par A, Dumas ». Fondé le 1er mars 1848. *Format :* in 4° sur 9 colonnes. *Prix :* 4 F par an. *Dernier numéro :* 1er février 1850.

Le journal affiche d'abord une volonté d'impartialité, puis se lance dans la lutte politique : il réclame le rappel des princes d'Orléans, le rétablissement de la statue équestre du duc d'Orléans dans la cour du Louvre, la fin de l'exil du comte de Chambord, la restitution du gouvernement de l'Algérie au duc d'Aumale et la vice-présidence de la République pour Lamartine. Pour Cavaignac qui a durement réprimé les émeutes de juin, il demande le maréchalat de France, ce qui lui aliène la sympathie des travailleurs.

• **Le Mousquetaire** (1853-1857). Lorsque Girardin suspend la publication des *Mémoires,* Dumas fonde un quotidien pour la continuer. *Premier numéro :* 12 novembre 1853 ; *dernier numéro :* 7 février 1857. Prix de l'abonnement : 36 F (pour Paris). *Tirage :* 10 000 exemplaires (au début) ; *bureaux :* 1, rue Laffitte. *Principaux collaborateurs :* Philibert Audebrand, Joseph Méry, Gérard de Nerval, A. Dumas fils (un seul article), Octave Feuillet, Paul Bocage, Émile Deschamps, Henri Rochefort, Roger de Beauvoir, Aurélien Scholl, Théodore de Banville, Maurice Sand, Alfred Asseline, comtesse Dash.

« J'ai rêvé toute ma vie d'avoir un journal bien à moi ; je le tiens enfin et le moins qu'il puisse me rapporter, c'est un million par an. Je n'ai pas encore touché un sou pour mes articles, c'est 200 000 F que j'ai gagnés depuis la création du « Mousquetaire », somme que je laisse tranquillement à la caisse, pour toucher dans un mois 5 000 F à la fois. Dans ces conditions, je n'ai besoin ni d'argent, ni d'un directeur. « Le Mousquetaire » est une affaire en or et je tiens à l'exploiter tout seul. » (Lettre adressée à Villemessant). Mais le journal ne répond pas à ses espérances. Le 28 octobre 1854, les principaux rédacteurs (A. Privat d'Anglemont, Aurélien Scholl, Georges Bell, Philibert Audebrand, Alfred Asseline, Fages, Henry de La Madelène, A. Dupeuty, A. Desonnaz) démissionnent en bloc. En 1856, Dumas abandonne la direction à Xavier de Montépin puis résilie son traité avec Boulé : « Le jeu n'en vaut pas la chandelle » (1er février 1857).

• **Le Monte-Cristo** (1857-1862). Hebdomadaire, c'est « une lettre adressée à tous ses amis connus et inconnus ». *Premier numéro :* 23 avril 1857, *dernier numéro :* 10 octobre 1862. *Tirage :* 10 000 exemplaires.

Le journal contient des romans, de l'Histoire, des récits de voyages, de la poésie ; publiés ou rédigés par A. Dumas seul.

• **L'Indipendente.** *Premier numéro :* 11 octobre 1860. Principaux collaborateurs : Adolphe Goujon, comtesse Capecelatro, Eugenio Torelli Violler. Dumas veut en faire « le journal de l'unité italienne ». Mais la publication s'arrête le 18 mai 1861, pour reprendre le 15 mai 1862. A son départ de Naples, en mars 1864, Dumas laisse la direction à Adolphe Goujon.

• **Le Mousquetaire (II)** (1866-1867). Le 10 novembre 1866, « Le Mousquetaire » renaît. C'est en fait le nouveau nom donné aux « Nouvelles » le journal de Noriac, dont Dumas assure la rédaction en chef depuis le printemps 1866. *Dernier numéro :* 25 avril 1867.

• **Le Dartagnan** (1868), paraît les mardis, jeudis, samedis. *Premier numéro :* 4 février 1868 ; *dernier numéro :* 30 juin 1868. *Prix de l'abonnement :* 15 F par an. *Bureaux :* 5, place de la Bourse.

• **Le Théâtre-Journal** (1868-1869). Hebdomadaire dirigé par J.A. Ponsin qui prend Dumas comme rédacteur en chef. *Premier numéro :* 5 juillet 1868 ; *dernier numéro* (36) : 11 mars 1869.

GRANDS CONTRATS

• **Avec le Théâtre de la Porte-Saint-Martin,** *le 15 avril 1831.* Par acte sous seing privé, Dumas s'engage à donner au Théâtre deux ouvrages par an pendant deux ans. Il s'interdit tout autre théâtre ; il recevra 18 % de la recette, 1 000 F à la réception, et des primes proportionnelles si la recette dépasse 60 000 F.

• **Avec Harel** (directeur du Théâtre de l'Odéon), *le 9 mai 1832.* Dumas s'engage à lui fournir trois nouvelles pièces et trois pièces « raccommodées » par an.

• **Avec Émile de Girardin** (directeur de « La Presse »), le 23 juin 1836. Dumas assurera pour « La Presse » le compte rendu des pièces jouées à la Comédie-Française et à la Porte-Saint-Martin ; il traitera « les hautes questions de littérature dramatique et fournira le feuilleton du dimanche matin. Il touchera 1 F la ligne et recevra, après un an de collaboration, huit actions à 250 F.

• **Avec Édouard Mennéchet** (éditeur), *le 2 juin 1838.* Le 15 octobre suivant, Dumas lui remettra le manuscrit de *La Vie de Napoléon ;* il recevra 2 000 F.

• **Avec Tresse** (éditeur), *le 7 janvier 1840.* Tresse aura la propriété entière de *Christine* contre 400 F, et autorise Dumas à réimprimer dans son « théâtre complet » les quatre pièces dont il a acquis la propriété de son prédécesseur Barba : *Henri III et sa cour, La Tour de Nesle, Richard Darlington et Christine.*

• **Avec Émile de Girardin et Véron,** *le 26 mars 1845.* Dumas s'engage à fournir pendant cinq ans, en exclusivité, neuf volumes à Véron (« Le Constitutionnel ») et neuf volumes à Girardin (« La Presse »), pour 3 500 F le volume. Il se réserve la publication en librairie.

• **Avec les éditeurs Troupenas et Masset,** *le 4 juillet 1845.* Dumas cède pour dix ans le droit exclusif de reproduction de ses œuvres dans le format in-18. Il recevra un droit de 150 F par mille exemplaires et donnera un bon à tirer pour chaque tirage (le contrat sera cédé à Michel Lévy) (voir procès, p. 000).

• **Avec Joseph-Louis Sipière,** *le 1ᵉʳ octobre 1846.* Dumas lui vend pour 100 000 F en réméré, la propriété de ses œuvres dramatiques et littéraires.

• **Avec Alphonse Lebègue** (imprimeur à Bruxelles), *le 20 janvier 1853.* Lebègue reçoit le droit de reproduire les œuvres de Dumas pour la Belgique et l'étranger, contre 200 F par 230 000 lettres imprimées.

• **Avec Charles Lahure** (imprimeur), *le 12 juillet 1856.* Dumas fournira à Lahure un roman, d'au moins 10 000 lignes et de 20 000 lignes au plus, qui « ne touchera en aucun point à la politique, à la religion, à l'économie sociale ». Le roman sera imprimé dans « Le Journal pour tous » et Dumas recevra 40 centimes par ligne.

• **Avec Michel Lévy** (libraire-éditeur), *le 20 décembre 1859.* Dumas lui vend la propriété de tous ses ouvrages passés et à venir jusqu'au 31 décembre 1870 (voir procès) pour 120 000 F (30 000 F dans les vingt-quatre heures, 20 000 F le 1ᵉʳ mars 1870 et 9 000 F par trimestre à partir du 1ᵉʳ juillet). Par un second traité, le droit sera prolongé jusqu'à la fin de 1880.

PROCÈS DE DUMAS

Procès les plus importants

• **Dumas contre Harel** (directeur de l'Odéon), *le 9 février 1829,* pour la restitution de *Christine.* Il est débouté.

• **L'éditeur Barba contre Dumas et Charpentier,** *le 24 avril 1834.* Malgré une vente sans réserves à Barba d'*Henri III* et de *Christine,* ils ont fait figurer ces drames dans les *Œuvres complètes* d'Alexandre Dumas. Dumas et Charpentier sont condamnés respectivement à 5 et à 100 F d'amende, à la confiscation des exemplaires et à 1 200 F de dommages-intérêts (6 mai 1834). Ils font appel : l'éditeur et l'auteur sont condamnés solidairement à 3 000 F de dommages-intérêts, et Dumas seul à 1 000 F d'amende, mais il n'y a pas lieu, estiment les juges, de confisquer l'édition des *Œuvres complètes* (2 juillet 1834). Finalement, une convention amiable est passée entre Charpentier et Barba qui touche 30 centimes par volume.

• **Dumas contre Jouslin de La Salle** (directeur-gérant de la Comédie-Française), *le 2 juin 1834,* devant le tribunal de Commerce de la Seine. Jouslin de La Salle qui a suspendu *Antony,* à la demande de Thiers, est condamné à verser à Dumas 10 000 F de dommages-intérêts et à 50 F par jour de retard, si le traité d'*Antony* n'est pas exécuté (14

juillet 1834). Finalement, un accord à l'amiable intervient entre Dumas et la Comédie-Française : Dumas reçoit 60 000 F du ministère de l'Intérieur et renonce à faire représenter *Antony* (11 août 1834). Jouslin de La Salle est acquitté en appel en janvier 1836.

• **Dumas et son éditeur contre** *Le Figaro,* *le 24 mai 1837.* Le journal a mis en vente, en volumes, ses feuilletons détachables des *Impressions de voyage* (en Suisse).

• **Dumas contre la Comédie-Française,** *le 18 avril 1840.* Dumas veut obtenir la reprise d'*Henri III.* Casimir Delavigne est désigné comme arbitre : la Comédie-Française accepte de reprendre la pièce.

• **Dumas et Laurey contre Marliani,** *le 8 juillet 1840.* A propos du privilège de l'Opéra-Comique. Dumas et Laurey sont déboutés.

• **Dumas contre Mirecourt,** *le 16 avril 1845,* devant la 6ᵉ Chambre de police correctionnelle. Procès en diffamation contre Mirecourt ; l'auteur de *Fabrique de romans. Maison Alexandre Dumas et Cie* (voir p. 1331) est condamné à quinze jours de prison.

• **Gautron, Boutin, Lingé et Dupuis** (comédiens) **contre Dumas,** *le 22 novembre 1850,* devant le tribunal de Commerce de la Seine. Les comédiens veulent que Dumas soit associé à Dollon et Doligny et qu'il soit déclaré en état de faillite ouverte : Dollon est déchargé de toute responsabilité, Dumas et Doligny sont déclarés solidairement en état de faillite (20 décembre 1850) ; Dumas fait appel. La 2ᵉ Chambre de la cour d'appel de Paris, reconnaissant Dumas commerçant, confirme le jugement et le déclare en état de faillite ouverte (11 décembre 1851).

• **La veuve Calais** (mère d'Ida Ferrier) **contre Dumas,** *le 3 février 1853,* devant la 1ʳᵉ Chambre du tribunal civil de la Seine. Elle est déboutée le 13 avril 1853.

• **Hostein contre Dumas et Maquet,** *le 2 août 1853.* Ils réclament 25 000 F de dédit pour le drame *La Dame de Monsoreau* promis et non livré. Le tribunal intime l'ordre aux auteurs de remettre le drame sous trois semaines et à Hostein de le monter immédiatement (25 juin 1856).

• **Mme Balzac contre Dumas**, *le 3 mai 1854*. Elle est déboutée.

• **Dumas contre Chéramy**, *le 5 janvier 1854*. Chéramy est condamné à payer à Dumas 16 000 F (25 mai 1855).

• **Michel Lévy** (éditeur) **contre Dumas**, *le 2 mai 1855*. Il veut faire reconnaître Lockroy comme collaborateur de Dumas dans *La Conscience,* et lui faire attribuer une part des droits d'auteur. Lévy est débouté.

• **Dumas contre Lévy**, *le 4 janvier 1856,* Dumas veut obtenir la résiliation, pour abus, de leur contrat passé le 4 juillet 1845. Sans résilier le contrat, le tribunal interdit à Lévy, le 26 janvier 1856, de publier des œuvres postérieures au 31 août 1855. Lévy fait appel mais le jugement est confirmé le 1er juillet 1856. Dumas réclame 736 345 F à Lévy pour tirages illicites (19 novembre 1856). Jugement défavorable à Dumas qui fait appel le 14 mai 1858. Un traité intervient, le 20 décembre 1859, entre Dumas et Lévy qui termine la longue contestation : Dumas vend à Lévy la propriété de tous ses ouvrages passés et à venir jusqu'au 31 décembre 1870 pour 120 000 F (voir contrats p. 000).

III
FAMILLE

FAMILLE PATERNELLE

ORIGINES

• **Origine géographique et socioprofessionnelle.** Les **Davy,** plus tard **Davy de La Pailleterie** sont Cauchoix : dix générations se succèdent à Bielleville (commune de Rouville en Seine-Maritime). *Isambart Davy,* le premier ancêtre connu de Dumas, reçoit en 1440 le fief de Cavenas ; son fils, *Thomas Davy,* détient en 1503 une partie du fief de Renneville, sur la paroisse de Rouville. Une seconde branche des Davy de La Pailleterie s'installe en Champagne (Ozoir-la-Ferrière) quand *Jacques Davy* recueille l'héritage de sa mère, Marthe de Bréville ; cependant, Alexandre naît à Villers-Cotterêts où l'on retrouve, dès 1690, la trace de ses aïeux maternels (les Labouret, les Flobert, les Prévot, les Blesson), commerçants, hôteliers, hommes de la terre. Alexandre Dumas est donc partagé entre une ascendance mythique, aristocratique et normande, et une ascendance réelle, petite-bourgeoise et cottérézienne. « Composé du double élément aristocratique et populaire, aristocratique par mon père, populaire par ma mère, nul plus que moi ne réunit en un seul cœur et l'admiration respectueuse pour ce qui est grand, et la tendre et profonde sympathie pour ce qui est malheureux » (« Le Mois », n° 20).

L'affirmation de Dumas doit être nuancée. Si son père est le fils reconnu d'un aristocrate, il est également le fils d'une esclave noire (voir p. 1265). De même, par sa mère (Marie-Louise Labouret), Dumas appartient plus à la petite bourgeoisie du négoce qu'au peuple proprement dit, et c'est au milieu de représentants de cette classe sociale que l'enfant grandit, rejetant peu à peu les valeurs qu'ils essaient de lui inculquer. Les difficultés économiques que sa mère rencontre sont peut-être à l'origine de ce rejet. Pour échapper à une carrière de commerçant, notaire ou fonctionnaire, Dumas semble s'être prévalu de ses liens avec l'aristocratie réelle ou l'aristocratie militaire (son père), d'où ce thème de la bâtardise qu'il développe dans *Antony,* plus social qu'individuel.

• **Noblesse.** La noblesse des Davy remonte à 1440, date à laquelle Isambart Davy reçoit le fief de Cavenas. C'est en 1708 que le titre de marquis apparaît, pour la première fois dans la famille, sur l'acte de baptême de Suzanne Gabrielle, fille de messire Anne-Pierre Davy de La Pailleterie (branche de Champagne) ; la branche normande l'adoptera, mais ce n'est qu'un titre de courtoisie.

• **Armes.** Décrites par d'Hozier, en 1710 et 1712, lors des preuves officielles de noblesse : « D'azur à trois aigles d'or, posées 2 et 1, les vols étendus et un anneau d'argent posé en cœur, le bas de l'anneau appuyé sur la tête de l'aigle de la pointe, et le haut embrassé par les griffes de dedans dextres et senestres des aigles du chef. Casque. »

Ascendants célèbres

Du XVIᵉ au XVIIIᵉ siècle. *Pierre Davy,* sieur de Baigneville fut ambassadeur de Marie de Bourbon en Suisse de 1595 à 1598.

PARENTS DE LA BRANCHE CADETTE : *Charles-Martial Davy* (Bielleville, 1649-Marseille 1719), reçu chevalier de Malte en 1670, il devint inspecteur général des galères ; *Suzanne Davy* (1708-1742) épouse de Marc-Antoine-Nicolas de Croixmare, érudit, ami des encyclopédistes, en particulier de Grimm et de Diderot.

• **Grand-père.** Alexandre-Antoine Davy de La Pailleterie (Bielleville, 26 février 1714 - Saint-Germain, 15 juin 1786). Gentilhomme du prince de Conti et commissaire général d'artillerie. Entraîné par le goût de l'aventure, il s'embarque, en 1760, pour Saint-Domingue

où il rejoint son frère *Charles-Anne-Édouard Davy* (ancien officier de marine devenu colon à Fort-Dauphin après son mariage avec Marie-Anne-Tuffé).

À la suite d'une violente dispute avec son frère, Alexandre-Antoine se réfugie, sous le nom de Delisle, à la pointe occidentale de l'île, au lieu-dit Le Trou de Jérémie où il y vit en potentat, entouré d'esclaves noires. L'une d'elles, *Louise-Césette Dumas,* lui donne quatre enfants : *Thomas-Alexandre, Adolphe, Jeannette* et *Marie-Rose.*

À l'annonce du décès de ses frères, Charles et Louis (1773), Alexandre-Antoine décide d'aller récupérer leur héritage ; après avoir liquidé ses biens et vendu ses enfants, il s'embarque pour la France où, en 1776, son fils Thomas-Alexandre vient le rejoindre. Ils mèneront une vie errante jusqu'à ce que Alexandre-Antoine se fixe à Saint-Germain.

Le 13 février 1786, il y épouse sa dame de charge, *Marie-Françoise-Élisabeth Retou* (fille de vigneron) de quarante ans sa cadette. Il meurt quatre mois plus tard, le 15 juin 1786.

• **Grand-mère.** Marie-Césette (ou Cessette) **Dumas.** Esclave de race noire, née à Saint-Domingue, morte en 1772. Déjà mère d'une « négritte » qu'elle avait eue d'un nègre des environs de la Petite-Terre, elle aura quatre enfants avec Alexandre-Antoine Davy de La Pailleterie qui les revendra tous avant de rentrer en France.

PÈRE

• **Thomas-Alexandre Davy de La Pailleterie** est né à Jérémie, Saint-Domingue, le 25 mars 1762, mort à Villers-Cotterêts, le 26 février 1806.

Jeunesse. Vendu (semble-t-il) en réméré au capitaine Langlois, Thomas-Alexandre finit par rejoindre son père à Bielleville en novembre 1776. Tous deux mènent une vie errante et passablement dissipée. On les retrouve à

Lisieux, puis Saint-Germain-en-Laye où Thomas-Alexandre complète son éducation. En 1784, il se fixe à Paris et mène une vie agitée et dispendieuse.

Physique. Grand, les yeux noirs, les cheveux noirs et crépus et les lèvres épaisses, il a une petite verrue à la joue droite et une grosseur au front. Il est très fier de ses pieds, très petits pour sa taille ; sa force est étonnante : son fils se souviendra l'avoir vu porter deux hommes sur sa jambe pliée et, avec ces deux hommes « en croupe », traverser une pièce à cloche-pied.

Grandes étapes de sa vie

• **Débuts militaires.** 1786-1789 : lorsqu'il décide de s'engager dans l'armée, son père exige qu'il le fasse non pas sous le nom de Davy de La Pailleterie mais sous le nom plébéien de sa mère, Dumas. *Le 3 juin 1786,* il entre dans le régiment des dragons de la reine qui tient garnison en Lorraine, puis à Laon (1789). Entre-temps, il a dû affronter sa belle-mère (Marie-Françoise-Élisabeth Retou, voir p. 1265) pour se faire reconnaître comme l'héritier de son père.

1789-1792 *(sous la Révolution) : le 15 août 1789,* un détachement de dragons de la reine est envoyé à Villers-Cotterêts pour y assurer l'ordre : Thomas-Alexandre en fait partie ; il est logé chez Claude Labouret et fait ainsi la connaissance de la jeune *Marie-Louise Labouret* dont il tombe amoureux ; cependant, avant de lui accorder la main de sa fille, Claude Labouret exige que le prétendant ait atteint le grade de brigadier. C'est chose faite le *16 février 1792,* mais *en juillet,* l'Assemblée proclame « la patrie en danger ». Le régiment de Dumas, devenu le sixième dragon, est intégré à l'armée du Nord et Dumas y accomplit son premier exploit : ramener treize prisonniers avec sa patrouille de quatre dragons. *Le 2 septembre,* il reçoit un certificat de bonne conduite et *le 9* son congé militaire, comme maréchal des logis

dans la compagnie de Pointis, ce qui lui permet d'entrer dans la Légion franche des Américains du chevalier de Saint-Georges avec le grade de lieutenant-colonel.

• **Mariage.** *Le 28 novembre 1792,* à Villers-Cotterêts, il peut enfin épouser Marie-Louise Labouret, dont il aura **trois enfants :** *Alexandrine-Aimée* le 17 septembre 1793 ; *Louise-Alexandrine* le 14 février 1796 qui ne vivra qu'un an et *Alexandre* le 24 juillet 1802.

• **Carrière militaire.** 1793 : *le 7 janvier,* chargé de mission à Paris, il rejoint la Légion franche à Laon pour « remonter » au camp de Maulde. Au printemps, lors de la trahison de Dumouriez, Dumas et Saint-Georges sont invités par le général Maczinski à passer à la dissidence avec leur légion ; ils refusent et parcourent la distance d'Orchies à Lille en « cinq quarts d'heure ». Le coup de force échoue, Dumouriez passe à l'ennemi ; *le 30 juillet,* Dumas est nommé général de brigade de l'armée du Nord puis *le 3 septembre,* général de division. Entre-temps, Saint-Georges a été accusé de prévarication et destitué et jeté en prison (Dumas fut, à tort, soupçonné de l'avoir dénoncé).

Le 8 septembre, Dumas est nommé commandant en chef de l'armée des Pyrénées occidentales ; après être allé voir sa femme à Villers-Cotterêts où elle vient d'accoucher (le 17) d'une fille, Alexandrine-Aimée, il rejoint Bayonne. Il est mal accueilli par les représentants locaux qui lui préfèrent le général Muller. Les sans-culottes le surnomment « Monsieur de l'humanité » et s'élèvent contre sa nomination. Il reçoit l'ordre de passer en Vendée et *le 28 octobre,* il rejoint son poste. *Le 22 décembre,* la Convention le nomme général en chef de l'armée des Alpes.

1794 : *le 21 janvier,* il prend le commandement de l'armée des Alpes ; *en avril-mai,* il chasse les Piémontais des hauteurs des Alpes et projette une invasion du Piémont. Les rapports de ses supérieurs sont élogieux : « Dumas est infatigable ; il est presque en même temps sur tous les points de son armée ; partout où il se montre, les esclaves sont battus. Il a rossé les Italiens. La victoire ou la mort est son but » (Rougier, commandant en premier à Briançon).

Cependant, *en juin,* le Comité de salut public le rappelle à Paris et lui demande des comptes : il a en effet fait démolir la guillotine dans le village de Saint-Maurice, au moment où l'on allait exécuter quatre citoyens accusés d'avoir voulu soustraire à la fonte les cloches de l'église. Il n'est finalement pas inquiété mais, réprouvant les excès de la Terreur, il songe un moment, *en juillet,* à quitter l'armée. *Le 5 août,* quelques jours après la chute de Robespierre, il est nommé commandant de l'école du Champ-de-Mars au camp des Sablons mais il est employé par l'armée de Sambre et Meuse. *Le 16 août,* il est envoyé à Fontenay-le-Peuple comme général en chef de l'armée de l'Ouest avec la mission de pacifier la Vendée. *Le 24 octobre,* il est affecté au commandement de l'armée des côtes de Brest (le quartier général est à Rennes) mais, dès *le 10 novembre,* il transmet son commandement à Lazare Hoche et rejoint son foyer, officiellement pour raison de santé. *Le 7 décembre,* un congé de convalescence lui est accordé. Est-il en disgrâce, ou bien dégoûté de commandements factices ? On l'ignore.

1795 : il restera huit mois à Villers-Cotterêts, loin des agitations politiques. *Le 4 octobre,* la Convention l'appelle à Paris mais un accident de voiture le retarde et il n'y arrive que *le 14,* après que Bonaparte, qui a anéanti la révolte des sections, a été nommé général en chef de l'armée de l'Intérieur. Il ne peut que se rallier au nouveau général en chef. *Le 14 novembre,* le Directoire l'envoie dans les Ardennes comme commissaire chargé d'annoncer au territoire de Bouillon sa réunion à la République française. Il reprend donc du service, mais uniquement comme général de division. Cependant, sur place, il découvre qu'un représentant l'a déjà précédé et, comme il refuse d'être une doublure, à nouveau, il démissionne en prétextant « qu'une excroissance de chair placée au-dessus de son œil gauche absorbe ses idées au point d'en troubler la netteté et la justesse ». En attendant une opération, il prend la direction des troupes du Haut-Rhin, puis *en décembre,* le commandement de la place de Landau.

1796 : *en février,* il prend un congé pendant lequel l'opération a lieu. A Villers-Cotterêts, sa femme accouche le *14 février* d'une seconde fille, Louise-Alexandrine (qui mourra le 13 février 1797).

Le 1er juin, Dumas qui ne reçoit aucune nouvelle affectation se plaint au Directoire exécutif ; il est alors envoyé à l'armée des Alpes dont il rejoint le quartier général, à Saint-Jean-de-Maurienne, et entre en conflit avec Kellerman. *Trois mois plus tard,* il reçoit l'ordre de passer à l'armée d'Italie. *Le 19 octobre,* il arrive à Milan avec son aide de camp, Paul Dermoncourt. *A la fin de l'année,* il commande devant Mantoue, puis est envoyé auprès de Masséna. Berthier lui laisse le commandement de toutes les troupes à cheval du Tyrol.

1797 : il occupe le Mont-Cenis malgré la neige et la supériorité numérique des Autrichiens ; passé, de là, en Suisse, il défend, *le 24 mars,* le pont de Klausen[1], puis se fraie un chemin à travers les Alpes autrichiennes. A Trévise, *en avril,* il prend le commandement du 1er et du 7e régiment de hussards et conquiert tout le Trévisan jusqu'à Piare. Il a pour mission d'isoler Venise ; mais *le 18 octobre,* le traité

---

1. Cela lui vaudra le surnom de « Horatius Coclès du Tyrol ».

de Campoformio interrompt la campagne et Dumas retrouve sa famille à Villers-Cotterêts.

1798 : lorsque Bonaparte projette une expédition en Angleterre, Dumas est nommé, *le 30 janvier,* à l'armée d'Angleterre. Puis, lorsque Bonaparte, changeant d'avis, prépare l'expédition d'Égypte, il est nommé général commandant la cavalerie d'Orient. Il quitte donc Villers-Cotterêts *le 25 avril,* arrive à Toulon *le 4 mai* et embarque sur le « Guillaume Tell » le *19.* Après la prise de Malte, la flotte arrive devant Alexandrie *le 1ᵉʳ juillet.* Dumas participe à la prise de la ville, mais le ravitaillement s'avère difficile et, le *12 juillet,* il réunit sous sa tente quelques amis, à Rhamadieh : on s'interroge sur les buts de l'expédition et ses chances de succès. Cette réunion qui ressemble à une conspiration s'ébruite et Dumas est mis en cause dans un rapport envoyé à Bonaparte. La victoire des Pyramides, l'entrée au Caire ne vont pas altérer son défaitisme. Après une entrevue avec Bonaparte, il décide de quitter l'armée d'Égypte.

1799 : le désastre d'Aboukir, la révolte du Caire — au cours de laquelle Dumas pénètre à cheval dans la mosquée — retardent son départ. Finalement, Bonaparte accorde un congé au « nègre Dumas » qui frète la felouque la « Belle Maltaise » et quitte Alexandrie, *le 3 mars,* avec le général Manscourt, le savant Dolomieu et quelques autres Français, munis d'un congé de Bonaparte.

Le 13 mars, la tempête oblige le navire à accoster à Tarente, sur la côte des Pouilles. Or, depuis cinq jours, les hostilités ont repris entre la France et le royaume de Naples : les passagers sont considérés comme des prisonniers et durement traités. L'état de santé de Dumas se détériore[1]. On le transfère au château de Brindisi. Malgré

d'innombrables démarches de sa femme auprès de Jourdan, de Bernadotte, de Berthier, il doit attendre l'armistice de Foligno pour retrouver la liberté.

1801 : *début avril,* il quitte Brindisi pour Ancône où on le libère *le 4.* Il est « estropié de la jambe droite, sourd de l'oreille droite et paralysé de la joue gauche, l'œil droit presque perdu, avec de violents maux de tête et de continuels bourdonnements ». *Le 28 mars,* avant sa libération, Bonaparte, devenu Premier consul, l'a confirmé dans son grade de général de division (il fait donc partie de l'état-major de l'armée, à compter du 3 septembre 1793). Après s'être chargé, à Florence, de l'évacuation des soldats libérés, Dumas rentre à Paris où il retrouve sa femme et sa fille, puis, *le 1ᵉʳ mai,* regagne avec elles Villers-Cotterêts.

• **Fin de carrière.** Malade, sans un sou vaillant, Dumas introduit réclamation sur réclamation auprès de Berthier, ministre de la Guerre.

1802 : *en juin,* il se dit prêt à reprendre du service et sollicite son classement sur la liste des officiers de l'an XI. Il ne reçoit qu'une mise en retraite (13 septembre) qui le réduit à la gêne.

Le 24 juillet, naissance de son fils **Alexandre** à Villers-Cotterêts.

1803-1805. *En septembre,* Dumas sollicite en vain les appointements arriérés de sa captivité, soit 28 500 F. Comme pour fuir la maladie qui l'accable, il change sans cesse de domicile : il s'installe d'abord au petit château des Fossés, près d'Haramont (1804-1805), puis dans une maison de campagne à Antilly près de Betz. Il consulte les médecins : le Dr Duval à Senlis, le célèbre Corvisart à Paris (18-20 septembre 1805).

• **Mort.** A son retour de Paris, Dumas se réfugie à Haramont et ne revient à

---

1. Peut-être est-il victime d'une tentative d'empoisonnement ?

Villers-Cotterêts que pour y mourir, *le 26 février 1806*, à quarante-quatre ans, d'un cancer de l'estomac, semble-t-il.

Devise

« Deus dedit, Deus dabit » (Dieu a donné, Dieu donnera).

Rapports avec son fils

« J'adorais mon père. Peut-être, à cet âge, ce sentiment, que j'appelle aujourd'hui de l'amour, n'était-il qu'un naïf étonnement pour cette structure herculéenne et pour cette force gigantesque que je lui avais vu déployer en plusieurs occasions ; peut-être n'était-ce qu'une enfantine et orgueilleuse admiration pour son habit brodé, pour son aigrette tricolore et pour son grand sabre, que je pouvais à peine soulever ; mais tant il y a, qu'aujourd'hui encore le souvenir de mon père, dans chaque forme de son corps, dans chaque trait de son visage, m'est aussi présent que si je l'eusse perdu hier ; tant il y a enfin, qu'aujourd'hui je l'aime encore, je l'aime d'un amour aussi profond et aussi réel, que s'il eût veillé sur ma jeunesse, et que si j'eusse eu le bonheur de passer de cette jeunesse à l'adolescence, appuyé sur son bras puissant.

« De son côté, mon père m'adorait ; [...] et, quoique, dans les derniers instants de sa vie, les souffrances qu'il éprouvait lui eussent aigri le caractère au point qu'il ne pouvait supporter dans sa chambre aucun bruit ni aucun mouvement, il y avait une exception pour moi. » (*Mes Mémoires*, XX).

FAMILLE MATERNELLE

ARRIÈRE-GRANDS-PARENTS

• **Arrière-grand-père.** *Joseph Prévost* (ou Prévôt, ou Prévot) fils naturel de Marie-Jeanne Prévost qui tient l'hôtellerie de l'Écu de France où elle a succédé en 1719 à sa mère Marguerite.

• **Arrière-grand-mère.** *Marie Blesson,* épouse Prévost.

GRANDS-PARENTS

Claude Labouret (Villers-Cotterêts, 9 janvier 1743 - Villers-Cotterêts, 30 septembre 1809). Aubergiste, il tient l'hôtellerie de l'Écu de France avec sa femme **Marie-Josèphe Prévost** (11 mars 1739-Villers-Cotterêts, 3 mars 1806). Avec la Révolution, le marasme des affaires l'oblige à vendre son auberge, après avoir dispersé les meubles à l'encan (août 1803).

MÈRE

• **Marie-Louise-Élisabeth Labouret** est née à Villers-Cotterêts le 3 juillet 1769 ; morte à Paris le 1er août 1838.

Jeunesse. Issue de la petite bourgeoisie du commerce, n'ayant reçu (si l'on en juge par son écriture et son orthographe) qu'une éducation limitée, elle n'était guère préparée à devenir l'épouse d'un glorieux général de la République, la mère et grand-mère d'écrivains illustres.

Grandes étapes de sa vie

Mariée à un peu plus de treize ans, elle n'a connu que six ans de vie conjugale : huit mois entre décembre 1794 et octobre 1795, quatre mois entre février et juin 1796, trois mois entre novembre 1797 et janvier 1798 et les années de maladie et de disgrâce après la captivité (du 1er mai 1801 au 26 février 1806).

Après son veuvage, elle se consacrera au culte de son mari [« Allant presque chaque jour accomplir un pèlerinage au cimetière » (A. Dumas, *Mes Mémoires*, chap. LXX)] et à l'éducation de ses deux enfants. Sa situation financière étant très précaire, elle essaiera d'obtenir une pension de l'empereur, mais en vain, car le général n'était plus en activité lors de son décès. A la mort de son père

(Claude Labouret), elle hérite de trente arpents de terre et d'une maison qu'il avait acquise contre une rente viagère annuelle qu'elle devra continuer de payer jusqu'à la mort, en 1820, de Nicolas Harlet. Pour faire face, elle doit emprunter en hypothéquant ses terres.

En novembre 1814, elle obtient un bureau de tabac, mais malgré une stricte économie, le petit patrimoine s'effrite. *En février 1823,* elle vend les trente arpents de terre et la maison Harlet. Ses dettes payées, il ne lui reste plus que 253 F.

Quand Alexandre s'installe à Paris, elle liquide son bureau de tabac, vend quelques meubles et le rejoint *le 20 février 1824.* Ensemble, ils s'installent 53, rue du Faubourg-Saint-Denis. *Le 21 novembre 1826,* elle assiste à la première représentation de son second vaudeville, *La Noce et l'enterrement* et, c'est avec émotion qu'elle lira, *en mai 1826,* la dédicace des *Nouvelles contemporaines :* « A ma mère. Hommage d'amour, de respect et de reconnaissance. Alex Dumas ». Les répétitions d'*Henri III et sa cour* la plongent dans une telle inquiétude que, en février 1829, la veille de la première, elle est frappée d'une attaque. Et, le soir de son triomphe, Alexandre reste au chevet de sa mère à demi paralysée.

Devenu riche du jour au lendemain, Alexandre Dumas loue pour elle, 7, rue Madame, un rez-de-chaussée avec jardin ; il met à son service une domestique et lui rend visite chaque jour. Elle y fait la connaissance de son petit-fils, Alexandre, dont Alexandre « père » lui a fait la surprise.

En 1832, elle emménage 118, rue du Faubourg-Saint-Denis, dans la maison de Mme Delacroix. Mais à la suite de l'aggravation de son état de santé, Dumas décide de lui trouver un appartement plus proche du sien (22, rue de Rivoli) et elle emménage chez Mme

Lorcet, 48, rue du Faubourg-du-Roule, où elle meurt quelques mois plus tard, *le Ier août 1838,* après avoir reçu l'extrême onction. *Le 4 août,* elle est inhumée à Villers-Cotterêts.

Rapports avec son fils

Alexandre, qui préfère la chasse au travail, lui cause beaucoup de soucis. Elle se contenterait pour son fils d'une carrière bureaucratique et le fait entrer chez le notaire Mennesson, un ancien ami du général Dumas. Elle tremble perpétuellement pour lui, redoute un accident de chasse et craint encore plus la littérature que les aventures amoureuses que son fils lui cache. Elle surveille ses retours tardifs : après la première nuit qu'Alexandre passe avec Aglaé Tellier, il raconte : « J'étais grondé par ma mère, qui ne me gronda pas longtemps, car je l'embrassais pendant qu'elle me grondait ; d'ailleurs, elle n'était plus inquiète et, avec cet œil de mère, et peut-être plus encore de femme, qui lit jusqu'au fond des cœurs, elle me voyait profondément heureux » (A. Dumas, *Mes Mémoires,* chap. LVIII).

Angoisses pour l'avenir, gronderies indulgentes pour le présent sont les marques de l'extrême amour que Mme Dumas porte à son fils.

SŒUR

• **Marie-Alexandrine-Aimée Dumas Davy de La Pailleterie** (Villers-Cotterêts, 17 septembre 1793-Grenoble, 5 mai 1881). Sœur aînée d'Alexandre de presque dix ans, Aimée reçoit une excellente éducation à Paris, à la pension de Mme Mauclerc (rue de Harlay, au Marais). Elle a, comme amies de pension, Madeleine Masseron, future comtesse d'Houdetot, Marie-Louise Caroillon des Tillières, future marquise d'Osmond et Caroline Dufays, qui donnera le jour à Charles Baudelaire. Sans dot, elle fait cependant, *le 2 juin 1813,* un mariage[1] honorable avec Victor Letellier, un Soissonnais employé dans les Droits réunis, dont le père, Antoine Letellier est le contrôleur principal à Soissons.

Aimée habite successivement Villers-Cotterêts où son mari est contrôleur itinérant ; Paris (rue Richebourg) ; Dreux (1822) ; Chartres (1829) ; Nogent-le-Rotrou (1832-1837) où il est directeur des contributions indirectes ; Soissons (1838-1841) ; Senlis. Elle lui donne deux fils : Pierre-Louis-Émile et Alfred.

Elle participe aux premiers triomphes de son jeune frère qui, en 1829, vient lui rendre visite à Chartres puis, *en 1832,* à Nogent-le-Rotrou, pendant l'épidémie de choléra. Plusieurs fois, elle lui demande d'intervenir pour que son mari obtienne les postes souhaités et ne répugne pas à lui demander de l'argent.

Après la mort de son mari, Victor Letellier, elle habite Colombes *(en 1868),* chez son fils Alfred. Elle meurt *le 5 mars 1881,* à 88 ans.

NEVEUX

• **Pierre-Émile Letellier** (Soissons, 31 août 1814-vers 1850). Employé au ministère des Finances, en 1844, il épousa Thérèse-Charlotte-Marie Sané dont il eut trois enfants : Georges, Gaston et Élise-Émilie-Thérèse. Il mourut jeune.

• **Jacques-Julien-Alfred Letellier** (Soissons, 30 septembre 1818-après 1885). Pendant un temps (1844), il fut le secrétaire de son oncle. Il eut de sa femme Pauline une fille, Marthe, qui épousa un M. Bonnaud.

Les lettres de Pauline, d'Alfred et de Marthe, échangées entre 1882 et 1883, révèlent la misère matérielle et morale de la famille Letellier : employé au « Courrier du Dauphiné » depuis environ six ans, Alfred a commis une « faute » ; il est en outre grabataire, si bien que Pauline réclame de l'argent pour faire face aux créanciers, et conjure Dumas fils d'accorder un mot de pardon à Alfred.

PETITS-NEVEUX ET NIÈCES

• **Georges Letellier.** Fils d'Émile, il entre à Saint-Cyr. En 1868, il quitte la garnison de Cherbourg pour celle de Valenciennes où sa mère et son deuxième mari, le lieutenant de vaisseau Serres, ont habité plusieurs années. Il est tué en Allemagne lors de la guerre de 1870.

• **Gaston Letellier.** Fils d'Émile, il obtient, grâce à son cousin Alexandre, une place à la Bibliothèque impériale (1868).

• **Élise-Émilie-Thérèse** (Paris, juin 1849-Villenauxe-la-Grande, 14 septembre 1849). Fille d'Émile, elle meurt chez ses grands-parents Letellier.

• **Marthe Letellier.** Fille d'Alfred. Ses lettres à Dumas fils (1883) nous apprennent peu de choses : elle se plaint de sa situation, du malheur de sa famille ; elle reconnaît une « faute » (peut-être s'agit-il de sa fille, Jeanne, dont Dumas fils paie la pension à la maison d'éducation des religieuses de Saint-Joseph). Elle a sans doute épousé par la suite un M. Bonnaud puisqu'elle signe ses lettres Marthe Bonnaud.

LES DEVIOLAINE ET LES FORTIER

• **Grand-oncle. François Fortier** (Vierzy, Aisne, 6 janvier 1742 - Béthisy-Saint-Pierre, Aisne, 19 avril 1814). Fils d'un maître d'école, serrurier dans la rue de Soissons (actuellement, 27, rue du Général-Mangin), il épouse

---

1. Le mariage se fait sans doute contre l'avis des parents Letellier, puisque Victor doit recourir aux « sommations respectueuses ».

Marie-Anne Prévot, la sœur de la grand-mère de Dumas avec laquelle il a deux filles, restées célibataires : *Marie-Françoise* (27 septembre 1769 - Villers-Cotterêts, 2 mai 1807) et *Marie-Anne* (? - 25 mars 1838).

Toutes deux servent de seconde mère à Alexandre qui appelle Marie-Françoise « Maman Zine ». Marie-Anne quitte Villers-Cotterêts pour s'établir près de son oncle, Jacques-Victor Fortier, curé de Béthisy-Saint-Pierre, près de Senlis, chez lequel, Dumas enfant fit plusieurs séjours. Malgré son état de religieux, l'abbé Fortier est grand amateur de chasse et de femmes. Après sa mort le 5 octobre 1829, Marie-Anne en hérite, et lorsqu'elle meurt, les biens de l'abbé vont aux Letellier.

- **Oncle. Jean-Michel Deviolaine** (Nanteuil-sur-Marne, 8 juillet 1765 - 18 mars 1831). L'homme que Dumas (de son propre aveu) aima le plus après son père. En premières noces, il épouse Éléonore-Marguerite Charpentier dont il a un fils, Éléonor-Victor (né en 1792) et deux filles, Claude-Geneviève-Léontine (née en 1789) et Quartie dite Éléonore (née en 1793). En secondes noces, il épouse le 24 juin 1796, Louise-Cécile Bruyant (1775-1848), fille de Madeleine-Nicole Labouret, sœur du grand-père de Dumas. Avec elle, il aura quatre enfants : Cécile (née en 1798), Augustine (née en 1814), *Félix* (né en 1805) et Louise-Antoinette (née en 1814). La famille Deviolaine accueille Dumas orphelin ; il est le compagnon de jeux de Cécile, Augustine et Félix dans la maison de Villers-Cotterêts, et dans l'ancienne abbaye de Saint-Rémy que Deviolaine avait achetée.

Greffier de la capitainerie royale en 1789, commis de la maîtrise, ancien officier (1795), inspecteur forestier, Deviolaine est autoritaire, voire tyrannique ; il morigène Dumas pour sa paresse, ses frasques mais le récompense en l'invitant aux chasses des gardes. Cependant, une brouille interrompt quelque temps leurs relations lorsque, pourmieux détourner les soupçons sur sa liaison avec Aglaé Tellier, Dumas laisse courir le bruit qu'il est l'amant d'Éléonore Deviolaine (Mme Lebaigue).

Nommé directeur des domaines forestiers du duc d'Orléans le 23 janvier 1823, Deviolaine intervient[1] sans doute pour que son jeune cousin soit engagé comme surnuméraire dans les bureaux du duc. Pendant sa carrière bureaucratique, Dumas trouve en Deviolaine un éternel censeur qui réprouve ses tentatives littéraires, en particulier lorsqu'il est muté, en 1828, aux bureaux forestiers. Mais Deviolaine finit par s'incliner le soir du triomphe d'*Henri III et sa cour*.

Ceux qui ont influé sur la destinée d'Alexandre Dumas

Jacques Conseil (1741-1814) : Abbé, ancien gouverneur des pages du duc d'Orléans, suppléant du juge de paix du canton de Villers-Cotterêts, conseiller général de l'Aisne, cousin à héritage. Il ne laissa aux Dumas qu'une bourse, destinée à Alexandre, pour le séminaire de Soissons.

Les trois frères Picot : *Jean-Denis*, propriétaire de la ferme de la Noue, qui avait épousé Marie-Anne Flobert, cousine de Mme Dumas, *Charles-François-Éléonore*, marchand de bois et tenancier de l'hôtel de l'Écu et *Jacques-Victor*, dit Picot l'Avoué, qui initie Alexandre à la chasse.

FEMME LÉGITIME

Connue au théâtre sous le nom d'**Ida Ferrier**.

⮕ Voir p. 1284, le chapitre Vie sentimentale.

---

1. Dumas attribue sa place à la seule intervention du général Foy.

LES ENFANTS

Dumas a semé des enfants au hasard. Il est difficile de dire combien sont nés de lui. Lui-même en avoue « plus de cinq cents » !

Seuls Alexandre et Marie ont été juridiquement reconnus : Micaëlla n'a pas été reconnue car sa mère s'y opposait ; cependant, Henry Bauër pourrait également être un fils de Dumas car, d'après Mathilde Shaw, « les traits de son visage et la générosité de son caractère affirmaient, de manière indiscutable et saisissante, la paternité de Dumas père ».

Enfants reconnus

ALEXANDRE

• Né à Paris, le 27 juillet 1824, **mort** à Marly-le-Roi, le 28 novembre 1895. C'est le fils d'Alexandre Dumas et de Laure Labay (voir p. 1291).

Grandes étapes de sa vie

1831. *17 mars :* Dumas reconnaît son fils. *21 avril :* Laure Labay le reconnaît à son tour. Une lutte juridique commence alors pour la garde de l'enfant, qui est mis en pension à l'Institution Vauthier, rue de la Montagne-Sainte-Geneviève.

1833. L'enfant entre à la pension Saint-Victor, dirigée par Prosper Goubeaux. Il a pour condisciple Edmond de Goncourt.

1838. *Octobre :* Alexandre entre à la pension Hénon, 16, rue de Courcelles, qui envoie ses élèves au collège de Bourbon.

1840. *Janvier-février :* le mariage de Dumas père avec Ida Ferrier provoque une crise entre le fils et le père.

1841. Alexandre écrit ses premiers vers qu'il soumet à son père. Il reçoit un prix et des accessits qui réjouissent son père.

1842. *Janvier :* Alexandre accompagne son père jusqu'à Florence, puis revient à la pension Hénon ; le jeune homme est de plus en plus souvent mêlé aux affaires de son père (répétitions de *Lorenzino,* démarches auprès du libraire Béthune), qui passe la seconde partie de l'année à Paris et qui entraîne son fils dans le tourbillon de ses plaisirs. Premiers vers publiés dans « La Chronique ».

1843. *11 avril :* il devient l'amant de Louise Pradier. *1er juin :* Alexandre accompagne son père qui retourne à Florence : l'itinéraire les conduit d'abord en Belgique, sur les bords du Rhin, puis à Turin. *Le 26 juin,* ils sont de retour à Paris, mais la complicité père-fils est mise à mal par la présence d'Ida.

1844. *Avril-juillet :* Alexandre séjourne chez Méry à Marseille ; projet de voyage en Italie et de collaboration avec son père *(La Galerie de Florence, Histoire de Versailles).* Il se lie avec une actrice du Gymnase dont il se sépare en octobre et c'est le début de sa liaison avec Mme Duplessis, la « Dame aux camélias ».

1845. *16 janvier :* Dumas père signe un traité avec Hetzel pour « Une amazone » et « Les Maris » de son fils, destinés au *Diable de Paris. Janvier :* Dumas fils écrit *Fabien* qui, refusé partout bien que son père l'endosse, deviendra, en 1846, *Histoire de quatre femmes et d'un perroquet. 30 août :* il écrit une lettre de rupture à Marie Duplessis.

Pendant les années 1845-1846, le père et le fils vivent à la Villa Médicis de Saint-Germain-en-Laye, tout en conservant un pied-à-terre à Paris, 10, rue Joubert.

1846. Alexandre devient l'amant de la comédienne Anaïs Liévenne. *27 mars :* il témoigne à Rouen dans le scandaleux procès Beauvallon. Il fait jouer *Le Bijou de la reine*, un acte en vers, à l'Hôtel de Castellane. *3 octobre :* il s'embarque avec son père pour un long voyage à travers l'Espagne, l'Algérie et la Tunisie (voir p. 1211).

1847. *4 janvier :* arrivée à Toulon sur l'« Orénoque ». *3 février :* Marie Duplessis meurt ; il écrit à sa mémoire le poème *M.D.* dédié à Théophile Gautier et figurant parmi les *Péchés de jeunesse,* recueil de vers qui sera publié en juin.

1848. *Février :* Alexandre ne s'engage pas dans la révolution, malgré les invitations de son père qui désire le voir collaborer à « La Liberté ». *10 août :* création, au théâtre historique, d'*Atala*, scène lyrique en un acte d'Alexandre, musique d'Alphonse Varney, et début dans « Le Siècle » du *Docteur Sarrans* (nouvelle). Publication de *La Dame aux camélias* en deux volumes chez Cadot.

1849. Publication du *Docteur Sarrans*, suivi de *La Fin de l'air, Ce que l'on voit tous les jours, Le Roman d'une femme, Antonine. 16 mai :* Alexandre voyage en Hollande avec son père à l'occasion du couronnement du roi Guillaume III.

1850. Publication de *Tristan le Roux, La Vie à vingt ans, Trois Hommes forts,* réédition de *La Dame aux camélias,* avec une préface de Jules Janin. Alexandre devient l'amant de la comtesse Lydie Nesselrode (surnommée la « Dame aux perles »), belle-fille du ministre des Affaires étrangères du tsar.

1851. *20 mars-juillet :* Alexandre suit la comtesse Nesselrode à travers la Belgique, l'Allemagne, la Pologne ; mais on doit la rapatrier et, après une halte à la frontière russe, à Myslowitz, où la sœur de Chopin, Louise Jedreiwitz, lui remet les lettres que George Sand avait envoyées à son frère, il commence la

rédaction du *Régent Mustel* qui est publié *en août* dans « Le Pays ». Il remet à George Sand ses lettres à Chopin : une amitié se noue entre le jeune écrivain et sa « maman ». Publication de *Diane de Lys,* suivi de *Ce qu'on ne sait pas, Grangette* et *Une loge de Camille.*

Le 4 octobre : Dumas père certifie que *La Dame aux camélias* est une pièce essentiellement morale (autres certificats de Gozlan, Augier, Janin) ; pourtant, la pièce, reçue au Vaudeville et interdite par la censure, reste frappée d'interdiction. Seule l'arrivée de Morny au ministère de l'Intérieur, *le 2 décembre,* lèvera la censure. *10 décembre :* Alexandre accompagne son père, déclaré en faillite ouverte, à Bruxelles, qu'il quitte *le 15* pour y revenir *du 20 décembre au 9 janvier.*

1852. *2 février :* création de *La Dame aux camélias* au théâtre du Vaudeville ; c'est un triomphe. Alexandre devient alors l'amant de la princesse Nadejda Naryschkine (épouse du prince Alexandre Naryschkine qui refusera de divorcer). Il renonce à s'installer à Bruxelles comme le souhaiterait son père. Après la publication du *Régent Mustel,* il écrit *Diane de Lys* (drame en cinq actes, d'après son roman).

1853. Publication de *Contes et nouvelles* (« Un paquet de lettres », « Le Prix des pigeons », « La Boîte d'argent », « Le Pendu de la piroche », « Ce que l'on voit tous les jours », « Césarine ») et de *La Dame aux perles. 6 mars :* création à la Fenice de *La Traviata. 15 novembre :* première au Gymnase de *Diane de Lys* qui a attendu huit mois l'autorisation de la censure.

1854. Publication de *Sophie Printems* et d'*Un cas de rupture. 6 mai :* triomphe de la reprise au San Benedetto de Venise de *La Traviata.*

1855. *20 mars :* première triomphale au Gymnase du *Demi-Monde,* comédie en cinq actes. *22 mars :* dans « Le

Mousquetaire », Dumas père consacre à son fils une « causerie » : « Études sur le cœur et le talent des poètes ». Trois éditions successives de la pièce sont épuisées. *17 novembre :* Alexandre est condamné à restituer une somme de 1 000 F avancée par le comte de Villedeuil pour *La Première.*

1856. *3 mars : Un roi et une reine* est joué à l'Hôtel de Castellane. *Aoûtseptembre :* Dumas père séjourne à Sainte-Adresse près de Melun chez son fils qui lui « donne » le personnage de Roland (l'officier émasculé par une balle dans *Les Compagnons de Jéhu*).

1857. *31 janvier :* première au Gymnase de *La Question d'argent* (comédie en cinq actes). *25-31 mai :* il voyage, avec son père, à Londres, pour assister au Derby d'Epsom puis il passe des vacances à Plombières. *14 août :* Alexandre est fait chevalier de la Légion d'honneur (son père obtient l'autorisation de la lui remettre).

1858. *16 janvier :* première au Gymnase du *Fils naturel* (comédie en cinq actes, inspirée par la vie de Girardin). Il passe l'été à Saint-Valéry-en-Caux.

1859. *5 février :* on joue au Gymnase *Un mariage dans un chapeau* (bouffonnerie en un acte écrite en collaboration avec Eugène Vivier). Séjour estival à Puys où il écrit *Le Père prodigue. 30 novembre :* première au Gymnase du *Père prodigue* (comédie en cinq actes).

1860. Publication du *Père prodigue. Septembre :* Alexandre rejoint son père à Naples. *20 novembre :* naissance de Marie-Alexandrine-Henriette « Colette », fille naturelle d'Alexandre et de la princesse Naryschkine.

1861. *Janvier-février :* Alexandre séjourne à Gênes. *7 février :* de Gênes, il s'embarque pour Naples où il passe environ un mois. *Juin :* il s'arrête à Florence. *Juillet-août :* il reste à Nohant près de George Sand, où il char-

pente *Le Marquis de Villemer. 25 septembre-10 octobre :* il séjourne à Villeroy, puis de nouveau à Nohant avec la princesse Naryschkine et sa fille Olga.

1862. *12 juillet-8 août :* Alexandre séjourne à Nohant et à Gargilesse près de George Sand. Il essaie de prendre en main les affaires de son père, en particulier les affaires théâtrales.

1863. *Février :* Dumas père propose à son fils de faire avec lui une adaptation de *Roméo et Juliette. 25 mars :* Alexandre s'occupe activement de la reprise de *Don Juan de Marana.* Il passe une partie de l'été à La Butte-aux-Chênes où son père lui envoie les premiers volumes de la *San Felice. Du 3 au 12 septembre :* il séjourne de nouveau à Nohant.

1864. *29 février :* succès triomphal à l'Odéon du *Marquis de Villemer* (drame en quatre actes d'après le roman de Sand). *5 mars :* première au Gymnase de *L'Ami des femmes* (comédie en cinq actes). *26 mai :* mort du prince Naryschkine. *31 décembre :* Alexandre peut enfin épouser, à Neuilly-sur-Seine, Nadejda Naryschkine et reconnaître la petite Colette.

1865. *20 avril :* première à la Comédie-Française du *Supplice d'une femme* (drame en trois actes qu'il a écrit en collaboration avec Girardin) ; une polémique s'engage entre les coauteurs (voir *L'Histoire du « Supplice d'une femme », réponse à M. de Girardin*). *15 août :* échec au Théâtre-Français des *Deux Sœurs* de Girardin, lequel accuse Dumas fils d'avoir mené la cabale contre la pièce. *15 septembre :* la Commission des auteurs blanchit Dumas.

1866. *20 janvier :* représentation au Gymnase d'*Héloïse Palanquet* (drame en quatre actes entièrement refait par Dumas fils d'après *Mademoiselle du Breuil,* d'Armand Durantin). *28 juin :* mise en vente chez Michel Lévy de *L'Affaire Clemenceau. Mémoire de* *l'accusé*, qui obtient un grand succès. *Du 25 au 27 août :* George Sand séjourne chez les Dumas, à Saint-Valéry-en-Caux. *Novembre :* Alexandre passe quelques jours à Marseille chez Autran, où il lit *Les Idées de Madame Aubray*.

1867. *16 mars :* au Gymnase se donne *Les Idées de Madame Aubray* (comédie en quatre actes). *Avril-mai :* Alexandre est ennuyé par le scandale provoqué par les photographies de son père et d'Adah Menken (voir p. 151). *3 mai :* naissance de Jeanine Dumas, deuxième fille d'Alexandre et de Nadejda.

1868. Publication chez Michel Lévy du « Théâtre complet », 1ʳᵉ série : *La Dame aux camélias, Diane de Lys, Le Bijou de la reine. 22 octobre :* Laure Labay, mère d'Alexandre, meurt. Il revient de villégiature pour lui rendre les derniers devoirs.

1869. *14 janvier :* lecture au Gymnase du *Filleul de Pompignac* (comédie en quatre actes, signée Alphonse de Jalin, pseudonyme associant Alphonse François [maître de requête au Conseil d'État] et Dumas fils [dont le héros du *Demi-Monde* se nomme Olivier de Jalin]). La première de la pièce a lieu *le 7 mai. Octobre-novembre :* Alexandre voyage à Constantinople, Athènes et Venise. Publication du « Théâtre complet », 2ᵉ série : *Le Demi-Monde, La Question d'argent.*

1870. *3 mai :* il est élu commissaire à la Société des auteurs dramatiques. Pendant la guerre et le siège de Paris, il séjourne à Puys où il recueille son père venu y mourir. *En septembre :* il défend la princesse Mathilde qu'on accuse d'avoir emporté des biens appartenant à la France.

1871. Publication d'*Une lettre sur les choses du jour* et, *le 6 juin,* d'une *Nouvelle Lettre de Junius à son ami*

Alexandre Dumas puis de *La Révolution plébéienne* (pamphlets dictés par la peur des « Rouges »). *10 octobre :* première au Gymnase d'*Une visite de nous* (comédie en un acte). *2 décembre :* première de *La Princesse Georges,* au Gymnase.

1872. Publication de *La Question de la femme,* de *L'Homme-femme* et, *le 21 janvier,* de *Nouvelle Lettre sur les choses du jour*.

1873. *16 janvier :* échec au Gymnase de *La Femme de Claude* (pièce en trois actes). *26 novembre : Monsieur Alphonse* (pièce en trois actes) est jouée au Gymnase. Alexandre préface une traduction de *Faust* par Bacharach.

1874. *30 janvier :* il est élu à l'Académie française au fauteuil de Pierre Lebrun. *8 mars :* mort d'Aimée Desclée, c'était une amie et interprète d'Alexandre qui prononce sur sa tombe un discours ému. *Le Demi-Monde* entre au répertoire de la Comédie-Française.

1875. *11 février :* il est reçu à l'Académie française par le comte d'Haussonville. *Avril :* publication de *Thérèse* (recueil de nouvelles).

1876. *8 janvier :* première à l'Odéon des *Danicheff* (comédie en quatre actes pour laquelle Alexandre a apporté son aide à l'auteur Corvin de Kroukovskoy[1]). *14 février :* première à la Comédie-Française de *L'Étrangère* (comédie en cinq actes). *16 novembre : La Comtesse Romani* est jouée au Gymnase (comédie en trois actes, signée Gustave de Jalin [pseudonyme de Gustave Fould et Dumas fils]).

1877. *2 août :* il prononce à l'Institut un discours sur les prix de vertu.

1878. *18 mars :* première à l'Odéon de *Joseph Balsamo* (drame en cinq actes et huit tableaux, arrangement par Dumas fils d'une pièce laissée inachevée

1. Pierre Corvin de Kroukovskoy dit Pierre Newski.

par son père) ; la pièce ne remporte aucun succès et ne sera pas publiée. Publication d'*Entractes* qui réunissent articles, essais et discours.

1879. Publication d'un essai : *La Question du divorce.*

1880. Publication des *Femmes qui tuent et des femmes qui votent. 2 juin :* Colette Dumas épouse Maurice Lippmann (1844-1910).

1881. *31 janvier :* première à la Comédie-Française de *La Princesse de Bagdad,* pièce en trois actes.

1882. Publication de *Lettres à M. Naquet* à propos de la loi sur le divorce.

1883. Publication de *La Recherche de la paternité, lettre à M. Rivet, député.*

1884. *14 avril :* mort d'Adolphe de Leuven qui lui lègue sa maison de Marly-le-Roi.

1885. *19 janvier :* succès de la représentation de *Denise* (pièce en quatre actes) à la Comédie-Française.

1886. Alexandre commence la composition de *La Route de Thèbes.*

1887. *17 janvier :* représentation à la Comédie-Française de *Francillon* (pièce en trois actes). *13 avril :* Dumas devient l'amant d'Henriette Escalier (1851-1934), fille du comédien Régnier de La Brière et femme du peintre Félix Escalier. *20 décembre :* première de *L'Affaire Clemenceau* (pièce en cinq actes et six tableaux d'Armand d'Artois, d'après le roman de Dumas fils).

1890. Publication de *Nouveaux Entractes* et de *L'Affaire Clemenceau.*

1891. Nadejda Dumas, malade et jalouse, quitte le domicile conjugal pour se réfugier chez sa fille Colette.

1893. *Un père prodigue* entre au répertoire de la Comédie-Française.

1894. Publication de *Théâtres des autres* (2 vol.) qui rassemble les pièces écrites en collaboration. Alexandre travaille à deux pièces qui resteront inachevées : *La Route de Thèbes* et *Les Nouvelles Couches.*

1895. *2 avril :* Nadejda Dumas meurt ; elle est enterrée au cimetière de Neuilly. *26 juin :* Alexandre épouse Henriette Régnier de La Brière. *27 juillet :* il rédige son testament. *28 novembre :* il meurt et est enterré au cimetière de Montmartre.

Les rapports entre le père et le fils

Dans la lutte qui oppose son père et sa mère, le jeune Alexandre prend le parti de sa mère qui mène une vie calme et sage, contrairement à son père qui cohabite avec des maîtresses successives. Très jeune, il a le sentiment confus d'une injustice commise contre sa mère irréprochable et il en veut à son père. A quarante-deux ans, il avouera « qu'il n'a jamais pardonné ». Il a toujours détesté les différentes maîtresses de son père, notamment Ida Ferrier ; et se brouillera avec lui lorsqu'il épousera Ida. La brouille durera jusqu'à la rupture d'Ida et de Dumas. Réconcilié avec son fils, Dumas lui donne beaucoup d'argent et l'associe à sa vie brillante. Leurs rapports s'améliorent mais le père redoute le fils et ses sermons ; à l'annonce de sa venue, il éloigne maîtresses et huissiers. Il encourage la carrière littéraire de son fils et se montre très fier de ses succès.

A partir de *La Dame aux camélias,* le rapport entre le père et le fils commence à s'inverser. « Le succès fait entrer le fils dans l'âge adulte : il rompt le cordon économique qui le reliait à son père ; de nourri il devient nourricier […]. Le fils choisit de construire son avenir contre le passé de son père. Le modèle qu'il avait choisi, suivi jusqu'alors, devient pour lui le modèle négatif qu'il ne faut plus suivre. Il entre en bourgeoisie […]. Engoncé dans une redingote austère, il moralise : c'est ce qu'attendent de lui les classes dominantes » (Claude Schopp, *L'Exil et la mémoire*, thèse de doctorat d'État, 1986).

Dans ses rapports avec son père, Alexandre trouve des sujets de pièces : *Le Fils naturel* (1858) et *Un père prodigue* (1859) sont, dans une certaine mesure, autobiographiques. Il admire l'esprit et l'imagination de son père, mais est humilié par certains de ses ridicules, agacé par ses vantardises, ulcéré par sa prodigalité et son instabilité et jaloux de ses succès féminins. « Aussitôt que j'ai une femme au bras, dit-il, la première chose qu'elle fait c'est de relever sa robe pour ne pas se crotter ; la seconde, de me demander que je te présente à elle ».

Vers 1844, pour les distinguer, on commence à dire : Alexandre Dumas père et Alexandre Dumas fils, ce qui déplaît au père : « Tu devrais, au lieu de signer Alex(andre) Dumas, comme moi — ce qui peut avoir pour nous deux, un jour, un grave inconvénient, puisque nos deux signatures sont pareilles —, signer Dumas Davy. Mon nom est trop connu, tu comprends, pour qu'il y ait doute — et je ne puis ajouter "père" : je suis encore trop jeune pour cela ».

Menant des existences trop différentes, le père et le fils se voient assez peu. Dumas père le déplore : « Je ne vois plus Alexandre qu'aux enterrements, dit-il vers la fin de sa vie, peut-être maintenant ne le reverrai-je qu'à Dieu ».

• **Jugement du père sur le fils.** « C'est un composé de lumière et d'ombre [...]. Il est gourmand et il est sobre ; il est prodigue et il est économe ; il est blasé et il est candide ; il se moque de moi de tout son esprit et m'aime de tout son cœur. Enfin il se tient toujours prêt à me voler ma cassette comme Valère ou à se battre pour moi comme le Cid [...]. D'ailleurs, possédant la verve la plus folle [...], montant résolument à cheval ; tirant l'épée, le fusil, le pistolet [...]. De temps en temps, nous nous brouillons et il quitte la maison paternelle ; ce jour-là, j'achète un veau gras

et je l'engraisse ». *(Impressions de voyage. De Paris à Cadix).*

« Moi, je prends mes sujets dans mes rêves ; mon fils les prend dans la réalité. Je travaille les yeux fermés ; il travaille les yeux ouverts. Je dessine ; il photographie ».

• **Jugement du fils sur le père.** « Tu es devenu *Dumas père* pour les respectueux, le *père Dumas* pour les insolents, et au milieu de toutes sortes de clameurs, tu as pu entendre parfois cette phrase : "Décidément, son fils a plus de talent que lui." Comme tu as dû rire ! Eh bien, non, tu as été fier, tu as été heureux, semblable au premier père venu ; tu n'as demandé qu'à croire, tu as cru peut-être ce qu'on disait. Cher grand homme, naïf et bon, qui m'aurais donné la gloire comme tu me donnais ton argent quand j'étais jeune et paresseux, je suis bien content d'avoir enfin l'occasion de m'incliner publiquement devant toi, de te rendre hommage en plein soleil, et de t'embrasser comme je t'aime en face de l'avenir » (Préface du *Fils naturel*).

MARIE-ALEXANDRINE DUMAS

Née à Paris le 5 mars 1831, **morte** à Courbevoie le 26 septembre 1878.

Grandes étapes de sa vie

Fille d'Alexandre Dumas et de Belle Krelsamer (voir p. 1295). Après la séparation de ses parents, la petite Marie est élevée par Ida Ferrier à Paris puis à Florence. L'attachement de Marie pour sa belle-mère semble avoir été très fort, à en juger par les lettres que Marie lui adresse lorsque son père, après sa rupture avec Ida, décide de reprendre sa fille près de lui (elle a seize ans) : « Très chère et bonne petite mère, la vie que je mène ici n'est pas tolérable. Joins-y la douleur que j'éprouve constamment d'être séparée de la personne que j'aime le plus au monde. Je dois encore éprouver le chagrin que me causent les exigences de papa, qui a l'intention de me faire vivre avec lui. Ah ! très chère [...] dans sa position [...] il m'est impossible d'y consentir ; j'ai été blessée au cœur lorsque j'ai vu qu'il n'avait pas honte de me mettre la main dans celle d'une femme de mauvaise vie. Il n'a pas rougi de me mettre en contact avec une personne que son amour paternel aurait dû faire sortir de Monte-Cristo lorsque j'y suis entrée et dont je n'aurais jamais dû entendre parler [Béatrix Person ?] ! [...] Je jure, par toi qui es ce qui m'est le plus cher au monde, qu'il n'y aura que la force qui pourra jamais me contraindre à fréquenter pareille compagnie » (Paris, 28 août 1847).

Marie est d'abord placée en pension, mais elle vient bientôt habiter chez son père, et se laisse entraîner dans la vie de bohème qu'il mène, au fil de ses banqueroutes financières et dans l'imbroglio de sa vie sentimentale (Béatrix Person, Marguerite Guidi, Isabelle Constant). Il semble qu'elle ait nourri une haine particulière pour la plus jeune et la plus aimée : Isabelle Constant.

Lorsque Alexandre Dumas fuit la faillite à Bruxelles, Marie le rejoint plus rapidement que son père ne le souhaitait ; elle s'y installe *le 1er mai 1852*, avant même que la petite maison contiguë qui lui est destinée ne soit achevée. Seule femme (avec la vertueuse Mme Parfait, épouse de Noël Parfait) au milieu des hommes de l'exil qui se réunissent au 73, boulevard de Waterloo, elle est l'objet de désirs, de recherches ; il est question de son mariage avec le peintre flamand Ernest Slingeneyer (1820-1894).

Le 25 mai 1853, Marie revient à Paris avec son père pour « travailler chez Boulanger et faire un peu de peinture » ; élevée dans un milieu artistique, elle choisit l'art plutôt que le mariage. Revenue à Bruxelles, elle essaie, en vain, avec l'aide de Mme Parfait, de régenter l'intérieur de son père prodigue. Mais bientôt Dumas quitte Bruxelles pour fonder « Le Mousquetaire » à

Paris, d'où il n'envoie que peu d'argent à sa fille ; les dettes s'accumulent. Marie fait front, proteste, se plaint, pleure. Dumas tente de la calmer et s'efforce de retarder son retour à Paris, car il craint la censure qu'elle exerce sur ses débordements amoureux.

En septembre 1854, il loue l'hôtel de la rue d'Amsterdam dans lequel Marie peut installer un atelier, au premier étage. Une certaine complicité unit alors père et fille : au début de la liaison avec Emma Mannoury-Lacour, Marie séjourne au château de Monts près de la maîtresse de son père, mais il semble qu'elle supporte mal la grossesse d'Emma, et elle quitte Monts pour Paris où elle arrive *le 24 mai 1855*. Le jour même éclate une crise terrible entre elle et son père, au cours de laquelle elle dévaste son atelier.

Le 28 août 1855, Parfait écrit à son frère : « Voilà deux mois qu'il a dû se séparer de sa fille, et s'en séparer violemment, après des scènes effroyables. Elle lui a fait des tours atroces, inouïs et comme à plaisir, car rien ne les expliquait, son père ayant toujours été avec elle d'une bonté sans égale, qu'on pourrait même taxer de faiblesse. Et Dieu sait combien elle le grugeait ! [...] Mais tu penses que ce ne sont pas ces folles prodigalités qui ont amené la rupture ; Dumas ne se fût point fâché pour si peu [...]. Je ne conterai pas ce qui s'est passé, d'abord parce que ce serait beaucoup trop long, ensuite parce qu'il y aurait des détails que vraiment je n'oserais écrire ici. On ignore ce qu'est devenue la jeune personne. » La pruderie de Parfait passe sous silence le scandaleux motif de la séparation (Marie a-t-elle révélé à Anatole Mannoury-Lacour la trahison de sa femme ?). Pourtant, Dumas a tôt fait de pardonner à sa fille même s'ils n'habitent plus sous le même toit. Marie loge au 16, rue de Berry.

Mariage. *Au printemps 1856,* Marie se fiance avec « un grand garçon avec des grands cheveux et des grands yeux noirs », **Pierre-Auguste-Olinde Petel**[1], fils d'Auguste-Jean-Baptiste Petel (médecin à Châteauroux) et d'Émelanie-Caroline Brillaut.

Comment ce jeune provincial est-il entré en contact avec les Dumas ? *En décembre 1854*, le jeune homme (il a dix-huit ans) a envoyé au « Mousquetaire » une traduction des *Églogues* de Virgile, sans donner son adresse ; *le 11*, il réclame à Dumas son « cahier de sottises en vers » ; non seulement Dumas ne lui renvoie pas, mais il publie un extrait de sa traduction dans « Le Mousquetaire » du *15 décembre*. D'après *Biographies berrichonnes*, il serait devenu l'un des secrétaires de Dumas avant de devenir son gendre.

Marie écrit à Hugo en exil pour qu'il soit son témoin ; Louis Boulanger signera à sa place ; l'autre témoin est Lamartine. *Le 4 mai 1856*, le contrat de mariage est signé devant Me Émile Fould. Dumas fait noter dans le contrat un bijou d'une valeur de 5 000 F, 3 000 F de meubles et 2 000 F de trousseau. La dot (de 120 000 F) ne sera jamais payée. Après le mariage civil qui a lieu *le 5 mai* et le mariage religieux célébré *le 6 mai* à Saint-Philippe-du-Roule, les époux partent pour l'Italie. A leur retour à Châteauroux, Marie peint et Olinde versifie : il écrit *Les Idéales* qui seront publiées *en 1858*, chez Michel Lévy. Dans le « Monte-Cristo » n° 3 du *6 mai 1857*, Dumas en fait l'éloge. Cependant, au dire de Marie, la santé mentale d'Olinde s'altère, il devient violent, les scènes se multiplient : après leur retour d'un voyage en Espagne (*en avril 1860*), à Saint-Charbier (*en août 1860*), à Jérusalem (*le jour des Rameaux 1861*), au cours d'un voyage qu'ils effectuent en Orient (Constantinople, Athènes, Marathon, Corinthe, Scutari, Saint-Jean-du-Désert).

Marie revient seule d'Orient, l'état mental de son mari s'aggrave. Quant à

elle, « elle crache le sang à pleine cuvette. Je l'ai fait ausculter par Ricord qui m'a dit : "Poitrine trouble" », écrit Dumas à son fils. Après un séjour aux Eaux-Bonnes, elle fait retraite au couvent des Dames de L'Assomption à Auteuil. Elle engage alors une procédure de séparation qui vient devant le tribunal civil de Châteauroux *le 5 mai 1862*, mais elle est déboutée. Elle revient à la charge *le 27 juin 1863*, par un appel exploit. Auparavant, *en mars 1863*, la mère d'Olinde s'est tuée en se jetant du cinquième étage. Par arrêt du *6 janvier 1864*, la Cour impériale de Bourges autorise Marie à prouver les faits et ordonne des enquêtes à Bourges, Vannes et Jérusalem. Après trois audiences (*les 21, 22* et *23 novembre 1864*) au cours desquelles Marie est défendue par Me de Sèze et Olinde par Me Battard, elle est de nouveau déboutée *(28 novembre 1864)*. D'après *Biographies berrichonnes*, Olinde « noctambule et nudiste », serait, après la séparation, tombé dans les « amours ancillaires ». En effet, par testament, il institua comme légataire Eulalie Lavandon, fille mineure de sa servante.

Marie essaie de se consoler de son échec conjugal en peignant : *en octobre 1862*, elle commence un grand tableau, *Les Litanies du Saint Nom de Jésus et de la très Sainte Vierge présentées par les Saints et les Saintes*, de 4,20 mètres de long ; il est achevé *le 7 mars 1864* pour être présenté au Salon. Dumas, de retour de Naples, bat le rappel auprès de ses amis : About (« Petit Journal », 12 mai 1864), « Le Siècle », « Le Journal illustré », « Les Débats », « Le Figaro » font les éloges du tableau dans lequel Dumas père et fils figurent en saints franciscains et Marie en ange gardien de Charlemagne.

Cependant, ce mysticisme fervent semble se concilier avec la vie de bohème de Dumas, puisque, après l'épisode de

---

1. Né à Châteauroux, le 14 juin 1836.

la Gordosa, Dumas et Marie emménagent ensemble dans l'hôtel du boulevard Malesherbes ; Marie s'habille en druidesse, couronnant son front de gui et portant une faucille à la ceinture ; elle enlumine de vieux missels. *En août 1865,* elle entreprend un nouveau tableau, *Salvador Mundi. Après la mort du Christ, les anges missionnaires,* qu'elle interrompt pour accompagner son père et son cousin Alfred Letellier dans leur voyage à travers l'Autriche et la Hongrie, *de novembre 1865 à janvier 1866.*

Encouragée par son père, Marie abandonne parfois le pinceau pour la plume : *en juillet 1866,* elle commence un roman, *Au lit de mort* (qui sera publié en 1867 chez Lévy), tout en peignant un *Saint Augustin* destiné aux Augustines d'Auxerre. Son *Salvator Mundi* est présenté à l'Exposition universelle de *1867. En avril* de la même année, quand éclate le scandale des photos (voir p. 1311), Marie tente sans succès de les faire retirer de la vente. *En novembre,* elle termine un deuxième roman, *Madame Benoît,* d'inspiration autobiographique, puis entreprend un nouveau voyage en Autriche. Son père publie ses lettres de Vienne dans « Le Dartagnan » *(4 et 8 février, 17 et 18 janvier 1868),* ainsi que *Madame Benoît (6 février-18 juin 1868).* Marie devient la véritable cheville ouvrière du « Dartagnan » qui cesse sa publication quand Dumas s'installe au Havre pour *l'été* et *l'automne 1868.* Seule dans l'appartement du boulevard Malesherbes, elle écrit la suite de *Madame Benoît, Le Mari de Madame Benoît,* qui paraîtra en 1869 chez Lévy, et peint sur les murs du salon les scènes principales de *Faust* pour « faire une surprise à son père » ; mais, lasse de l'attendre, elle le rejoint *le 24 octobre* et le ramène à Paris, où elle devient sa garde-malade. En

quêtant pour une bonne œuvre, Marie rencontre l'ambassadeur d'Autriche, Richard Metternich et sa femme Pauline. Ils sont impressionnés par son intelligence et sa bonté (voir *Souvenirs de la princesse Pauline de Metternich,* 1859-1871, chap. XII, Plon, 1922). Cette amitié sera la consolation de Marie après la disparition de son père.

Au début de *septembre 1870,* Marie revient en hâte de Trouville où elle était en villégiature. Elle dessine un dernier portrait de son père la tête appuyée contre un oreiller et l'assiste jusqu'à sa mort *le 5 décembre. Le 15 novembre 1870,* elle peint le cimetière de Neuville-lès-Pollet où le corps de Dumas sera déposé, *le 10 décembre,* sous la neige.

Marie ne produit plus ; elle vit d'une modeste pension (500 F par mois) que lui verse son grand frère Alexandre qui a réussi à l'écarter de la succession et s'est contenté de lui donner 1 000 F pour désintéresser ses créanciers les plus pressés. *En décembre 1874,* elle habite au 89, rue Morny. *En 1876,* elle envoie à son cher ami Metternich tous les manuscrits et objets personnels qui lui ont été légués à la mort de son père, si bien que le prince peut installer dans son château de Kunzvart un véritable musée Alexandre Dumas qu'il montre à ses visiteurs.

Mort. Marie s'éteint *le 26 septembre 1878,* à quarante-sept ans, en son domicile de Courbevoie, 8, rue de l'Hôtel-de-Ville. Une lettre de l'ambassadeur d'Autriche au prince de Metternich sur les derniers moments de Marie reste énigmatique : « N'ayant pu rencontrer le Dr Guérin, j'ai été de suite à Courbevoie ; j'ai pu voir Mme Dumas et l'ai à peine reconnue, elle est presque entièrement paralysée et peut à peine parler, elle m'a remis plusieurs objets (…). En cas de décès de Mme Dumas, cette personne[1] aurait un secret à révéler (de

---

1. La « personne » en question est peut-être Jean-Charles-Louis Bertheam, le témoin du décès qui, d'après l'acte de décès, habite à la même adresse. On ignore le secret dont il a été dépositaire.

la part de Mme Dumas) à Votre Altesse, qui ne peut s'écrire ; elle désirerait aussitôt le séjour de Votre Altesse à Paris obtenir un entretien » (G. Allen au prince de Metternich, *4 septembre 1870*).

Enfants non reconnus

Parmi les nombreux enfants attribués à Dumas, il y en a trois sur lesquels on possède quelques renseignements mais qui n'ont pas été reconnus juridiquement.

• **Henri-Francis BAUER**. Né à Paris le 17 mars 1851, mort le 21 octobre 1915.

La tradition en fait le fils de Dumas et de Mme Antoine Baüer, née Anna Herzer (voir p. 1302). Pour le *Dictionnaire de biographie française* (publié sous la direction de Roman d'Amat), Baüer est le fils d'un industriel qui, ruiné, partit pour l'Australie d'où il ne revint jamais. Inscrit aux facultés de droit et de médecine, Henry se consacre à la cause du peuple ; il fréquente les milieux socialistes, rencontre Blanqui, Vallès, Quinet. Sous l'empire, il participe finissant à toutes les manifestations républicaines, réunit des ouvriers chez un marchand de vin de la rue Laharpe, et projette même de lancer des bombes sur les Tuileries. Dénoncé, il est condamné à trois mois de « prison pour outrage à l'empereur ». A sa sortie de prison, il se livre à des voies de fait sur un commissaire de police venu dissoudre une réunion et il est incarcéré pour huit mois à Sainte-Pélagie. *Le 4 septembre 1870* le délivre. Pendant le siège, il prend part à l'émeute du *31 octobre :* arrêté, relâché, arrêté de nouveau, il est enfin acquitté par le conseil de guerre. Partisan de la Commune, il échappe aux exécutions sommaires des Versaillais, mais, arrêté trois mois plus tard, il est condamné (comme personnage dangereux) à la déportation dans une enceinte fortifiée, et purge sa peine sur la presqu'île

de Ducos en Nouvelle-Calédonie. Amnistié *en 1880,* il rentre à Paris pour se consacrer plutôt à la littérature qu'à la politique (feuilletons au « Réveil » et à « L'Écho de Paris »). Il travaille à l'avènement du « théâtre de vérité, de réalité » (Ibsen, Bjørnson, Strindberg) et prône la musique de Wagner. Dans l'affaire Dreyfus, il prend le parti du condamné et de Zola, ce qui lui vaut d'être traité d'« invraisemblable primaire » par Léon Daudet.

Il a épousé Pauline Lemarié dont il a eu un enfant, le futur critique Gérard Baüer.

Œuvres : *Une comédienne,* 1889 ; *Idéalité et irréalité,* 1894-1899 ; *Mémoires d'un jeune homme,* 1895 ; *Sa maîtresse,* 1902 ; *Chez les bourgeois,* 1903.

Henry et Gérard Baüer ont chacun consacré un article à Alexandre Dumas, leur père et grand-père supposé : *Alexandre Dumas* (« L'Écho de Paris », *29 novembre 1895*) pour Henry ; et *L'Esprit d'Alexandre Dumas* (« L'Écho de Paris », *1ᵉʳ avril 1926*) pour Gérard. Gérard Baüer a également écrit *La Jeunesse d'Alexandre Dumas* (« Annales politiques et littéraires », *15 juillet-1ᵉʳ septembre 1929*).

• **Alexandrine de FERNAND. (Née** vers 1859, **morte** après 1888). Fille de Marie de Fernand (plus connue en littérature sous le pseudonyme de Victor Perceval, voir p. 1307).

Dans une lettre adressée à Dumas fils *le 20 août 1888,* Alexandrine affirme : « Votre père est le mien, voilà mon seul titre auprès de vous », et plus loin : « J'ai tant aimé mon père tout en ne le voyant que rarement ; c'est en son nom que je vous dis : secourez-moi. » Elle explique que, depuis l'âge de dix-huit ans, elle s'est toujours « suffi », en donnant des leçons (depuis plus de sept ans) mais que désormais on la « trouve trop vieille ». Elle aurait donc vingt-cinq ou vingt-six ans en 1888, et l'on sait, par ailleurs, qu'elle est née au plus tard au début de 1860.

Grâce à l'adresse portée sur la lettre : « 19, St. Ann's Villas. Notting Hill », on suppose qu'elle est institutrice dans une famille anglaise. Cette lettre désespérée adressée à Dumas fils, ainsi que la lettre que Victor Perceval a envoyée à Michel Lévy, sont les seuls indices que nous possédions de l'existence de cette fille de Dumas.

• **Micaëlla-Josepha CORDIER.** Née à Paris, le 24 décembre 1860 (on ne connaît pas la date de sa mort). Fille de Dumas et d'Émilie Cordier (voir p. 1308), elle est née 6, quai Saint-Paul. Dumas apprend sa naissance à Naples et fait un aller et retour à Paris pour la voir. Ses parrain et marraine sont Garibaldi et Mme de Chambrillan (Céleste Vénard dite Céleste Mogador). Un cahier envoyé par Micaëlla à Calmann-Lévy et conservé à la Bibliothèque nationale restitue, malgré une certaine confusion, les principales étapes de la triste vie de Micaëlla. Il commence ainsi : « Puisque je veux écrire mes impressions et mes souvenirs, comment je suis née, fille d'un des plus grands romanciers du XIXᵉ siècle, pourquoi je ne porte pas son nom, et pourquoi je ne jouis pas de la fortune que je devrais avoir, que je vis seule et inconnue [...] je vais vous le dire [...] » (B.N., n.a.fr., 24 642).

Enfant chétive, elle est confiée aux soins d'une nourrice à Milly-la-Forêt tandis que sa mère, *en juin 1861,* repart pour Naples avec Dumas ; mais les parents, s'ennuyant de « Bébé », demandent à la nourrice Marie de venir à Naples avec l'enfant qui « va sur ses deux ans » ; Türr, un garçon de dix ans, est spécialement chargé de veiller sur elle. L'année passée au palais Chiatamone auprès d'un vieux père qui obéit à tous ses caprices demeure pour Micaëlla le paradis perdu : « Je revins à Paris avec lui *en 1864* et je demeurais avec lui, Maman et lui s'étant fâchés et séparés, et ma sœur Marie, boulevard Malesherbes près du parc Monceau où j'allais jouer avec Türr et

gardée par Humbert, la cuisinière [...]. Comme domestiques, il y avait Vasili, Humbert, Armande, ma gouvernante [...]. J'ai vécu aussi à Enghien avec Papa, Marie et une artiste, une chanteuse appelée la Gordosa ».

Comme sa mère remonte sur scène et n'a que peu de temps à lui consacrer, Micaëlla est confiée alternativement à sa grand-mère, Arsène Cordier et à Dumas, qui, d'après Micaëlla, s'aiment beaucoup. A son retour de Vienne, *en janvier 1866,* son père lui offre « deux belles poupées ». Micaëlla affirme qu'elle vit son père pour la dernière fois le jour de son soixante-septième anniversaire, *le 24 juillet 1870* (!), ce qui n'est pas vraisemblable puisque Dumas est alors en Espagne. Micaëlla apprend la mort de son père *le 25 décembre 1870* à Marseille, où la guerre l'avait conduite avec sa mère.

Jusqu'à la mort de sa grand-mère, *le 24 septembre 1871,* elle a vécu avec elle, puis elle est placée en pension chez les demoiselles Vaillant et Burcier à Boulogne-sur-Mer *(1872-1878).* Elle y obtient le brevet simple et joue en fin d'années des saynètes : son talent aurait attiré l'attention du directeur du théâtre de Boulogne, mais Émilie se serait opposée à ce que sa fille monte sur les planches. A son retour à Paris, sa marraine, Céleste de Chambrillan (qu'elle déteste) lui ménage une entrevue avec son « grand frère Alexandre », sans résultat. Elle vit désormais auprès de sa mère et de ses frères et sœurs cadets qui lui reprochent de manger le pain que le père, séparé d'Émilie, leur octroie. *En 1880,* au cours d'un séjour à Barbizon, elle reçoit la visite de son beau-frère Olinde Petel qui recherche sans doute un papier de Dumas distribuant ses biens entre ses trois enfants.

Après la mort de sa mère, Micaëlla, qui survit grâce à une rente de 150 F par mois que lui fait son frère René, se réfugie chez sa sœur ; mais la mésentente s'installe entre les deux sœurs et, *en 1911,* elle s'installe comme

« demoiselle pensionnaire » chez M. et Mme Ruffin, qui habitent à Aunou-le-Faucon, près d'Argentan. *Le 24 mars 1914,* les Ruffin déménagent au Thil, dans l'Eure puis Mme Ruffin, malade du foie, part en cure à Vichy. Micaëlla, ne supportant pas le mari, loue, *le 27 juillet,* pour elle seule une petite maison à Étrépagny, rue du 30-Novembre. *En 1915,* après la mort de ses maîtres, la bonne des Ruffin vient l'y rejoindre.

D'après des témoins interrogés à Étrépagny *en 1895,* Micaëlla (qui se faisait appeler Mlle Dumas) vivait avec une dame de compagnie ; elle aurait quitté la ville vers *1930* ; à cette époque, « elle ne voyait plus clair ». *Le 5 septembre 1923,* elle écrit à Henriette Dumas, veuve de son grand frère Alexandre, pour lui demander un secours. Ensuite, la trace du dernier enfant d'Alexandre Dumas se perd.

Portrait. « Laide, elle l'était certainement avec ses petites joues de cire jaune et sa grande bouche aux lèvres invisibles. Mais toutes ces laideurs étaient rachetées par une suprême beauté : l'intelligence de ses yeux » (Mathilde Shaw).

• **X.** D'après Mathilde Shaw, Dumas aurait eu une fille, devenue comédienne : « Une honnête et charmante jeune femme mariée que j'ai connue et affectionnée dans la troupe de Sarah Bernhardt en Amérique ». On ignore tout de ce quatrième enfant d'Alexandre Dumas.

IV
VIE AFFECTIVE

FEMME LÉGITIME

NOMS

Marguerite-Joséphine, elle porte au théâtre le nom d'**Ida Ferrier** (Nancy, 31 mai 1811 - Gênes, 11 mars 1859). Fille de Mathias Ferrand et d'Anne Calais ; elle est reconnue par Mathias Ferrand par acte du 5 mars 1812, puis légitimée par ses parents lors de leur mariage à Metz le 17 novembre 1813.

FAMILLE

Père. Mathias Ferrand (Lyon, 25 février 1750 - ?). Entrepreneur des Messageries, il est peut-être le fils naturel du prince de Conti.

Mère. Anne Calais, ou Calley (Lunéville, 17 août 1783 - ?). Fille d'un tonnelier de Mirecourt. Elle est, d'après la comtesse Dash, laide et commune, avec des allures de cuisinière et « une profonde science des ragoûts, des cornichons, des confitures, de tout ce qui tenait à la gourmandise et à l'office ».

Frères. Elle en a deux.

PORTRAIT PHYSIQUE

Ida Ferrier est une femme de taille moyenne au fort embonpoint. Blonde, avec des sourcils très noirs, une peau très blanche, et des yeux bleu foncé, elle coiffe ses cheveux « en mille boucles, à la Mancini ». Ses points faibles sont ses dents, qui sont mal rangées, et ses pieds qu'elle dissimule en portant, bien avant la mode, des robes traînantes. Elle se maquille, ce qui n'est pas encore entré dans les mœurs de l'époque et vers la quarantaine, elle devient « grosse comme un hippopotame » (Comtesse Dash, *Mémoires des autres,* t. VI, p. 219). Son obésité est la cible des journaux satiriques et des caricaturistes. A la fin de sa vie, elle a tendance à trop se maquiller, abuse de la poudre de riz et ressemble « à un pierrot enfariné » (Comtesse Dash, *ibidem*, p. 203).

Signes particuliers. Elle est gênée par une assez mauvaise prononciation ; en outre, elle parle du nez, ce qui ne semble pourtant pas avoir nui à sa carrière théâtrale.

PORTRAIT PSYCHOLOGIQUE

D'après la comtesse Dash : « Ce n'était pas une personne de cœur, bien qu'elle eût la prétention d'en avoir beaucoup vis-à-vis des personnes qu'elle voulait dominer par des supériorités de toutes sortes. [...] Profondément corrompue, sans aucun principe, elle ne sut jamais résister à une fantaisie quelle qu'elle fût. Elle mettait de la passion dans tout. La plus impétueuse de toutes était celle des chiffons, et sa préoccupation la plus grave était sa beauté [...]. Bien qu'elle fût très gourmande, elle se fût passée de manger pour avoir une cornette de dentelle [...]. Son premier mouvement était toujours mauvais. La réflexion seule le modifiait, non par la crainte de mal faire, mais à cause de ce qui pouvait résulter de désagréable ou d'ennuyeux pour elle, si elle cédait à ce mauvais instinct. Elle n'aimait qu'elle sur la terre et n'eut jamais une affection véritable pour qui que ce fût. Ceux qui s'intitulaient ses amis n'avaient à ses yeux d'autres droits à ce titre qu'en lui étant agréables ou utiles [...].

« Ceux pour qui elle a eu de l'amour n'ont pas été plus favorisés. Chez elle l'amour était violent, emporté, jaloux ; elle exigeait tout et ne donnait rien qu'en exaltation et en emportement. Elle eût tué son amant, elle se fût tuée elle-même dans un moment de frénésie, mais on ne lui connut pas un seul élan de tendresse, pas un de ces mots du cœur, qui font souvent tout pardonner. Colère jusqu'à la fureur, elle ne vivait que de scènes ; elle avait un besoin perpétuel d'émotions [...]. Dominante, impérieuse, tout devait s'humilier devant elle [...]. Son amour-propre était la cheville ouvrière de sa vie. Si on le blessait, il n'y avait pas de rémission à attendre, elle n'oubliait rien. De là sa jalousie effrénée, poussée à l'exaspération sans bornes, lorsqu'il s'agissait d'une rivale connue [...]. Comme elle n'avait d'autre frein que son caprice, son caractère était d'une inégalité sans pareille dans son intérieur. Elle savait très bien se contraindre devant des témoins auxquels elle voulait donner bonne opinion. Cependant, si son amour-propre était en jeu, elle éclatait même en face de la galerie [...]. Elle raisonnait à merveille, quand elle voyait les choses de sang-froid. Elle savait la vie et déployait une finesse remarquable quand ses passions n'étaient pas en jeu. Alors au contraire, elle devenait incapable de se diriger » (*Mémoires des autres,* t. 6).

D'après George Sand : « Quelle douleur, quel immense regret pour tous ceux qui l'ont connue ! une si grande âme, une si vaste intelligence ! Si vous voulez ajouter quelques mots qui résument sa vie, mettez : [...] ''A la mémoire de... et, après les noms, dont la haute intelligence et l'âme noble ont laissé des traces profondes dans la vie de ceux qui l'ont connue. Grande artiste et femme généreuse, elle est partie jeune et belle encore, aimable et dévouée''. » (*Lettre au prince de Villafranca,* 7 avril et 29 août 1859, après la mort d'Ida).

GRANDES ÉTAPES DE SA VIE

• **Carrière avant son mariage.** Élevée chez les chanoinesses allemandes de Strasbourg, elle reçoit une bonne éducation, parle et écrit admirablement le français et l'allemand. C'est en jouant dans le petit théâtre de la pension qu'elle prend goût à l'art dramatique. Son éducation terminée, elle revient vivre à Nancy où la comtesse Dash la remarque à un bal de la préfecture. A la mort de son père qui laisse une situation embarrassée, Marguerite a dix-sept ans.

Elle décide de conquérir Paris et s'adresse à un des frères Sevestre qui exerçaient un quasi-monopole sur les théâtres de banlieue.

Sous le nom d'Ida, elle débute au théâtre de Belleville et gagne 50 F par mois. Grâce à la protection de Jacques Domange[1] (1801-1877) qui se dit son oncle, elle peut louer un appartement rue Cadet et se faire engager aux Nouveautés. Pour rupture de contrat, le tribunal de Commerce la condamne à payer 200 F par représentation manquée.

• **Rencontre avec Alexandre Dumas. 1831.** *En décembre,* elle rencontre Dumas pour la première fois à l'occasion des répétitions de *Teresa* à la salle Ventadour. Elle joue Teresa et Dumas lui trouve « un talent fin, gracieux, très simple, en dehors de toutes les conventions théâtrales ». Bien qu'il soit alors l'amant de Belle Krelsamer qui habite avec lui, il est probable qu'il ait, dès cette époque, goûté aux charmes d'Ida.

1832. *Le 6 février,* (soir de la première de *Térésa*) la jeune actrice remporte un grand succès et se jette dans les bras de Dumas : « Je ne sais comment vous remercier ! » lui dit-elle. Dumas de son côté ne tarit pas d'éloges : « C'est une statue de cristal ! Vous croyez que les lis étaient blancs, que la neige était blanche, que l'albâtre était blanc ? Que non. Il n'y a de blanc dans le monde que les mains de Mlle Ida Ferrier ». Cependant, Belle Krelsamer continue à régner. *Le 4 mars, Teresa* quitte l'affiche après quinze représentations. Le choléra, le voyage en Suisse éloignent Dumas d'Ida, qui est engagée au Théâtre du Palais-Royal (printemps 1832-1833).

• **Longues fiançailles. 1833.** Peu à peu Ida réussit à supplanter Belle Krelsamer. *Le 30 mai,* elle dîne chez Mlle Mars, avec Dumas et Marceline Desbordes-Valmore. Désormais,

Dumas se charge de sa carrière théâtrale : il la fait engager à la Porte-Saint-Martin où elle débute, *le 6 août,* dans *La Chambre ardente* de Mélesville et Bayard, puis elle rejoue *Teresa.*

Après avoir repris, *le 9 novembre,* le rôle de Jane (abandonné par Juliette Drouet) dans *Marie Tudor* de Victor Hugo, Dumas lui compose le rôle d'Angèle dans la pièce du même nom *(28 décembre).*

1834. Ida, qui loge 12, rue de Lancry, près de la porte Saint-Martin, commence à s'installer dans l'appartement que Dumas a loué 30, rue Bleu. Durant les mois de *janvier et février,* tandis que le succès d'*Angèle* la retient à Paris, Dumas part à Rouen et à Bordeaux pour suivre la tournée de Marie Dorval. Ida hait Marie qu'elle jalouse et n'appelle que le « vieux monstre ». Elle console cependant des infidélités de Dumas qui lui destine le rôle principal de *Catherine Howard,* mais ce sera un échec *(2 juin).* Après le demi-succès de *La Vénitienne (7 mars),* elle crée, *le 6 octobre,* le double rôle d'Olivia et d'Inès dans *La Famille Moronval* de Charles Lafont. *En novembre,* Dumas la quitte pour entreprendre, en Italie, un voyage qui tourne court.

1835. Ida et Dumas voyagent, *le 12 mai,* ils quittent Paris. *Du 17 mai au 15 juin,* ils font une longue halte à Toulon pendant laquelle Dumas compose *Don Juan de Marana* (le rôle du Bon Ange a été écrit pour Ida). *Le 2 août,* le couple traverse l'Italie jusqu'à Naples où, *le 23 août,* ils se séparent : Dumas embarque pour la Sicile et les côtes de la Calabre, Ida reste à Naples. Craint-elle les voyages maritimes ? A-t-elle déjà rencontré le prince de Villafranca qui sera le compagnon de la seconde partie de sa vie ? *Le 5 novembre,* Dumas rentre à Naples ; Ida veille à ce que l'aventure de Dumas avec Caroline Ungher n'ait pas de suite. *Le 25*

---

1. Il dirige l'Entreprise générale des vidanges inodores et des fosses mobiles.

décembre, Ida regagne Paris, sans un sou vaillant.

1836. *Le 25 janvier,* elle fait sa rentrée à la Porte-Saint-Martin dans *Angèle,* puis, *le 2 mars,* elle crée *Les Infants de Lara* de Mallefille, avant d'incarner, *le 30 avril,* le Bon Ange de *Don Juan de Marana* qui ne rencontre qu'un succès de curiosité.

Définitivement installée rue Bleu, Ida dirige la maison où elle accueille les enfants de Dumas : Marie pour qui elle a beaucoup d'affection et Alexandre qu'elle déteste et qui le lui rend bien.

1837-1838. *Le 24 février 1837,* grâce à Dumas, Ida signe avec la Comédie-Française : elle est engagée comme jeune premier rôle, pour la période du *1er octobre 1837 au 31 mars 1838,* avec un traitement de 4 000 F. Dumas lui taille sur mesure le rôle de Stella dans *Caligula* (26 décembre 1837). Malgré une cabale attribuée à Hugo (par Ida) ou à Mlle George, la tragédie remporte un succès mitigé et la critique n'est pas toujours tendre avec Ida : « L'embonpoint de mademoiselle Ida, jeune fille rêveuse et sentimentale, toujours vêtue de blanc, vierge timide au pied léger, fuyant un infâme ravisseur, ange et sylphide dont on cherche les ailes [...] est risible et révoltant. Il faudrait au moins être transportable, quand on se destine à être enlevée tous les soirs » (Vicomte de Launay, *Chroniques parisiennes*). « Une fort jolie tête sur un corps gros et court. Son embonpoint monstrueux nuisait à l'aisance de sa démarche ; elle tomba deux ou trois fois, ce qui ne contribua pas à soutenir l'ouvrage ; il y eut des rires et des murmures » (Samson, *Mémoires*). Ida supporte mal les quolibets et songe à démissionner. La pièce n'est représentée que vingt fois (entre le 26 décembre 1837 et le 16 novembre 1838). Ida et Dumas quittent alors la rue Bleu pour s'installer plus somptueusement au 22, rue de Rivoli, presque en face des Tuileries. Ida continue à lutter contre ses rivales comme Virginie Bourbier. *Du 10 août au 2 octobre 1838,* elle voyage en Allemagne avec Dumas.

1839. *Le 14 janvier,* elle fait ses débuts au nouveau théâtre de la Renaissance et *le 10 avril,* elle crée le rôle de Francesca dans *L'Alchimiste,* dont l'édition lui est dédiée, puis quitte définitivement la scène. *Le 15 juin,* une représentation est donnée à la Renaissance au bénéfice d'Ida ; les acteurs du Palais-Royal jouent *La Comtesse du Tonneau* ; les Comédiens-Français jouent *Mademoiselle de Belle-Isle* (4 500 F de recette).

• **Mariage.** Après sept ans de vie commune, le mariage de Dumas et d'Ida étonna tout Paris. Quelle en est la raison ? D'après Eugène de Mirecourt (*Les Contemporains*), Dumas aurait commis l'imprudence, au cours d'un bal, de présenter sa maîtresse au duc d'Orléans qui lui aurait dit : « Il est bien entendu, mon cher Dumas, que vous n'avez pu me présenter que votre femme ». Malgré son peu de vraisemblance, l'anecdote semble confirmée par une note de Paul Lacroix : « Grâce au sacrement du mariage, breveté de S. M. la reine des Français, on parvient à tout en cet âge d'or de la liste civile [...] Matrimoniomanie du Château ! » (A. Maurois, *Les Trois Dumas*).

Les *Mémoires* d'Horace de Viel-Castel donnent une autre version : le tuteur d'Ida, Jacques Domange, aurait utilisé le capital de sa pupille (40 000 F) pour acheter 200 000 F de créances sur Dumas et, escorté de gardes du commerce, il serait venu sommer Dumas de choisir entre épouser Ida ou aller, pour dettes, à la prison de Clichy. Il semble bien, en effet, que ce soit Domange qui ait arrangé ce mariage. « Rappelez-vous, cher ami, que c'est vous qui avez fait cet heureux mariage, et qui avez fixé à 120 000 F cette dot que l'on me réclame », lui écrira plus tard Dumas. Acculé à la faillite, Dumas n'a dû son salut qu'à Domange qui a racheté ses créances.

1840. *Le 1ᵉʳ février,* le contrat est signé, chez le notaire de Domange (Maître Desmanée) en présence de Chateaubriand, pair de France, de Villemain, ministre de l'Instruction publique, du vicomte de Narbonne-Lara et de Gaspard Couret de la Bonardière, conseiller d'État. A la mairie, les témoins sont Chateaubriand et Villemain ; au mariage religieux célébré, *le 5 février,* à l'église Saint-Roch, les témoins sont le peintre Louis Boulanger et l'architecte Charles Robelin.

Le jeune Alexandre Dumas, qui a alors seize ans, désapprouve violemment ce mariage au point que Dumas père écrit : « L'entêtement de ce malheureux enfant est à peu près mon seul chagrin, c'est lui qui m'a à peu près forcé de quitter Paris » (*Lettre à Paul Collin,* vers le 15 septembre 1840). En effet, à *fin mai,* les Dumas quittent Paris pour Florence où ils arriveront *le 7 juin.* Si l'attitude d'Alexandre les pousse à s'exiler, les contraintes économiques sont, sans doute, le principal motif ; de plus, à Florence, Dumas pourra travailler plus tranquillement et mener une vie moins dispendieuse. Le couple s'installe d'abord au Palazzo Langestverde, Porta alla Croce, puis Via Rondinelli, dans une maison moins chère mais moins confortable. Ida se plaint amèrement des privations qu'impose une stricte économie.

1841. *De février à mai,* Ida et Dumas effectuent un séjour à Paris. *En septembre,* Dumas y revient seul pour surveiller les répétitions de ses pièces, et il s'y attarde.

• **Amants.** Peut-être est-ce à cette époque qu'Ida rencontre *Edoardo Alliata,* douzième prince de Villafranca, duc de Salaparuta, Grand d'Espagne de 1ʳᵉ classe, prince de Montereale, duc de Saponara, marquis de Santa-Lucia, baron de Mastra, seigneur de Mangiavacca Viagrande, etc. Ce grand seigneur

sicilien, issu d'une famille d'origine pisane, n'a que vingt-quatre ans. Il est marié à Felicita Lo Frasa Abate (1821-1888), qui lui donnera un fils, Giuseppe, en 1844.

D'après Mlle Mars, Ida aurait eu d'autres amants. Elle écrit : « Mme I. en est à son second amant, c'est maintenant le comte P. (Laroche-Pouchin ?) qui règne ; D. (Dumas) sait tout ; il a quitté Florence convaincu de son malheur et on dit, quoi qu'il n'en convienne pas tout haut, qu'ils sont séparés » (*Lettre à Mlle Doze,* 6 décembre 1842).

1842-1843. Dumas passe l'hiver à Paris. Ida vient le rejoindre. Ils repartent séparément pour Florence en avril 1843 et y effectuent un dernier séjour, avant de se réinstaller à Paris à l'automne, au 45, rue du Mont-Blanc. La lutte entre Dumas fils et Ida recommence ; Dumas s'éprend d'Eugénie Scrivaneck : la séparation est proche.

• **Séparation. 1844.** *Le 15 octobre,* Dumas et Ida se séparent à l'amiable. Dumas indique à son avoué, maître Gandaz, les modalités de la séparation : il versera à Ida 10 000 F par mois et paiera sa voiture ; il l'indemnisera de ses meubles personnels moyennant 3 000 F ; il lui versera 500 F par mois pendant les douze premiers mois. En échange, Ida se chargera de l'éducation et de l'entretien de Marie Dumas.

1845-1853. *En avril 1845,* Ida part à Florence avec la petite Marie Dumas. La séparation à l'amiable tourne vite aux hostilités procédurières : Dumas ne paie qu'irrégulièrement la pension d'Ida et, *en 1847,* il reprend sa fille qu'il met en pension. Depuis Naples où elle s'est installée, pour des raisons de santé, Ida demande justice par l'intermédiaire de maître Adolphe Lacan, son avocat, et *le 30 décembre 1847,* elle introduit une demande en séparation de biens. *Le 10 février 1848,* le tribunal de la Seine prononce la séparation de biens des époux Dumas, aux torts du mari qu'elle condamne : 1° à restituer la dot de

120 000 F ; 2° à servir la pension de 6 000 F garantie par une hypothèque légale. Dumas fait appel. Ida institue sa mère, Anne Ferrand, mandataire générale et spéciale pour engager les poursuites nécessaires. *Le 5 août 1848,* la cour d'appel confirme le jugement du tribunal civil. Lors de la faillite du Théâtre-Historique, Anne Ferrand s'oppose au concordat intervenu, en décembre 1852, entre Dumas et ses créanciers ; *le 13 avril 1853,* le tribunal de 1re instance la déboute par défaut.

• **Après la séparation.** Ida vit alternativement en France et en Italie. Elle est maintenant la maîtresse officielle du prince de Villafranca.

1855. Ida demeure à Rome où elle reçoit la visite de George Sand qui voyage en Italie. *Du 9 au 17 octobre,* Ida et le prince sont accueillis à Nohant. Elle s'installe ensuite à Paris (successivement 15, rue Castellane, puis 22, rue de Rivoli), puis à Saint-Germain-en-Laye (6, cité Médicis).

1856. *A l'automne,* le prince loue un bel hôtel au 38, rue Gabriel. *En août,* sa mère meurt.

1857-1858. Ida souhaite retrouver le soleil de l'Italie : elle souffre des premières atteintes d'un cancer de l'utérus et les projets de son prince, qui « n'a plus d'autre patrie et d'autre religion que l'argent qu'il lui faut pour faire vivre hors de la misère sa chère Ida », ont échoué.

Le couple abandonne Paris (sans doute à l'automne 1858) et après un séjour à Nice, près d'Alphonse Karr, ils se fixent à Gênes, Casa Picasso, Acqua Sola.

• **Mort.** *Le 11 mars 1859,* Ida meurt à quarante-huit ans. Elle est enterrée au cimetière de Staglieno.

Le prince de Villafranca dira à Dauzats : « Cette femme en mourant, je le jure devant Dieu, a emporté avec elle la moitié de mon âme. » Quant à Dumas, il répond à Alphonse Karr qui lui a annoncé la nouvelle de la mort de sa femme : « Mon bon ami, j'étais près de ma fille à Châteauroux, quand ta lettre est arrivée. Je l'ai trouvée à mon retour. Merci ! [...] Mme Dumas était venue à Paris il y a un an et s'était fait payer sa dot. J'ai son reçu. » Depuis longtemps Ida était morte pour lui.

MAÎTRESSES

« C'est par humanité que j'ai des maîtresses ; si je n'en avais qu'une, elle serait morte avant huit jours » disait Dumas. En effet, la vie sentimentale et sexuelle de Dumas décourage tout recensement. Nous ne donnerons qu'une notice sommaire sur chacune de ses maîtresses.

• **Victoire, Aglaé TELLIER** (Villers-Cotterêts, 12 mai 1798 - ?). Fille de Jean-Joseph Tellier et de Marie-Josèphe Violette, elle est la première maîtresse de Dumas qu'il nomme Adèle Dalvin dans *Mes Mémoires.* Elle a dix-neuf ans quand Dumas, qui en a quinze, entreprend sa conquête. Elle travaille chez les demoiselles Rigolot, marchandes de mode et vient de rompre avec Richoux, fils de riches cultivateurs.

Portrait physique. « Elle était rose et blonde. Je n'avais jamais vu plus jolis cheveux dorés, plus gentils yeux, plus charmant sourire ; plus petite que grande, plutôt potelée que mince, plutôt gaie que triste » (Dumas, *Mes Mémoires).*

Liaison avec Dumas. Avec Aglaé, il découvre ses premiers éblouissements sensuels. Leurs amours durent trois ans, rarement troublées par « quelques légers nuages », mais compromettent l'avenir d'Aglaé. On éloigne Alexandre chez son beau-frère, Victor Letellier, à Dreux et on arrange le mariage d'Aglaé avec Nicolas-Louis-Sébastien Hanniquet, de treize ans son aîné. Fils d'un limonadier, il est pâtissier-traiteur. Le mariage est célébré le 1er octobre

1821 à Villers-Cotterêts. Dumas qui a fui la ville, rencontre par hasard la noce : « Mon premier rêve venait de s'évanouir, ma première illusion de s'éteindre ».

Les naissances se succèdent au foyer des Hanniquet : Louise-Aglaé (11 juillet 1822 - ?), Louis-Victor (21 juin 1823-5 janvier 1825), Henriette (1er août-6 septembre 1824), Julie-Aline (31 janvier 1827), Armande-Eugénie (7-19 juillet 1828), Victor-Ernest (13 septembre 1832). Leurs actes de naissance révèlent des changements dans la profession du père : en 1824, on le dit marchand de nouveautés, en 1828 limonadier, puis à nouveau marchand de nouveauté en 1832. En 1836, il fonde à Villers-Cotterêts une salle de spectacle, dont Aglaé pose la première pierre.

Dans une lettre adressée à Boussin, vers 1825, Dumas écrit : « Aglaé [...] a épousé Hanniquet. Quatre enfants sont nés depuis le mariage. Trois sont morts et — admirez la bizarrerie du Destin — le seul qui reste est celui dont elle était enceinte en l'épousant ; du reste, ménage parfait » ; il laisse ainsi entendre que la première-née des Hanniquet (Louise-Aglaé) pourrait bien être sa fille, ce qui n'est pas confirmé par les actes de l'état-civil, car Louise-Aglaé a bien été conçue dans le mariage.

Dumas revoit Aglaé, en octobre 1827, à Paris, au cours d'une aventure héroïco-burlesque (*Mes Mémoires,* chap. CIX) et sans doute à Villers-Cotterêts lors de ses parties de chasse. Il garde un souvenir un peu mélancolique de « cette femme [...] qui s'endort peu à peu sur l'épaule d'un autre, qui tutoie cet autre, et qui paraît parfaitement heureuse ».

• **Joséphine-Thérèse-Louise LEROY,** dite **Louise Brézette** (Villers-Cotterêts, 4 mars 1802 - ?).

Portrait physique. « [Louise] était une vigoureuse fleur de quinze ans, à laquelle je pensais en écrivant l'histoire fabuleuse de cette *Tulipe noire.* [...] Les

cheveux de la belle Mme Ronconi, [...] ces cheveux, près desquels le charbon devient gris, et l'aile du corbeau devient pâle, n'étaient pas plus noirs, plus bleus, plus brillants que ceux de Louise Brézette, lorsque, pareils à un acier poli, ils renvoyaient au soleil ses rayons en reflets sombres et noirs. Oh ! la belle, la fraîche brune qu'elle faisait avec sa chair ferme et dorée comme celle du brugnon, avec ses dents de perle qui éclairaient son visage sous une petite moustache d'ébène, entre deux lèvres de corail ! comme on sentait la vie et l'amour bouillir là-dessous ! comme on sentait qu'à la première flamme tout cela déborderait ! » (*Mes Mémoires,* chap. LI).

Liaison avec Dumas. Elle a d'abord été l'amie de Chollet, mais après le départ de celui-ci et le mariage d'Aglaé elle devient la maîtresse d'Alexandre qui situe cette brève aventure le 5 avril 1823, veille de son départ pour Paris. Le 16 janvier 1832 elle épousera Hugues Mennesson, parent du notaire chez qui Dumas a été saute-ruisseau.

• **Marie-Anne THIERRY,** dite **Manette** (Villers-Cotterêts, 19 mai 1799 - ?). Elle est la fille de Jean-Marie Thierry, tailleur d'habits.

Portrait physique. « Une pomme d'api, toujours chantant pour faire entendre sa voix, toujours riant pour montrer ses dents, toujours courant pour laisser voir son pied, sa cheville, ses mollets même ; la Galatée de Virgile, qu'elle ne connaissait pas même de nom, fuyant pour être poursuivie, se cachant pour être vue avant d'être cachée » (Dumas, *Mes Mémoires*).

Liaison avec Dumas. Dans une lettre que Dumas adresse à Boussin, vers 1825, il révèle sa courte liaison : « Manette Thierry, après avoir couru le monde, s'est arrêtée à Paris, dans une maison d'éducation où elle est maîtresse de lingerie. Nous nous sommes rencontrés ; elle était toujours gentille ; le charme des souvenirs nous a rapprochés et, tout en parlant, chacun de notre côté, de nos anciennes amours, ma foi ! [...] La chair est faible et le Diable est malin. [...] Cette intimité n'a pas duré ; nous ne nous convenions ni l'un ni l'autre ».

Il semble pourtant que Manette ait encore longtemps fréquenté les Dumas, puisque le 14 septembre 1832, Dumas écrit à sa mère : « Mille amitiés à Manette qui va te voir avec exactitude, j'en suis sûr. Dis-lui que je lui en suis bien reconnaissant ». Dans *Mes Mémoires*, il note qu'il a revu Joséphine et Manette Thierry « assez malheureuses, l'une à Versailles, l'autre à Paris : fruits égrenés et flétris de ce chapelet sur lequel j'ai épelé les premières phrases de l'amour ».

• **Marie-Catherine-Laure LABAY** (Eterbeck, Belgique, 1794 - Neuilly-sur-Seine, 1868). Fille de « parents français », elle vient de Rouen où elle prétend avoir épousé, puis quitté, un mari à demi fou. Elle a créé un petit atelier de couture place des Italiens.

Portrait physique. Bonne, aimable et spirituelle. « Elle était de taille moyenne, blonde, blanche de peau. Sans être jolie, son visage avait un charme qui plaisait » (Gabriel Ferry, *Souvenirs sur la mère d'un auteur dramatique*, « Revue d'Art dramatique », janvier-mars 1887).

Liaison avec Dumas. A son arrivée à Paris, Dumas emménage, place des Italiens, sur le même palier que l'atelier de couture de Laure Labay. Il fait vite logement commun avec la couturière (août 1823).

Enfant. Le 27 juillet 1824, elle lui donnera un fils, **Alexandre** (voir p. 1273).

Quand Mme Dumas mère rejoint son fils à Paris, il s'installe avec elle 53, rue du Faubourg-Saint-Denis, mais il fait de fréquentes visites à Laure et à l'enfant. Dumas prend d'autres maîtresses,

mais Laure reste la « mère de son fils ». Le 17 mars 1831, Dumas reconnaît son fils et en demande la garde. Laure se défend, reconnaît à son tour l'enfant le 21 avril. Le tribunal fait arrêter le petit Alexandre par un commissaire de police et le fait placer en pension. Un compromis est cependant trouvé puisque, en décembre 1832, Dumas soutient auprès de Cavé (chef de la division des Beaux-Arts) une demande de brevet de libraire introduite par Laure Labay. Laure habite alors 4, rue de la Michodière ; elle a déjà obtenu du préfet la permission d'ouvrir un cabinet de lecture pour les journaux et s'est rendue acquéreur d'un fonds de librairie, payé par Dumas.

Rapports avec son fils. Lorsque le jeune Alexandre est placé à la pension Saint-Victor, au 19 de la rue Blanche, Laure Labay se fait (peut-être) nommer directrice de la lingerie à la pension et les lettres qu'elle adresse à son fils indiquent ses domiciles pendant cette période : 9, rue de Clichy (14 septembre 1832) ; 9, rue du Faubourg-Montmartre (21 août 1837) ; 63, rue de Chaillot (15 janvier 1840). Lorsque son fils quitte le collège et commence à mener, sur le modèle paternel, une vie dissipée, Laure s'inquiète et récrimine. Elle revit avec son fils ce qu'elle avait vécu avec le père. Mais le fils est plus fidèle et le 2 février 1852, soir de la première de *La Dame aux camélias*, il soupe avec sa mère. Il l'installe dans un appartement ensoleillé donnant sur le bois de Boulogne, 1, rue d'Orléans, à Neuilly.

Le 26 mai 1864, Alexandre Dumas et Laure Labay, tous deux présents et consentants, assistent à la mairie de Neuilly au mariage de leur fils avec Nadejda de Naryschkine. Vers cette époque, Alexandre Dumas fils conçoit l'idée romanesque de marier ses vieux parents. Dumas ne refuse pas, mais Laure Labay, indulgente pour les frasques continuelles de son ancien amant, décline la proposition : « J'ai passé la septantaine, je suis toujours dolente et je vis simplement avec une seule bonne. M. Dumas ferait éclater mon petit logement [...] c'est quarante ans trop tard » (*Lettre à une amie*).

Mort. Le 22 octobre 1868, elle meurt à 74 ans et est inhumée au cimetière de Neuilly, rue Victor-Noir (4ᵉ division. Série 73. Nᵒ 10).

• **Mélanie WALDOR** (Nantes, 28 juin 1796 - Paris, 11 octobre 1871). Fille de Mathieu-Guillaume-Thérèse Villenave (1762-1846) et de Marie-Anne Tasset (1760-1833).

Père. Fils de médecin, il était destiné à l'état ecclésiastique et avait reçu la tonsure mais, attiré par la poésie, il était monté à Paris et était devenu le précepteur des fils du duc d'Aumont. A la Révolution, il avait rallié les idées nouvelles et fondé « Le Rôdeur français ». Par amour pour sa femme (épousée le 30 avril 1792), il s'était fixé à Nantes où il fut nommé adjoint de l'accusateur public. Soupçonné de modérantisme par Carrier, il fut arrêté le 9 septembre 1793 et transféré à Paris pour y être jugé. Sauvé par le 9 Thermidor, il était revenu à Nantes, se partageant entre ses fonctions de professeur à l'Institut national et la rédaction de nombreux pamphlets antijacobins. De son mariage avec Marie-Anne Tasset, il aura cinq enfants dont seuls *Mélanie* et *Théodore* survécurent. En 1802, il acheta la maison noble de La Jarrie, près de Saint-Germain-sur-Moine, où Mélanie passa une partie de son enfance. A la fin de 1803, laissant à Nantes sa famille, il s'installa à Paris, rue Saint-Victor, et embrassa la « carrière laborieuse du savant et de l'homme de lettres ».

Mariage. Mélanie, marquée par la mort, le 5 février 1818, d'Eliza Maudit (sa meilleure amie) et la rupture de ses fiançailles avec Aristide Maudit (frère d'Eliza et filleul de M. Villenave) accepte d'épouser le lieutenant François-Joseph Waldor, du 13ᵉ de ligne, en garnison à Nantes. Le mariage est célébré le 29 mai 1822. Elle ne suit pas son mari dans ses différentes garnisons (Montauban, Avignon). Cependant, le 13 février 1824, comme Waldor passe au 6ᵉ d'infanterie légère, à Paris, les Villenave et les Waldor s'installent au 84, rue Vaugirard et, le 18 mars 1825, elle accouche d'une fille : Élisabeth-Hortense-Thérèse.

Liaison avec Dumas. Villenave, qui professe à l'Athénée un cours d'histoire littéraire de la France, écrit dans « La Semaine » (1824-1831), rédige des notices pour l'*Encyclopédie des gens du monde* et la *Galerie des hommes utiles*, s'adonne à sa passion de bibliophile et de collectionneur en ouvrant un salon dont Mélanie est l'hôtesse. Le 11 février 1827, Waldor est transféré à Thionville comme capitaine d'habillement et, le 3 juin 1827, après avoir assisté à un cours de Villenave, Dumas rencontre Mélanie dans leur salon.

Elle repousse d'abord ses avances, puis, le 12 septembre, elle lui fait l'aveu de son amour et, le 22, devient sa maîtresse. Pour abriter leurs amours adultères, Dumas, qui se montre très jaloux de Waldor, loue une petite chambre au 7, rue de Sèvres. Mélanie a de l'ambition pour son amant : elle l'encourage, lui qui s'est commis dans le vaudeville, à aborder les genres nobles : il adapte *La Conjuration de Fiesque* de Schiller (sous le titre *Fiesque de Lavagna*), puis compose une tragédie, *Christine de Suède* qui, le 4 août 1828, est reçue à la Comédie-Française. Mélanie quitte le domicile paternel pour s'installer d'abord rue Cassette puis, 5, rue de l'Ouest où, après le triomphe d'*Henri III et sa cour*, elle reçoit les amis de Dumas. C'est au tour de Mélanie d'être dévorée de jalousie, car Dumas fréquente des actrices, prend des maîtresses. Cependant le couple, presque officiel, est reçu à l'Arsenal.

En 1829, Mélanie publie dans « La Psyché », que dirigent Dumas et Leuven, ses premiers poèmes : *Stances* (janvier), *Le Pêcheur, Le Roi de Thulé* (février), *La Jeune Fiancée* (mars), *Marie* (avril), *La Grand-Mère* (mai), *Sur la mort d'une jeune fille* (juin), *Hélène* (juillet), *L'Oiseau mort* (septembre), *L'Orpheline* (octobre), *Une bergère jouant avec un jeune chevreau* (novembre), *La Veillée* (décembre), *A David, statuaire* (janvier 1830).

Enfant. Le 3 juin 1830, Mélanie part pour La Jarrie, sans doute pour accoucher discrètement : Dumas doit l'y retrouver après avoir achevé son nouveau drame, *Antony,* inspiré de ses amours tumultueuses avec Mélanie. Mais Dumas tarde à prendre le chemin de La Jarrie car il vient de s'éprendre de Belle Krelsamer, puis il est entraîné par la révolution de Juillet. Pour rejoindre Mélanie, Dumas se fait charger par La Fayette d'une mission en Vendée. Fin août, il arrive à La Jarrie ; ses retrouvailles avec Mélanie tournent au drame : Dumas avoue sa liaison avec Belle ; Mélanie fait une fausse couche (l'enfant devait être appelé Antony). Le 22 septembre, Dumas quitte La Jarrie en promettant de rompre avec Belle, ce qu'il ne fait pas.

Rupture. A son retour à Paris, Mélanie, désespérée, menace de se suicider, elle écrit des lettres suppliantes à son amant, mais la rupture a lieu au mois de février 1831, après une entrevue orageuse entre Mélanie et Belle. Mélanie, non sans espoir de reconquérir Dumas, tente d'établir des liens d'amitié entre elle et son amant. Un certain M. Bernard la console et la convainc, après les vers qui servent de préface à *Antony,* à une rupture définitive. Le 28 juillet 1831, Mélanie se réfugie au château de Fontainebleau chez Hortense Céré-Barbé (marraine de sa fille). Elle est en plein désarroi :

M. Bernard a tenté de la séduire, sa mère est atteinte d'un cancer, elle regrette sa rupture avec Dumas et ne cesse de lui écrire.

Inconsolable, Mélanie ne se livre pas moins à la vie mondaine et littéraire. Elle publie des romans (*L'Écuyer Dauberon ou l'Oratoire de Bonsecours, Pages de la vie intime, Les Moulins en deuil,* etc.), un recueil de poèmes *(Poésie du cœur),* fait représenter, le 29 avril 1841 au Théâtre de la Renaissance, un drame *(L'École des jeunes filles),* dont le héros masqué est Dumas. Elle joue la comédie chez le comte de Castellane, fréquente chez Hugo, réunit chez elle quelques académiciens, des peintres, poètes, sculpteurs. Le 27 mai 1833, elle rencontre par hasard Dumas chez Marceline Desbordes-Valmore.

Mélanie s'est séparée de biens de François-Joseph Waldor[1] et une amitié amoureuse la lie, de 1838 à 1840, à Camille Cavour, de quinze ans son cadet. En 1840, elle essaie en vain de s'opposer (par l'intermédiaire de Dumas fils, qu'elle continue à considérer comme un fils) au mariage de Dumas et d'Ida Ferrier.

Le 12 novembre 1846, elle marie sa fille Élisa à Paul-Émile Beltrémieux, un docteur en médecine, qui s'est lancé dans le journalisme (« Le National ») ; mais il meurt, le 6 janvier 1848, d'une phtisie. Élisa ne sera pas une veuve inconsolable puisque le 2 février 1849, à Perpignan, elle donne le jour à Louise-Pauline-Julie, fille de Paul-Théodore Bataillard (1816-1894), un archiviste-paléographe qu'elle épouse le 27 septembre 1849.

A la mort de sa fille, le 10 mai 1852, Mélanie élève sa petite-fille. Malgré sa collaboration à plusieurs journaux (« La Sylphide », le « Journal des Demoiselles », « La Patrie », dans laquelle

---

1. Après avoir suivi son régiment, le 14ᵉ de ligne à Rochefort (1833), il ira à La Rochelle (1834), Tours (1835), Phalsbourg (1837), Paris (1839), Bourbon-Vendée (1841), La Rochelle (1842). Il est appelé le 7 août 1842 au poste de commandant de place de 2ᵉ classe à l'île d'Aix et au fort Liédot, position qu'il occupera jusqu'au 3 août 1849.

elle signe ses articles « Un bas-bleu »), elle mène l'existence d'une femme de lettres pauvre, sollicitant des secours de Guizot. Bonapartiste de toujours, elle salue avec enthousiasme l'avènement de Louis Napoléon Bonaparte (*Louis Napoléon dans le Midi*. Le Clain, 1852), prenant rang parmi les panégyristes du régime impérial qui l'en récompense en lui allouant, en 1858, une somme de 5 000 F et, en 1869, une pension de 6 000 F. Écrivain presque officiel, elle correspond avec Gautier, Sainte-Beuve, Flaubert ; en 1854, elle voyage en Italie. Un long procès avec son gendre Bataillard lui enlève la garde de sa petite-fille.

Lorsque Dumas meurt, Mélanie écrit à Dumas fils sa désolation : « Je pense à toi, mon cher Alexandre, en pensant à ton père que je n'oublierai jamais [...]. Je relis souvent [ta lettre du 18 octobre 1870] pour me retrouver avec ton père et toi, que je n'ai jamais cessé d'aimer [...]. S'il est un homme ayant toujours été bon et charitable, c'est bien certainement ton père. Son génie seul a égalé sa grande bienveillance et son désir continuel d'obliger les autres. Dieu l'a béni en lui donnant, au moment des affreux désastres de la France, une mort sans agonie au milieu de ses enfants ! Il n'a jamais connu l'immense, l'éternelle douleur de voir mourir ceux auxquels il avait donné la vie [...]. Je veux que tu saches [...] que j'aurai à te revoir et à causer avec toi une joie presque maternelle » (Fontainebleau, 20 avril 1871).

Mort. Atteinte d'une fluxion de poitrine au printemps de 1871, Mélanie s'éteint, le 11 octobre, au 5, rue Saint-Roch. Elle est inhumée au cimetière Montparnasse.

• **Virginie BOURBIER**, pseudonyme de Marie-Virginie-Catherine Delville (Paris 1804 - mai 1857). Elle est la première d'une longue série de comédiennes séduites par la vitalité et la gloire, alors naissante, de Dumas.

Élève du conservatoire en 1821, comédienne apprentie dans les petits théâtres (Doyen), en province et notamment à Marseille en 1824, Virginie a débuté au Théâtre-Français le 25 avril 1825 dans *Zaïre* et dans *Le Jeu de l'amour*, mais il lui a fallu attendre le 1er avril 1828 pour être nommée pensionnaire. Le 17 septembre 1828, la Comédie reçoit *Henri III et sa cour* d'un jeune auteur inconnu, Alexandre Dumas. Un rôle secondaire est distribué à Virginie Bourbier, celui de Marie, femme de chambre de la duchesse de Guise. « Je suivais mes répétitions avec une grande assiduité, raconte Dumas, attiré — à ce que je disais, moi — par l'intérêt que je portais à l'ouvrage, et — à ce que disait Mlle Mars — par celui que je portais à une très belle et très gracieuse personne [...] à Mlle Virginie Bourbier » (A. Dumas, *Mes Mémoires,* chap. CXIX).

Liaison avec Dumas. Le 10 février 1829, Virginie participe au triomphe d'*Henri III* : elle joue trente-huit fois la pièce. C'est à la suite de ses reproches que Dumas décide de refaire *Christine à Fontainebleau* (qui ne contenait pas de rôle pour elle) en lui donnant une allure plus moderne et plus dramatique ; c'est d'ailleurs pour elle qu'il crée le rôle de Paula. Mais le 1er octobre 1829, Virginie quitte la Comédie-Française, peut-être pour suivre un amant en Russie et, en 1831, elle entre à la troupe du Théâtre français de Saint-Pétersbourg dont elle devient « l'Étoile du Nord ». D'après certaines rumeurs, elle aurait fait là-bas la conquête de Nicolas 1er. Après six ans d'exil et une amère déception sentimentale, Virginie revient à Paris en août 1836. Elle a rapporté à Dumas une « fort belle robe de chambre et de l'excellent tabac turc ». Jalouse, Ida Ferrier confisque la robe de chambre pour en faire une veste et substitue au tabac d'Orient du « Caporal » qu'innocemment Dumas offre à ses amis, qui toussent et crachent.

Malgré le cœur brisé de Virginie, malgré la jalousie d'Ida, une amitié amoureuse rapproche les anciens amants : Virginie rend visite à Dumas dans la maison d'arrêt de la Garde nationale où il purge une peine de trois cent soixante heures. A la veille de repartir pour Saint-Pétersbourg, elle lui extorque des autographes, des dessins, des loges de théâtre. De nouveau épris, Dumas envisage de l'accompagner jusqu'à Hambourg. Cependant, le 18 octobre, Virginie part seule pour la Russie où « toutes les plaies de son pauvre cœur se rouvrent ». Périodiquement, « Le Courrier des théâtres » annonce ses adieux à Saint-Pétersbourg, mais ce n'est que le 16 juillet 1841 que Virginie revient à Paris définitivement.

Ses premiers débuts à la Comédie-Française ont lieu le 2 décembre 1841 dans *Angelo* (Thysbée) ; ses seconds débuts le 8, dans *Les Enfants d'Édouard* et *Tartuffe*, avant de tenir le rôle de la duchesse de Guise dans *Henri III et sa cour*, le 24 décembre 1841. Séduit par son jeu, Balzac songe à lui offrir le rôle de sa prochaine pièce, *Les Ressources de Quinola*. Pourtant aucun engagement ne suivra.

La liaison avec Dumas a-t-elle repris cet hiver-là ? Des allusions à une Virginie, dans les lettres de Dumas à son fils, pourraient le laisser supposer : cette Virginie accompagne Dumas jusqu'à Marseille et Gênes lorsqu'il regagne Florence (vers le 15 janvier 1842) ; Dumas la comble de cadeaux (un burnous, un livre d'heures relié par Curmer).

Le 16 octobre 1843, Virginie Bourbier débute à l'Odéon où, le 5 novembre, elle reprend *Henri III* et crée, le 30 décembre, *Le Laird de Dumbicky* (un des échecs les plus retentissants de Dumas). Après le départ de Marie Dorval, le 1er mai 1844, elle reprend tous ses rôles dont *Lucrèce* de Ponsard.

Entre 1843 et 1848, Virginie Bourbier est l'étoile féminine du théâtre qui survit difficilement. Puis elle disparaît de la scène parisienne.

• **Mélanie SERRE,** pseudonyme de **Belle Krelsamer** (Mulhouse, 1800 ou 1803 - Paris, 7 juin 1875). Dernière fille de Cerf Krelsamer (petit propriétaire rural d'origine israélite) et de Züber Hutz.

Belle a trois sœurs : Fanny[1], Esther, Mariette (une naine). Entraînée par sa sœur Fanny, devenue demi-mondaine, Belle a des aventures (qui lui laissent un fils, Jean-Paul, né le 3 novembre 1825), puis une liaison avec le baron Taylor, commissaire royal près du Théâtre-Français, qui lui fait miroiter l'espoir de débuter au Français. Enceinte des œuvres de Taylor, elle accouche à Toulouse, le 12 février 1828, de Mélanie-Adèle Graie. Elle la place d'abord aux Enfants trouvés, puis la reconnaît le 22 avril. Le 15 juillet, sous le nom de Mélanie Serre, Belle débute à la Comédie-Française, dans les « grandes coquettes et les premiers rôles ». Ses débuts n'ayant pas été suivis d'un engagement, Belle va jouer « les Mars en province ».

Portrait physique. « Elle avait des cheveux noirs de jais, des yeux azurés et profonds, un nez droit comme celui de la Vénus de Milo et des perles au lieu de dents » (A. Dumas, *Mes Mémoires*).

Liaison avec Dumas. En juin 1830, Belle, qui joue à Versailles, est présentée par le comédien Firmin (voir p. 1321) à Alexandre Dumas qui aussitôt s'enthousiasme pour son talent et sa beauté. Il est alors libéré de la présence de Mélanie Waldor, partie pour La Jarrie et, après trois semaines « de siège », Belle lui cède. En juillet, Dumas par reconnaissance essaie, mais en vain, de lui obtenir un engagement à la Comédie-

---

1. Elle était l'aînée des sœurs Krelsamer et s'émancipa vite ; elle devint vivandière et épousa en premières noces un soldat nommé Mayer (dont elle eut une fille, Eugénie, future Viscountess Esher) puis, en secondes noces, un Anglais, aide de camp de Wellington : John Curwood.

Française. Après les Trois Glorieuses, Belle joue à Rouen.

Enfant. A son retour, en octobre 1830, elle veut s'assurer le monopole de Dumas et chasser sa vieille maîtresse, Mélanie Waldor, en utilisant un argument majeur : elle est enceinte. Le 5 mars 1831, elle accouche d'une fille, **Marie**, que Dumas reconnaîtra le 7 (voir p. 1278). Après quelques disputes et quelques aller et retour, Belle triomphe de Mélanie et s'installe avec son amant 42, rue Saint-Lazare. Elle passe les mois de juillet et d'août à Trouville avec Dumas qui écrit *Charles VII chez ses grands vassaux*. La petite Marie est placée en nourrice. Belle souhaite mener une vie familiale et engage Dumas à prendre son fils près de lui.

A la fin de l'année 1831, Bocage présente à Dumas une jeune comédienne qui s'appelle Ida Ferrier. Cette nouvelle liaison ne semble pas d'abord menacer la situation de Belle qui accompagne son amant, de juin à octobre 1832, lors d'un voyage à travers la Suisse et le nord de l'Italie ; de plus, elle est encore l'hôtesse qui accueille les invités au grand bal du 30 mars 1833 (voir p. 1246).

Rupture. Elle intervient durant l'été 1833. Dumas écrit alors *Angèle* pour Ida qu'il a fait engager à la Porte-Saint-Martin. Le soir de la première, Belle assiste au succès « nichée dans une loge du cintre ». A partir de 1833, Belle reprend sa vie errante de comédienne et abandonne la petite Marie à son père et à sa maîtresse, Ida. Elle joue d'abord à Bordeaux (1836-1837), puis à Rouen (1837).

On ignore à quelle date elle abandonne le théâtre. Cependant, elle revint à Paris où elle vécut d'une rente du baron Taylor, et sans doute d'une rente de Dumas (1 000 F par an), irrégulièrement payée.

Mort. En 1875, Belle s'éteint en son domicile (avenue de Wagram). Rien ne laisse supposer qu'elle ait quelquefois revu sa fille. Elle est enterrée au cimetière Montparnasse.

• **Marie DORVAL**, née Marie-Thomase-Amélie Delaunay (Lorient, 6 janvier 1798 - Paris, 20 mai 1849). Née hors mariage de deux comédiens ambulants, elle a mené jusqu'alors une existence errante. Veuve d'un acteur médiocre, Allan dit Dorval, qu'elle a épousé à quinze ans. Grâce à l'acteur Charles Potier, elle est engagée à la Porte-Saint-Martin.

Liaison avec Dumas. Des lettres récemment publiées[1] apportent des précisions concernant la liaison de la célèbre comédienne et d'Alexandre Dumas lequel, dans *Mes Mémoires*, n'en fait aucun mystère. La comédienne, dit-il, l'appelait « son "bon chien" : c'était le nom d'amitié, je dirais même d'amour, que Dorval m'avait donné. Et son "bon chien" lui a été fidèle jusqu'à la fin » (*Mes Mémoires,* chap. CLXXV).

Parmi les premières pièces que Dumas court voir à son arrivée à Paris, en 1823, figure le mélodrame de Nodier, Carmouche et Taylor, *Le Vampire*, dans lequel Marie Dorval fait, à la Porte-Saint-Martin, sa première création notable. Cependant, leur première rencontre se déroule sept ans plus tard (au lendemain de la représentation de *Christine* qui a lieu le 30 mars 1830) : sur la place de l'Odéon, s'arrête un fiacre où est assise une femme qui hèle Dumas. Il ouvre la portière : « "C'est vous qui êtes monsieur Dumas ? [...] — Oui, madame. — Eh bien, montez ici, et embrassez-moi... Ah ! vous avez un fier talent, et vous faites un peu bien les femmes !" Celle qui me parlait ainsi, c'était Dorval. » (A. Dumas, *Mes Mémoires,* chap. CXXXVIII).

---

1. Claude Schopp : *Les Amours de Marie. Dix lettres inédites de Marie Dorval à Alexandre Dumas*, « Revue d'histoire littéraire de la France », 6, 1984, p. 918-934.

La comédienne commence par repousser les déclarations éperdues de l'écrivain qui lui offre pourtant le rôle d'Adèle d'Hervey dans *Antony*. Mais Marie Dorval a noué avec Alfred de Vigny une liaison, qui ne s'achèvera qu'en 1838, et Dumas est subjugué par Ida ; pourtant, malgré la jalousie de leur amant et maîtresse respectifs, malgré l'amitié qui unit Vigny et Dumas, la comédienne et l'écrivain deviennent amants vers novembre ou décembre 1833, au retour d'une série de représentations que Marie a données au Havre. La comédienne signe alors un engagement à la Comédie-Française où elle doit débuter dans *Antony*. Lorsqu'elle repart pour Rouen où elle doit honorer un ancien contrat (elle débute le 26 novembre dans *Clotilde*), Dumas la rejoint. Cependant, Marie éprouve un sentiment de culpabilité à tromper Vigny et ces quelques jours de bonheur sensuel (Dumas rentre à Paris le 5 janvier) sont suivis d'une brouille car, pour pouvoir consacrer à Vigny et à sa famille les premiers jours de son retour à Paris, Marie ment à Dumas : elle lui écrit qu'elle rentre le samedi alors qu'elle rentre le jeudi. Ce mensonge découvert entraîne un différend passager, suivi d'une réconciliation qui intervient, le 24 janvier 1834, avant le départ de Marie pour Bordeaux où Dumas l'accompagne et reste avec elle jusqu'au 1er février.

Rupture. Il semble que Dumas et Marie aient ensuite décidé de rompre leurs amours contrariées, pour ne laisser subsister qu'une amitié amoureuse qui exaspère la jalousie d'Ida.

Mort. Le 20 mai 1849. Avant de mourir, Marie Dorval fait appeler Dumas et l'implore de lui éviter la fosse commune (elle souhaite être enterrée près de son petit-fils Georges). Dumas vend ses décorations pour remplir cette dernière volonté. Six ans plus tard, en 1855, pour lui acheter une concession perpétuelle et élever un tombeau,

Dumas écrira *La Dernière Année de Marie Dorval,* dédiée à George Sand, dont chaque exemplaire sera vendu 50 centimes.

• **Eugénie-Élisabeth SAUVAGE** (Paris, 14 août 1813 - Paris, 29 juin 1898). Fille de fleuriste, filleule de la comédienne Élisa Jacob, elle débute très jeune à la Porte-Saint-Martin avant d'être engagée à la Gaîté où elle joue, entre 1828 et 1833, « les ingénuités » dans les mélodrames. Elle passe ensuite aux Variétés, au Gymnase dramatique de 1836 à 1839, de nouveau aux Variétés, et enfin au Gymnase en 1847. Elle est la mère du grand comédien Numa qui joua au Théâtre-Historique.

Liaison avec Dumas. Elle n'est mentionnée que dans une lettre de Dorval à Dumas : « Charles Maurice nous a dit que vous étiez l'amant d'une actrice de la Gaîté (Mlle Sauvage sans doute). » Ragot de coulisses ?

• **Hyacinthe MEINIE.** Dumas rencontre cette jeune comédienne, mariée et mère d'un enfant, lorsqu'il entreprend son voyage vers le midi de la France. Il s'arrête à Lyon et, le 14 novembre 1834, il la voit jouer dans *Antony :* « *Cette femme joue bien parce qu'elle sent bien* », dit-il. Bien qu'éblouie par ce compliment, Hyacinthe résiste, malgré les supplications, les pièges et les lettres enflammées qu'il lui envoie de Marseille. A son retour, Dumas s'arrête trois heures à Lyon pour la voir. Puis, oublieux, il répond parcimonieusement à ses lettres qui se font de plus en plus exaltées (décembre 1834-février 1835). Pourtant, il la protège et, en février 1835, il lui trouve un engagement pour le théâtre de Rouen ; à son retour d'Italie, il pousse son engagement à la Gaîté où elle débute avec succès, le 4 juin 1836, dans Le Comte de Horn ou l'Agiotage en 20. Elle crée encore Le Spectre (23 juillet 1836), El Gitano ou Ville et montagne (26 novembre 1836), La Nouvelle Héloïse (14 janvier 1837). Puis elle quitte le théâtre pour se consacrer à son fils atteint d'une grave maladie. Elle habite alors 14, rue de Malte et doit emprunter de l'argent. A l'automne, elle retrouve la scène, à Reims, et remporte un certain succès dans *Clotilde*. Mais elle ne parviendra à faire de nouveaux débuts à Paris qu'en 1841, lorsqu'elle sera engagée dans la troupe de la Porte-Saint-Martin dirigée par les frères Coignard.

Le 5 octobre 1841, elle débute dans *Gabrina ou la Chambre du berceau*, puis crée le rôle de la comtesse Bréhat dans *Jeannic-le-Breton ou le Gérant responsable*, drame de Bourgeois et Dumas (27 novembre 1841). On perd sa trace après cette dernière création.

• **Caroline UNGHER** (Vienne, 28 octobre 1803 - La Concezione, 23 mars 1877). Son père Karl-Johan, d'origine hongroise, licencié en droit, était entré comme précepteur au service du baron Hackelberg-Landau. Très cultivé, il entretenait des relations avec la société artistique de Vienne, en particulier avec Beethoven, et avait épousé Anna-Maria Caravese, baronne Karwinska. Il avait encouragé les dons musicaux exceptionnels de sa fille, lui donnant les meilleurs professeurs : Aloysia Langue (belle-sœur de Mozart) pour le chant, Thomas Mozart (fils d'Amadeus) pour le piano et Johann Michael Vogl pour la diction musicale. Caroline également a travaillé avec Mozatti, directeur de la troupe italienne de Vienne, puis mis au point sa technique avec Domenico Ronconi à Milan.

Le 24 février 1821, son père lui permet de débuter au théâtre (Dorabella dans *Cosi fan tutte* de Mozart, au Karnther-Thor Theater de Vienne). Malgré un début discuté, elle rivalise bientôt avec Thérésa Fodor et Henriette Sonntag. Beethoven la choisit pour la création de la *Neuvième Symphonie* et la *Missa solemnis* (1er mai 1824). En 1825, le directeur du Théâtre de San Carlo l'engage pour trois saisons. Elle s'impose aux côtés de la Grisi, de la Pasta, de la Malibran, créant et chantant les œuvres de Bellini, Donizetti et Rossini qui dira d'elle qu'elle possède « l'ardeur du Sud, l'énergie du Nord, une poitrine de bronze, une voix d'argent et un talent d'or ».

Liaison avec Dumas. Le 8 octobre 1833, Caroline débute à Paris, elle est l'Imogène du *Pirate* de Bellini. Dumas lui est présenté après une représentation de *Don Juan*, sans doute le 9 mars 1834. L'année suivante, en août, elle le retrouve à Naples, où, poursuivant son voyage en Italie, il séjourne sous un nom d'emprunt. Elle est alors fiancée à Henri-Catherine-Camille, vicomte de Ruolz-Monchal, un jeune compositeur (et futur chimiste) qu'elle doit épouser à Palerme où elle a un engagement. Le 23 août 1835, les fiancés embarquent sur le bateau que Dumas a loué pour visiter la Sicile. Le 24 août, au cours d'une bourrasque qui met à mal Ruolz, Caroline et Dumas deviennent amants ; la cantatrice décide de rompre avec Ruolz et d'attendre Dumas à Palerme, quand il aura effectué sa circumnavigation.

Les quelques semaines — du 16 septembre au 4 octobre — pendant lesquelles Dumas et Caroline n'ont « qu'un cœur, qu'une existence, qu'une haleine » laissent à l'écrivain un souvenir inaltérable. « Je ne l'ai jamais revue, et il y a vingt ans de cela, et pas le plus petit nuage ne tache la splendeur de ce mois et demi passé à Palerme » (A. Dumas, *Une aventure d'amour*[1]).

Rupture. Après le départ de Dumas, Caroline espère qu'il rompra avec Ida, qu'il l'épousera, et qu'ils iront vivre à Florence (où ses parents se sont établis). Mais les lettres de Caroline, auxquelles Dumas répond d'abord avec exaltation pendant son voyage dans les îles Éoliennes et en Calabre, se heurtent

---

1. L'écrivain, sous des noms d'emprunt, y raconte sa brève liaison avec la cantatrice.

bientôt au silence. Il semble que les amants se soient rencontrés une dernière fois à Rome vers le 1ᵉʳ décembre 1835, alors que Dumas regagne la France et Caroline Venise où elle va créer le *Belisario* de Donizetti à la Fenice. Le projet qu'avait Dumas de rejoindre la cantatrice à Venise est contrarié par les sbires du pape qui l'arrêtent comme « dangereux agitateur » et le reconduisent à la frontière de Toscane. Repris par Ida et la vie parisienne, Dumas oublie Caroline qui cède au désespoir, d'autant que sa mère vient de mourir (10 décembre). Elle se résigne enfin, avec beaucoup de dignité, à la rupture (lettre du 4 mars 1836).

Abandonnée par Dumas, Caroline continue sa vie errante de cantatrice marquée par un retour triomphal à Vienne. Ses fiançailles avec le poète Nicolas Lenau (1839) sont bientôt rompues. Ce même hiver, le peintre Lehmann lui présente François Sabatier (1818-1891), un jeune peintre qui s'intéresse au procédé nouveau de Daguerre. Patient et tenace, le jeune homme obtient de Caroline qu'elle l'épouse le 18 mars 1841, à Santa Lucia dei Magnoli. Le couple s'installe dans le palais (acquis par la cantatrice en 1837) situé fondaccio San Niccolò, qu'il fait restaurer et décorer par des artistes fourriéristes (Auguste Bouquet, Dominique Papety, Louis Auguste Ottin).

Caroline honore encore quelques contrats (Dresde) avant de se retirer du théâtre en mars 1842.

Les Sabatier se partagent entre leur palais florentin, leur villa de La Concezione, près de Fiesole, et leur domaine de la Tour des Farges, près de Montpellier. En 1848, François, ardent républicain, s'installe à Paris où Caroline reçoit tous les jeudis un cercle d'amis (1848-1851). Le couple a adopté la fille du peintre Auguste Bouquet

(mort le 21 décembre 1846), Louise, qui épousera l'écrivain sicilien Michel Amari.

François Sabatier a donné à Caroline Ungher le bonheur que Dumas lui avait refusé.

• **Octavie DURAND**, née Octavie-Françoise-Alexandrine Bouquié (Bruxelles, 1815 - 28 janvier 1870). Épouse de Charles Durand[1], directeur du « Journal de Francfort », elle a trois enfants ; deux garçons : Charles, sept ans, Paul, cinq ans, et une fille de quatorze mois : Emma.

Liaison avec Dumas. C'est au cours d'un voyage en Allemagne, du 27 août au 21 septembre 1838, que Dumas rencontre, à Francfort, Octavie Durand : « A peine arrivé, [il] conquit le cœur de Mme Durand et empauma le mari. Il n'était pas encore dans le cœur de la ville libre depuis douze heures et déjà il commandait en maître dans la maison Durand » (A. Weill, *Ma jeunesse*, p. 500).

Pour Dumas et Ida, les Durand organisent des excursions sur le Taunus et dans le duché de Nassau. Dumas promet monts et merveilles à Durand et lui emprunte 3 000 F pour quinze jours. Sous prétexte de tranquillité nécessaire à son travail, il se retire dans le petit appartement de Weill où souvent vient le rejoindre une femme voilée (Mme Durand). Au départ de Francfort, Octavie accompagne Dumas, Ida et Nerval (qui les a rejoints) jusqu'à Mannheim où, d'après Weill, se déroule une scène de vaudeville : pour retrouver Mme Durand dans sa chambre sans éveiller la jalousie d'Ida, Dumas doit simuler une violente colique. Il semble que les promesses de Dumas n'aient pas été vaines puisque, l'année suivante, Charles Durand fonde à Paris le journal « Le Capitole », tout dévoué à la cour et aux intérêts russes. Quelques

---

1. Dumas reproduira abondamment pour *Les Massacres du Midi :* « Des crimes célèbres » la brochure de Charles Durand, « Nîmes et Marseille en 1815 », publiée en 1818.

mentions dans la correspondance adressée à Mme Durand et à sa fille laissent supposer que Dumas n'a jamais rompu avec Octavie.

Après la mort de son mari, elle épouse en secondes noces Jules-Barthélemy Lombard[1].

Mort. Pour soigner son mari, diminué physiquement et mentalement, Octavie engage un valet d'origine belge, François Lathouwers, déséquilibré sexuel, qui l'assassine le 28 janvier 1870 à son domicile, rue du Faubourg-Saint-Honoré.

• **A. D. (Léocadie-Aimée Doze)** (Château de Pont-Kallec, 22 octobre 1822 - Paris, 30 octobre 1859). Fille d'un industriel d'Hennebont, elle a suivi les cours de comédie de Sanson et de Mlle Mars (dont elle était l'élève favorite), avant de débuter au Théâtre-Français, le 26 octobre 1839, à l'âge de dix-sept ans.

Liaison avec Dumas. Trois lettres, conservées dans une collection particulière et signées des initiales A.D., révèlent le début d'une liaison ; l'une est datée du vendredi 12 avril 1839, l'autre du 11 et la dernière la précède de quelques jours. Nous apprenons que A.D. est comédienne, qu'elle joue le 11 avril, qu'elle est sur le point de rompre une liaison avec D. pour se lier avec Dumas : « Vous êtes tellement digne de tout l'amour d'une femme qui sait vous apprécier que je crains de m'abandonner à ce sentiment. Je sens tout le danger d'avoir avec vous une liaison passagère. Il y a tant de raisons pour craindre que vous ne m'aimiez pas ou au moins que ce ne soit chez vous fantaisie ou caprice » (lettre du 9 avril 1839 ?). Le 11 avril, A.D., malade, ne peut se rendre à un rendez-vous fixé par Dumas, rue de Rivoli. Un nouveau rendez-vous est donc pris pour le 13. Ces lettres ont peut-être été écrites par Léocadie-Aimée Doze. La comparaison des autographes avec ceux conservés à la bibliothèque de la Comédie-Française semble confirmer l'hypothèse.

L'idylle supposée de 1839 s'est certainement renouée vers 1843, comme le dévoile une lettre que Mlle Mars adresse à Aimée Doze le 3 mai 1843 : « Il [Dumas] a dit à X. qu'il s'arrêtait à Gênes et allait vous chercher [...]. Si cela est possible et qu'il soit encore temps, fuyez Gênes pour quelques jours, et surtout qu'il ne vous découvre pas [...] ne croyez pas à l'amitié qu'il semblait avoir pour vous, à l'intérêt qu'il vous portait en apparence ». De plus, Aimée Doze avouera : « J'ai une passion dans le cœur, passion plus forte que moi ; c'est pour Alexandre Dumas ; c'est un homme dont je veux *goûter,* ne fût-ce qu'une fois dans ma vie ». Cependant, le jugement de l'amant est dur lorsqu'il écrit à son fils, le 15 juin 1844 : « Tu te trompes fort en croyant que Doze est quelque chose pour moi [...] elle va se jeter d'une façon effrénée dans la circulation et fait déjà, à ce qu'il paraît, des merveilles sous ce rapport ».

Rupture. En 1844, Aimée Doze abandonne le théâtre pour épouser un ami de Dumas, Roger de Beauvoir, à qui elle donne deux fils, Eugène en 1845, et Henri en 1848, avant de se séparer de lui avec scandale. Désormais, elle se livre à la littérature : vaudevilles et romans se succéderont de 1852 à 1858, sans que Aimée Doze retrouve jamais sa gloire de comédienne.

• **Henriette LAURENCE,** pseudonyme de Henriette Chevalier (Quimper, 14 novembre 1819 - Fontenay-aux-Roses, 31 mai 1845). Fille d'Henri

---

1. Ancien consul de France à Monterey, Panamá, Porto Rico, Corogne, Séville et Calcutta, il est mis en disponibilité le 23 mars 1867.

Chevallier[1], sergent-major à la légion Finistère, et d'Antoinette Pardo, née à Buera en Aragon. C'est une apprentie comédienne lorsqu'elle rencontre Dumas.

Liaison avec Dumas. Il devient son amant peu de temps avant de partir pour Florence en mai 1840. Après son départ, Dumas lui verse une pension. « Je vendrais plutôt les choses qui me sont les plus précieuses que de la laisser manquer de quelque chose », écrit-il à Domange, le 20 décembre 1840. Dès son retour, en mars 1841, la liaison reprend ; en avril 1841, à la suite de demandes répétées, il lui donne 500 F pour payer ses dettes, mais c'est déjà la fin de leur liaison. Engagée dans la troupe de l'Odéon, elle débute, le 8 octobre 1842, comme « jeune première » ; elle a le rôle d'Isabelle dans *L'Impromptu de campagne.* Elle ne joue ensuite que des utilités, entre autres les servantes de Molière.

Mort. Elle reste attachée à l'Odéon jusqu'à sa mort qui survient en 1845 ; elle est alors âgée de 26 ans. D'une grande pauvreté, elle devra être enterrée aux frais du Comité des artistes. On ignore ce que sont devenus ses enfants et si Dumas en est le père.

• **Anaïs AUBERT** (Paris, 22 janvier 1802 - Louveciennes, 25 juillet 1871). Sans succès, elle a débuté à la Comédie-Française à quinze ans et a dû se résigner aux théâtres de l'étranger et de province (Londres, Bordeaux), avant de revenir à l'Odéon (1821-1828). En 1831, elle fait un retour à la Comédie-Française où, nommée sociétaire en 1832, elle crée *Le Roi s'amuse* (Blanche) et *Un mariage sous Louis XV* (Marton).

Liaison avec Dumas. Révélée par cette lettre de Mlle Mars, elle ne semble pas avoir été autre chose qu'un caprice : « Je crois que dans son tourbillon de plaisirs galants, et je le crois d'autant mieux qu'il lui a donné le meilleur rôle de la pièce, qu'il vient de lire, et qui a pour titre *Les Demoiselles de Saint-Cyr,* il s'est mis en rapport avec le "Serpent" [...]. Il persiste à proclamer que c'est lui que toutes ces dames séduisent et qu'il ne fait que se laisser entraîner ; enfin, il me fait l'effet d'un homme pris de vertige, et cet excès de fatuité et de débauche est une maladie aussi bien qu'une gastrite ou tout autre mal » (Lettre de Mlle Mars à Mlle Doze, 3 mai 1843).

Les Demoiselles de Saint-Cyr sont reçues le 20 avril 1843. Le rôle de Louise Mauclerc est distribué à Anaïs Aubert qui, petite et enfantine de figure, conserve à quarante ans des grâces d'adolescente. Elle prendra sa retraite le 1er avril 1851.

• **Eugénie SCRIWANECK.** Tante de Céleste Scriwaneck, l'actrice du Palais-Royal. C'est une « horrible femme », juge A. Dumas fils.

Liaison avec Dumas. Elle devient sa maîtresse pendant l'été 1844. Ensemble, en août, ils partent à Trouville. Dans la diligence du retour, ils tombent sur Jules Janin qui dira qu'Eugénie était « une horrible fille, moitié Prusse moitié Hollande, qui parlait un véritable charabia ». On peut supposer, sans preuve, qu'Eugénie Scriwaneck a été l'hôtesse du château de Monte-Cristo, inauguré en juillet 1847 et qu'elle a ensuite cédé la place à Béatrix Person.

• **Béatrix-Martine PERSON** (Aulnay-lès-Bondy, 26 mai 1828-? 1884). Sœur du célèbre comédien Dumaine. Élevée à la campagne et n'ayant pu entrer au couvent faute de dot, elle est en apprentissage comme lingère lorsqu'elle découvre le théâtre au cours d'une représentation de *Kean* avec Frédérick Lemaître (1843). Elle n'a de cesse de

---

1. A la mort de sa fille, le père se suicidera le 28 avril 1846, à Valenciennes, où il était porte-enseigne de la Porte de Paris.

monter sur les planches et suit une troupe nomade à La Nouvelle-Orléans. A son retour, elle devient l'élève de Samson (le découvreur de Rachel) et passe une audition à la Comédie-Française. Elle est remarquée par Raucourt lorsqu'elle joue dans *La Mère et la fille,* aux côtés de Frédérick Lemaître, à la Porte-Saint-Martin, dans une représentation à bénéfice. Pourtant, elle ne trouve aucun engagement à Paris et doit se résigner à effectuer une tournée en Normandie.

Liaison avec Dumas. Sa chance tourne quand Raucourt la présente à Dumas qui cherche une Ophélie pour sa traduction d'*Hamlet* qu'il veut donner au théâtre de Saint-Germain-en-Laye. Béatrix Person est choisie par le maître pour jouer quinze représentations à partir du 17 septembre 1846, puis elle devient l'étoile du Théâtre-Historique qui ouvre ses portes le 20 février 1847.

De 1847 à 1850, Béatrix règne sur le théâtre et le château de Dumas. Le 11 juin 1847, elle crée *Intrigue et amour* (rôle de Louise Miller), le 15 décembre, *Hamlet* (rôle d'Ophélie), le 3 février 1848, *Monte-Cristo* (rôle de la Carconte), participe à la tournée malheureuse de la troupe, et interprète Aurélia Orestilla dans *Catilina* (14 octobre). Le 17 février 1849, elle tient le rôle de Milady dans *La Jeunesse des mousquetaires,* de la vicomtesse de Cambes dans *La Guerre des femmes* (1er octobre), de Marie de Schauffenbach dans *Le Comte Hermann* (22 novembre), de Jeanne Laubardémont dans *Urbain Grandier* (30 mars 1850), et de Pauline dans *Pauline* (1er juin). Dans les reprises de son répertoire, Dumas lui confie ses plus grands rôles : Agnès Sorel dans *Charles VII* (16 septembre 1848), Adèle d'Hervey dans *Antony* (17 décembre 1848), Marguerite de Bourgogne dans *La Tour de Nesle* (24 juin 1849).

Rupture. En 1850, les difficultés du Théâtre-Historique contraignent les artistes à des tournées plus rémunératrices. Fin juillet, Béatrix est au Havre où Dumas lui promet de venir. Mais il ne la rejoint pas en tournée et, de plus, il offre à Isabelle Constant le rôle d'Hélène dans son drame, *Le Capitaine Lajonquière,* rôle qu'il avait promis à Béatrix. A son retour à Paris, la comédienne est chassée du théâtre. Dumas lui écrit : « Il nous serait désagréable de nous voir aux répétitions. Renvoyez votre rôle, vos appointements vous seront payés, que vous jouiez ou que vous ne jouiez pas » ; et lui propose de la faire engager en Russie. Furieuse, la comédienne attaque Doligny, l'homme de paille de Dumas, devant les tribunaux qui, le 1er octobre 1850, lui donnent raison.

L'action de Béatrix entraîne celle d'autres artistes : la faillite est proche. Dumas ne pardonne pas cette trahison à celle qui a partagé sa vie à Monte-Cristo et avenue Frochot, et, lorsque en 1851, elle est engagée à la Porte-Saint-Martin, il tente en vain d'interdire qu'elle joue la duchesse d'Étampes dans *Benvenuto Cellini*. Mais le temps panse les plaies : après une saison à l'Ambigu en 1854, où elle joue Elvire dans *Le Juif de Venise,* Béatrix signe avec le Cirque, et Dumas ne s'oppose pas à ce qu'elle joue le rôle principal d'Isabeau de Bavière dans *La Tour Saint-Jacques,* le 15 novembre 1856.

Malade du larynx, elle doit momentanément abandonner la scène. C'est sans doute à cette époque qu'elle épouse J. Godefroy, directeur de l'École d'agriculture de Grand-Jouan. En 1858, elle revient au théâtre de la Gaîté, puis passe, en 1860, au vaudeville, où elle crée *L'Envers d'une conspiration* de son ancien amant (4 juin 1860). Elle effectue sa dernière saison à l'Ambigu en 1870-1871, puis se retire à Villeneuve-le-Roi.

Mort. Elle meurt à Paris en 1884.

• **Anna BAUËR,** née Anna Herzer (Bretten, grand-duché de Bade, 1823 -

Sceaux, 29 mars 1884). La tradition qui attribue à Dumas la paternité d'Henry-Francis Bauër autorise seule à classer l'épouse d'Antoine Bauër, industriel malheureux, parmi les maîtresses de Dumas. En effet, à notre connaissance, aucun document ne permet de l'affirmer avec certitude. Quoi qu'il en soit, à l'époque considérée (1850-1851), les affections de Dumas se partagent déjà entre trois maîtresses connues (Mme Guidi, Béatrix Person et Isabelle Constant).

Enfant. Il semble qu'*Henry Bauër* (voir p. 1282) ait été le fruit de quelques brèves rencontres.

• **Marguerite-Véronique GUIDI,** née Garreau (Paris, 13 mars 1810-?). Fille de Jean-Baptiste Garreau et de Marie-Blanche Quevin (rentiers), le 17 janvier 1827, elle a épousé Jean-Baptiste-Marie Guidi, son voisin du 364, rue Saint-Denis. Il est joaillier, originaire de Malesco en Sardaigne et de trente-trois ans son aîné. On ignore si le mari de Mme Guidi est encore vivant lorsqu'elle rencontre Dumas. Elle habite alors 1, rue d'Enghien.

Liaison avec Dumas. Le 12 février 1849, Dumas dédicace le manuscrit du *Testament de César* : « A Mme Guidi. Hommage de bien tendre et bien respectueuse amitié ». Ce sont sans doute des questions pécuniaires qui sont à l'origine de leurs relations ; en effet, Dumas, entraîné dans la chute du Théâtre-Historique, emprunte de l'argent à Mme Guidi. En 1860, il avoue à Noël Parfait : « Mme Guidi est disposée à donner sa créance pour 20 000 F et Dieu sait si je lui dois ».

Lorsque Dumas s'exile à Bruxelles (1851-1853) pour des raisons financières, Mme Guidi devient sa représentante officieuse auprès des libraires et de la Comédie-Française. Elle ne se prive pas de visiter son grand homme à Bruxelles (deux voyages, de décembre 1851 à mars 1852), ce qui crée tout au long du séjour de Dumas un chassé-croisé entre les deux maîtresses, Mme Guidi et Isabelle Constant.

L'été 1852, lorsque Dumas quitte Bruxelles avec Mme Guidi, il l'entraîne à Bade (6-10 août 1852) mais elle retourne à Paris « voulant faire des économies » et Dumas change de direction et de maîtresse ; il se dirige vers Rome en compagnie d'Isabelle. Le 2 mai 1853, lorsqu'un concordat est passé entre Dumas et ses créanciers, Mme Guidi devient officiellement son fondé de pouvoir. A chacun de ses voyages à Paris, de plus en plus nombreux, il descend chez elle au 1, rue d'Enghien, d'où il est parfois chassé par des scènes de jalousie et des crises de larmes ; en effet, Mme Guidi supporte mal les amours parallèles de Dumas et d'Isabelle Constant.

Rupture. Après la fondation du « Mousquetaire » et le retour à Paris, on perd la trace de Mme Guidi, si ce n'est dans les quelques lettres où Dumas fait le compte de ses dettes. Il semble que leurs rapports n'aient plus été que financiers.

• **Isabelle CONSTANT,** surnommée Zirza par A. Dumas (Excideuil, 22 février 1835-?). Fille d'un jardinier du jardin du Luxembourg (Goulet ?), elle est blonde et possède de grands yeux bleus et doux.

Liaison avec Dumas. En août 1850, Dumas cherche une interprète pour le rôle d'Hélène dans *Le Capitaine Lajonquière,* pièce sur laquelle il compte pour sauver le Théâtre-Historique. Mlle George lui présente une de ses élèves, Isabelle Constant : « Elle venait d'avoir quinze ans, elle était un peu plus grande que ne le comportait son âge, mince, flexible et gracieuse comme un roseau [...]. Je n'ai jamais rien vu et n'avais jamais rien rêvé de plus léger, de plus aérien, de plus angélique que cette apparition » (A. Dumas, « Isabelle Constant », *Nouvelle Galerie des artistes dramatiques de Paris,* 1855). Dumas, séduit par cette enfant, l'engage aussitôt (rompant ainsi les promesses faites à Béatrix Person, voir p. 1301) et la fait répéter. Le 23 septembre 1850, *Le Capitaine Lajonquière* est créé ; on reconnaît à Isabelle des « qualités de simplicité, de vérité et de sentiment » (« L'Événement », octobre). Mais, le 16 octobre, le Théâtre-Historique ferme et Dumas doit alors imposer sa jeune maîtresse dans les pièces qu'il confie à d'autres théâtres : le 21 avril 1851, au Théâtre-National, elle tient le rôle de France dans *La Barrière de Clichy* ; le 20 décembre, à l'Ambigu-Comique, elle est Mélusine dans *Le Vampire,* rôles modestes dans lesquels le talent d'Isabelle s'aguerrit.

Pour Isabelle qui souffre de la poitrine, Dumas loue, 96, rue Beaumarchais, un joli appartement exposé au midi et il se fait son garde-malade. Après le départ pour Bruxelles, Isabelle, retenue à Paris par *Le Vampire,* puis par ses débuts à l'Odéon *(Andromaque),* rejoint son amant le 11 février 1852.

Dumas lui offre le rôle de Colombe dans *Benvenuto Cellini* qui, le 1ᵉʳ avril 1852, remporte un succès immense. Il est venu assister au triomphe de sa protégée. A la fin des représentations, il lui fait découvrir Rome et l'Italie (du 17 août au 3 octobre 1852).

En 1853, Isabelle loge rue de Laval, mais son état de santé ne lui permet pas de remonter sur scène. A Pâques, Dumas se rend à son chevet : « Je l'ai trouvée avec quinze sangsues au côté, un médecin qui aimait mieux lui brûler les plaies avec la pierre infernale que lui arrêter le sang avec l'eau de Boquery » (Lettre à Marie, 28-29 mars 1853). Malgré la haine que lui porte Marie Dumas, Isabelle séjourne quelquefois à Bruxelles au 73, boulevard Waterloo. Fin 1853, elle remonte sur scène, et est engagée au théâtre de la Gaîté où elle reprend le rôle de Marie dans *Le Comte*

Hermann puis, le 24 novembre, elle crée *Les Cosaques* d'A. F. Arnault et Judicis.

En 1854, elle passe au Vaudeville où, le 1ᵉʳ avril, elle crée *La Vie en rose* de Barrière et Koch. Elle règne alors sans partage sur le cœur et les sens de Dumas, malgré les tentatives de Mme Guidi. Dumas lui offre le rôle de la comtesse Louise dans *La Conscience* (4 novembre).

Rupture. Quand Dumas s'éprend d'Emma Mannoury-Lacour, il tente de faire admettre à sa nouvelle maîtresse son ancienne liaison : « Je veux que tu aimes cette enfant, c'est avec toi le seul être qui m'aime au monde, seulement elle m'aime comme une fille, seulement et toi, Dieu soit béni ! tu m'aimes de tous les amours ». Cet amour devenu filial ne semble pas une fiction. En avril 1856, Isabelle perd un enfant nouveau-né et Dumas précise à Hugo : « Je n'étais rien pour elle qu'un ami » (24 avril 1856), propos confirmés par Delacroix dans son *Journal.*

En 1855, Isabelle a été engagée à l'Ambigu-Comique où, le 24 mai, elle reprend *Kean* et crée, le 14 juin, *Frère et sœur* de Méry et Lopez puis, le 11 décembre, *César Borgia,* de Crisafulli et Devicque, le 17 janvier 1856, *La Servante,* de Brisebarre et Nus et, le 14 juillet, *Le Fléau des mers* de Nus et Laurençot. Elle disparaît ensuite de la scène parisienne mais revient, le 8 septembre 1859, pour interpréter, à la Porte-Saint-Jean, le rôle de Marguerite dans *La Jeunesse de Louis XI* de Jules Lacroix. Au cours d'une des représentations, un jeune spectateur[1] tombe amoureux d'elle : « Quand parut Marguerite d'Écosse, un trouble extraordinaire s'empara de moi, je me sentis brûlant et glacé et fus près de défaillir, je l'aimai. Elle était belle. Je n'aurais jamais cru qu'une femme pût l'être autant. [...] Je vis sur le programme que

---

1. C'est Anatole Thibault, un des écrivains les plus connus du siècle sous le pseudonyme d'Anatole France.

le rôle de Marguerite d'Écosse était tenu par Mlle Isabelle Constant, et ce nom se grava dans mon cœur en traits de feu très doux » (Anatole France, *La Vie en fleur,* IX).

Ensuite, Isabelle disparaît de la scène parisienne comme elle avait déjà disparu de la vie de Dumas, chassée sans doute par Émilie Cordier.

• **Marie X.** (la « pâtissière » de Bruxelles). Il faut sans doute reconnaître Marie, la pâtissière, dans le rapide portrait de femme que Dumas esquisse pour son fils : « Maintenant es-tu assez riche pour m'acheter et m'envoyer en l'essayant sur une belle brune de 20 à 25 ans que je crois à ta disposition, un chapeau d'été de 50 à 70 F. Ne te tiens pas, tu comprends bien, à 10 F. J'ai couché avec une très belle fille qui ne veut rien recevoir autre chose qu'un chapeau d'été ou jaune paille très clair, ou tout simplement blanc » (avril 1852).

En effet, Dumas « magnétise une boulangère hystérique et lui fait faire des contorsions surprenantes dont elle n'a plus le souvenir au réveil. Je la plains s'il ne la finit pas, mais on a lieu de croire qu'il finit dans le particulier » (Lettre de Nerval à Eugène de Stadler, 12 mai 1852). Plutôt pâtissière que boulangère, s'il l'on en croit Gaspard de Cherville : « Ce sujet était une belle femme brune dont les yeux de gazelle effarouchée avaient grandement achalandé une boutique de pâtisserie du boulevard [de Waterloo] et qui fit quelque bruit à cette époque sous le sobriquet de "la belle pâtissière". Dumas la plaçait à table à côté de lui ; le moment de la représentation arrivé, il se contentait de la regarder fixement dans une glace qui leur faisait face à tous les deux et, crac ! en un tour de main, cédant à cette influence par ricochet, la belle Marie s'endormait d'un sommeil qui, je

veux le croire, était celui de l'innocence ! [...] Quant aux questions posées à la voyante, aux révélations qu'on en sollicitait, seule entre toutes les magnétisées, celle-là peut se vanter de n'avoir jamais commis d'erreur, parce que jamais aussi elle n'a répondu aux demandes les plus discrètes ; c'était une somnambule muette » (*Alexandre Dumas à Bruxelles,* « Le Temps », 19 avril 1887).

• **Emma MANNOURY-LACOUR,** née Emma-Adélaïde Gallard (Caen, 4 octobre 1823 - 26 novembre 1860). Fille de Pierre-François Gallard, cultivateur, puis percepteur, et d'Adèle Picquot, brodeuse, fille naturelle et reconnue de l'avocat Pierre-Michel Picquot (1750-1798) qui dirigea « Le Courrier des cinq jours ou du département du Calvados » (1790). Après avoir reçu une éducation soignée, elle épouse le 8 mai 1840 Dominique-Louis-Pierre Morin (1812-1852), employé à la direction des Contributions indirectes.

D'après Delacroix, Dumas lui a « parlé de ses amours avec une *vierge,* veuve d'un premier mari et *avec* un second en exercice » (*Journal,* 17 janvier 1856). Ce premier mariage aurait été blanc, comme le second avec Louis-Anatole Mannoury-Lacour[1], célébré le 15 juin 1853. Anatole possède des immeubles à Caen et des terres dans le Bessin, autour de Monts, où s'élève son château, mais « ce serait d'Emma que venait la fortune : deux mille arpents de terre et une seule pièce » (A. Dumas, *Madame de Chamblay*[2]).

Portrait physique. Elle « était plutôt grande que petite, à la taille évidemment mince et flexible, sous le mantelet large et flottant de sa matinée ; elle avait des yeux d'un bleu d'azur assez foncé pour qu'au premier abord ils parussent noirs,

---

1. Né à Caen en 1823, d'après une lettre que Dumas écrit à sa fille Marie, on peut supposer qu'il était impuissant ou homosexuel.

2. *Madame de Chamblay* qui, au dire de Dumas, est composé de « pages arrachées au livre de sa vie » (son aventure avec Emma).

des cheveux blonds tombant à l'anglaise, des sourcils bruns, des dents petites et blanches sous des lèvres carminées, qui faisaient encore mieux ressortir la pâleur de son teint. Dans tout l'ensemble du corps se révélait un air de fatigue, un sentiment de douleur annonçant la femme lasse de lutter contre un mal physique ou moral » (A. Dumas, *Madame de Chamblay*).

Liaison avec Dumas. Lorsque Dumas fonde « Le Mousquetaire », Emma Mannoury-Lacour s'abonne et envoie des dons au journal pour ses œuvres philanthropiques. Une correspondance s'établit entre le directeur et l'abonnée, notamment au sujet de Mme Céleste Bader. En 1855, lors des obsèques de Gérard de Nerval, Emma vient à Paris et se présente à Dumas ; enfin, elle va perdre sa virginité : très rapidement (mars 1855), Dumas séjourne avec Emma au Havre, à Caen et à Monts. Il semble exercer sur elle un curieux pouvoir magnétique.

Emma est enceinte : « Pour mon enfant, j'aurai la force de tout dire et tout mener à bien », déclare-t-elle à son amant. En avril et mai 1855, Marie Dumas passe avec elle quelques semaines à Monts, mais Dumas ne peut les rejoindre à cause du procès Chéramy ; alors, malgré une grossesse pénible, Emma vient de temps en temps à Paris. Les amants envisagent d'acheter un petit domaine, Orsay, pour leur futur enfant, mais Emma fait une fausse couche : « Il faut que je parte demain pour Caen. La personne que vous savez est en train de faire une fausse couche, avec son mari à son chevet et sans pouvoir pousser un cri » (Lettre à Mme Porcher, automne 1855).

En 1856, l'amour des amants se manifeste dans un recueil de poèmes « croisés », *Les Solitudes*, qui paraît en février 1857[1]. Cependant, la santé d'Emma est toujours aléatoire ; ses pertes de sang continuent. Dumas lui donne des conseils médicaux : « Je vais t'envoyer un flacon d'eau magnétisée. Comme tout est dans l'imagination [...] tu y imbiberas une petite éponge et tu t'endormiras avec cette éponge où tu sais. Puis en te couchant, tu boiras une cuillérée de cette eau, en te disant à toi-même "Il veut que je dorme" » (été 1857). A l'automne 1857, Dumas commence dans « Le Monte-Cristo » un nouveau roman : *Ainsi soit-il,* qui, de l'aveu de Dumas, est inspiré de son aventure avec Emma ; mais le roman s'interrompt, le 8 juillet 1852[2], lorsque Dumas part pour la Russie. Il promet qu'à son retour il montera directement dans le train du Havre.

Emma compose un second recueil de poèmes : *Les Asphodèles*[3] dont « Le Monte-Cristo » du 19 avril 1860 rend compte, avec les éloges que l'on devine. Dumas s'entremet auprès des critiques (A. Karr, Saint-Félix, Deschanel) pour que la presse signale la publication.

Mort. Avant son départ pour son tour de la Méditerranée, le 9 mai 1860, Dumas confie à Emma un manuscrit de Cherville, *Pâques fleuries* : « Faisen ce que tu pourras », lui recommandet-il, mais Emma n'aura sans doute pas le temps de se pencher sur cette œuvre en collaboration puisqu'elle meurt le 26 novembre. Quand Cherville réclamera son manuscrit, Dumas lui répondra : « Je n'ai plus *Pâques fleuries,* il est resté chez Mme M., mort et enterré avec elle, pauvre femme » (fin 1863).

---

1. Les poèmes que l'on peut attribuer à Dumas : *Le Chêne, Le Caveau des ancêtres, Le Mourant* (dont les autographes sont conservés dans des lettres à Emma) et *La Fiancée de Corinthe*. Quand « Le Monte-Cristo » est fondé, Dumas consacrera un long article à ce volume poétique.

2. *Ainsi soit-il* reprendra son cours avec la renaissance du « Monte-Cristo » de janvier 1862 au 22 avril 1862. Dumas avait terminé le roman à Naples, le 19 avril 1861.

3. Il sera publié, au printemps 1860, chez Michel Lévy.

Le 2 juin 1868, après avoir adapté au théâtre le roman *Madame de Chamblay*, Dumas décidera de révéler au public ses amours avec Emma Mannoury-Lacour (sous le pseudonyme de Clotilde de Monts) dans « Le Dartagnan » (n°s 52 et suivants) : « En 1860 [...] Emma mourut [...] et je crois bien, quoique je ne l'affirme pas, que les trois quarts de mon cœur, sinon mon cœur tout entier, moururent avec elle » (« Le Dartagnan », n° 56, 11 juin 1868). Mais la disparition du journal ne permet pas à la confidence d'être menée à son terme.

De la liaison de Dumas et d'Emma, il ne subsiste que quelques rares vestiges de quelque quinze cents lettres que la jeune femme lui adresse de 1855 à sa mort, et une dizaine de lettres de l'amant.

• **Victor PERCEVAL**, pseudonyme de Marie de Fernand (Bagnères-de-Bigorre, 1835 - après 1876). Sous ce pseudonyme se dissimule une jeune femme qui signe ses lettres privées Marie de Fernand, mais peut-être est-ce encore un pseudonyme. On peut penser qu'elle est venue proposer des traductions de l'anglais à Dumas qui, séduit par le charme de la traductrice, les a acceptées. A partir du 3 août 1856, il imprime d'abord « Le Mousquetaire », *Les Mémoires d'un jeune cadet* (d'après *Adventures of a Younger Son,* de Edward John Trelawney) puis, à partir du 21 août, *Un courtisan* (imité de l'anglais). Après la fondation du « Monte-Cristo », il faut sans doute attribuer à Victor Perceval la traduction de *Harold ou le Dernier Roi des Saxons* d'après Bulwer-Lytton ; il semble qu'elle ait ensuite participé à la rédaction des *Baleines des terres antipodiques*, écrit à partir des notes du Dr Félix Maynard (« La Presse », 23 mars-4 mai 1858). Le 30 avril 1858, débutent dans « Le Siècle », *Mémoires d'un policeman. Esquisses de mœurs anglaises*, traduits et arrangés par Victor Perceval (d'après *Stories of a Detective,* de C. Water). Dumas recommande Marie de Fernand aux directeurs de journaux, à ses éditeurs, en particulier à Lévy. Il mettra non seulement son nom, mais fera la préface d'un *Ivanhoé* traduit par Perceval (3 février 1860). Plus tard, il signera un *Robin Hood le proscrit* (d'après *Robin and Little John, or the Merry Men of Sherwood Forest*, de Pierce Egan [1865-1866]).

Marie de Fernand, que Dumas appelle parfois Mme Fernand, ne fut-elle que sa traductrice ordinaire ? La pension de 200 F par mois que lui verse Dumas, le prénom de la petite Alexandrine permettent d'en douter.

Mort. Après le retour de Naples de Dumas, Marie prend son autonomie d'écrivain et publiera de nombreux ouvrages. Elle meurt en 1887, année où finit sa bibliographie.

Bibliographie. *Un amour de tsar, Béatrix Orsetti* (2 vol., Cadot, 1859), *Une femme dangereuse*, en collaboration avec L. Desnoyers (1864), *Béatrix Blanche* (Cadot, 1866), *La Plus Laide des sept* et sa suite, *La Châtelaine de l'Hermitière* (Cadot, 1865-1866), *La Contessina* (Cadot, Degorce, 1867), *Une excentrique* (Cadot, 1866), *La Pupille du comédien* (Cadot, Degorce, 1869), *L'Ennemi de Madame* (Dentu, 1869), *Un drame judiciaire, Le Marquis de Douhault* (Dentu, 1872), *Le Secret du directeur* (Dentu, 1872), *La Fille naturelle* (Dentu, 1873), *Scènes de la vie de province, Monsieur le Maire* (Dentu, 1873), *Le Roman d'une paysanne* (Dentu, 1874), *Régina* (impr. Walder, 1874), *Mille Francs de récompense* (Dentu, 1875), *La Dot de Geneviève* ; *Le Cri d'Aurélien* (Dentu, 1877), *Les Feux de paille* (Dentu, 1878), *La Maîtresse de Monsieur le Duc* (Dentu, 1879), *Les Vivacités de Carmen* ; *Le Clos béni* (Dentu, 1879), *Une chanoinesse de dix-sept ans, Ivan le Terrible, légende russe* (Dentu, 1882), *Une date fatale* ; *Lise* ; *Le Premier Amour de Titien* ; *Les Héroïnes de la Montagne* (Dentu, 1883), *Le Panier rose*

(Delagrave, 1885), *La Poupée de Suzanne* (Delagrave, 1886), *Denyse* (Delagrave, 1886), *Les Rêves de Julie* (Delagrave, 1887), *Rose et Valentine* (Delagrave, 1887).

• **Émelie (ou Émilie) CORDIER** (Paris, 13 juillet 1840-20 novembre 1906). Fille de François-Pierre Cordier, marchand boisselier[1] et d'Arsène Guinoussir, ancienne demoiselle de magasin. Émilie est de santé fragile ; elle passe une enfance choyée à lire Victor Hugo, Balzac et surtout Dumas. A treize ans et demi, elle est placée en apprentissage chez une grande lingère de Paris. Lorsqu'elle tombe malade, on la met chez une marchande de modes, puis chez un marchand de poissons des Halles, car l'odeur de la marée est réputée bonne pour la poitrine.

Liaison avec Dumas. Comme Émilie rêve de théâtre, une cousine lui présente Béatrix Person qui la conduit, au printemps 1858, chez Dumas, dans l'espoir qu'il pourra lui donner un rôle. Dumas part pour la Russie, mais n'oublie pas la silhouette menue d'Émilie. A son retour, il lui fait signe et, en avril 1859, elle s'installe rue d'Amsterdam puis dans la maison de La Varenne-Saint-Hilaire qu'il avait louée pour l'été.

Il l'entraîne dans son grand voyage autour de la Méditerranée. Pour le bateau, il fait tailler à Émilie un uniforme de fantaisie qui lui vaut le surnom d'*amiral*. La jeune femme de vingt ans impose ses caprices au vieil adolescent de cinquante-huit ans : elle se veut la seule femme sur l'« Emma », et évince Emma Richard, la maîtresse de Gaspard de Cherville, le collaborateur de Dumas.

Enfant. En juillet 1860, Émilie est enceinte, elle est obligée de rentrer à Paris et, le 24 décembre, elle accouche d'une fille prénommée **Micaëlla Josepha** (en l'honneur de Garibaldi). La naissance a eu lieu au 6, quai Saint-Paul, chez les parents Cordier. En janvier 1861, le père, qui est « non dénommé » vient voir l'enfant et la mère à Paris, puis repart à Naples. Micaëlla est placée en nourrice et, en mai, Émilie rejoint son amant à Naples. En 1862, l'enfant rend visite à Naples à ses parents, puis, en juin 1863, le couple revient à Paris en passant par Turin et la Suisse.

Rupture. Il est possible qu'elle soit intervenue pendant ce séjour parisien. « Je te pardonne [écrit Dumas à Émilie], il est arrivé dans notre vie un accident, voilà tout. Cet accident n'a pas tué mon amour. Je t'aime tout autant, seulement je t'aime à la façon dont j'aimerais une chose perdue, une chose morte, une ombre ». Pardonne-t-il une trahison d'Émilie ?

Le 20 octobre 1863, Émilie, par précaution, reconnaît sa fille, de peur que Dumas ne la lui enlève. Dumas a en effet proposé de la légitimer mais à trois conditions : « 1° Tant qu'Émilie sera à Paris, "Bébé" passera six mois avec sa mère, six mois avec moi. 2° Si Émilie quitte Paris et va à l'étranger, "Bébé" me sera remise avant son départ. 3° Si Émilie vivait avec une autre personne que moi, je reprendrais "Bébé" que sa mère aurait toujours le droit de voir » (Lettre à Cordier, le 2 juillet 1863). Mais Émilie refuse la reconnaissance de Micaëlla, privant l'enfant de sa part d'héritage.

Après la rupture, Émilie remonte sur scène et confie Micaëlla à sa mère qui l'élève. Puis elle rencontre un certain E. Edwards[2]. En 1869, pour épouser E. Edwards, elle veut régulariser la situation de Micaëlla et demande à Dumas de la reconnaître, mais Dumas

---

1. On appelait ainsi les fabricants de seaux en bois pour les porteurs d'eau.

2. C'est le frère de Charles Edwards dont le fils Alfred (1856-1914), grand homme de presse, épousera Mme Lanthelme qui se noiera dans le Rhin dans des circonstances mystérieuses.

refuse. Émilie donnera cinq enfants à Edwards : trois fils dont deux jumeaux, René et Émile, et deux filles, la cadette née, semble-t-il, en 1869. En décembre 1870, lorsqu'elle apprend, à Marseille où elle s'était réfugiée pendant la guerre, la mort de son vieil amant, elle fait mettre sa fille en noir.

Le mariage avec Edwards (si mariage il y eut) dure peu : le père se charge des trois aînés, Émilie des deux cadets et de Micaëlla, qui est revenue près d'elle après la mort de sa grand-mère en 1871. Mal remise de sa dernière grossesse, Émilie se tourne vers la littérature : elle collabore avec Édouard Goepp, fondateur de « La Revue anecdotique » à la rédaction des *Grands Hommes de la France, Hommes de guerre* (1872-1885, 5 volumes), *Navigateurs* (1873), puis, avec René Caillé, *Voyageurs* (1885) ; les ouvrages sont signés E. L. Cordier. Est-elle également l'auteur des *Contes amers*, publiés en 1888 et signés E. Edwards ?

Mort. Sauvée d'un emphysème par le docteur Rosa Perrée, elle succombe quelques années plus tard, laissant 3 000 F de meubles et 6 500 F en pièces d'or dans un tiroir.

• **Fanny GORDOSA.** Espagnole, née dans une colonie anglaise des tropiques, elle a fait ses études musicales à Milan et Florence.

Liaison avec Dumas. En 1862, à Naples, il rencontre cet « excellent soprano », mais Émilie règne encore et c'est sans doute lorsqu'elle regagne Paris, en juillet 1863, que la liaison de Dumas et de la Gordosa s'officialise. Dès son retour à Paris, Dumas n'a de cesse de faire reconnaître le talent de sa maîtresse : il invite le ténor Duprez à venir l'entendre ; le 16 avril 1864, il organise un concert à la salle Herz : Fanny chante des extraits de *La Traviata ;* le 21, le compte rendu du « Petit Journal » est élogieux ; le 27, elle accompagne Dumas au Havre où elle donne un concert au profit de la Société de sauvegarde,

puis, le 11 mai 1864, elle débute aux Italiens dans *La Traviata.* En automne, lorsqu'il est question pour Dumas d'une tournée aux États-Unis, la Gordosa y est naturellement associée. Comme la tournée n'a pas lieu, Dumas tente, en vain, de la faire engager à l'Opéra de Paris : le 22 mars 1865, son audition ne convainc pas le comité. Vers cette époque, elle disparaît de la vie de Dumas.

De Fanny, dont Dumas disait : « Fanny est un peu bizarre, mais elle a un cœur excellent », Maurois a donné un portrait pittoresque : « Dumas avait ramené d'Italie une cantatrice noire comme une prune ; mais appétissante, et d'une ardeur au déduit si vive que son mari italien, épuisé, lui avait fait porter autour des reins des serviettes humides. Dumas la délivra de ses bandelettes et satisfit ses ardeurs. Aussi s'attacha-t-elle à lui avec une passion furibonde. [A Enghien], la Gordosa remplissait la maison de trombones, de violons, de luths. Elle vocalisait du matin au soir, encensée par des écornifleurs, qui s'installaient à demeure, crochetaient les buffets et dévoraient les provisions [...]. La Gordosa montait la garde. "Ouné femme !" criait-elle quand arrivait quelque intruse. "Dité-loui que M. Doumas, il est malade !" Dumas tolérait cette furie pittoresque vêtue d'un peignoir transparent, qui lui disait la bonne aventure [...]. »

« De retour à Paris, au 70, rue Saint-Lazare, où, chaque jeudi, Dumas donnait un grand dîner après lequel la diva chantait, cependant que le maître de maison se réfugiait "loin des miaulements" et travaillait. Bientôt un orage éclata. La fougueuse coloratura surprit Dumas en flagrant délit dans une loge de théâtre et ameuta la salle par ses hurlements. Il finit par la chasser. Elle partit en déclarant qu'elle allait rejoindre son mari, et emporta le peu d'argent qui restait dans les tiroirs » (A. Maurois, *Les Trois Dumas*).

• **Olympe AUDOUARD**, née Félicité-Olympie Jouval (Marseille, 11 mars 1830 - Paris, 1890). Fille d'Alexis Jouval qui dépensait sa fortune en voyageant, la jeune Olympe est mariée, à dix-huit ans, à son cousin Jean-Baptiste Jouval, notaire à Marseille qui, tout en continuant à jouer les Don Juan, lui donne deux fils. Olympe ne supporte pas son mari et demande la séparation. Elle quitte Marseille pour s'installer à Paris où elle fonde une revue, « Le Papillon », et lance des brûlots féministes : *Comment aimer les hommes* (1862), *Un mari trompé* (1863), *Guerre aux hommes* (1863), dans lesquels elle classe l'ennemi en homme-papillon, homme-moustique, homme-alouette, homme-canard. Puis, à l'instar de son père, elle entreprend de nombreux voyages en Égypte, Turquie et Russie.

Liaison avec Dumas. Dans *Voyage à travers mes souvenirs ; ce que j'ai connu et ce que j'ai vu à Paris* (1884), elle narre sa première rencontre avec Dumas (qui vraisemblablement a lieu en juillet 1866), à Aix-les-Bains, où elle joue *Le Cachemire vert* dans la petite troupe d'amateurs de Mme Rattazi ; à la fin de la représentation, Dumas lui sauta au cou : « Voulez-vous me permettre de vous embrasser, Olympe ? Il y a si longtemps que je désire vous connaître ! » Désormais, ils sont les « meilleurs camarades du monde » : elle l'appelle « Mon vieux grand-père », lui « Ma petite amie chérie ». Il est peu probable que celle qui eut d'étranges complaisances érotiques pour les vieillards, pourvu qu'ils fussent célèbres (voir les *Carnets*, de Victor Hugo), repoussa Dumas.

Lorsqu'il prend la direction du « Mousquetaire », une « charmante dame » apparaît souvent dans ses colonnes ; il sort avec elle, la présente à ses amis, mais la rencontre avec Adah Menken interrompt sans doute cette intimité. Dumas n'en continue pas moins d'assister aux soirées d'Olympe, le vendredi, et lorsque, en 1868, elle s'apprête à faire, aux États-Unis, une tournée de conférences sur le féminisme, il écrit pour elle une lettre de recommandation au directeur du « Sun » : « Je vous présente [...] ma meilleure, ma plus grande et ma plus belle amie. Recevez-la comme je recevrais la vôtre s'il vous plaisait de faire échange » (25 mai 1868). Au retour d'Olympe, Dumas préside, le 8 mars 1869, à la Salle des conférences de la rue des Capucines, une causerie que la jeune femme donne sur ses voyages, puis il séjourne, en mars et avril 1869, cinq ou six semaines dans la petite maison du parc de Maisons-Laffitte qu'Olympe met à sa disposition.

A la mort de Dumas, Olympe se plaindra de ce qu'Alexandre Dumas fils n'ait pas cru bon de lui faire part de la disparition de son grand ami.

• **Adah Isaacs MENKEN** (La Nouvelle-Orléans, 1832, 1834 ou 1841 - Bougival, 10 août 1868). Juive portugaise née en Louisiane, elle a été figurante, actrice et modèle pour sculpteur, tout en étant collaboratrice du « Cincinnati Israelite » (sous le pseudonyme de Dolorés Adios los Fuertos), conférencière polyglotte et poète. Elle a successivement épousé un musicien, Alexander Isaacs Menken, en 1856, puis, en 1859, un boxeur, John Carmel Heenan, ensuite, en 1862, Robert H. Newell, son imprésario et enfin, le 19 août 1866, James P. Barkley dont elle est enceinte, au moment de quitter l'Amérique.

Après avoir mis au point des numéros érotico-équestres qui ont séduit l'Amérique, elle décide de conquérir l'Europe dont elle révère les poètes[1]. Le 2 août 1866, deux jours après son mariage, elle s'embarque seule à New York, sur le « Java », en direction de Londres, où bientôt elle triomphe dans

---

1. Dudevant est le second prénom qu'elle donne à l'un de ses enfants, rendant ainsi hommage à George Sand.

Mazeppa (drame inspiré de Byron) : liée à un cheval, vêtue d'un maillot couleur chair, elle y gravissait au galop un praticable.

Liaison avec Dumas. Après Londres, à partir du 31 décembre 1866, Paris l'applaudit à la Gaîté dans *Les Pirates de la savane*. Quand Dumas va la féliciter dans sa loge, elle se jette au cou du vieil écrivain. Il l'introduit dans la bohème littéraire et galante, lui promet de lui écrire un drame tiré du *Monastère* de Walter Scott, l'emmène dîner à Bougival et accepte de poser avec elle pour le photographe Liébert (voir encadré ci-dessous).

Le scandale des photographies

Adah Menken avait l'habitude de se faire photographier avec les grands hommes de sa vie. Le 28 mars 1867, Dumas se prête à ce rituel et accepte de se faire photographier par Liébert, en manches de chemise, avec sa maîtresse, en maillot collant, sur ses genoux. Sur une autre épreuve, on la voit blottie dans ses bras, appuyant sa tête sur l'énorme poitrine de l'écrivain.

Liébert, à qui Dumas doit de l'argent, met en vente les clichés pour se dédommager et les fait exposer dans de nombreuses vitrines parisiennes. Le jeune Paul Verlaine en fera un poème :

L'Oncle Tom avec Miss Ada
C'est un spectacle dont on rêve.
Quel photographe fou souda
L'Oncle Tom avec Miss Ada ?
Ada peut rester à dada,
Mais Tom chevauche-t-il sans trêve ?
L'Oncle Tom avec Miss Ada
C'est un spectacle dont on rêve.

Un journal satirique, « Le Tintamarre », publie une ballade : *Toujours lui !* bientôt reproduite dans « Le Figaro » du 16 avril 1867 :

Elle était une écuyère,
Il était un écrivain ;
A son zénith la première,
Le second à son déclin ;
Celle-là, fraîche et légère
Comme un souffle du matin ;
Celui-ci, pesant et guère
Moins ventru qu'un muid de vin (...)
Un beau jour, notre écuyère
Rencontra notre écrivain,
Entre fourchette et cuillère,
Dans un déjeuner rupin (...)
Or, en tant qu'ex-mousquetaire
Lui qui toujours va bon train (...)
Il mit un baiser au sein
De la pudique écuyère.

« Tout beau ! fougueux écrivain (...) »
Dit en riant l'écuyère :
« Tout beau, fougueux écrivain !
Pour moi, gras sexagénaire
Serait un maigre butin.
Que gagnerais-je à l'affaire ?
— Parbleu ! l'honneur souverain,
Femme, d'avoir su me plaire.
— Il faudrait qu'on fût certain
Qu'aux genoux de l'écuyère
S'est mis le vieil écrivain !... »
Depuis, on voit l'écuyère
Et le trop tendre écrivain
S'entre-sourire, derrière
Cent montres de magasin.
(Cité par Bernard Falk).

Marie Dumas effectue des démarches pour que les photographies soient retirées de la vente. En vain. Dumas intente alors un procès à Liébert le 26 avril devant la première chambre. Il assiste à l'audience et demande le retrait de la vente des photographies. Débouté (3 mai), il fait appel. Après la proposition du rachat des clichés (100 F), les photographies sont interdites à la vente (jugement du 24 mai).

Malgré les sermons de son fils, Dumas continue à fréquenter cette maîtresse excentrique jusqu'au jour où un nouvel engagement l'appelle à Vienne où elle doit jouer son éternel *Mazeppa* au théâtre An der Wien. Elle fait une tournée en Angleterre où elle se blesse dans une chute de cheval, puis revient à Paris pour reprendre *Les Pirates de la savane*. Sur la route du retour, elle rencontre Dumas, au Havre, où, en juillet 1868, il donne des causeries à l'occasion de l'Exposition maritime.

Mort. A Paris, pendant les répétitions des *Pirates de la savane,* Adah tombe gravement malade, et meurt d'une péritonite aiguë, le 10 août 1868, à Bougival. Sa femme de chambre, ses grooms, quelques acteurs et son cheval favori accompagnent son convoi jusqu'au Père-Lachaise. Dans la biographie[1] qu'il a consacrée à Adah, Bernard Falk reproduit un court extrait d'une lettre de Dumas à Adah : « S'il est vrai que j'ai du talent, comme il est vrai que j'ai de l'amour, tous deux sont à toi. »

• **Nina de CALLIAS**, née Anne-Marie-Claudine Gaillard. Parmi les nombreuses femmes libres qui hantent la bohème finale de Dumas, il faut signaler Nina, épouse séparée de corps du comte Hector de Callias qui tient son salon ouvert à la bohème littéraire. Frigide, un peu folle, elle est la maîtresse d'un peu tout le monde, de Charles Cros à Villiers de l'Isle-Adam.

Liaison avec Dumas. Elle se situe en juin 1868, lorsque Nina de Callas rejoint Dumas au Havre pour assister aux corridas et prêter son concours musical à une soirée donnée au bénéfice du comédien Delacroix (voir le compte rendu de Dumas dans « Le Moniteur universel du soir » du 23 octobre, dans lequel il trace un portrait de Nina).

Parmi les maîtresses moins « sûres » de Dumas, on peut citer, vers 1846, l'actrice **Atala Beauchêne**, née Louise Beaudoin (1817-1894) dite Atala ; vers 1847, **Louise Pradier et Mlle Nathalie** (actrices au Français) ; vers 1858, **Clarisse Miroy** et **Jenny Falcon** ; vers 1864, **Esther Guimont**, la « lionne du Boulevard ».

« Dumas amoureux est un chasseur qui n'aime que la poursuite. Don Juan désolé sans doute de sa nécessaire cruauté. Le cœur est navré de l'exigence des sens » (Claude Schopp, *Alexandre Dumas,* Mazarine, p. 289).

Celles qui ont dit « non ! »

A côté des nombreuses maîtresses d'Alexandre Dumas, il se trouve quelques femmes qui lui ont résisté.

• **Laurence X.** Le premier flirt de Dumas se solde par un cuisant échec. A la *Pentecôte 1818,* le jeune Alexandre (quinze ans) fait la connaissance de la jolie Laurence X., qui est la nièce de l'abbé Grégoire. Au cours d'un bal, il lui fait une cour pressante, mais la jeune fille lui préfère un dénommé Miaud qui est beaucoup plus élégant et mondain que lui. Laurence éconduit Alexandre qui provoque aussitôt Miaud en duel (voir p. 1190).

• **Lucie X.** Au cours d'un séjour à Dreux chez son beau-frère Letellier en *mars 1821,* Alexandre courtise en vain une femme mariée.

• **Athénaïs LECORNIER.** *En septembre 1822,* il soupire en vain pour Athénaïs Lecornier qu'il a rencontrée dans la société de Crépy-en-Valois.

• **Mme SETIER** (née Abigail Samuda). Femme de Louis-Pascal Setier, éditeur avec lequel Dumas fonde, *en 1826,* la revue « La Psyché ». Belle Juive

---

1. Bernard Falk, *The Naked Lady, a Biography of Adah Isaacs Menken,* London, Hutchinson, 1952.

espagnole aux longs cheveux noirs et aux manières distinguées, Mme Setier a alors vingt-huit ans. Elle propose à Dumas de lui traduire des pièces anglaises qu'il pourrait adapter au théâtre. Il semble que leurs rapports n'aient pas été plus loin que l'amitié amoureuse qui doublait ce commerce intellectuel.

• **Mlle Rachel,** née Élisabeth-Rachel Félix (1820-1858). Dumas la voit pour la première fois, *en 1843,* dans *Lucrèce* où elle triomphe. Depuis ce jour, elle est « demeurée cachée dans un pli de son cœur ». Pour elle, il bouleverse ses plans de voyage afin de la revoir à Marseille où elle est en tournée. *Le 21 juin 1843,* il débarque à Marseille et va lui déposer un énorme bouquet à l'hôtel de l'Univers où elle est descendue ; le soir, il va la voir jouer *Marie Stuart* et manifeste un enthousiasme outrancier. *Le 23 juin,* Alexandre et Rachel dînent ensemble au Prado, en compagnie de Méry et de l'amant officiel de la comédienne, le comte Walewski. Ils se promènent ensuite sur la plage, Rachel appuyée sur le bras d'Alexandre. Elle ramasse un petit morceau de marbre et le lui offre : Dumas se croit aimé et *le 24 juin,* fou d'amour, il quitte Marseille.

Le 25 juin, il écrit d'Avignon une lettre passionnée. De Paris, il lui envoie, *le 9 juillet,* une deuxième lettre, accompagnée de fleurs séchées. Mais Rachel anéantit ses espoirs amoureux : « J'avais espéré que mon silence suffirait pour vous prouver que vous m'avez mal jugée ; il en est autrement, je suis donc forcée de vous prier de cesser une correspondance dont je suis et doit être blessée. Vous me dites, monsieur, que vous n'oseriez pas me répéter de près ce que vous m'écrivez ; je n'ai qu'un regret, c'est celui de ne pas vous inspirer de loin autant de déférence que de près » (16 juillet). Dumas répond, *le 19 juillet,* à cette fin de non-recevoir par une

impertinence : « Puisque vous le voulez absolument, restons-en où nous en sommes, ce sera toujours une partie du chemin de fait pour l'avenir. Votre admirateur et surtout votre ami. » Depuis Lyon, *le 24 juillet,* Rachel lui renvoie sa lettre : « Je vous renvoie les deux lignes que vous n'avez pas craint de m'adresser ; quand une femme est décidée à n'invoquer le secours de personne, elle n'a pas d'autre moyen de répondre à une offense ; et si je me suis trompée sur votre intention, si vous avez laissé tomber par mégarde de votre plume ces deux lignes au milieu de vos innombrables occupations, vous serez charmé de les ravoir. »

Par la suite, Dumas et Rachel entretiendront de bons rapports. *En 1851,* Dumas essaie de monter une représentation à bénéfice pour Rachel qui traverse des difficultés financières ; la représentation n'a pas lieu mais Rachel garde à Dumas de la reconnaissance. A l'enterrement de la comédienne, le *11 janvier 1858,* Dumas tient un des cordons du poêle.

• **Lilla von BULYOVSKY.** Comédienne hongroise de vingt-trois ans, grande avec des cheveux châtains et des yeux bleus. *En septembre 1857,* elle se présente chez Dumas et lui demande d'être son guide dans Paris. Dumas lui donne des lettres de recommandation, l'invite à dîner deux ou trois fois par semaine, lui fait connaître les théâtres parisiens et la présente à ses amis. Quand Lilla quitte Paris, *le 21 septembre,* Dumas l'accompagne, bien qu'elle ne lui ait rien accordé. Ensemble, *le 22,* ils se rendent à Bruxelles, à Spa, *le 23,* ils sont à Aix-la-Chapelle, puis *les 24 et 25,* ils descendent le Rhin de Cologne à Mayence, vivant dans une intimité à laquelle ne manque que la possession. *Le 26,* ils se quittent à Mannheim où Lilla doit suivre les cours de la tragédienne Mme Schroeder.

V

LES RELATIONS

AMIS D'ENFANCE ET D'ADOLESCENCE

ARNAULT (Lucien-Émile) (Versailles, 1ᵉʳ octobre 1784 - 24 avril 1863). Fils de Antoine-Vincent Arnault (1766-1834), le célèbre dramaturge, auteur de *Marius à Minturnes, Lucrèce, Cincinnatus, Germanicus*. Lucien a été intendant civil d'Istrie (1810-1813), sous-préfet de La Châtre, Indre (1814-1815), préfet de l'Ardèche (Cent-Jours). Il est l'auteur de *Regulus* (1822) et de *Catherine de Médicis aux États de Blois* (1829). Dumas fait sa connaissance en septembre 1819, lorsque les Arnault viennent chasser à Villers-Cotterêts chez les Leuven. Il revoit Lucien au cours d'un dîner chez les Arnault à Paris, en avril 1823. Pendant cinq ans, ils se verront deux ou trois fois par semaine. Arnault sera par la suite préfet de Saône-et-Loire (1830-1831) et préfet de la Meurthe (1831-1848).

ARPIN (Auguste-Honoré) (Villers-Cotterêts, 8 octobre 1801-1877). Fils du bourrelier de Villers-Cotterêts et compagnon de chasse de Dumas.

CHOLLET (Louis). Venu à Villers-Cotterêts pour étudier l'exploitation forestière, il loge chez un cousin d'Alexandre, Roussy, marchand de bois.

LA PONCE (Amédée de) (Paris, 18 décembre 1790-?). Fils d'un ancien secrétaire général de la Guerre. Comme hussard, il participe à la bataille de Leipzig, à la campagne de France, puis rejoint le 6ᵉ hussard aux Cent-jours. Sur la route de Waterloo, il traverse Villers-Cotterêts et rencontre une jeune Cotterézienne, Louise Waubert, dont il

tombe amoureux. Retiré du service actif, il préfère démissionner de l'armée le 26 septembre 1816 et épouser Louise le 26 avril 1817 à Villers-Cotterêts. C'est alors qu'il fait la connaissance de Dumas (qui a quatorze ans) et se prend d'amitié pour lui. Amédée, cultivé et parlant parfaitement l'italien et l'allemand, se propose de lui apprendre les langues étrangères, notamment l'italien. Mais surtout, il lui enseigne l'amour du travail « qui console le jour, qui console la nuit, que l'on a sans cesse près de soi, accourant au premier soupir, vous versant ce baume à la première larme » (*Mes Mémoires*).

PAILLET. Clerc chez Me Mennesson.

RIBBING DE LEUVEN (Adolphe) (Paris, 20 septembre 1802 - Marly-le-Roi, 9 août 1874). Son père, Adolphe-Louis, a fait partie de la conjuration qui a organisé l'assassinat du roi Gustave III de Suède (1792). Banni, dépossédé de ses biens, le « beau régicide » a rencontré en Suisse Germaine de Staël dont il est devenu l'amant. Après la Terreur, il a acheté en France, à bas prix, des châteaux : Villers-Hélon qu'il a revendu à Jacques Collard (le tuteur de Dumas), Brunoy qu'il a cédé à Talma, Quincy où il s'est établi. Il a vécu tranquillement sous l'Empire, mais la Restauration l'a exilé à Bruxelles où il a fondé « Le Nain jaune réfugié ». A la suite d'un de ses articles, la Prusse a demandé qu'il lui soit livré, à moins qu'il n'opte pour la France, ce qu'il fait. En juin 1819, il est installé, avec son fils, à Villers-Hellon, chez Jacques Collard à qui il a demandé l'hospitalité. C'est là qu'Alexandre Dumas fait la connaissance de son fils, Adolphe de Leuven, le 27 juin 1819. « Nous commençâmes, ce jour-là, une amitié qu'aucun jour sombre ou heureux n'a altéré depuis » (*Mes Mémoires*). Leuven est l'initiateur littéraire de Dumas ; il fait des vers et incite Alexandre à l'imiter. Ensemble, ils écrivent deux vaudevilles : *Le Major de Strasbourg, Le Dîner d'amis,* et un drame : *Les Abencérages.* Lors de son premier voyage à Paris, du 2 au 5 novembre 1822, Dumas rend visite à Leuven qui le présente à Talma et le fait assister à une représentation de *Sylla.* Installé à Paris, Dumas fréquente le salon des Leuven ; Adolphe l'introduit dans les milieux littéraires et leur collaboration reprend (voir p. 1347).

SAULNIER (Louis-Alexis) (Villers-Cotterêts, 26 août 1802 - septembre 1860). Fils de serrurier, deuxième clerc chez Me Perrot, à Villers-Cotterêts.

AMIS DE L'ÂGE MÛR

Dumas est d'une nature aimante qui le porte à se lier facilement d'amitié. Seules les amitiés marquantes seront donc citées.

BÉRANGER (Pierre-Jean de) (Paris 1780-1857). Poète et romancier. Pendant l'hiver 1828, il assiste à la lecture de *Henri III et sa cour* chez Nestor Roqueplan. « A partir de cette soirée a daté pour moi, de la part de Béranger, une amitié qui ne s'est jamais démentie. Cette amitié fut plus d'une fois railleuse, amère même dans son expression — car Béranger est loin d'être le bonhomme que l'on croit, il a trop d'esprit pour être bonhomme — mais cette amitié fut toujours sincère et prête à se traduire par des faits et par des preuves » (*Mes Mémoires,* chap. CXVIII).

BIXIO (Alexandre) (Chiavari, 1808 - Paris, 1865). Leur amitié remonte à la révolution de 1830 : « Le 28 juillet, j'étais fatigué de retourner des pavés ; je cédais ma pince au grand jeune homme blond [...]. Elle lui échappa des

mains, et vint me frapper à la jambe. "Ah ! monsieur, s'écria-t-il [...] je dois vous avoir fait grand mal ! — Ne faites pas attention, lui dis-je, c'est sur l'os." Il releva la tête. "Est-ce que vous auriez de l'esprit, par hasard ? me demanda-t-il. — La belle demande ! c'est mon état d'en avoir. [...] Alexandre Dumas. — Moi, je m'appelle Bixio... Profession : étudiant en médecine." [...] Nous nous donnâmes une poignée de main. Notre amitié date de là » (*Mes Mémoires,* chap. CXLV).

BOULANGER (Louis) (Verceil 1806 - Dijon 1867). Peintre. « Louis Boulanger est le peintre rêveur [...], toujours accessible au beau, sous quelque aspect qu'il se présente, admirant presque à un degré égal la forme avec Raphaël, la couleur avec Rubens, la fantaisie avec Goya » (*De Paris à Cadix,* chap. II).

GIRAUD (Pierre-François-Eugène) (Paris, 1806-1881). Peintre et compagnon de voyage de Dumas en Espagne et en Afrique du Nord. « Giraud n'est pas un peintre, c'est la peinture. Pour dessiner, il n'a pas besoin de tel ou tel objet consacré ; quand le crayon manque, quand le fusain fait défaut, quand le pinceau est absent, quand la plume ne répond pas à l'appel, Giraud dessine avec un charbon, avec une allumette, avec une canne, avec un cure-dent » (*De Paris à Cadix,* chap. IV).

HUGO (Victor) (Besançon, 1802 - Paris, 1885). Écrivain et poète.

• LA RENCONTRE. « Jusqu'à *Henri III* je ne connus Hugo que de nom — une fois dans un cabinet de lecture place de l'Odéon, on m'avait montré un jeune homme, presque un enfant [...] et l'on m'avait dit : voilà Victor Hugo. J'avais salué mais comme Hugo ne savait pas que c'était lui que je saluais, il ne m'avait pas rendu mon salut. Le jour de *Henri III* (10 février 1829), je reçus un petit mot collectif de Hugo et de Vigny — ils avaient employé tous les moyens possibles de se procurer des places sans réussir : en désespoir de cause ils s'adressaient à moi [...]. Notre liaison date de cette soirée. Nos mains serrées au milieu d'un succès ne se sont jamais désunies [1] » (*Causeries*, 1867).

• LA RUPTURE. En août 1831, la critique accuse Victor Hugo d'avoir plagié *Antony* pour son personnage de Didier dans *Marion Delorme* ; Dumas dément publiquement l'accusation dans « La Revue des Deux Mondes », mais Victor Hugo prend un peu ombrage du triomphe d'*Antony*. Ida Ferrier, maîtresse de Dumas, et Juliette Drouet, maîtresse de Hugo, rivales sur la scène de la Porte-Saint-Martin, enveniment leurs relations. Le 31 octobre 1833, Harel, directeur de la Porte-Saint-Martin fait afficher au théâtre : « Incessamment *Marie Tudor* (de Victor Hugo). Prochainement *Angèle* (de Dumas) ». Hugo enrage devant cette formule qui condamne implicitement sa pièce à l'échec. Le lendemain, 1er novembre, « Le Journal des Débats » publie un violent pamphlet de Granier de Cassagnac qui accuse Dumas de plagiat. Or, Cassagnac est un protégé de Hugo : Dumas s'étonne qu'Hugo n'ait pas arrêté la publication de l'article, et s'afflige de la trahison de son « ami » ; d'autant plus que Desbordes-Valmore, correcteur aux « Débats », apporte à Dumas les épreuves de l'article corrigées par Hugo. « Mon cher Hugo, lui écrit Dumas, on me dit que vous avez corrigé les épreuves de l'abominable article de G. de C. sur moi. Est-ce vrai ?... » et il signe « Toujours à vous et quand même ». Hugo lui répond sur le ton badin qu'il a effectivement relu l'article... mais pour en atténuer quelques expressions trop dures ! Dumas n'est pas dupe, bien que Cassagnac publie dans les « Débats » une lettre où il revendique l'entière responsabilité de son article et disculpe Hugo (17 novembre 1833) : c'est la rupture. Le public soutient Dumas : à la première de *Marie Tudor,* Hugo est conspué, les acteurs sifflés ; Juliette Drouet en tombe malade : le théâtre doit faire relâche. La majorité des écrivains, Vigny en tête, prend également parti pour Dumas.

• LA RÉCONCILIATION. En juin 1834, dans un but de conciliation, Dumas demande à Hugo d'être son témoin, pour son duel avec Alhoy ; Hugo accepte mais reste sur la réserve. Le 31 mars 1835, il achète une action de 250 F pour financer le voyage de Dumas en Méditerranée : ce n'est pas encore la réconciliation mais ce n'est plus la brouille. La réconciliation complète intervient en mai 1836, au cours d'un séjour de Dumas chez les Hugo, à Fourqueux et, en septembre, Hugo vient rendre visite à Dumas, emprisonné à la maison d'arrêt de la Garde nationale. La même année, Dumas intervient pour gagner à Hugo, candidat à l'Académie, la voix du classique Delavigne.

• LES ÉTAPES DE L'AMITIÉ. L'exil à Bruxelles, où Hugo et Dumas se retrouvent en décembre 1851, resserre leurs liens : Hugo est un hôte assidu du boulevard de Waterloo. Dumas accompagne Hugo à Anvers où il va s'embarquer pour l'Angleterre et y préside le banquet offert au poète (31 juillet 1852). Il est le dernier à embrasser Hugo sur le quai (1er août). Hugo raconte ces instants dans *Les Contemplations* (Livre V, « A Alexandre Dumas »).

Pendant tout l'exil du poète, les deux hommes s'écrivent. A la parution du « Mousquetaire », Hugo félicite Dumas : « Je lis votre journal. Vous nous rendez Voltaire. Suprême consolation pour la France humiliée et muette » (1er janvier 1854). Dumas dédie à Hugo *La Conscience,* et lorsque la comédienne Augustine Brohan attaque Hugo dans le Courrier du « Figaro », Dumas riposte : « J'ai pour M. Victor

---

1. Cette dernière affirmation est fausse car l'amitié de Dumas et d'Hugo a été ternie par une longue brouille en 1833.

Hugo une telle amitié et une telle admiration que je désire que la personne qui l'attaque au fond de son exil ne joue plus dans mes pièces », écrit-il au directeur du Français (5 mars 1857). La presse reproduit la lettre ; Hugo remercie Dumas : « Les grands cœurs sont comme les grands astres. Ils ont besoin de louanges, vous n'avez pas même besoin de remerciements ; mais j'ai besoin de vous dire, moi, que je vous aime tous les jours davantage, non seulement parce que vous êtes un des éblouissements de mon siècle, mais aussi parce que vous êtes une de ses consolations » (8 mars 1857). En 1859, Dumas se rend à Guernesey et passe deux jours à Hauteville House.

Le 23 janvier 1865, Hugo écrit à Dumas : « J'ai embrassé d'un coup d'œil trente-cinq années de notre vie, écoulées sans un trouble dans notre amitié, sans un nuage dans nos cœurs, je me suis reproché d'avoir été deux ou trois ans sans vous écrire et sans vous dire combien je vous aime. Cela m'a tourmenté toute une nuit comme un remords. Et je vous écris sans autre but que de rétablir entre nos deux cœurs ce fil électrique qui ne doit jamais ni se rouiller ni se détendre. — Quant à le briser, il n'y a pas de force humaine qui en soit capable. »

En 1867, « Le Figaro » du 7 novembre publie une lettre de Dumas à Prével dont le post-scriptum rapporte un bon mot de Chilly sur *Hernani*. Ce mot provoque la colère d'Hugo qui écrit à Meurice, le 23 novembre : « Vous savez que M. Chilly fait contre *Hernani* et *Ruy Blas* des mots que Dumas envoie au "Figaro". » Le 25, il ajoute : « Il faut toujours tout pardonner à Dumas ».

Cependant, dans ce commerce intermittent de confraternité, c'est Dumas qui fait les avances. On peut en déduire que le romancier aimait le poète plus que le poète n'aimait le romancier, et l'on cherche vainement le nom du poète millionnaire sur la liste dessouscripteurs à la statue de son « ami ».

JADIN (Louis-Godefroy) (Paris, 1805-1882). Peintre, compagnon de voyage de Dumas dans le midi de la France et en Italie.

MÉRY (Joseph) (Aygalades, 1798 - Paris, 1865). Poète et romancier. « S'il existe une fraternité depuis Virgile et Varius : c'est bien certainement la nôtre. Nous avons vu tomber trônes, républiques, croyances même et, appuyés l'un sur l'autre, aucun de nos sentiments l'un pour l'autre n'a changé » (A Méry, 25 janvier 1863).

MICHELET (Jules) (Paris, 1798 - Hyères, 1874). Historien. « Cher grand poète. Nous ne nous sommes jamais vus, je crois. Mais s'il y a un homme qui vous aime et qui vous admire au monde, c'est moi. Laissez-moi donc vous dire combien je trouve lâche, misérable, infâme la conduite de ces laquais de ministère[1] [...]. Ma plume, mon cœur, toute ma personne enfin sont à votre disposition » (A Michelet, 22 mars 1851).

« Michelet, mon maître, l'homme que j'admire comme historien, et je dirai presque comme poète au-dessus de tous » *(Le Docteur mystérieux)*.

NERVAL (Gérard de) (Paris 1808 - Paris 1855). Poète. C'est Théophile Gautier qui présente Nerval à Dumas, à l'occasion du bal du carnaval de 1833. L'amitié de Nerval pour Dumas se double d'un amour secret que Nerval porte à Ida Ferrier. Le 14 avril 1835, le poète qui vient de fonder « Le Monde dramatique » signe avec Dumas un traité : il achète une action de 1 000 F pour financer le voyage de Dumas en Méditerranée contre la même valeur en articles qui traiteront du théâtre[2].

---

1. Allusion à la révocation de Michelet.
2. Dumas ne fournira qu'un seul article : *Mystères. Histoire de l'ancien théâtre français.*

Nerval vient rejoindre Dumas au cours de son voyage en Allemagne (du 15 septembre au 1ᵉʳ octobre 1838). Il collabore au « Mousquetaire » à qui il donne *El Dedischado* et *La Pandora* (novembre 1853). A sa mort, Dumas ouvre une souscription pour lui élever un monument.

« Je connus Gérard en 1833 par Théophile Gautier dont il était l'ami, ou plutôt le Pylade [...], Gérard, rêveur, croyant, plein de bienveillance pour les autres, naïf envers lui-même, mettant en toute occasion son âme à découvert, et pareil à ces anciens Gaulois, nos pères, qui au moment du combat déposaient leurs armes et ne gardaient que leurs colliers, leurs bracelets et leurs épées... [Il] semblait craindre avant tout de se faire remarquer, fuyant ce bruit et cette lumière que Théophile défiait et son sourire doux presque craintif semblait dire à chaque homme qu'il rencontrait : "Tu es déjà mon frère, veux-tu être plus, veux-tu être mon ami ?" Gérard avait un défaut ou une qualité : il ne savait pas s'occuper des autres. »

NODIER (Charles) (Besançon 1780 - Paris 1844). Écrivain et bibliothécaire de l'Arsenal. « J'avais entendu parler de Nodier comme protecteur-né de tout poète à naître. Je lui demandai un mot d'introduction près du baron Taylor. Il me l'envoya [...]. Au bout d'une année ou deux, j'étais l'un des intimes [de l'Arsenal]. Je pouvais arriver sans prévenir à l'heure du dîner ; on me recevait avec des cris qui ne me laissaient pas de doute sur ma bienvenue [...]. Nodier prétendait que j'étais une bonne fortune pour lui en ce que je le dispensais de causer [...]. Avec Nodier tout mourut à l'Arsenal, joie, vie et lumière ; ce fut un deuil qui nous prit tous ; chacun perdait une portion de lui-même en perdant Nodier. Ce quelque chose ne vit que lorsque je parle de Nodier. Voilà pourquoi j'en parle si souvent » *(La Femme au collier de velours).*

ORSAY (Gabriel, comte d') (Paris 1801-1852). Célèbre dandy. « Mon frère d'art, mon ami de cœur » (dédicace des *Mémoires*). « Le comte d'Orsay est un des hommes dont j'aime à retrouver de temps en temps le nom sous ma plume [...] ; en même temps qu'il était un grand seigneur, d'Orsay était un grand artiste : il dessinait et sculptait avec une élégance parfaite [...]. D'Orsay était non seulement élégant, mais encore d'une beauté parfaite ; non seulement d'une beauté parfaite, mais encore d'un esprit charmant [...], j'aimais son neveu Guiche autant que j'aimais d'Orsay, c'est-à-dire de tout mon cœur » (*Histoire de mes bêtes,* chap. XXXXIX).

PARFAIT (Noël) (Chartres, 30 novembre 1813 - Paris, 19 novembre 1896). Ami, intendant, homme à tout faire, fondé de pouvoir de Dumas (1859), élu à l'Assemblée législative de 1849, il a été représentant (de 1871 à 1876) puis député (de 1876 à 1893), de l'Eure-et-Loir. « A mon ami Noël Parfait (ancien représentant du peuple). Souvenir d'exil » (Dédicace de *La Jeunesse de Louis XIV).*

PORCHER (Jean-Baptiste-André) (La Châtre, 1792 - Paris, 1864). Successivement coiffeur, claqueur, chef de claque, puis marchand de billets et providence des écrivains dans le besoin. « Je suis reconnaissant à Porcher [...] et, quand je vais aujourd'hui chez Porcher, je suis heureux et fier de voir mon portrait trois fois reproduit, en buste, en pastel, en médaille, à côté des enfants de Porcher » (*Mes Mémoires,* chap. CV).

SAND (George) (Paris 1804 - Nohant 1876). Écrivain. En 1833, George Sand demande à Sainte-Beuve de lui « amener » Dumas. La rencontre n'a pas lieu, sans doute déconseillée par Sainte-Beuve. Sand se rabat sur Mérimée. Leur liaison est un fiasco, Mérimée étant frappé d'impuissance. Ce détail revient aux oreilles de Dumas par le truchement de l'indiscrète Marie Dorval. A un dîner (19 juin), Dumas risque une plaisanterie à ce sujet, devant George Sand. Il s'ensuit une provocation pour un duel qui n'a finalement pas lieu (voir p. 1191). La réconciliation est lente. Dumas est plutôt admirateur de l'œuvre qu'ami de la femme. « Je ne serai pas si franc que vous et je ne vous dirai pas que je ne vous aime pas car il est bien difficile de séparer l'auteur de son œuvre et l'admiration que l'on a pour l'une jette toujours de magnifiques rayons sur l'autre. Or, Madame, si vous avez un grand et sincère admirateur au monde, c'est moi » (Lettre à George Sand, 25 ou 26 avril 1836). En mai 1851, George Sand dédie sa pièce *Molière* à Dumas. En juillet, Alexandre Dumas fils revient de voyage avec les lettres de Sand à Chopin qu'il a retrouvées à Myslowitz : en août, Dumas père les fait parvenir à George Sand qui lui en est reconnaissante. Il est question d'un séjour à Nohant : « Si d'ici au 15 [août 1851], je vois à mon travail une brèche par laquelle je puisse passer, je saute en chemin de fer, et je vous arrive, mais il faudra me faire de bien grands bras — car il y a vingt ans que j'ai envie de vous embrasser, et à la première fois que je vous verrai je vous préviens que je suis résolu à ne plus attendre » (Lettre à George Sand, 5 août 1851). Le séjour n'a pas lieu, mais, en 1853, Dumas rend la politesse : « On dit que vous allez venir à Bruxelles pour les répétitions de votre pièce. Vous avez chez moi frère - ami - appartement séparé, domestique à votre disposition [...]. Je vousembrasse comme je vous aime, c'est-à-dire à rendre jaloux tous mes rivaux d'amitié » (Lettre à George Sand, 30 août 1853).

A ce recensement, il faudrait ajouter Edmond About, Étienne et Jacques Arago, Asseline, Édouard Badon, Baroilhet, Roger de Beauvoir, Berlioz, Berthaud, Bocage, Paul Bouquié, le Dr Cabarrus, Caignat de Saulcy, Cavé, Louis-Étienne Chapillon, le colonel Charras, Clésinger, Paul Collin, l'abbé Coquereau, Cordellier-Delanoue, Casimir Delavigne, le chiromancien Desbarolles, Marceline Desbordes-Valmore, Émile et Antoni Deschamps, Devéria. Drouot de Charlieu, Pascal Duprat, le chanteur Duprez, le peintre Amaury Duval, Alphonse Esquiros, Matharel de Fiennes, le comédien Firmin, Henri Fourcade, Théophile Gautier, Émile et Delphine de Girardin, Heine, Pierre-Jules Hetzel, Arsène Houssaye, le peintre Huet, Eugène Jamet, Tony et Alfred Johannot, Alphonse Karr, Frédérick Lemaître, Jules et Ferdinand de Lesseps, Liszt, le comédien Mélinge, Polydore Millaud, le musicien Monpou, le duc de Montpensier, Moynet, Nadar, Dimitri Pavlovich Naryschkine, Amédée Pichot, Léon Pillet, Charles Place, Marie Pleyel, Ponsard, Ruolz, Frédéric Soulié, le baron Taylor, le docteur Thibault, le docteur Vallerand de La Fosse, Jean Vatout, Alfred de Vigny, l'abbé Villette, etc.

ENNEMIS

Les antipathies sont rares chez Dumas qui, comme Nodier, privilégie l'amitié. On lui en connaît cependant quelques-unes :

BADÈRE (Clémence) (Vendôme 1813 - après 1891). Romancière. Venue chercher la fortune et la célébrité à Paris, elle se présente au « Mousquetaire » (10 octobre 1854) et apporte une nouvelle : *Les Aventures d'un camélia et d'un volubilis* à Dumas qui promet de la publier dans « Le Mousquetaire ». Mais le manuscrit est trop mauvais et Dumas tarde à s'exécuter. Devant l'insistance de Mme Badère qui fait le siège des bureaux du journal, il finit par publier la nouvelle, retouchée par ses soins et précédée d'un préambule, le 26 octobre. Clémence Badère, horrifiée par les transformations apportées, somme Dumas par huissier, le 11 novembre, de publier intégralement *sa* nouvelle. Celle-ci paraît le 15 et 17 novembre

Le Panthéon des amitiés littéraires

« Nous sommes ainsi faits, nous autres travailleurs, forçats de l'Art : nos amis que nous aimons le mieux, nous sommes dix ans sans le voir, les négligeant pour les maîtresses que nous aimons le moins ; mais dans un angle de la même chambre à coucher qui a vu passer tant de formes différentes et a entendu tant de folles promesses d'amour aussitôt oubliées que faites, il y a une armoire secrète qui s'ouvre avec cette clef que l'on porte au cou, suspendue à un ruban noir ; dans cette armoire sont enfermés une douzaine de volumes de ces amis qu'on aime à voir mais qu'on aime encore mieux à lire ; aussi ne les voit-on jamais et les lit-on toujours.

Ces amis, c'est Hugo ; c'est Lamartine ; c'est Antony Deschamps ; c'est Michelet ; c'est Méry ; c'est Barbier ; c'est Brizeux ; c'est Théophile Gautier ; c'est de Vigny ; c'est George Sand ; c'est enfin le pauvre Gérard [de Nerval].

Puis, sur une planche à part, ceux qu'on admire, mais que l'on n'aime pas : Musset et Balzac.

Si j'avais un voyage à faire autour du monde, si j'étais seul, sans amis et sans amour et que ce voyage dût durer trois ans, je n'aurais pas d'autre bibliothèque, et je serais sûr de ne pas m'ennuyer un instant. » *(Nouveaux Mémoires. Dernières amours.)*

---

mais les fautes de style, les barbarismes y sont soulignés. Indignée, Clémence veut intenter un procès à Dumas, mais ne trouve pas un avocat pour la défendre. Elle publie alors *Le Soleil d'Alexandre Dumas,* où elle donne sa version de ses démêlés avec Dumas « aux yeux d'azur, aux trois mentons, aux soixante rayons » (les soixante volumes qu'il se vante d'écrire par an). Dumas a les rieurs de son côté.

BALZAC (Honoré de) (Tours, 1799 - Paris, 1850). Romancier. Balzac ne pardonne pas à Dumas d'avoir pris parti contre lui dans un différend qui l'a opposé à Buloz, directeur de « La Revue des Deux Mondes », à propos de la publication du *Lys dans la vallée.* « C'est un homme taré, un danseur de corde et, pis que cela, un homme sans talent », dit Balzac de son confrère. Dumas est plus modéré : « Comme homme je ne le connais, et ce que j'en connais ne m'est pas le moins du monde sympathique ; comme talent, sa façon de composer, de créer, de produire est si différente de la mienne que je suis mauvais juge à son endroit ». Les deux hommes s'évitent dans les salons. Un jour cependant, Balzac laisse échapper, à

côté de Dumas : « Quand je serai usé, je ferai du drame. [...] » A quoi Dumas répond aussitôt : « Commencez donc tout de suite ! » Pourtant, à ses obsèques, le 21 août 1850, Dumas tient un des cordons du poêle avec Sainte-Beuve et Victor Hugo. En 1854, dans « Le Mousquetaire », il ouvre une souscription pour élever un monument à Balzac. Mais Mme Balzac revendique pour elle seule ce soin. Elle assigne Dumas devant le tribunal de première instance : elle est déboutée le 3 mai 1854. Malgré la souscription, Dumas ne recueille pas assez d'argent pour élever le marbre. « Ce n'était ni un ami, ni un frère, c'était plutôt un rival, presque un ennemi » (« Le Mousquetaire », n° 41, 30 décembre 1853).

BULOZ (François) (Vulbens, Haute-Savoie, 1803 - Paris ,1877). Directeur de « La Revue des Deux Mondes ». Dumas est l'un des premiers à collaborer à « La Revue des Deux Mondes » naissante qui, peu à peu, se détourne du mouvement romantique et ne publie plus ses œuvres. Nommé commissaire royal auprès du Théâtre-Français, Buloz (qui passe à « La Revue de Paris ») encourage d'abord Dumas à écrire pour le Théâtre-Français ; mais après quelques échecs, la guerre est déclarée entre eux. En novembre 1844, Dumas, mécontent qu'on n'ait pas repris *Christine* comme prévu et qu'on lui refuse une prime de 5 000 F, attaque Buloz avec violence dans des lettres à Laverdant, rédacteur de « La Démocratie pacifique » (27 novembre ; 4, 5, 6 et 26 décembre 1844). Il accuse Buloz d'assassiner la littérature en éloignant de la scène les auteurs modernes et d'exercer une sorte de terrorisme sur les lettres à travers sa « Revue ». Influent, Buloz demande à Sainte-Beuve, Bergounioux et Mirecourt d'attaquer Dumas.

Dans « Le Mousquetaire », Buloz est la cible de Dumas. Dans *Mes Mémoires* également, où Dumas en trace un portrait sévère, racontant à sa manière la création de « La Revue des Deux Mondes », les erreurs du commissaire royal, l'anecdote selon laquelle Buloz aurait attribué *Cinna* à Racine, etc.

Buloz, furieux contre « ce vieux nègre de Dumas », rétorque en rappelant les bévues de Dumas qui a écrit dans son récit voyage au Sinaï (qu'il n'a jamais vu selon Buloz) : « La pile Volta, ce minerai qu'on trouve dans les entrailles de la terre. » Dumas riposte par un article intitulé « Buloz-y-en-a » où il l'accuse d'avoir gardé le produit d'une édition de *La Vendée et Madame*. Buloz lui intente un procès en diffamation le 28 décembre 1853 ; Dumas est condamné à une amende.

LECOMTE (Jules). Voir p. 1192.

MIRECOURT (Eugène). Voir p. 1331.

DUMAS
ET SES INTERPRÈTES

BOCAGE, pseudonyme de Pierre-François Touzé (Rouen, 11 novembre 1797 - Paris, 30 août 1863). Bocage doit sa gloire à *Antony* (3 mai 1831) qui fait de lui l'archétype du comédien romantique. Sa conception de l'art et ses convictions républicaines le rapprochent de Dumas qui écrit pour lui deux rôles : celui de Delaunay dans *Teresa* (Salle Ventadour, 6 février 1832) et celui d'Alfred d'Alvimar dans *Angèle* (Porte-Saint-Martin, 28 décembre 1833). Il a créé le Buridan de *La Tour de Nesle,* conçu pour Frédérick Lemaître, puis *Don Juan de Marana* (Porte-Saint-Martin, 30 avril 1836). Il crée encore le rôle de Jarvis dans *Jarvis l'honnête homme* (Gymnase, 3 juin 1840) et celui de Jeannic Mauclerc dans *Jeannic le Breton ou le Gérant responsable* (Porte-Saint-Martin, 27 novembre 1841). Directeur de l'Odéon entre 1845 et 1847, puis de 1849 à 1850, Bocage y monte *Échec et mat,* drame en cinq actes de son neveu Paul Bocage et d'Octave Feuillet, auquel Dumas a collaboré. Révoqué, dans la gêne, Bocage demande à Dumas une dernière pièce : c'est *Le Marbrier* (Vaudeville, 22 mai 1854).

« [Dans *Teresa*] Bocage avait eu des moments d'une véritable grandeur. [...] Il avait grandi comme comédien, et ce fut, à mon avis, le moment de l'apogée de sa carrière dramatique... [A un moment], il fit fausse route, et adopta le système fatal des tremblements nerveux, sous l'empire desquels il est encore aujourd'hui » (*Mes Mémoires,* chap. CCXXIII, 3 décembre 1863).

BOURBIER (Virginie). Voir p. 1294.

CONSTANT (Isabelle). Voir p. 1303.

DORVAL (Marie). Voir p. 1296.

FERRIER (Ida). Voir p. 1284.

FIRMIN, pseudonyme Jean-Baptiste Becquerelle (Paris, 6 avril 1781 - Le Coudray-Montceaux, 31 juillet 1859). Après la réception de *Christine à Fontainebleau* dans laquelle il tient le rôle de Monaldeschi, Firmin se lie avec le jeune auteur : il l'invite à ses soirées, assiste à la lecture d'*Henri III et sa cour* chez Roqueplan, en organise une lecture pour ses camarades de la

Comédie. Il crée Saint-Mégrin, rôle principal du drame et doit créer Antony, mais, accablé par les tracasseries des comédiens, Dumas retire sa pièce des Français. Cependant, jusqu'en 1844 où il perd la mémoire et doit quitter la scène, Firmin participe à presque toutes les aventures de Dumas à la Comédie-Française : il interprète le rôle de Cherea dans *Caligula* (26 décembre 1837) qu'il joue vingt fois ; du duc de Richelieu dans *Mademoiselle de Belle-Isle* (2 avril 1839) qu'il joue cent onze fois ; du comte de Candale dans *Un mariage sous Louis XV* (1er juin 1841) qu'il joue quarante-neuf fois ; du duc Alexandre dans *Lorenzino* (24 février 1842) qu'il ne joue que deux fois ; enfin le rôle de Roger, vicomte de Saint-Hérem dans *Les Demoiselles de Saint-Cyr* (25 juillet 1843) qu'il tient quarante fois.

« Firmin, charmant acteur plein de talent, de chaleur et de verve, [...] était petit de taille, d'un caractère taquin et querelleur comme les hommes de cinq pieds deux pouces [...]. Il était timide littérairement parlant ; il craignait de se compromettre envers le comité » (Alexandre Dumas, *Mon odyssée à la Comédie-Française*).

Mlle GEORGE, pseudonyme de Marguerite-Joséphine Weimer (Bayeux, 23 février 1787 - Passy, 11 janvier 1867). Dumas la rencontre lors des répétitions de *Christine, ou Stockholm, Fontainebleau et Rome,* à l'Odéon, dirigé alors par l'amant de Mlle George, Charles-Jean Harel. Ils vivent tous deux au 12, rue Madame où Dumas devient un habitué et sans doute aussi l'amant de Mlle George, alors que Jules Janin (voir p. 1191), son amant en second, habite la mansarde.

Engagé dans une fructueuse collaboration avec Harel, qui perd la direction de la Porte-Saint-Martin en 1831, Dumas écrit pour Mlle George trois autres rôles de reines ou de grandes dames : Bérengère, comtesse de Savoisy de *Charles VII chez ses grands vassaux* (Odéon, 20 octobre 1831), Marguerite de Bourgogne de *La Tour de Nesle* (Porte-Saint-Martin, 29 mai 1832), Fedora dans *La Vénitienne* (Porte-Saint-Martin, 7 mars 1834) et un rôle de femme du peuple dans *Le Fils de l'émigré* (Porte-Saint-Martin, 28 août 1832) qui est un cuisant échec.

Des brouilles passagères, dues surtout à des jalousies d'actrices (Marie Dorval, Ida) ou à des susceptibilités (refus par Mlle George du rôle de *Paul Jones*), n'empêchent pas Dumas de lui venir en aide après la faillite et la mort d'Harel.

LEMAITRE (Frédérick), pseudonyme de Antoine-Louis-Prosper (Le Havre, 28 juillet 1800 - Paris, 26 janvier 1876). Le « Talma du Boulevard » crée *Napoléon Bonaparte ou Trente Ans de l'histoire de France* (Odéon, 10 janvier 1831), *Richard Darlington* (Porte-Saint-Martin, 10 décembre 1831), *Kean* (Variétés, 31 août 1836), *L'Alchimiste* (Renaissance, 10 avril 1839). Kean et Buridan, rôle qu'il reprend après l'avoir abandonné à Bocage, ont été d'inusables succès pour le comédien errant.

« C'était un de ces acteurs privilégiés dans le genre de Kean, plein de défauts, mais aussi plein de qualités ; le génie de la violence, de la force, de la colère, de l'ironie, du fantasque, de la bouffonnerie était en lui [...]. Dans les relations de la vie, c'était le même homme, difficile, insociable, quinteux, que nous retrouvons aujourd'hui. D'ailleurs, homme de bon conseil, s'occupant, dans les améliorations qu'il propose, autant de la pièce que de son rôle, autant de l'auteur que de lui-même » (*Mes Mémoires,* chap. CLXXXV et CCXVI).

LIGIER (Pierre-Mathieu) (Bordeaux, 10 novembre 1796 - 26 septembre 1872). Il crée à l'Odéon le Sentinelli de *Christine* et le Savoisy de *Charles VII chez ses grands vassaux* (20 octobre 1831). Sociétaire de la Comédie-

Française, ce tragédien a incarné Caligula (26 décembre 1837), Michele dans *Lorenzino* (24 février 1842), Marc Antoine dans *Le Testament de César* (10 novembre 1849). Après sa retraite (1851), il reprend *Charles VII chez ses grands vassaux* à la Porte-Saint-Martin et en province.

LOCKROY, pseudonyme de Joseph-Philippe Simon (Turin, 17 février 1803 - Paris, 1891). Comédien de la troupe d'Harel, à l'Odéon et à la Porte-Saint-Martin, il est le Monaldeschi de *Christine,* le Yaqoub de *Charles VII chez ses grands vassaux,* le Henri Muller d'*Angèle* avant d'entrer à la Comédie-Française où il crée Robert d'Artewelde dans *Le Bourgeois de Gand* et le chevalier d'Aubigny dans *Mademoiselle de Belle-Isle.* En avril 1840, il abandonne la scène et se consacre à la confection d'innombrables drames, vaudevilles, livrets d'opéras-comiques, ce qui l'amène à collaborer avec Dumas (voir Collaborateurs, p. 1348).

Mlle MARS (Paris, 9 février 1779 - Sceaux, 20 mars 1847). Dans les trois premières pièces de Dumas reçues à la Comédie-Française *(Christine à Fontainebleau, Henri III et sa cour, Antony),* elle interprète les rôles de Christine, de la duchesse de Guise et d'Adèle d'Hervey.
Cordiales à leur début, les relations entre Dumas et la comédienne, despote et capricieuse, se gâtent (« Il pue le nègre… Ses cheveux sentent le nègre… Il est venu… ouvrez toutes les fenêtres », s'écrie-t-elle, d'après Mirecourt). Brouillés pendant les répétitions d'*Antony* (1831), ils se réconcilient, grâce à leur ami Mornay, ambassadeur en Suède, si bien que Dumas écrit pour elle *Mademoiselle de Belle-Isle,* sa dernière création (2 avril 1839) et *Un mariage sous Louis XV* qui, à la suite d'intrigues de coulisses, est finalement créé par Mlle Plessy après le départ de Mlle Mars à la retraite.

LA TROUPE
DU THÉÂTRE-HISTORIQUE

Bien qu'il n'en soit officiellement que l'auteur attitré, Dumas a présidé, de fait, et sous tous les directeurs (Hostein, Revel, Dollon), aux destinées du Théâtre-Historique : il considère la troupe comme *sa* troupe.

ALEXANDRE, Augustin Guillemet, dit (Paris, vers 1814 - après 1896). Au Théâtre-Historique, il est Alençon dans *La Reine Margot,* après avoir joué Parry dans *Les Mousquetaires,* de 1840 à 1845 à l'Ambigu.

ARMAND, Henri-César-Gabriel (vers 1786 - après 1866). Il a tenu les rôles de clerc au Théâtre-Historique dans *Le Chevalier de Maison-Rouge,* de Rosencrantz dans *Hamlet,* de Simiane dans *Le Chevalier d'Harmental,* d'Amédée d'Hornoy dans *Le Comte Hermann,* d'Edgar dans *Pauline,* et de Montlouis dans *Le Capitaine Lajonquière.*

ARMAND. Homonyme du précédent, il entre au Théâtre-Historique à la fin de 1848 pour y créer ou reprendre des petits rôles dans *Le Chevalier d'Harmental, La Guerre des femmes, Henri III et sa cour, Antony, Urbain Grandier, Pauline, La Chasse au chastre, Le Capitaine Lajonquière.*

Mme ASTRUC, Henriette-Eugénie Fitzelier (morte en 1859). Ancien prix du Conservatoire, elle a créé à La Porte-Saint-Martin *Don Juan de Marana,* et devient à partir de 1849 la duègne du Théâtre-Historique : Nanette dans *Le Chevalier d'Harmental,* Mme de Tourville dans *La Guerre des femmes,* Mme de Cossé dans *Henri III et sa cour,* la comtesse dans *Urbain Grandier,* Mme de Nerval dans *Pauline.*

BARRÉ (Léopold-Pierre-Jean) (Paris, 14 avril 1819 - Paris, décembre 1899). Le « gros mouton », ainsi que le surnomme George Sand, participe, dans des rôles secondaires, à presque toutes les créations du Théâtre-Historique : *La Reine Margot* (un geôlier), *Hamlet* (Polonius), *Le Chevalier de Maison-Rouge* (Algésilas), *Intrigue et amour* (Kalb), *Monte-Cristo* (Pénelon), *Catilina* (Gorgo), *La Jeunesse des mousquetaires* (Planchet), *La Guerre des femmes* (Pompéi), *Urbain Grandier* (abbé Grillau), *Le Comte Hermann* (Wildmann), *Pauline* (Cyrille), *La Chasse au chastre* (l'hôtelier), *Les Frères corses, Le Capitaine Lajonquière.* Après la fermeture du théâtre, il crée encore Chrétien dans *La Conscience* (Odéon, 4 novembre 1854).

BEAUCHÊNE (Louise Beaudoin) dite **Atala** (Évreux, 8 mai 1817 - Villeurbanne, 1894). Maîtresse de Frédérick Lemaître, elle incarne à la Renaissance la reine de *Ruy Blas* et La Maddalena de *L'Alchimiste.* Elle a des faiblesses pour Dumas qui l'engage dans la troupe du Théâtre-Historique : elle est alors Mme de Sauve dans *La Reine Margot,* Geneviève dans *Le Chevalier de Maison-Rouge,* la vicomtesse dans *Antony,* Anne d'Autriche dans *La Jeunesse des mousquetaires.*

BEAULIEU, pseudonyme de Pierre Leprêtre (vers 1804-1882). Il débute au Théâtre-Historique dans *Le Chevalier de Maison-Rouge,* le 3 août 1847, pour ne créer que des rôles secondaires comme Tréville dans *La Jeunesse des mousquetaires* ou Basville dans *Monte-Cristo.*

BERTHOLLET (Auguste-Louis César) (mort en 1881). Il joue les utilités dans *Les Mousquetaires* à l'Ambigu (27 octobre 1845), et n'apparaît au Théâtre-Historique qu'à la fin de 1849 pour créer Montlouis dans *Pauline,* Fabien et Louis dans *Les Frères corses,* Lajonquière dans *Le Capitaine Lajonquière.*

BETZY. Soubrette, femme du peuple au Théâtre-Historique, elle crée la Ketty de *La Jeunesse des mousquetaires.*

BIGNON (Louis-Thomas) dit **Eugène** (Paris, août 1817 - Paris, 6 décembre 1858). Il est Coconnas dans *La Reine Margot,* Porthos dans *La Jeunesse des mousquetaires,* Dixmer dans *Le Chevalier de Maison-Rouge.*

Une réelle amitié existe entre l'écrivain et l'acteur : « Je ne me rappelle plus bien le chiffre que [Bignon] m'a envoyé un beau matin en billets de banque, sachant que j'avais besoin de cette somme, et que j'avais inutilement essayé de trouver. Il s'appuyait sur ce que dans les temps malheureux un jour qu'il désirait jouer *Antony* je lui avais donné un bon de cent cinquante francs sur mon tailleur. Lui m'en envoyait huit mille. Que dites-vous de la manière dont Bignon comprend la reconnaissance ! » (Lettre inédite).

BOILEAU (François) (1808-vers 1875). Condamné aux utilités, il débute au Théâtre-Historique comme premier fossoyeur dans *Hamlet* (15 décembre 1847). Il sera lord de Winter dans *La Jeunesse des mousquetaires* et, après la faillite, Napoléon dans *La Barrière de Clichy* au Théâtre national du Cirque.

BONNET. Incarnant les utilités, il est Faria de *Monte-Cristo* et Felton de *La Jeunesse des mousquetaires.* Entré au Théâtre-Historique le 15 décembre 1847, il y demeure jusqu'à la faillite.

BOUDOIS. Débutant à l'Odéon en 1830, il est le prince Elim du *Comte Hermann* (22 novembre 1849).

BOUTIN (René-François) (Belleville, 1802 - Paris, 1872). Acteur comique, il incarne Rocher dans *Le Chevalier de Maison-Rouge,* Caderousse dans *Monte-Cristo,* Bonacieux dans *La Jeunesse des mousquetaires,* Storax dans *Catilina,* Barabas dans *La Guerre des femmes,* Colonna dans *Les Frères corses.* Il reprend *Monte-Cristo* à l'Ambigu.

CLARENCE, pseudonyme de Jean-Charles Cappua (Paris, 15 février 1817 - 21 septembre 1866). Au Théâtre-

Historique, il crée Athos dans *La Jeunesse des mousquetaires* et reprend *Paul Jones* (12 octobre 1850). Après la faillite, il est Fleur d'Épée dans *La Tour Saint-Jacques* (Cirque, 15 novembre 1856), Don Fernand dans *Les Gentilshommes de la montagne* (Porte-Saint-Martin, 12 juin 1860), Dom Serranti dans *Les Mohicans de Paris* (Gaîté, 20 août 1864). Dumas aimait « son visage charmant, sa voix douce, son œil humide et son aspect féminin ».

COLBRUN (Eugène-Auguste) (Paris, 1827 - 20 octobre 1866). C'est l'un des comédiens favoris de Dumas (voir « Le Mousquetaire », 17-18 décembre 1853 : *Le monde des artistes*. E.A. Colbrun et « Les Nouvelles », 22 octobre 1866). Incarnation du gamin parisien, il est Friquet dans *La Reine Margot*, Benedetto dans *Monte-Cristo*, Cicada dans *Catilina*, Boniface dans *Le Chevalier d'Harmental*, Castorin dans *La Guerre des femmes ;* après la chute du théâtre, il crée Pagolo dans *Benvenuto Cellini* à la Porte-Saint-Martin, reprend le rôle de Planchet dans *Les Mousquetaires* et dans *Kean*.

DARMON (Léonie) (morte vers 1857). Fort jolie, elle est Ursule de Sablé dans *Urbain Grandier* (9 mai 1850).

DAUBRUN, pseudonyme de Marie Brunaud (Paris, 30 septembre 1827 - 9 février 1901). La « belle aux cheveux d'or » de Baudelaire crée les rôles de la princesse de Condé *(La Guerre des femmes)* et de Mme Grandier *(Urbain Grandier)* avant d'être engagée à la Porte-Saint-Martin. En 1869, elle joue le rôle d'une mère dans *Les Blancs et les Bleus* au Châtelet.

DUPUIS (Adolphe-Charles) (Paris, 16 avril 1824 - Saint-Pierre-lès-Nemours, 23 octobre 1891). Pensionnaire au Théâtre-Français, il tient le rôle de capitaine dans *Une fille du Régent* (1er avril 1856) et reprend le rôle du duc d'Anjou dans *Les Demoiselles de Saint-Cyr.* Entré au Théâtre-Historique

en 1848, il est Noirtier dans *Monte-Cristo,* Lucullus dans *Catilina,* Rochefort dans *La Jeunesse des mousquetaires,* Dubois dans *Le Chevalier d'Harmental.* Il quitte le Théâtre-Historique en 1849. Par la suite, il incarne Nicolas Flamel dans *La Tour Saint-Jacques* (Cirque, 15 novembre 1856), Richelieu dans *Le Verrou et la reine* (Gymnase, 15 décembre 1856), Maurice dans *L'Invitation à la valse* (Gymnase, 3 août 1857) et Evan Mac Donald dans *L'Envers d'une conspiration* (Vaudeville, 4 juin 1850).

FECHTER (Charles-Albert) (Londres, 23 octobre 1824 - New York, 5 août 1879). Pensionnaire à la Comédie-Française, il crée le comte de Mont-Louis d'*Une fille du Régent.* Venu tard au Théâtre-Historique, il est Catilina, Horace dans *Pauline,* Fabien et Louis dans *Les Frères corses,* mais c'est Dumas fils qui lui donne la gloire avec le rôle d'Armand dans *La Dame aux camélias* (Vaudeville, 2 février 1852).

FONTENAY, pseudonyme de Désirée-Laurence Dalige. Elle est la duègne du Théâtre-Historique, créant ou reprenant neuf rôles, tour à tour nourrice, douairière, femme voilée, hôtesse.

Mme GENOT (Elisa Fay) (morte vers 1858). Sœur de Léontine Fay, ancienne maîtresse de Dumas, elle joue les duègnes en 1848 et 1849 : Niphé dans *Catilina,* Mme Denis dans *Le Chevalier d'Harmental.*

GEORGE (Cadette), pseudonyme de Louise-Charlotte-Élisabeth Weimer (Amiens, 1795 - Paris, 29 mai 1878). La sœur cadette de la célèbre tragédienne crée au Théâtre-Historique la veuve Plumeau du *Chevalier de Maison-Rouge* et reprend Angélique dans *Angèle.* Auparavant, à l'Odéon et à la Porte-Saint-Martin, dirigés par Harel, « Bébelle » a été Isabelle dans *Charles VII chez ses grands vassaux* et la nourrice de *Catherine Howard.*

GEORGES. Dans des rôles secondaires, il participe à presque toutes les créations du Théâtre-Historique : il est notamment le bourreau de *La Jeunesse des mousquetaires.*

HEILLARD. Il ne crée que la pièce d'ouverture, *La Reine Margot* (René).

Mlle JOUVE, pseudonyme de Hortense Poyer (1814-1891). Maîtresse de Maquet, elle est engagée au Théâtre-Historique et crée Artémise dans *Le Chevalier de Maison-Rouge,* Fulvie dans *Catilina,* Ravanne dans *Le Chevalier d'Harmental,* Gringole dans *Monte-Cristo,* Daniel dans *Urbain Grandier.* Elle passe ensuite à la Gaîté et à l'Ambigu.

KLEIN (Fanny). Elle reprend le rôle de Julie dans *Monte-Cristo.*

LACRESSONNIÈRE, pseudonyme de Louis-Charles-Adrien Lesot de La Penneterie (Chauny, 11 décembre 1819 - Le Portel, 9 juin 1893). Il est Charles Ier dans *Les Mousquetaires* à l'Ambigu (27 octobre 1845), avant d'être engagé comme jeune premier au Théâtre-Historique où il est La Môle dans *La Reine Margot,* le chevalier dans *Le Chevalier de Maison-Rouge,* Clinias dans *Catilina,* Villefort dans *Monte-Cristo ;* il reprend Alfred dans *Angèle* (18 septembre 1848).

Mme LACRESSONNIÈRE (Marie-Marguerite Gérimer) dite **Mme Perrier** (morte à Paris, 25 janvier 1859), femme du précédent. Jeune première, elle crée Marguerite dans *La Reine Margot,* Lady Mylfort dans *Intrigue et amour,* Mercédès dans *Monte-Cristo,* Marcia dans *Catilina* et reprend Angèle et la duchesse de Guise dans *Henri III et sa cour.*

LAFERRIÈRE (Adolphe), pseudonyme de Louis-Fortuné Delaferrière (Alençon, 12 avril 1806 - Paris, 15 juillet 1877). Il débute à la Comédie-Française, en interprétant Saint-Mégrin dans *Henri III et sa cour,* puis crée, Salle Ventadour, *Teresa* (Arthur de Savigny). Au Théâtre-Historique, il joue *Le Chevalier de Maison-Rouge* (Maurice), *La Jeunesse des mousquetaires* (Buckingham), *Le Chevalier d'Harmental* (d'Harmental), *le Comte Hermann* (Karl). Il crée ensuite *La Conscience* à l'Odéon (Stevens, Édouard) et *La Barrière de Clichy* au Cirque (Victor). En octobre 1867, il reprend *Antony* au Théâtre de Cluny ; Dumas lui écrit : « Aujourd'hui de tous mes rôles, tu viens de jouer le plus difficile, je dirai presque le plus impossible — je croyais que pour bien représenter Antony, il fallait être dans la disposition d'esprit et de cœur où j'étais en l'écrivant. [...]. Eh bien, tu as exprimé tout cela sans l'éprouver, ce qui est le comble de l'art — tu as été à la fois passionné et calme — menaçant et respectueux, superficiel en apparence, profond en réalité —, tu as sauvé par des intonations railleuses les passages que moi-même je croyais avoir vieillis [...], enfin, tu as, à force de passion, d'amour, d'entraînement contraint non seulement les mains mais les cœurs à applaudir » (4 octobre 1867).

Mme LAIGNELET. Après des débuts à la Comédie (1825) et une carrière provinciale, elle crée deux rôles secondaires au Théâtre-Historique dont Gilonne dans *La Reine Margot.*

LANGLOIS (Alphonse-Louis). Il joue les utilités au Théâtre-Historique *(Le Comte Hermann, La Chasse au chastre),* et paraît ensuite dans *Le Comte de Morcerf* et *Le Vampire* à l'Ambigu, et dans *La Tour Saint-Jacques,* au Cirque.

LINGÉ (Emmanuel) (vers 1821-1882). Jouant les utilités au Théâtre-Historique, il est l'un des comédiens qui demandent que Dumas soit, lui aussi, déclaré en état de faillite.

MABIRE (Lucie-Rose-Françoise) (née à Rueil, en 1822). Actrice de l'Ambigu, elle crée la femme Tison dans *Le*

Chevalier de Maison-Rouge. Puis, à l'Ambigu, elle est la goule du *Vampire,* et, à la Porte-Saint-Martin, Clytemnestre dans *L'Orestie* et Milady dans la reprise de *La Jeunesse des mousquetaires.*

Mlle MAILLET (morte le 18 mai 1849). Pensionnaire à la Comédie-Française en 1842-1843, elle a tenu cinq fois le rôle de Pauline dans *Le Mari de la veuve ;* sans doute remarquée par Dumas, elle est une jeune première du Théâtre-Historique de 1847 à 1849 : Jolyette dans *La Reine Margot,* Héloïse Tison dans *Le Chevalier de Maison-Rouge,* Renée de Saint-Géran et Julie Morel dans *Monte-Cristo.* Elle a été aussi la Jacqueline du *Chandelier* de Musset.

« Vous savez la mort de la pauvre petite Maillet ; nous l'avons rendue à la terre ce matin. Elle laisse une vieille mère et un tout petit enfant. La mère a quatre-vingt-sept ans. Aidez-moi de tout votre pouvoir — souscriptions, représentations à bénéfices, etc. — pour la faire entrer à l'hospice des vieillards. Quant à l'enfant, si son père ne le réclame pas, je m'en charge. Il n'a que trois ans, il ne mange pas encore beaucoup. Je travaillerai une heure de plus par jour, et tout sera dit » (Lettre de Dumas à Jules Janin, 20 mai 1849).

MALINE (Louis-Antoine). Interprétant les utilités, il crée six pièces entre 1848 et 1850.

MARCHEVILLE (Théodore). Il crée trois pièces dans le rôle des utilités de 1849 à 1850.

MÉLINGUE (Étienne-Marin) (Caen, 4 avril 1808 - Paris, 27 mars 1875). Il incarne d'Artagnan dans *Les Mousquetaires* de l'Ambigu, et devient l'étoile masculine au Théâtre-Historique, en créant Henri de Navarre dans *La Reine Margot,* Ferdinand dans *Intrigue et amour,* Lorin dans *Le Chevalier de Maison-Rouge,* Dantès dans *Monte-Cristo,* d'Artagnan dans *La*

Jeunesse des mousquetaires, Canolles dans *La Guerre des femmes, Le Comte Hermann, Urbain Grandier* et reprenant Buridan dans *La Tour de Nesle.* Ensuite, il sera *Benvenuto Cellini* à la Porte-Saint-Martin et Chicot dans *La Dame de Monsoreau* à l'Ambigu (19 novembre 1860). Dumas a rédigé sa biographie pour les lecteurs du « Mousquetaire » (*Une vie d'artiste,* Cadot, 1854, 2 vol.) : « Depuis l'heure où [Laferrière et Mélingue] ont entendu la lecture d'un ouvrage jusqu'au moment où la toile se lève, ils n'ont qu'une préoccupation : c'est de réunir, d'agglomérer, de collectionner tout ce qui peut être utile à l'ouvrage. Pas une minute leur œil quêteur n'est distrait, pas une seconde leur esprit ne s'égare. En marchant, en mangeant, en buvant, ils pensent à leur rôle ; en dormant, ils en rêvent » (*Mes Mémoires,* chap. CCXXII).

Sa femme, Théodorine Thiesset, dite Mme Mélingue, engagée à la Comédie-Française pour *Les Burgraves,* y créa *Une fille du Régent* (Hélène) et *Le Testament de César* (Porcia).

MOREL. Engagé au Théâtre-Historique pour jouer Cahusac dans *La Jeunesse des mousquetaires,* il y crée quatre autres petits rôles.

Mlle NELSON (? - ?). Comédienne des théâtres de Naples et de Rome, elle incarne — au Théâtre-Historique (1850) — Louise de Vaudémont dans *Urbain Grandier* et la marquise dans *Paul Jones.*

NOAILLES, pseudonyme de Pierre Daunay (?-1891). Protégé par Dumas, il reprend Yaqoub dans *Charles VII* (16 septembre 1848) avant de passer à l'Odéon.

PAYRE (Mathilde) (1806-1875). Comédienne de l'Ambigu, de la Renaissance, de l'Odéon, elle crée Gertrude dans *Hamlet* et reprend Catherine de Médicis dans *La Reine Margot.*

PEUPIN (Alexandre-Denis-Marie) (1812-1878). Il participe à presque toutes les créations du Théâtre-Historique, remplissant des emplois secondaires dont Lentulus dans *Catilina*, Aramis, dans *La Jeunesse des mousquetaires*, Pontcalec dans *Le Capitaine Lajonquière*. Il est, au Cirque, de Livet dans *La Tour Saint-Jacques*.

PIERRON (Eugène-Athanase) (2 mai 1819-1865). Engagé en 1849 (venant de l'Odéon), il est Louis XIII dans *La Jeunesse des mousquetaires, le Régent dans Le Chevalier d'Harmental*, Fritz dans *Le Comte Hermann*, Cauvignac dans *La Guerre des femmes*, Olivier dans *Urbain Grandier*, Lucien de Nerval dans *Pauline*, Gaston *Le Capitaine Lajonquière ;* de 1858 à 1864, il sera régisseur général de l'Odéon.

Mlle RACINE, pseudonyme de Élisa Racinet. Elle joue l'hôtesse dans *Les Mousquetaires* à l'Ambigu. Au Théâtre-Historique, elle ne joue que des rôles secondaires : Sophie dans *Intrigue et amour ;* Bautista dans *Hamlet ;* Mme d'Averne dans *Le Chevalier d'Harmental* et Francinette dans *La Guerre des femmes*.

REY (Anne-Marie-Clémence Jourdain) dite **Anaïs**. Premier rôle féminin, elle est successivement Mme de Nevers dans *La Reine Margot*, Clarinus dans *Catilina*, Constance Bonacieux dans *La Jeunesse des mousquetaires*, Clarisse Dubrochet dans *Le Chevalier d'Harmental*, Ninon de Lartigue dans *La Guerre des femmes*, Ursule de Sablé dans *Urbain Grandier*, Zéphyrine dans *La Chasse au chastre*. Elle joue ensuite en province, mais reprend *Le Testament de César* à l'Odéon en 1860.

ROGER (Alfred) (mort en 1880). Acteur de l'Odéon (1846-1848), il crée au Théâtre-Historique Roquefinette dans *Le Chevalier d'Harmental*, Épernon dans *La Guerre des femmes* et le capitaine dans *La Chasse au chastre*.

Mme ROGER (Louise-Désirée). Engagée au Théâtre-Historique en 1850, elle est sœur Louise dans *Urbain Grandier*, Gabrielle dans *Pauline* et reprend *Henri III* (Arthur) et *Le Mari de la veuve* (Pauline). Elle tourne ensuite en province et à l'étranger, en compagnie de son mari, Victor-Joseph Roger (mort en 1870) qui a fait une courte apparition au Théâtre-Historique dans *Lazare le pâtre*.

ROUVIÈRE (Philibert-Alphonse) (Nîmes, 21 mars 1805 - Paris, 19 octobre 1865). Acteur de l'Odéon, il joue avec éclat au Théâtre-Historique *La Reine Margot* (Charles IX) et surtout *Hamlet* (15 décembre 1847), rôle qu'il avait créé l'année précédente à Saint-Germain. Il est aussi Sturler dans *Le Comte Hermann* (puis Fritz, à partir du 17 mai 1850) et Maurizio dans *Urbain Grandier*. Il reprend à la Gaîté le rôle de Mordaunt dans *Les Mousquetaires* (30 août 1854) et, à l'Odéon, *Hamlet* (17 mai 1855). « Ce qui caractérise plus particulièrement son talent, c'est une solennité subjugante. Une grandeur poétique l'emporte. Sitôt qu'il est entré en scène, l'œil du spectateur s'attache à lui et ne veut plus le quitter. Sa diction mordante, accentuée, poussée par une emphase nécessaire ou brisée par une trivialité inévitable, enchaîne irrésistiblement l'attention » (Charles Baudelaire).

SAINT-LÉON. Acteur de l'Odéon, il crée au Théâtre-Historique Caboche dans *La Reine Margot*, Miller dans *Intrigue et amour*, Morel dans *Monte-Cristo*, Cicéron dans *Catilina*, le bailli dans *Urbain Grandier*. Il participera, à l'Odéon, à la création de *La Conscience* (4 novembre 1854), dans le rôle de Meyer.

TOURNOT. Engagé au Théâtre-Historique en octobre 1849, il crée sept rôles d'utilités.

VIDEIX (Jean) (Paris, 30 octobre 1804-1884). Jouant les utilités aux Variétés pendant plus de trente ans, il paraît entre 1849 et 1850 dans seize petits rôles. En 1831, il a tenu le rôle d'un courtisan dans *Napoléon Bonaparte,* à l'Odéon.

☞ La troupe du Théâtre-Historique a également compté une quarantaine d'autres comédiens dont la plupart incarnaient des utilités. Parmi eux, **Louis-Antoine Chéri** (mort en 1860), le président dans *Intrigue et amour,* Danglars dans *Monte-Cristo,* et **Numa** (Numa-Polydore Harein [Vincennes, 25 avril 1802 - Sarcelles, 29 septembre 1869]), incarnant Buvat, dans *Le Chevalier d'Harmental,* et Louet dans *La Chasse au chastre,* engagés à titre exceptionnel, méritent d'être cités.

ÉDITEURS DE DUMAS

SÉTIER. C'est le premier éditeur à publier Dumas : en 1826, il édite les *Nouvelles contemporaines;* ensuite, Dumas est édité par Barba, Auffray, Duvernoy, Gosselin, Dumont, Ozanne, Delloye, Magen et Cormon, Dolin, L. de Potter, Pétion, Hippolyte Souverain, Béthune, Baudry, Cadot, Garnier, Michel Lévy, P. Martinon, Plon, Hetzel, G. Paetz, Dentu. En Belgique : Haumann, Lebègue, Murquardt, Méline, Charles Hen.

☞ Cependant, les deux éditeurs majeurs de Dumas sont :

Alexandre Joseph CADOT (Paris, 26 juin 1806 - Nice, 3 avril 1870) qui, entre 1845 *(Une fille du Régent)* et 1859 *(Salvator le commissionnaire),* a publié cinquante titres de Dumas (œuvres écrites ou publiées par lui).

Michel LÉVY qui, par le traité du 20 décembre 1859, achète la propriété littéraire de Dumas et publie ses œuvres complètes (voir p. 1264).

VI
LA COLLABORATION ET LES COLLABORATEURS

LA COLLABORATION

Ce qu'en pense Dumas : « Le malheur d'une première collaboration est d'en amener une seconde ; l'homme qui a collaboré est semblable à l'homme qui s'est laissé pincer par le bout du doigt dans un laminoir : après le doigt, la main ; après la main, le bras, après le bras, le corps ! Il faut que tout y passe : en entrant, on était homme ; en sortant on est fil de fer » (*Mes Mémoires,* chap. CCXXII).

« Les collaborateurs ne poussent pas en avant, ils tirent en arrière ; les collaborateurs vous attribuent généreusement les fautes et se réservent modestement les beautés ; tout en partageant le succès et l'argent, ils gardent l'attitude de victimes et d'opprimés ; enfin, entre deux collaborateurs, il y a presque toujours une dupe, et cette dupe, c'est l'homme de talent ; car le collaborateur, c'est un passager intrépidement embarqué dans le même bâtiment que nous, qui nous laisse apercevoir petit à petit qu'il ne sait pas nager, que cependant il faut le soutenir sur l'eau au moment du naufrage, au risque de se noyer avec lui, et qui, arrivé à terre, va disant partout que sans lui vous étiez un homme perdu » (« La Presse », 22 janvier 1837).

Rôle des collaborateurs : Dumas n'a pas écrit seul les trois cents volumes de son œuvre. Il a eu pour ses romans, comme pour ses pièces, des collaborateurs de toute sorte.

« Dumas n'a pas l'imagination inventive, mais combinatoire ; la plupart des sujets qu'il développe lui viennent des autres — qui n'ont souvent à vendre que cette idée première. Dumas exécute l'œuvre : il refait le plan, puis sa main court sur le papier. Seul peut-être Auguste Maquet a été autre chose que fournisseur d'idées » (C. Schopp, *A. Dumas*, p. 352).

Aux idées de ses collaborateurs, à la documentation qu'ils lui fournissent, Dumas amalgame son talent. « Je ne sais, disait-il, ce qui manque à Malle-fille [un collaborateur] pour être un homme de talent

— Je vais vous le dire, reprend l'interlocuteur : il lui manque peut-être le talent.

— Tiens ! C'est vrai, dit Dumas, je n'y avais pas pensé ».

« Lorsque ses collaborateurs lui apportent plus qu'une idée, un plan déjà fait ou même un ouvrage déjà exécuté, Dumas modifie le plan, refait l'ouvrage "en cousant d'étincelantes broderies sur les canevas les plus pauvres". La preuve incontestable de sa contribution réside dans le fait que lorsque ses collaborateurs travaillent seuls, ils ne montrent pas "la moitié du talent débordant dans les livres mis au point par leur grand patron" » (L.H. Lecomte, *A. Dumas*, p. 213).

A la même époque, Dumas n'est pas le seul à procéder de la sorte : Balzac a écrit plusieurs romans tirés de sujets qui lui ont été suggérés ou soufflés par George Sand *(Béatrix)*, Sainte-Beuve *(Le Lys dans la vallée)*, ou Caroline Marbouty *(La Muse du département)*. Pour *Lucien Leuwen*, Stendhal s'est inspiré du manuscrit d'une inconnue.

Accusations

L'énorme production de Dumas qui étonne tout le monde, ses succès qui irritent certains ont fait naître à plusieurs reprises des bruits désobligeants de plagiat ou de collaboration abusive.

En 1832, éclate l'affaire Gaillardet, à propos de *La Tour de Nesle* (voir p. 1342).

Le 1ᵉʳ novembre 1833 paraît dans « Le Journal des débats » un article signé G. L'auteur (Granier de Cassagnac, 1806-1880), sous prétexte de rendre compte de *Gaule et France*, accuse violemment Dumas de n'être qu'un plagiaire éhonté, et recense les auteurs qu'il a pillés : pour *Henri III*, Pierre de l'Estoile, Schiller, Walter Scott, Anquetil ; pour *Christine*, Goethe, Schiller, Hugo (le cinquième acte d'*Hernani*) ; pour *Antony*, Victor Hugo ; pour *Charles VII*, le moine Chartier, le poète Racine ; pour *Richard Darlington*, Schiller, Walter Scott ; pour *Teresa*, Schiller. Il l'accuse aussi d'avoir, pour divers autres drames, pris des collaborateurs dont il tait les noms.

Le 26 novembre, Granier de Cassagnac récidive et publie un second article contre *Gaule et France*, dans les « Débats ». Ces articles provoquent une brouille entre Dumas et Victor Hugo qui a fait entrer Granier de Cassagnac aux « Débats ».

Dumas se flattait « d'avoir des collaborateurs comme Napoléon a eu des généraux ». Il a reconnu qu'il avait laissé mettre son nom sur la couverture de livres qu'il n'avait pas même lus, comme *Les Deux Diane* de Paul Meurice ou *Le Deux Chasseur de sauvagine* de Cherville où « sa part effective se réduisit, dit-il, à mettre un point sur l'i du dernier mot du titre ! »

De même, les emprunts de Dumas aux écrivains morts ou vivants, étrangers ou français, n'ont jamais troublé sa conscience et il a toujours professé une théorie du droit au plagiat : « Ce sont les hommes et non pas l'homme qui inventent. Chacun arrive à son tour et à son heure, s'empare des choses connues de ses pères, les mets en œuvre par des combinaisons nouvelles puis meurt après avoir ajouté quelques parcelles à la somme des connaissances humaines. Quant à la création complète d'une chose, je la crois impossible. Dieu lui-même, lorsqu'il créa l'homme, ne put ou n'osa point l'inventer ; il le fit à son image. C'est ce qui faisait dire à Shakespeare, lorsqu'un critique stupide l'accusait d'avoir pris parfois une scène tout entière dans quelques auteurs contemporains : c'est une fille que j'ai tirée de la mauvaise société pour la faire entrer dans la bonne. C'est ce qui faisait dire plus naïvement encore à Molière : je prends mon bien où je le trouve. Et Shakespeare et Molière avaient raison, car l'homme de génie ne vole pas, il conquiert. »

En 1843, un jeune érudit, Louis de Loménie (1815-1878), à qui ses travaux n'ont pas apporté la gloire, publie la *Galerie des contemporains illustres par un homme de rien*, où il écrit : « Atteint par cette déplorable contagion d'industrialisme, la plaie de l'époque, M. Dumas, on peut et on doit le dire, semble voué corps et âme au culte du veau d'or. Sur l'affiche de quel théâtre, même le plus intime, dans quelle boutique, dans quelle entreprise d'épicerie littéraire n'a-t-on pas vu figurer son nom ? Il est physiquement impossible que M. Dumas écrive ou dicte tout ce qui paraît signé de lui [...] ». Reprenant cet écho désobligeant, les journaux lancent de temps à autre des flèches à Dumas à ce propos.

En février 1845, le pamphlétaire Eugène de Mirecourt (pseudonyme de Jean-Baptiste Jacquot [1812-1880]) publie une brochure : *Fabrique de romans : Maison Alexandre Dumas et Cie* qui fait grand bruit. Cependant, il faut savoir que Mirecourt, avant d'attaquer Dumas, lui a proposé de travailler pour lui et lui a soumis un sujet de roman : il aurait donc volontiers collaboré à la « fabrique » s'il avait pu. Mais, éconduit par Dumas, il s'adresse d'abord à la Société des gens de lettres pour protester contre « des procédés qui, dit-il, ne laissent plus aux autres auteurs la possibilité de gagner leur vie ». N'ayant rencontré aucun écho, il écrit ensuite à E. de Girardin, directeur de « La Presse » pour lui demander de fermer sa porte « au honteux mercantilisme d'Alexandre Dumas » et de l'ouvrir

« aux jeunes de talent ». Girardin lui répond que ses lecteurs aiment et demandent Dumas et qu'il les satisfait. Mirecourt lance alors son pamphlet *Fabrique de romans*, dans lequel il affirme que Dumas, chef d'une exploitation coupable, fait écrire par des auteurs besogneux les livres qu'il signe et dont il recueille seul le profit et l'honneur. Examinant l'œuvre de Dumas livre par livre, il révèle ce qu'il appelle les « vrais auteurs » : Adolphe de Leuwen, Anicet-Bourgeois, Gaillardet, Gérard de Nerval, Théophile Gautier, Mallefille, Paul Meurice et surtout Auguste Maquet. Ne négligeant pas les insultes : « Grattez l'œuvre de M. Dumas, et vous trouverez le sauvage [...]. Il déjeune en tirant, de la cendre du foyer, des pommes de terre brûlantes qu'il dévore sans ôter la pelure... », ni les moqueries, notamment à l'égard d'Ida Ferrier « marquise de la Pailleterie », il attaque Dumas jusque dans sa vie privée. Le pamphlet est si outré et grossier que même les ennemis de Dumas en sont écœurés : « On m'a donné le pamphlet de la *Maison Dumas et Cie*, écrit Balzac. C'est ignoblement bête, mais c'est tristement vrai [...]. »

Réponse de Dumas

Le 17 février 1845, Dumas se tourne vers le Comité des gens de lettres : « Y a-t-il abus dans la réunion de deux personnes s'associant pour produire, réunion établie en vertu de conventions particulières et qui ont constamment agréé et agréent encore aux deux associés ? Maintenant cette question posée, l'association a-t-elle nui à quelqu'un ou à quelque chose ? (...) Nous avons fait en deux ans, Maquet et moi, *Les Mousquetaires*, 8 volumes, la suite des *Mousquetaires*, 10 volumes, *Une fille du Régent*, 4 volumes, *La Reine Margot*, 6 volumes, *Le Chevalier de Rougeville*, 3 volumes. Je ne parle pas de *Sylvandire* et de *D'Harmental* faits antérieurement ; en tout 42 volumes.

« *Les Mousquetaires* ont-ils fait du tort au "Siècle" qui les a publiés, à M. Baudry qui les a édités ? La *Fille du Régent* a-t-elle fait du tort au "Commerce" qui l'a publiée, à M. Cadot qui l'a éditée ? Les autres ouvrages enfin ont-ils nui aux journaux et aux éditeurs qui les avaient acquis sur les simples titres ? Non, car le public a jugé en faveur de cet étrange procès dans lequel il y a eu jugement rendu sans qu'il y eût contestation.

« Maintenant cette association a-t-elle nui à mes confrères ? Non, car ils étaient dans la même position que moi et pouvaient soit isolément soit en s'associant opposer leur production à la mienne, ce qu'aucun d'eux n'a négligé de faire. Maintenant cela nuit-il à mes confrères ? Dois-je m'en préoccuper autrement que ne s'en préoccupent dans une autre branche de la littérature mes confrères, les auteurs dramatiques, auxquels on n'a jamais contesté le droit d'association avouée ou occulte. Calculons d'abord isolément ce que depuis deux ans nous avons fait seuls ; le calcul prouvera que, si copieux que soit le produit de notre collaboration, chacun de nous a eu encore du temps de reste.

« M. Maquet a produit à son nom seul *Le Beau d'Angennes,* 2 volumes, *Deux Trahisons,* 2 volumes, *Leurs mots sont un mur* et *Bastille, Vincennes, Bicêtre,* deux mois de feuilleton à la "Revue de Paris" ; en tout 15 volumes.

« J'ai produit *Georges,* 3 volumes, *Fernande,* 3 volumes, *Gabriel Lambert,* 7 volumes, *Les Frères corses,* 2 volumes, *Cécile,* 2 volumes, *Le Siècle de Louis XIV,* 10 volumes, *Albine,* 3 volumes, *La Galerie de Florence,* 4 volumes — 34 volumes sans compter le théâtre et le courant du travail.

« Ceci est un exemple de ce que peuvent produire deux hommes qui, soit isolément soit en collaboration, ont pris l'habitude de travailler douze à quatorze heures par jour. »

Dumas contre-attaque également sur le plan pénal en assignant Mirecourt devant les tribunaux et en faisant saisir la brochure : le 15 mars 1845, Mirecourt est condamné à quinze jours de prison et à l'insertion du jugement dans les journaux.

Plus tard, Mirecourt sera accusé d'employer les procédés qu'il dénonce : en 1857, la brochure *Maison Eugène de Mirecourt et compagnie, par un exassocié,* révèle que Mirecourt, ayant à écrire rapidement un roman historique, l'a commandé à William Duckett qui, trop occupé, l'a repassé, à son tour, à Henri Rochefort, futur directeur de « La Lanterne » et auteur de la brochure. Mirecourt finira par se retirer à la Trappe.

A la suite des attaques de Mirecourt, Dumas reçut de Maquet la lettre suivante : « Cher ami, notre collaboration s'est toujours passée de chiffres et de contrats. Une bonne amitié, une parole loyale nous suffisaient si bien que nous avons écrit un demi-million de lignes sur les affaires d'autrui sans penser jamais à écrire un mot des nôtres. Mais un jour vous avez rompu ce silence ; c'était pour nous laver des calomnies basses et ineptes, c'était pour me faire le plus grand honneur que je puisse espérer ; c'était pour déclarer que j'avais écrit avec vous plusieurs ouvrages ; votre plume, cher ami, en a trop dit ; libre à vous de me faire illustre, non de me renter deux fois. Ne m'avez-vous pas déjà désintéressé quant aux livres que nous avons faits ensemble ? Si je n'ai pas de contrat de vous, vous n'avez pas de reçus de moi ; or supposez que je meure, cher ami, un farouche héritier ne peut-il venir, votre déclaration à la main, réclamer de vous ce que vous m'avez déjà donné ? L'encre, voyez-vous, veut de l'encre, vous me forcez à noircir du papier. Je déclare renoncer, à partir de ce jour, à tous droits de propriété et de réimpression sur les ouvrages suivants que nous avons écrits ensemble, savoir : *Le Chevalier* d'Harmental ; *Sylvanire* ; *Les Trois Mousquetaires* ; *Vingt Ans après*, suite des *Mousquetaires*, *Le Comte de Monte-Cristo* ; *La Guerre des femmes* ; *La Reine Margot* ; *Le Chevalier de Maison-Rouge*, me tenant une fois pour toutes très et dûment indemnisé par vous d'après nos conventions verbales. Gardez cette lettre si vous pouvez, cher ami, pour la montrer à l'héritier farouche, et dites bien que, de mon vivant, je me tenais fort heureux et fort honoré d'être le collaborateur et l'ami du plus brillant des romanciers français. Qu'il fasse comme moi. »

COLLABORATEURS

Ils sont classés par ordre alphabétique.
Abréviations : C.-Fr. : Comédie-Française.

• **ANICET-BOURGEOIS** (Auguste-Anicet-Bourgeois) : Paris, 25 janvier 1806 - Pau, 12 janvier 1871.
Œuvres : *Le Mari de la veuve* (C.-Fr., 4-4-1832), *Le Fils de l'émigré ou le Peuple* (Porte-Saint-Martin, 28-8-1832), *Teresa* (Opéra-Comique, 6-2-1832), *Angèle* (Porte-Saint-Martin, 28-12-1833), *La Vénitienne* (Porte-Saint-Martin, 7-3-1834), *Caligula* (C.-Fr., 26-12-1837).
Anicet-Bourgeois a composé seul ou en collaboration plus de deux cents drames et mélodrames ; son principal mérite est de bien charpenter une pièce, de conduire l'action et d'en ménager les effets. Il a collaboré avec Dumas de 1832 à 1834 ; pour *Caligula*, son apport se limite à proposer le sujet vers 1832.
Teresa. Après avoir joué *Antony*, le comédien Bocage souhaitait jouer le rôle d'un vieillard de soixante ans, et « avait trouvé son vieillard en nourrice chez Anicet-Bourgeois [...]. Je ne connaissais pas Anicet ; nous fîmes connaissance à ce propos et à cette époque. Anicet avait écrit le plan de

Teresa. Je commençai par mettre de côté le plan écrit, et par prier Anicet de me raconter la pièce. Il y a dans le récit quelque chose de vivant [...].
« Il y avait dans le plan d'Anicet la plus grande partie de la pièce [...]. Je sentis du premier coup deux choses dont la seconde me fit passer sur la première : c'est que je ne ferais jamais de *Teresa* qu'une pièce médiocre, mais que je rendrais un service à Bocage [...]. Le drame fut commencé et achevé en trois semaines ou un mois, à peu près ; seulement, je fis à Anicet, comme je l'ai toujours fait quand j'ai travaillé en collaboration, la condition que j'écrirai la pièce tout seul » (*Mes Mémoires*, chap. CCXXII).
Le Mari de la veuve. Mlle Dupont demande à Dumas une pièce en un acte pour une représentation à bénéfice ; il conseille alors à Eugène Durieu (voir p. 1341) de s'adresser de sa part à Anicet-Bourgeois et de débrouiller avec lui le scénario : « Je rentrai à cinq heures et trouvai mes deux collaborateurs à la besogne. Le terrain n'était pas encore déblayé : je vins à la rescousse. Ils me quittèrent à minuit, me laissant un numérotage des scènes à peu près complet [...]. Comme je l'avais promis, la pièce fut faite en vingt-quatre heures. » (*Mes Mémoires*, chap. CCXXXIII).
Le Fils de l'émigré ou le Peuple. « L'idée du *Fils de l'émigré* était de lui [Anicet-Bourgeois] ; l'exécution — dans les trois premiers actes surtout — fut entièrement de moi. Nous fîmes ensemble les deux derniers actes pendant les journées des 7 et 8 juin [1832]. » (*Mes Mémoires*, chap. CCXLV).
Angèle. « Je lui ai donné l'idée d'*Angèle* ; toutefois, c'est lui qui a trouvé, non pas Muller médecin, mais Muller malade de la poitrine, c'est-à-dire le côté profondément mélancolique de l'ouvrage. » (*Mes Mémoires*, chap. CCXLV).
La Vénitienne. Bien que signée du seul Anicet-Bourgeois et reniée par Dumas dans une lettre au « Courrier des

théâtres » du 17 janvier 1834, ce drame en cinq actes et huit tableaux est le fruit de la collaboration de Dumas et d'Anicet : la dédicace de l'œuvre à Dumas n'en fait pas mystère.

Jugement de Dumas : « Anicet est un travailleur consciencieux, un chercheur infatigable ; nul ne fait plus grandement sa part dans une collaboration » (*Mes Mémoires,* chap. CCXLV).

Droits. Pour *Angèle, Le Fils de l'émigré, Teresa, La Vénitienne,* les droits sont partagés. Pour *Le Mari de la veuve :* un tiers des droits revient à Dumas, un tiers à Anicet-Bourgeois et un tiers à Durieu.

• **AUGER** (*Hippolyte*-Nicolas-Just) : Auxerre, 25 mai 1796 - Menton, 29 janvier 1881.

Œuvres : *Fernande* (1844).

Après s'être mis au service de la Russie et avoir servi comme sous-officier dans le régiment d'Ismaïlovski (1814-1817), Auger s'est consacré à la littérature, utilisant souvent le pseudonyme de « Saint-Hippolyte » pour les romans et celui de « Gerau » pour le théâtre. Citons ses romans : *Marpha* (1818), *Boris* (1819), *Gabriel Venance* (1820), *Ivan VI* (1824), *Rienzi* (1825), *Le Prince de Machiavel* (1833), *La Femme du monde* (1837), *Tout pour de l'or* (1839), *Avdotia, Un roman sans titre* (1846), *Le Commissionnaire* (1851) ; et parmi ses pièces de théâtre : *Une séduction* (1832, avec Ancelot), *Pierre le Grand* (1836, avec Charles Desnoyers), *Pauvre Mère !* (1837, avec Fr. Cornu), *Un dévouement* (1834). Il a collaboré à « La Mode » et à « L'Européen » et a laissé les *Mémoires d'Auger (1810-1859),* imprimés dans la « Revue rétrospective » (1891).

Fernande. En 1856, dans la *Chronique des Contemporains* qui précède *Les Contemporains. Henry Murger,* Mirecourt produit une lettre d'Auger réclamant la paternité de *Fernande* ainsi qu'une part dans l'inspiration des *Mohicans de Paris.* Dumas réagit :

« M. Hippolyte Auger écrit à propos de *Fernande* une lettre infâme contre moi. Te rappelles-tu cette affaire ? As-tu conservé un dossier Auger ? Si tu l'as conservé ne pourrions-nous pas le consulter et produire les reçus ? » (Lettre de Dumas à Porcher). D'après la mention marginale, il semble qu'Auger ait vendu à Porcher, pour 2 000 F, un manuscrit intitulé *Malade d'amour* à partir duquel Dumas a rédigé *Fernande* et d'après les *Mémoires* d'Auger, *Malade d'amour* est une nouvelle qui, refusée par « Le National », a été vendue à Porcher.

• **BEUDIN** (Jacques-Félix) : Paris, 2 avril 1796 - 6 septembre 1850.

Œuvre : *Richard Darlington* (Porte-Saint-Martin, 10-12-1832).

Homme d'affaires, directeur de la Banque Félix et Auguste Beudin, homme politique (député du 8e arrondissement de Paris de 1837 à 1842 et de 1846 à 1848), Félix Beudin collabore occasionnellement avec Prosper Goubaux (sous le nom de « Dinaux = BeuDIN + GoubAUX ») pour donner des drames en société : *Trente Ans, ou la Vie d'un joueur,* avec Victor Ducange (Porte-Saint-Martin, 19-4-1826) et *Richard Darlington,* avec Dumas (voir Goubaux).

• **BOCAGE** (Paul Touzé) : Paris, 1824 - 25 septembre 1887.

Œuvres : *Échec et mat* (Odéon, 23-5-1846), *Romulus* (C.-Fr., 13-1-1854) *Le Marbrier* (Vaudeville, 22-5-1854), *L'Invitation à la valse* (Gymnase, 3-8-1857). ROMAN : *Les Mohicans de Paris* (1854-1855).

Neveu du comédien Bocage, il fait son entrée en littérature, avec Octave Feuillet, son condisciple, en collaborant au « National », en composant une parodie : *Le Grand Vieillard,* puis en donnant au théâtre *Échec et mat, Palma ou la Nuit du vendredi saint* (Porte-Saint-Martin, 24-3-1847) et *La Vieillesse de Richelieu* (C.-Fr., 2-11-1848). Avec Nerval et Méry, il collabore ensuite au *Chariot d'enfant* (Odéon, 13 mai 1850). A partir de novembre 1853, il devient, au «Mousquetaire», le disciple favori du «maestro» ; sa signature apparaît pour la première fois dans le n° 14 du 3 décembre, puis, à partir du 7 décembre, il rédige régulièrement un «Bric-à-brac». Le 28 octobre 1854, au moment de la crise du «Mousquetaire», il reste l'un des seuls fidèles. En 1856, il refait avec Dumas la route de Varennes, en vue de la publication d'un volume. Après la période Dumas, il écrit, d'abord en collaboration avec Théodore Caignard et Aurélien Scholl, puis, seul, un roman-fleuve : *Les Puritains de Paris* (1859-1862), demeuré inachevé.

Sa collaboration avec Dumas est longuement décrite dans *A. Dumas à la Maison d'Or* de Philibert Audebrand.

Échec et mat. « Un épisode de l'histoire d'Espagne, un mélange d'aventures galantes et de duels, avec les beaux costumes et les grands panaches de l'Ancien Régime. Non seulement le drame était très intéressant, mais encore il marchait avec une étonnante rondeur. A la vérité, pour le mettre tout à fait au point, Alexandre Dumas père y avait mis la main » (Ph. Audebrand, *op. cit.,* p. 225).

Romulus. « J'avais trouvé l'idée de cette pièce, écrit Régnier de La Brière, dans un roman d'Auguste Lafontaine, l'écrivain allemand, et j'en avais fait un acte que je donnai à Dumas. Il repassa l'idée à Feuillet et à Bocage. Ceux-ci firent une pièce que Dumas refit en s'en servant beaucoup. Je refondis le tout en employant mon premier travail, et cette pièce de cinq auteurs eut du succès. Dumas a raconté tout cela dans son journal "Le Mousquetaire" » (Régnier de La Brière, « Notes inédites », citées dans *A.D. père et la Comédie-Française*, de F. Bassan et S. Chevalley).

Selon Dumas, Régnier lui aurait seulement conseillé de lire le roman de Lafontaine ; quant au manuscrit de Bocage et de Feuillet, il ne l'aurait pas vu, parce qu'il avait été «perdu» ou repris par les auteurs.

Le Marbrier « pourrait être rangé dans la catégorie des pièces à tout le monde, qui ne sont pas les pièces de tel ou tel auteur mais des pièces *pour* un acteur ». D'abord Max de Goritz traduisit une pièce de Kotzebue et Dumas proposa, à son directeur Thibaudeau, l'adaptation de cette traduction, puis Bocage (aidé de son neveu Paul) procéda à un premier travail et Dumas fit ensuite appel à Brunswick : ensemble ils numérotèrent les scènes à faire et Dumas laissa à son collaborateur le soin de composer une première version, se chargeant, sans doute, d'en écrire, au fur et à mesure, la version définitive.

L'Invitation à la valse. D'après Ph. Audebrand *(op. cit.).*

Les Mohicans de Paris. La contribution éventuelle de Paul Bocage n'a jamais été étudiée. Il y en eut certainement d'autres (Armand Baschet pour les scènes viennoises). Constatons que la description des catacombes lui revient (chap. CXXIII) : « Vers la fin de l'hiver dernier, sachant que nous aurions à décrire les catacombes, nous avions manifesté le désir de les visiter [...]. Le jour fixé pour la visite arriva, et, comme toujours ou presque en pareil cas, il me fut impossible de profiter de la permission de l'ingénieur en chef des mines [...]. J'appelai Paul Bocage, mon premier aide de camp [...]. Voici donc le rapport de Paul Bocage ; nous le mettons textuellement sous les yeux de nos lecteurs. » (*Le Mousquetaire,* 18 novembre 1854).

Droits : Pour *Échec et mat,* Octave Feuillet perçoit deux tiers des droits et Paul Bocage un tiers. Pour *Romulus,* Octave Feuillet, Paul Bocage et Alexandre Dumas perçoivent chacun deux neuvièmes des droits et Alix (Mme Porcher) les trois neuvièmes restants. Pour *Le Marbrier,* un tiers des droits revient à Brunswick et deux tiers reviennent à Alexandre Dumas et Bocage. Enfin, pour *L'Invitation à la valse* et *Les Mohicans de Paris*, les droits sont partagés entre Dumas et Bocage.

• **BOURGEOIS** (Eugène) : aucune information biographique n'est connue.

Œuvre : *Jeannic le Breton ou le Gérant responsable* (Porte-Saint-Martin, 27-11-1841)[1].

C'est à la demande de Frédérick Lemaître que Dumas se penche sur cette pièce destinée au comédien : le 3 septembre 1841, il lui envoie de Florence les deux premiers actes : « J'ai mieux aimé ne vous faire paraître qu'à la fin du premier acte pour avoir bien le temps de poser votre caractère par ce que l'on dit de vous. Je crois que quelque chose que je fasse, le troisième acte ne sera pas très fort — mais la fin du quatrième sera à effet — et tout le cinquième, terrible. Lisez ces deux actes à votre jeune collaborateur, il n'y retrouvera pas grand-chose de lui, mais c'est la même pensée : il n'y a par conséquent rien qui puisse le chagriner dans les changements que j'ai faits. » A cause de différents désaccords, Frédérick Lemaître abandonne la pièce et le rôle de Jeannic est finalement créé par Bocage. Le nom de Dumas n'est pas proclamé ni écrit, mais il est notoire que le drame a eu « trois coupables, dont un capable ».

Le débutant Eugène Bourgeois poursuit sa carrière dramatique en collaboration : *Madame Panache*, vaudeville en 2 actes (Variétés 12-8-1845, avec Deligny), *Charlotte,* drame en 3 actes (Vaudeville, 25-7-1846, avec Émile Souvestre), *Nicolas Poulet,* vaudeville en 2 actes (Variétés, 24-10-1846, avec Deligny), *Le Pasteur ou l'Évangile et le foyer,* drame en 5 actes et 6 parties (Porte-Saint-Martin, 10-2-1849, avec Émile Souvestre), *Le Lion et le moucheron,* drame en 5 actes (Porte-Saint-Martin, 7-11-1850, avec Émile Souvestre).

• **BRUNSWICK** ou **LHÉRIE** (Léon Lévy) : Auxerre, 22 avril 1805 - Le Havre, 28 juillet 1859.

Œuvres : *Les Demoiselles de Saint-Cyr* (C.-Fr., 25-7-1834), *Mademoiselle de Belle-Isle* (C.-Fr., 2-4-1839), *Le Mariage au tambour* (9-3-1843), *Louise-Bernard* (Porte-Saint-Martin, 18-11-1843), *Le Laird de Dumbiky* (Odéon, 30-12-1843), *Une fille du Régent* (1-4-1845), *Ouistiti* (Vaudeville, 1-10-1851), *Le Marbrier* (Vaudeville, 22-5-1854).

Après avoir écrit dans les petits journaux, Léon Lévy se consacre au théâtre comique, en collaboration avec Dumersan, Dupeuty, Beauplan, et surtout Leuven avec lequel, à partir de 1834, il donne une vingtaine de pièces. En 1848, pour défendre ses idées réactionnaires, il écrit des pochades : *La Foire aux idées* (1848), *Suffrage Iᵉʳ ou le Royaume des aveugles* (Vaudeville, 9-5-1850), *La Volière ou les Oiseaux politiques* (Gymnase, 16-5-1850), *Les Pavés sous le pavé* (Vaudeville, 2-9-1850).

Mademoiselle de Belle-Isle. « En 1833 ou 1834, Brunswick entra un jour chez moi. Il sortait du Théâtre de la Porte-Saint-Martin, et venait de lire un vaudeville en deux actes qui avait été refusé. [...] "Tenez, me dit-il en jetant son manuscrit sur mon bureau, lisez donc cela. Ils ont beau dire, il y a un sujet de pièce là-dedans !" Je lus le vaudeville. En effet, il y avait la situation d'une jeune fille qui découche pour aller voir son père prisonnier, qui, ne pouvant pas avouer le lendemain où elle a été, est compromise. Seulement, la situation est prise au comique. » (Dumas, *Mon odyssée à la Comédie-Française,* chap. XIV). Et c'est à partir de ce canevas de Brunswick (qui, entre-temps, a vendu les droits au libraire Charlieu) que Dumas écrit, en 1838, sa comédie destinée au Français.

---

1. Le catalogue des livres imprimés de la Bibliothèque nationale lui attribue encore *Les Tyrannies du colonel,* comédie en 3 actes (Théâtre de Cluny, 8-5-1872).

Une fille du Régent. La pièce est tirée du *Chevalier d'Harmenthal,* refait par Dumas d'après une nouvelle de Maquet. Brunswick intervient dans les démêlés qui opposent Dumas et la Comédie-Française au sujet de cette comédie.

Droits : Sur ces deux pièces, Brunswick ne touche aucun droit.

• **BURETTE** (Théodose). Paris, 1804 - 8 janvier 1847.

Œuvre : *Catilina* (Théâtre-Historique, 14-10-1848).

Brillant condisciple de Janin à Louis-le-Grand, professeur d'histoire au Collège Stanislas, Burette a laissé des manuels d'histoire, écrits en collaboration, ainsi que *La Physiologie du fumeur* (1840) et *Le Musée de Versailles* (3 volumes, 1844). Il avait également écrit pour le théâtre : *Une révolution d'autrefois* (Odéon, 1-3-1832).

Catilina. En 1885, Henri Blaze de Bury, dans son livre : *Alexandre Dumas. Sa vie, son temps, son œuvre,* fait de Burette le collaborateur de Dumas. Mais comment Burette, mort en janvier 1847, a-t-il pu collaborer à un drame représenté presque deux ans plus tard ? Faut-il comprendre que, pour écrire leur drame, Dumas et Maquet se sont inspirés d'*Une révolution d'autrefois* ?

• **CHERVILLE** (Gaspard-Georges de Pecou, marquis de) : Chartres, 11 décembre 1821 - Noisy-le-Roi, 10 mai 1898.

Œuvres : *Le Lièvre de mon grand-père* (1856) ; *Le Meneur de loups* (1857) ; *Black* (1858) ; *Les Louves de Machecoul* (1858) ; *Le Chasseur de sauvagine* (1858) ; *Histoire d'un cabanon et d'un chalet* (1859) ; *Le Médecin de Java* (1859) ; *Le Père la Ruine* (1860) ; *La Marquise d'Escoman* (1860) ; *Parisiens et provinciaux* (1868).

Lieutenant de louveterie à Nogent-le-Rotrou, il épouse Louise-Clémence-Marguerite de Romanet de Beaune.

Puis il s'éprend de Constance-Eugénie Bachoué, plus connue au théâtre sous le nom de Constance Davenay, dont il aura deux enfants : Marie-Christine (1845) et Edmond-Constant (1851). En 1852, il s'exile à Bruxelles où un autre « exilé par persuasion » le présente à Dumas. En 1853, il devient directeur du Théâtre du Vaudeville (dont Constance Davenay est l'étoile) où est créée *La Jeunesse de Louis XIV,* interdite par la censure française. Directeur malheureux et endetté, Cherville se réfugie à Spa où il devient rédacteur de « L'Écho des casinos ». Il doit, entre autres, 1 800 F à Hetzel qui, pour se dédommager, lui demande de rédiger des notes autobiographiques : *Mémoires d'un trop bon garçon,* que l'éditeur proposera à Dumas de réécrire.

De 1856 à 1862, il collabore régulièrement avec Dumas. Le 26 avril 1857, alors qu'il rédige *Le Meneur de loups* et *Les Louves de Machecoul,* son fils, âgé de six ans, meurt, suivi le 6 mai par Constance Davenay ; Cherville s'installe alors à Asnières avec une jeune fille de Spa (Emma Richard Jacques) et, désormais, comme Maquet, il envoie à Dumas sa copie, chapitre après chapitre. En 1862, Cherville publie sous son nom *Les Aventures d'un chien de chasse* et acquiert un certain renom comme spécialiste de la littérature cynégétique et rustique (*Le Dernier Crime de Jean Hiroux,* 1862 ; *Histoire d'un trop bon chien,* 1867). Il dirige ensuite une publication de luxe, « La Vie à la campagne », titre qu'il reprendra pour la série de lettres qu'il fera imprimer, pendant plus de vingt ans, dans « Le Temps ». Quelques projets (adaptations de romans pour la scène) n'auront pas de suite.

Le Lièvre de mon grand-père. Par une lettre-traité du 16 février 1856, Cherville vend à Dumas l'histoire du grand lièvre et s'engage à fournir des contes pour compléter un ou plusieurs volumes. Le 12 avril 1856, Cherville écrit à Hetzel : « J'ai relu le grand lièvre. Dumas n'a rien changé au cours de l'histoire. Il a ajouté mais n'a peut-être pas enlevé dix lignes de ce que j'avais écrit et rien [...] ne pouvait me faire plus plaisir. »

Droit : un tiers revient aux créanciers de Dumas, un tiers à Dumas, le dernier tiers est partagé entre Cherville et Hetzel.

Le Chasseur de sauvagine. En mai 1856, Cherville écrit à Hetzel : « J'ai commencé le numéro deux [...]. Je vais faire tout mon possible pour rester dans les choses simplettes qui te plaisent ; celle que j'ai commencée est encore une scène de paysans, elle se passe en Normandie celle-là ; et il y a un moutard de douze à quatorze ans que je vais arranger dans le seul but de te séduire par le moutard. » Puis, inquiet, il lui écrit de nouveau : « Tu n'as pas lu *Le Chasseur.* Tu ne m'en dis rien. Tu serais bien gentil aussitôt que tu sauras quelque chose de l'accueil de Dumas de m'en avertir. »

Le Meneur de loups et *Les Louves de Machecoul.* Dumas demande à Cherville : « Envoyez-moi votre conte fantastique *(Le Meneur de loups)* et votre roman de chasse *(Les Louves de Machecoul)* aussitôt faits. S'il y a quelque chose à changer, je le changerai. Vous savez qu'en passant par mes mains, le bâtiment se double, se triple, se quadruple : aussitôt cent pages terminées, mettez-les à la poste. Je tâcherai de vous envoyer 500 autres francs à la fin du mois. » Puis, le 2 juillet 1857, il lui écrit de nouveau : « Le plan est très bien, mais je persiste à y faire entrer le personnage de Petit Pierre [La duchesse de Berry] qui sera mystérieux et charmant [...]. Je crois que le succès est là, comme, dans *Les Mousquetaires,* le succès a été avec Anne d'Autriche et Buckingham et dans *Vingt Ans après* Charles Ier. Je crois que j'aurai dans les commencements à parler de la prise d'armes de 1831 [...]. Du courage. Piochez ferme. »

Histoire d'un cabanon et d'un chalet. Au printemps 1858, Cherville accompagne Dumas à Marseille qui va monter *Les Gardes forestiers.* Ils s'installent à la Blancarde et mettent en route *Histoire d'un cabanon et d'un chalet :* « Je m'en rapporte entièrement à vous : vous avez eu des habiletés et des finesses pendant le cours de l'ouvrage. Elles ne vous abandonneront pas à la fin. » (Lettre de Dumas à Cherville).

La Marquise d'Escoman. D'abord, Dumas réclame à Parfait le livre de Cherville, *Les Mémoires d'un trop bon garçon :* « J'ai besoin du volume de Cherville où il y a ses aventures avec une femme du monde de province. Je crois que je peux en tirer deux volumes. Ce sera une affaire immédiate de 500 ou 600 francs pour lui. Sans compter que cela ne le gênerait en rien tant cela ressemblera peu à sa copie. » Puis, le 29 avril 1858 il écrit directement à Cherville : « Envoyez-moi donc si vous pouvez comme service personnel le cahier où se trouve le commencement de cette aventure jusqu'à la scène dans la chambre à coucher du mari. » Après cette première illustration, *Les Mémoires d'un trop bon garçon* retrouveront leur autonomie ; ce seront *Les Drames galants. La Marquise d'Escoman.*

Le Père la Ruine. « Tâchez de m'envoyer un ou deux chapitres demain mercredin afin que je tire si c'est possible 4 ou 500 F pour le 15. Envoyez-moi au moins la fin du chapitre où François Richard [...] tire sur un prince et ramasse une bécasse. » (Lettre de Dumas à Cherville).

Le Médecin de Java. Le 10 juin 1858, Dumas écrit à Cherville : « Tout ce que vous m'avez envoyé est plein d'originalité. Je présume que vous suivez la marche indiquée [...] : la femme blanche. - La femme noire. - La femme jaune - la femme jaune est la dernière. » Puis, quelque temps après : « Avez-vous fini ? [...] Je suis sans le sou et si nous n'en faisons pas avec *Le Médecin de Java* je ne saurais où en prendre moi-même pour aller à Marseille [...] Il vous revient un billet de 1 000 F sur *Le*

Médecin de Java. C'est bien le moins dans un ouvrage où vous avez tant fait. »

Parisiens et provinciaux. « Vous verrez que, en réécrivant, j'ai gagné près de moitié. Tâchez que je puisse avoir le même avantage sur le reste, car de cette façon vos lignes à vous doublées par moi vous produiront 4 sous plus les 6 ou 7 centimes que vous me remboursez. La chose est bien emmanchée : Peluche doit, pour écraser Madeleine, acheter une terre six fois plus grande que la bicoque ; de là tous ses embarras avec les paysans [...] Balzac a fait un livre de détail très ennuyeux intitulé *Les Paysans* mais qu'il faudra relire comme étude. » (Lettre de Dumas à Cherville). Le livre ne sera terminé qu'après le retour de Dumas à Paris ; entre-temps, il semble que Cherville participe aux *Mémoires de René Besson*, publiés par « Le Monte-Cristo » (1862).

• **CORDELLIER-DELANOUE** (Étienne-Casimir-Hippolyte, dit Auguste) : Grenoble, 19 septembre 1806 - Paris, 14 novembre 1854.

Œuvres : *Napoléon Bonaparte ou Trente Ans de l'histoire de France* (10-1-1831), *Cromwell et Charles Iᵉʳ* (Porte-Saint-Martin, 21-5-1835), *Bathilde* (Renaissance, 14-1-1839).

Fils d'Étienne-Jean-François Cordellier-Delanoue ([1767-1845], général de division de la République en 1793), il a d'abord publié des vers, des articles dans « La France littéraire » et des romans : *Knox le fou, Le Barbier de Louis XI* (1832), mais son œuvre, abondante, est essentiellement théâtrale : *Isabelle de Montréal* (Gaîté, 10-6-1839), *Mathieu-Luc* (Odéon, 28-10-1841), *Le Manchon*, comédie en vers et deux vaudevilles : *Qui dort dîne* et *Une épreuve avant la lettre.*

Napoléon Bonaparte. Le 12 octobre 1830, Dumas écrit à Mélanie Waldor : « Tu sais mon affaire de *Napoléon* que je n'osais pas faire en mon nom. Tout cela est arrangé, Delanoue l'endosse, fait les recherches et cela me fera de l'argent sans qu'aux yeux de personne j'en sois l'auteur. »

Cromwell et Charles Iᵉʳ. Le manuscrit de 92 pages de Dumas a appartenu à Ch. Glinel ; sur la dernière page, il est écrit : « Fini le 3 mars à 5 h 30 du soir. Al. Dumas. »

Bathilde. Voir Maquet.

• **COURCY** (Frédéric Charlot de) : mort à Paris, le 6 mai 1862.

Œuvre : *Kean* (Variétés, 31-8-1836). Voir Théaulon.

Entre 1817 (*L'Heureuse Moisson, ou le Spéculateur par défaut*, écrit avec Merle et Carmouche) et 1860 *(Le Voyage à Vienne)*, Courcy écrit en collaboration plus de cent pièces (généralement des vaudevilles en un acte) se hasardant rarement dans le drame : *Les Chiffonniers* (avec Sauvage et Bayard, 1847) ou dans l'opéra : *La Chaste Suzanne* (musique de Monpou, 1839). Parmi ses collaborateurs habituels : Brizier, Carmouche, Dupeuty, Bayard, Mélesville, Scribe, Théaulon, Merle, Rousseau, Vanderbuch, Langlé, Vulpian, Lassagne, Dumersan.

Son fils, Alexandre-Frédéric (né le 28-3-1832). est un peintre de bonne réputation ; son autre fils, Charles, a repris la tradition paternelle du vaudeville.

• **Comtesse DASH** (Gabrielle-Anne de Courtiras, Mme du Poilloüe de Saint-Mars) : Poitiers, 2 août 1804 - Paris, 11 septembre 1872.

Œuvres : *Vie et aventures de la princesse de Monaco*, recueillies par Alexandre Dumas (1854) ; *Madame du Deffand (Mémoires d'une aveugle, Les Confessions de la marquise*, 1856-1857) ; *La Dame de volupté* (1864).

La mention généralement usitée pour ces volumes « publiées par A. Dumas » définit l'apport de Dumas : son nom apporte une plus-value commerciale dont il fait bénéficier sa chère « Gabrio ».

Fille de la bonne bourgeoisie touran-gelle, Gabrielle épousa un officier, de vingt ans son aîné, dont elle eut un fils.

En 1835, elle se sépare de son mari et, désirant se lancer dans la vie littéraire, en septembre 1836, elle se fait présenter à Dumas, qui purge alors sa peine dans la prison de la Garde nationale. Grâce à l'appui de Dumas et de Beauvoir, elle peut donner ses essais à la « Revue de Paris ». A partir de 1839, elle inonde la librairie de ses romans galants pseudo-historiques (les romans publiés par Dumas appartiennent à cette veine). A la fondation du « Mousquetaire », elle signe sous le nom de « Marie Michon » une chronique régulière. Ses romans sont oubliés, mais ses *Mémoires des autres* (La Librairie illustrée, 6 volumes, 1896-1897) et ses *Portraits contemporains* (Amyot, 2 volumes, 1864) restent une source biographique intéressante.

• **DAUZATS** (Adrien) : Bordeaux, 16 juillet 1804 - Paris, 18 février 1868.

Œuvre : *Quinze Jours au Sinaï* (1839).

Bon peintre, bon graveur, Dauzats a été choisi par le baron Taylor pour illustrer les *Voyages romantiques et pittoresques dans l'ancienne France ;* il accompagne ensuite le baron en mission en Égypte : c'est le début d'une carrière de peintre voyageur et orientaliste[1].

Quinze Jours au Sinaï. Vers le 26 février 1838, Dumas écrit à Girardin : « Voulez-vous la valeur d'un volume et demi de voyage en Syrie ? Je viens de donner, de compte à demi avec Dauzats et signé par nous deux, lui comme fournisseur de notes, et moi comme metteur en œuvre de ces notes, deux volumes à "La Revue des Deux Mondes" sur Alexandrie, le désert, Le Caire et le mont Sinaï, si vous voulez la suite [...] » (Lettre de Dumas à Girardin).

---

1. Voir H. Jouin, *Adrien Dauzats,* 1897.

• **DENNERY** ou **D'ENNERY** (Adolphe Philippe) : Paris, 17 juin 1811 - 26 janvier 1899.

Œuvres : *Halifax* (Variétés, 2-12-1842).

Depuis sa première pièce, *Émile,* écrite avec Desnoyers, Dennery a collaboré, pour ses quelque deux cents comédies, drames et féeries, avec les auteurs les plus populaires du XIXᵉ siècle : Anicet-Bourgeois, Dartois, Decourcelle, Brésil, Clairville, G. Lemoine, Dumanoir, Labiche, Jules Verne, donnant, entre autres : *La Grâce de Dieu* (1841), *Don César de Bazan* (1844), *Marie-Jeanne ou la Femme du peuple* (1845), *Le Donjon de Vincennes* (1856).

Pendant quinze jours (du 1ᵉʳ au 15 novembre 1850), il est directeur du Théâtre-Historique en faillite. Homme d'affaires avisé, il devient secrétaire général, puis directeur de la Société de Cabourg dont il a été maire et où il reçoit Dumas dans sa villa, en septembre 1867.

• **DERMONCOURT** (Paul-Ferdinand-Stanislas, baron) : Crécy-au-Mont, Aisne, 3 mars 1771 - Aubevoye, Eure, 10 mai 1847.

Œuvre : *La Vendée et Madame* (1833).

Aide de camp du général Dumas avec lequel il fait les campagnes d'Italie et d'Égypte, Dermoncourt conquiert, à Friedland, le titre de baron. Général en 1813, il est mis en disponibilité en septembre 1821, et doit s'exiler après la conspiration de Belfort. Sous la monarchie de Juillet, il reprend du service : commandant du département de la Loire-Inférieure, il reçoit à Nantes la reddition de la duchesse de Berry.

La Vendée et Madame. Le 19 août 1833, Dumas écrit : « Comme selon toute probabilité une deuxième édition de *La Vendée et Madame* aura lieu en mon absence, je prie M. Bonnaire de régulariser mes comptes en mon nom avec M. Buloz, de toucher les trois quarts de la somme que Guyot versera pour le prix total de l'édition, et de faire parvenir sur cette somme sans autre explication 600 F au général Dermoncourt qui en donnera reçu. »

• **DUCOURET** (Louis-Laurent, *alias* Abd El-Hamid-Bey) : né à Huningue, Haut-Rhin, le 23 avril 1812[1].

Œuvres : *Pèlerinage de Hadji-El-Hamid-Bey. Médine et La Mecque,* publié par A.D. (1856-1857) ; *L'Arabie heureuse, souvenirs de voyages en Afrique et en Asie par Hadji-El-Hamid-Bey,* publiés par A.D. (1860).

Fils d'un colonel d'infanterie, gendre d'un entrepreneur en faillite, Ducouret s'embarque, en 1839, pour Constantinople, puis il visite l'Égypte, la Nubie, le Kordofan, le Darfour, le Soudan et le pays des Niam-Niams ou « hommes à queue » ; en 1842, il débarque à Djeddah où il serait entré dans l'intimité du sultan et aurait reçu le nom d'El-Hamid-Bey, puis aurait fait le pèlerinage à La Mecque. D'après le consul Dufresnel, il se serait contenté de vivre en parasite sur la côte. De retour en France, il sollicite une mission pour le pays des Niam-Niams (1849) et obtient des ministres de l'Instruction publique et des Affaires étrangères 8 100 F pendant cinq ans pour reconnaître Tombouctou, le bassin du Niger, Le Cap, l'Éthiopie. Le 23 janvier 1850, il arrive à Tunis et ne semble pas avoir dépassé Sfax où il vit en concubinage avec une musulmane et d'où il envoie un alphabet touareg, analysé dans « La Revue de l'Orient » (février 1853).

Dumas a rencontré l'aventurier voyageur sur le vapeur qui le ramène d'Italie ; en 1854, il accepte de donner le portrait d'un Niam-Niam et une notice biographique sur l'auteur pour l'édition de *Voyage au pays des Niam-Niams ou*

hommes à queues[2], puis de rédiger les récits de voyages de Ducouret, intervenant auprès de Lesseps pour que les arriérés de ses « frais de mission » lui soient payés. Sans doute mécontent des résultats financiers de sa collaboration avec Dumas, Ducouret se tourne vers Stanislas de La Peyrouse qui préface *Les Mystères du désert* (1859).

• **DURIEU** (Jean-Louis-Marie-Eugène) : Nîmes, 10 décembre 1800 - Paris, 16 mai 1874.

Œuvre : *Le Mari de la veuve* (C.-Fr., 4-4-1832), voir Anicet-Bourgeois.

Fondateur, en 1824, du « Mémorial des percepteurs », candidat de l'opposition à Paris sous Charles X, ce juriste devient sous Louis-Philippe chef de la section des établissements de bienfaisance du ministère de l'Intérieur, puis, en 1847, inspecteur général des hospices. En 1848, il est nommé directeur des cultes et crée la Commission des arts et édifices religieux et les services des architectes diocésains. Mis à la retraite, il se lance dans des affaires industrielles qui lui valent des procès retentissants en 1858 et 1860.

Outre *Le Mari de la veuve,* sa bibliographie se cantonne dans des ouvrages spécialisés : *Manuel des percepteurs et receveurs municipaux* (1822) ; *Code des établissements publics ; Poursuites en matière de contributions directes* (1838) ; *Formulaire de la comptabilité des percepteurs-receveurs de communes et d'établissements de bienfaisance* (1846).

• **ESQUIROS** (Henri-François-Alphonse) : Paris, 24 mai 1814 - 10 mai 1876.

Œuvre : *Mes Mémoires,* chap. de CLXXXIX à CXCI.

Emprisonné en 1840 à Sainte-Pélagie pour son *Évangile du peuple,* Esquiros

---

1. On ignore le lieu et la date de décès de Ducouret. Voir M. Émerit, *Un collaborateur d'Alexandre Dumas.*
2. Paris, P. Martinon, 1854.

s'est jeté avec enthousiasme dans la révolution de 1848, dirigeant plusieurs journaux éphémères : « L'Accusateur public », « Le Peuple », « La Tribune nationale » et se faisant élire, en 1850, représentant de Saône-et-Loire. Proscrit du 2 Décembre, il est assigné à résidence à Nivelles, mais fréquente le 73, boulevard de Waterloo. Bien qu'il ait démenti toute collaboration à *Isaac Laquedem*, il n'en n'a pas moins donné des notes à Dumas : « J'ai besoin pour ce matin de vos notes et de celles d'Esquiros[1] » (Lettre de Dumas à Challemel-Lacour, août 1853). Dumas lui verse de l'argent comme le prouve cette lettre adressée à sa fille Marie ainsi qu'à Parfait : « Je vous envoie 300 F : 100 F pour Esquiros. »

• **FIORENTINO** (Pier Angelo) : Naples, 1806 - Paris, 31 mai 1864.

Œuvres : *Jacques Ortis* (1839) ; *Maître Adam le Calabrais* (1839) ; *Les Crimes célèbres* (1839) ; *Le Corricolo* (1843) ; *La Pêche aux filets* (1844).

Après des études de droit, Fiorentino fonde à Naples de petites revues et écrit des nouvelles : *Sere d'autunno,* un roman : *Coradino,* un drame : *Fornarina.* Durant un premier séjour en France, il vit de leçons d'italien, puis il retourne à Naples où il remporte du succès en adaptant *Médecin du Pecq* de Gozlan *(Il Medico di Parma).* Rappelé en France par Dumas, il participe à la traduction des *Ultime lettere di Jacopo Ortis* d'Ugo Foscolo que signe Dumas et aux *Crimes célèbres* du domaine italien (*Nisida,* paru en 1840 dans le volume 7, est signé de son nom). Il collabore ensuite à « La Sylphide », au « Corsaire » à « La Presse » et, après le retour de Dumas de Florence, il prête encore sa plume à son protecteur ; certains chapitres du *Corricolo* pourraient être de lui (« Le Mariage sur l'échafaud », chap. XXXI, a d'abord été

imprimé sous sa signature dans « La Presse »). Après un séjour à Naples au moment de la révolution de 1848, Fiorentino assure les feuilletons dramatiques du « Constitutionnel » et du « Moniteur » et, plus tard, de « La France », sous le pseudonyme de A. de Rouvray donnant pour chacun un jugement différent. Attaqué sur ces pratiques par « Le Figaro », il est traîné devant une sorte de jury d'honneur de la Société des gens de lettres et se bat en duel avec Amédée Achard. On lui doit une traduction de *La Divine Comédie* (1858).

Dumas a opposé un démenti formel à ceux qui attribuaient une part de *Monte-Cristo* à Fiorentino : « En Italie, on croit généralement que c'est Fiorentino qui a fait *Le Comte de Monte-Cristo.* Pourquoi ne croit-on pas que c'est moi qui ai fait *La Divine Comédie* ? J'y ai exactement autant de droits. Fiorentino a lu *Monte-Cristo* comme tout le monde, mais il ne l'a pas même lu avant tout le monde, si toutefois il l'a lu. » (*Causeries,* I, p. 264).

• **GAILLARDET** (Théodore-Frédéric) : Tonnerre, 7 avril 1808 - Le Plessis-Bouchard, 12 août 1882.

Œuvre : *La Tour de Nesle* (Porte-Saint-Martin, 29 mai 1832).

Fils de Jean-Baptiste Gaillardet et de Geneviève Henri, il a épousé Francisca Domenech dont il eut un fils, Frédéric-Henri, né en 1860. Après *La Tour de Nesle,* Gaillardet écrit sans grand succès deux autres drames : *Georges ou le Criminel par amour* (Gaîté, 9 mars 1833) et *Struensee ou le Médecin de la reine* (Gaîté, 17 octobre 1833). Puis, en 1837, il s'embarque pour le Nouveau Monde dans l'espoir de spéculer sur les vins, mais les malversations d'un associé anéantissent ses projets et, pour survivre, Gaillardet fonde en 1839, à New York, « Le Courrier des États-Unis »

---

1. Sur Esquiros, voir également Jacques P. Van der Linden, *Alphonse Esquiros. De la bohème romantique à la république sociale.*

qui publiera les romans de Dumas. De retour en France en 1848, il se lance dans la bataille politique : il est candidat dans l'Yonne en même temps que Dumas, puis collabore longtemps à « La Presse ».

La Tour de Nesle. Dans *Mes Mémoires* (chap. CCXXXIV à CCXXXVII), Dumas a longuement raconté ses démêlés avec Gaillardet : Harel, directeur de la Porte-Saint-Martin, demande à Dumas de refaire un drame à partir d'un manuscrit de Gaillardet jugé injouable et déjà abandonné par Jules Janin. Cependant, Gaillardet n'est pas prévenu et la pièce est affichée comme étant de MM. xxx et Gaillardet ; la plupart des procès qui s'ensuivront auront pour cause la place des malheureuses xxx (jugement du tribunal de commerce des 26 juin 1832, 22 septembre 1838, 7 mars et 8 août 1839, et jugements de la Cour royale des 13 mars et 6 août 1841). Le 25 avril 1861, Gaillardet écrit à Fournier : « Un jugement rendu par les tribunaux en 1832 a ordonné que *La Tour de Nesle* serait imprimée et affichée sous mon seul nom ; et c'est ainsi qu'elle l'a été, en effet, jusqu'en 1851, époque de son interdiction. Aujourd'hui que vous allez la reprendre, je vous permets et vous prie même de joindre à mon nom celui d'Alexandre Dumas, mon collaborateur, auquel je tiens à prouver que j'ai oublié nos vieilles querelles, pour me souvenir uniquement de nos bons rapports d'hier et de la grande part que son incomparable talent eut dans le succès de *La Tour de Nesle*. »

Droits : ils sont répartis par moitié entre Dumas et Gaillardet.

● **GARRIOD** (Hector de).

Œuvre : *La Galerie de Florence*, gravée sur cuivre et publiée par une société d'amateurs, sous la direction de Bartolini, Bezzuoli et Jesi (avec un texte en français d'Alexandre Dumas), dédiée à S.M. Nicolas Ier (Florence, chez la Société éditrice, 1841 et 1844).

Le 16 août 1840, Édouard Charton signale à Hippolyte Fortoul que « les libraires de Florence donnent cinquante mille francs à Alexandre Dumas pour faire le texte de *La Galerie de Florence* ! [...] Il cherche un petit jeune homme qui lui exhume ses chroniques sur les peintres. » Ce collaborateur est sans doute Hector de Garriod qui signe les notices des tomes III, IV et V. Cependant, une quatre-vingt-quinzième livraison, conservée à la Bibliothèque nationale et datée de 1859 laisse supposer que Garriod a tenté de poursuivre *La Galerie de Florence*. Sans doute est-ce lui, ce baron Garriod (piémontais) de l'entourage d'Ida Dumas, qui fera visiter Saint-Pierre à George Sand lors de son voyage en Italie en 1855.

● **GORITZ** (Max de Mayer).

Œuvres : *Le Marbrier* (Vaudeville, 22-5-1854) ; *La Conscience* (7-11-1854) ; *Saphir. Pierre précieuse montée* (1854) ; *Les Étoiles commis voyageurs* (1854) ; *La Veillée allemande* (Théâtre de Belleville, 21-11-1863).

Selon Audebrand, Max de Goritz est un aventurier allemand et sémite du nom de Mayer, un « aigrefin » dont les méfaits vont du vol simple au vol avec effraction et qui n'aurait pas reculé devant l'assassinat. En janvier 1853, muni d'une recommandation (fictive) de Nefftzer, il se présente au 73, boulevard de Waterloo. Il se fait passer pour un noble qui, ayant pris part à l'insurrection hongroise, a vu ses biens séquestrés et vit avec la fille du sieur de Richemont, prétendu Louis XVII. Malgré les mauvais renseignements de Nefftzer, Dumas l'engage comme « traducteur ordinaire » chargé de mettre en coupe réglée le théâtre secondaire allemand : *Le Crime par ambition* d'Iffland *(La Conscience)* ; une pièce de Kotzebue, *Le Marbrier* ; *Die Jäger* d'Iffland *(Les Forestiers)* ; *Die Abendstunde (La Veillée allemande)*. A la fondation du « Mousquetaire », Max de Goritz participe à l'adaptation des contes et textes humoristiques de Saphir et signe les traductions de *La Pâle Fiancée* (22 novembre-3 décembre 1853), de *La Ferme maudite* (6-13 décembre 1853) d'Oswald Tiedemann, ainsi que de *L'Hôtel de la Rose d'or* de Charles Spindler. En février 1854, sous le coup d'une arrestation par la police française, il est incarcéré à la prison de Mazas : « M. le comte Max de Goritz, devenu le factotum de Dumas à Paris, surpris deux fois en train d'alléger le porte-monnaie du maître [...] mais resté néanmoins attaché au "Mousquetaire" vient, enfin, pour un méfait qui, cette fois, ne concerne plus Dumas, d'être appréhendé au corps par la gendarmerie, et conduit à Mazas avec les égards et les menottes qui lui sont dus. » (Lettre de Noël Parfait à son frère, 10 avril 1854).

• **GOUBAUX** (Prosper-Parfait) : Paris, 10 juin 1793 - 31 juillet 1859).

Œuvre : *Richard Darlington* (Porte-Saint-Martin, 10-12-1832). Après une enfance malheureuse et de brillantes études, il est nommé maître d'études à Louis-le-Grand, puis, en 1818, professeur suppléant de grec à Sainte-Barbe ; en 1820, il s'associe pour fonder, rue Blanche, l'Institution Saint-Victor qui ne répond pas à son attente, et ce n'est qu'après avoir obtenu un grand succès au théâtre avec *Trente Ans ou la Vie d'un joueur* (écrit en collaboration avec Victor Ducange et Félix Beudin) et pris part aux journées de Juillet qu'il ouvre de nouveau, en 1830 et, cette fois, avec succès, l'établissement qui accueillera Dumas fils parmi ses élèves. L'Institution Saint-Victor devient, en 1844, l'école François-Ier, puis, en 1848, le collège municipal Chaptal. Cependant, Goubaux n'en continue pas moins à écrire en collaboration pour le théâtre : *Clarisse Harlowe* (C.-Fr., 27-3-1833), *Une femme malheureuse* (La Gaîté, 2-5-1837), *Louise de Ligneroles,* écrit avec Legouvé (C.-Fr., 6-6-1838), *L'Abbaye de Castro* (Ambigu-Comique, 4-4-1840), *Latréaumont,* écrit avec E. Sue (C.-Fr., 28-9-1840), *La Prétendante,* écrit avec E. Sue (C.-Fr., 6-8-1842), *Les Mystères de Paris* (Porte-Saint-Martin, 3-2-1844), *Le Juif errant.*

Richard Darlington. C'est à Trouville, le 24 juillet 1831, que Beudin propose à Dumas de participer à *Richard Darlington* que Goubaux et lui « ne sentent pas la force de mener à bien ». De retour à Paris, les collaborateurs se réunissent. Dans *Mes Mémoires* (chap. CCX), Dumas explique : « Goubaux et Beudin écriraient ensemble la scène des élections pour laquelle je manquais de détails, tandis que Beudin avait assisté, à Londres, à des scènes de ce genre » ; la pièce sera écrite très vite.

Droits : Goubaux et Beudin perçoivent les deux tiers des droits, le troisième tiers revenant à Dumas.

• **GRANGE** (Pierre-Eugène Baste) : Paris, 16 décembre 1810 - 1er mars 1887.

Œuvres : *Le Connétable de Bourbon ou l'Italie au XVIe siècle* (Porte-Saint-Martin, 20-10-1849), *Les Chevaliers du lansquenet* (Ambigu-Comique, 4-5-1850), *Les Frères corses* (Théâtre-Hist., 10-8-1850), *Pauline* (Théâtre-Hist., 1er-6-1850).

Auteur prolifique, il fait ses débuts théâtraux en 1830 aux Funambules, avec *Les Chevaliers d'industrie*. Il a écrit plus de cent cinquante comédies, vaudevilles, drames, opéras-comiques avec Cormon, Dennery, Clairville, Montépin, Rochefort, Najac, Deslandes, Saint-Yves, Dupeuty, Moinaux, Lapointe. Parmi ses succès : *Les Bohémiens de Paris* (Ambigu-Comique, 27 septembre 1843), *Fualdès* (Gaîté, 14 novembre 1848), *L'Hôtel de la Tête-Noire* (Porte-Saint-Martin, 21-7-1849) et a également composé des livrets d'opéra-comique et de revues pour Offenbach.

Les Chevaliers du lansquenet et *Pauline.* En 1850, Dumas écrit à Maquet : « Maintenant, j'ai un tiers dans *Les*

Lansquenets, je ne sais ce que cela fera ; j'ai un tiers dans *Pauline* qui ne m'a pris ni travail d'exécution ni travail de mise en scène. »

Droits : pour les trois premières pièces, les droits sont répartis par tiers entre Grangé, Montépin et Porcher ou Alix (pour Dumas).

• **GRISIER** (Augustin-Edmé) : Paris, 26 novembre 1791 - 14 mai 1865.

Œuvre : *Mémoires d'un maître d'armes* (1840-1841).

Fils d'un négociant, tenté un instant par le théâtre, il exploite ses dons d'escrimeur en participant, à partir de 1825, à de nombreux assauts publics à travers toute l'Europe. A Saint-Pétersbourg, il crée une école de natation sur la Néva, et une salle d'armes à Moscou. Impliqué dans le complot des décembristes, il revient à Paris où il ouvre sa célèbre salle que fréquentent le général Foy, Eugène Sue et Alexandre Dumas. En 1835, il est nommé professeur d'escrime des enfants de Louis-Philippe et donne des leçons à Polytechnique et à Henri-IV.

Mémoires d'un maître d'armes a été rédigé d'après les souvenirs (dictés ?) de Grisier [1].

• **JALLAIS** (Amédée-Jean-Baptiste Font-Réaux de), pseudonyme : Jean de Réaux.

Œuvre : *Gabriel Lambert* (Ambigu-Comique, 16-3-1866).

Entre *Capitaine de quoi,* vaudeville en un acte (Vaudeville écrit avec X. Eyma, et *Confection pour dame,* opérette en un acte (Eldorado, 1900, avec Léon Marx), Jallais a donné quelque quatre-vingts revues, féeries, vaudevilles, comédies-vaudevilles, opérettes, parodies, opéras-comiques, saynètes et à-propos patriotiques, écrits avec de nombreux collaborateurs dont Jules Renard, Vulpian, Eyma, Clairville, Varin, Kock, Léon Beauvallet, Ernest Blum, Victor Koning. Outre *Gabriel Lambert,* il n'a laissé qu'un drame : *Le Naufrage de La Pérouse* (Porte-Saint-Martin, 7-5-1859, écrit avec Dennery et Thiery) et *Le Petit Journal,* pièce en 4 actes écrit avec Nazé (Déjazet, 20-10-1864).

Gabriel Lambert. Dans « Le Petit Journal » du 13 février 1866, Dumas explique la genèse du drame tiré du roman de Jallais : c'est après la réimpression de *Gabriel Lambert* (1er février 1865) en feuilleton dans « Le Petit Journal » que Jallais en entreprend une adaptation. Il la soumet à Dumas qui, satisfait de ce premier travail, accepte de participer à la confection du drame.

Droits : Dumas et Jallais.

• **LACROIX** (Jules) : Paris, 7 mai 1809 - 10 novembre 1883.

Œuvre : *Le Testament de César* (C.-Fr., 10-11-1849).

Romancier fécond : *Une grossesse* (1833), *Le Tentateur* (1836), *Les Parasites* (1837), *Le Bâtard* (1839), *Le Banquier de Bristol* (1840), *Quatre Ans sous la terre* (1841), *L'Honneur d'une femme* (1842), *L'Étouffeur d'Édimbourg* (1844), *Les Mille et Une Nuits parisiennes* (1845), *Le Mauvais Ange* (1847), Jules Lacroix — dont *Le Testament de César* est la première tentative théâtrale — a peu écrit pour la scène : *Valéria,* écrit avec Maquet (C.-Fr., 28-2-1851), *Œdipe-Roi* (C.-Fr., 18-9-1858), *Macbeth* (Odéon, 10-2-1863). Il est également l'auteur de *La Jeunesse de Louis XI* dans laquelle Isabelle Constant fit sa dernière apparition sur la scène. Avec Maquet, il a composé le livret de *La Fronde* (2-6-1853) ; il a traduit Horace, Juvénal, Sophocle et Shakespeare.

Le Testament de César [2]. Le 19 novembre 1849, Théophile Gautier écrit

---

1. Dumas a donné une « Préface sous forme de causerie » pour *Les Armes et le duel* de Grisier (Garnier frères, 1847).

2. Sur cette pièce, voir Fernande Bassan et Sylvie Chevalley, *Alexandre Dumas et la Comédie-Française.*

dans « La Presse » : « Le début de M. Jules Lacroix est un coup de maître. Les précieux conseils de M. Alexandre Dumas, chez qui le sentiment du théâtre est inné, lui ont fait éviter les écueils où se brisent beaucoup de jeunes talents. » Et, dans « Le Journal », Got indique : « Avant-hier, première représentation du *Testament de César,* grande machine à spectacle, ou plutôt déchiquetée en plein Shakespeare par M. Jules Lacroix, et anonymement, en dessous, à cause de ses créanciers, dit-on, par Alexandre Dumas. »

Droits : seul Lacroix touche des droits.

• **LACROIX** (Paul), dit le Bibliophile Jacob : Paris, 27 février 1806 - 6 octobre 1884.

Œuvres : *Les Mille et Un Fantômes* (1849), *Les Mariages du père Olifus* (1849).

L'œuvre de Paul Lacroix est immense. Il s'est fait connaître par une longue série de romans dans le goût de Walter Scott dont l'intérêt essentiel réside dans des détails d'érudition, plus que dans le développement de l'intrigue romanesque. Nommé bibliothécaire de l'Arsenal, il n'eut de cesse de mériter son surnom de « Bibliophile Jacob », en multipliant éditions de textes rares et de monographies.

Les Mille et Un Fantômes et *Les Mariages du père Olifus.* Le 10 novembre 1884, Paul Lacroix écrit dans « Le Livre.» : « Lors de mes rapports avec Dumas, non seulement je lui établissais le sujet de la plupart de ses romans d'aventures, mais encore j'habillais ses personnages, je les promenais à travers le vieux Paris ou dans les provinces françaises, à différentes époques. Dumas était à chaque instant gêné pour donner un semblant d'exactitude à des descriptions archéologiques ; aussi m'envoyait-il ses secrétaires en toute hâte, tantôt me demandant l'aspect minutieusement détaillé du Louvre et de ses approches en 1600 et 1630, tantôt

m'implorant pour une esquisse du Palais-Royal en l'an VIII. J'ajoutais des béquets à ses manuscrits, je révisais les épreuves, j'apportais partout un peu de lumière historique ; j'écrivais à nouveau des chapitres entiers. »

Lacroix revendique ainsi avoir fourni à Dumas les plans détaillés de plus de cinquante volumes ; cependant, H. Clouard, qui a étudié ces plans conservés à l'Arsenal (notamment pour *Les Mariages du père Olifus, Les Mille et Un Fantômes, Olympe de Clèves* et *Isaac Laquedem*) déclare : « Avouons-le, quand, de la couverture des dossiers et de leurs titres (''Plans et notes pour Alexandre Dumas'', ''Plan des Mémoires du *Juif errant*'' fourni à Alexandre Dumas''), on passe au contenu, la déception est grande. Est-ce que Paul Lacroix ne se serait pas un peu, beaucoup vanté ? »

• **LAFONT** (Charles) : Liège, 16 décembre 1809 - 23 janvier 1864.

Œuvres : *Jarvis l'honnête homme* (Gymnase-Dramatique, 3-6-1840), *Le Séducteur et le mari* (Délassements-Comiques, 5-11-1842).

Avant sa collaboration avec Dumas, Charles Lafont a connu un certain succès avec *La Famille Moronval* (1834) dans laquelle a joué Ida Ferrier, *François Jaffier* (1836), *Le Chef-d'Œuvre inconnu* (C.-Fr., 17-6-1837), *Un cas de conscience* (C.-Fr., 1839) dans lequel a joué Mlle Doze. Attaché à la Bibliothèque Sainte-Geneviève en 1838, il donnera encore *Ivan de Russie* (Odéon, 1841) et *Un dernier Crispin.*

Jarvis l'honnête homme. « Portez je vous prie cette lettre à M. Lafont et dites-lui que son droit ne va pas jusqu'à ôter à M. Poisson un ouvrage que je me suis engagé de parole à lui remettre : M. Lafont oubliant nos conventions peut réclamer l'ouvrage à son nom seul, et je ne tiens pas à y mettre le mien le moins du monde, mais à son nom et au mien, l'ouvrage doit être joué au Gymnase et ne sera pas joué ailleurs que

M. Poirson ne m'ait rendu sa parole »
(Lettre de Dumas à Bocage, 26 avril
1840).

• **LASSAGNE** (Espérance-Hippolyte) :
mort vers le 14 juillet 1854.

Œuvre : *La Noce et l'enterrement*
(Porte-Saint-Martin, 21-11-1826).

Engagé au service du duc d'Orléans,
il aura sous ses ordres le jeune Dumas.
Lassagne mène une carrière adminis-
trative auprès de Louis-Philippe comme
chef de bureau du secrétariat chargé des
pétitions et secours (18-3-1835), puis
sous-secrétaire du cabinet (1835-1848).
Il a laissé quelques vaudevilles écrits en
collaboration entre 1824 et 1828 : *La
Pièce de circonstance ou le Théâtre dans
la caserne* (Odéon, 1824, avec Vulpian),
*La Rue du Carrousel, ou le Musée en
boutique* (Vaudeville, 5-10-1824, avec
Théodore Anne), *Les Singes ou la Parade dans le salon* (25-5-1825, avec Brisset et Rochefort), *Dansera-t-on, ou les
Deux Adjoints* (Odéon, 4-11-1825, avec
Ledoux et Vulpian), *La Pêche de Vul-
cain, ou l'Île des Fleuves* (Vaudeville,
avec Rochefort et Brisset, 5-7-1826), *Le
Prologue impromptu, ou les Acteurs en
retard* (Vaudeville, 23-9-1826, avec Dé-
saugiers et Rousseau), *Les Omnibus,
ou la Revue en voiture* (Vaudeville,
28-5-1828, avec Courcy, Demersan, La-
loue), *Le Restaurant, ou le Quart
d'heure de Rabelais* (Vaudeville,
12-6-1828 avec Courcy et Vulpian), *Le
Farceur de société, ou les Suites d'une
parade* (Vaudeville, 24-7-1828).

La Noce et l'enterrement : dans *Mes
Mémoires* (chap. LXXIX), Dumas présente Lassagne comme son initiateur littéraire, puis il explique (chap. CVII) :
« Lassagne m'avait dit de chercher un
sujet de vaudeville. J'avais cherché ce
sujet, et je croyais l'avoir trouvé. C'était
dans *Les Mille et Une Nuits,* un épisode
de Sindbad le marin, je crois, [qui]
m'avait fourni une espèce de plan que
j'apportai à Lassagne. Lassagne le lut,
et [...] il avait, sauf quelques corrections
qu'il se chargeait d'y faire, trouvé le

plan suffisant. En vertu de quoi, il
l'avait communiqué à un garçon d'esprit [...] que l'on appelait Vulpian.
Nous nous réunîmes deux ou trois fois ;
nous nous partageâmes la besogne. [...]
Au premier rendez-vous, chacun arriva
avec sa part faite. On souda les trois
tronçons, et le serpent parut avoir une
espèce d'existence. Lassagne se char-
gea de repolir l'œuvre ; ce fut l'affaire
de trois ou quatre jours. »

Droits : la moitié des droits reviennent à Lassagne et Vulpian, l'autre moitié, à Dumas et à l'éditeur Bezou.

• **LEFÈVRE** (Louis).

Œuvre : *L'École des princes* (Odéon,
29-11-1843).

La liste des œuvres de Lefèvre. dont
on ne sait rien, est courte : une comédie en 3 actes avec Théaulon : *L'Ingénue de Paris* (Vaudeville, 19-11-1841),
une pochade en 1 acte : *Une chambre
à deux lits* (Palais-Royal, 26-10-1846),
un drame en 5 actes : *Une jeune vieillesse* (Vaudeville, 17-11-1847).

L'École des princes. La pièce est refusée une première fois à la Comédie-
Française le 8 novembre 1842, puis une
seconde fois, malgré les corrections apportées, le 29 janvier 1843. Les petits
journaux en attribuent la copaternité
à Dumas père et fils.

Dans sa préface du *Théâtre des autres,* Dumas fils explique que son père
aurait tiré *Le Comte Hermann* d'une
pièce de Lefèvre, *Une jeune vieillesse,*
qui n'avait obtenu aucun succès, ce que
conteste le fils de Lefèvre.

• **LEUVEN** (Adolphe Ribbing de) : Paris, 20 septembre 1802 - Marly-le-Roi,
9 août 1874.

Œuvres : *Le Major de Strasbourg,
Un Dîner d'amis, Les Abencérages* (inédits), *La Chasse et l'amour* (Ambigu-
Comique, 22-9-1825), *Les Demoiselles
de Saint-Cyr* (C.-Fr., 25-7-1843), *Le
Mariage au tambour* (Variétés,
9-3-1843), *Louise Bernard* (Porte Saint-

Martin, 18-11-1843), *Le Laird de Dumbicky* (Odéon, 30-12-1843), *Un Conte de fées* (Variétés, 29-4-1845), *Ouistiti* (Vaudeville, 1-10-1851), *Le Roman d'Elvire* (Opéra-Comique, 4-2-1860), *Thaïs* (Opéra-Comique, 4-11-1858), *Le Garde forestier* (Variétés, 15-3-1845), *Sylvandire* (Palais-Royal, 7-6-1845).

Marié à Eugénie de Planard (fille du librettiste). Il fait la connaissance de Dumas le 27 juin 1819 à Villers-Hélon et aussitôt une amitié profonde lie les deux hommes. Les premières œuvres en collaboration *(Le Major de Strasbourg, Le Dîner d'amis, Les Abencérages)* sont des échecs. Cependant, après l'installation de Dumas à Paris, la collaboration reprend pour *La Chasse et l'amour*. Pendant que Dumas triomphe au théâtre, Leuven s'associe à Scribe, Saint-Georges, Brunswick et obtient des succès plus modestes dans le vaudeville, l'opéra-comique et la comédie : *Vert-Vert* (Palais-Royal, 15-3-1832), *Le Postillon de Longjumeau,* sur une musique d'A. Adam (Opéra-Comique, 13-10-1836). Durant l'hiver 1842, bien qu'associé à Brunswick, il reprend sa collaboration avec Dumas, pour *Les Demoiselles de Saint-Cyr*. L'échec d'*Ouistiti* et le départ de Dumas pour Bruxelles interrompent cette collaboration qui connaîtra ensuite de nouveaux avatars avec les livrets d'opéra-comique. En décembre 1862, Leuven est nommé (en remplacement de Perrin) directeur de l'Opéra-Comique, fonction qu'il occupera jusqu'en janvier 1874. Après la mort de Dumas, il est nommé président du Comité pour la statue de l'écrivain (1880). Il léguera ses biens à Dumas fils.

Les Demoiselles de Saint-Cyr. D'après Coriolis (« Matin-Anvers », 16-12-1920), l'idée de la pièce est tirée d'un vaudeville de Leuven, refusé partout, *Le Mari malgré lui,* vendu à Dumas » 50 F, prix débattu », d'après Philarète Chasles. En l'absence de Dumas, c'est Leuven qui suit les répétitions.

Droits : Leuven et Brunswick touchent 5/8 des droits d'auteur, 3/8 revenant à Dumas.

Le Mariage au tambour. Le soir de la première, l'auteur nommé est M. de Villiers (voir Quérard), c'est-à-dire Dumas de Villers-Cotterêts.

Droits : Leuven et Brunswick touchent 5/8 des droits, Dumas 3/8.

Louise Bernard. Une première version de la pièce s'appelle *François :* le soir de la première, Dumas se fait représenter par son fils.

Droits : Leuven et Brunswick touchent 5/8 des droits, Dumas 3/8.

Le Laird de Dumbicky. Début 1844, Dumas et Brunswick proposent cette pièce à la Comédie-Française à la place d'*Une fille du Régent.*

Droits : 5/8 des droits reviennent à Leuven et Brunswick, 3/8 à Dumas.

Un conte de fées. Lue par Dumas à la Comédie-Française le 25 septembre 1844, la pièce est créée sous le nom de Leuven et Brunswick au Théâtre des Variétés.

Droits : 2/3 reviennent à Brunswick et Leuven, 1/3 à Dumas.

Ouistiti. Dumas explique à Porcher : « Nous rêvons de faire le plan avec Brunswick et de Leuven de la pièce de rentrée de Déjazet. Ils vont vous rendre mon tiers. Envoyez-moi 700 F dont j'ai besoin pour quitter ce que je fais. Ils vous vendront le tiers de *Sapajou* pour 1 000 F. Il y aura 300 F dans nos comptes [...]. Répondez franchement entendu que sans cette somme il me serait impossible de faire la pièce. »

Droits : 2/3 reviennent à Brunswick, 1/3 à Dumas.

Thaïs (La Bacchante). Dumas propose à Leuven : « Mon cher de Leuven, je vous envoie le morceau d'introduction pour que Gautier puisse s'y mettre. Tout s'y trouve exposé, l'amour de Flavien, le souvenir de la patrie, le caractère de Thaïs. »

• **LOCKROY** (Joseph-Philippe Simon) : Turin, 17 février 1803 - Paris, 19 janvier 1891.

Œuvres : *La Conscience* (Odéon, 4-11-1854), *L'Envers d'une conspiration* (Vaudeville, 4-6-1860), *Le Gentilhomme de la montagne* (Porte-Saint-Martin, 12-6-1860).

Il a débuté sa carrière de comédien en 1827 à l'Odéon où il a créé *Christine* (rôle de Monaldeschi) et *Charles VII chez ses grands vassaux* (rôle de Yaqoub), puis il suit Harel à la Porte-Saint-Martin et tiendra le rôle de Henri Muller dans *Angèle*. Entré à la Comédie-Française, il joue dans *Le Bourgeois de Gand* (rôle de Robert d'Artevelde) et *Mademoiselle de Belle-Isle* (rôle du chevalier d'Aubigny) et se retire de la scène pour se consacrer à la confection d'innombrables drames, vaudevilles, livrets d'opéras-comiques.

La Conscience. Dans son livre : *A. Dumas et son œuvre,* Glinel nous explique : « Ce drame est tiré d'une trilogie de l'allemand A.W. Iffland : *Le Crime par ambition.* Michel Lévy qui, le 4 mai 1846, avait passé un traité avec Lockroy et exerçait les droits de celui-ci, prétendit que son cédant avait collaboré à *La Conscience ;* il fut débouté de sa demande par jugement du tribunal de la Seine (première chambre du 3 mai 1855). » Dans « Le Mousquetaire » du 16 mai 1855, Dumas prétend que Lockroy n'a été chargé que de diriger les répétitions pendant le séjour de l'auteur à Bruxelles.

Droits : un tiers revient à Lockroy, deux tiers reviennent à Dumas.

L'Envers d'une conspiration ; Le Gentilhomme de la montagne. Lockroy lit *L'Envers d'une conspiration* à la Comédie-Française. Ensuite, et en l'absence de Dumas qui navigue en Méditerranée, il dirige les répétitions au Vaudeville où la pièce est finalement jouée ; même intervention limitée pour *Le Gentilhomme de la montagne,* tiré d'un roman de 1854.

Droits : Les droits sont répartis par moitié entre Lockroy et Dumas.

• **LOPEZ** (Bernard) : né vers 1815 - mort après 1879.

Œuvres : *Le Pirate* (inédit), *La Veillée allemande* (Théâtre de Belleville, 21-11-1863).

Lopez fait ses débuts au théâtre avec *Le Tribut des cent vierges* (Gaîté, 22-6-1839) et signe quelques vaudevilles avant d'écrire avec Gautier *Regardez mais n'y touchez pas* (Odéon, 20-10-1847) puis avec Méry et Nerval *L'Imagier de Harlem* (Porte-Saint-Martin, 27-12-1851) ; seul, il écrit *Le Sage et le fou* (C.-Fr., 6-8-1852) et enfin avec Méry *Frère et sœur* (Ambigu-Comique, 14-6-1855). Sa dernière pièce, *Les Ricochets du mariage,* est donnée au Troisième Théâtre-Français le 31 décembre 1879. Il est l'auteur de quelque trente pièces, presque toutes écrites en société (avec Narrey, Dupeuty, Alboize, Cogniard, Clairvil Laurencin, Lurrieu, Delacour, Scribe, etc.).

Le Pirate. J. Croiset[1], dans son livre *Histoire anecdotique de la collaboration au théâtre,* explique la genèse de la pièce : « Plus récemment, MM. Bernard Lopez et Gérard de Nerval font une pièce intitulée *Le Pirate,* reçue au Théâtre de la Porte-Saint-Martin. Le directeur éprouve le besoin d'y ajouter un prologue, ce qu'il fait sans idée de rémunération pour lui-même, il faut en convenir ; puis il propose à M. Bernard Lopez de prendre pour collaborateur M. Alexandre Dumas. M. Lopez y consent. Dumas refait une scène et puis, pressé, tourmenté par ses éditeurs, pour la publication de ses romans, sans consulter M. Lopez, sans son consentement, il délègue ses droits à M. Victor Séjour. Celui-ci fait mieux, il change le titre de la pièce, qu'il nomme *Le Fils*

---

1. J. Croiset résume la polémique qui oppose Lopez à Séjour dans « L'Indépendance », nᵒˢ 26 à 31 du 25 mai au 6 juillet 1856.

de la nuit [1], la remanie à son idée et la fait jouer sous son nom seul, mettant de côté les premiers auteurs et se plaignant qu'on ose l'accuser ; pourtant, par la suite de nous ne savons quel aménagement, il a dû partager les droits avec M. Bernard Lopez, puisque l'autre collaborateur, Gérard de Nerval, était mort. »

Droits : Dumas et Lopez perçoivent la moitié des droits, Séjour la seconde moitié.

La Veillée allemande. Die Abendstunde de Kotzebue, traduite par Max de Goritz, a été adaptée par Dumas et Lopez qui, en 1863, la fait jouer au théâtre de Belleville, malgré l'opposition de Parfait, fondé de pouvoir de Dumas (voir lettre de Parfait dans « Le Nain jaune » du 6 décembre 1863).

• **MALLEFILLE** (Jean-Pierre-Félicien) : Pamplemousse, 3 mai 1813 - Bougival, 2 novembre 1868.

Œuvre : *Georges* [2] (1843).

Après des études aux collèges Charlemagne et Stanislas, Mallefille entre, en août 1834, à « La Revue de Paris » (août 1834) et donne une suite de drames qui rencontrent du succès : *Glenavon* (Ambigu, 25-2-1835), *Les Infans de Lara* (Porte-Saint-Martin, 1836), *Le Paysan des Alpes* (Gaîté, 1837), *Thiégault le loup* (Ambigu, 1839), *Les Enfants blancs* (Odéon, 1841), *Forte Spada* (Gaîté, 1842).

Après *Georges,* Mallefille signe seul, ensuite, des romans : *Le Capitaine Laroze* (1844), *Le Collier* (1845), *Marcel* (1845), *Mémoires de Don Juan,* publié en feuilleton dans « La Presse ». Le 13 juin 1848, il est nommé chargé d'affaires à Lisbonne, poste qu'il occupe jusqu'au 17 juin 1849, puis il retourne

à la vie littéraire : *Le Cœur et la dot* (C.-Fr., 1852) et *Les Mères repenties* (Porte-Saint-Martin, 1858).

Georges est son premier essai romanesque, une nouvelle qu'il ne réussit pas à mener à bien et confie à Dumas (voir « Théâtre-Journal », 13 décembre 1868).

• **MANNOURY-LACOUR** (Emma-Adélaïde Gallard) (voir Maîtresses, p. 000).

Œuvres : *Les Solitudes* (Charlieu, 1857), *Pâques fleuries* (inédit).

• **MAQUET** [3] (Auguste-Jules) : Paris, 13 septembre 1813 - Saint-Mesne, 8 janvier 1886.

Œuvres : THÉÂTRE : *Bathilde* (Renaissance, 14-1-1839), *Les Mousquetaires* (Ambigu-Comique, 27-10-1845), *La Reine Margot* (T.-Hist., 20-2-1847), *Le Chevalier de Maison-Rouge* (T.-Hist., 3-8-1847), *Monte-Cristo* (T.-Hist., 3-4-2-1848), *Catilina* (T.-Hist., 14-10-1848), *La Jeunesse des mousquetaires* (T.-Hist., 17-2-1849), *Le Chevalier d'Harmental* (T.-Hist., 26-7-1849), *La Guerre des femmes* (T.-Hist., 1er-10-1849), *Urbain Grandier* (T.-Hist., 30-3-1850), *Le Comte de Morcerf* (1er-4-1851), *Villefort* (8-5-1851), *La Dame de Monsoreau* (Ambigu-Comique, 19-11-1860), *Le Vampire* (Ambigu-Comique, 20-12-1860).

Droits : Pour rembourser des dettes qu'il a envers Maquet, Dumas lui fait toucher des droits pour six autres pièces auxquelles il n'a pas collaboré : *Intrigue et amour, Hamlet, Le Comte Hermann, La Chasse au chastre, Le Capitaine Lajonquière, La Barrière de Clichy* (voir p. 1332 et 1353).

---

1. *Le Fils de la nuit* est créé le 11 juillet 1856.
2. La collaboration de Mallefille à *Georges* est affirmée par Mirecourt dans *Fabrique de romans. Maison Alexandre Dumas et Cie,* dans « La Silhouette » du 6 juillet 1845 (« Le mie prigoni ») et dans *Les Contemporains. A. Dumas* (1856).
3. Voir Gustave Simon, *Histoire d'une collaboration, Alexandre Dumas et Auguste Maquet.*

ROMANS: *Le Chevalier d'Harmental* (1842); *Sylvandire* (1844); *Les Trois Mousquetaires* (1844); *Une fille du Régent* (1845); *Le Comte de Monte-Cristo* (1845); *La Reine Margot* (1845); *Vingt Ans après* (1845); *La Guerre des femmes* (1845-1846); *Le Chevalier de Maison-Rouge* (1845-1846); *La Dame de Monsoreau* (1846); *Le Bâtard de Mauléon* (1846-1847); *Mémoires d'un médecin.* Joseph Balsamo (1846-1848); *Les Quarante-Cinq* (1847-1848); *Le Vicomte de Bragelonne* (1848-1850); *Le Collier de la reine* (1849-1850); *La Tulipe noire* (1850); *Ange Pitou* (1851); *Olympes de Clèves* (1852) et *Ingénue* (1854).

Après des études au collège Charlemagne dont il devient, en 1831, professeur suppléant d'histoire, Maquet fait partie d'un petit groupe anti-classique où il côtoie Nerval, Gautier, Petrus, Borel, Houssaye, et se fait appeler « Augustus Mac Keat », trouvant son nom peu romantique. Il écrit d'abord *L'Expiation* qui, reçue, n'est pas jouée, puis en 1838, il compose *Un soir de carnaval*, drame en 3 actes, qui sera également refusé; Nerval, à la demande de Maquet, se charge du destin de la pièce: il la lit à Dumas (« Il y a un acte et demi de très bon et un acte et demi à faire ») qui, n'ayant pas le temps lui-même d'amender la pièce, propose de la donner à Lockroy. Mais, finalement, Dumas se laisse fléchir, comme le prouve cette lettre que Nerval adresse à Maquet: « J'ai vu que la collaboration de Lockroy et le partage du *nom* te contrariaient un peu. J'ai tourmenté Dumas pour qu'il fît la chose lui-même. De sorte que tu seras nommé seul. Il va s'y mettre entre deux actes de *L'Alchimiste*. » Et, comme le confirme cette lettre du 7 décembre 1838: « Dumas a récrit la pièce entièrement; sur tes idées toutefois; tu seras nommé. La pièce est reçue [à la Renaissance] et plaît à tout le monde et va être jouée [...]. Je te donnerai rendez-vous demain pour te présenter à Dumas. »

Un soir de Carnaval, rebaptisé *Bathilde* (le rôle-titre étant tenu par Ida) est joué le 14 janvier 1839. Une amitié s'est nouée entre Dumas et Maquet, mais le long séjour de Dumas à Florence ne permet guère à la collaboration de se développer. Avant le départ, Maquet a confié à Dumas une nouvelle, inspirée des *Mémoires de Jean Buvat*, refusée partout; Dumas songe à l'adapter pour le théâtre, puis finalement il choisit le roman et la nouvelle de Maquet devient *Le Chevalier d'Harmental*. Refusé par la « Revue de Paris », le roman est imprimé par « Le Siècle » sous la signature de Dumas. Pendant l'hiver 1842-1843 que Dumas passe à Paris, il compose avec Maquet *Sylvandire*, mais ce n'est qu'après sa réinstallation définitive à Paris (en juillet 1843) que Dumas organisera son association avec Maquet: rédaction en commun d'une « botte de plans » pour un ou deux romans à la fois, recherches de Maquet dans les Mémoires et les chroniques, rédaction d'une première version envoyée à Dumas qui rédigera le tout en l'amplifiant considérablement.

Citons quelques billets de Dumas relatifs aux différentes œuvres accumulées pendant les années 1843-1846:

Les Trois Mousquetaires. « C'est curieux, je vous avais écrit ce matin pour que vous introduisiez le bourreau dans la scène, puis j'ai jeté la lettre au feu en pensant que je l'introduirais moi-même. Or le premier mot que je lis me prouve que nous nous sommes rencontrés. A vous et piochez, car je suis sans besogne depuis deux heures ».

Le Comte de Monte-Cristo. « Pour n'avoir pas trente-six récits, je mets dans la bouche de Bertuccio le récit de Caderousse. Je crois que nous n'avons pas besoin de presser les événements. Remettons à plus tard l'arrivée du major et celle du jeune homme. Je crois qu'il y a une belle scène à faire le jour du dîner si Benedetto est là, car Benedetto reconnaîtra Villefort qu'il croit mort, et Mme Danglars. Bref, je crois qu'une causerie, à l'heure du dîner, ne ferait pas de mal. Voulez-vous venir dîner avec moi, nous arrêterons le second. Nous avons l'intérieur de Morrel à faire, l'incident qui met Villefort en contact avec Monte-Cristo. Tout cela nous conduira avec la scène du major et de Benedetto à la fin du deuxième volume » (juin 1845).

La Reine Margot. « Que va-t-il arriver de Maurevel et de de Mouy ? J'ai besoin de le savoir pour ne pas marcher tout à fait en aveugle. Quel parti tirez-vous du créancier de Coconas ? Faisons-le féroce : ne le faisons pas vil. Écrivez-moi un mot ce soir. Je vais aux Anglais, n'ayant rien à faire. La scène du Louvre [La Môle, blessé, recueilli par la reine Margot] est bien venue. » (18 décembre 1844).

Vingt Ans après. « L'affaire du Dauphin est admirable. Piochez, piochez, piochez ».

La Guerre des femmes. « D'abord, *très bien.* Ensuite voici : Cauvignac réclame près de Lenet et de Larochefoucauld les 30 000 livres qui lui restent dues. Larochefoucauld répond qu'il faut d'abord payer les mécontents, etc. Cauvignac lui donne huit jours. Le huitième jour il renvoie Cauvignac aux calendes grecques. Le neuvième Cauvignac se présente à la reine ? Voilà ce qu'il faudrait, je crois, que Cauvignac fût renvoyé par la reine comme insolent. Cauvignac assiste en amateur à l'assaut. Les troupes royales sont repoussées, on revient alors à Cauvignac. Je vais tâcher de finir le volume avec ce que j'ai. Demain avant une heure vous aurez vos 500 [F]. Piochez et quand j'aurai terminé, j'aurai quelque chose comme 1 500 F à vous donner d'un coup. Ah ! si vous pouviez venir dîner demain avec Hortense... ! Nous causerions de bien des choses. Je pars après-demain pour la Belgique, cela vous fera quelques jours devant vous. Cependant, je voudrais bien emporter 60 pages de votre écriture. »

Le Chevalier de Maison-Rouge. « N'y a-t-il pas sur le Temple des Mémoires d'un valet de chambre du roi ? Quelque chose d'intime, enfin ? Comment le billet pouvait-il se trouver dans la bouche du poète ? Est-ce expliqué plus tard ? Et comment la reine ne l'at-elle pas lu ? Est-ce un des municipaux qui l'avait mis ? Comment relions-nous le voyage de Madeleine au bourg du Roule avec le reste ? Cela va à merveille jusqu'à présent »[1].

Le Bâtard de Mauléon. « Du *Bâtard*, du *Bâtard*, du *Bâtard.* La semaine ne se passera point sans une combinaison financière. Ne craignez rien, il n'y a pas de longueurs. Faites dans tous ses détails la scène du premier assaut, de l'arrivée du légat, etc. Vite, vite, cher ami, envoyez-moi tout cela : il faut, ce moisci, faire des choses impossibles. »

Droits : La combinaison financière mentionnée pourrait être le traité avec Girardin et Véron, d'une durée de cinq ans, par lequel Dumas s'engage à ne produire au maximum que 18 volumes par année, neuf pour « Le Constitutionnel » de Véron, neuf pour « La Presse » de Girardin (3 500 F par volume). Le double traité, dans lequel le nom de Maquet n'apparaît pas, est signé les 28 et 30 mars 1845. Maquet et Dumas travaillent désormais pour honorer (difficilement) les termes de celui-ci.

La Dame de Monsoreau. « Je ne crois pas que notre Gorenflot ait une importance suffisante. Il faut, puisque nous le tirons du couvent, le tirer pour une chose plus grave. Il serait bien important que nous nous vissions demain. Si nous ne tirons pas une grande chose de l'isolement et de l'ignorance où sont Dixmer et Maison-Rouge, réunissonsles. Il sera bien difficile de les mettre agissant dans la même prison sans qu'ils se reconnaissent. »

---

1. Cette lettre concerne le chapitre VI : Madeleine sera rebaptisée Geneviève.

Mémoires d'un médecin. Joseph Balsamo. La rédaction est brusquement interrompue par le départ de Dumas et de Maquet pour l'Espagne et l'Afrique du Nord, et c'est à cette époque que Dumas dresse de Maquet le portrait suivant : « Quant à Maquet, mon ami et mon collaborateur, vous le connaissez moins, Maquet étant, après moi, l'homme qui travaille peut-être le plus au monde, sort peu, se montre peu, parle peu : c'est à la fois un esprit sévère et pittoresque, chez lequel l'étude des langues antiques a ajouté la science sans nuire à l'originalité. Chez lui la volonté est suprême, et tous les mouvements instinctifs de sa personne, après s'être fait jour par un premier éclat, rentrent, presque honteux de ce qu'il croit une faiblesse indigne de l'homme, dans la prison de son cœur [...]. Ce stoïcisme lui donne une espèce de raideur morale et physique, qui, avec des idées exagérées de loyauté, constituent les deux seuls défauts que je lui connaisse. Au reste, familier avec tous les exercices du corps et apte à toutes les choses pour lesquelles il est besoin de persévérance, de sang-froid et de courage. » (*De Paris à Cadix,* II).

Au retour, la collaboration se consacre pour l'essentiel au Théâtre-Historique qui ouvre ses portes. Dumas et Maquet adaptent pour la scène leurs grands succès romanesques *(La Reine Margot, Le Chevalier de Maison-Rouge, Monte-Cristo, Le Chevalier d'Harmental, La Guerre des femmes)* comme ils ont déjà adapté *Vingt Ans après* pour l'Ambigu-Comique : le soir de la première représentation, Dumas a fait à Maquet la surprise et le bonheur d'être nommé en même temps que lui. Mais, tenu par le traité avec Girardin et Véron — qui ont intenté et gagné leur procès contre Dumas à qui ils demandent réparation pour ne pas avoir tenu ses engagements —, la collaboration continue et, après *Joseph Balsamo,* ils entament de nouveaux feuilletons :

Les Quarante-Cinq. « Il faudrait qu'Ernauton, en courant après Chicot, vît et reconnût Mme de Montpensier. Il faudrait que le petit Jacques la revît aussi. Jetons le plus possible les germes de ce double amour. »

Le Vicomte de Bragelonne. « Les plaisirs de Porthos sont quelque chose de merveilleux. Encore aujourd'hui un coup de collier dans le *Bragelonne* afin que nous puissions y revenir lundi ou mardi et finir le deuxième volume. Puis ce soir, demain, après-demain, Dam ! du *Balsamo* comme s'il en en pleuvait. »

Les premiers temps du Théâtre-Historique sont magnifiques ; Dumas peut être généreux avec Maquet : Le 17 janvier 1847, il fait cession à Maquet d'un droit de 40 F sur les 100 F quotidiens qu'il touche lui-même sur les billets d'auteur du théâtre. Mais la révolution de 1848 jette les spectateurs des théâtres dans les rues, chasse les feuilletons du rez-de-chaussée des journaux ; l'argent rentre mal et la mésentente s'insinue peu à peu entre Maquet et Dumas qui s'efforcent pourtant de poursuivre leurs entreprises ; mais, après *Le Collier de la reine, Ange Pitou,* une séparation à l'amiable se dessine le, le 2 avril 1850, Dumas propose à Maquet : « Vous feriez de votre côté une ou deux pièces, comme de mon côté, j'en ferais une ou deux — vous m'aideriez, je vous aiderais — cela ne regarderait personne que nous. Et voici ce qui arriverait : C'est que plus spécial en théâtre qu'en toute autre chose, je ferais, moi, beaucoup plus de théâtre que vous, tandis que vous, vous me donneriez par exemple la matière de 12 volumes de "La Presse" ». Ainsi, tandis que Maquet donne *Lesurques,* Dumas compose en collaboration : *Les Chevaliers de Lansquenet, Pauline, Les Frères corses, La Chasse au chastre,* pièces qui ne réussissent pas à sauver le Théâtre-Historique de la faillite. L'arriéré de Dumas vis-à-vis de Maquet est considérable : plus de 100 000 F ; aussi s'efforce-t-il de rembourser

Maquet sur les droits d'auteur, que celui-ci ait ou non participé à la composition des pièces[1] : « Je viens en votre nom et au mien de traiter avec l'Ambigu pour *Bragelonne*, livrable au 20 février, et *Morcerf* livré tout de suite [...]. Je vous délègue dès aujourd'hui et vous prie de le faire signifier à Dulong et à l'Ambigu deux tiers des droits au lieu de moitié. Sur cette différence vous prélèverez vos 500 F par mois et vos 500 F prélevés, vous appliquerez à nos comptes personnels la différence. Vous avez bien entendu moitié des billets au taux ordinaire. Vous avez en outre à toucher pour les appliquer à nos comptes 500 F de prime par chaque représentation d'*Ascanio* et par chaque représentation de *La Barrière de Clichy* » (Lettre datée du 24 janvier 1851).

Après le pamphlet de Mirecourt, la collaboration reprend tant bien que mal avec *Olympe de Clèves,* mais après le jugement de faillite frappant Dumas, l'exil de Bruxelles rompt les derniers liens : désormais Maquet poursuit sa carrière littéraire, souvent en collaboration ; il essaie de rentrer dans les arriérés que lui doit Dumas, mais cette dette étant réduite par le règlement général du concordat, Maquet intente à Dumas un procès afin que sa copaternité sur les œuvres énumérées ci-dessus soit reconnue. Il sera débouté le 3 février 1858. La brouille est alors définitive : « Maquet est un homme avec lequel je ne peux plus avoir aucun rapport, écrit Dumas. Maquet qui, de confiance et devant me le remettre de la main à la main, touchait un tiers d'*Hamlet* auquel il n'a jamais participé et deux tiers des *Mousquetaires* [il s'agit de reprises] a tout gardé. Maquet est pour moi un voleur. » (Lettre à Dumas fils, 29 décembre 1861). Cependant, le 18 avril 1868, Dumas se réconcilie froidement avec son collaborateur : « Ne parlons plus du passé. Le passé est celui

de mes gens d'affaires. Heureusement, je suis sorti de leurs mains. A partir du mois de janvier dernier, que toute pièce qui portait nos deux noms nous rapporte des droits égaux. Je ne crois pas qu'il n'y ait autre chose à faire entre nous. Je m'en rapporte à votre parole. »

Alors que Dumas meurt dans la pauvreté, Maquet meurt riche, dans son beau château de Saint-Mesme près de Dourdan, sans qu'aucune de ses œuvres personnelles n'ait réussi à lui survivre. Après avoir eu pour maîtresse la comédienne Hortense Jouve, il vécut pendant trente ans auprès de Caroline Laurence, morte en 1883, « compagne souriante de mes rudes travaux [...] dont la mort a commencé ma mort » (Testament de Maquet).

● **MAYNARD** (Félix) : mort avant 1860.

Œuvre : *Les Baleiniers, voyage aux terres antipodiques.* Journal du docteur Félix Maynard, publié par Alexandre Dumas (1859).

Officier de santé à bord d'un baleinier pendant de longues années, Félix Maynard a d'abord publié dans « Le Mousquetaire » ses *Impressions de voyage. De Paris à Sébastopol*, préfacées par Dumas (1855). En 1860, lors de la réimpression des *Baleiniers* par Michel Lévy frères, Dumas explique sa collaboration avec le docteur Maynard qui est mort depuis : « Voici un livre que j'ai par moitié avec le docteur Ménars. Fernande, ou Victor Perceval, vous [Michel Lévy] apporte autorisation de la veuve. Victor Perceval partage avec elle. Arrangez cette petite affaire en dehors de nos grandes affaires. »

● **MEURICE** (François-Paul) : Paris, 5 février 1818 - 12 décembre 1905.

Œuvres : THÉÂTRE : *Hamlet, prince de Danemark* (T.-Hist., 15-12-1847), *Trois Entractes pour l'« Amour médecin »* (C.-Fr., 19 janvier 1850), *La*

_____

1. Voir page 1350, note 3.

Barrière de Clichy (Cirque, 21-4-1851), *Benvenuto Cellini* (Porte Saint-Martin, 1er-4-1852), *L'Invitation à la valse* (Gymnase, 18-6-1857).

ROMANS : *Ascanio* (1844), *Amaury* (1844), *Les Deux Diane* (1846-1847).

Fils de Pierre-Jacques Meurice, et frère de Froment-Meurice, le célèbre orfèvre, Meurice interrompt des études de droit pour se consacrer au théâtre. Il donne à Dumas (en partance pour Florence) une traduction en vers de *Hamlet* dont Dumas se réjouit, comme le prouve cette lettre qu'il adresse à son fils : « J'ai fini *Hamlet*. Préviens Meurice — verbalement, pas de lettres — et dis-lui que son travail m'a admirablement servi, et que, si le théâtre me tient parole, il sera content de moi. » Pendant l'hiver 1842-1843, Meurice, qui a donné d'autres adaptations au théâtre, propose de nouveau à Dumas un roman, *Ascanio,* tiré des *Mémoires* de Benvenuto Cellini, roman que Meurice (et sans doute Dumas) adapteront pour la scène. En août 1848, Meurice se lie avec Hugo et devient rédacteur en chef de « L'Événement » et, en 1869, du « Rappel ». Pendant l'exil, il sera l'homme lige du poète à Paris. Outre ses traductions de Shakespeare et de Sophocle, Meurice a donné au théâtre *Schamyl* (1854), *Paris* (1855), *L'Avocat des pauvres* (1856), *Fanfan la Tulipe* (1858), *Le Maître d'école* (1859), *Le Roi de Bohême et ses sept châteaux* (1859), *François les bas bleus* (1863), *La Vie nouvelle* (1867), *La Brésilienne* (1878), *Struensee* (1898). Il a également collaboré avec George Sand à l'adaptation théâtrale des *Beaux Messieurs de Bois-Doré* (1862), *Le Drac* (1865), *Cadio* (1868) et donné des adaptations de romans de Victor Hugo (*Les Misérables,* 1899).

Les Deux Diane. Dumas n'a pas collaboré à ce roman. En février 1865, il écrit à Meurice et lui rappelle : « Un jour vous m'empruntâtes mon nom pour vous rendre un service que ne pouvait vous rendre ma bourse ; je vous le donnai avec pleine confiance, car vous êtes un de ces hommes rares comme poète et comme prosateur dont, les yeux fermés, les premiers d'entre nous peuvent signer les productions. Vous fîtes sous mon nom *Les Deux Diane.* L'ouvrage eut du succès, autant, plus peut-être que si je l'eusse fait moi-même. Mais, au moment où je vendis mes livres à Lévy, je prévins Parfait et Lévy que le roman, vous appartenant tout entier, devait disparaître de ma collection. »

Droits. Meurice touche un tiers des droits d'auteur pour *La Barrière de Clichy, L'Invitation à la valse* et *Trois Entractes pour « L'Amour médecin ».*

• **MONTÉPIN** (Xavier-Aymar de) : Apremont (Haute-Saône), 18 mars 1823 - Paris, 20 avril 1902.

Œuvres : *Le Connétable de Bourbon, ou l'Italie au XVIe siècle* (Porte-Saint-Martin, 20-10-1849), *Les Chevaliers du lansquenet* (Ambigu-Comique, 4-5-1850), *Pauline* (T.-Hist., 1er-6-1850), *Les Frères corses* (T.-Hist., 10-8-1850), *La Tour Saint-Jacques-la-Boucherie* (Cirque, 15-11-1856).

Fils du comte de Montépin et neveu d'un pair de France, Montépin se lance dans la littérature dite populaire avec *Les Chevaliers du lansquenet* (1847). En 1848, il fonde des journaux éphémères (dont « Le Lampion ») et rédige des pamphlets réactionnaires *(Les Trois Journées de Février, Le Gouvernement provisoire, histoire anecdotique et politique de ses membres).* Il écrit *Les Viveurs d'autrefois* avec le marquis de Foudras, avant de rencontrer le succès avec *Les Filles de plâtre* (1855) qui sont saisies. En 1856, il succède à Dumas à la tête du « Mousquetaire » et inonde les journaux de ses romans-fleuves dont les plus célèbres sont *La Sirène* (1856), *Le Masque rouge* (1859), *Les Marionnettes du diable* (1860), *Les Compagnons de la Torche* (1862-1863), *Les Mystères du Palais-Royal* (1865), *Les*

Enfers de Paris (1868), *Fille de courtisane* (1874), *Sa Majesté l'Argent* (1877), *La Porteuse de pain* (1884), *La Belle Angèle* (1885). La plupart de ses romans ont été portés avec succès à la scène.

• **NERVAL** (Gérard Labrunie dit Gérard de) : Paris, 22 mai 1808 - 26 janvier 1855.

Œuvres : *Piquillo* (Opéra-Comique, 31-10-1837), *L'Alchimiste* (Renaissance, 10-4-1839), *Léo Burckart* (Porte Saint-Martin, 16-4-1839), *Le Pirate* (inédit), *Misanthropie et repentir* (28-7-1855).

Piquillo. Dumas aurait écrit cet opéra-comique à la demande de Nerval, amoureux de Jenny Colon qui devait chanter dans l'ouvrage. « Tu sauras que j'arrive pour les répétitions de l'opéra-comique en quatre actes que j'ai fait avec Dumas et que tu as vu annoncé dans tous les journaux. La musique est de Monpou et nous avons 5 000 F à toucher, Dumas et moi, le jour de la représentation, pour la partition qui est déjà vendue. C'est donc là la grande affaire qui décide tout à fait mon avenir. Nous avons ensuite une grande pièce[1] au Théâtre-Français pour le mois de novembre » (Lettre de Nerval à son père, 27 septembre 1836).

Droits. Ils sont répartis par tiers entre Nerval, Monpou et Dumas.

Léo Burckart. Nerval explique ainsi la genèse de la pièce : Dumas « sait très bien que, *Léo Burckart* n'ayant pas convenu à la Renaissance sous sa première forme, dont quatre actes étaient écrits par lui et deux par moi (le scénario m'appartenant tout entier), je fus obligé de le refaire entièrement, de telle sorte qu'il reste à peine deux cents lignes de lui, et c'est à raison de cette refonte totale seulement qu'il a été reçu

[à la Porte-Saint-Martin] » (à un agent dramatique)[2].

L'Alchimiste. Pour ce drame en cinq actes et en vers (adapté du *Fazio* de Milman et du roman de Grazzini) promis à la Porte-Saint-Martin, Nerval avait reçu, en août 1838, une prime de 1 200 F à la veille de son départ pour l'Allemagne. Réunis à Francfort, Dumas et Nerval travaillent en même temps à *Léo Burckart* et à *L'Alchimiste* que Dumas achèvera seul (semble-t-il) et qui sera en définitive représenté au Théâtre de la Renaissance, *Léo Burckart* étant joué à la Porte-Saint-Martin.

Misanthropie et repentir. Après la mort de Nerval, Dumas reverra l'adaptation de celui-ci comme le prouve cette lettre qu'il adresse à Houssaye : « Je vous enverrai aujourd'hui le premier acte de *Misanthropie* que j'ai refait cette nuit. J'ai perdu mon manuscrit. »

• **NUS** (Eugène) : Chalon-sur-Saône, 1816 - après 1898.

Œuvre : *Le Cachemire vert* (Gymnase, 15-12-1849).

Arrivé à Paris en 1837, Nus collabore à « L'Entracte » et publie des satires avec Fernand Fertiaux *(Le Dix-Neuvième Siècle)* puis il se tourne vers la scène avec *L'Adultère*, drame en 3 actes écrit avec Follet et joué au Théâtre Saint-Marcel (21-9-1839). C'est le début d'une carrière féconde qu'il poursuit en collaborant avec Charles Desnoyer pour *L'Enseignement mutuel* (C.-Fr., 20-1-1845), *Le Trésor des pauvres* (Vaudeville, 6-12-1847), *Le Comte de Sainte-Hélène* (Gaîté, 24-3-1849), avec Alphonse Brot pour *La Tour de Londres, Jane Grey*, puis il travaille avec Léonce Tisserant, Raould Bravard, Élie Sauvage, Eugène Labiche, Dion Boucicaut, Charles de Courcy, Adolphe Belot. Sa carrière dramatique

---

1. Il pourrait s'agir de *Caligula*.
2. Les deux versions du drame sont conservées (voir J. Richer, *Nerval et ses deux « Léo Burckart »*, Mercure de France, décembre 1949). Le drame a été pour partie composé à Francfort en septembre 1838.

est cependant marquée par son association avec Brisebarre : entre 1853 et 1870, ils produiront une vingtaine de vaudevilles et de drames. *Le Mari,* sa dernière pièce, écrite avec la collaboration d'Arthur Arnould, est créée à l'Odéon le 25 septembre 1884.

• **PASCAL** (Joseph-Adrien) : Le Puy, 1814 - Paris, août 1863.

Œuvres : *Armée française. Histoire du 23ᵉ régiment de ligne* (1841), *Armée française. Histoire du 2ᵉ régiment d'infanterie légère* (1843), *Armée française. Histoire du 24ᵉ régiment d'infanterie de ligne* (1845).

Après des *Chansons politiques* (1837) et un drame en vers non joué (*Une reine chez les Francs,* 1840), Pascal se consacre à l'histoire militaire et à la célébration des princes : *Précis des actions de la guerre du 17ᵉ léger* (1841), *Vie militaire de Louis-Philippe* (1841), *du duc d'Orléans* (1842), *du duc de Nemours* (1842), *Bulletins de l'armée d'Afrique* (1842), *Bulletins de la Grande Armée depuis Toulon jusqu'à Waterloo* (1843-1844), *Histoire de l'armée et de tous les régiments* (1847-1858), *Histoire de Napoléon III* (1853).

• **PERCEVAL** (Marie de Fernand). Voir Maîtresses, p. 000.

• **REVOIL** (Bénédict-Henri-Jean) : Aix-en-Provence, 16 décembre 1816 - Paris, 13 juin 1882.

Œuvres : *Un pays inconnu* (1865), *La Vie au désert, cinq ans de chasse dans l'intérieur de l'Afrique méridionale,* par Gordon Cumming, publié par Alexandre Dumas (1860).

Fils d'un peintre lyonnais, Revoil s'embarque en 1842 pour les États-Unis où il séjourne neuf ans. De retour en France, il exploite son expérience américaine en multipliant les traductions d'ouvrages sur la conquête de l'Ouest. Il donne ainsi au « Mousquetaire » *Le Corps franc des riffles* de Mayne Reid,

et en librairie des adaptations de Gerstaecker comme *Les Pirates du Mississippi,* et des ouvrages cynégétiques : *Chasses et pêches du Nouveau Monde.*

Un pays inconnu. Dans le journal « Le Messager », le texte est signé du seul nom de Revoil, cependant, le traité du 15 décembre 1859 prouve la participation de Dumas :

« M. Revoil, agissant tant en son nom qu'en celui de M. Alexandre Dumas [...] vend à MM. Michel Lévy frères [...] la propriété pleine et entière d'un ouvrage paru dans le journal "Le Messager", sous le titre : *Le Pays inconnu.* »

La Vie au désert : Le 25 juillet, Dumas signale : « Lorsque M. Revoil a traduit pour moi *La Vie au désert,* il a été convenu que la première version imprimée lui appartiendrait. M. Revoil peut donc, tout en laissant mon nom, vendre pour cinq ans à M. Lévy la traduction de Gordon Cumming — après cinq ans la propriété me reviendra — d'ici-là, je n'ai rien à réclamer. »

A. Dumas a également préfacé deux ouvrages de Revoil : *Vive la chasse* (1867) et *Histoire physiologique et anecdotique des chiens de toutes les races* (1867).

• **ROMAND** (Hippolyte).

Œuvre : *Le Bourgeois de Gand* (Odéon, 21-5-1838).

La personnalité de Romand est mal connue, sa bibliographie courte : le 15 janvier 1834, « La Revue des Deux Mondes » publie une très sérieuse critique qu'il a faite sur Dumas. Puis il écrivit deux tragédies, jouées au Théâtre-Français : *Catherine II* (25-5-1844), *Le Dernier Marquis* (6-8-1842) ; et *La Fiancée du diable* (5-5-1844), opéra-comique écrit en collaboration avec Scribe. On sait que Romand est médecin et qu'il devint responsable des Établissements de bienfaisance en 1848.

Le Bourgeois de Gand. La participation de Dumas est attestée à la fois par Dumas fils et Noël Parfait[1].

• **ROUSSEAU** (Pierre-Joseph dit James) : Paris, 1800 - 26 juillet 1849.

Œuvres : *La Chasse et l'amour* (Ambigu-Comique, 22-9-1825).

Chansonnier *(Code épicurien)*, journaliste royaliste à « La Gazette de France » et au « Drapeau blanc », Rousseau donne *La Vie de Louis XVIII*, avant de se consacrer au vaudeville en collaboration avec Auguste Romieu ou Desaugiers, Dumersan, Brazier. Après lui avoir consacré un article, « James Rousseau », dans « Le Constitutionnel », où Dumas explique la participation de Rousseau dans *La Chasse et l'amour* : « Sous la plume de notre collaborateur, plus exercée que la nôtre, les phrases s'arrondirent, les couplets s'aiguisèrent, quelques étincelles jaillirent çà et là dans le dialogue, et, au bout de huit jours, l'œuvre était accomplie » ; il réduira ce rôle à néant dans *Mes Mémoires*.

Rousseau terminera sa vie dans la gêne, comme rédacteur de la « Gazette des tribunaux ».

• **SCRIBE** (Augustin-Eugène) : Paris, 1791-1861.

Œuvres : *Le Carnaval de Rome*, opéra, musique de Meyerbeer, 1836.

Oublié aujourd'hui, il fut l'homme de théâtre le plus fécond et le plus heureux de son temps : trois cent cinquante œuvres ou œuvrettes, dont de nombreux livrets d'opéras ou d'opéras-comiques, tombèrent de sa plume.

Son association avec Dumas pour fournir un livret à Meyerbeer se fit sous les auspices de Véron, directeur de l'Opéra. Un billet, que Dumas adresse à Scribe, annonce l'envoi du 1er acte « moins le chœur final devant lequel je recule ». Mais une brouille met rapidement fin à l'association. Dumas est chargé de terminer l'œuvre (dont Scribe doit toucher 1/3 des droits). La collaboration avec l'impossible Meyerbeer fut donc de courte durée et le livret restera inachevé.

• **SOULIÉ** (Melchior-Frédéric) : Foix, 24 décembre 1800 - Bièvres, 23 septembre 1847.

Œuvres : *Les Puritains d'Écosse* (inachevés).

Inconnus tous deux, Dumas et Soulié (qui se fait appeler Soulié de Lavenet et qui a déjà publié les *Amours françaises*) tentent d'écrire en collaboration ce drame tiré du roman de Walter Scott. Puis Soulié refuse de composer avec son ami la *Christine* que celui-ci propose (voir *Mes Mémoires*, chap. CIX) : chacun s'exerce de son côté sur le sujet mais la *Christine à Fontainebleau* de Soulié sera un cuisant échec (Odéon, 13-10-1829).

• **THÉAULON** (Marie-Emmanuel-Guillaume Lambert de) : Aigues-Mortes, 14 août 1787 - Paris, 16 novembre 1841.

Œuvres : *Le Marquis de Brunoy* (Variétés, 14-3-1836), *Kean* (Variétés, 31-8-1836).

Après des études à Montpellier, il devient avocat à Nîmes puis monte à Paris où son parent Cambacérès le fait nommer inspecteur des douanes ; mais le jeune Emmanuel préfère la littérature : il écrit avec Dartois *Les Fiancés, ou l'Amour et le hasard* (Vaudeville, 17-11-1808). Sa célébrité naissante et la protection de Cambacérès lui valent bientôt le poste de responsable des hôpitaux militaires. La chute de l'Empire le change en royaliste enragé : il fait jouer la première pièce légitimiste : *Les Clefs de Paris, ou le Dessert d'Henri IV*, suit Louis XVIII à Gand et, après Waterloo, fonde « Le Nain couleur de rose » (1815-1816) tout en multipliant les vaudevilles et les comédies. Sa

---

1. « Revue biblio-iconographique », 1898 et 1899.

production, bien que ralentie après la chute des Bourbons, ne comprend pas moins de deux cent cinquante titres et ne s'interrompt qu'à la veille de sa mort (*L'Ingénue de Paris*, 19-11-1841, écrit en collaboration avec Louis Lefèvre).

Ses collaborateurs sont innombrables ; parmi les plus fréquents, citons Armand Dartois, Jaime, Courcy, Lafontaine, Fulgence, Desmares, Decomberousse, Étienne et Jacques Arago, Langlé, Collin de Plancy, Pittaud de Forges, Bayard, Théodore Anne, Carmouche, Choquart, Alissan de Chazet, Dumersan.

Pendant ses années d'employé de bureau, Dumas avoue avoir été quelquefois le copiste de ce vaudevilliste à succès : « J'avais passé plusieurs nuits à faire des copies de pièces de théâtre moyennant 4 F par acte ; [...] c'était même dans ces conditions que j'avais copié la comédie de *L'Indiscret* de M. Théaulon (Odéon, 25-4-1825).

Kean. Au sujet de cette pièce, Dumas explique la collaboration de Théaulon dans un article publié dans « Le Figaro » du 11 décembre 1867 : « Un jour, la direction des Variétés m'envoya Frédérick pour me demander un drame sur *Kean* [...]. Je refusai d'abord n'aimant pas ces sortes d'exhibitions d'artistes. Puis je déclarai que je ne me soucierais pas de faire dans la vie de *Kean* toutes les recherches nécessaires à un pareil travail. Frédérick insista beaucoup, me dit avoir énormément pensé au sujet, m'indiqua deux ou trois idées de scène que j'adoptai [...]. Le jour de la première répétition, je trouvai en rentrant chez moi MM. de Courcy et Théaulon. "Mon ami, me dirent-ils, on vous fait faire une mauvaise action qu'il n'est ni dans votre cœur, ni dans votre esprit de faire. Nous avons porté au Théâtre des Variétés, il y a trois mois, un scénario de *Kean*. Le directeur des Variétés nous a refusé et vous a demandé à vous un *Kean* qui vaudra certainement mieux que le nôtre, mais le nôtre a sur le vôtre un

avantage incontestable, c'est celui de la priorité : saviez-vous ce détail ? — Je l'ignorais ; mais il y a une chose bien simple, racontez-moi votre pièce et, si elle a une ressemblance quelconque avec la mienne, je verrai ce que j'ai à faire." Ces messieurs me racontèrent leur pièce, et il y avait dans la leur et dans la mienne deux scènes identiquement pareilles : je m'inclinai. "Mes bons amis, leur dis-je, j'étais seul, nous sommes trois. Permettez-moi de vous offrir deux tiers de ma pièce." [...]. Depuis ce jour, MM. de Courcy et Théaulon ou leur ayant cause ont toujours touché deux tiers de la pièce de *Kean*, dans laquelle ils n'avaient pas écrit un mot. »

Dans « Le Figaro » du 16 décembre, la veuve de Théaulon et les fils de Courcy, Charles et Frédéric, protestent contre cette présentation des faits. Les Courcy produisent une lettre de Théaulon à leur père : « A. Dumas, sur l'invitation de Frédérick, demande à être notre collaborateur pour *Kean*. Comme affaire d'argent, la chose est, je crois, faisable. Voulez-vous la faire ? Venez vous entendre à ce sujet avec moi. » En réponse, A. Dumas démontre d'une façon convaincante que sa version et la lettre ne sont pas aussi contradictoires qu'il y paraît.

● **VAN HASSELT** (André) : Mestricht, 5 janvier 1806 - Saint-Josse-ten-Noode, 1er décembre 1874.

Œuvres : *Conscience l'innocent* (1852). *Histoire nautique. Épisodes de la mer. Esquisses biographiques (Bontekoe).*

Inspecteur provincial de l'Instruction primaire, Van Hasselt est un épigone du romantisme français (*Les Primevères,* 1834) qui a réuni autour de lui un petit cénacle. On le surnomme Hugotin. Dans *Cas de conscience* (« Bric-à-brac ») et dans *Un mot sur la poésie en Belgique* (« Le Pays », 5 juillet 1853). Dumas a évoqué la collaboration de Van Hasselt qui a traduit pour lui *Le*

Conscrit d'Henrik Conscience *(Conscience l'innocent)*.

• **VULPIAN** (Gustave, pseudonyme d'Alfonse) : Paris, 1795 - 4 octobre 1829.

Œuvre : *La Noce et l'enterrement* (Porte-Saint-Martin, 21-11-1826).

Avocat, Vulpian a écrit une dizaine de vaudevilles en collaboration avec Théaulon, Brazier, Théodore Anne et Lassagne : *La Pièce de circonstance ou le Théâtre dans la caserne, Dansera-t-on ou les Deux Adjoints, Le Restaurant ou le Quart d'heure de Rabelais.* Sa première pièce, *Les Français en Espagne,* acte écrit en collaboration avec Abel Hugo, est jouée le 24 août 1823.

• **WOLFF** (Albert) : Cologne, 31 décembre 1835 - Paris, 23 décembre 1891.

Œuvre : *L'honneur est satisfait* (Gymnase, 19-6-1858).

Voir « Le Dartagnan », 14-5-1868.

Destiné au commerce, Wolff entre en littérature, avec succès, en écrivant des contes pour enfants publiés à Berlin. Envoyé à Paris par « La Gazette d'Augsbourg » pour rendre compte du Salon de 1857, il s'installe à Paris où il devient pendant six mois le secrétaire de Dumas. Il collabore au « Gaulois », au « Figaro », au « Charivari », et écrit pour le théâtre en collaboration avec Rochefort et Blum, des comédies : *Un homme du Sud* (Palais-Royal, 31-8-1862), *Le Dernier Couplet* (Vaudeville, 8-11-1862), *Les Mémoires de Réséda* (Palais-Royal, 4-5-1865). Puis il appartient aux différents journaux lancés par Villemessant : « L'Événement », « Le Nain jaune », « L'Avenir national » ; du 17-10-1868 au 12-6-1869, il signe du pseudonyme de Méphistophélès les chroniques qu'il donne au « Diable à quatre ». Après la guerre de 1870 (on l'accusera d'avoir été le correspondant de journaux allemands), il obtiendra la nationalité française et sera attaché au « Figaro » dans lequel il publiera les Salons (1885-1891).

Entre 1884 et 1888, il publie ses *Mémoires d'un Parisien (Voyage à travers le monde, L'Écume de Paris, La Haute Noce, La Gloire à Paris, La Gloriole).*

VII

DUMAS... ET APRÈS

JUGEMENTS SUR DUMAS

Étienne ARAGO : « La première inspiration de M. Alexandre Dumas a été un hommage rendu à la mémoire du général Foy. Son élégie sur la mort de cet homme de talent et de cœur s'était fait remarquer non seulement par l'intention, qui peut bien être quelque chose pour ceux qui sont disposés à se contenter de peu, mais encore par le mérite de la versification, qui en définitive, dans une pièce de vers, me semble un point assez nécessaire [...].

M. Alexandre Dumas a quitté le langage des dieux pour la vile prose, comme disait Voltaire. Les Muses ne l'ont point puni de cette infidélité, et les *Nouvelles contemporaines,* dues à la plume du jeune prosateur, ne sauraient nuire à la réputation naissante du poète [...]. Nous avons dit tout le bien que nous pensons des trois *Nouvelles contemporaines,* l'auteur serait mécontent si nous ne lui adressions pas quelques critiques : nous lui conseillerons donc de surveiller surtout son style, non qu'il ne soit en général correct et souvent élégant, mais M. Dumas doit se mettre en garde à l'avenir contre quelques tournures embarrassées, quelques expressions banales, quelques idées qu'on retrouve partout, et ne plus écrire des phrases pareilles à celles que nous allons citer : "Trompé, trahi, la froide main de la vérité avait froissé son cœur, et bien jeune encore, il avait vu fuir loin de lui ces illusions délicieuses qui semblent un reflet du ciel, destiné à colorer de teintes vives et brillantes le matin de votre vie." M. Alexandre Dumas a trop de talent et de goût pour ne pas savoir comment ces phrases-là s'appellent.

« Du reste, et malgré quelques incorrections, les *Nouvelles contemporaines* se liront avec plaisir et doivent obtenir tout le succès qu'elles méritent, et que nous leur souhaitons de tout cœur » (« Le Figaro », 1er juin 1826).

Charles BAUDELAIRE : « Pour revenir [...] à cette permission de suppléer que doit l'imagination à son origine divine, je veux vous citer un exemple, un tout petit exemple, dont vous ne ferez pas mépris, je l'espère. Croyez-vous que l'auteur d'*Antony*, du *Comte Hermann*, de *Monte-Cristo*, soit un savant ? Non, n'est-ce pas ? Croyez-vous qu'il soit versé dans la pratique des arts, qu'il en ait fait une étude patiente ? Pas davantage. Cela serait même, je crois, antipathique à sa nature. Eh bien, il est un exemple qui prouve que l'imagination, quoique non servie par la pratique et la connaissance des termes techniques, ne peut pas proférer de sottises hérétiques en une matière qui est, pour la plus grande partie, de son ressort. Récemment, je me trouvais dans un wagon, et je rêvais à l'article que j'écris présentement ; je rêvais surtout à ce singulier renversement des choses qui a permis, dans un siècle il est vrai, où, pour le châtiment de l'homme, tout lui a été permis, de mépriser la plus honorable et la plus utile des facultés morales, quand je vis, traînant sur un coussin voisin, un numéro égaré de

« L'Indépendance belge », Alexandre Dumas s'était chargé d'y faire le compte rendu des ouvrages du Salon. La circonstance me commandait la curiosité. Vous pouvez deviner quelle fut ma joie quand je vis mes rêveries pleinement vérifiées par un exemple que me fournissait le hasard. Que cet homme, qui a l'air de représenter la vitalité universelle, louât magnifiquement une époque qui fut pleine de vie, que le créateur du drame romantique chantât, sur un ton qui ne manquait pas de grandeur, je vous assure, le temps heureux où, à côté de la nouvelle école littéraire, florissait la nouvelle école de peinture : Delacroix, les Devéria, Boulanger, Poterlet, Bonington, etc., le beau sujet d'étonnement, direz-vous ! C'est bien là son affaire ! *Laudator temporis acti !* Mais qu'il louât spirituellement Delacroix, qu'il expliquât nettement le genre de folie de ses adversaires, et qu'il allât plus loin même, jusqu'à montrer en quoi péchaient les plus forts parmi les peintres de plus récente célébrité ; que lui, Alexandre Dumas, si abandonné, si coulant, montrât si bien, par exemple, que Troyon n'a pas de génie et ce qui lui manque même pour simuler le génie, dites-moi, mon cher ami, trouvez-vous cela aussi simple ? Tout cela, sans doute, était écrit avec ce *lâché* dramatique dont il a pris l'habitude en causant avec son innombrable auditoire ; mais cependant que de grâce et de soudaineté dans l'expression du vrai ! Vous avez fait déjà ma conclusion : si Alexandre Dumas, qui n'est pas un savant, ne possédait pas heureusement une riche imagination, il n'aurait dit que des sottises ; il a dit des choses sensées et les a bien dites, parce que... (il faut bien achever) parce que l'imagination, grâce à sa nature suppléante, contient l'esprit critique » (Salon de 1859. *La Reine des facultés*).

Dédicace de l'exemplaire des *Fleurs du mal* de Baudelaire à Dumas : « A Alexandre Dumas, à l'immortel auteur d'*Antony*, témoignage d'admiration et de dévouement. »

Ferdinand BRUNETIÈRE : « De tant de romans et de drames, il ne se dégage pas même une conception de la vie, et au nom de cet homme qui se vantait d'écrire bon an mal an, ses *quatre-vingts* volumes, je ne sache pas une idée que l'on puisse attacher. Peut-être [...] on le trouverait moins amusant s'il nous faisait penser ; on le trouverait presque ennuyeux s'il nous obligeait à réfléchir sur nous-mêmes et sur l'homme. Au contraire, un enfant peut comprendre *Les Trois Mousquetaires* et de combien de cuisinières *Monte-Cristo* a-t-il fait les délices ? » (« La Revue des Deux Mondes », 1ᵉʳ août 1885).

René DOUMIC : « Les admirateurs de Dumas lui font gloire d'avoir fondé le drame moderne. Il n'y a pas de quoi être fier. L'influence de Dumas consiste à y introduire les pires éléments [...]. Les qualités dont [Dumas] est pourvu avec abondance sont celles qu'on n'a aucun droit de confondre avec les qualités littéraires [...]. Ce héros si parfaitement peuple, phraseur impitoyable, vaniteux comme un cabotin, et toujours en scène, grand redresseur des torts des autres [...]. Ses romans font, paraît-il, encore prime sur le marché des livres. Encore est-il bon, si l'on veut se plaire à la lecture des *Trois Mousquetaires* ou de *Monte-Cristo,* de ne pas attendre qu'on ait dépassé la quinzième année [...]. Ce n'est ni à la taille de l'ouvrier, ni aux dimensions de l'œuvre que se mesurent les écrivains. Prendre la toise ou le mètre pour unité de mesure littéraire, quand ce n'est pas une plaisanterie, est une faute de goût des plus regrettables [...] L'œuvre d'Alexandre Dumas tient une grande place dans l'histoire littéraire et n'en tient aucune dans la littérature » (« La Revue des Deux Mondes », 1902).

DUMAS fils : « Je dirai peut-être un jour, moi aussi, ce que je pense de cet homme extraordinaire, exceptionnel, hors de mesure pour ses contemporains ; espèce de Prométhée bon enfant, qui avait fini par désarmer Jupiter et par mettre son vautour à la broche. Il y avait là, au point de vue du mélange des races, l'étude la plus intéressante à faire et le document le plus curieux [...]. En attendant, je le lis et le relis, et je suis écrasé par cette verve, cette érudition, cette faconde, cette bonne humeur, cet esprit, cette grâce, cette puissance, cette passion, ce tempérament et cette assimilation originale des choses et même des gens, sans imitation et sans plagiat. Il est toujours clair, précis, lumineux, sain, naïf et bon.

« Il ne plonge jamais profondément dans l'âme humaine, mais il a un instinct qui lui tient lieu d'observation, et quelques-uns de ses personnages ont poussé des cris shakespeariens. D'ailleurs, s'il ne s'enfonce pas dans les profondeurs, il monte très souvent dans l'idéal. Et quelle sûreté, quelle fermeté dans les lignes, quelle composition admirable, quelle perspective ! Et comme l'air circule dans tout cela, quelle variété de tons toujours justes ! Regardez donc une par une : la duchesse de Guise, Adèle d'Hervey, Mme de Prie, Richelieu, Antony, Yacoub, Buridan, Porthos, Aramis, et les *Impressions de voyage...* Et toujours amusant ! Quelqu'un me disait un jour : "Comment se fait-il que votre père n'ait jamais écrit une ligne ennuyeuse ?" Je lui répondis : "Parce que ça l'aurait ennuyé". Il est tout entier dans ces mots. Il a eu cette bonne fortune d'avoir pu écrire plus que qui que ce soit, d'avoir eu toujours besoin d'écrire pour faire vivre lui-même et combien d'autres ! et de n'écrire jamais que ce qui l'amusait. Pendant vos veillées, faites-vous lire ce que vous n'avez probablement jamais lu : le voyage en Russie et au Caucase. C'est prodigieux. Vous ferez là, à travers le pays et à travers son histoire, trois mille lieues sans reprendre haleine et sans vous fatiguer [...]. Vous êtes trois dans ce siècle : vous, Balzac et lui.

Et puis après, bonsoir, il n'y aura plus personne !... » (Lettre à George Sand, 19 avril 1871).

Victor HUGO : en réponse à la dédicace de son drame *La Conscience* : « Merci du bord des mers à celui qui se tourne / Vers la rive où le deuil, tranquille et noir, séjourne, / Qui défait de sa tête, où le rayon descend, / La couronne, et la jette au spectre de l'absent, / Et qui, dans le triomphe et la rumeur, dédie / Son drame à l'immobile et pâle tragédie !

« Je n'ai pas oublié le quai d'Anvers, ami, / Ni le groupe, vaillant, toujours plus raffermi, / D'amis chers, de fronts purs, ni toi, ni cette foule, / Le canot du steamer soulevé par la houle / Vint me prendre, et ce fut un long embrassement. / Je montai sur l'avant du paquebot fumant, / La roue ouvrit la vague, et nous nous appelâmes.

« — Adieu ! — Puis, dans les vents, dans les flots, dans les lames, / Toi debout sur le quai, moi debout sur le pont, / Vibrant comme deux luths dont la voix se répond, / Aussi longtemps qu'on put se voir, nous regardâmes / L'un vers l'autre, faisant comme un échange d'âmes ; / Et le vaisseau fuyait et la terre décrut ; / L'horizon entre nous monta, tout disparut ; / Une brume couvrit l'onde incommensurable ; / Tu rentras dans ton œuvre éclatante, innombrable, / Multiple, éblouissante, heureuse, où le jour luit ; / Et moi dans l'unité sinistre de la nuit » (Marine-Terrace, Jersey, décembre 1854).

« Aucune popularité en ce siècle n'a dépassé celle d'Alexandre Dumas ; ses succès sont mieux que des succès ; ce sont des triomphes ; ils ont l'éclat de la fanfare. Le nom d'Alexandre Dumas est plus que français, il est européen ; il est plus qu'européen, il est universel. Son théâtre a été affiché dans le monde entier ; ses romans ont été traduits dans toutes les langues. Alexandre Dumas est un de ces hommes qu'on peut appeler les semeurs de la civilisation ; il assainit et améliore les esprits par on ne sait quelle clarté gaie et forte ; il féconde les âmes, les cerveaux, les intelligences ; il crée la soif de lire ; il creuse le génie humain, et il l'ensemence. Ce qu'il sème, c'est l'idée française. L'idée française contient une quantité d'humanité telle que partout où elle pénètre, elle produit le progrès. De là l'immense popularité des hommes comme Alexandre Dumas. Alexandre Dumas séduit, fascine, intéresse, amuse, enseigne. De tous ses ouvrages, si multiples, si variés, si vivants, si charmants, si puissants, sort l'espèce de lumière propre à la France.

« Toutes les émotions les plus pathétiques du drame, toutes les ironies et toutes les profondeurs de la comédie, toutes les analyses du roman, toutes les intuitions de l'Histoire, sont dans l'œuvre surprenante construite par ce vaste et agile architecte. Il n'y a pas de ténèbres dans cette œuvre, pas de mystère, pas de souterrain, pas d'énigme, pas de vertige ; rien de Dante, tout de Voltaire et de Molière, partout le rayonnement, partout le plein midi, partout la pénétration de la clarté. Ses qualités sont de toutes sortes et innombrables. Pendant quarante ans, cet esprit s'est dépensé comme un prodige. Rien ne lui a manqué ; ni le combat, qui est le devoir, ni la victoire, qui est le bonheur.

« Cet esprit était capable de tous les miracles, même de se léguer, même de se survivre. En partant, il a trouvé moyen de rester, et vous l'avez. Votre renommée continue sa gloire.

« Votre père et moi, nous avons été jeunes ensemble. Je l'aimais, et il m'aimait. Alexandre Dumas n'était pas moins haut par le cœur que par l'esprit ; c'était une grande âme bonne » (Lettre à Dumas fils, Paris, 15 avril 1872).

Alphonse de LAMARTINE : « Vous me demandez mon avis sur votre journal. J'en ai sur les choses humaines ; je n'en ai pas sur les miracles. Vous êtes surhumain. Mon avis sur vous est un point d'exclamation ! On avait cherché le mouvement perpétuel, vous avez créé l'étonnement perpétuel » (« Le Mousquetaire », 20 décembre 1853).

André MAUROIS : « Une génération peut se tromper sur la valeur d'une œuvre, quatre ou cinq générations ne se trompent pas [...]. [Dumas] a écrit, après *Les Girondins* : "Lamartine a élevé l'histoire à la hauteur du roman." On pourrait dire de lui, non qu'il a élevé le roman à la hauteur de l'histoire, ce que ne souhaitaient ni lui ni ses lecteurs, mais qu'il a placé l'histoire et le roman, incarnés en des types inoubliables, sur une scène populaire, devant le grand public, qui est *le* public, et que, sous les feux de ses projecteurs, histoire et roman ont vécu d'une vie nouvelle, pour la plus grande joie des nations et des siècles. » (*Les Trois Dumas*, p. 185).

Jules MICHELET : « Voyez-vous la race africaine, si gaie, si bonne et si aimante ? Du jour de la résurrection, à ce premier contact d'amour qu'elle eut avec la race blanche, elle fournit à celle-ci un accord extraordinaire des facultés qui font la force, un homme d'intarissable sève, un homme ? non, un élément, comme un volcan inextinguible ou un grand fleuve d'Amérique. Jusqu'où n'eût-il pas été sans l'orgie d'improvisation qu'il fait depuis cinquante ans ? N'importe, il n'en reste pas moins et le plus puissant machiniste et le plus *vivant* dramaturge qui ait été depuis Shakespeare » (*La Femme*, 1959).

Dumas répond à Michelet : « [...] Copiez-moi de votre main les deux lignes que vous avez écrites sur moi dans votre livre de *La Femme*. Ces sept lignes sont mes titres de noblesse et je compte les faire graver sur mon tombeau. »

Eugène de MIRECOURT : « Grattez l'œuvre de M. Dumas et vous trouverez le sauvage [...]. Il déjeune en tirant de la cendre du foyer des pommes de terre brûlantes qu'il dévore sans ôter la pelure ! [...]. Il court après les honneurs [...] Il embauche des transfuges de l'intelligence, des traducteurs à gages qui se ravalent à la condition de nègres travailleurs sous le fouet d'un mulâtre » (*Fabrique de romans, Maison Alexandre Dumas et Cie*, Paris 1845).

Gustave PLANCHE : « Dans mon séjour à Florence, personne ne m'a parlé de Dumas ; ce que vous me dites de son panégyrique du duc d'Orléans, mélange de jactance et d'adulation, ne me surprend pas ; il y a longtemps que je ne lis plus ce qu'il écrit. Il a perverti sans retour d'heureuses facultés, qui surveillées du premier jour, comportaient un meilleur emploi. Je n'ai jamais eu l'occasion ni le désir de connaître le fils aîné du roi ; mais sans le prendre pour un génie surnaturel, j'aime à penser que ces flagorneries et ces vanteries lui inspiraient un profond dégoût » (Lettre à Paul Huet. Milan, 7 janvier 1843).

Hippolyte ROMAND : « Platon aurait mis M. Dumas à la porte de sa République, et il aurait eu raison. Non qu'il soit athée, ni il n'est que sceptique ; c'est le Byron du drame, chantant indifféremment le bien, le mal sans distinction, sans moralité. En littérature comme en politique, le parti le plus prudent aujourd'hui est assurément d'être neutre : consultez là-dessus le juste milieu ; c'est le parti le moins noble et le moins poétique » (« La Revue des Deux Mondes », 15 janvier 1834, *Poètes et romanciers modernes de la France. IX, Alexandre Dumas*).

SAINTE-BEUVE : « Alexandre Dumas, malgré tout son fracas, n'est tout au plus qu'un esprit de quatrième ordre. Car où classer un écrivain chez qui on est sûr de ne rencontrer jamais ni la pensée *élevée*, ni la pensée *délicate*, ni la pensée *judicieuse* ? Quel compte faire, après cela, de cette imagination que lui décernent si libéralement les présidents de cours d'assises, les avocats, les princes de sang et les badauds de salon ? Une telle imagination ne saurait être qu'une ébullition perpétuelle et superficielle, une hâblerie courante et, si l'on veut, une prodigieuse dépense d'*esprits animaux*. Qu'il y a loin de là à méditer un rang parmi les vrais maîtres de la fantaisie ! Il a du jeu, de la mise en scène, mais, où est le fond ? » (*Cahiers intimes inédits [Mes poisons]*. Les Œuvres représentatives, 1926, p. 29).

« Dumas a souvent de la grâce, ce qui n'est pas la même chose que la délicatesse. Son esprit me fait l'effet d'un *déjeuner de garçons*, mais d'un déjeuner qui dure depuis tantôt vingt ans. Ici l'admiration commence. Quel estomac ! Quel tempérament ! » (*Id.*, p. 29-30).

A propos de *Mademoiselle de Belle-Isle :* « Il est impossible que le duc, lorsqu'il se dirige à tâtons vers sa tendre proie, ne s'aperçoive pas presque aussitôt de la méprise et de la ruse... J'en demande bien pardon, mais il y a là une question de physiologie au fond de la question littéraire... Il est singulier que l'on en soit venu à ce point que, pour juger de la vraisemblance d'une œuvre dramatique, il faille presque approfondir un cas de médecine légale ; je saute par-dessus ; le public a fait de même [...] » (*Premiers Lundis*, t. II, p. 396-397).

A propos de *Christine :* « J'aimerais mieux quatre vers de *Bérénice*, au hasard, que toute la *Christine* de Dumas [...]. *Christine* a réussi après un bon nombre de coupures ; il y a du talent aux deux derniers actes, mais c'est de second ordre, et autant au-dessous d'*Hernani* que l'hysope est au-dessous du cèdre, quoique avec assez de prétention de l'égaler (*Correspondance*, t. 1, lettre à Adolphe de Saint-Valéry, 11 avril 1830).

« Tel qu'il est, et dans cette disette d'auteurs dramatiques, Dumas a son prix, il a de l'entrain, de la gaieté, de la dextérité et de la charpente ; son drame a du jarret et la planche joue sous

lui » (« Revue suisse », 31 juillet 1843).

George SAND : « Un mot d'Alexandre Dumas pour m'apprendre la mort de son père. Il était le génie de la vie, il n'a pas senti la mort. Il n'a peut-être pas su que l'ennemi était à sa porte et assistait à sa dernière heure » (« La Revue des Deux Mondes », *Journal d'un voyageur pendant la guerre*, 15 mars 1871).

STENDHAL : « La plus séduisante des nouveautés dramatiques qui ont paru ici, c'est *Henri III et sa cour* de M. Alexandre Dumas. Cette pièce, dans le genre de *Richard II* de Shakespeare, représente la cour d'un monarque faible. Elle a sans doute de grands défauts ; elle est néanmoins profondément intéressante et sa représentation peut être regardée comme l'événement littéraire le plus remarquable de cet hiver » (A propos de *Henri III et sa cour*, « New Monthly Magazine », juin 1829).

Robert-Louis STEVENSON : « Un ou deux parmi les romans de Walter Scott, Shakespeare, Molière, Montaigne, *L'Égoïste* et *Le Vicomte de Bragelonne* forment le cercle de mes intimes [...]. Quel autre roman [que *Bragelonne*] offre pareille diversité épique, pareille noblesse de l'aventure ? souvent impossible, je le concède ; souvent de l'ordre du conte oriental ; et pourtant puisant tout entière sa source dans la nature humaine. Car si l'on doit parler de cela, quel roman offre nature plus humaine ? point étudiée au microscope, mais vue en grand, dans la pleine lumière du jour, d'un regard naturel. Quel roman possède en qualité supérieure le bon sens, la gaieté et l'esprit, ainsi qu'une habileté littéraire inlassable, admirable ? [...]. Aucun style n'est à tel point intraduisible ; léger comme une crème fouettée ; fort comme la soie ; verbeux comme un conte de village ; sec comme une dépêche de général, chargé de toutes les imperfections et pourtant jamais ennuyeux ; sans mérite mais inimitable dans sa justesse. Et encore, pour en finir avec les louanges, quel roman se nourrit d'une morale aussi peu forcée, aussi salubre ? » (*Un roman de Dumas*, trad. Robert Louit, « L'Arc », 1971-70-75, 1978).

Philippe VAN TIEGHEM : « C'est Alexandre Dumas qui a popularisé le roman historique, aidé par son ami Maquet qui lui fournissait la documentation. De 1844 à 1852, il a publié ses fameux romans qui, de l'époque Louis XIII, conduisent le lecteur jusqu'à la Restauration, à travers les principaux événements de l'histoire de France. Cette œuvre immense, toujours republiée, toujours relue, est la base la plus courante des connaissances historiques de la majorité des Français [...]. Sévèrement jugé par les doctes, [Dumas] a pour lui l'adhésion toujours renouvelée d'un immense public qui, dans son ignorance, ne se trompe pourtant pas sur ceux qui savent raconter, sinon l'histoire, du moins des histoires » (*Le Romantisme français*, 1955).

Alfred de VIGNY : « C'est une heureuse chose qu'une chose nouvelle, dût-elle faire un peu de mal [...]. L'impression produite par *Antony* sur le public a été l'émotion profonde que donne la vue d'une passion énergique et mutuelle, mais l'accusation presque générale d'immoralité est sortie de cette passion même. Je crois pouvoir démontrer précisément le contraire et je l'essaierai tout à l'heure [...]. On souffre beaucoup en voyant ce drame. On éprouve cette nerveuse agitation des personnages, qui crispe les mains et les pieds malgré qu'on en ait, comme si l'on voyait quelqu'un toujours prêt à tomber du toit [...]. Ce serait horrible si ce n'était noble et moral [...]. Je crois ce drame médité dans un but d'utilité morale et même religieuse. Je le comprends comme une satire de notre société et de notre année même, portant à l'aversion, à l'horreur même de l'athéisme, du matérialisme, de l'égoïsme, de la présomption, de la domination orgueilleuse de la force physique sur la faiblesse [...]. A une société blasée [...] suffisent à peine les scènes sanglantes du théâtre. Mots spirituels, observations fines, tableaux vrais, tout se fût perdu si le cadre n'eût été noir [...]. Il me paraît assez dans la manière de M. Dumas de créer d'abord un dénouement et ensuite d'y suspendre la pièce entière. Le dernier mot une fois inventé, il veut que tout y aboutisse ; il accroît, il gonfle les caractères ; il étend ou il resserre les événements [...]. C'est une bonne manière pour l'état actuel de nos besoins d'émotions croissantes [...]. Elle me résistait, je l'ai assassinée ! voilà tout le drame [...]. Rien de plus moral que ce drame accusé d'immoralité, car il épouvante les femmes en leur montrant quelle déloyale et cruelle puissance elles peuvent donner sur elles à des caractères faussement exaltés et passionnés froidement [...]. Égoïste et vaniteux, Antony n'aime que pour lui-même [...]. Oui, n'en doutez pas, c'est la leçon qu'a voulu donner l'auteur » (A propos d'*Antony*, « La Revue des Deux Mondes », 1831, t. II, p. 323 et suiv.).

Dumas jugé par Dumas

« Il y avait en 1830, et il y a encore aujourd'hui, trois hommes à la tête de la littérature française.

« Ces trois hommes sont : Victor Hugo, Lamartine et moi [...]. J'ai écrit et publié douze cents volumes. Ce n'est pas à moi de les apprécier au point de vue littéraire. Traduits dans toutes les langues, ils ont été aussi loin que la vapeur a pu les porter. Quoi que je sois le moins digne des trois, ils m'ont fait, dans les cinq parties du monde, le plus populaire des trois, peut-être parce que l'un est un penseur, l'autre un rêveur, et que je ne suis, moi, qu'un vulgarisateur [...] » (Lettre adressée à Napoléon III, 10 août 1864).

COMMENTAIRES

Dans les encyclopédies et les dictionnaires

Encyclopaedia Universalis : « Ce n'est pas un hasard s'il est l'auteur, aussi, d'un *Grand Dictionnaire de cuisine*. Gourmand de choses, de faits et de mots, Dumas ignore cette anorexie contemplative qui est notre mal du siècle. Devant une pomme, au lieu de s'abîmer dans une stupeur rêveuse, il étend la main, s'en empare et la mange. Ce qui ne veut pas dire qu'il n'ait point soupçonné le caractère relatif de toute chose et les mille facettes de la réalité. La scène où Chicot persuade au gros et gras moine Gorenflot de manger un vendredi une poularde en la lui faisant baptiser carpe, voilà non seulement une grande scène comique, mais aussi un morceau d'acrobatie pyrrhonienne. A quoi servent Athos, Porthos et Aramis, sinon à nous montrer les choses par d'autres yeux que ceux du trop simplet d'Artagnan et à nous donner sur un même événement quatre points de vue dissemblables ? Anti-intellectuel, Dumas n'en est pas moins d'une intelligence prodigieusement alerte et déliée. Il a beau broder avec liberté sur l'histoire, on serait bien en peine de le reprendre d'une seule niaiserie. »

Dictionnaire des lettres françaises, XIXᵉ siècle : « L'homme volcan, l'homme tempête, l'homme force de la nature, voilà Dumas [...]. Énergie sauvage, joie d'étonner, d'attirer sur sa vie excentrique l'attention du public : on songe à Diderot, à ce Beaumarchais qu'il égale dans le sens de la réclame.

« On songe parfois aussi à un Scribe, et, déjà, à un Victorien Sardou ; cette science consommée de son métier, ces rouardises qui ménagent les grands succès populaires, cette pointe de charlatanisme qui les assaisonne, cette habileté à construire des pièces comme à tenir en haleine les lecteurs d'un roman sont des mérites de bonne industrie. C'est une véritable manufacture qu'il dirige et où il a autour de lui de nombreux collaborateurs comme Auguste Maquet, comme Gaillardet pour *La Tour de Nesle*... Mais, enfin, ce fabricant sait fabriquer. » (Pierre Moreau).

Dictionnaire des littératures de langue française : « Dumas exerce sur ses lecteurs une véritable fascination : une fois engagé dans l'un de ses romans, on a le plus grand mal à ne pas aller jusqu'au bout. Pourquoi, d'ailleurs, se retiendrait-on ? Dumas, la plupart du temps, donne autre chose que de la copie de feuilletoniste ou de simples "livres à costumes" : on trouve chez lui, dans les œuvres même les plus sombres, une sorte d'euphorie très plaisante, celle de l'écrivain qui joue avec l'Histoire et l'histoire, et qui établit avec nous une complicité narrative. Passion du récit, donc, qui débouche sur un récit de passion, puisque ces intrigues épuisantes reposent forcément sur des êtres hors du commun, chargés de toute l'énergie que Dumas portait en lui-même. Trop lu, trop gai, trop plaisant, Dumas ressemble à son œuvre : il est extraordinaire. Épanouissement, panache et générosité, telles sont donc les valeurs dumassiennes. Reste maintenant à savoir si cette morale aboutit à la bonne littérature. Dumas, sur ce plan, est suspect : au dire d'une certaine critique, il est à la fois superficiel, insincère, prétentieux et négligent. Tout cela est vrai mais ne tient pas compte de ce que Dumas, dans sa négligence et sa superficialité, est en même temps inventif, qu'il est un créateur de personnages, d'histoires et de mythes. Même s'il n'a pas de "style" — ce qui reste à démontrer —, Dumas possède un monde à lui, peuplé de traîtres, de héros, de géants, un monde mélodramatique empreint de cette démesure que l'on observe partout chez lui. Aucun adjectif, en effet, n'arrive à le cerner vraiment. Il faut s'y résigner : maréchal du feuilleton, Hercule, Titan, Sisyphe, Dumas échappe par excès aux définitions et aux classements. » (A. Preiss, 1984).

Dictionnaire Bordas de littérature française et francophone : « [...] L'abondance de cette œuvre, qui nécessita de nombreuses collaborations, nuit souvent à sa qualité : la psychologie est superficielle, les bavardages déclamatoires alourdissent l'action. Mais D. sait raconter ; peu curieux de stricte exactitude historique, il évoque avec vigueur l'atmosphère de l'époque décrite. Ses personnages fougueux affrontent infatigablement des situations parfois réellement poignantes. Il fallait de la carrure pour ne pas crouler sous une production aussi énorme. Mais au-delà des négligences inévitables, il faut reconnaître aussi à D. d'avoir été un exceptionnel vulgarisateur des valeurs les plus largement humaines du romantisme. Rarement le personnage du "héros", qu'il s'agisse de d'Artagnan ou de Monte-Cristo, a été doué d'un aussi efficace pouvoir de présence imaginaire. C'est là, sans doute, ce qui explique la popularité de cette œuvre et la permanence de sa fascination. Quant à sa portée proprement littéraire, outre que D. a été l'un des plus grands représentants du théâtre romantique, son œuvre de romancier, en particulier avec *Monte-Cristo,* mérite sa place dans le grand effort de la génération romantique pour faire du roman la forme moderne de l'épopée et pour incarner dans une affabulation grandiose ce personnage prométhéen du surhomme qui, dans le même temps, est aussi la grande hantise de Balzac » (Henri Lemaître, 1985).

Dictionnaire des œuvres : « Il reste, avec Balzac et Hugo, le plus lu des romantiques. Il n'a pas de style, c'est vrai. Mais ce colosse de la littérature avait le don de la vie. En dépit de leur inconsistance psychologique, ses personnages sont inoubliables. Peut-être ne faut-il pas juger Dumas selon les mesures valables pour les autres écrivains :

c'est un créateur de légendes, comme la France n'en avait plus eu depuis les chansons de geste » (Michel Mourre).

Dans les livres scolaires

L'Histoire de la littérature française de l'abbé Calvet n'aborde Dumas que contrainte et forcée.

Les Grands auteurs français du XIXe siècle de MM. Lagarde et Michard n'accordent que trois lignes à Dumas sur cinq cent soixante-dix pages : deux lignes à ses romans et une ligne à son théâtre (Bordas, 1985, pp. 232 et 336).

Histoire de la littérature française (1912, rééditée en 1955) : dans les mille quatre cent cinq pages de l'ouvrage, Lanson ne consacre à Dumas que deux pages pour le théâtre et quelques lignes pour les romans.

Manuel des études françaises : les professeurs Castex et Surer, donnent à Alexandre Dumas droit de cité dans la littérature française, après George Sand.

A LA MÉMOIRE D'A. DUMAS

• **Musée Alexandre-Dumas :** 24, rue Desmoutier, à Villers-Cotterêts. Ouvert du 1er avril au 31 octobre, du lundi au vendredi : de 14 h 30 à 17 h ; les samedi et dimanche : de 14 h 30 à 18 h ; du 1er novembre au 31 mars de 14 h 30 à 17 h ; fermé le mardi, le dernier dimanche de chaque mois, et les jours fériés. Tél. : (16) 23 96 23 30.

• **Société des amis d'Alexandre Dumas :** créée en 1971, elle est régie par la loi du 2 juillet 1901 et présidée par Alain Decaux. Son siège est le château de Monte-Cristo, 1, avenue Kennedy, 78560 Port-Marly. Tél. : 39 16 55 50. Le château est ouvert au public depuis 1985, tous les dimanches à 15 h, 15 h 30, 16 h (visites-conférences), et sur rendez-vous pour les groupes.

• **Monuments consacrés à Alexandre Dumas. A Villers-Cotterêts :** Une statue de Dumas, décidée par le conseil municipal (1877), payée par une souscription publique et exécutée par Carrier-Belleuse (qui eut pour « nègre » Rodin) est inaugurée le 24 mai 1885.

A Paris : *Place Malesherbes* (8ᵉ arrondissement) : en 1878, se forme à Paris un Comité pour la réalisation d'un monument consacré à A. Dumas. Inauguré le 4 novembre 1883, il s'agit d'un monument de pierre et de bronze exécuté par Gustave Doré : Dumas est assis sur un piédestal, une plume à la main ; sur le devant, une femme lit, entre un bourgeois et un ouvrier ; derrière se dresse d'Artagnan. Les faces latérales du piédestal portent les titres des principales œuvres de Dumas, les noms des membres du Comité et une inscription faisant naître l'auteur en 1803 ! Lors de l'inauguration, Jean Richepin, Jean Aicard et Auguste Dorchain prononcent des discours.

A la Comédie-Française : Le buste d'Alexandre Dumas, par Chapu, se trouve dans la galerie des bustes.

• **Rues Alexandre-Dumas.**

Paris : une rue dans le 20ᵉ arrondissement.

Région parisienne. *Essonne :* Épinay-sous-Sénart, Juvisy-sur-Orge, Orsay, Paray-Vieille-Poste, Savigny-sur-Orge, Vigneux-sur-Seine, Viry-Châtillon, Yerres. *Hauts-de-Seine :* Antony, Blanc-Mesnil, Nanterre, Rueil. *Seine-Saint-Denis :* Romainville, Saint-Ouen-sur-Seine. *Val-de-Marne :* Orly (allée), Sucy-en-Brie, Villejuif (impasse), Villeneuve-Saint-Georges. *Val-d'Oise :* Argenteuil, Beauchamp, Deuil-la-Barre, Eaubonne (avenue), Franconville-la-Garenne, Garges-lès-Gonesse, La Frette-sur-Seine, Soisy-sous-Montmorency. *Yvelines :* Houilles, Le Pecq, Le Vésinet, Saint-Germain-en-Laye.

Province : *Aisne :* Villers-Cotterêts. *Bouches-du-Rhône :* Marseille, Luchon (avenue), Le Havre. *Calvados :* Blainville-sur-Orne (place), Giberville, Trouville-sur-mer.

Étranger : *Italie :* Naples. *Tunisie :* Tunis.

• **Timbres.** *Haïti :* timbre de 1,50 gourde, à l'effigie d'A. Dumas.

France : timbre de 50 centimes à l'effigie d'A. Dumas, avec *Les Trois Mousquetaires* et timbre de 10 centimes à l'effigie de Dumas, avec *Vingt Ans après,* édités en 1961.

VIII
CHRONOLOGIE
DUMAS ET SON ÉPOQUE

Dates	Littérature	Politique, société, religion
1802	F.R. de Chateaubriand : *Le Génie du christianisme*. Naissance : A. Dumas ; V. Hugo.	**27 mars** : Paix d'Amiens. **Mai** : Création des lycées et de la Légion d'honneur. **Août** : Constitution de l'an X : Bonaparte consul à vie. **4 avril** : Concordat.
1803 **Dumas** **a** **1 an**	Naissance : P. Mérimée ; G. Bulwer-Lytton. † F.G. Klopstock ; V. Alfieri.	**Février** : Recès germanique de Francfort. **Mars** : Vente de la Louisiane aux États-Unis. **16 mai** : Rupture de la paix d'Amiens. **Décembre** : Le camp de Boulogne. T.R. Malthus : *Essai sur le principe de la population*.
1804 **Dumas** **a** **2 ans**	E. de Senancour : *Oberman*. Naissance : C.A. Sainte-Beuve ; G. Sand ; E. Sue.	**Janvier** : Complot de Cadoudal. **Mars** : Publication du Code civil. **21 mars** : Exécution du duc d'Enghien. **18 mai** : Constitution de l'an XII : proclamation de l'Empire. **2 décembre** : Sacre de Napoléon Ier. Schelling : *Philosophie et religion*. C. Fourier : *Harmonie universelle*. † E. Kant.
1805 **Dumas** **a** **3 ans**	F.R. de Chateaubriand : *René*. Naissance : A. de Tocqueville ; H.C. Andersen ; E. Barrett-Browning. † F. Schiller.	**18 mai** : Napoléon roi d'Italie. **21 octobre** : Trafalgar. **2 décembre** : Austerlitz. **26 décembre** : Traité de Presbourg.
1806 **Dumas** **a** **4 ans**	Naissance : E. de Girardin. U. Foscolo : *Les Tombeaux*.	**Mai** : Création de l'Université impériale. **Juillet** : Formation de la Confédération du Rhin. **6 août** : Fin du Saint Empire romain germanique. **14 octobre** : Iéna. **21 novembre** : Décret de Berlin instaurant le blocus continental. Naissance : S. Mill ; F. Le Play.
1807 **Dumas** **a** **5 ans**	Mme de Staël : *Corinne*. W. Wordsworth : *Poésies*. † A. Lebrun.	**8 février** : Eylau. **14 juin** : Friedland. **Août** : Suppression du tribunat. F. Hegel : *La Phénoménologie de l'esprit*.

Économie, sciences, techniques	Musique et arts plastiques	Dates
Garnerin réalise la première descente en parachute. Création des canaux de l'Ourcq, de Saint-Quentin, et de Nantes à Brest, des routes du Simplon et du Mont-Genève. † Bichat.	Beethoven : *Sonate à Kreutzer.* Gérard : *Mme Récamier.*	**1802**
Essai du bateau à vapeur de Fulton sur la Seine. J.B. Say : *Traité d'économie politique.* Création du franc-germinal.	Beethoven : *Fidelio.* Naissance : Decamps, Berlioz, Glinka.	**1803** **Dumas a 1 an**
Jacquard perfectionne son métier à tisser. Trevithick invente le principe du chemin de fer.	Beethoven : *Symphonie Héroïque.* Gros : *Les Pestiférés de Jaffa.*	**1804** **Dumas a 2 ans**
	Naissance : Baltard ; Devéria ; Winterhalter. † Greuze.	**1805** **Dumas a 3 ans**
Lamarck : *Recherches sur l'organisation des corps vivants.* Gay-Lussac énonce la loi de la dilatation des gaz.	Naissance : Bellini. † Fragonard.	**1806** **Dumas a 4 ans**
Davy isole le potassium, le sodium par électrolyse.	David : *Le Sacre.* Méhul : *Joseph.* Prud'hon : *La Justice et la Vengeance poursuivant le Crime.* Spontini : *La Vestale.*	**1807** **Dumas a 5 ans**

Dates	Littérature	Politique, société, religion
1808 Dumas a 6 ans	Naissance : G. de Nerval, J. Barbey d'Aurevilly. J.W. Goethe : *Les Affinités électives ; Pandora.*	**Mai :** Entrevue de Bayonne entre Napoléon et Charles IV d'Espagne. **Juin :** Joseph Bonaparte, roi d'Espagne ; Murat, roi de Naples. **21 juillet :** Capitulation de Beylen. **27 septembre-14 octobre :** Entrevue d'Erfurt. **Novembre :** Napoléon intervient en Espagne.
1809 Dumas a 7 ans	F.R. de Chateaubriand : *Les Martyrs.* Naissance : N.V. Gogol ; E. Poe ; A. Tennyson.	**17 mai :** Annexion des États pontificaux. **5-6 juillet :** Wagram. **14 octobre :** Traité de Vienne. **Décembre :** Divorce de Napoléon et de Joséphine. Schelling : *Les Recherches philosophiques sur l'essence de la liberté humaine.* Naissance : Proudhon.
1810 Dumas a 8 ans	Mme de Staël : *De l'Allemagne.* E.T.A. Hoffmann : *Contes fantastiques* (1810-1820). A. Manzoni : *Hymnes sacrés.* Naissance : A. de Musset.	**2 avril :** Mariage de Napoléon et de Marie-Louise d'Autriche. **Juin :** Promulgation du Code pénal. **9 juillet :** Annexion de la Hollande. **10 octobre :** Bernadotte, prince héritier de Suède.
1811 Dumas a 9 ans	Naissance : T. Gautier ; W.M. Thackeray.	**Janvier :** Annexion des côtes allemandes de la mer du Nord. **21 mars :** Naissance du roi de Rome.
1812 Dumas a 10 ans	Naissance : R. Browning ; C. Dickens.	**Juin :** Début de la campagne de Russie. **5-7 septembre :** Bataille de la Moskowa. **15 septembre :** Prise de Moscou. **25-29 novembre :** Passage de la Bérésina. **Octobre :** Conspiration de Malet. Hegel : *Science et logique.* Naissance : L. Blanc.
1813 Dumas a 11 ans	Lord Byron : *Le Giour.* U. Foscolo : *Les Grâces.* P.B. Shelley : *La Reine Mab.* † J. Delille ; C.M. Wieland.	**Mars :** Début de la campagne d'Allemagne. **1er mai :** Lützen. **16-18 octobre :** Leipzig. **Novembre :** Évacuation de l'Espagne. **25 janvier :** Concordat de Fontainebleau.

Économie, sciences, techniques	Musique et arts plastiques	Dates
	Beethoven : *6ᵉ Symphonie.* Girodet : *Les Funérailles d'Atala.* Ingres : *Œdipe et le Sphinx.* Percier et Fontaine : l'arc de triomphe du Carrousel. Naissance : Daumier.	**1808** **Dumas** **a** **6 ans**
Naissance : Darwin.	Naissance : Mendelssohn. † Haydn.	**1809** **Dumas** **a** **7 ans**
	Gérard : *La Bataille d'Austerlitz.* Naissance : Chopin ; Félicien David ; Lefuel ; Schumann.	**1810** **Dumas** **a** **8 ans**
† Bougainville.	Naissance : Liszt. † Chalgrin.	**1811** **Dumas** **a** **9 ans**
Cuvier : *Recherches sur les ossements fossiles.* Delessert crée une usine pour la fabrication du sucre de betterave.	Beethoven : *7ᵉ et 8ᵉ Symphonies.* † Brogniart.	**1812** **Dumas** **a** **10 ans**
Naissance : C. Bernard.	Cherubini : *Les Abencérages.* Naissance : Verdi ; Wagner.	**1813** **Dumas** **a** **11 ans**

Dates	Littérature	Politique, société, religion
1813 Dumas a 11 ans		Schopenhauer : *La Quadruple Racine du principe de raison suffisante.* Naissance : Kierkegaard.
1814 Dumas a 12 ans	Lord Byron : *Lara.* W. Scott : *Waverley.* Naissance : F. Ponsard ; M.I. Lermontov. † H. Bernardin de Saint-Pierre.	**Février** : Invasion de la France. **30-31 mars** : Prise de Paris. **6 avril** : Abdication de Napoléon. **30 mai** : 1er traité de Paris. **4 juin** : Promulgation de la Charte. **Novembre** : Ouverture du Congrès de Vienne. Maine de Biran : *Rapports du physique et du moral.*
1815 Dumas a 13 ans	P.J. de Béranger : *Chansons morales et autres.* Naissance : E. Labiche.	**20 mars** : Arrivée de Napoléon à Paris. **22 avril** : Acte additionnel aux constitutions de l'Empire. **18 juin** : Waterloo. **22 juin** : Abdication de Napoléon. **9 juin** : Acte final du Congrès de Vienne. **Août** : Élection de la « Chambre introuvable » ; Terreur blanche. **26 septembre** : Traité de la Sainte-Alliance. **20 novembre** : 2e traité de Paris. **7 décembre** : Exécution de Ney. Schelling : *Les Ages du monde.*
1816 Dumas a 14 ans	B. Constant : *Adolphe.* C. Delavigne : *Les Messéniennes.* Lord Byron : *Childe Harold.* U. Foscolo : *Jacopo Ortis.* Naissance : Charlotte Brontë. † R.B. Sheridan.	**5 septembre** : Dissolution de la « Chambre introuvable ».
1817 Dumas a 15 ans	A.V. Arnault : *Germanicus.* Lord Byron : *Manfred.* Naissance : P. Féval. † Mme de Staël.	Lamennais : *Essais sur l'indifférence en matière de religion.* Hegel : *Encyclopédie des sciences philosophiques.* Saint-Simon : *L'Industrie.*
1818 Dumas a 16 ans	J. Keats : *Endymion.* G. Leopardi : *Canzoni.* Naissance : Leconte de Lisle ; G. Tourgueniev ; Emily Brontë.	**Mars** : Loi Gouvion Saint-Cyr sur l'organisation de l'armée. **Septembre-novembre** : Congrès d'Aix-la-Chapelle : la France admise dans le concert des nations. **Novembre** : Fin du ministère Richelieu ; début du ministère Decazes. Naissance : Marx.

Économie, sciences, techniques	Musique et arts plastiques	Dates
		1813 **Dumas** **a** **11 ans**
Stephenson invente la locomotive.	David : *Léonidas aux Thermopyles.* Goya : *Le 2 mai.* Ingres : *La Grande Odalisque.* Prud'hon : *Zéphyre se balançant sur les eaux.* Naissance : Viollet-le-Duc ; Millet. † Clodion.	**1814** **Dumas** **a** **12 ans**
	Naissance : Meissonier. † Paisiello.	**1815** **Dumas** **a** **13 ans**
Laennec pratique l'auscultation.	Rossini : *Le Barbier de Séville.*	**1816** **Dumas** **a** **14 ans**
Ricardo : *Principes d'économie politique.*	† Méhul.	**1817** **Dumas** **a** **15 ans**
Premiers essais d'éclairage à gaz à Paris. Fresnel : *Mémoire sur la diffraction.* † Monge.	David : *Psyché abandonné par l'Amour.* Naissance : Gounod.	**1818** **Dumas** **a** **16 ans**

Dates	Littérature	Politique, société, religion
1819 **Dumas** a **17 ans**	A. Ancelot : *Louis IX.* A. Chénier : *Œuvres* (posthumes). C. Delavigne : *Les Vêpres siciliennes.* W. Scott : *Ivanhoé.*	**Mai :** Lois libérales sur la presse. J. de Maistre : *Du pape.* Schopenhauer : *Le Monde comme volonté et comme représentation.*
1820 Dumas a 18 ans	A. de Lamartine : *Les Méditations.* M. Desbordes-Valmore : *Poèmes.* P.B. Shelley : *Prométhée délivré.* Naissance : E. Augier ; Anne Brontë.	**29 janvier :** † de George III ; avènement de George IV. **13 février :** Assassinat du duc de Berry. **Février :** Fin du ministère Decazes ; début du deuxième ministère Richelieu. **Juin :** Loi du double vote. **29 septembre :** Naissance du duc de Bordeaux. Naissance : H. Spencer.
1821 Dumas a 19 ans	P.J. de Béranger : *Chansons.* J. F. Cooper : *L'Espion.* J.W. Goethe : *Les Années de voyage de Wilhelm Meister* (1821-1829). A. Manzoni : *Le Cinq Mai.* W. Scott : *Kenilworth.* Naissance : C. Baudelaire ; G. Flaubert ; O. Feuillet ; F. Dostoïevski. † J. Keats.	**Mai :** Début de l'insurrection grecque. **Décembre :** Fin du deuxième ministère Richelieu ; début du ministère Villèle. † J. de Maistre.
1822 Dumas a 20 ans	Stendhal : *De l'amour.* A. de Vigny : *Poèmes.* H. Heine : *Intermezzo.* A. Mickiewicz : *Ballades.* A.S. Pouchkine : *Le Prisonnier du Caucase.* Naissance : E. de Goncourt ; E. Erckmann ; L. Bouilhet. † E.T.A. Hoffmann ; P.B. Shelley.	**13 janvier :** Proclamation de l'indépendance grecque. **Mars :** Lois sur la presse : régime de l'autorisation préalable pour les journaux. **Octobre-décembre :** Congrès de Vérone. C. Fourier : *Traité de l'association domestique et agricole.*
1823 Dumas a 21 ans	C. Delavigne : *L'École des vieillards.* V. Hugo : *Han d'Islande.* A. de Lamartine : *Nouvelles méditations poétiques.* E.D. de Las Cases : *Le Mémorial de Sainte-Hélène.* A. Thiers : *Histoire de la Révolution* (1823-27). W. Scott : *Quentin Durward.* A.S. Pouchkine : *Eugène Onéguine.* Naissance : T. de Banville.	**Avril :** Intervention française en Espagne. **31 août :** Prise du Trocadéro. Saint-Simon : *Système industriel.* **2 septembre :** Élection de Léon XII. Naissance : E. Renan.

Économie, sciences, techniques	Musique et arts plastiques	Dates
Première traversée de l'Atlantique par un bateau à vapeur.	Géricault : *Le Radeau de la Méduse.* Schubert : *La Truite.* Weber : *Le Freischütz.* Naissance : Courbet ; Offenbach.	**1819** **Dumas** a **17 ans**
Découverte par Oersted et Ampère des phénomènes électro-dynamiques. Pelletier découvre la quinine.	La Vénus de Milo est apportée en France.	**1820** **Dumas** a **18 ans**
Champollion déchiffre les hiéroglyphes.	Constable : *La Charrette de foin.*	**1821** **Dumas** a **19 ans**
Fresnel invente les phares lenticulaires à échelons. Naissance : L. Pasteur. † W. Herschel ; Delambre ; Berthollet.	Delacroix : *La Barque de Dante.* Schubert : *La Symphonie inachevée.* Naissance : Franck. † Canova.	**1822** **Dumas** a **20 ans**
Niepce invente le principe de la photographie. Chaptal : *Chimie appliquée à l'Industrie.* † Ricardo.	Naissance : Lalo. † Prud'hon.	**1823** **Dumas** a **21 ans**

Dates	Littérature	Politique, société, religion
1824 **Dumas** **a** **22 ans**	A. Mignet : *Histoire de la Révolution.* A. de Vigny : *Eloa.* A.S. Pouchkine : *Boris Godounov.* Naissance : A. Dumas fils. † Lord Byron.	**Février :** Renouvellement des Chambres : triomphe des ultras. **16 septembre :** † Louis XVIII ; avènement de Charles X. † Maine de Biran.
1825 **Dumas** **a** **23 ans**	E. Jouy : *Bélisaire.* M. Pichat : *Léonidas.*	**4 janvier :** † Ferdinand de Naples. **27 avril :** loi du sacrilège ; loi « du milliard des émigrés ». **1er décembre :** † Alexandre Ier de Russie ; avènement de Nicolas Ier. † Saint-Simon.
1826 **Dumas** **a** **24 ans**	V. Hugo : *Bug-Jargal ; Odes et Ballades.* A. de Vigny : *Cinq-Mars ; Poèmes antiques et modernes.* Naissance : A. Chatrian.	**Juillet :** Échec de la loi sur le droit d'aînesse.
1827 **Dumas** **a** **25 ans**	V. Hugo : *Cromwell.* A. Thierry : *Lettres sur l'histoire de France.* A. Manzoni : *Les Fiancés.*	**Avril :** Dissolution de la garde nationale. **24 août :** Rétablissement de la censure. **Décembre :** Élections ; majorité hostile à Villèle.
1828 **Dumas** **a** **26 ans**	A.F. Villemain : *Cours de littérature française.* J. F. Cooper : *La Prairie.* Naissance : J. Verne ; H. Taine ; H. Ibsen, L. Tolstoï. † M. Pichat.	**Janvier :** Fin du ministère Villèle ; début du ministère Martignac. Naissance : H. Taine.
1829 **Dumas** **a** **27 ans**	H. de Balzac : *La Physiologie du mariage.* V. Hugo : *Les Orientales.* P. Mérimée : *Chronique du Règne de Charles IX.* A. de Vigny : *Othello.*	**8 août :** Fin du ministère Martignac ; début du ministère Polignac. C. Fourier : *Le Nouveau Monde industriel et sociétaire.*
1830 **Dumas** **a** **28 ans**	V. Hugo : *Hernani.* A. de Lamartine : *Harmonies poétiques et religieuses.* A. de Musset : *Contes d'Espagne et d'Italie.* Naissance : Fustel de Coulanges ; J. de Goncourt. † Benjamin Constant.	**16 mars :** Adresse des 221. **23-24 juillet :** Victoire des libéraux aux élections. **26 juillet :** Publication des Ordonnances. **27-28-29 juillet :** Les Trois Glorieuses. **31 juillet :** Abdication de Charles X. **9 août :** Louis-Philippe, roi des Français. A. Comte : *Cours de philosophie positive.* A. Schopenhauer : *Sur la volonté dans la nature.*

Économie, sciences, techniques	Musique et arts plastiques	Dates
	Delacroix : *Le Massacre de Scio.* Pradier : *Psyché.* Naissance : Frémiet ; Puvis de Chavanne. † Géricault ; Girodet.	**1824** **Dumas** **a** **22 ans**
† Lacepède.	Boieldieu : *La Dame blanche.* Naissance : Garnier. † David.	**1825** **Dumas** **a** **23 ans**
Premiers mémoires sur les fonctions algébriques d'Abel. Balard extrait le brome des marais salants. † Laennec.	Inauguration de la Bourse de Brogniart. Rossini : *Le Siège de Corinthe.* † Weber.	**1826** **Dumas** **a** **24 ans**
L'Allemand Woehler isole l'aluminium. Voyage de René Caillé à Tombouctou. † Laplace ; Fresnel.	Naissance : Carpeaux. † Beethoven.	**1827** **Dumas** **a** **25 ans**
Woehler fait la synthèse de l'urée.	Auber : *La Muette de Portici.* Berlioz : *La Symphonie fantastique.* Delacroix : *La Mort de Sardanapale.* Pradier : *Prométhée.* † Goya ; Houdon ; Schubert ; Vignon.	**1828** **Dumas** **a** **26 ans**
Pile électrique de Becquerel. † Lamarck.	Rossini : *Guillaume Tell.*	**1829** **Dumas** **a** **27 ans**
Ouverture du chemin de fer Liverpool-Manchester. Invention de la moissonneuse mécanique par MacCormick.	Boieldieu : *Fra Diavolo.* † Lawrence.	**1830** **Dumas** **a** **28 ans**

Dates	Littérature	Politique, société, religion
1831 **Dumas** a **29 ans**	H. de Balzac : *La Peau de chagrin.* V. Hugo : *Les Feuilles d'automne ;* *Notre-Dame de Paris ; Marion* *Delorme.* G. Sand : *Indiana.* Stendhal : *Le Rouge et le Noir.* A. de Vigny : *La Maréchale d'Ancre.* Naissance : V. Sardou.	**13 février :** Sac de Saint-Germain-l'Auxerrois. **13 mars :** Début du ministère Casimir Perier. **8 septembre :** Prise de Varsovie par les Russes. **21 novembre-2 décembre :** Insurrection des canuts lyonnais. † Hegel.
1832 **Dumas** a **30 ans**	H. de Balzac : *Louis Lambert.* V. Hugo : *Le roi s'amuse.* J. W. Goethe : *Faust.* N.V. Gogol : *Tarass Boulba.* † J.W. Goethe ; W. Scott.	**Mai :** Arrivée de la duchesse de Berry en Vendée. **16 mai :** † Casimir Perier ; début du ministère de Broglie. **5-7 juin :** Émeutes à l'occasion des funérailles du général Lamarque. **22 juillet :** † duc de Reichstadt. **6 novembre :** Arrestation de la duchesse de Berry. **Août :** Procès des saint-simoniens.
1833 **Dumas** a **31 ans**	H. de Balzac : *Eugénie Grandet.* C. Delavigne : *Les Enfants d'Édouard.* V. Hugo : *Lucrèce Borgia.* J. Michelet : *Histoire de France* (1833-67). A. de Musset : *Les Caprices de Marianne.* E. Scribe : *Bertrand et Raton.* A.S. Pouchkine : *La Dame de pique.*	
1834 **Dumas** a **32 ans**	H. de Balzac : *Le Père Goriot.* A. de Musset : *Lorenzaccio.* C.A. Sainte-Beuve : *Volupté.* A. Mickiewicz : *Messire Thadée.* Naissance : E. Pailleron. † A.V. Arnault.	**9-12 avril :** Soulèvements à Paris et à Lyon. Lamennais : *Paroles d'un croyant.* † Malthus ; La Fayette.
1835 **Dumas** a **33 ans**	H. de Balzac : *Le Lys dans la vallée.* T. Gautier : *Mlle de Maupin.* V. Hugo : *Les Chants du crépuscule ;* *Angelo.* A. de Musset : *Nuit de mai ; Nuit de* *décembre.* A. de Vigny : *Servitude et Grandeur* *militaires ; Chatterton.*	**2 mars :** † François Ier d'Autriche ; avènement de Ferdinand Ier. **28 juillet :** Attentat de Fieschi contre Louis-Philippe. **9 septembre :** Lois répressives contre les républicains.
1836 **Dumas** a **34 ans**	A. de Lamartine : *Jocelyn.* A. de Musset : *Confession d'un enfant* *du siècle ; Nuit d'août ; Il ne faut jurer* *de rien.* A. de Tocqueville : *La Démocratie en* *Amérique.*	**Février :** Début du premier ministère Thiers. **Septembre :** Fin du ministère Thiers. **30 octobre :** Tentative de coup d'État de Louis-Napoléon Bonaparte à Strasbourg.

Économie, sciences, techniques	Musique et arts plastiques	Dates
Découverte du chloroforme par Soubeyran. Faraday découvre les courants d'induction.	Decamps : *La Patrouille turque.* Delaroche : *Les Enfants d'Édouard.* Meyerbeer : *Robert le diable.* Naissance : Falguière.	**1831** **Dumas** **a** **29 ans**
Invention de l'hélice par Sauvage. **Mars-septembre :** Épidémie de choléra. † Chaptal ; Cuvier ; J.B. Say.	Barye : *Le Lion et le serpent.* Bellini : *Le Pirate.* Ingres : *M. Bertin.* Pradier : *Les Trois Grâces.* Naissance : Doré ; Manet.	**1832** **Dumas** **a** **30 ans**
Gauss invente le télégraphe électrique. Fourneron invente la turbine hydraulique centrifuge.	Donizetti : *Lucrèce Borgia.*	**1833** **Dumas** **a** **31 ans**
	Berlioz : *Harold en Italie.* Daumier : *Le Massacre de la rue Transnonain.* Turner : *L'Incendie du Parlement.* Naissance : Borodine. † Boieldieu.	**1834** **Dumas** **a** **32 ans**
Lacordaire prêche à Notre-Dame (1835-36). † Dupuytren.	Bellini : *Norma.* Halévy : *La Juive.* Ary Sheffer : *Francesca da Rimini.* Naissance : Saint-Saëns. † Bellini ; Gros ; Robert.	**1835** **Dumas** **a** **33 ans**
† Ampère.	Adam : *Le postillon de Longjumeau.* Érection de l'obélisque de Louqsor. Meyerbeer : *Les Huguenots.* Rude : *La Marseillaise.* Naissance : Delibes.	**1836** **Dumas** **a** **34 ans**

Dates	Littérature	Politique, société, religion
1836 **Dumas** **a** **34 ans**	N. Gogol : *Le Réviseur.* † F. Raynouard. Naissance : G. Carducci.	**6 novembre :** † Charles X en exil. † Destutt de Tracy, chef des Idéologues.
1837 **Dumas** **a** **35 ans**	H. de Balzac : *Illusions perdues.* V. Hugo : *Les Voix intérieures.* A. de Musset : *Un caprice ; Nuit d'octobre.* G. Sand : *Mauprat.* C. Dickens : *Les Aventures de M. Pickwick.* M.I. Lermontov : *La Mort du poète.* E. Poe : *Les Aventures de Gordon Pym.* Naissance : A.C. Swinburne ; H. Becque. † G. Leopardi ; A.S. Pouchkine.	**20 juin :** † Guillaume IV d'Angleterre ; avènement de Victoria. Lamennais : *Le Livre du peuple.* † C. Fourier.
1838 **Dumas** **a** **36 ans**	V. Hugo : *Ruy Blas.* Stendhal : *Mémoires d'un touriste.*	**17 mai :** † Talleyrand.
1839 **Dumas** **a** **37 ans**	A. de Lamartine : *La Chute d'un ange. Les Recueillements poétiques.* Stendhal : *La Chartreuse de Parme.* M.I. Lermontov : *Un héros de notre temps.* E. Poe : *La Chute de la maison Usher.* Naissance : J.-M. de Hérédia ; Sully Prudhomme.	**Mai :** Fin du ministère Molé ; début du ministère Soult.
1840 **Dumas** **a** **38 ans**	H. de Balzac : *Vautrin.* V. Hugo : *Les Rayons et les Ombres.* P. Mérimée : *Colomba.* G. Sand : *Le Compagnon du tour de France.* E. Scribe : *Le Verre d'eau.* A. Thierry : *Récits des temps mérovingiens.* T. Carlyle : *Les Héros et le culte des héros.* Naissance : A. Daudet ; É. Zola. † N. Lemercier.	**Février :** Fin du ministère Soult ; début du deuxième ministère Thiers. **6 août :** Tentative de coup d'État de Louis Napoléon Bonaparte à Boulogne. **Octobre :** Fin du deuxième ministère Thiers ; début du deuxième ministère Soult. Proudhon : *Qu'est-ce que la propriété ?* Cabet : *L'Organisation du travail.* † de Bonald.
1841 **Dumas** **a** **39 ans**	E. Scribe : *Une chaîne.* † M.I. Lermontov.	A. Schopenhauer : *Fondement de la morale.*

Économie, sciences, techniques	Musique et arts plastiques	Dates
	† Carle ; Malibran.	**1836** **Dumas** **a** **34 ans**
Construction du chemin de fer Paris - Saint-Germain. Invention de la galvanoplastie par Spencer.	Berlioz : *Requiem.* Delacroix : *La Bataille de Taillebourg.* Donizetti : *Lucia di Lammermoor.* † Constable ; Gérard.	**1837** **Dumas** **a** **35 ans**
Boucher de Perthes jette les bases de la préhistoire. Voyage de Dumont d'Urville dans l'Antarctique.	Berlioz : *Benvenuto Cellini.* Delacroix : *Médée furieuse.* Naissance : Bartholdi ; Bizet. † Percier.	**1838** **Dumas** **a** **36 ans**
Daguerre invente la daguerréotypie. A. Becquerel : *Traité expérimental de l'électricité et du magnétisme.* † Lamarck.	Delacroix : *Hamlet au cimetière.* Naissance : Cézanne ; Moussorgski. † Paër.	**1839** **Dumas** **a** **37 ans**
Liebig : *De la chimie appliquée à l'agriculture.* Premières applications des anesthésiques.	Donizetti : *La Fille du régiment.* Delacroix : *La Justice de Trajan.* Naissance : Monet ; Tchaïkovski ; Rodin. † Paganini.	**1840** **Dumas** **a** **38 ans**
Loi de Joule sur l'énergie électrique.	Delacroix : *L'Entrée des croisés à Constantinople.* Ingres : *Stratonice.* Meissonier : *La Partie d'échecs.* Naissance : Renoir.	**1841** **Dumas** **a** **39 ans**

Dates	Littérature	Politique, société, religion
1842 **Dumas** **a** **40 ans**	T. de Banville : *Cariatides.* G. Sand : *Consuelo.* N. Gogol : *Ames mortes.* W. Tennyson : *Poèmes.* Naissance : S. Mallarmé. † Stendhal.	**13 juillet :** Mort accidentelle du duc d'Orléans. A. Cabet : *Voyage en Icarie.*
1843 **Dumas** **a** **41 ans**	A. de Custine : *La Russie en 1839.* V. Hugo : *Les Burgraves.* J. Michelet : *Histoire de la Révolution* (1843-57). F. Ponsard : *Lucrèce.* H. Heine : *Atta Troll.* † C. Delavigne ; F. Hölderlin.	J.S. Mill : *Logique inductive et déductive.*
1844 **Dumas** **a** **42 ans**	E. Augier : *La Ciguë.* H. de Balzac : *Splendeurs et misères des courtisanes.* F.R. de Chateaubriand : *La Vie de Rancé.* H. Heine : *Germania.* Naissance : A. France ; P. Verlaine. † C. Nodier, G. de Pixerécourt.	**8 mars :** † Charles XIV de Suède ; avènement d'Oscar Ier. S. Kierkegaard : *Le Concept d'angoisse.* Naissance : F. Nietzsche. † Flora Tristan.
1845 **Dumas** **a** **43 ans**	A. de Musset : *Il faut qu'une porte soit ouverte ou fermée.* P. Mérimée : *Carmen.* J. Michelet : *Du prêtre, de la femme, de la famille.* G. Sand : *Le Meunier d'Angibault.* A. Thiers : *Histoire du Consulat et de l'Empire* (1845-62). Naissance : T. Corbière.	**Septembre :** Visite de la reine Victoria en France.
1846 **Dumas** **a** **44 ans**	H. de Balzac : *La Cousine Bette.* T. de Banville : *Stalactites.* J. Michelet : *Le Peuple.* G. Sand : *La Mare au diable.* Naissance : I. Ducasse (Lautréamont) ; L. Bloy. † P. de Senancour, E. Jouy.	**25 mai :** Le prince Louis Napoléon Bonaparte s'évade du fort de Ham. V. Cousin : *Du vrai, du beau, du bien.* **1er juin :** † Grégoire XVI. **15 juin :** Élection de Pie IX.
1847 **Dumas** **a** **45 ans**	H. de Balzac : *Le Cousin Pons.* A. de Lamartine : *Histoire des Girondins.* G. Sand : *François le Champi.* † P.S. Ballanche.	**Mai :** Scandale Teste-Cubières. **Juillet :** Début de la campagne des banquets réformateurs. **19 septembre :** Début du ministère Guizot. Marx-Engels : *Manifeste du Parti communiste.*

Économie, sciences, techniques	Musique et arts plastiques	Dates
	Inauguration de la Madeleine de Vignon. Verdi : *Nabucco*. Glinka : *Rouslan et Liudmila*. Turner : *Navire en feu dans la tempête*. Naissance : Chabrier ; Massenet. † Cherubini ; Mme Vigée-Lebrun.	**1842** **Dumas** **a** **40 ans**
Hancock redécouvre la vulcanisation du caoutchouc, découverte en 1840 par Goodyear.	Wagner : *Le Vaisseau fantôme*. Naissance : Grieg.	**1843** **Dumas** **a** **41 ans**
Premières machines-outils. † Geoffroy Saint-Hilaire.	David : *Le Désert*. Pradier : *La Fontaine Molière*. Naissance : Rimski-Korsakov ; le Douanier Rousseau. † Lepère.	**1844** **Dumas** **a** **42 ans**
Première ligne télégraphique française, de Paris à Rouen.	Delacroix : *L'Empereur du Maroc*. Donizetti : *Gemma di Vergy*. Vernet : *La Prise de la Smala*. Naissance : Fauré. † Bosio.	**1845** **Dumas** **a** **43 ans**
Le Verrier découvre la planète Neptune.	Berlioz : *La Damnation de Faust*. Delacroix : *Lion couché*. Scheffer : *Faust et Marguerite*. Vernet : *La Bataille de l'Isly*.	**1846** **Dumas** **a** **44 ans**
Découverte de la nitroglycérine par Sobrero. Découverte du phosphore rouge pour la fabrication des allumettes.	Barrye : *Lion assis*. Delacroix : *Odalisque*. † Mendelssohn.	**1847** **Dumas** **a** **45 ans**

Dates	Littérature	Politique, société, religion
1848 **Dumas** **a** **46 ans**	E. Augier : *L'Aventurière*. P. Féval : *Les Mystères de Londres*. G. Sand : *La Petite Fadette*. † F.R. de Chateaubriand ; E. Brontë.	**22-24 février** : Révolution de février. **24 février** : Constitution d'un gouvernement provisoire. **23-24 avril** : Élection de l'Assemblée constituante. **23-26 juin** : Journées révolutionnaires de juin. **12 novembre** : Adoption de la Constitution. **10 décembre** : Élection de Louis Napoléon Bonaparte à la présidence de la République.
1849 **Dumas** **a** **47 ans**	F.R. de Chateaubriand : *Les Mémoires d'outre-tombe*. P. Féval : *Les Puritains d'Écosse*. A. de Lamartine : *Raphaël*. C.A. Sainte-Beuve : *Causeries du lundi* (1849-1861). E. Scribe : *Adrienne Lecouvreur*. C. Dickens : *David Copperfield*. Naissance : F. Coppée ; J. Richepin ; A. Strindberg. † E. Poe, Anne Brontë.	**13 mai** : Élection de l'Assemblée législative : victoire du parti de l'ordre.
1850 **Dumas** **a** **48 ans**	F. Ponsard : *Charlotte Corday*. E. Barrett-Browning : *Les Sonnets de la Portugaise*. Naissance : G. de Maupassant, P. Loti. † H. de Balzac ; W. Wordsworth.	**15 mars** : Loi Falloux sur la liberté de l'enseignement. **31 mai** : Loi restreignant le suffrage universel. **26 août** : † Louis-Philippe en exil. **27 novembre** : Reculade d'Olmütz. S. Kierkegaard : *L'École du christianisme*.
1851 **Dumas** **a** **49 ans**	J. Barbey d'Aurevilly : *Une vieille maîtresse*. E. Labiche : *Le Chapeau de paille d'Italie*. E. Scribe : *Bataille de dames*. H. Beecher-Stowe : *La Case de l'oncle Tom*. † H. de Latouche ; J.F. Cooper.	**2 décembre** : Coup d'État de Louis Napoléon Bonaparte. **20 décembre** : Plébiscite ratifiant le coup d'état.
1852 **Dumas** **a** **50 ans**	E. Augier : *Diane*. A. Dumas fils : *La Dame aux camélias*. T. Gautier : *Émaux et Camées*. Leconte de Lisle : *Poèmes antiques*. Naissance : P. Bourget. † N.V. Gogol.	**15 janvier** : Vote d'une nouvelle Constitution. **29 février** : Élection du corps législatif. **7 novembre** : Rétablissement de l'Empire. **21 novembre** : Plébiscite.

Économie, sciences, techniques	Musique et arts plastiques	Dates
Découverte de l'or en Californie.	Delacroix : *Le Christ au tombeau.* Naissance : Gauguin. † Donizetti.	**1848** **Dumas** **a** **46 ans**
Premier emploi du macadam à Paris. Voyage de Livingstone en Afrique australe.	Meyerbeer : *Le Prophète.* † Chopin.	**1849** **Dumas** **a** **47 ans**
Trousseau pratique la trachéotomie. † Gay-Lussac.	Millet : *Le Semeur.*	**1850** **Dumas** **a** **48 ans**
Inauguration du câble sous-marin Calais-Douvres. Exposition universelle de Londres.	Courbet : *Enterrement à Ornans.* Verdi : *Rigoletto.* † Turner ; Spontini.	**1851** **Dumas** **a** **49 ans**
Les frères Péreire fondent le Crédit foncier de Paris.	† Pradier.	**1852** **Dumas** **a** **50 ans**

Dates	Littérature	Politique, société, religion
1853 **Dumas** a **51 ans**	V. Hugo : *Les Châtiments.* G. de Nerval : *Sylvie.* F. Ponsard : *L'Honneur et l'Argent.* G. Sand : *Les Maîtres sonneurs.*	**4 octobre :** Guerre russo-turque.
1854 **Dumas** a **52 ans**	E. Augier : *Le Gendre de M. Poirier.* J. Barbey d'Aurevilly : *L'Ensorcelée.* G. de Nerval : *Les Filles du feu ; Chimères.* A. de Musset : *Contes.* Naissance : F. de Curel, A. Rimbaud. † Baour-Lormian ; S. Pellico.	Reconstitution du Zollverein prussien. **27 mars :** La France et l'Angleterre en guerre contre la Russie. **Septembre :** Expédition en Crimée. **20 septembre :** Victoire de l'Alma. Naissance : H. Poincaré. **8 décembre :** Bulle *Inefabilis* (dogme de l'Immaculée Conception). † Lamennais ; Schelling.
1855 **Dumas** a **53 ans**	A. Dumas fils : *Le Demi-Monde.* G. de Nerval : *Aurélia.* A. de Tocqueville : *L'Ancien Régime et la Révolution.* E. Barrett-Browning : *Aurora Leigh.* R. Browning : *Hommes et femmes.* C. Dickens : *La Petite Dorrit.* Naissance : É. Verhaeren. † G. de Nerval ; Charlotte Brontë ; A. Mickiewicz.	**2 mars :** † Nicolas Ier de Russie ; avènement d'Alexandre II. **10 septembre :** Prise de Sébastopol. † S. Kierkegaard.
1856 **Dumas** a **54 ans**	V. Hugo : *Les Contemplations.* A. de Musset : *Comédies et Proverbes.* † A. Thierry. Naissance : J. Moréas ; G. B. Shaw ; O. Wilde.	**25 février-8 avril :** Congrès de Paris. **16 mars :** Naissance du prince impérial. A. Comte : *Système de logique positive.* Naissance : S. Freud. † Cabet.
1857 **Dumas** a **55 ans**	T. de Banville : *Odes funambulesques.* C. Baudelaire : *Les Fleurs du mal.* G. Flaubert : *Mme Bovary.* G. Sand : *Les Beaux Messieurs de Bois-Doré.* I.S. Tourgueniev : *Récits d'un chasseur.* Naissance : P. Hervieu. † P.J. de Béranger ; E. Sue ; A. de Musset ; G. Planche.	Conquête de la Kabylie. Fondation de Dakar par Faidherbe. † Cavaignac ; A. Comte.
1858 **Dumas** a **56 ans**	P. Féval : *Le Bossu.* O. Feuillet : *Le roman d'un jeune homme pauvre.* Leconte de Lisle : *Poésies complètes.*	**14 janvier :** Attentat d'Orsini. **11 février :** Première apparition de la Vierge à Bernadette Soubirous, à Lourdes.

Économie, sciences, techniques	Musique et arts plastiques	Dates
	Verdi : *La Traviata*. Naissance : Messager ; Van Gogh. † Fontaine.	**1853** **Dumas** **a** **51 ans**
Berthelot commence ses travaux sur la synthèse des corps organiques.	Berlioz : *L'Enfance du Christ*. Gounod : *La Nonne sanglante*. Viollet-le-Duc : *Dictionnaire raisonné d'architecture française*.	**1854** **Dumas** **a** **52 ans**
Invention du procédé Bessemer pour la transformation de la fonte en acier. Exposition universelle à Paris.	Verdi : *Les Vêpres siciliennes*. Offenbach : *Les Deux Aveugles*. † Rude ; Isabey.	**1855** **Dumas** **a** **53 ans**
Naissance des industries des matières colorantes.	Ingres : *La Source*. † Adam ; David d'Angers ; Chassériau ; Delaroche ; Schumann.	**1856** **Dumas** **a** **54 ans**
Commencement du percement du tunnel du Mont-Cenis (inauguré en 1871). Découverte du lac Tanganyika par Burton.	Courbet : *Les Glaneuses*. Achèvement de la grande galerie du nord du Louvre. † Glinka ; Deveria.	**1857** **Dumas** **a** **55 ans**
	Offenbach : *Orphée aux enfers*. Naissance : Puccini. † Ary Scheffer.	**1858** **Dumas** **a** **56 ans**

Dates	Littérature	Politique, société, religion
1858 **Dumas** a **56 ans**	Ponson du Terrail : *Les Drames de Paris.* Comtesse de Ségur : *Les Petites Filles modèles.* É. Taine : *Essais de critique et d'histoire.* Bulwer-Lytton : *Les Derniers Jours de Pompéi.* Naissance : G. Courteline ; A. Samain ; H.G. Wells ; S. Lagerlöf.	**21 juillet :** Entrevue de Plombières entre Napoléon III et Cavour. **7 octobre :** Le prince Guillaume de Prusse nommé régent.' Naissance : C. de Foucault ; H. Durkeim.
1859 **Dumas** a **57 ans**	V. Hugo : *La Légende des siècles* (1859-1883). J. Michelet : *L'Amour.* † A. de Tocqueville ; M. Desbordes-Valmore ; W. Irwing.	**Avril-juillet :** Le Piémont et la France en guerre contre l'Autriche. **22 mai :** † Ferdinand II de Naples ; avènement de François II. **4 juin :** Bataille de Magenta. **24 juin :** Bataille de Solferino. **12 juillet :** Armistice de Villafranca. **10 novembre :** Traité de Zurich. K. Marx : *Observations critiques sur l'économie politique.* Naissance : J. Jaurès ; H. Bergson. † Curé d'Ars ; Metternich.
1860 **Dumas** a **58 ans**	C. Baudelaire : *Les Paradis artificiels.* Erckmann-Chatrian : *Contes de la montagne.* E. Labiche : *Le voyage de M. Perrichon.* J. Michelet : *La Femme.* G. Sand : *Le Marquis de Villemer.* V. Sardou : *Les Pattes de mouche.* T.S. Tourgueniev : *Premier amour.* Naissance : A. Tchekhov ; J. Laforgue.	**Janvier :** Sécession des États du Sud aux Etats-Unis. **Mars :** Rattachement de l'Italie centrale au Piémont. **12 avril :** Début de la guerre de Sécession. **Mai-octobre :** Expédition des Mille de Garibaldi. **22 avril :** Réunion de Nice et de la Savoie à la France. **Septembre :** Annexion d'une partie des États pontificaux au Piémont. **24 novembre :** Premières réformes libérales en France. Naissance : T. Herzl. † Schopenhauer.
1861 **Dumas** a **59 ans**	E. Augier : *Les Effrontés.* E. et J. de Goncourt : *Sœur Philomène.* E. Labiche : *La Poudre aux yeux.* P.A. Ponson du Terrail : *Mémoire d'un homme du monde.* F. Dostoïevski : *Souvenirs de la maison des morts.* † E. Barrett-Browning ; H. Murger ; E. Scribe.	**2 janvier :** † Frédéric-Guillaume IV de Prusse ; avènement de Guillaume Iᵉʳ. **Mars :** Abolition du servage en Russie. **23 mars :** Victor-Emmanuel proclamé roi d'Italie. **6 juin :** † Cavour. **Décembre :** Expédition du Mexique.

Économie, sciences, techniques	Musique et arts plastiques	Dates
		1858 Dumas a 56 ans
Accumulateurs de Planté. Darwin : *De l'origine des espèces par voie de sélection naturelle.*	Corot : *Le Soir.* Gounod : *Faust.* Reconstruction du château de Pierrefonds. Naissance : Seurat.	**1859** Dumas a 57 ans
Lenoir invente un moteur à gaz à explosion. Tellier met au point la première machine à produire le froid. **23 janvier :** Traité de libre-échange franco-anglais.	Donizetti : *Rita ou le mari battu.* Gounod : *Philémon et Baucis.* Wagner : *Tannhäuser.* Naissance : Mahler ; Charpentier. † Raffet, Decamps.	**1860** Dumas a 58 ans
H. Spencer : *Premiers Principes.* S. Mill : *L'Utilitarisme.* † Lacordaire.	Corot : *La Danse des nymphes.* Delacroix : *Les Fresques de Saint-Sulpice.* Garnier : début de l'Opéra. Offenbach : *M. de Choufleury restera chez lui.* Naissance : Bourdelle, Maillol.	**1861** Dumas a 59 ans

Dates	Littérature	Politique, société, religion
1862 **Dumas** **a** **60 ans**	V. Hugo : *Les Misérables.* G. Flaubert : *Salammbô.* Leconte de Lisle : *Poèmes barbares.* J. Michelet : *La Sorcière.* I.S. Tourgueniev : *Pères et Fils.* Naissance : G. Feydeau ; M. Maeterlinck.	**29 juillet :** Échec de Garibaldi à Aspromonte. **23 septembre :** Bismarck premier ministre de Prusse. Naissance : A. Briand ; M. Barrès.
1863 **Dumas** **a** **61 ans**	J. Barbey d'Aurevilly : *Le Chevalier des Touches.* A. Daudet : *Amoureuses.* T. Gautier : *Le Capitaine Fracasse.* Sainte-Beuve : *Nouveaux Lundis* (1863-69). J. Verne : *Cinq Semaines en ballon.* A. de Vigny : *Les Destinées.* Naissance : G. D'Annunzio. † L.E. Arnault ; A. de Vigny ; W.M. Thackeray.	**15 janvier :** Insurrection polonaise. **Mai :** Progrès de l'opposition aux élections en France. **10 juin :** Les troupes françaises entrent dans Mexico. L'Autriche essaie en vain de réformer la Confédération germanique. **1ᵉʳ-3 juillet :** Lee battu à Gettysburg. **15 novembre :** † Frederic VII de Danemark ; avènement de Christian IX. E. Renan : *La Vie de Jésus.*
1864 **Dumas** **a** **62 ans**	E. Augier : *Maître Guérin.* A. Dumas fils : *L'Ami des femmes.* E. Erckmann-Chatrian : *Histoire d'un conscrit de 1813.* E. et J. de Goncourt : *Renée Mauperin.* E. Labiche : *La Cagnotte.* P. Larousse : *Grand Dictionnaire universel.* J. Verne : *Voyage au centre de la terre.* A. Tennyson : *Enoch Arden.* Naissance : H. de Régnier ; J. Renard.	**11 janvier :** Thiers réclame les « libertés nécessaires ». **Février-juillet :** Guerre des Duchés. **10 mars :** † Maximilien de Bavière ; avènement de Louis I. **10 avril :** Proclamation de Maximilien, empereur du Mexique. **24 mai :** Droit de grève en France. **Juillet :** Le Danemark battu par la Prusse et l'Autriche. **28 septembre :** Première Internationale des travailleurs, à Londres. **8 décembre :** Encycliques *Quanta Cura* et *Syllabus.* F. Le Play : *La Réforme sociale en France.* † P. Enfantin.
1865 **Dumas** **a** **63 ans**	J. Barbey d'Aurevilly : *Un prêtre marié.* E. Erckmann-Chatrian : *L'Ami Fritz.* E. et J. de Goncourt : *Germinie Lacerteux.* V. Hugo : *Chanson des rues et des bois.* V. Sardou : *La Famille Benoîton.* R. Sully Prudhomme : *Stances et Poèmes.* G. Carducci : *Hymne à Satan.* Naissance : R. Kipling ; W. B. Yeats.	**31 janvier :** Abolition de l'esclavage aux États-Unis. **9 avril :** Reddition de Lee à Appomatox et fin de la guerre de Sécession. **15 avril :** Assassinat de Lincoln. F. Le Play : *Les Ouvriers européens.*

Économie, sciences, techniques	Musique et arts plastiques	Dates
Beau de Rochas perfectionne le moteur à gaz (cycle à quatre temps).	David : *Lalla-Roukh*. Restauration de Notre-Dame par Viollet-le-Duc. Naissance : Debussy. † Halévy.	**1862** **Dumas** a **60 ans**
Hofmann découvre de nouvelles matières colorantes artificielles : les violets. 26 octobre : fondation de la Croix-Rouge.	Berlioz : *Les Troyens à Carthage*. Bizet : *Les Pêcheurs de perles*. Carpeaux : *Ugolin et ses enfants*. Manet : *Le Déjeuner sur l'herbe*. Naissance : Signac. † Vernet ; Delacroix.	**1863** **Dumas** a **61 ans**
Pasteur démontre l'impossibilité de la génération spontanée. Naissance : L. Lumière. † Ampère.	Gounod : *Mireille*. Offenbach : *La Belle Hélène*. Naissance : Strauss. † Meyerbeer.	**1864** **Dumas** a **62 ans**
Invention du procédé Martin pour la fabrication de l'acier. Solvay applique le principe de la fabrication de la soude par l'ammoniac, trouvé en 1855 par Schlœsing et Rolland. C. Bernard : *Introduction à l'étude de la médecine expérimentale*.	Manet : *Olympia*. Meissonier : *Le Coup de l'étrier*. Meyerbeer : *L'Africaine*. Wagner : *Tristan et Isolde*. † Devéria.	**1865** **Dumas** a **63 ans**

Dates	Littérature	Politique, société, religion
1866 **Dumas** **a** **64 ans**	T. de Banville : *Gringoire ; Les Exilées.* F. Coppée : *Le Reliquaire.* A. Daudet : *Première Lettre de mon Moulin.* V. Hugo : *Les Travailleurs de la mer.* F. Ponsard : *Le Lion amoureux.* P.A. Ponson du Terrail : *Les Exploits de Rocambole.* P. Verlaine : *Poèmes saturniens.* J. Verne : *De la terre à la lune.* F. Dostoïevski : *Crime et Châtiment.* A.C. Swinburne : *Poèmes et Ballades.* Naissance : R. Rolland.	**24 juin :** Les Italiens écrasés par les Autrichiens à Custozza. **3 juillet :** Les Autrichiens battus par les Prussiens à Sadowa. **18 août :** Constitution de la Confédération de l'Allemagne du Nord. **Octobre :** Réunion de la Vénétie au royaume d'Italie. **Décembre :** Évacuation des troupes françaises de Rome.
1867 **Dumas** **a** **65 ans**	A. Daudet : *La Succession Chavanet.* A. Dumas fils : *Les Idées de Mme Aubray.* G. Feydeau : *La Comtesse de Châlis.* J. et E. de Goncourt : *Manette Salomon.* E. Labiche : *La Grammaire.* É. Zola : *Thérèse Raquin.* H. Ibsen : *Peer Gynt.* Naissance : P.-J. Toulet ; M. Schwob ; L. Pirandello. † C. Baudelaire ; F. Ponsard.	**Janvier :** Rétablissement du droit d'interpellation. **19 juin :** Exécution de l'empereur Maximilien à Queretaro. **Octobre :** Les troupes françaises réoccupent Rome. **3 novembre :** Défaite de Garibaldi à Mentana. K. Marx : *Le Capital.* † V. Cousin.
1868 **Dumas** **a** **66 ans**	A. Daudet : *Le Petit Chose.* Lautréamont : *Chants de Maldoror.* J. Michelet : *La Montagne* (1868-69). E. Pailleron : *Le Monde où l'on s'amuse.* F. Dostoïevski : *L'Idiot.* Naissance : F. James ; P. Claudel ; T. Botrel ; E. Rostand ; M. Gorki.	**29 février :** † Louis Iᵉʳ de Bavière ; avènement de Louis II. **11 mai :** Vote de la loi assouplissant le régime de la presse. **6 juin :** Les réunions publiques sont autorisées. Campagne des républicains. Naissance : C. Maurras ; Alain.
1869 **Dumas** **a** **67 ans**	F. Coppée : *Le Passant.* A. Daudet : *Les Lettres de mon moulin.* G. Flaubert : *L'Éducation sentimentale.* V. Sardou : *Patrie.* R. Sully Prudhomme : *Les Solitudes.* P. Verlaine : *Les Fêtes galantes.* L. Tolstoï : *Guerre et Paix.* Naissance : A. Gide. † A. de Lamartine.	**Mai-juin :** Victoire du Tiers Parti aux élections. **6 septembre :** Sénatus-consulte établissant un régime semi-parlementaire. **8 décembre :** Ouverture du Concile œcuménique du Vatican.

Économie, sciences, techniques	Musique et arts plastiques	Dates
Nobel stabilise la nitroglycérine et obtient la dynamite.	Courbet : *La Femme au perroquet.* Manet : *Le Fifre.* Offenbach : *La Vie parisienne.* Smetana : *La Fiancée vendue.* Naissance : Satie ; Kandinsky. † Gavarni.	**1866** **Dumas** **a** **64 ans**
Exposition universelle à Paris. Naissance : Marie Curie. † Faraday.	Ballu : achèvement de l'église de la Trinité. Bizet : *La Jolie Fille de Perth.* Gounod : *Roméo et Juliette.* Offenbach : *La Grande-Duchesse de Gerolstein.* Millet : *L'Angélus.* Verdi : *Don Carlos.* Naissance : Bonnard. † Rousseau, Ingres.	**1867** **Dumas** **a** **65 ans**
Charles Cros découvre la photographie en couleurs.	Carpeaux : *La Danse.* Falguière : *Ophélie.* Offenbach : *La Périchole.* Wagner : *Les Maîtres chanteurs de Nuremberg.* Naissance : Puccini. † Rossini.	**1868** **Dumas** **a** **66 ans**
Inauguration du canal de Suez. Gramme réinvente la dynamo. A. Bergès, inventeur de la houille blanche, installe la première haute chute à Lancey (Isère).	Gounod : *Faust.* Manet : *Le Balcon.* Offenbach : *La Princesse de Trébizonde.* Renoir : *La Grenouillère.* Wagner : *L'Or du Rhin.* Naissance : Roussel ; Matisse. † Berlioz.	**1869** **Dumas** **a** **67 ans**

Dates	Littérature	Politique, société, religion
1870 **Dumas** a **68 ans**	F. Coppée : *Poésies.* E. Labiche : *Les Trente Millions de Gladiator.* † J. de Goncourt ; P. de Kock ; Lautréamont ; P. Mérimée ; C. Dickens.	**2 janvier** : Ministère Émile Olivier. **20 avril** : Constitution de l'Empire libéral. **8 mai** : Plébiscite. **19 juillet** : Guerre franco-allemande. **2 septembre** : Sedan. **4 septembre** : Chute de l'Empire ; proclamation de la République ; gouvernement provisoire. **20 septembre** : Entrée des troupes italiennes à Rome. **18 juillet** : Le Concile vote le dogme de l'infaillibilité pontificale. J. Simon : *La Liberté de penser.* H. Taine : *La Monarchie constitutionnelle en France. De l'intelligence.* Naissance : Lénine. † Barbès.

Économie, sciences, techniques	Musique et arts plastiques	Dates
	Baltard : Achèvement des Halles. Delibes : *Coppélia*. Wagner : *La Walkyrie*. † Auber.	**1870** **Dumas** a **68 ans**

IX
CHRONOLOGIE
DES ŒUVRES DE DUMAS

Afin d'établir une succession dans les œuvres, il a été retenu, sauf exception, la date de la première représentation pour les œuvres dramatiques, de la publication en revue ou en feuilleton pour les œuvres romanesques et les articles, de l'enregistrement dans la *Biobliographie de la France* lorsqu'un ouvrage est présenté comme inédit ; dans les cas où la probable publication préoriginale n'a pu être retrouvée, la date d'enregistrement (souvent approximative) de la *Bibliographie de la France* a été adoptée.

Titre : le cas échéant, le titre de la préoriginale précède celui de l'édition, mis entre parenthèses. *Abréviation* : C. = Causerie.

Genre : *abréviations* : A. = acte ; B. = récit autobiographique ; C. = comédie ; Dr. = drame ; F. = feuilleton ; Fd. = feuilleton dramatique ; H. = histoire ; J. = journal, journalisme ; N. = nouvelle et conte ; Op. = opéra ; Op. c. = opéra-comique ; P. = poésie ; Pr. = prologue ; R. = roman ; t. = tableau ; Tr. = tragédie ; V . = varia ; Vd. = vaudeville.

Date : voir remarque ci-dessus.

Théâtres, journaux, éditeurs : théâtre pour les pièces ; revue ou journal pour les poèmes ou les récits, suivi de l'éditeur ; éditeur pour les ouvrages sans préoriginale. *Abréviations* : C.-Fr. = Comédie-Française ; T.-F. = Théâtre-Français ; *R.D.D.M. = Revue des Deux Mondes*.

Collaborateur : A.D. = Alexandre Dumas ; n.n. = non nommé.

	Titres	Genre	Dates	Théâtre Journaux - Éditeurs	Collaborateurs
1823	Blanche et Rose	P.	Janvier	Almanach dédié aux demoiselles.	
1825	La Chasse et l'Amour. Élégie sur la mort du général Foy.	Vd., 1 a. P.	22 septembre 1er décembre	Ambigu-Comique. Sétier.	Leuven, Rousseau.
1826	Élégie. La Néréide. L'Adolescent malade. L'Aigle blessé. Canaris. Nouvelles contemporaines (Laurette, Blanche de Beaulieu ou la Vendéenne, Marie). Romance. Souvenirs. Le Pâtre. Le Poète. La Noce et l'enterrement.	P. P. P. P. P. N. P. P. P. P. Vd., 3 t.	1er février Mars Mars Avril Mai 27 mai Juin Juillet Août Octobre 7 novembre	Petit Portefeuille des dames. Psyché. Psyché. Psyché. Psyché, Sanson. Sétier. Psyché. Psyché. Psyché, Galerie lithographiée. Psyché. Porte-Saint-Martin.	Lassagne, Vulpian.
1827	Le Siècle et la poésie. Leipzig. Le plaisir est une rose.	P. P. P.	17 janvier Janvier Janvier	Psyché, Mercure du XIXe siècle. Psyché, Galerie lithographiée. Chansonnier des Grâces.	
1828	Le Sylphe. Christine à Fontainebleau. Fiesque de Lavagna. La Peyrouse. Reichenau.	P. Tr., 5 a. Dr., 5 a., V. P. P.	Janvier 30 avril 14 mai 28 juillet 20 décembre	Almanach des dames. C.-Fr. (réception). C.-Fr. (refus). Revue encyclopédique, Galerie lithographiée, XLI. Galerie lithographiée, XLIV.	
1829	A mon ami Sainte-Beuve. Les Génies. Le Mancenillier. Rêverie. Henri III et sa cour. Les Trois Dons de la Péri. Fragment, ou Elle.	P. P. P. P. Dr., 5 a. P. P.	Janvier Janvier Janvier Janvier 10 février Mars Avril	Mercure de France du XIXe siècle. Psyché. Psyché. Psyché. C.-Fr. Psyché. Psyché.	

	Titres	Genre	Dates	Théâtre Journaux - Éditeurs	Collaborateurs
1829	Sur la Loire.	P.	Juin	*Psyché.*	
	Édith.	Dr., 5 a.	Juillet	C.-Fr. (refus).	
	A mon ami Victor Hugo après l'interdiction de Marion Delorme.	V.	20 août	*Le Sylphe.*	
	Mistraël.	P.	Novembre	*Psyché.*	
1830	Christine ou Stockholm, Fontainebleau et Rome.	Dr., 5 a., v.	30 mars	Odéon.	
	Rapport au général La Fayette sur l'enlèvement des poudres de Soissons.	V.	9 août	*Le Moniteur,* Sétier.	
1831	Napoléon Bonaparte ou Trente Ans d'histoire de France.	Dr., 6 a.	10 janvier	Odéon.	Cordellier-Delanoue (n.n.).
	La Vendée après le 29 juillet.	B.	Janvier	*R.D.D.M.*	
	Antony.	Dr., 5 a.	3 mai	Porte-Saint-Martin.	
	La Rose rouge.	N.	1er-15 juillet	*R.D.D.M.*	
	Charles VII chez ses grands vassaux.	Tr., 5 a.	20 octobre	Odéon.	
	Richard Darlington.	Dr., 3 a., pr.	10 décembre	Porte-Saint-Martin.	Beudin, Goubaux (Dinaux, A.D. n.n.).
	Scènes historiques (Chroniques de France).	R.	15 déc.-15 déc. 1832	*R.D.D.M.*	
1832	Teresa.	Dr., 5 a.	6 février	Salle Ventadour.	Anicet-Bourgeois (n.n.).
	Le Mari de la veuve.	C., 1 a.	4 avril	C.-Fr.	Anicet-Bourgeois, Duriez.
	La Tour de Nesle.	Dr., 5 a.	29 mai	Porte-Saint-Martin.	Gaillardet (A.D. n.n.).
	Le Fils de l'émigré *ou* le Peuple *précédé de* l'Armurier de Brientz	Dr., 5 a., 8 t., pr.	28 août	Porte-Saint-Martin.	Anicet-Bourgeois.
1833	Impressions de voyage (Suisse).	B.	15 févr.-15 août 1834	*R.D.D.M.,* Guyot.	
	Une joute.	N.	27 avril	*Le Livre des conteurs,* III.	
	Un bal masqué.	N.	15 mai	*Le Conteur.*	
	Gaule et France.	H.	Juin	Urbain Canel.	
	La Vendée et Madame.	H.	28 septembre	Urbain Canel, Guyot.	Dermoncourt.
	Les Enfants de la Madone.	N.	Novembre	*Les Cent et Une Nouvelles des cent et un,* Ladvocat.	
	Comment je devins auteur dramatique.	B.	1er décembre	*R.D.D.M.*	

	Titres	Genre	Dates	Théâtre Journaux - Éditeurs	Collaborateurs
1833	L'Ange de la poésie.	P.	18 décembre	Porte-Saint-Martin.	
	Angèle.	Dr., 5 a.	28 décembre		Anicet-Bourgeois.
1834	La Vénitienne.	Dr., 5 a., 8 t.	7 mars	Porte-Saint-Martin.	Anicet-Bourgeois (A.D. n.n.).
	Géographie antique. Moïse. Homère.	V.	20 mars	Le Musée des familles.	
	Catherine Howard.	Dr., 5 a., 8 t.	2 juin	Porte-Saint-Martin.	
	Jacques Ier et Jacques II.	R.	1er juin-1er août	Journal des enfants.	
	La Tour de Babel.	Revue.	24 juin	Variétés.	
	Zawiska-le-Noir.	P.	2 août	La Vieille Pologne.	
	Histoire de la littérature M.A.D.	V.	4 septembre	Le Musée des familles.	
	M. Gaillardet. « La Tour de Nesle ». La Méditerranée et ses côtes.	V.	10 octobre	Imp. Donday-Dupré.	
1835	Chroniques de France. Isabel de Bavière.	R.	4 avril	Dumont.	
	La Juive, le château d'Arenemberg.	B.	26 avril-3 mai	Revue et Gazette musicale de Paris.	
	Cromwell et Charles Ier, précédé d'Un dernier jour de popularité.	Dr., 5 a.	21 mai	Porte-Saint-Martin.	Cordellier-Delanoue (A.D. n.n.).
	Histoire de l'ancien théâtre français. Le Mystère de la Passion.	V.	11 juillet	Le Monde dramatique, Souvenirs dramatiques.	
	Souvenirs d'Antony.	N.	19 septembre	Dumont.	
	Une mort, un succès, une chute.	B.	10-17 janvier	Revue et Gazette musicale de Paris.	
	Paul Jones.	Dr., 5 a.	5 févr.-8 oct. 1838	Porte-Saint-Martin (réception). Théâtre du Panthéon (représentation).	
				R.D.D.M.	
	Guelfes et gibelins.	V.	1er mars	Ariel.	
	Le Cid.	P.		Variétés.	
	Le Marquis de Brunoy.	Dr., 5 a.	14 mars	R.D.D.M.	
	Voyage de Gabriel Payot.	B.	1er avril	Porte-Saint-Martin.	
	Don Juan de Marana.	Dr., 5 a.	30 avril	Impartial.	Jaime, Théaulon.
	Fragment (préface aux Poésies de Reboul).		11 mai		
1836	De la discussion sur la subvention des théâtres, Sur la subvention accordée au Théâtre-Français.		29 mai-3 juin	Impartial, Souvenirs dramatiques.	
	Le Feuilleton de La Presse.		2 juillet	La Presse.	
	De la tragédie aristocratique, de la comédie bourgeoise et du drame populaire.		3 juillet	La Presse.	

	Titres	Genre	Dates	Théâtre Journaux - Éditeurs	Collaborateurs
1836	Règnes de Philippe VI de France et d'Édouard III d'Angleterre (La Comtesse de Salisbury).		15 juillet-11 septembre	*La Presse*, Dumont, 1839.	Théaulon, Courcy (n.n.).
	Kean.	Dr., 5 a.	31 août	Variétés.	
	Léonie ou la France en 420.	Fd.	18 septembre	*La Presse*.	
	De la nécessité d'un second Théâtre-Français.		25 septembre	*La Presse, Souvenirs dramatiques.*	
	Variétés (*Mes infortunes de garde national*).	B.	28 septembre	*La Presse*.	
	Scène historique (*Murat*).	R.	2-16 octobre	*La Presse*, Dumont, 1838 (*La Salle d'armes*).	
	Marie ou les Trois Époques.	Fd.	15 octobre	*La Presse*.	
	Jaffier le corsaire.	Fd.	30 octobre	*La Presse*.	
	Nicomède. Rentrée de Ligier.	Fd.	31 octobre	*La Presse*.	
	Second Théâtre-Français.	V.	30 novembre	*La Presse*.	
	Variétés (Le Capitaine Aréna).	B.	30 nov.-6 déc.	*La Presse*.	
	Études dramatiques, 1830-1836, action réaction.	V.	4 décembre	*La Presse, Souvenirs dramatiques.*	
	La Tragédie est-elle morte avec Talma ?	V.	17 déc.-1er janv. 1837	*La Presse*.	
1837	La Camaraderie (les collaborateurs et M. Scribe).	Fd.	22-29 janvier	*La Presse, Souvenirs dramatiques.*	
	Pascal Bruno.	R.	23 janvier-3 février	*La Presse*, Dumont (1838), (*La Salle d'armes*).	
	Impressions de voyage (Suisse).	B.	Février-avril	*Le Figaro*, Dumont, 1837.	
	Théâtre de la Porte-Saint-Martin. Les Deux Familles...	Fd.	19 mars	*La Presse*.	
	La Vieillesse d'un grand roi....	Fd.	2 avril	*La Presse*.	
	Une chasse au chamois (Impressions de voyage).	B.	30 avril	*La Presse*.	
	Julie ou la Séparation.	Fd.	7 mai	*La Presse*.	
	M. le baron Taylor (au Théâtre-Français, en Orient, en Espagne).	Fd.	14-28 mai	*La Presse, Souvenirs dramatiques.*	
	Temple et hospice du mont Carmel.		31 mai	*La Presse*, Imp. Adrien Le Clerc.	
	Comment saint Éloi fut guéri de la vanité (Impressions de voyage).	B.	18 juin	*La Presse*.	
	Jeanne de Naples....	Fd.	25-28 juin	*La Presse*.	
	Le Chef-d'œuvre inconnu.	Fd.	4 juillet	*La Presse*.	
	Les Voix intérieures.	F.	9 juillet	*La Presse*.	
	De l'ouverture de l'Odéon.	Fd.	16 juillet	*La Presse*.	
	Histoire d'un ténor (Acté).	R.	22 oct.-3 déc.	*Revue et Gazette musicale de Paris*, Dumont, 1839.	

	Titres	Genre	Dates	Théâtre Journaux - Éditeurs	Collaborateurs
1837	Piquillo.	Op. c., 3 a.	31 octobre	Opéra-Comique.	Nerval, musique Monpou. Nerval (?).
	Caligula.	Tr., 5 a., v.	26 décembre	C.-Fr.	
1838	Jacques Ier et Jacques II (suite). Théâtre-Français, Odéon, M. Vedel...	R. Fd.	Février-octobre 23 février	Journal des enfants. La Presse.	
	Les Mémoires du Diable.	V.	4 mars	La Presse.	
	Poésie.	P.	10 mars	Revue coloniale.	
	Marion Delorme.	Fd.	10 mars	La Presse.	
	Le Sinaï (Quinze Jours au Sinaï).	V.	11 mars-3 juin	Revue de Paris, Dumont, 1839.	Dauzats.
	La Pauvre Fille.	Fd.	15-20 mars	La Presse.	
	Le Comte Horace (Pauline, VII).	R.	1er avril	La Presse.	
	Une nuit de Néron (Acte).	R.	14 avril	La Presse. Dumont, 1839.	
	La Salle d'armes (Pauline, Pascal, Brunot Murat).	R.		Dumont.	
	Le Bourgeois de Gand ou le Secrétaire du duc d'Albe.	Dr., 5 a.	21 mai	C.-Fr.	Romand (A.D. n.n.).
	Le Capitaine Paul.	R.	30 mai-23 juin	Le Siècle, Dumont, 1838.	
	Roméo et Juliette, IV, 1.	P.	10 août	Revue coloniale.	
	Monseigneur Gaston Phœbus. Chronique dans laquelle est racontée l'histoire du démon familier du sire de Corasse.	N.	14-19 août	Le Siècle, Dumont, 1839.	
	Introduction générale à Othello ou le Maure de Venise, tr. Benjamin Laroche.	V.	29 août	Marchant.	
	La Belgique et la Confédération germanique (Excursions sur les bords du Rhin).	B.	30 sept.-4 nov.	Revue de Paris.	
	Othon l'archer.	N.	25 déc.-24 janv. 1839	Le Siècle.	
1839	Bathilde.	Dr., 3 a.	14 janvier	Renaissance.	Maquet (A.D. n.n.). Fiorentino ?
	Maître Adam le Calabrais.	R.	26 février-14 mars	Le Siècle, Auguste Ozanne, 1839.	Brunswick (n.n.).
	Mademoiselle de Belle-Isle.	Dr., 5 a.	2 avril	C.-Fr.	Nerval (n.n.).
	L'Alchimiste.	Dr., 5 a., v.	10 avril	Renaissance.	Nerval (A.D. n.n.).
	Léo Burckart.	Dr., 5 a.	16 avril	Porte-Saint-Martin.	Fiorentino.
	Vie et aventures de John Davis.	R.	1er juin	Dumont, 1839.	
	Jacques Ortis.	R.	30 juin-19 novembre	Revue de Paris, Dumont, 1840.	
	Le Capitaine Pamphile (en feuill., voir Jacques Ier et Jacques II).	R.		Dumont, 1839.	

	Titres	Genre	Dates	Théâtre Journaux - Éditeurs	Collaborateurs
1839	Pierre-le-Cruel.	N.	31 août-3 septembre	Le Siècle, Dumont, 1841.	Fiorentino (pour Jeanne de Naples, Les Borgia?). Maquet (Urbain Grandier?).
	Les Crimes célèbres (Les Cenci, La Marquise de Brinvilliers, Karl-Ludwig Sand, Marie Stuart, La Marquise de Ganges, Murat, Les Borgia, Urbain Grandier, Vaninka, Massacres du Midi, La Comtesse de Saint-Géran, Jeanne de Naples).	H.	20 nov.-23 mai 1840	Administration de la Librairie.	
	L'île d'Elbe et les Cent-Jours (ex. du suivant).	H.	3-7 décembre	Le Siècle.	
	Napoléon.	H.	14 décembre	Le Plutarque français, Delloye.	
1840	Impressions de voyage (Le midi de la France).	B.	28 avril-27 mai	Le Siècle, Dumont, 1841.	Charles Lafont (A.D. n.n.).
	Jarvis l'honnête homme.	Dr., 2 a.	3 juin	Gymnase.	Grisier.
	Mémoires d'un maître d'armes.	R.	26 juillet-27 septembre	Revue de Paris, Dumont, 1840-1841.	
	Impressions de voyage. Fragments d'un voyage en Belgique - sur les bords du Rhin (Excursions sur les bords du Rhin).	B.	13 août-25 décembre	Le Siècle, Dumont, 1845.	
	Les Stuarts.	H.	29 août	Dumont, 1840.	
	Souvenirs de voyage (Le midi de la France).	B.	22 nov.-6 déc.	Revue de Paris, Dumont, 1841.	
	Souvenirs de voyage (Une année à Florence).	B.	13 déc.-18 avril 1841	Revue de Paris, Dumont, 1841.	
1841	La Chasse au chastre (Le Midi de la France).	N.	21-31 janvier	La Presse.	
	Théâtre complet, I.		20 février	Gosselin.	
	Praxède, suivi de Don Martim Freytas et de Pierre-le-Cruel.	N.	27 février	Dumont.	
	Variétés. L'Homme au masque de fer (Une année à Florence).	H.	19-21 février	Le Siècle.	
	Théâtre complet, II, III.	C., 5 a.	10 avril-15 mai	Gosselin.	
	Un mariage sous Louis XV.		1er juin	C.-Fr.	
	Le Chevalier d'Harmental.	R.	28 juin-14 janv. 1842	Le Siècle, Dumont, 1842.	Maquet.
	Chronique du roi Pépin.	N.	15-17 juillet	Le Siècle, Dumont, 1842.	
	Le Speronare.	B.	8 août-26 juin 1842	Revue de Paris, Dumont, 1842.	
	Les Merveilleuses Aventures de Lyderic.	N.	4 octobre-4 novembre	Le Musée des familles.	
	Jeannie le Breton ou le Gérant responsable.	Dr., 5 a.	27 novembre	Porte-Saint-Martin.	Eugène Bourgeois (A.D. n.n.).
	Armée française. Histoire du 23e régiment d'infanterie de ligne.	H.	8 décembre	Imp. Veuve Dondey-Dupré.	Adrien Pascal (n.n.).

	Titres	Genre	Dates	Théâtre Journaux - Éditeurs	Collaborateurs
1841	Jéhanne-la-Pucelle.	H.	28 déc.-22 janv. 1842	Le Commerce, Magen et Cormon.	
1842	Lorenzino.			C.-Fr.	
	La Maison des fous de Palerme (Le Capitaine Aréna).	Dr., 5 a.	24 février	La Presse, Dolin, 1842.	
	Mœurs et anecdotes siciliennes (Le Capitaine Aréna).	B.	13-15 avril	La Presse, Dolin, 1842.	
	Excursions aux îles Éoliennes (Le Capitaine Aréna).	B.	18 avril	La Presse, Dolin, 1842.	
	Voyage en Calabre (Le Capitaine Aréna).	B.	19-23 avril	La Presse, Dolin, 1842.	
	Le Corricolo.	B.	25 avril-5 juillet	La Presse, Dolin, 1842.	
	Retour (Le Corricolo).	B.	24 juin-18 janv. 1843	Le Siècle, Dolin, 1843.	
	Souvenirs de Florence (La Villa Palmieri).	B.	21-22 juillet	La Presse.	Fiorentino.
	Saint Janvier, martyr de l'église.	B.	15-19 septembre	La Presse, Dolin, 1843.	
	Le Mariage sur l'échafaud.	B.	5 septembre	La Mode.	
	Le Séducteur et le mari.	N.	25 septembre	La Mode.	Fiorentino.
		Dr., 3 a.	5 novembre	Délassements-comiques.	Charles Lafont (A.D. ? n.n.).
	13, 18 juillet, 4 août (La Villa Palmieri).	B.	14-15 novembre	Le Siècle.	
	Un alchimiste au XIXe siècle (La Villa Palmieri).	B.	24-27 novembre	La Presse, imp. Dupont, 1843.	
	Les Aventures d'une colonne (La Villa Palmieri).	B.	26 novembre	Le Musée des familles.	
	Halifax.	C., 3 a.	2 décembre	Variétés.	D'Ennery (n.n.).
	Bernard. Histoire pour les chasseurs.	B.	Décembre	La Presse.	
1843	Sylvandire.	R.	3 janvier-25 février	La Presse, Dumont, 1844.	Maquet.
	A l...	P.	8 janvier	Le Foyer.	
	Histoire d'un roi et de ses deux frères.	N.	10-11 février	Le Siècle.	
	La Robe de noces (Cécile).	R.	15 février-25 avril	La Mode, Dumont, 1844.	
	Filles, lorettes et courtisanes.	V.	25 février-18 mars	La Grande Ville, Dolin, 1843.	
	Le Mariage au tambour.	C., 3 a.	9 mars	Variétés.	Leuven, Brunswick (A.D. n.n.). Adrien Pascal.
	Armée française. 2e régiment d'infanterie légère.	H.	27 mars	Imp. Plon et Béthune.	
	Salvador Rosa. Mœurs napolitaines (Le Corricolo, Chap. LIV).	B.	28-29 mars	Le Courrier français.	Fiorentino ?
	Massacio (La Galerie de Florence).	V.	30 avril	L'Artiste.	
	Michel-Ange (La Galerie de Florence).	V.	28 avril-24 juin	L'Artiste.	
	Albine (Le Château d'Eppstein).	R.	4 juin-16 juillet	Revue de Paris, L. de Potter.	

	Titres	Genre	Dates	Théâtre Journaux - Éditeurs	Collaborateurs
1843	Les Marais pontins (Le Corricolo, *chap. LV, LVI*).	B.	17-20 juin	*Le Courrier français*	
	La Peinture chez les Anciens (La Galerie de Florence).	V.	9 juillet-15 octobre	*L'Artiste.*	Gariod ?
	Les Demoiselles de Saint-Cyr.	C., 5 a.	25 juillet	C.-Fr.	Leuven, Brunswick (n.n.).
	Lettre à Jules Janin.	V.	30 juillet	*La Presse*, Pétion, 1844.	
	Ascanio.	R.	31 juillet-4 octobre	*Le Siècle*, Pétion, 1844.	Meurice (n.n.).
	L'École des princes.	C., 5 a., v.	29 septembre	Odéon.	Louis Lefèvre (A.D. n.n.).
	De l'art au Moyen Age et à la Renaissance.	V.	29 oct.-26 nov.	*L'Artiste.*	
	Fra Bartolomeo.	V.	12 novembre	*Revue de Paris*, L. de Potter, 1844.	
	Louise Bernard.	Dr., 5 a.	18 novembre	Odéon.	Leuven, Brunswick.
	Titien Vecelli.	V.	1er déc.-1er janv. 1844	*La Chronique, La Revue pittoresque.*	
	Fernande.	R.	17 déc.-mars 1844	*Revue de Paris*, Dumont, 1844.	Hippolyte Auger (n.n.).
	Anaury.	R.	29 déc.-4 févr. 1844	*La Presse*, H. Souverain, 1844.	Meurice ?
	Le Laird de Dumbicky.	C., 5 a.	30 décembre	Odéon.	Leuven, Brunswick (n.n.).
1844	La Pêche au filet.	N.	25 janvier	*La Mode.*	Fiorentino ?
	Louis XIV et son siècle.	H.	Mars-8 nov. 1845	Dufour et Mulat, 30 livraisons.	Maquet ?
	Les Trois Mousquetaires.	R.	14 mars-11 juillet	*Le Siècle*, Baudry, 1844.	Maquet.
	Gabriel Lambert.	R.	15 mars-1er mai	*La Chronique*, H. Souverain, 1844.	
	La Légende des Sept Dormants.	N.	25 mars	*La Mode.*	
	La Bataille de Friedland.	H.	25 mars-25 avril	*Le Musée des familles.*	
	Une fille du Régent.	R.	25 avril-13 juillet	*Le Commerce*, A. Cadot.	
	Temple et hospice du mont Carmel.	V.	8 juin	*La Presse.*	Maquet.
	Une famille corse (Les Frères corses).	R.	28 juin-16 juillet	*Démocratie pacifique*, H. Souverain.	La Cécilia ?
	Le Pérugin.	V.	27 août	*Le Musée des familles.*	
	Le Comte de Monte-Cristo.	R.	28 août-15 janv. 1846	*Journal des Débats*, Pétion, 1844-1846.	
	La Bouillie de la comtesse Berthe.	R.	7 septembre	Hetzel, livraisons.	
	Hamlet.	Dr., 5 a.	12 septembre	C.-Fr. (réception).	Meurice (A.D. n.n.).
	Quentin Metzis.	V.	25 octobre	*Le Musée des familles.*	
	A M. D.L., rédacteur de la *Démocratie pacifique* (Simples lettres sur l'art dramatique).	V.	7 décembre	*Démocratie pacifique.*	
	Histoire d'un casse-noisettes.	R.	27 nov.-25 déc.	Hetzel, livraisons.	
	La Reine Margot.	R.	25 déc.-5 avril 1845	*La Presse*, Garnier, 1845.	Maquet.

	Titres	Genre	Dates	Théâtre Journaux - Éditeurs	Collaborateurs
1845	La Guerre des femmes[1].	R.	2 janv.-1er juin; 7-9 avril 1846	La Patrie, L. de Potter.	Maquet.
	Vingt Ans après. Suite des Trois Mousquetaires.	R.	21 janvier-28 juin	Le Siècle, Baudry.	Maquet.
	Le Garde forestier.	C., 2 a.	15 mars	Variétés.	Brunswick, Leuven (A.D. n.n.).
	Les Médicis (La Galerie de Florence).	V.	22 mars	Recoules.	
	Un conte de fées.	C., 3 a.	29 avril	Variétés.	Brunswick, Leuven.
	Le Chevalier de Maison-Rouge.	R.	21 mai-12 janv. 1846	Démocratie pacifique, A. Cadot.	Maquet.
	Sylvandire.	Dr., 4 a.	7 juin	Palais-Royal.	Brunswick, Leuven.
	Armée française. Histoire du 24e régiment d'infanterie de ligne.	H.	18 juillet	Imp. Plon.	Pascal.
	La Dame de Monsoreau.	R.	27 août-12 févr. 1846	Le Constitutionnel, Pétion, 1846.	Maquet.
	Une amazone (Herminie).	N.	29 sept.-4 oct.	Le Siècle.	
	Andrea del Sarto (La Galerie de Florence).	V.	19 octobre	L'Esprit public.	
	Les Mousquetaires, précédé de L'Auberge de Béthune, prologue.	Dr., 5 a, 12 t.	27 octobre	Ambigu-Comique.	
	Les Peintres célèbres. Appelles.	V.	25 novembre	Le Musée des familles.	Maquet.
1846	Les Peintres célèbres. Cimabüe. Giotto (La Galerie de Florence).	V.	25 janvier	Le Musée des familles.	
	Le Bâtard de Mauléon.	R.	20 février-16 octobre	Le Commerce, A. Cadot, 1846-47.	Maquet.
	Une fille du Régent.	Dr., 4 a., pr.	1er avril	C.-Fr.	Maquet, Brunswick. Bocage, Feuillet (A.D. n.n.).
	Échec et mat.	C., 3 a.	23 mai	Odéon.	
	Mémoires d'un médecin. Joseph Balsamo.	R.	31 mai-6 juin; 3 sept. 47-22 janv. 48	La Presse, Fellens, Dufour, 1846-1848.	Maquet.
	« Préface en forme de causerie » à Les Armes et le duel, de Grisier.	V.	1er août	La Presse.	
	A Ana, à Petra, à Carmen.	P.	12 novembre	L'Indépendant.	
1847	La Reine Margot.	Dr., 5 a, 13 t.	20 février	Théâtre-Historique.	Maquet.
	Espagne et Afrique (Impressions de voyage. De Paris à Cadix).	B.	12-27 mars	La Presse, Garnier, 1847-48.	
	Les Quarante-Cinq.	R.	13 mai-20 octobre	Le Constitutionnel, A. Cadot, 1847-48.	Maquet.
	Intrigue et amour.	Dr., 5 a, 9 t.	11 juin	Théâtre-Historique.	

1. Publié en quatre parties: *Nanon de Lartigues*, 1845; *Madame de Condé*, 1845; *La Vicomtesse de Cambes*, 1846; *L'Abbaye de Pessac*, 1846.

	Titres	Genre	Dates	Théâtre Journaux - Éditeurs	Collaborateurs
1847	Le Chevalier de Maison-Rouge.	Dr., 5 a., 12 t.	3 août	Théâtre-Historique.	Maquet.
	Une séance de magnétisme chez M. A.D.	V.	16 sept.-17 oct.	La Presse.	
	Lettre sur Frédéric Soulié.	V.	28 septembre	Le Siècle.	
	Le Vicomte de Bragelonne.	R.	20 oct.-12 janv. 1850	Le Siècle.	Maquet. (A.D. n.n.).
	Récits sur la captivité de l'empereur. Napoléon à Sainte-Hélène, par Montholon.	H.	6 novembre	Paulin.	
	Hamlet, prince de Danemark.	Dr., 5 a.	15 décembre	Théâtre-Historique.	Meurice.
1848	Le Véloce ou Tanger, Alger et Tunis.	B.	22 janv.-12 avril 1851	A. Cadot, Bertonnet.	
	Monte-Cristo, 1er soirée.	Dr., 5 a., 11 t.	2 février	Théâtre-Historique.	Maquet.
	Monte-Cristo, 2e soirée.	Dr., 5 a., 6 t.	3 février	Théâtre-Historique.	Maquet.
	Le Mois.	J.	16 mars-1er févr. 1850	La Liberté.	
	Collaboration à La Liberté.	J.	25 mars-25 mai	L'Assemblée nationale.	
	« Les Exilés ».	J.	17 mai	La France nouvelle.	
	Collaboration à La France nouvelle.	J.	1er-30 juin	La France nouvelle.	
	A M. Émile Barrault à propos de sa lettre à Lamartine.		Juin		
	Chateaubriand.	V.	7-13 juillet	Les morts vont vite, La Patrie	
	Révélations sur l'arrestation d'Émile Thomas.	J.	16 juillet	Le Mois, M. Lévy.	
	Catilina.	Dr., 5 a., 7 t.	14 octobre	Théâtre-Historique.	Maquet.
	Mémoires d'un médecin. Le Collier de la reine.	R.	29 déc.-28 janv. 1850	La Presse, A. Cadot, 1849-59.	Maquet.
1849	La Jeunesse des mousquetaires.	Dr., 5 a., 12 t.	17 février	Théâtre-Historique.	Maquet.
	Les Mille et Un Fantômes.	N.	2 mai-3 juin	Le Constitutionnel, A. Cadot.	P. Lacroix.
	Marie Dorval.	V.	25 mai	Le Constitutionnel, A. Cadot.	
	La Régence.	H.	3 juin		
	Un dîner chez Rossini.	N.	22-28 juin	Le Constitutionnel, A. Cadot.	
	Les Gentilhommes de la Sierra Morena.	N.	29 juin-3 juillet	Le Constitutionnel, A. Cadot.	
	Les Mariages du père Olifus.	R.	11 juillet-30 août	Le Constitutionnel, A. Cadot.	
	Le Chevalier d'Harmental.	Dr., 5 a., 10 t.	26 juillet	Théâtre-Historique.	Maquet.
	Le Testament de M. de Chauvelin.	N.	4-19 septembre	Le Constitutionnel, A. Cadot.	
	La Femme au collier de velours.	N.	22 sept.-27 oct.	Le Constitutionnel, A. Cadot.	P. Lacroix.
	La Guerre des femmes.	Dr., 5 a., 10 t.	1er octobre	Théâtre-Historique.	Maquet.
	Louis XV.	H.	6 octobre	A. Cadot.	
	Le Connétable de Bourbon.	Dr., 5 a., 12 t.	20 octobre	Porte-Saint-Martin.	Grangé, Montépin (A.D. n.n.).

	Titres	Genre	Dates	Théâtre Journaux - Éditeurs	Collaborateurs
1849	Mémoires de J.F. Talma...	H.	3 novembre	H. Souverain.	
	Le Testament de César.	Dr., 5 a.	10 novembre	C.-Fr.	J. Lacroix (A.D. n.n.).
	Le Comte Hermann.	Dr., 5 a.	22 novembre	Théâtre-Historique, L'Ordre.	
	Le Cachemire vert.	C., 1 a.	15 décembre	Gymnase.	Nus.
	Lettres au directeur du Siècle, Mocquet.	V.	22-24 décembre	Le Siècle.	
1850	Trois Entractes pour l'amour médecin.	C.	15 janvier	C.-Fr.	Meurice.
	Lettre-préface à La Mer rouge par Arnauld et Vayssière.	V.	28-29 janvier	L'Ordre.	
	Montévideo ou une Nouvelle Troie.	H.	1er janvier-1er février	Le Mois, Imp. Chaix.	
	L'Auberge de Schawasbach.	Dr., 1 a.	30 mars	Gaîté.	
	Urbain Grandier.	Dr., 5 a., pr.	31 mars	Théâtre-Historique, Le Siècle.	Maquet.
	Les Chevaliers du lansquenet.	Dr., 5 a., 10 t.	4 mai	Ambigu-Comique.	Grangé, Montépin (A.D. n.n.).
	Pauline.	Dr., 5 a., 8 t.	1er juin	Théâtre-Historique.	Grangé, Montépin (A.D. n.n.).
	Dieu dispose. Prologue. Le Trou de l'Enfer.	R.	28 juin-1er août	Événement, A. Cadot, 1851.	Meurice ?
	La Tulipe noire.	R.	4 juillet-21 août	Le Siècle, Baudry.	
	Louis XVI.	H.	6 juillet	A. Cadot.	
	La Chasse au chastre.	C., 3 a., 8 t.	3 août	Théâtre-Historique.	
	Les Frères corses.	Dr., 3 a., 5 t.	10 août	Théâtre-Historique.	Grangé, Montépin (A.D. n.n.).
	Dieu dispose. Le Château double.	R.	14 août-18 octobre	Événement, A. Cadot, 1851 (publié sous le titre Le Trou de l'Enfer).	
	Le Capitaine Lajonquière.	Dr., 5 a., 9 t.	23 septembre	Théâtre-Historique.	
	La Colombe (Histoire d'une colombe).	R.	22 oct.-9 nov.	Le Siècle, A. Cadot.	
	Dieu dispose. Les Coulisses d'une révolution.	R.	20 nov.-28 févr. 1851	Événement, A. Cadot (publié sous le titre Dieu dispose).	
	Ange Pitou.	R.	17 déc.-26 juin 1851	La Presse, A. Cadot.	Maquet.
1851	Dieu dispose. Mine et contre-mine.	R.	7 mars-16 juin	Événement, A. Cadot (publié sous le titre Dieu dispose).	
	Drame de 93. Scènes de la vie révolutionnaire.	H.	22 mars	H. Souverain.	
	Le Comte de Morcerf.	Dr., 5 a., 10 t.	1er avril	Ambigu-Comique.	Maquet.
	La Barrière de Clichy.	Dr., 5 a., 14 t.	21 avril	Théâtre-National (Cirque).	Meurice.
	Villefort.	Dr., 5 a., 10 t.	8 mai	Ambigu-Comique.	Maquet.

	Titres	Genre	Dates	Théâtre / Journaux - Éditeurs	Collaborateurs
1851	Ouistiti.	C., 3 a.	1er octobre	Vaudeville.	Leuven, Brunswick.
	Romulus.	C.	9 octobre	C.-Fr.	Bocage, Meurice.
	Olympe de Clèves.	R.	16 oct.-19 févr. 1852	Le Siècle.	Maquet.
	Ingénue.	R.	5 décembre[1]		Maquet.
	Mes Mémoires.	B.	16 déc.-26 oct. 1853 ; 10 nov. 1853 ; 12 mai 1855	La Presse, A. Cadot, Méline. Le Mousquetaire.	
	Le Vampire.	Dr., 5 a., 10 t.	20 décembre	Ambigu-Comique.	
1852	Histoire nautique. Épisodes de la mer (Les drames de la mer).	H.	21-29 février	Le Siècle, A. Cadot.	Van Hasselt ?
	Dieu et Diable (Conscience l'innocent).	R.	26 février-7 avril	Le Pays, A. Cadot.	Van Hasselt ?
	L'Église Sainte-Marie de Shaerbeek.	V.	5 mars	Indépendance belge.	
	Les Cours d'E. Deschanel.	V.	19 mars	Indépendance belge.	
	Le Dernier Roi (des Français).	H.	27 mars-8 mai	H. Souverain.	
	Californie. Un an sur les bords du San Joachim et du Sacramento (Un « Gil Blas » en Californie).		15 avril-2 mai	Le Siècle, A. Cadot.	
	Benvenuto Cellini.	Dr., 5 a., 8 t.	1er avril	Porte-Saint-Martin.	Meurice (A.D. n.n.).
	La Comtesse de Charny.	R.	4 sept.-31 mai 1856	A. Cadot.	
	Isaac Laquedem.	R.	10 déc.-11 mars 1853	Le Constitutionnel, Librairie Théâtrale.	
1853	« Almanach d'hygiène de Place. »	V.	4 janvier	Indépendance belge.	
	Le Pasteur d'Ashbourn.	R.	23 février-11 juin	Le Pays, A. Cadot.	
	Mémoires (Le Curé de Boulogne).	V.	24-25 mars	La Presse, Bric-à-brac.	
	« Un mot sur la poésie en Belgique » (poètes, peintres, musiciens).		5 juillet-2 août	Le Pays, Bric-à-brac.	
	Préface à Bianca Capello ou Venise et Florence au xve siècle.	V.	4 août	Murquadt (Bruxelles).	
	La Jeunesse de Louis XIV.	C., 5 a.	30 août[2]	C.-Fr. (réception).	Goritz ?
	De la critique et surtout des critiques.		12 novembre	Le Mousquetaire, Souvenirs dramatiques.	
	Le Mousquetaire.	J.	12 nov.-7 février 1857	C.-Fr. (réception).	
	La Jeunesse de Louis XV.	C., 5 a.	17 novembre[3]		

1. La fin du roman sera publiée dans Le Siècle, du 30 août au 8 décembre 1854.
2. La pièce avait été représentée à Bruxelles le 25 février 1853.
3. La représentation n'aura lieu que le 15 décembre 1856, sous le titre Le Verrou de la reine.

	Titres	Genre	Dates	Théâtre Journaux - Éditeurs	Collaborateurs
1853	Heures de prison (Mme Lafarge).	V.	21-23 novembre	Le Mousquetaire, Bric-à-brac.	
	De la sculpture et des sculpteurs.	V.	23-25 novembre, 10-11 mars 1854	Le Mousquetaire, Bric-à-brac.	
	Le Tueur de lions, La Chasse au lion (Le Lion de l'Aurès).	V.	24-30 novembre	Le Mousquetaire, Causeries.	Gérard.
	« Mauprat » (A propos de Mauprat).	V.	30 nov.-1er déc.	Le Mousquetaire, Souvenirs dramatiques.	
	La Chasse aux éléphants (Une chasse aux éléphants).	V.	2-9 décembre	Le Mousquetaire, Causeries.	
	Mémoires (Le Louis XI de Mély-Janin et le Louis XI de Casimir Delavigne).		4-5 décembre	Le Mousquetaire, Souvenirs dramatiques.	
	Mémoires (Dix ans de la vie d'une femme).		14-15 décembre	Le Mousquetaire, Souvenirs dramatiques.	
	Mémoires (Les Auteurs dramatiques au Conseil d'État).		17 décembre	Le Mousquetaire, Souvenirs dramatiques.	
	Hégésippe Moreau.	V.	23 décembre	Le Mousquetaire, Les morts vont vite.	
	Mémoires (Une vie d'artiste).	V.	24 déc.-21 janv. 1854	Le Mousquetaire.	
	Catherine Blum.	R.	21 déc.-19 janv. 1854	Le Pays, A. Cadot.	
	La Jeunesse de Pierrot (Le Roi de Bohême).	N.	10-19 décembre	Le Mousquetaire.	Goritz ?
1854	Vie et aventures de Catherine-Charlotte.	R.	1er janvier-18 sept.	Le Mousquetaire, A. Cadot, Dash.	
	C. Cas de conscience.	V.	1er janvier	Le Mousquetaire, M. Lévy, 1861.	
	C. L'Œuvre de Notre-Dame-des-sept-Douleurs.	V.	8-9 janvier	Le Mousquetaire, Imp. E. Brière.	
	Q. Romulus et Pizarre.		12 janvier	Le Mousquetaire, Bric-à-brac.	
	Q. Romulus.	C.	13 janvier	C.-Fr. Le Mousquetaire.	
	Deux Infanticides	V.	24-28 janv., 4-6 mars	Le Mousquetaire, Bric-à-brac.	
	El Salteador.	V.	28 janvier-3 février	Le Mousquetaire, Souvenirs dramatiques.	Bocage, Feuillet.
	C. Le Livre de la vie (Saphir).	R.	5 février-28 mars	Le Mousquetaire, A. Cadot.	
		V.	5-8 février	Le Mousquetaire (Saphir, pierre précieuse montée).	
	C. Réflexions mondaines d'un hanneton.		9 février	Id.	Goritz.
	C. Conseils aux comédiens.	V.	10 février	Id. Causeries.	
	C. L'Homme et les années de sa vie (Saphir).	V.	11 février	Id.	
	C. Histoire merveilleuse d'un homme qui passe en revue les feuilles de son album (Saphir).	V.	12-23 février	Id.	

	Titres	Genre	Dates	Théâtre Journaux - Éditeurs	Collaborateurs
1854	C. Désir et possession (Saphir).	V.	13 février	Id., *Bric-à-brac.*	
	C. L'Homme d'expérience (Saphir).	V.	14 février	Id.	
	C. Tablettes d'un misanthrope.	V.	19-27 févr., 5 mars	Id., A. Cadot, *Causeries.*	
	C. Les Étoiles commis voyageur (Saphir).	V.	24 février-3 mars		
	Le Plafond du salon de la Paix à l'Hôtel de Ville par Delacroix.				
	C. L'Ulysse de Ponsard.	V.	9 mars	Id., *Bric-à-brac.*	
	C. Le Docteur Castle. Phrénologie. Caractère moral de M. A. Dumas (Étude de tête d'après la bosse).	V.	1er-8 avril	Id., *Souvenirs dramatiques.*	
	Préface aux Histoires cavalières *d'Eimann.*	V.	7-8 mai, 13-19 oct.	Le Mousquetaire, *Bric-à-brac.*	
	Le Marbrier.	Dr., 3 a.	20 mai	Charpentier.	Bocage, Brunswick (Goritz ?).
			22 mai	Vaudeville.	
	l'Iliade, *traduction.*	V.	22-23 mai	Le Mousquetaire.	
	Les Mohicans de Paris (Les Mohicans de Paris et Salvator le commissionnaire).	R.	25 mai-26 mars 1856.	Le Mousquetaire, A. Cadot.	Bocage.
			23 avril 1857-	Le Monte-Cristo.	
			28 juillet 1859		
	C. Un poète anacréontique (Denne-Baron).	V.	15-17 juin	Le Mousquetaire, *Bric-à-brac. Propos d'art et de cuisine.*	
	C. Le Lotus blanc et la rose mousseuse.	V.	18 juin	Le Mousquetaire, *Bric-à-Brac.*	
	Causeries d'un voyageur[1].	B.	7-9 juillet	Le Pays, A. Cadot, 1855.	
	Saphir, pierre précieuse montée.	V.	22 juillet	Le Mousquetaire, Coulon Pineau.	
	Le Capitaine Richard.	R.	11 août	Le Siècle, annonce.	Goritz.
	Le Page du duc de Savoie.	R.	20 sept.-19 janv. 1855	Le Constitutionnel, A. Cadot.	
	Préface à Le Pays des Niam-niams *de Du Couret.*	V.	8 octobre	Le Mousquetaire, P. Martinon.	
	Critique littéraire. Représentation de l'Œdipe de Voltaire à l'Odéon (L'Œdipe de Voltaire et l'Œdipe de Sophocle).	V.	27 oct.-19 nov.	Id., *Souvenirs dramatiques.*	
	La Dame au volubilis, polémique avec Mme Badère.	V.	28 oct.-15 nov.	Id.	
	La Conscience.	Dr., 5 a., 6 t.	4 novembre	Odéon.	Lockroy, Goritz.
	Eugène-Auguste Colbrun (Mon ami Colbrun).	V.	27 novembre	Le Mousquetaire, Nouvelle galerie des artistes dramatiques vivants, Geoffroy, 1855.	
	Opinions de Jules Janin.	V.	4-31 décembre	Id.	

1. Le roman sera publié dans *Le Monde illustré* du 2 janvier au 26 juin 1858.

	Titres	Genre	Dates	Théâtre Journaux - Éditeurs	Collaborateurs
1854	Pèlerinage de Hadji-Abd-el-Hamid-Bey aux villes saintes de Médine et La Mecque (Médine et La Mecque).	V.	26 déc.-14 déc. 1855	Le Mousquetaire, A. Cadot.	Du Couret.
1855	Les Grands Hommes en robe de chambre : Henri IV.	H.	4 janvier-26 février	Le Mousquetaire, A. Cadot.	
	Les Baleiniers. Voyage aux terres antipodiques[1].	V.	5 mars	Presse (annonce), A. Cadot, 1859.	Maynard.
	C. Étude sur le cœur et le talent des poètes.		23 mars	Le Mousquetaire, Causeries.	
	C. Les Trois Dames.	V.	24-27 mars	Id., Causeries.	
	Impressions de voyage. Journal de Mme Giovanni. En Australie, aux îles Marquises, à Tahiti, à la Nouvelle-Calédonie, en Californie, au Mexique.	V.	31 mars-15 mai	Le Siècle.	?
	C. Andromaque.	V.	2-12 avril	Le Mousquetaire.	
	Les Grands Hommes en robe de chambre : Louis XIII (Louis XIII et Richelieu).	H.	26 avril-30 mars 1856	Id., A. Cadot.	
	C. Ah! qu'on est fier d'être français.	V.	7-8 mai	Id., Causeries.	
	Exposition universelle. Peinture. École française. Eugène Delacroix.	V.	26 mai-3 juin, 15 août-3 septembre	Id., Album de l'Exposition universelle.	
	Le Secrétaire de la marquise du Deffand (Madame du Deffand).	V.	6 juin-3 décembre	Le Mousquetaire, A. Cadot.	Dash.
	Articles sur Mme Ristori.	V.	31 mai	Id.	
	Mort de Mme de Girardin.	V.	3 juillet	Id.	
	Préface à Impressions de voyage. De Paris à Sébastopol (Le Paquebot de Crimée) de Félix Maynard.	V.	10 juillet	Id., Librairie nouvelle.	
	Marie Dorval (La Dernière année de Marie Dorval).	V.	17-27 juillet	Le Mousquetaire, Librairie nouvelle, Les morts vont vite.	
	Mémoires d'un jeune cadet (Un cadet de famille).	V.	3 août-9 février 1856	Le Mousquetaire, Plon.	Perceval.
	Un courtisan.	V.	21 août-1er septembre	Le Mousquetaire, Plon.	Perceval.
	Le Royaume de mes souvenirs.	B.	25 août	La Libre Recherche.	
	Les Grands Hommes en robe de chambre : César.	H.	31 août-19 décembre	Le Mousquetaire, A. Cadot.	
	Causerie avec mes lecteurs à propos d'un chien, de deux coqs et de onze poules (Histoire de mes bêtes).	B.	29 oct.-29 nov., 12-19 nov. 1857	Le Mousquetaire, Hetzel, 1858. Le Monte-Cristo, M. Lévy, 1867.	
1856	L'Orestie.	Tr., 3 a.	5 janvier	Porte-Saint-Martin.	
	Préface au Capitaine Paul.	V.	28 février-2 mars	Le Mousquetaire, Librairie théâtrale.	

1. Les vers seront publiés dans La Presse du 23 mars au 4 mai 1858.

	Titres	Genre	Dates	Théâtre Journaux - Éditeurs	Collaborateurs
1856	Le Lièvre de mon grand-père.	R.	2-14 mars	Le Siècle, A. Cadot (P.), Lebègue-Hetzel (B.).	
	Samson (fragments).	Op.	15 mars	École spéciale de chant. Première séance de l'année 1856.	
	Isabelle Constant.	V.	10 mai	Nouvelle Galerie des artistes vivants.	
	Le Fils de la nuit (Le Pirate).	D., 8 t.	11 juillet	Librairie théâtrale.	Lopez, Nerval, Séjour.
	La Tour Saint-Jacques-la-Boucherie.	Dr., 5 a., 9 t.	15 novembre	Porte-Saint-Martin.	Montépin.
	Le Verrou de la reine.	C., 3 a.	15 décembre	Cirque.	
	Les Compagnons de Jéhu.	R.	20 déc.-4 avril 1857	Gymnase (voir Jeunesse de Louis XV). Journal pour tous, A. Cadot.	
1857	Les Solitudes.	P.	21 mars	Charlieu.	Mannoury-Lacour (A.D. n.n.).
	« Les Élections anglaises. »	J.	29 mars-1er avril	La Presse.	
	Le Monte-Cristo.	J.	23 avril-10 mai 1860		
	C. Ce que l'on voit chez Mme Tussaud.	B.	7-14 mai	Le Monte-Cristo, Causeries.	
	La Figurine de César. Une fabrique de vases étrusques à Bourg-en-Bresse.	B.	21 mai-11 juin	Le Monte-Cristo, Causeries.	
	Les Grands Hommes en robe de chambre.	H.	23 avril-6 août	Le Monte-Cristo.	
	Harold ou le Dernier Roi des Saxons.	R.	23 avril	Le Monte-Cristo.	
	C. Le Derby d'Epsom.	B.	4 mai-23 juillet	Le Monte-Cristo, Causeries (part.).	Perceval.
	Une mère (tr. Andersen).	N.	25 juin	Le Monte-Cristo, Causeries.	
	L'Homme aux contes. Le Soldat de plomb et la danseuse.		2 juillet	Le Monte-Cristo, Hetzel.	
	Les Compagnons de Jéhu.	Dr., 5 a., 15 t.	2 juillet	Gaîté.	Gabet.
	La Revue nocturne.	P.	16 juillet	Le Monte-Cristo.	
	L'Homme aux contes. Petit-Jean et Gros-Jean.		16 juillet-26 août	Id., Hetzel.	
	Étude sur Alfred de Musset (Alfred de Musset).	V.	23 juillet-26 août	Le Monte-Cristo, Les morts vont vite.	
	De Béranger (Béranger).	V.	30 juillet	Le Monte-Cristo, Les morts vont vite.	
	L'invitation à la valse.	C., 1 a.	3 août	Gymnase.	Meurice.
	Eugène Sue.	V.	13 août	Le Monte-Cristo, Les morts vont vite.	
	La Retraite illuminée.	V.	20 août	Le Monte-Cristo, Propos d'Art et de cuisine, Bric-à-brac.	
	C. Le Château de Pierrefonds.	V.	3 septembre	Le Monte-Cristo, Bric-à-brac.	
	L'Homme aux contes. Le Roi des taupes et sa fille.	N.	3-10 septembre	Le Monte-Cristo, Hetzel.	
	Un mot à propos du comte de Monte-Cristo.	B.	17 septembre	Le Monte-Cristo.	

	Titres	Genre	Dates	Théâtre Journaux - Éditeurs	Collaborateurs
1857	Le Meneur de loups.	R.	2-30 octobre	Le Siècle, A. Cadot.	Cherville.
	Le Cauchemar de Mocquet. Voyage à la lune.	B.	8 octobre	Le Monte-Cristo, Causeries.	
	C. Voyage en Hollande, 1849.		22 oct.-12 nov.	Le Monte-Cristo.	
	Le Chasseur de sauvagine.	R.	15 nov. (av.-prop.)	?, A. Cadot, 1858.	Cherville.
	Ainsi soit-il (Madame de Chamblay).	R.	19 nov.-8 juillet 1858	Le Monte-Cristo.	
			1er janv.-22 avril 1862	Le Monte-Cristo, II M. Lévy, 1862.	
	Béranger (Dernières Chansons).	V.	26 novembre	Le Monte-Cristo.	
	L'Arabie heureuse.	V.	2 déc.-21 mars 1858	Le Siècle, M. Lévy, 1860.	Du Courct.
	L'Homme aux contes. Nicolas le philosophe.		3 décembre	Le Monte-Cristo, Hetzel.	
	L'Homme aux contes. Le Vaillant Petit Tailleur.	N.	17-24 décembre	Le Monte-Cristo, Les morts vont vite.	
	Black.	R.	24 déc.-13 février 1858	Le Constitutionnel, A. Cadot.	Cherville.
	C. Dévéria, Lefèvre-Deumier.	V.	31 décembre	Le Monte-Cristo, Les morts vont vite.	
1858	Cléopâtre, reine d'Égypte, Jeanne d'Arc, Lucrèce.	H.	Vers janvier	Les Étoiles du monde, Garnier.	
	La Route de Varennes.	H./B.	4 février-22 avril	Le Monte-Cristo, Hetzel.	
	Contes pour les enfants. La chèvre, le tailleur et ses trois fils (L'Homme aux contes).	N.	4-11 février	Le Monte-Cristo, Hetzel.	
	Id. Blanche de Neige.	N.	18-25 février	Le Monte-Cristo, Hetzel.	
	Les Louves de Machecoul, épisodes de la guerre de Vendée en 1832.	R.	27 février-21 août	Journal pour tous, A. Cadot.	Cherville.
	Les Gardes forestiers.	Dr., 5 a.	23 mars	Gymnase de Marseille.	Goritz.
	L'honneur est satisfait.	C., 1 a.	9 avril	Hôtel Beaujon Gymnase.	Wolff.
	C. Comment j'ai fait jouer à Marseille le drame des Forestiers.	B.	15-29 avril	Le Monte-Cristo, Bric-à-brac.	
	Mémoires d'un policeman. Esquisses de mœurs anglaises.	R.	30 avril-21 mai	Le Siècle, A. Cadot, 1859.	Perceval.
	C. Jacques Fosse.	V.	6 mai	Le Monte-Cristo, Bric-à-brac.	
	Les Trois Phèdre.	V.	13 mai	Le Monte-Cristo, Souvenirs dramatiques.	
	Causerie culinaire.	V.	20 mai	Le Monte-Cristo, Bric-à-brac.	
	M. le duc. Mme la duchesse d'Orléans.	V.	27 mai	Le Monte-Cristo, Les morts vont vite.	
	Causerie macaronique.	V.	3 juin	Le Monte-Cristo.	
	C. De Paris à Astrakan.	B.	17 juin-28 avril 1859	Le Monte-Cristo, Librairie nouvelle.	
			24 sept.-6 déc. 1861	Le Constitutionnel.	
			28 mars-13 juin 1862	Le Monte-Cristo, II, M. Lévy.	
	La Maison de glace.	R.	8 juil.-24 févr. 1859	Le Monte-Cristo, Hetzel, 1859.	

	Titres	Genre	Dates	Théâtre Journaux - Éditeurs	Collaborateurs
1858	Un coup de feu (Pouchkine).	N.	30 sept.-7 oct.	*Le Monte-Cristo*, M. Lévy, 1862.	
	Le Chasse-neige (Pouchkine).	N.	14-21 octobre	*Le Monte-Cristo*, M. Lévy, 1862.	
	Le Faiseur de cercueil (Pouchkine).	N.	4 novembre	*Le Monte-Cristo*, M. Lévy, 1862.	
	La Bacchante.	Op., 2 a.	5 novembre	Opéra-Comique.	Leuven, musique E. Gautier.
	Lettres sur l'émancipation des esclaves en Russie (Lettres de Saint-Pétersbourg).	V.	21 déc.-10 mars 1859	*Le Siècle*, Hetzel.	
1859	La Frégate. L'Espérance (Marlinski). (La Princesse Flora.)	R.	17 mars-9 juin	*Le Monte-Cristo*, A. Cadot.	
	Ammalat-Beg (Sultanetta).	R.	25 mars-2 juin	*Moniteur universel*, A. Cadot.	
	Le Salon de 1859 (L'Art et les artistes contemporains au Salon de 1859).	V.	23 avril-19 mai	*Indépendance belge*, Librairie nouvelle.	
	Le Caucase.	B.	16 avril-15 mai	*Le Caucase*, Librairie théâtrale.	
	La Tombe des deux frères (Marianna).	N.	18 juin	*Journal pour tous*, Hetzel, 1859.	
	Mme Desbordes-Valmore.	V.	28 juillet	*Le Monte-Cristo*.	
	C. Les Petits Cadeaux de mon ami Delaporte.	V.	4 août	*Le Monte-Cristo*, Causeries.	
	Contes pour les enfants. Les Deux Frères (Contes pour les grands et les petits enfants).	N.	11-25 août	*Le Monte-Cristo*, Hetzel, 1859.	
	Histoire d'un cabanon et d'un chalet (Monsieur Coumbes).	R.	15 août-16 octobre	*Revue européenne*, Librairie nouvelle.	Cherville.
	Id. Les Mains géantes.	N.	1ᵉʳ septembre	Id.	
	Id. La Reine des neiges.	N.	8-22 septembre	Id.	
	Contes pour enfants. La Balle ambitieuse et le sabot philosophe.	N.	22 septembre	*Le Monte-Cristo*, G. Paetz, 1860.	
	Le Roi des quilles. Gottlieb le tourneur (Contes pour les grands et les petits enfants).	N.	29 sept.-13 oct.	*Le Monte-Cristo*, Hetzel, 1859.	
	Victor Hugo : La Légende des siècles.	V.	6 octobre	*Le Monte-Cristo*.	
	Une aventure d'amour.	R./B.	13 oct.-12 janv. 1860	*Le Monte-Cristo*, Hetzel, 1860.	
	Contes pour les enfants. Le Sifflet enchanté.	N.		*Le Monte-Cristo*, M. Lévy, 1860.	
	Contes pour les enfants. La Petite Sirène (Le Père Gigogne).	N.	27 oct.-17 nov.	*Le Monte-Cristo*, M. Lévy, 1860.	
	Un pays de l'autre monde (Un pays inconnu).	V.	21 nov.-15 déc.	*Messager de Paris*, M. Lévy, 1865.	Revoil (A.D. n.n. en feuilleton).
	C. Le Père prodigue.	V.	8 décembre	*Le Monte-Cristo*.	
	Contes pour les enfants. Pierre et son oie (Le Père Gigogne).	N.	29 déc.-19 janv. 1860	*Le Monte-Cristo*, M. Lévy, 1860.	

	Titres	Genre	Dates	Théâtre Journaux - Éditeurs	Collaborateurs
1860	C. Une visite à Garibaldi.	B.	12 janv.-9 février	Le Monte-Cristo, Causeries.	Leuven, mus.
	Le Roman d'Elvire.	Op. c., 3 a.	4 février	Opéra-Comique.	Ambroise Thomas. Perceval ?
	Mémoires d'Horace.	R.	16 février-19 juin	Le Siècle, non édité.	
	Lettres au directeur politique du Siècle.	J.	31 janvier, 18 et 28 février, 8 mars	Le Siècle.	
	C.A.D. et les shires du pape, 1835.	B.	23 février-29 mars	Le Monte-Cristo.	
	Le Père La Ruine.	R.	21 mars-4 mai	Le Siècle, M. Lévy, 1860.	
	C. Poèmes d'Emma Munnoury-Lacour.	V.	5 et 19 avril	Le Monte-Cristo.	
	La Marquise d'Escoman (Les Drames galants. La Marquise d'Escoman).	R.	13 avril-9 juin	Le Constitutionnel (2 vol.), Librairie nouvelle, A. Bourdilliat.	Cherville.
	C. Saint Népomucène et le savetier (L'Homme aux contes).	N.	26 avril-3 mai	Le Monte-Cristo, Hetzel, 1861.	
	Mémoires de Garibaldi.	C., 5 a.	30 mai-5 septembre	Le Siècle, M. Lévy, 1860.	
	L'Envers d'une conspiration.	Dr., 5 a., 8 t.	4 juin	Vaudeville.	Lockroy.
	Le Gentilhomme de la montagne.	R.	12 juin	Porte-Saint-Martin.	Lockroy.
	Le Médecin de Java (L'Île de feu).	V.	15 juin	Annonce, Le Siècle, Hetzel.	Cherville.
	La Vie au désert.		28 juillet	M. Lévy.	Revoil.
	Lettres à Carini (Les Garibaldiens).	H./B.	Vers mai-novembre	Movimento, Michel Lévy.	
	Jane.	R.	5-14 août	Le Siècle, Hetzel, 1859.	
	L'Indépendant / L'Indépendente[1].	J.	11 oct.-15 mai 1861[2]		
	Le Père Gigogne.	N.	20 octobre	M. Lévy.	
	Causeries[1].	V.	20 octobre.	M. Lévy.	
	La Dame de Monsoreau, précédé de L'Étang de Baugé, pr.	Dr., 5 a., 10 t.	19 novembre	Ambigu-Comique.	Maquet.
1861	Le Pape devant les Évangiles, l'histoire et la raison humaine.	V.	Vers mars	De Androsio, Naples.	
	Le Prisonnier de la Bastille.	Dr., 5 a., 9 t.	22 mars	Cirque.	
	Une nuit à Florence.	R.	23 mars	M. Lévy, Hetzel, 1861.	
	A son Éminence Mgr le cardinal Antonelli.	V.	26 mars	L'Indépendant, De Androsio.	
	Le Fléau de Naples. La mendicité.	V.	8 juin	Journal pour tous, M. Lévy, 1862.	
	Bric-à-brac[1].	V.	29 juin	M. Lévy.	
1862	Le Monte-Cristo.	J.	1er janvier-10 octobre		

1. Ont été relevés à mesure de leur publication les causeries et articles que recueillent ces volumes.
2. Le journal est paru à nouveau du 15 mai 1862 au 23 mai 1868.

	Titres	Genre	Dates	Théâtre Journaux - Éditeurs	Collaborateurs
1862	Une Odyssée en 1860.	B.	1er janvier-3 octobre	Le Monte-Cristo, II, non édité.	
	C. Éruption du Vésuve.	V.	1er-7 janvier	Le Monte-Cristo, II.	
	C. Bandits, voleurs : Borgès, Taccone, Bizarro.		10-31 janvier	Le Monte-Cristo, II.	
	C. Henri II de Guise.	H.	4-28 février	Le Monte-Cristo, II.	
	C. La Camorra.	H.	18-21 mars	Le Monte-Cristo, II.	
	Le Volontaire de 92.	R.	25 avril-3 octobre	Le Monte-Cristo, II.	
			23 févr.-11 mars 1867	Le Mousquetaire, II, non édité.	
	Les Bourbons de Naples (I Borboni di Napoli).	H.	Vers 5 mai-? 1863	L'Indépendant (supplément), Napoli.	
	Masaniello.	H.	22 juillet-12 septembre	Le Monte-Cristo, II.	
			27 juin-18 juillet	Le Monte-Cristo, II.	
1863	Lettres de Naples.	J.	4-8 janvier	La Presse.	
	Variétés (bandits, camorra).	J.	25 janvier-20 février	La Presse.	
	Roméo et Juliette.	Dr.		Non représenté.	
	Variétés. Les Fous du docteur Miraglia.	J.	6-8 juin	La Presse, M. Lévy, 1867.	
	Notes de voyages (Suisse).	B.	27 juin-3 juillet	La Presse.	
	Collaboration au Petit Journal (Lettres de Naples, faits divers).	J.	27 oct.-20 mars 1864	Petit Journal.	
	Collaboration au Journal de Paris.	J.	17-23 novembre	Journal de Paris.	
	La Veillée allemande.	Dr., 1 a.	21 novembre	Théâtre de Belleville.	Lopez (Goritz ?).
	Lettres sur la cuisine à un prétendu gourmand napolitain.	V.	1er décembre	Petit Journal.	
	La San Felice (La San Felice, Emma Lyonna).	R.	15 déc.-3 mars 1865	La Presse, M. Lévy.	
1864	Préface à Tonton, tontaine, tonton de Léon Bertrand.	V.	3 février	Petit Journal, Dentu.	
	Les Chevau-légers de Saluzzo.	H.	16 mars-11 avril	Petit Journal.	
	Causerie à propos de ma tête et de ma main.	B.	2 et 9 avril	Journal illustré.	
	Chronique anniversaire de Shakespeare.	V.	16-18 avril	Petit Journal.	
	Causerie sur les poètes, les léporides, les microphytes et les microzoaires.	V.	23 avril-7 mai	Journal illustré.	
	A propos de Cléopâtre et des nuits de Rome.	V.	14 mai	Journal illustré.	
	Madame de Monaco : histoire de brigand.	V.	28 mai	Journal illustré.	
	Les Serpents.	V.	15-29 mai, 5-19 juin	Grand Journal.	
	Le Pays natal.	B.	11 juillet	Journal littéraire.	
	Les Deux Reines.	R.	10 septembre	M. Lévy.	Dash.

	Titres	Genre	Dates	Théâtre Journaux - Éditeurs	Collaborateurs
1864	Ivanhoé.	R.	17 sept.-19 nov.	Publ. du *Siècle*, M. Lévy.	Perceval.
	Les Mohicans de Paris.	Dr., 5 a., 9 t.	20 septembre	Gaité.	Bocage.
	La Chasse.	V.	1er et 8 octobre	*Journal illustré.*	
	Chroniques.	V.	26 oct.-1er déc.	*Petit Journal.*	
	Causerie sur Delacroix et ses œuvres.		29 déc.-12 janv. 1865	*La Presse*, Paetz.	
1865	Souvenirs d'une favorite.	R.	10 janvier-14 juillet	*Avenir national*, M. Lévy.	
	Ma Soirée des rois. Jacques Burke.	V.	11-16 janvier	*Petit Journal.*	
	Bouts-rimés.	V.	Vers 30 avril	Librairie du *Petit Journal.*	
	Le Comte de Moret.	R.	17 oct.-23 mars 1866	*Les Nouvelles.*	
	Voyage en Autriche.	B.	4-18 décembre	*Les Nouvelles.*	
1866	A travers la Hongrie.	B.	1er janvier-12 février	*Les Nouvelles.*	Jallais.
	Gabriel Lambert.	Dr., 5 a.	16 mars	Ambigu-Comique.	
	A mes amis connus et inconnus.	V.	17 mars	*Petit Journal.*	
	Dernières amours. Nouveaux Mémoires.	B.	19 mars-4 mai	*Le Soleil.*	
	Lettres d'Italie.	H., B.	26 mai-1er juillet	*Avenir national.*	
	Lettres d'Italie.	H., B.	27 mai-15 juillet	*Le Soleil.*	
	Un cas de conscience.	R.	3-16 juin	*Le Soleil.*	
	Parisiens et provinciaux.	R.	26 juin-13 octobre	*La Presse*, M. Lévy, 1868.	
	Roger de Beauvoir.	V.	29-30 août	*Les Nouvelles.*	
	Marie Capelle. Souvenirs intimes.	V.	26 sept.-2 nov.	*Les Nouvelles*, non édité.	
	Le Mousquetaire (II).	J.	18 nov.-25 avril 1867	*Le Mousquetaire*, non édité.	Petrucelli della Gattina.
	Le Comte de Mazarra.	R.	18 nov.-14 déc.	*Le Mousquetaire.*	
	Othello.	V.	24-28 novembre	*Le Mousquetaire.*	
	L'Affaire Fualdès.	H.	29 nov.-3 févr. 1867	*Le Mousquetaire*, non édité.	Mahalin.
	Les Albums de l'Europe.	V.	16-21 décembre	*Le Mousquetaire.*	
	Le Saint-Sacrement à Naples.	V.	24-28 décembre	*Le Mousquetaire.*	
	Nos grands hommes en robe de chambre : Frédéric Soulié.	V.	26 déc.-5 janv. 1867	*Le Mousquetaire.*	
	Cent ans de brigandage dans les provinces méridionales.	V.	29 déc.-12 janv. 1867	*Le Mousquetaire.*	
1867	Nos grands hommes en robe de chambre : E. Sue.	V.	6-23 janvier	*Le Mousquetaire.*	
	Les Blancs et les Bleus (Les Prussiens sur le Rhin,	R.	13 janvier-22 février	*Le Mousquetaire*, II.	

	Titres	Genre	Dates	Théâtre Journaux - Éditeurs	Collaborateurs
1867	Le 13 Vendémiaire, Le 18 Fructidor, La Huitième Croisade).		28 mai-25 octobre	La Petite Presse, M. Lévy.	
	Les morts vont vite. Ingres.	V.	17 janvier	Le Mousquetaire.	
	Les morts vont vite. Victor Cousin.	V.	18 janvier	Le Mousquetaire.	
	C. Historiens et romanciers.	V.	6 février	Le Mousquetaire.	
	Une légende de la forteresse de Saint-Pétersbourg.	N.	14-17 février	Le Mousquetaire.	
	Les Hommes de fer (Pépin, Charlemagne, Le Sire de Giac, Guelfes et Gibelins).		6 avril	M. Lévy.	
	L'École des beaux-arts.	V.	11 mai	Paris-Guide.	
	A propos d'Hernani (I)	V.	juin	L'Étudiant	
	A propos d'Hernani (II, III)	V.	13-15 juin	Le Figaro.	
	La Terreur prussienne.	R.	20 août-20 novembre	La Situation.	
1868	Dartagnan.	J.	4 février-4 juillet	Dartagnan.	
	L'Armoire d'acajou.	N.	4 février-novembre	Dartagnan. •	
	Le Dévouement des pauvres.	N.	8-18 février	Dartagnan.	
	Études sur Kean.		18 février	Dartagnan.	
	Causerie sur les Valois à propos de la reine Margot, Les Mousquetaires et la reine Margot.	V.	27 février-14 mars	Dartagnan.	
	Directeurs, acteurs, auteurs.	V.	12-24 mars	Dartagnan.	
	Causeries sur le tabac.	V.	2-7 avril	Dartagnan.	
	Le Capitaine Rhino des lacs Noirs, scènes du désert.	V.	9-28 avril	Dartagnan, M. Lévy, 1872.	
	Les Chiens enragés.	V.	16 et 18 avril	Dartagnan.	
	Caroline de Brunswick, reine d'Angleterre. Sa vie, son procès, sa mort.	H.	30 avril-23 mai	Dartagnan.	
	C. Le Travail des femmes.	V.	7 mai	Dartagnan.	
	C. Les Organisations caritatives : Les petites Incurables, N.-D. des Arts, Les Abeilles, École professionnelle des femmes, Les Filles du Saint-Sauveur, Œuvre du refuge Sainte-Anne, L'Œuvre allemande.	V.	9 mai-27 juin	Dartagnan.	
	Madame de Chamblay. Causeries.	B.	2-30 juin	Dartagnan.	
	Madame de Chamblay.	Dr., 5 a.	4 avril	Salle Ventadour.	
	L'Exposition du Havre.	V.	11 juin-4 juillet	Dartagnan.	
	Le Lion pater familias (Le Capitaine Rhino).	V.	20-30 juin	Dartagnan, M. Lévy, 1872.	

	Titres	Genre	Dates	Théâtre Journaux - Éditeurs	Collaborateurs
1868	Exposition du Havre.	V.	29 juin-10 juillet	*Journal du Havre.*	
	Correspondance du Havre au Petit Journal.	J.	1er-23 juillet	*Petit Journal.*	
	C. Talma.	V.	5-26 juillet	*Théâtre-Journal.*	
	Les Taureaux espagnols au Havre.	V.	19 juillet		
	Causeries sur la mer.	V.	31 juillet-2 octobre	*Moniteur universel du soir.*	
	Mlle Georges.	V.	2 août	*Théâtre-Journal.*	
	Préface à Le Diamant et ses imitations *de Framinet.*		11-13 septembre	*Moniteur universel du soir.*	
	Madame de Chamblay. Un mot sur la pièce et sur les artistes.		6 décembre	*Théâtre-Journal.*	
	Félicien Mallefille.		13 décembre	*Théâtre-Journal.*	
1869	Hector de Sainte-Hermine.	R.	1er janv.-30 oct.	*Moniteur universel,* non édité.	
	Le Nouveau Comité du Théâtre-Français. Les Anciens Comités [...]	V.	5 et 6 janvier	*Moniteur universel.*	
	Lettre au directeur du Pays (les dettes de José-phine).		11 janvier	*Moniteur universel.*	
	Paul Huet.		12 janvier	*Moniteur universel.*	
	Les Blancs et les Bleus.	Dr., 5 a., 11 t.		Châtelet.	
	Préface à Les Cœurs vaillants *de Caliste de Langle.*	V.	4 décembre	Dentu.	
	Création et rédemption (Le Docteur mystérieux, La Fille du marquis).	R.	29 déc.-22 mai 1870	*Le Siècle,* M. Lévy, 1872.	
1870	Le Taureau.	V.	26 septembre	*Moniteur universel.*	
	Œuvres posthumes.				
	Grand Dictionnaire de la cuisine.		1872	A. Lemerre.	Dumas fils.
	Joseph Balsamo.	Dr., 5 a., 8 t.	18 mars 1878	Odéon.	
	Petit Dictionnaire de la cuisine[1].		1882	A. Lemerre.	

1. Version abrégée du *Grand Dictionnaire de la cuisine.*

X

BIBLIOGRAPHIE

LISTE DES ABRÉVIATIONS

B.A.A.A.D. : Bulletin de l'Association des Amis d'Alexandre Dumas, *deviendra, à partir de 1978* : B.S.A.A.D. : Bulletin de la Société des Amis d'Alexandre Dumas
B.B. : Bulletin du bibliophile
C.D. : Cahiers Dumas
E.U.R. : Europe
M.L. : Magazine littéraire
R.H.L.F. : Revue d'histoire littéraire de la France
R.D.D.M. : Revue des deux mondes
T.R. : Table ronde
U.G.E : Union générale d'éditions

1871

BARTLING H., « A. Dumas père und seine Schriften », *Unsere Zeit*, VII, 1.
BIGELOW J., « A breakfast with A.D. », *Scribner's Magazine*, I, p. 597-600.
COOKE J. E., « Alexandre Dumas », *Appleton's Journal*, VI.
F., N., « Autobiographies littéraires. Alexandre Dumas et ses Mémoires », *Revue Britannique*, 9ᵉ série, tome III : 349-401 (article repris de la *Quartely Review*).
HAYWARD A., « Alexandre Dumas père », *The Quarterly Review*, CXXI.
JANIN J., *Alexandre Dumas*, Librairie des bibliophiles, 94 p.
MONGE L. de, « La mort d'A.D. », *Revue générale*, Bruxelles, I, p. 93-98.
NODIER C., « Prospectus pour les œuvres complètes de Dumas père », *Bulletin du bibliophile*, p. 537-542.
PHILLIPS B., « A reminiscence of Alexandre Dumas », *The Galaxy*, XII, p. 503-508, « The theatrical experiences of the late Alex. Dumas », *Dublin University Magazine*, LXXVII, p. 241-263.

1872

ASSELINEAU C., *Bibliographie romantique, catalogue anecdotique et pittoresque des éditions originales*, P. Rouquette.
DELAIR P., *L'Éloge d'Alexandre Dumas* (aux matinées de la Gaîté, 17 décembre 1871), Alphonse Lemerre, 33 p.
VILLEMESSANT H. de, *Mémoires d'un journaliste*, E. Dentu, 2ᵉ série, « Les hommes de mon temps », p. 219-295.
« The dashing exploit of A.D.m 1830 », *All the Year Round*, XXVIII.

1873

BROWNE J.H., « A few french celebrities », *Harper's Magazine*, XLVII, p. 833-843.
FOUCHER P., *Les Coulisses du passé*, E. Dentu, p. 435-493.
FITZGERALD P., *Life and Adventures of Alexander Dumas*, Londres, Tinsley Brothers, 2 vol., 302, 314 p.
SAINTE-BEUVE, *Premiers Lundis*, II, Calmann-Lévy, p. 390-401.
X., « Alexandre Dumas », *Blackwood's Magazine*, CXIV, p. 111-130.

X, « Balzac and Dumas. The cookery of Dumas », *All the year round*, XXIX.

1874

BERNARD D., « Alexandre Dumas père et fils », *La Restauration*, septembre.

BORNIER H. de, *Le Monument d'Alexandre Dumas*, poésie. Ollendorff, 8 p.

CLARETIE J., « A.D. et le théâtre », *Le Soir*, 12 janvier.

COOKE J.E., « Dumas' Way of Working », *Appleton's Journal*, XI.

DUBARRY A., *Quatre Célébrités : saint Janvier et son miracle, Masaniello, Alexandre Dumas père, Rosambeau*, librairie de la Société des gens de lettres, p. 105-254.

GAUTIER T., *Portraits contemporains. Littérateurs, peintres, sculpteurs, artistes dramatiques*, Charpentier.

Histoire du romantisme, Charpentier.

HUGO C., *Les Hommes de l'exil*, A. Lemerre, p. 72-103.

1875

BRUNT J., *Choses et autres. Esquisses, impressions et souvenirs*, Alphonse Lemerre, p. 335-347.

CLARETIE J., *La Vie moderne au théâtre*, G. Barba, 2ᵉ série.

CHARPENTIER J., *La Littérature française au XIXᵉ siècle*, Garnier frères, p. 180-181.

RHODES A., « Alexandre Dumas », *The Galaxy*, XX, p. 29-40.

1876

HEYLLI G. d', « M. Salvador et Dumas père. — Alexandre Dumas cuisinier », *La Gazette anecdotique*, I, 15 août, 15 octobre, p. 92-94, p. 197-200.

« Un billet de Charles Nodier à Dumas. — Rien de nouveau sous le soleil », *La Gazette anecdotique*, II, p. 345-346.

TULOU F., *Frédéric Lemaître. Souvenirs*, Baur, p. 7, 9-13.

VILLEMESSANT H. de, *Mémoires d'un journaliste*, E. Dentu, 5ᵉ série (scènes intimes), p. 206-210, 234-248.

X., « The novel factory of A.D. », *Appleton's Journal*, XV.

1877

CHAMBRILLAN comtesse Lionel de (Céleste Mogador), *Un deuil au bout du monde*, Librairie nouvelle, p. 1-3, 180, 204-207.

JANIN J., *Critique dramatique*, Librairie des bibliophiles, 4 vol.

X., « Dumas père, candidat politique », *Gazette anecdotique*, 30 avril, I, 8, p. 229-231.

1878

BERNARD D., « Alexandre Dumas », *L'Union*, 6 janvier.

DUMAS A. (fils), *Entr'actes*, Calmann-Lévy, II, p. 349-350.

HOSTEIN H., *Historiettes et souvenirs d'un homme de théâtre*, E. Dentu, p. 5-7, 11-22, 45-46, 281-311.

MONTIFAUD M. de, *Les Romantiques*, imp. Reiff, p. 30-35, portrait gravé.

ROYER A., *Histoire du théâtre contemporain en France et à l'étranger depuis 1800 jusqu'à 1875*, Paul Ollendorff, I, p. 69-74, 106-135 (v. L'École romantique, A.D.).

SAINTSBURY G., «Alexandre Dumas», *Fortnightly Revue*, XXX, p. 527-542.

1879

KARR A., *Le Livre de bord. Souvenirs*, Calmann-Lévy.

TIVIER H., *Histoire de la littérature française*, Delagrave, p. 489.

X., *Famous French Writers*, New York.

X., «Alexandre Dumas», *Argosy*, XXVII, p. 445-452.

1880

FOURNIER É., *Souvenirs poétiques de l'école romantique. 1825-1840*, Laplace, Sanchez et Cie, p. 117-121, portrait.

PARRAN A., «Pétrus Borel, Alex. Dumas. Études bibliographiques», *Mémoire de la Société scientifique d'Alais*.

POLLOCK W., «Alexandre Dumas», *Nineteenth Century*, VIII, p. 653-671 (déjà publ. in *Appleton's Journal*, XXIV, 1875).

1881

AYRALULT H., «Alexandre Dumas as a Hero», *Potter's American Monthly*, XVI.

CLARETIE J., «Alexandre Dumas père, homme politique», *La Nouvelle Revue*, VIII, 15 janvier, p. 396-412.

GANDERAX L., «Le drame populaire : Monte-Cristo, les premières armes de Richelieu», *R.D.D.M.*, XLVIII, p. 215-225.

JAMES H., «Goethe and Dumas», *The Nation*, New York, XVII.

MATTHEWS J. B., *French Dramatists of the 19th Century*, New York, Ch. Scribner's sons, p. 46-47.

« The dramas of the elder Dumas », *Atlantic Monthly*, XLVIII, p. 363-395.

PARRAN A., *Romantiques. Éditions originales, vignettes, documents inédits ou peu connus. Pétrus Borel. Alexandre Dumas. Alais*, p. 13-72, portrait d'A.D.

TOPIN M., *Romanciers contemporains*, Didier, p. 55-68.

1882

BANVILLE T. de, *Petites Études. Mes souvenirs*, Charpentier, p. 404-410 (XXXVI).

CLARETIE J., *Alexandre Dumas fils*, A. Quantin.

DUCAMP M., *Souvenirs littéraires*, Hachette, 1882-1883, I, p. 48, 158 ; II, p. 246-263.

GLINEL C., «Alex. Dumas et son œuvre, notes biographiques et bibliographiques», *Bulletin de la Société académique de Laon*.

SAINTSBURY B., *A Short Story of French Literature*, Oxford.

SAMSON, Mémoires, Paul Ollendorff, p. 254-263, 294-299.

1883

ABOUT E., « Discours lu à l'inauguration du Monument », *Le Figaro*, 4 novembre.

AICARD J., *La Comédie-Française à Alexandre Dumas*, 4 novembre, Paul Ollendorff, 14 p.

BIRÉ E., *Victor Hugo avant 1830*, J. Gervais, p. 478-483.

BERNADILLE, « Alexandre Dumas », *Le Moniteur universel*, 5 novembre.

CHAMPFLEURY J.F., *Les Vignettes romantiques. Histoire de l'art et de la littérature (1825-1840)*, 150 vignettes, E. Dentu, p. 47-48, 113, 117-118, 162-163, 277, 311, 323, 328, 352, 411-415.

DORCHAIN A., *Alexandre Dumas*, poésie dite à l'Odéon le 4 novembre 1883, A. Lemerre, 16 p.

FERRY G., *Les Dernières Années d'Alexandre Dumas (1864-1870)*, Calmann-Lévy, 351 p.

SÉCHAN C., *Souvenirs d'un homme de théâtre, 1831-1855*, Calmann-Lévy, p. 319-322.

VIEL-CASTEL H. comte de, *Mémoires sur le règne de Napoléon III, 1851-1864*, 1883-1886, 6 vol.

WEISS J.-J., « Le drame populaire de cape et d'épée », *Revue politique et littéraire*, 10 février.

X., « Les dernières années de Dumas père », *Gazette anecdotique*, 15 mars.

X., « Notes et impressions (A. Dumas père) », *Revue politique et littéraire*, 24 novembre.

1884

CLAUDIN G., *Mes souvenirs. Les boulevards, 1840-1870*, Calmann-Lévy, p. 31-32, 177-179.

CLÉMENT-JANIN M.-H., *Dédicaces et lettres autographes*, Dijon, Darantière, p. 69, 89-90.

GLINEL C., *Alexandre Dumas et son œuvre. Notes biographiques et bibliographiques*, Reims, F. Michaud, XXIX, 519 p.

JAURGAIN J. de, *Troisvilles, d'Artagnan et les Trois Mousquetaires. Études biographiques et héraldiques*, H. Champion, 98 p. Rééd. (augmentée et refondue) : 1910, VIII, 273 p.

PARRAN A., « Victor Hugo et Alexandre Dumas », *Annuaire de la Société des amis des livres*.

PIFTEAU B., *Alexandre Dumas en bras de chemise*, L. Vanier, 72 p.

UZANNE O., « Alexandre Dumas », *Le Livre*, 10 novembre.

VITU A., *Les Mille et Une Nuits du théâtre*, Paul Ollendorff, 1884-1894, 9 vol.

X., *Le Monument d'Alexandre Dumas, œuvre de Gustave Doré*. Librairie des bibliophiles, X, 97 p.

1885

ALBERT P., *La Littérature française au XIXᵉ siècle*, Hachette, II, p. 203-219.

AUDEBRAND P., *Petits Mémoires d'une stalle d'orchestre*, Jules Lévy.

BLAZE DE BURY H., *Mes études et mes souvenirs. Alexandre Dumas, sa vie, son temps, son œuvre*, Calmann-Lévy, IV, 348 p.

BRUNETIÈRE F., «Alexandre Dumas», *R.D.D.M.*, 1ᵉʳ août, LXX, p. 695-705.

CHALLAMEL A., *Souvenirs d'un hugolâtre. La génération de 1830*, J. Lévy, p. 30, 34-40, 160, 335.

DAVROUX A., *Douze Célébrités du département de l'Aisne*, Saint-Quentin, imp. J. Moureau, p. 81-136.

DUVAL A., *Souvenirs, 1829-1830*, Plon-Nourrit, p. 20, 65, 169-170, 243-247, 252-253.

HITCHMAN F., «Alex. Dumas and his plagiarisms», *National Review*, Londres, IV, p. 387-402.

HOUSSAYE A., *Les Confessions*, E. Dentu, 1885-1891, I, II, III, p. 226, 233, 288-289; IV, p. 310-311, 387.

MICHAUX A., *Souvenirs personnels sur Alexandre Dumas*, Soissons, Marchal et Billard, 150 p.

PARODI A., *Le Théâtre en France (la tragédie, la comédie, le drame)*, Hennuyer, p. 210-223 (Scribe et Dumas).

X., *Catalogue de portraits*, librairie Roblin, nᵒˢ 404-423 (avril).

1886

BADÈRE C., *Mes mémoires*, imp. Alcan-Lévy, p. 46-49.

COURMEAUX E., *Alexandre Dumas*, Châlons-sur-Marne.

GLINEL C., «Alexandre Dumas et l'Académie française», *Le Livre*, p. 289-297.

«A. Dumas intime. Mélanie Waldor et Belle Krelsamer», *id.*, oct.

HOUSSAYE A., *Comédiens sans le savoir*, Librairie illustrée, p. 313.

LEGOUVÉ E., *Soixante Ans de souvenirs*, Hetzel, 1886-1887, I, p. 14, 31, 189, 192; II, p. 31-32, 41-42.

MARMOTTAN P., *Les Statues de Paris*, H. Laurens.

MOREAU E., «L'histoire du théâtre», *Revue d'art dramatique*, I, p. 13-27.

PARRAN C., «Notice sur l'édition originale de *La Tour de Nesle*», *Le Livre*.

X., «Les droits d'auteur d'A.D. – A.D. et l'Académie française», *Le Livre bibliographique moderne*, 10 février, 10 novembre, p. 98-99, 604-605.

1887

CHERVILLE G. de, «Alexandre Dumas à Bruxelles», *Le Temps* 12, 19, 21 avril.

DERÔME L., *Causeries d'un ami des livres. Les éditions originales des romantiques*, Rouveyre, I, p. 100-109.

FERRY G., «Souvenirs sur la mère d'un auteur dramatique (Alexandre Dumas), *Revue d'art dramatique*, V, p. 342-351.

GLINEL C., «Alex. Dumas intime. Ida Ferrier», *Le Livre*, VIII, p. 97-111.

GONCOURT J. et E. de, *Journal*, Charpentier, I; III, p. 19-20.

LE COCQ DE LAUTREPPE, «At home with A.D.», *The Critic*, XII.

LELIÉE F., *Nos gens de lettres. Leur vie intérieure. Leurs rivalités. Leurs conditions*, préface de Paul Bourget, Calmann-Lévy, p. 111, 115-116, 125-126, 175, 183, 190.

MEETKERKE C.E., «Alexandre Dumas», *Argosy*, Londres, XLIV, p. 409-414.

NAUROY C., «La dame aux perles», *Le Curieux*, janvier.

PAVIE V., *Œuvres choisies*, Perrin, II, p. 117-141.

RACOT A., *Portraits d'aujourd'hui*, Librairie illustrée, p. 17-29 (Victor Hugo et A.D.).

1888

AUDEBRAND P., *Alexandre Dumas à la Maison d'or. Souvenirs de la vie littéraire*, Calmann-Lévy, 365 p.

«Alexandre Dumas et Octave Feuillet», *Revue-Magasin*, 8 juillet.

BARBEY D'AUREVILLY, *Le Théâtre contemporain*, A. Quantin, I *(La Reine Margot)*.

FERRY G., «Les derniers drames d'Alexandre Dumas», *Revue d'art dramatique*, XI, p. 139-158.

LEMAÎTRE J., *Impressions de théâtre*, 3ᵉ série, Lecène-Oudin, p. 185-196.

LIONNET H. ET A., *Souvenirs et anecdotes*, Ollendorff, p. 122, 174-175, 202-203, 295-299, 312-315.

1889

DELANNOY G., «Les deux Dumas», *Revue universelle illustrée*, février.

FABRE F., *Norine*, G. Charpentier, p. 285-300.

FAGUET É., *Notes sur le théâtre contemporain*, Lecène-Oudin, II, p. 1-16.

GLINEL C., «L'œuvre poétique d'Alexandre Dumas», *Le Livre*, mars, p. 6-96.

LANG A., «Alexandre Dumas», *Scribner's Magazine*, VI, p. 259-270.

LEMAITRE J., *Impressions de théâtre*, Lecène-Oudin, 4ᵉ série, p. 83-109 *(Henri III et sa Cour)*.

MUHLFELD L., «La vérité historique au théâtre», *Revue d'art dramatique*, XIII, p. 42-46.

PÉLISSIER G., *Les Mouvements littéraires au XIXᵉ siècle*, Hachette, p. 189-190, 236-237.

POUGIN A., «Le théâtre historique d'Alexandre Dumas», *Revue d'art dramatique*, XIII (1ᵉʳ mars), p. 257-273.

RASHE, C. de, «Un bal costumé chez Alexandre Dumas (mardi gras 1833), rue Saint-Lazare, cité d'Orléans. Récit inédit de Paul Lacroix», *L'Intermédiaire des chercheurs curieux*, n° 500, 10 mars, p. 157-160.

Un ancien magistrat, *La Phalange chrétienne des hommes célèbres*.

WEISS J.-J., *Le Théâtre et les mœurs*, Calmann-Lévy, p. 17-66.

WILSON H.S., «Dumas' *Henri III et sa Cour*», *Gentleman's Magazine*, XLIII.

1890

BLASHFIELD E.H. et E.W., «The Paris of the *Three Musketeers*», *Scribner's Magazine*, VIII, p. 135-155.

GLINEL C., « Sur un fragment de la tragédie de *Phèdre* d'Alexandre Dumas père », *Bulletin de la Société académique de Laon*.

« *L'Écossais*, drame inédit d'A. Dumas », *Revue biblio-iconographique*, p. 10-11.

JEANROY-FÉLIX V., *Histoire de la littérature française sous la Monarchie de Juillet*, Bloud et Barral, p. 281-292, 327-337, 383-389.

PETIT DE JULEVILLE L., *Le Théâtre en France. Histoire de la littérature dramatique depuis ses origines jusqu'à nos jours*, A. Colin, p. 379-384 ; nombreuses rééditions.

TULOU F., *Nouvelle galerie des enfants célèbres*, Garnier, p. 190-210.

UZANNE O., « Portraits et charges d'Alex. Dumas père », *Le Livre moderne*, II ; p. 321-338.

X., « A chronological list of Dumas' historical novels », *The Library Journal*, XV.

1891

ALBERT M., *La Littérature française sous la Révolution, l'Empire et la Restauration (1789-1830)*, Lecène-Oudin, p. 319-330.

BIRÉ E., *Victor Hugo après 1830*, Perrin, I, p. 26-2, 102-10, 108, 116. II, p. 118, 230.

LINTILHAC E., *Précis historique et critique de la littérature française*, André Guédon, 1891-1894.

PERGAMENI H., « Le théâtre politique en France au XIXᵉ siècle », *Revue de Belgique*, LXCII, p. 305-327.

SAINTSBURY G., *Essays on French Novelists*, Perceval, Londres.

1892

AUDEBRAND P., *Petits Mémoires du XIXᵉ siècle*, Calmann-Lévy, p. 70-83, 144, 201-202.

BRUNETIÈRE F., *Les Époques du théâtre français*, Conférences de l'Odéon, Calmann-Lévy, p. 319-348.

LEMAITRE J., *Impressions de théâtre*, Lecène-Oudin, 6ᵉ série, p. 155-168.

X., « Alexandre Dumas and Hans Christian Andersen », *The Century Magazine*, mars.

X., *La Censure sous Napoléon III*, Albert Savine.

1893

DOUMIC R., *De Scribe à Ibsen*, Delaplane, p. 27-30 *(Henri III et sa Cour)*, p. 39-47 *(Kean)*, rééd. : Perrin, 1897.

« Sur une édition des *Trois Mousquetaires* », *La Revue bleue*, 30 décembre.

GALDEMAR A., « Comment naissent les vocations (Alexandre Dumas fils) », *Le Gaulois*, 25 août, p. 1-2.

« L'auteur des *Trois Mousquetaires*. Souvenirs d'Alexandre Dumas fils », *Le Gaulois*, 7 décembre, p. 1-2.

HOUSSAYE A., « Le général Turr et Alexandre Dumas », *Le Gaulois*, 17 octobre, p. 1.

LARROUMET G., « Alexandre Dumas père », *Revue des cours et conférences*, 5 août (*id., La Vie contemporaine*, 15 novembre 1894).

LUCAS H., « Hippolyte Lucas et son temps (choix de lettres inédites) », *Revue de Bretagne, de Vendée et d'Anjou*, août, p. 184.

PARIGOT H., « Le Théâtre d'hier. Études dramatiques, littéraires et sociales, Lecène-Oudin.

SPONCK M., « L'optimisme de M. Alexandre Dumas », *Les Débats*, 3 juin.

TILLET J. du, « Le père Dumas », *Les Débats*, 20 novembre.

WEISS J.-J., *Trois années de théâtre. A propos du théâtre*, Calmann-Lévy, p. 145-151, 182-196, 209-214.

1894

CLAUDIN G., « *Les Trois Mousquetaires* d'Alexandre Dumas », *Le Monde illustré*, 27 janvier.

DELAFOSSE J., « A propos des *Trois Mousquetaires* », *Le Figaro*, 2 janvier.

DUMAS A. (fils), « *Les Trois Mousquetaires*. Lettre d'Alexandre fils », *Revue encyclopédique*, p. 4-6.

GRENIER É., *Souvenirs littéraires*, A. Lemerre, p. 74-76, *passim*.

LENÔTRE G., *Le Vrai Chevalier de Maison-Rouge*, Perrin, 329 p.

SAINTSBURY G., « The historical novels, II, Scott and Dumas », *Macmillan's Magazine*, LXX, p. 321-330.

X., « *Les Trois Mousquetaires* », *Revue encyclopédique*, p. 4-8.

1895

BRANDES G., *Samlede Skrifter*, Copenhague, VII, p. 173-178 (rééd. : 1901).

GLINEL C., « *La Jeunesse de Louis XIV* et *La Jeunesse de Louis XV* », *Bulletin de la Société académique de Laon*.

KASPERLES G., « Ein Gespräch von Heine und Alexandre Dumas père », *Die Gegenwart*, XXVII.

KÖRNER E., BARTHÉLEMY-SAINT-HILAIRE J., « Alexandre Dumas », *Illustriert Zeitung*, 2737.

LEMAITRE J., *Impressions de théâtre*, Lecène-Oudin, 8ᵉ série, p. 101-106.

LUCAS H. (fils), « Alexandre Dumas », *Les Matinées espagnoles*, 30 juin.

MEETKERKE, C.E., « The two Dumas », *The Argosy*, LXIV.

NEBOUT P., *Le Drame romantique*, Lecène-Oudin.

PARIGOT H., « Alexandre Dumas : *Charles VII chez ses grands vassaux* », *Revue des cours et conférences*, IV, p. 232-240.

« Alexandre Dumas père », *Revue des cours et conférences*, p. 95-96 (*La Revue de Paris*, 1ᵉʳ août, IV, p. 610-630).

POINCARÉ R., « Alexandre Dumas », *La Revue de Paris*, 15 décembre, VI, p. 729-749.

TILLET J. du, « Alexandre Dumas », *La Revue bleue*, IV, p. 701-702, 707-712.

1896

CRAWFORD E., « The elder Dumas », *The Century Magazine*, XXIX, p. 726-733.

ESTRÉE P. d', « Les Dumas et leurs ancêtres inconnus », *Revue des revues*, XVIII, 1ᵉʳ juillet.

GILBERT E., *Le Roman en France pendant le XIXᵉ siècle*, Plon-Nourrit, p. 102-107.

LEGOUVÉ E., « Les trois Dumas », *Le Temps*, 7 janvier.

LEMAITRE J., *Impressions de théâtre (Les Mousquetaires ou Vingt Ans après)*, Lecène-Oudin, 9ᵉ série, p. 142.

MAUREL A., *Les Trois Dumas : le général, Alexandre Dumas père et fils*, Librairie illustrée.

MEETKERKE C.E., « The two Dumas », *Argosy* (Londres), LXI, p. 156-161.

PARIGOT H., « La genèse d'*Antony* », *La Revue de Paris*, 16 août, p. 696, 725.

1897

ALBASTELLA S., « Alexandre Dumas père et le ménage Hugo », *Le Figaro*, 12 janvier.

DASH comtesse, *Mémoires des autres. Souvenirs anecdotiques sur mes contemporains*, Librairie illustrée, 1896-1897, III, p. 108, 113-119, 163, 218-221, 223, 243, 250 ; IV, p. 58-60, 106, 147-148 ; V, p. 23, 27 ; VI, p. 27, 93-94, 181-227.

DESCHAMPS G., *La Vie et les Livres*, Armand Colin, 4ᵉ série, p. 37-55.

JULLIEN A., *Le Romantisme et l'Éditeur Renduel*, Fasquelle, p. 179-180.

MAXWELL sir H., « The real d'Artagnan », *Blackwood's Magazine*, juin.

RATTAZZI H., « L'aventurière des colonies » (préface), *Nouvelle Revue internationale*, 8 et 9-10 (15-30 mai), p. 625.

1898

BENETT E.A., « Alexandre Dumas père », *Academy*, LV.

CARAFA R., duc d'Andria, « Une aventure d'Alexandre Dumas à Naples », *La Revue de Paris*, 1ᵉʳ décembre, VI, P. 592-609.

DAVIDSON A.F., « Alexandre Dumas père », *Macmillan's Magazine*, LXXIX.

GLINEL C., « Le théâtre inconnu d'Alexandre Dumas père », *Revue icono-bibliographique*, décembre 1898-janvier 1899, p. 7-15.

LEGOUVÉ E., *Dernier travail. Derniers souvenirs*, Hetzel, p. 309-311.

LENIENT C., *La Comédie en France au XIXᵉ siècle*, Hachette, II, p. 184-223.

MAIGRON L., *Le Roman historique à l'époque romantique. Essai sur l'influence de Walter Scott*, Hachette, p. 164, 353-354, *passim*.

MEUNIER G., *Le Bilan littéraire du XIXᵉ siècle*, Fasquelle, p. 98, 119-124, 151, 250.

PARIGOT H., *Le Drame d'Alexandre Dumas, études dramatiques, littéraires et sociales*, Calmann-Lévy, 443 p.

PERGAMENI H., *Cours sur le théâtre français au XIXᵉ siècle*, Bruxelles, Moreau.

PERRENS F.T., *Histoire sommaire de la littérature française au XIXᵉ siècle*, L. Henry May, p. 25, 93-96, 106, 296-300, 346, 364-365.

ROBERT P., « Sur Alexandre Dumas père », *La Revue bleue*, 10 septembre, X, p. 350-351.

SOUDAY P., « Alexandre Dumas en Sorbonne », *Le Temps*, 17 juin, p. 3.

WELLS B., *A Century of French Fiction*, New York, Dodd, Mead.

1899

BRENNAN G., « The real d'Artagnan », *Macmillan's Magazine*, LXXX.

CARPENTER G., « Why Alexandre Dumas' novels last », *Forum*, juin, XXVII, p. 502-512.

CLARETIE J., « Souvenirs littéraires. Dumas père et Maquet », *Les Annales politiques et littéraires*, 8 octobre.

DEMOGEOT J., *Histoire de la littérature française depuis ses origines jusqu'à nos jours*, Hachette, p. 660-661.

DES GRANGES C., « Le drame d'Alexandre Dumas », *La Quinzaine*, 1ᵉʳ août.

EYSSETTE A., « Deux romans inédits d'Alexandre Dumas père », *Le Gaulois*, 9 août.

GARNETT R.S., « The Dumas's discoveries in the Caucasus », *The Academy*, 25 novembre - 2 décembre.

HOME G., « The Dumas romances », *The Academy*, 2 décembre.

MORILLOT P., « Le théâtre romantique. *Antony* », *Revue des cours et conférences*, VIII, p. 257-267.

MULLIN E.H., « The Dumas cycle », *The Book-Buyer*, XVI.

PETIT DE JULLEVILLE L., *Histoire de la langue et de la littérature françaises*, A. Colin.

SHAW M., « Alexandre Dumas père. Mes souvenirs de lui », *La Nouvelle Revue*, 1ᵉʳ août, CXIX, p. 448-473.

X., « The travels of Dumas », *The Quarterly Review*, CLXXXIX, p. 76-103.

X., « The authorship of *La Boule de Neige* », *Academy*, LVII.

1900

CUVILLIER-FLEURY A.A., *Journal intime*, publ. par E. Bertin, Plon, 1900-1903.

FRÉDÉRIX, *Trente Ans de critique. Chroniques dramatiques*, Hetzel, II.

GLINEL C., « Alexandre Dumas auteur de préfaces », *Bulletin de la Société académique de Laon*.

MAIGRON L., « Le roman historique. Alex. Dumas », *Revue de Belgique*, 15 janvier.

PARDO-BAZAN E., « La literatura moderna en Francia. El romantisco. Segundo periodo », Madrid, *España Moderna*, 1ᵉʳ avril, CXXXVI, p. 21-42.

PÉLISSON J., « Victor Hugo, George Sand et Alexandre Dumas à Cognac », *Revue de Saintonge et d'Aunis*, p. 221-222.

PLION A., *Un romancier populaire: Alexandre Dumas*, Compiègne, Lefebvre, 71 p.

1901

AUDEBRAND P., « Cent ans de roman français », *La Revue*, 15 février.

BRISSON A., *Portraits intimes*, A. Colin, II, p. 231, 284 ; III, p. 71-73 ; IV, p. 114, *passim*.

LACOUR L., « La femme dans le théâtre du XIXᵉ siècle (Hugo, Dumas père, Dumas fils, Musset, Augier, Ibsen) », *Revue d'art dramatique*, XI, p. 662.

LHUILLIER T., « Les ancêtres d'Alexandre Dumas dans la Brie », *L'Amateur d'autographes*, 15 mai.

LONGHAYE R.P. L., *Le Dix-Neuvième siècle. Esquisses littéraires et morales (1830-1850)*, Victor Retaux, II, p. 102-106, 273-278.

PARIGOT H., *Les Grands Écrivains de la France. Alexandre Dumas*, Hachette, 187 p., portrait.

RICAUT D'HÉRICAULT C., *Ceux que j'ai connus, ceux que j'ai aimés*, J. Buguet, p. 105-111.

SARCEY F., *Quarante Ans de théâtre*, J. Strauss, IV, p. 59-114 *(Henri III et sa Cour, Antony, Charles VII chez ses grands vassaux, La Tour de Nesle, Mademoiselle de Belle-Isle)*.

M.S., « Vers inédits d'Alexandre Dumas », *La Revue hebdomadaire*, 7 décembre.

1902

ALBERT M., *Les Théâtres des boulevards*, Société française d'imprimerie et de librairie, p. 290-291, 310-312, 323-330, 335-375.

AUBRAY G., « L'héritage d'Alexandre Dumas », *Le Mois littéraire*, octobre-novembre.

BANDI G., *I Mille : da Genova a Capua*, Florence, Salani, p. 201-202.

BRISSON A., « Alexandre Dumas cuisinier », *Le Salut public* (Lyon), 4 mai.

CHESTERTON G.K., « Alexandre Dumas », *The Bookman*, XV, juillet, p. 446-450.

CLARETIE J., *Profils de théâtre*, Gaultier-Margnier, p. 8, 23-27, *passim*. « Alexandre Dumas intime », *Revue Mame*, 27 juillet.

COLLECTIF, *Conférences sur l'idéal dans le positivisme, sur le peuple dans la vie & dans l'œuvre d'Alexandre Dumas et sur les Dieppois à la Floride au XVIᵉ siècle. Faites l'une le 13 août 1902 par le F.L. Les autres le 27 août et le 10 septembre 1902 par le F. A la R.L. le Phare de la Liberté Or. de Dieppe*, Dieppe, imprimerie de « L'Impartial de Dieppe », p. 33-52.

DAVIDSON A. F., *A. Dumas père, His Life and Works*, Westminster, Constable, XV, 426 p., portrait.

DESCHAMPS G., « Alexandre Dumas, L'Estoile, Brantôme », *Le Temps*, 28 décembre.

DES GRANGES C., « La comédie et les mœurs sous la Restauration et la Monarchie de Juillet », *Le Correspondant*, CCVIII, p. 890-925 ; CCIX, p. 221-249, 703-734.

DOUMIC R., « Alexandre Dumas père », *R.D.D.M.*, VII, 15 janvier, p. 446-457.

DUBOIS-DESAULLE G., « Une mission scientifique de Dumas père », *La Nouvelle Revue*, 15 juillet, p. 187-198.

FALBO J.C., « Il Centenario di D. padre », *Cronache musicali*, 15 juillet.

FEBVRE F., « Souvenirs personnels sur Alexandre Dumas », *Le Gaulois*, 4 juillet, p. 1-2.

FOSSÉ D'ARCOSSE A., *Le Centenaire d'A.D., 1802-1902. Feuillets détachés*, Soissons, impr. de *L'Argus soissonnais*, 80 p.

FOURCAUD L. de, « Pour le centenaire d'A.D. », *Le Gaulois*, 10 juillet.

GALDEMAR A., « L'illustrateur de *La Dame de Monsoreau*, Maurice Leloir », *Le Gaulois du dimanche*, 29-30 novembre.

GALTIER J., « Le centenaire d'Alexandre Dumas. Le dernier collaborateur d'Alexandre Dumas, Paul Meurice. Alexandre Dumas raconté par son fils », *Le Temps*, 1ᵉʳ juillet.

GLINEL C., « Notes sur Alexandre Dumas », *Revue hebdomadaire*, 12 juillet, p. 129-150, 323.

« Un projet de voyage d'Alexandre Dumas père autour de la Méditerranée », *Revue biblio-iconographique*, avril, p. 181-185.

« Alexandre Dumas père homme politique », *Revue hebdomadaire*, 4 janvier, p. 1-17.

GRAPPE G., « Alexandre Dumas père. Notes sur un centenaire », *La Revue bleue*, 26 juillet, p. 113-116.

GRIBBLE F., « Alexandre Dumas the Elder », *Fortnightly Review*, LXXVIII, juillet, p. 66-75 ; *The Critic*, XLI, p. 61-69.

IVES G.B., « The elder Dumas », *Atlantic Monthly*, XC, décembre, p. 841-849.

L.H., « Alexandre Dumas père », *Über Land und Meer*, 1.

HAUTERIVE E. d', « Le centenaire d'Alexandre Dumas », *Le Gaulois du dimanche*, 5-6 juillet.

HOUSSAYE H., « Le général Alexandre Dumas », *Les Annales,* 13 juillet.

HUGO V., « Alexandre Dumas père jugé par Victor Hugo », *La Semaine française*, 9 mars.

LAPAUZE H., « Une amie d'Alexandre Dumas », *Le Gaulois*, 5 juillet.

LARROUMET G., « Le centenaire d'Alexandre Dumas. Dumas fils et Dumas père », *Le Temps*, Chronique théâtrale, 14 et 21 juillet.

LECOMTE L. H., *Alexandre Dumas (1802-1870). Sa vie intime. Ses œuvres*, J. Tallandier, 283 p., 8 figures.

LENÔTRE G., « Le centenaire d'Alexandre Dumas », *Le Monde illustré*, 5 juillet, p. 2-7.

MALET G., « Dumas père », *La Gazette de France*, 7, 8, 9 juillet.

MEAULLE F., « Alexandre Dumas », *Le Monde moderne*, août.

NORDAU M., « Études littéraires », *La Grande Revue*, 1ᵉʳ septembre.

PARIGOT H., « Pour Alexandre Dumas », *La Quinzaine*, 1ᵉʳ février.

« A.D. et l'histoire », *La Revue de Paris*, IV, p. 401-431, 15 juillet.

PROUVES G. de, *Catalogue raisonné des œuvres d'Alexandre Dumas*, Calmann-Lévy, 36 p., portrait.

ROCHE P., « Le centenaire d'A.D. à Villers-Cotterêts », *Le Gaulois*, 7 juin.

SALOMON M., « Le surmenage d'Alexandre Dumas père », *La Gazette de France*, 16 janvier ; *La Semaine française*, 23 mars.

SOUTHWICK W.L., « The centenary of Alexandre Dumas », *Pall Mall Magazine*, avril, XXVII (id. : *Littel's Living Age*, CCXXXIV).

SPURR H.A., *The Life and Writings of Alexandre Dumas (1802-1870)*, Londres, Dent, 392 p., figure ; New York, A. Stokes, XI, 380 p.

SWINBURNE, « The centenary of Alexandre Dumas père », *Nineteenth Century*, LII, p. 177-178.

X., « Vers retrouvés d'Alexandre Dumas à Victor Hugo », *Le Gaulois du dimanche*, 12-13 juillet.

X., « Le centenaire d'Alexandre Dumas. Comment travaillait A.D. La santé d'A.D. père. A.D. père et la médecine », *La Chronique médicale*, 15 juillet, p. 448-452.

X., « L'assassinat de Bussy d'Amboise raconté par Alexandre Dumas », *Le Gaulois du dimanche*, 29-30 novembre.

X., *Alexandre Dumas en images*, Nillsson, 40 p.

X., « Alexandre Dumas, malade et médecin », *Chronique médicale*, 15 septembre, p. 606-608.

1903

DOUMIC R., *Hommes et idées du XIXᵉ siècle*, Perrin.

DUBOSC G., « Les Dumas. Les ancêtres de Dumas d'après des documents inédits des archives », *Revue des revues*, XLVI, p. 80-87.

FERRY G., « Les derniers jours d'Alexandre Dumas », *Revue des revues*, XLVI, 5 juin, p. 88-104.

« A.D. et le parti républicain », *Revue politique et parlementaire*.

GARNETT R.S., « The new Dumas », *The Academy*, 5 septembre.

GRIERSON F., « Alexandre Dumas père », *The Critic*, New York, XLIII, p. 65-70.

GLINEL C., « Une collaboration célèbre. Alexandre Dumas et Auguste Maquet », *Revue biblio-iconograpique*, avril.

HANSEN J., *Alexandre Dumas, une force de la nature*, Luxembourg, 34 p.

HERMANT A., *Alphonse Daudet, Alexandre Dumas, Émile Zola, Honoré de Balzac, Arsène Houssaye, discours*, P. Ollendorff, 87 p.

LE ROY A., « Le théâtre et les mœurs. Au temps du romantisme. *Henri III et sa Cour* », *La Revue bleue*, 4 avril.

MÉNIÈRE P. docteur, *Mémoires anecdotiques sur les salons du second Empire. Journal du docteur Prosper Ménière*, publié par son fils E. Ménière, Plon, p. 7, 260, 311.

PIQUEMAL A., « Le général Alexandre Dumas et le général Nicolas Badelaune. Campagne de 1794 dans les Alpes », *La Nouvelle Revue*, 15 janvier, XIX, 3, p. 205-228.

TALMEUR M., « Le roman-feuilleton et l'esprit populaire », *R.D.D.M.*, XVII, p. 205-228.

VAN THIEME E., « Alexandre Dumas », *Tidspiegel*, décembre.

WÜRSBACH W. von, « Alexandre Dumas père », *Allgemeine Zeitung, Beilage*, 165.

X., « Novels falsely ascribed to Dumas », *Academy*, LXV.

X., « Some talk of Alexandre Dumas », *Cornhill Magazine*, LXXXVII.

1904

AUDEBRAND P., *Romanciers et viveurs au XIX*ᵉ *siècle*, Calmann-Lévy, p.38.

BRISSON A., « Une page inédite de Dumas père (causerie théâtrale) », *Annales politiques et littéraires*, 22 mai, p. 320-330.

« Alexandre Dumas père inconnu. Le labeur de Dumas », *Annales politiques et littéraires*, 4, 18 septembre.

GLINEL C., *François Buloz ennuyé par Alexandre Dumas*, Laon, éditions du *Journal de l'Aisne*, 21 p.

GROSMAN K., « Le roman historique (Alexandre Dumas père) », *Atheneum*, Varsovie, novembre.

LAFOND P., « Les châteaux des *Trois Mousquetaires* », *La Renaissance latine*, 15 avril.

LERROUX A., *Historia de Garibaldi. Entresacada de sus memorias autobiográficas y de los escritos de Alejandro Dumas*, Barcelone, Lopez, 264 p.

LE ROY A., *L'Aube du théâtre romantique*, Ollendorff, p. 53-110, 452-473.

NOZIÈRE F., *Madame Dorval*, Félix Alcan, p. 46-53, 72, 124, *passim*.

ORINO C. d', *Contes d'au-delà sous la dictée des esprits*, Félix Juven, p. 48-54 (Les Angoisses du grand cardinal), 87-99 (Un rêve de quarante ans), 205-211 (Marie-Antoinette).

1905

ADERER A., *Hommes et choses de théâtre*, Calmann-Lévy, p. 53-62.

GLINEL C., « François Buloz ennuyé par Alexandre Dumas père », *Bulletin de la Société académique de Laon*, XXI, p. 87-105.

PARIGOT H., *Pages choisies des grands écrivains. Alexandre Dumas*, avec une introduction par H.P., Armand Colin, Calmann-Lévy, XXXIII-382 p.

POUMEROL A., « Villers-Cotterêts avant les funérailles d'Alexandre Dumas (1872) », *Bulletin de la Société historique régionale de Villers-Cotterêts*, p. 19-27.

« Une jeunesse inédite d'Alexandre Dumas », *id.*, p. 34-44.

X., « Musée Alexandre Dumas. État des principaux dons », *Bulletin de la Société historique régionale de Villers-Cotterêts*, p. 62-71.

1906

BEAUNIER, A., *Les Souvenirs d'un peintre*, Charpentier-Fasquelle, 1906, p. 117.

CASTRE, F., « Dumas et l'unité italienne », p. 227-236.

CLARETIE J., « Alexandre Dumas père homme politique », *Le Gaulois du dimanche*, 13 mai.

DALGADO D.J., *Mémoires sur la vie de l'abbé Faria. Explication de la charmante légende du château d'If dans le roman de Monte-Cristo*, Henri Jouve, X-124 p.

FAGUET É., « *La Tulipe noire* », *La Revue latine*, V, p. 602-609.

GOURMONT J. de, « Littérature », *Le Mercure de France*, 1ᵉʳ juin, p. 638.

MAZEL H., *Ce qu'il faut lire dans sa vie*, éditions du Mercure de France.

SALOMON M., « Le salon de Mme Charles Nodier », *La Revue de Paris*, 15 septembre.

SHAW M., *Illustres et inconnus. Souvenirs de ma vie*, Fasquelle, p. 36, 178-223.

SPURR H., « A. Dumas portfolio (I. The Three Musketeers. II. The personal Dumas. III. Dumas and the theater), *The Bookman*, janvier, février, mars.

X., « Dumas père as an occultist », *Broad Views*, juillet.

X., « A.D. père jugé par son fils. Une lettre de D. fils. Trois lettres inédites de D. père », *Le Gaulois*, 12 juin.

1907

DES GRANGES C. M., *Le Romantisme et la Critique. La presse littéraire sous la Restauration (1815-1830)*, Mercure de France, p. 116, 127, 133, 135, 362-364.

ESTÈVE M., « Alexandre Dumas roi de Naples », *Le Gaulois*, 13 juillet.

GARNETT R.S., « The true history of Monte Cristo », *Fortnightly Review*, octobre.

GLINEL C., « Trois manuscrits d'Alexandre Dumas père », *Revue biblio-iconographique*, nº 3, mars ; nº 4, avril, p. 163-167.

ROCH E., « Le général Alexandre Dumas. Comment il devint l'hôte puis l'allié d'une famille cotterézienne », *Bulletin de la Société historique régionale de Villers-Cotterêts*, année 1906/1907, p. 86-105.

« Les hôtelleries cotteréziennes aux XVIIᵉ et XVIIIᵉ siècles », *ibid.*, p. 11-84 (A.D., p. 19, 32-35).

1908

ARNAULT A.-V., *Souvenirs d'un sexagénaire*, édité par Auguste Dietrich, III, p. 30-31, 303.

BRADFORD G., « Alexandre Dumas père », *Atlantic Monthly*, CI, p. 841-850.

DE AMICIS, E., *Ritratti letterari*, Milano, Treves, 332 p.

GRAPPE G., *Dans le jardin de Sainte-Beuve. Essais*, Stock, p. 137-162.

PAVIE A., *Médaillons romantiques*, Émile-Paul, p. 16, 118, 128-129, 232-234, 314, 317.

SALOMON M., *Charles Nodier et le groupe romantique*, d'après des documents inédits, Perrin.

1909

GLINEL C., « Les auteurs de *La Tour de Nesle* et les droits de chacun d'eux (Gaillardet et A.D.) », *Bulletin de la Société académique de Laon*, XXXIII, 1905-1909, p. 146-151.

HANOTEAU J., « Lettres inédites. Un roman d'amour. A. Dumas père et Rachel », *Le Gaulois*, 18 décembre 1909.

LECIGNE C., « A. Dumas père (1802-1870) », *Les Contemporains*, 19 décembre, 16 p.

PASCAL F., « Splendeurs et misères des gens de lettres », *Le Correspondant*, 25 janvier.

STEFANI, S., *Alessandro Dumas, traduttore di Dante*.

X., « Alexandre Dumas amoureux de Rachel », *L'Amateur d'autographes*, 8 septembre.

1910

DUPUY E., *Alfred de Vigny, ses amitiés, son rôle littéraire*, Société française d'imprimerie et de librairie, I.

FLEISCHMANN H., *Rachel intime*, d'après ses lettres d'amour et des documents nouveaux, Charpentier et Fasquelle.

1912

R.B., « La place des trois Dumas », *Le Temps*, 6 février.

BERGERAT É., « Les trois Dumas », *Les Annales*, 19 mai.

BRISSON A., *Le Théâtre*, librairie des Annales, 7e série.

CLARETIE J., « A propos d'*Antony* d'Alexandre Dumas », *Le Temps*, 22 mars.

CROZE M.-C., « Une héroïne romantique : Mélanie Waldor », *La Nouvelle Revue*, 15 mai, p. 167-183.

HERMANT A., *Essais de critique*, Bernard Grasset, p. 55-67.

HÉRON E., « La première de *La Reine Margot* au Théâtre-Historique », *La Quinzaine*, 29 septembre, p. 19-20.

JANIN J., « La première d'*Antony* », *Les Annales romantiques*, IX, p. 212-218.

MOUTON L., *Bussy d'Amboise et Mme de Montsoreau*, d'après des documents inédits, Hachette, VI-358 p.

SAMARAN C., *D'Artagnan, capitaine des mousquetaires du roi, histoire véridique d'un héros de roman*, Calmann-Lévy, 351 p.

STROWSKI F., *Tableau de la littérature française au XIXe et au XXe siècle*, Mellotée.

X., « Lettre à l'acteur Laferrière sur *Antony* », *L'Amateur d'autographes*.

1913

FRANCHI, A., *Dumas e Garibaldi : documenti inediti*.

PITOLLET C., « Lamartine et Dumas père parrains littéraires de Jean Reboul de Nimes », *Zeitschrift für französische Sprache und Literatur*, p. 403-409.

1914

BALABINE V., *Journal de Victor Balabine*, publié par Ernest Daudet : *Paris de 1842 à 1852. La cour, la société, les mœurs*, Émile-Paul, I (1842-1847), p. 142-143, 275, 287-288.

BRUCHARD H. de, « Il faut lire Alexandre Dumas », *Revue critique des livres et des idées*, XXIV, 25 janvier, p. 175-188.

HARTE B., *Stories and Poems and Other Collected Writings*, Boston.

LANG A. Mrs, « With Dumas in Derbyshire », *British Review*, V, 2, 3, février, mars, p. 238-250, 407-414.

MARIE A., *Gérard de Nerval. Le poète, l'homme,* Hachette.

MATHOREZ J., « Histoire de Chicot, bouffon de Henri III », *Bulletin du bibliophile,* 15 juin.

RUFFINI F., *Camilio di Cavour e Mélanie Waldor,* Turin, Fratelli Bocca.

« Bret Harte's favourite book », *The Bookman* (New York), octobre.

1915

ROBERTSON NICOLL W. sir (Claudius Clear), « Was Aramis a lost soul ? », *The British Weekly,* 12 mars.

1916

BAGUENAULT DE PUCHESSE G., « Les Quarante-Cinq », *Revue du XVI⁰ siècle,* IV, p. 16-21.

BRISSON A., « Reprise de *Charles II et Buckingham* », *Le Temps,* 14 février.

ROBERTSON NICOLL W. sir, « The servants of the Musketeers », *The British Weekly,* 24 août.

ROND-POINT, « Was Sherlock Holmes a child of d'Artagnan », *The British Weekly,* 30 mars.

1917

BANVILLE T. de, *Critiques,* Fasquelle, p. 99-103.

MARSAN J., « *L'Écolier de Cluny* et *La Tour de Nesle.* Un drame inédit de Roger de Beauvoir », *Revue d'histoire littéraire de la France,* XXIV, p. 227-234.

PELTIER P., « La terreur prussienne et Dumas père », *Le Mercure de France,* CXX, 1ᵉʳ mars, p. 66-75.

RODOCANACHI E., « Notes secrètes de la police de Venise sur Byron, Lamennais, Montalembert et Dumas. »

X., « Alexandre Dumas père contre *La Presse* et *Le Constitutionnel* », *Revue des grands procès contemporains,* janvier-février, 1916-1917.

1918

ANTONIA-TRAVERSI C., « Maison Alex. Dumas et Cie », *Nuova Antologica,* CXCXVII, p. 157-170.

BRISSON A., *Le Théâtre pendant la guerre,* Hachette (*La Jeunesse des Mousquetaires.* La collaboration Dumas-Maquet).

« Auguste Maquet et Alexandre Dumas », *Conferencia,* 2, 1ᵉʳ janvier.

FERT L., « Alexandre Dumas à Villers-Cotterêts », *Le Gaulois,* 1ᵉʳ juin.

GILBERT P., *Essais de critique,* H. Champion, II, p. 424-429.

1919

BRIGGS DAVENPORT R., « The d'Artagnan legend in Normandy », *Fortnightly Review,* novembre.

LENÔTRE G., « Alexandre Dumas père : I. La conquête et le règne. II. Mousquetaires et autres fantômes », *R.D.D.M.,* XLIX, 1ᵉʳ-15 février, p. 647-677, 862-889.

NARSY R., « Auguste Maquet et Dumas père », *Les Débats,* 21 octobre.

PAILLERON M., *François Buloz et ses amis. I. La vie littéraire sous Louis-Philippe*, Calmann-Lévy, p. 11-14, 40, 47, 88-89.

SAINTSBURY G., *History of the French Novel*, Londres, Macmillan, II, p. 323-342.

SIMON G., *Histoire d'une collaboration. Alexandre Dumas et Auguste Maquet*, documents inédits, portraits et fac-similés, Georges Crès et Cie, 204 p.

« Dix années de collaboration. Alexandre Dumas et Auguste Maquet », *Revue de Paris*, 1ᵉʳ, 15 mai.

1920

ABOUT E., « L'improvisation chez A.D. », *Le Gaulois*, 4 décembre.

AUBERT H., « Alexandre Dumas anecdotique », *Bibliothèque universelle* et *Revue suisse*, octobre, p. 326, novembre, p. 215-237.

J.B., « Le cinquantenaire de Dumas », *Le Temps*, 5 décembre.

BERSAUCOURT A. de, « Alexandre Dumas, le gastronome », *Le Gaulois*, 4 décembre.

BERTAUT J., « Alexandre Dumas, directeur de journal », *Le Gaulois*, 4 décembre.

COQUELIN L., « Histoire d'une collaboration (Auguste Maquet et Alexandre Dumas) », *Le Larousse mensuel*, janvier.

DAMBRUS C., « Les centenaires : Alexandre Dumas et M. Paul Souday », *La Démocratie nouvelle*, 25 décembre.

FERT L., « Alexandre Dumas précurseur de Gabriele D'Annunzio », *Le Gaulois*, 18 décembre (supplément littéraire).

HUGO V., « Une lettre de V.H. », *Le Gaulois*, 4 décembre.

LANSON G., *Esquisse d'une histoire de la tragédie française*, Honoré Champion, p. 181 (rééd., 1927).

LEGRAND-CHARBRIER, « Faut-il relire *Les Trois Mousquetaires* ? », *Le Gaulois*, 4 décembre.

PAILLERON M.-L., *François Buloz et ses amis. II. La Revue des Deux Mondes et la Comédie-française*, Calmann-Lévy, p. 229-263.

« Le cinquantenaire de Dumas père », *L'Opinion*, 4 décembre.

RICHEPIN J., « A Alexandre Dumas », *Le Gaulois*, 4 décembre.

SANDERS L., « D'Artagnan and Milady, originals of the characters », *Cornhill Magazine*, août, CCXC (id. : *Littel's Living Age*).

VILLEMESSANT H. de, « Quelques mots de Dumas », *Le Gaulois*, 4 décembre.

X., « Lettres d'A.D. au général Jacqueminot ; de Dumas fils sur la mort de son père », *Le Gaulois*, 4 décembre.

X., « Histoire d'une collaboration. Alex. Dumas et Auguste Maquet », *Polybiblion*, XC, p. 195.

1921

BOYER D'AGEN, « Lettres inédites », de et à Marceline Desbordes-Valmore, éd. par B. d'A., *Revue mondiale*, CXLII, 1ᵉʳ avril, p. 265-267.

BRUN L., « Alexandre Dumas père », *La Nouvelle Revue*, 15 novembre.

CANAT R., *La Littérature française au XIXᵉ siècle*, Payot, I, p. 70-71.

DARK S., « D'Artagnan », *John O'London's Weekly*, 16 avril.

GIRARD H., *Un bourgeois dilettante à l'époque romantique: Émile Deschamps*, H. Champion.

HALFLANTS P., *Le Romantisme*, Bruxelles, De Lauroy.

LATHAM, E., « Dumas père et ses continuateurs », *Le Mercure de France*, 15 novembre, p. 238-245.

LE BRETON A., « Le théâtre romantique de Dumas père à Dumas fils », *Revue des cours et conférences*, XXIII, 15 décembre, p. 102, 30 décembre, p. 308-321 ; 15 janvier, p. 408-426.

MONIN docteur, « Alexandre Dumas père clinicien ès lettres », *La Chronique médicale*, 1ᵉʳ novembre, p. 343.

1922

GARNETT R.S., « The Maquet-Dumas case. — Dumas and Maquet », *The Times Literary Supplement*, 22 juin, 20 juillet, p. 21-22, 31, 34-46.

GINISTY P., *France d'antan. Le théâtre romantique*, A. Morance, p. 11-12.

Anthologie du journalisme du XVIIᵉ siècle à nos jours, Delagrave, II, p. 15-18 *(Le Mousquetaire)*.

METTERNICH P., *Souvenirs de la princesse Pauline de Metternich, 1859-1871*, Plon, p. 146-159.

1923

EVANS D.-O., *Le Drame moderne à l'époque romantique (1827-1850)*, La Vie universitaire, p. 126-132, 132-159, 159-164, *passim*. (Rééd. : Slatkine reprints, 1974.)

Les problèmes d'actualité au théâtre à l'époque romantique (1817-1850), La Vie universitaire, p. 21-27, 69-75, *passim*.

LARAT J., *La Tradition et l'exotisme dans l'œuvre de Charles Nodier*, E. Champion, 4ᵉ partie, II, III, p. 400-405, 412-413, 433.

MOREAU P., « De Dumas père à Dumas fils », *R.D.D.M.*, XV, 1ᵉʳ juin, p. 684-698.

PAILLERON M.-L., *François Buloz et ses amis. III. Les derniers romantiques*, Perrin, p. 205, 235-237.

1924

BÉDIER J., HAZARD P., *Histoire illustrée de la littérature française*, Larousse, II.

BERSAUCOURT A. de, « Dumas père et Dumas fils », *L'Opinion*, 1ᵉʳ août, p. 11-12.

COTE-DARLY, *Alexandre Dumas et la franc-maçonnerie*, Collection du symbolisme, 47 p.

LANSON G., *Histoire illustrée de la littérature française*, Hachette, II, p. 281-287, 292.

MONDA M., « Dumas père plagié par Coppée », *Les Maîtres de la plume*, 15 février, 15, p. 14-15.

PAILLERON M.-L., *François Buloz et ses amis. IV. Les Écrivains du second Empire*, Perrin, p. 86-88, 126, 127, 244.

RAYMOND J., « Les écrivains candidats aux élections. Alexandre Dumas père », *Le Figaro*, 10 mai.

X., « Comment se documentait Alexandre Dumas père, médicalement parlant », *La Chronique médicale*, 1ᵉʳ avril.

1925

DES GRANGES C.-M., *Histoire de la littérature française des origines à 1920*, Hatier, p. 829-831, 940-942 (*Id.*, ... *des origines à 1930*, Hatier, 1931).

EVANS D.-O., *Le Théâtre pendant la période romantique (1827-1848)*, Presses universitaires.

FONTANEY A., *Journal intime*, publié avec une introduction de René Jasinski, Les Presses françaises, p. 3, 12, 15, 37, 73, 93-94, 115-120, 188-190, 205, 212.

JAMES H., *Notes and Reviews*, Cambridge, Dunster House.

LÉON J., *Dictionnaire pratique des connaissances religieuses*, Letouzey, fac. IX.

MALO H., *La Gloire du vicomte de Launay. Delphine Gay de Girardin*, Émile-Paul.

MARSAN J., *La Bataille romantique*, Hachette.

TRUFFIER J., *Mélingue*, Félix Alcan, p. 15-16, 25-26, 33-36, 44-58, 60-64, *passim*. Rééd. : 1932.

1926

BOYD T., « My favourite fiction character : D'Artagnan », *The Bookman*, mars.

BRADFORD G., *A Naturalist of Souls*, Boston, New York, Houghton, Miffin Co., p. 179-208.

CORBEL H., « Dumas fils et sa mère », *18ᵉ Bulletin de la commission historique et artistique de Neuilly-sur-Seine*, 1980.

GEFFROY G., *Claude Monet, l'homme et l'œuvre*, G. Crès, I, 9 (rééd.).

GINISTY P., *Bocage*, F. Alcan, p. 46-63, 74-81, 88-90, 153-154 (rééd. : 1932).

MAYNIAL É., *Précis de littérature française*, Delagrave.

TOULET P.-J., *Notes de littérature*, Le Divan, p. 66-71.

TREICH L., *L'Esprit d'Alexandre Dumas*, Gallimard, p. 9-72, 171-188.

TRESSIDER SHEPPARD A., « Alexandre Dumas, an appreciation », *The Bookman*, juin.

X., « Alexandre Dumas », *Le Crapouillot*, août.

1927

ALBALAT A., *Gustave Flaubert et ses amis*, œuvres représentatives p. 34-36.

ARRIGON L.J., *Les Années romantiques de Balzac*, Perrin, p. 3, 25, 44, 69, 79.

BALDENSPERGER F., « La communion romantique sous le signe de W. Scott », *Revue de littérature comparée*.

BERSAUCOURT A. de, « Napoléon au théâtre », *La Revue mondiale*, CLXXVI, p. 13-23.

BONNEFON D. C., *Les Écrivains modernes de la France*, Fayard, p. 179-185.

FERT L., « Comment Edmond Kean inspira Dumas père », *Le Gaulois*, 18 octobre, p. 3.

FLERS R. de, « Alexandre Dumas père », *Conferencia*, 24, 5 décembre.

GALDEMAR A., « Shakespeare et Dumas », Le Gaulois, 15 décembre.

GORMAN H.S., « The real Musketeers », *The Bookman*, LXIV, p. 573-579.

MALO H., *Les Années de bohème de la duchesse d'Abrantès*, Émile-Paul, p. 117, 151-170.

MARSAN J., « Sur un manuscrit d'Alexandre Dumas », *Revue d'histoire littéraire de la France*, juillet-septembre, XXXIV, p. 436-440.

SÉCHÉ A., BERTAUT J., *La Passion romantique, Antony, Marion Delorme, Chatterton*, Fasquelle (bibl. Charpentier), p. 8-88.

SILVAIN, *Frédérick Lemaître*, Félix Alcan.

SOURIAU M., *Histoire du romantisme*, Spes, II.

TALMEYR M., *Souvenirs d'avant le déluge, 1870-1914*, Perrin, p. 100.

TRESSIDER SHEPPARD A., « Glorious Dumas once more », *The Bookman*, avril (supplément, décembre).

WILKE H., *Alexandre Dumas père als dramatiker*, Munich, Hilgert, 42 p.

WILLIAMS O., « *The Three Musketeers* : a defence of the novel of action », *Cornhill Magazine*, CXXXVI, p. 610-622.

X., « Dumas : history and romance », *The Times Literary Magazine*, 1ᵉʳ septembre.

1928

BENJAMIN R., *Souvenirs dramatiques et littéraires par A.D.*, Paris, Tallandier, XI, 261 p.

BERSAUCOURT A. de, « Alexandre Dumas et la réclame littéraire », *Les Nouvelles littéraires*, 21 juillet.

JOLLIVET G., *Souvenirs d'un Parisien*, Tallandier, p. 223-225.

LAGARENNE Mme de, « Alexandre Dumas père », *Fortnightly Review*, CXXX, p. 90-100.

LUCAS-DUBRETON J., *La Vie d'Alexandre Dumas père*, Gallimard, 254 p. « La figure d'Alexandre Dumas », *Le Gaulois*, 16 février, p. 3.

LYND S., « Dumas' world of romantic lovers », *T.P.'s Weekly*, 7 juillet.

MÉVIL A., « Alexandre Dumas, le duc d'Orléans et l'expédition de Rambouillet », *Les Débats*, 16 mars.

MONGREDIEN G., « Le premier Alexandre Dumas », *Les Nouvelles littéraires*, 25 février.

PASCAL F., « Les mémoires d'Alexandre Dumas » (publ. par Raymond Recouly), *Le Gaulois*, 21 janvier, p. 3.

REED F.W., « Dumas's Wandering Jew », *London Quarterly Review*, XXXVI, p. 207-219.

SARRAILH J., « Le voyage en Espagne d'Alexandre Dumas père », *Le Bulletin hispanique*, XXX, p. 298-328.

1929

ALMÉRAS H. d', *Alexandre Dumas et* les Trois Mousquetaires, Société française d'éditions littéraires et techniques, 113 p.

ATKINSON N., *Eugène Sue et le roman-feuilleton*, Nemours, André Lesot, p. 8-10, 24-31, 37-39, *passim*.

BARRÈS M., *Mes cahiers*, Plon.

BAUËR G., « La jeunesse d'Alexandre Dumas », *Annales politiques et littéraires*, 15 juillet-1ᵉʳ septembre.

CLÉMENT-JANIN, *Drames et comédies romantiques*, Le Goupy.

DARK S., « A Master's living gallery : the novels of Alexandre Dumas père », *T.P.'s Weekly*, 23 février.

ESTÈVE E., *Byron et le romantisme français*, Boivin.

GARNETT R.S., « Garibaldi and Dumas », *The Times Literary Supplement*.

« The story of my yacht », *Blackwood's Magazine*, mars-juin.

« Genius and the ghost, or Athos, Porthos and Aramis », *ibid.*, juillet.

« The story of my yacht », *Times Literary Supplement*, 21 février.

GORDMAN H. S., *The Incredible Marquis Alexandre Dumas*, New York, Farrar and Rinchard, 480 p.

LUDWIG A., « Hoffmann und Dumas », *Herring's Archiv*, CLV, p. 1-22.

MESSAC R., *Le « Detective novel » et l'influence de la pensée scientifique*, H. Champion.

MONVAL J., « Souvenirs de Fr. Coppée sur D. père », *Le Figaro*, 16 février.

NOUSSANNE H. de, *Franchises*, Éditions de la connaissance.

PAILLERON M., *Les Auberges romantiques*, Firmin-Didot, p. 100-102.

SMET R. de, *Le Théâtre romantique. Victor Hugo, Alexandre Dumas, Alfred de Vigny, Alfred de Musset avec un florilège de ces auteurs*. Les œuvres représentatives, p. 79-81, 87-96, *passim*.

VIENNET G., « Mémoires », *R.D.D.M.*, 1ᵉʳ septembre, p. 134-135.

WARE J., « Lorenzino de Medici on the french stage », *Cornhill Magazine*, juin.

« Les anachronismes d'Alexandre Dumas », *Le Petit Écho de la mode*, 13 août.

1930

DESCHAMPS G., « Alexandre Dumas pyrénéen », *Le Figaro*, 8 octobre.

DUBECH L., « Dumas père et Labiche », *Revue universelle*, 15 septembre. (V. *Le Figaro*, 3 mai).

DUMEZ H., « Un inédit d'A.D., publié par H.D. », *Le Petit Niçois*.

ESCHOLIER R., *Logis romantiques*, Les Horizons de la France, p. 145.

GALDEMAR A., « D'Artagnan. Ce que pensait Dumas fils », *Le Figaro*, 13 septembre, p. 6.

GARNETT R.S., « Edgar Allan Poe in Paris. — Dumas at Drury Lane », *Blackwood's Magazine*, février, avril.

GRIBBLE F., *Dumas Father and Son*, Londres, Eveleigh Nash & Grayson, 280 p.

X., « A Dumas'ms : did Edgar Allan Poe visit Dumas ? » , *The Times Literary Supplement*, 21, 28 novembre.

1931

BEAUFILS É., « Le centenaire d'*Antony* », *Le Figaro*, 2 mai.

« Paul Foucher et Mélanie Waldor », *Le Mercure de France*, 1ᵉʳ octobre, 1ᵉʳ novembre.

CLÉMENT-JARNIN J.-H., « La grande querelle d'Alexandre Dumas et de Jules Janin », *Revue de la semaine*, 24 janvier.

CLOUARD H., « Le théâtre romantique d'Alexandre Dumas », *La Quinzaine critique*, 10, 25 août.

DÖLING E., *Alexandre Dumas père's Subjektivismus in seinen Dramen aus der Zeit der Romantik*, Halle, thèse, 100 p.

FLEURY M. de, « Relations. Alexandre Dumas », *Les Nouvelles littéraires*, 29 août.

RÉGIL C., « Alexandre Dumas en Algérie », *Revue mondiale*, 1ᵉʳ janvier.

TIERSOT J., *La Chanson populaire et les Écrivains romantiques*, Plon.

VAN DER PERRE P., « Remarques nouvelles sur quelques préfaçons belges. Les *Mémoires* d'Alexandre Dumas », *Bulletin du bibliophile*, août-septembre, p. 355-361.

VÉDÈRE X., « Alexandre Dumas à Bordeaux », *Revue philomatique de Bordeaux et du Sud-Ouest*, 1, p. 12-23.

1932

BATY G., CHAVANCE, R., *Vie de l'art théâtral*, Plon, p. 234-240.

BELLESSORT A., « Les voyages d'Alexandre Dumas », *R.D.D.M.*, XII, p. 651.

BRAY R., *Chronologie du romantisme*, Boivin, p. 210-215.

BRISSON P., « Les deux Dumas », *Le Temps*, 30 mai.

J.E.C., « Les amis d'Alexandre Dumas », *Le Temps*, 17 novembre.

CARR P., *Days with the French Romantics in the Paris of 1830*, Londres, Methuen, p. 9, 42-43, 52-54, 84-86, 120-125, 130-134, *passim*.

COUTET A., « L'histoire et la légende : sur les pas des *Trois Mousquetaires* », *L'Illustration*, 24 décembre.

DEGRANGE V., « Rachel et Dumas père », *Bulletin du bibliophile*, 20 novembre, 20 décembre, 20 janvier 1933.

GALSWORTHY J., « Dumas père », *English Review*, décembre.

LEVRAULT L., *Le Roman, des origines à nos jours*, Mellottée.

MOREAU P., *Le Romantisme*, De Gigord, p. 206-207, 409-414, *passim*.

PRAVIEL A., « Les nègres de Dumas père », *Lecture pour tous*, novembre.

REED F. W., « Rouget de Lisle and Roland », *London Quarterly and Holborn Review*, juillet.

SOULIÉ M., *Les Procès célèbres de l'Allemagne*, Payot.

VEUILLOT L., *Correspondance*, Lethouzey, VII, p. 166 ; VIII, p. 222 ; IX, p. 63, 65 ; XII, p. 37.

X., « Alexandre Dumas père. La gastronomie », *Le Crapouillot*, n° 1.

1933

CHACK P., « Banquet des Amis d'Alexandre Dumas père à Villers-Cotterêts, le 21 mai 1933. Allocution de M.P.C. », *Chronique de la Société des gens de lettres*, juin.

HUNT H. J., « Une querelle de journalistes sous Louis-Philippe. Alexandre Dumas père contre Buloz », *Le Mercure de France*, 1ᵉʳ juillet, p. 245, 1ᵉʳ août, p. 70-110.

LERMINE J. de, *Le Fils de Monte-Cristo*, Nelson, I (préface sur A.D.).

LUCAS-DUBRETON J., « Alexandre Dumas », *Le Crapouillot*, Noël.

MORAUD M., *Le Romantisme français en Angleterre de 1814 à 1848*, H. Champion.

PESLOUAN H. de (J. Lucas-Dubreton), *Mesdames Dumas père*, éditions des Portiques, 254 p.

PRAVIEL A., *Histoire vraie des Trois Mousquetaires*, Flammarion, p. 128.

« La vie authentique de M. le vicomte d'Artagnan », *Lectures pour tous*.

REED F.W., « Shakespeare and Dumas », *The Shakespeare Quarterly*, II. *A Bibliography of A. Dumas père*, Londres, Neuhuys, X-467 p.

SARRAILH J., *Enquêtes romantiques France-Espagne*, Les Belles-Lettres, p. 177-258.

SOULAINE P., « Alexandre Dumas et l'histoire », *La Province* (Mons), 21 juillet.

TRUFFIER J., « La gloire de Dumas père », *Le Figaro*, 14 juin.

X., « La Société Alexandre Dumas », *Le Figaro*, 17 février.

1934

ESCOFFIER M., *Le Mouvement romantique, 1788-1850. Essai de bibliographie synchronique et méthodique*, Maison du bibliophile, XL-XLII (n° catalogue des œuvres d'A.D.).

FALK B., *The Naked Lady, or Storm over Adah. A Biography of Adah Menken*, Londres, Hutchinson & Co.

NEWMAN B., *In the Trail of the Three Musketeers*, Londres, Herbert Jenkins, 312 p.

PEARCE G.R., *Dumas père*, Londres, Duckworth (« Great Lives »), 142 p.

REED F.W., « M. Dumas obliges ; the story of a romance with two endings », *The Colophon*, 7.

1935

MOSER F., *Vie et aventures de Céleste Mogador*, Albin-Michel.

TALVART H., PLACE J., *Bibliographie des auteurs modernes de 1800 à 1833*, Les Horizons de la France, V (Dumas à Flament).

1936

ASCOLI G., *Le Théâtre romantique*, C.D.U.

CHASSÉ C., « Alexandre Dumas et la Bretagne », *La Bretagne*, juin.

DESBON I., *Mes années d'enfance et de jeunesse. Mes Mémoires*, extraits réunis par I.D., Mesnil, 256 p.

MORIENVAL J., « L'empereur des nègres : Dumas père », *Le Correspondant*, 1936, 4 ; 1937, 1.

REED F.W., « Prescription for a collection », *The Colophon*, 1, juillet.

REICHART W. A., « Washington Irving as a source for Balzac and Dumas », *Modern Language Notes*, 51, p. 388-389.

1937

ABRY BERNES E., CROUZET J., LÉGER P., *Les Grands Écrivains de France illustrés*, morceaux choisis et analyses, XIX⁰ siècle (1800-1850), Henri Didier, Privat, 1419-1424.

ARTINIAN A., « Alexandre Dumas, director of excavations and museums », *Romantic Review*, 28, p. 342-345.

CROZE J.C., « Victor Hugo et Alexandre Dumas décorés », *Le Temps*, 25 juillet.

« Alexandre Dumas en Italie », *Le Temps*, 1ᵉʳ octobre.

CULOT J., *Préfaçons et contrefaçons belges (1816-1854)*, Bruxelles, Fernand, 88 p.

MILLE P., « L'imagination de Dumas père », *Le Temps*, 8 août.

1938

ALLÉVY M.-A., *Édition critique d'une mise en scène romantique. Indications générales pour la mise en scène d'Henri III et sa cour* par Albertin, directeur de la scène près le Théâtre-Français, librairie E. Droz.

LATHAM E., *Alexandre Dumas et Walter Scott*, Le Mercure de France.

LENÔTRE G., *En France jadis*, Grasset, p. 299-303 (A.D. cuisinier).

PIERRE A., « Alexandre Dumas père et le tsar Nicolas 1ᵉʳ. Histoire d'une décoration manquée », *Le Temps*, 17, 18, 19 novembre.

REED F. W., *Some Bibliographical Shares Among His Works*.

« Dumas revises *The Three Musketeers* », *The Colophon*, 3.

SMITH F. P., « Un conte fantastique chez Irving, Borel et Dumas père », *Revue de littérature comparée*, p. 334-346.

THOMPSON JOHN A., *Alexandre Dumas and Spanish Romantic Drama*, Louisiana State University Press (Louisiana State University Studies, 37), IV, 229 p.

X., *Le Mousquetaire, bulletin de la Société des Amis d'A.D.*, Soissons, impr. de *L'Argus*, 1ᵉʳ juillet (A.D. et Lamartine ; A.D. et Jacques Balmat).

1939

CROCE B., « Dumas padre contra la "Mirra" », *Critica*, p. 158.

GAILLARD DE CHAUPUIS, « Un point d'histoire littéraire ».

MARIE G., « Le centenaire de *L'Alchimiste* ou l'histoire d'une collaboration », *Le Mercure de France*.

REED F. W., *Notes on English and American Translations of Alexandre Dumas père*, dactylographié, British Museum, Library of Congress.

1940

FOURCASSIÉ J., *Le Romantisme et les Pyrénées*, Gallimard, N.R.F., p. 318, 354, 418, 422.

LENÔTRE G., *Notes et souvenirs*, Calmann-Lévy, p. 88-90.

MUNRO D., « An unrecorded play by Dumas : *The Venice of the Doges* », *Times Literary Supplement*, avril.

WENGER J., « Violence as a technique in the drama and dramatization of Dumas père », *Romantic Review*, p. 265-279.

X., « Points de vue. Alexandre Dumas à Bruxelles », *La Libre Belgique*, 4 avril.

1941

BELLESSORT A., *Dix-Huitième Siècle et romantisme*, Fayard, p. 311-341 (Les voyages d'Alexandre Dumas père).

BLANCHARD C., *Mes Mémoires*, choix par C.B., Denoël, 574 et 502 p.

BRUNER E. L., *The History of Paul Jones as Treated by Alexandre Dumas*, thèse Waco (Texas), sténogr., IV-141 p.

CHÉRONET L., *Le Vert Paradis. Mémoires de jeunesse d'Alexandre Dumas*, présenté par L.C., éditions Montsouris, 96 p.

FERNANDEZ R., « Retour à Dumas père », *N.R.F.*, 1ᵉʳ décembre, p. 720-726.

VEINS C. P., « An exchange of notes on G. Sand », *Modern Language Notes*, p. 56.

VOX M., *Ma révolution de 1830* (extr. *Mes Mémoires*), présentation par M.V., 189 p.

1942

MUNRO D., « Bibliography of *The Three Musketeers* — a study », *The Times Literary Supplement*, 31 janvier, 7 février.

REED F. W., *A Bibliography of the Romances of Alexandre Dumas père*, dactylographié, British Museum, Library of Congress, B.N.

1943

COOK M., *Five French Negro Authors*, Washington, The Associated Publishers, p. 72-100.

KROFF A. Y., « The critics, the public and the *Tour de Nesle* », *Romantic Review*, p. 346-364.

PARKER R., « Some additional sources of Dumas's *Les Trois Mousquetaires* », *Modern Philology*, 42, p. 34-40.

PIERRE A., « Le voyage de Dumas en Russie », *R.D.D.M.*, LXXVI, p. 415-434.

1944

CONSTANTIN-WEYER M., *L'Aventure vécue de Dumas père*, Genève, éditions du Milieu du Monde, 333 p.

MUNRO D., « Dumas' *Journal de Mme Giovanni* », *The Times Literary Supplement*, 17 juin.

1945

REED F. W., *A Bibliography of Books and Periodical Articles on Alexandre Dumas père*, dactylographié, British Museum, Library of Congress.

THUZET H., *Voyageurs français en Sicile au temps du romantisme (1802-1848)*, Forbin, Didier, p. 150-184.

1946

CROCE B., « Note sul *Corricolo* de Alexandre Dumas », *Quaderni della Critica*, 6 novembre, p. 90-93.

LAUDY L, « La véritable histoire du *Comte de Monte-Cristo* », *La Défense sociale* (Bruxelles), mars-avril, p. 5, 12.

REED F. W., *A Bibliography of the Plays of Alexandre Dumas père*, 2 vol. dactylographiés, British Museum.

1947

BAILLY R., « Le centenaire de *La Reine Margot* », *Le Mercure de France*, CCC, p. 386-387.

CHARPENTIER J., *Alexandre Dumas*, Tallandier, 255 p.

CHERONNET L., « Alexandre Dumas et le théâtre historique », *Les Lettres françaises*, 15 avril.

DAUBRAY C., *Victor Hugo et ses correspondants*, Albin-Michel, p. 203-247. « Lettres inédites d'Alfred de Vigny, Lamartine, Alexandre Dumas, Béranger », *La Nef*, 29, p. 3-18.

DURILINE S., *Alexandre Dumas père en Russie*, O. Zeluck, 87 p.

MOSER F., *Marie Dorval*, Plon.

SCHWARZ W.L., « Dumas' *Monologue intérieur*, 1845 », *Modern Language Review*, 63.

VESTAL S., « An Oscar for Dumas père », *Books Abroad*, XXII, été, n° 3, p. 237-240.

1949

REED F. W., *A Bibliography of the Miscellaneous Works of Alexandre Dumas père*, dactylographié, British Museum.

SCHMIDT A.-M., *Les Petits Romantiques français*, Cahiers du Sud, p. 206-211 (A.D. père et ses fantômes).

THIRIOT H.L., *Premiers Exploits de d'Artagnan*, récit historique, *Le Capitaine d'Artagnan*, La Technique du livre, 255 p.

1950

BELL A.C., *Alexandre Dumas : a Biography and Study*, Londres, Cassell & Co., 420 p.

CHARPENTIER J., *Alexandre Dumas*, Paris, Tallandier, 250 p.

RAT M., « La vérité sur la dame de Monsoreau qui n'est pas celle d'Alexandre Dumas », *Le Figaro littéraire*, 14 octobre.

REED F. W., *The Collaborators of A. Dumas père, with References to Influences and Translations*, dactylographié (B.M., L.C.).
Chronological Notes Concerning A. Dumas père, dactylographié.

1951

FRANCHINI R., «Con Dumas père nella Napoli felice», *Letterature moderne*.

OLIVIER J., *Paris en 1830. Journal*, publié par A. Delattre et M. Denkiger, *Le Mercure de France*.

SAUNDERS É., *The Prodigal Father. Dumas père et fils and The Lady of the camellias*, Londres, Longmars, Creen and Co.

THOMAS M., *Lettres inédites d'Alexandre Dumas père à son fils*, La Table Ronde, mai.

THUZET H., « Les deux voyages d'Alexandre Dumas en Sicile», *Revue de littérature comparée*, n° 2, p. 195-209 (avril-juin).

1952

CHAFFIOL-DEBILLEMONT, *Petite suite excentrique*, Mercure de France.

MAUREVERT G., « Gentilshommes des lettres. Alexandre Dumas, marquis de La Pailleterie», *Le Fureteur*, 8, p. 113-121 (août).

NIELSEN A. J., *Bibliography of Alexandre Dumas père in Denmark, Norway, Translated and Printed, 1830-1852*, Copenhague, chez l'auteur.

REED F.W., *A Bibliography of A. Dumas père, Additions and Errata*.

1953

DUMAS A., *La Vie d'Alexandre Dumas racontée par Alexandre Dumas*, préface de Raymond Dumay, Julliard.

CORBET C., « Un roman oublié d'Alexandre Dumas : *Les Maîtres d'armes*», *Éducation nationale*, 4 juin.

GAILLARD R., *Alexandre Dumas*, Calmann-Lévy.

LEMAY P., «La logique des fous», *Le Progrès médical*, n° 23, p. 513 (décembre).

SOLLOHUB W.A. comte, «Mon ami Dumas père», *R.D.D.M.*, n° 11, p. 507-519, (1er juin).

TAUPIN R., «Le mythe d'Hamlet à l'époque romantique», *French Review*, XVII, 1, p. 15-21 (octobre).

THOORENS L., «Hommage au bon vieux Dumas», *Revue générale belge*, 15 août, p. 540-552.

VÉDÈRE X., «Alexandre Dumas à Bordeaux», *Notre Bordeaux*, 5-12 septembre.

ZIEGLER G., «Alexandre Dumas, le roi des amuseurs», *E.U.R.*, juin.

1954

DUMAS A., *Mes Mémoires*, texte présenté et annoté par Pierre Josserand, Gallimard, N.R.F., 1953-1968 : I, 1954, 531 p. ; II, 1957, 478 p. ; III, 1966, 481 p. ; IV, 1967, 513 p. ; V, 1968, 495 p. *La San Felice*, préface de Jean Grenier, Club français du livre.

BOURGIN G., «Alexandre Dumas père et l'Italie», *Attiblella Accademia nazionale dei Lincei. Rendiconti. Classe di scienze moralei, storiche et filologiche* (janvier-février).

BRUN A., *Deux Proses de théâtre*, éd. Orphys, Gap.

CLOUARD H., « Alexandre Dumas et ses femmes », *T.R.*, novembre, p. 68-76.

GARÇON M., « Plaidoyer pour *Antony* », *Plaidoyers chimériques*, Fayard, p. 57-74.

LAURENT J., « Pourquoi refuser à Dumas les armes de Stendhal », *Gazette littéraire*, 21-22 août.

LEMAY P. « Le travail d'Alexandre Dumas », *Le Progrès médical*, n° 17, p. 357 (10 septembre).

MONGRÉDIEN G., *Les Mémoires d'Alexandre Dumas*, Le Mercure de France.

SAUNDERS É., La Dame aux camélias *et les Dumas*, traduit de l'anglais par Lola Tranec, Corrêa, 280 p.

1955

CLOUARD H., *Alexandre Dumas*, Albin Michel, 437 p.

CLUZEL É., « Alexandre Dumas et la publicité », *B.B.*, 6, p. 265-277.

DELPECH J., « Le dernier amour d'Alexandre Dumas », *Nouvelles littéraires*, 17 février.

DESCOTES M., *Le Drame romantique et ses grands créateurs, 1827-1839*, P.U.F.

FINIZIO S., *Alexandre Dumas père et ses romans qui ont trait à l'Italie méridionale*, Naples, Conte ed.

HILL R., *Du Couret, French Series*, IX, 2, p. 143-153, (avril).

MAUROIS A., « La vie d'Alexandre Dumas », *Annales*, 55, p. 3-18 (I. Jeunesse et succès) ; 56, p. 35-50 (II. *Antony*) ; 57, p. 43-59 (III. *La Tour de Nesle*) ; 58, p. 42-58 (IV. *Les Trois Mousquetaires*) ; 59, p. 42-58 (V. *Le Comte de Monte-Cristo*) ; 60, p. 39-59 (VI. La mort de Porthos) [mai à octobre].

SWITZER R., « Lord Ruthwen and the vampires », *French Review*, 29, p. 107-112, 1955/1956.

VILLOT R., « Alexandre Dumas père et les survivants de Sidi-Brahim à Djemaâ Ghazouât », *Algeria*, 49, p. 9-11 (juin).

1956

X., *The Dumasian. The Magazine of Dumas Association*, n° 1, printemps, 12 p., n° 2, été, 12 p., n. 3, automne (n° éd. : Portes, 1971).

DUMAS A., *Le Comte de Monte-Cristo*, avec introduction bibliographique, notes et variantes de Jacques-Henri Bornecque, Garnier, LXXII-842 et 798 p. (nouvelle éd., 1962). *Les Trois Mousquetaires*, introduction, bibliographie et notes par Charles Samaran, Classiques Garnier, XII-862 p.

BONNEROT J., « Actualité de Dumas », *B.B.*, 1, p. 42-48.

CLUZEL É., « Alexandre Dumas et son journal *D'Artagnan* », *B.B.*, 3, p. 149-151.

ENDORE G., *King of Paris, a novel based on the lives of Alexandre Dumas father and son*, Londres, Cresset Gollancz.

HORNER L., *Baudelaire, critique de Delacroix*, Genève, Droz, p. 148.

LUCIANI V., « The Genesis of *Lorenzino* : a study in Dumas' method of composition », *Philological Quarterly*, Iowa City, 35, p. 175-185.

MAUROIS A., « Les Dumas et l'Académie », *R.D.D.M.*, 15 décembre, p. 223-229.

MURCH A.E., « Dumas and the detective novel », *The Dumasian*, 3 (automne).

N.E., « Alexandre Dumas à Bruxelles », Bruxelles, *Le Thyrse*, 5, p. 241-242 (mai).

X., « Chronological classified list of Dumas' authentic works », *The Dumasian*, 1.

1957

DUMAS A., *Le Comte de Monte-Cristo*, avant-propos de Jacques Robichon : « Histoire d'un roman », Club du livre du mois, 775 p.

BERTAUT J., « Un grand amour d'Alexandre Dumas », *Le Figaro littéraire*, 21 septembre, 5.

BILLY A., « Une lettre (inédite) de Dumas à Charles Nodier », *Le Figaro littéraire*, 22 juin.

BONNEROT J., « Dumas classique », *B.B.*, 3, p. 101-106.

BOYER F., « Alexandre Dumas en Sicile avec Garibaldi (1860) », *Archivo storico Messinese*, 3ᵉ série, vol. VIII, 1956-1957.

CAPIELLO L., « Il rancore di Dumas contro i Borboni di Napoli », *Ausonia*, 12, 3, p. 50-54 (mai, juin).

CLUZEL É., « Dumas et Joseph Méry à la chasse au chastre », *B.B.*, 2, p. 57-71.

DAGENS A., PICHOIS C., « Baudelaire, Dumas et le haschisch », *Le Mercure de France*, 331, p. 357-364, 1957.

EMERIT M., « Un collaborateur d'Alexandre Dumas : Ducouret Abd-el Hamid », *Les Cahiers de Tunisie*, juin, p. 243-249.

HASTIER L., « Le procès de *La Dame de Monsoreau* », *R.D.D.M.*, 16, p. 689-703, 15 août.

KAROUI A., *La Tunisie et son image dans la littérature française du XIXᵉ siècle et la 1ʳᵉ moitié du XXᵉ (1800-1945)*, Tunis, S.T.D.

MAUROIS A., *Les Trois Dumas*, Hachette, 502 p. (éd. dans « Le Livre de poche encyclopédique », 1961, 509 p.).

MORA G., « Dramatic presentation by mental patients in the middle of the 19th century », *Bulletin of the History of the Medecine*, 31, p. 260-277, juin.

MORLEY M., « Monte-Cristo at Drury Lane : a riot in two parts », *The Dumasian*, 4.

NIELSEN A. J., « The mystery of *Les Deux Diane* », *The Dumasian*, 5.

PLUMMER R.W., « Alexandre Dumas : a bibliography of english translations », *The Dumasian*, 4, printemps ; 5, automne ; 6, décembre 1957, 9, décembre 1958 ; 10, juin 1959, 11 août 1960.

« Dumasiana. The mysterious physician », *The Dumasian*, 4.

Ross Williamson H., « *Henri III et sa Cour* », *The Dumasian*, 4.

Samaran C., « A propos des *Trois Mousquetaires* », *Bulletin de la Société archéologique, historique, littéraire et scientifique du Gers*, p. 338-359.

« Dumas et la Méditerranée », *Annales du Centre universitaire méditerranéen*, 11, p. 227-228, 1957-1958.

X., *Œuvres* d'Alexandre Dumas, premières éditions, *Le Livre de France*, juillet.

1958

Dumas A., *Le Grand Dictionnaire de la cuisine*, revu et corrigé par Lecomte de Lisle et A. France, éditions P. Grobel.

Cadilhac P.-É., Coiplet R., « Réalité et fiction dans *Monte-Cristo* », in *Demeures inspirées et sites romanesques*, t. III, p. 143-150, édition Illustration.

Dédeyan C., « Dumas et le thème de Faust », *Revue des lettres modernes*, 5, p. 387-392.

Horn-Monval M., *Répertoire bibliographique des traductions et adaptations du théâtre étranger au xvᵉ siècle à nos jours*, C.N.R.S., 1958-1967. I, Théâtre grec antique, 1958, p. 37. IV, Théâtre espagnol, 1964, p. 40, 90. V, Théâtre anglais, 1965, p. 60, 62-63, 68. VI, Théâtre allemand, 1964, p. 97-98.

Maurois A., « Le dernier amour d'Alexandre Dumas père », *Historia*, 24, p. 445-449 (novembre).

Morley M., « Dumas' plays in London », *The Dumasian*, 9, décembre 1958 ; 10, juin 1960.

1959

Barthes R., « *Les Trois Mousquetaires*, mise en scène par R. Planchon au théâtre de l'Ambigu », *Théâtre populaire*, 36, p. 47-49.

Boyer F., « Dumas historien de Garibaldi », *Rivista di Letterature moderne e comparate*, Florence, 12, p. 279-286.

Brandt Corstius J.C., *Prelude to the Historical Novel, in Proceedings of the 2nd Congress of international comparative litterature*, California Press, t. I, p. 272-281.

Chassé C., « Victor Hugo, Alexandre Dumas et le tombeau de Charlemagne », *Revue des sciences humaines*, 95, p. 331-334, juillet-septembre.

Grunwald C. de, « Alexandre Dumas révolutionnaire », *Miroir de l'histoire*, 117, p. 1164-1167, septembre.

Mauriac F., « A propos de *La Dame de Monsoreau*. L'absurde histoire », *Le Figaro littéraire*, 17 janvier.

Rat M., « *La Dame de Monsoreau* », *L'Illustre Théâtre*, 5, 13, p. 12-18.

Robichon J., « Usine Alexandre Dumas et Cie. *Le Comte de Monte-Cristo* », in *Le Roman des chefs-d'œuvre*, nouvelle éd. : Perrin, 1969. « Le roman du *Comte de Monte-Cristo* », *Œuvres libres*, 154, p. 67-120.

ZOURABICHVILI L., «Alexandre Dumas en Géorgie. A propos d'un daguerréotype centenaire retrouvé», *Aux carrefours de l'Histoire*, 20, p. 485-487, avril ; photographie publ. dans *Drocha*, Tbilissi, avril 1958.

1960

DUMAS A., *Le Pape devant les Évangiles, l'histoire et la raison humaine*, préface par A. Craig Bell, Gallimard, N.R.F., 212 p.

Voyage en Russie, préface par André Maurois, établissement du texte, notes et introduction par Jacques Suffel, Hermann, 667 p.

BOYER F., «Alexandre Dumas à Naples avec Garibaldi en 1860», *Revue des Études italiennes*, 7, p. 307-323, octobre-décembre.

«*Les Garibaldiens* d'Alexandre Dumas, roman ou choses vues ? », *Studi Francese*, 4, p. 26-34.

BROGAN D.W., «Dumas and french history», *The Dumasian*, 11, août.

CLUZEL É., «*Monte-Cristo* ou de la fiction littéraire à une réalité imprévue», *B.B.*, 2, p. 76-89.

COGNY P., «Dumas par lui-même... à travers *Vingt Ans après*», *Lingue Straniere*, 9, 1, p. 7-18, janvier-février.

MONTAL R., «Un curieux plagiat littéraire : *Piquillo*, opéra-comique de Dumas et de G. de Nerval», *Le Thyrse*, 62, p. 406-413.

MORLEY M., «*Adah the Actress*», *The Dumasian*, 11, août.

NIELSEN A.-J., *Bibliographie d'Alexandre Dumas en Danemark, Norvège et Suède*, Copenhague, chez l'auteur (nouvelle éd., 1964).

«Dumas Mérimée» (trad. d'un fragment de Pouchkine), *The Dumasian*, n° 11, août.

PLUMMER R.W., «Dumas' wandering Jew», *The Dumasian*, n° 11, août.

SUFFEL J., «Un amour inconnu d'Alexandre Dumas», *Le Figaro littéraire*, 8 octobre.

1961

FEUCHTWANGER L., «Der Kitschroman : Dumas», in *Das Haus der Desdemona*, Rudolfstadt, p. 41-59.

HASTIER L., «Le procès de *La Dame de Monsoreau*», in *Vieilles Histoires, étranges énigmes*, 5ᵉ série, Fayard, p. 299-327.

MAURIAC F., «*Monte-Cristo*», *Le Figaro littéraire*, 4 mars, p. 1, 6.

MAUROIS A., «Inoubliables Trois Mousquetaires», *Atlas Magazine*, p. 134-143, novembre.

SCHAMSCHULA W., *Der russische historische Roman von Klassiszismus bis zur Romantik*, Meisenheim-am-Glan, 167 p.

1962

DUMAS A., *Les Trois Mousquetaires, Vingt Ans après*, présentés et annotés par Gilbert Sigaux, Gallimard, Bibliothèque de la Pléiade, LXIV, 1 736 p.

Vingt ans après, introduction, bibliographie et notes par Charles Samaran, Classiques Garnier, XXXV, 1 038 p. (nouvelle éd., augmentée d'une somme biographique, 1 041 p.).

Les Quarante-Cinq, présenté par Antoine Blondin, Le Livre de poche.

Les Trois Mousquetaires, Genève, éditions Rencontre. II. « Vie d'Alexandre Dumas », par Gilbert Sigaux.

Mes Mémoires, intr. par Gilbert Sigaux, Le Monde en 10/18, 315 et 316 p.

FROSSARD M., « La maison natale d'Alexandre Dumas », *Mémoires de la Fédération des sociétés d'histoire et d'archéologie de l'Aisne*, VIII, p. 198-200, 1961-1962.

PRÉBOIS L., *D'Artagnan, ou la Véritable Chronique des Mousquetaires*, Plon.

RAT M., « Qui est le véritable comte de Monte-Cristo ? », *Geographia-Historia*, juin, p. 46-51.

1963

DUMAS A., *Le Comte de Monte-Cristo*, G.P. Rouge et Or (Superspirale), 188 p.

Vingt Ans après, Genève, éditions Rencontre. « Alexandre Dumas et ses collaborateurs », par Gilbert Sigaux.

Le Vicomte de Bragelonne, Genève, éditions Rencontre. « Alexandre Dumas et l'histoire », par Gilbert Sigaux.

Le Comte de Monte-Cristo, présenté par Jacques Laurent, Le Livre de poche, 1963-1964, 512, 512 et 512 p.

CHAMARD É., « Montfaucon-sur-Moine et Alexandre Dumas père », *Société des sciences, lettres et beaux-arts de Cholet et de sa région*, p. 69-79.

MOHIEZ R., « Alexandre Dumas père : *Les Mohicans de Paris* », *Les Cahiers classiques des Célestins*, Lyon, session 1963/1964.

MONTESQUIOU P. de, *Le Vrai d'Artagnan*, Julliard.

1964

DUMAS A., *Le Comte de Monte-Cristo*, Genève, éditions Rencontre. IV, « L'esprit d'Alexandre Dumas », par Gilbert Sigaux.

Joseph Balsamo, Genève, éditions Rencontre, 1964-1965. I, préface par G. Sigaux, p. 9-16 ; II, « Le vrai visage de Joseph Balsamo », par Gilbert Sigaux, p. 7-19 ; III, « Le prince de Ligne, Casanova et Goethe, témoins de Cagliostro », par G. Sigaux, p. 7-13 ; IV, « Joseph Balsamo au théâtre », par G. Sigaux, p. 7-13.

CLUZEL É., « Dumas, Mme Ancelot et Honoré de Balzac au Salon de l'Arsenal », *Bulletin de la Librairie ancienne et moderne*, 44, p. 137-145.

DUBUCH A., « Nerval collaborateur de Dumas », *Neuphilologische Mitteillungen*, 65, p. 481-493.

DARDENNE R., « La vraie dame de Monsoreau », in *Demeures inspirées et sites romanesques*.

EMCKE J., *Das historisch-ideologische Weltbild im* Comte de Monte-Cristo von Dumas, Leipzig, thèse, XIV, p. 59 et 122.

GEORGE A.J., « Dumas », in *Short Fictions in France*, Syracuse, p. 153-157.

HARTOY M. d', *Dumas fils inconnu*, éditions Conart, 135 p.

ISNARD G., « Un chantage photographique en 1867 », *Terre d'image*, 2, p. 236-240, mars-avril.

JACQUOT J., « Mourir ! dormir... rêver peut-être ? *Hamlet* de Dumas-Meurice de Rouvière à Mounet-Sully », *Revue d'histoire du théâtre*, 16, p. 407-445, octobre-décembre.

SAMARAN C., « Encore notre D'Artagnan », *Bulletin de la Société archéologique, historique, littéraire et scientifique du Gers*, p. 397-402, 4ᵉ trimestre.

1965

DUMAS A., *Ascanio*, Gründ (collection Grand Écran littéraire), 600 p.

Les Mille et Un Fantômes, préfacé par Hubert Juin, Vervier Gérard (Marabout) [nouvelle édition 10/18].

Le Collier de la Reine, Lausanne, éditions Rencontre, 435 et 524 p. ; I. « L'affaire du collier et de Cagliostro » par G. Sigaux. « Goethe et le Grand Cophte ».

Gérard de Nerval, Œuvres complémentaires, III. Théâtre, présentation de Jean Richer, Minard.

BASSAN F., « Dumas père et le drame romantique », *L'Esprit créateur*, 5, p. 174-178.

BORDES, « D'Artagnan, un personnage historique, un héros de roman », *L'Information historique*, p. 19-25, janvier-février.

CALHOUR J., « Alexandre Dumas en Provence », *Revue du Touring-Club de France*, 1, p. 65-69, janvier.

CLUZEL É., « Le véritable abbé Faria et celui du roman de *Monte-Cristo* », *Bulletin de la Librairie ancienne et moderne*, 45, p. 157-161 (septembre) ; 46, p. 173-175 (octobre).

EAUBONNE F. d', « Un bienfait d'Alexandre Dumas ou les dangers du rewriting », *La Revue de Paris*, 72, p. 77-83, juillet-août.

GAUS H., « Utopisch socialisme in romantick in de Gentse pers, 1840-1945 », *Handelingen der Maatschappij voor geschiedenis en ondbeidkunde te Gent*, XIX.

PICHOIS C., *Philarète Chasles et la vie littéraire au temps du romantisme*, José Corti, 2 vol.

PIRES DE LIMA, « Fernando de Castro, O mito dem sereia em Alexandre Dumas », *Revista de etnografia*, octobre, p. 347-360.

VIATTE A., *Les Sources occultes du romantisme*, H. Champion.

WOOD S., « Sondages, 1830-1848. Romanciers français secondaires », *Romance Series*, 10, University of Toronto Press.

1966

DENÈS T., « Débarquant d'un ballon, ce cher prince veut conquérir Paris... », *Journal de Genève*, 22/23 octobre, p. 14.

KESSEL J., « Alexandre Dumas », in *Gloires de la France*, p. 231-240.

PERROCHON H., « Dumas cuisinier », *Culture française*, Bari, 13, p. 95-96.

ROSSI A., « Appunti... Dumas », *Paragone*, 192, p. 132-137, février.

WILLRICH J.-L., *Jules Janin et son temps d'après des lettres inédites*, thèse, Northwestern University, 1966/Dissertation abstracts, vol. XXXVII, janvier 1977.

1967

DUMAS A., *Mémoires d'un médecin. Joseph Balsamo*, préface de Jacques Perret, notices et notes de Geneviève Bulli, Le Livre de poche classique, 2132-2133, 2149-2150 ; 512 p., 512 p., 512 p., 510 p.

Les Trois Mousquetaires, chronologie et introduction par Jacques Suffel, Garnier-Flammarion, 633 p.

GAULMIER J., « Un cas privilégié de signification sociale au théâtre : du *Kean* de Dumas au *Kean* de Sartre », in *Mélanges de littérature comparée... offerts à M. Brahmer*, Varsovie, p. 103-106.

HALKIN L. E., « Alexandre Dumas à Liège », *La Vie wallonne*, 40, p. 175-194.

JACQUEMIN G., « Quand Alexandre Dumas jouait les écrivains fantastiques », *Marche romane*, 2ᵉ trimestre, p. 43-50.

MORAND P., « Préface au *Vicomte de Bragelonne* », in *Mon plaisir en littérature*, Gallimard, p. 103-106.

PICHOIS C., « Baudelaire, Alexandre Dumas et le Haschisch », in *Baudelaire. Études et témoignages*, Neuchâtel, La Baconnière, p. 145-155.

SAMARAN C., « Un Gascon gouverneur de la Bastille sous Louis XIV, François de Monlezun, marquis de Besmaux », *Bulletin de la Société de l'histoire de Paris et de l'Ile-de-France*, p. 53-66.

TABET A., « Un problème d'auteur : la collaboration au théâtre et au cinéma », *Annales*, décembre, p. 32-54.

1968

DUMAS A., *Le Comte de Monte-Cristo*, Presses de la Renaissance (Club Géant), 608 p.

Le Comte de Monte-Cristo, Hatier (Le Français universel), 128 p.

Vingt Ans après, Presses de la Renaissance (Club Géant), 635 p.

Mémoires d'un médecin. Le Collier de la Reine, notice et notes de Geneviève Bulli, Le Livre de poche classique, 2356, 2361 ; 382 p., 380 p., 446 p.

Vingt Ans après, chronologie et introduction par Jacques Suffel, Garnier-Flammarion (n. éd. 1975).

BOYER F., « Quelques documents sur Alexandre Dumas directeur du journal *L'Indipendente* à Naples », *Rassegna storica toscana*, p. 203-208 (juillet-décembre).

BRETON G., *Antiportraits*, Presses de la Cité, p. 167-176.

SAINFELD A., « Jules Verne et Dumas père et fils », *Bulletin de la Société Jules Verne*, 8, p. 14-17, 2ᵉ et 3ᵉ trimestre.

UBERSFELD A., « Structures du théâtre d'Alexandre Dumas père », *Nouvelle Critique*, n° spécial (colloque de Cluny), p. 146-156.

1969

DUMAS A., *Mémoire d'un médecin. Ange Pitou*, préface de F.A. Burguet, notice et notes de Geneviève Bulli, Le Livre de poche classique, 456 et 512 p.

BIANCHI A., « Il Romanzo d'appendice » (*Nuovi Quaderni*, 2), Turin, ERI.

COMBE J., « Alexandre Dumas à Saint-Étienne », *Bulletin du Vieux Saint-Étienne*, 76, p. 14-15, 4ᵉ trimestre).

CROUZET M., « Du mélodrame au drame romantique : le théâtre d'Alexandre Dumas père », *Mémoires de l'Académie des sciences, inscriptions et belles lettres de Toulouse*, p. 137-146.

LEVI-VALENSI J., « Romantisme et politique dans *Leo Burckart* de Gérard de Nerval et Dumas », in *Romantisme et politique, 1815-1851*, Armand Colin, p. 359-369.

TOUCHARD P.-A., *Le Drame romantique*, choix et notices de P.-A. Touchard, Cercle du bibliophile (Les ?é.ies du Théâtre), t. I.

YAROW P.J., « Three plays of 1829 or douʊts about 1830 », *Symposium*, nᵒˢ 3/4, p. 373-383.

1970

DUMAS A., *Antony*, drame, avec une notice biographique, une notice historique et littéraire, des notes explicatives, un questionnaire, des documents, des jugements et des sujets de devoirs, par Joseph Varro, librairie Larousse, 119 p.

ABRAHAM P., « Ce nègre », *E.U.R.*, 490-491, p. 3-5, février-mars.

ALLOMBERT G., « Dumas, providence du cinéma », *E.U.R.*, 490-491, p. 151-158.

« Filmographie en guise de justification », *E.U.R.*, id., p. 158-162, février-mars.

ANDRIEU L., « Flaubert et les Dumas », *Les Amis de Flaubert*, 37, p. 31-33.

ARNOUX A., « Dumas père et la littérature », *E.U.R.*, 490-491, p. 43-48.

BEER J. de, « Dumas et les comédiens anglais », *E.U.R.*, 490-491, p. 94-100.

BONNECORSO G., « La speditizione dei Mille vissita da due scrittori francesi », in *Racine e Flaubert. Studi e ricerche di litteratura francese*, Messine, Pelontana, p. 177-183 (déjà publ. : *Archivio storico Messinese*, XI-XII, 3ᵉ série, p. 59-61).

BOUVIER-AJAM C., « Bibliographie des principales œuvres d'Alexandre Dumas », *E.U.R.*, 490-491, p. 180-192.

BOUVIER-AJAM M., « Alexandre Dumas au travail et dans sa vie », *E.U.R.*, 490-491, p. 6-26.

CATTUI G., « Anniversaire : Dumas père, commis-voyageur des mille et une nuits », *Journal de Genève*, 10/11 février.

CASTELOT A., « La vérité sur les Compagnons de Jehu », Historia, p. 30-36, mars.

CHEVALLEY S., « Dumas et la Comédie-Française », *E.U.R.*, 490-491, p. 101-107.

CLAUDE C., « Un bourgeois conquérant en habit de mousquetaire du roi », *E.U.R.*, 490-491, p. 53-58.

CLOUARD H., « Centenaire de la mort d'Alexandre Dumas père », *Revue des Lettres*, 105, 4, p. 11-22, octobre-décembre.

COUDERT M.-L., « Lettre à M. d'Artagnan », *E.U.R.*, 490-491, p. 75-78.

DEBU-BRIDEL J., « Un auteur dangereux », *E.U.R.*, 490-491, p. 49-52.

DOMANGE M., « Le phénomène Dumas », *Historia*, 289, p. 142-149, décembre.

DONTCHEV N., « Dumas en Bulgarie », *E.U.R.*, 490-491, p. 136-140.

DUBOIS J. et R., « Les jeunes lisent-ils Alexandre Dumas ? », *E.UR.*, 490-491, p. 141-151.

DUTOURD J., « Un père de France », *E.U.R.*, 490-491, p. 32-34.

FIORIOLI E., « Dumas cent ans après », *Culture française*, Bari, 17, p. 271-274.

FOURNIER A., « Sous les toits de Dumas », *E.U.R.*, 490-491, p. 162-180.

HELLENS F., « Comment j'ai lu Dumas », *E.U.R.*, 490-491, p. 26-32.

JOSSERAND P., « N'oubliez pas Dumas », *Les Nouvelles Littéraires*, 2256, p. 3, 17 décembre.

JUIN H. « Fantômes et vivants », *E.U.R.*, 490-491, p. 36-43.

MAUROIS A., « Qui a écrit *Les Trois Mousquetaires* ? », *E.U.R.*, 289, p. 150-162, décembre.

PARAF P., « Alexandre Dumas en Russie », *E.U.R.*, 490-491, p. 131-136.

PUJOL C., « La rehabilitación de Alejandro Dumas », *La Vanguardia española*, 5 décembre, p. 53.

REMACLE A., « Dumas et Marseille », *E.U.R.*, 490-491, p. 85-93.

SAMARAN C., « Alexandre Dumas Napolitain », *E.U.R.*, 490-491, p. 125-130.

« Garibaldi et Dumas ou Dumas archéologue militant », *Bulletin philologique et historique*, 1968, p. XXXII-V.

SMELKOV I., « A la mémoire d'Alexandre Dumas », *Œuvres et opinions*, novembre, p. 166-170.

SUR J., « Monte-Cristo de la Canebière », *E.U.R.*, 490-491, p. 79-85.

TEMKINE R., « Mise en pièce des *Trois Mousquetaires* », *E.U.R.*, 490-491, p. 119-124.

THIBAUDEAU J., « *Les Trois Mousquetaires* suivi de *Vingt ans après* et du *Vicomte de Bragelonne*, ou une disparition de la fiction dans les textes historiques », *E.U.R.*, 490-491, p. 59-75.

UBERSFELD A., « Désordre et génie », *E.U.R.*, 490-491, p. 34-36.

ZIEGLER G., « Dumas toujours vivant », *E.U.R.*, 490-491, p. 34-36.

X., Villers-Cotterêts. Exposition Alexandre Dumas, 30 mai-28 juin, *municipalité*.

1971

DUMAS A., *La Dame de Monsoreau*, Presses de la Renaissance (Club géant), 538 p.

Les Trois Mousquetaires. Au service du roi, Hachette (textes en français facile), 9ᵉ éd., 80 p.

B.A.A.A.D., n° 1, 12 p. (à partir de 1978, *B.S.A.A.D.*, n° 7).

DECAUX A., « Alexandre Dumas le Magnifique », *Le Miroir de l'histoire*, 1.

FEKETE S., « Petőfi et Dumas », *Acta litteraria Academiae scientiarum hungaricae*, 13, 1-4, p. 83-100.

GIGERICH W., « Dumas. *Le Comte de Monte-Cristo* und Wilhelm Raabe », *Jahrbuch der Raabe-Gesellschaft*, p. 49-71.

« Alexandre Dumas cent ans après », *Le Monde des livres*.

PERROCHON H., « Le merveilleux Dumas », *Culture française*, Bari, 18, p. 77-80.

STEVO J., « Dumas à Bruxelles », Bruxelles, *Revue nationale*, 43, p. 151-154.

TOUTTAIN P.-A., « Un rêve de pierre : le château de Monte-Cristo », *Gazette des beaux-arts*, p. 72-92, février.

1972

DUMAS A., *Le Grand Dictionnaire de la cuisine*, Veyrier H., 568 p. (éd. revue : 1978).

Les Quarante-Cinq, Presses de la Renaissance (Club Géant).

La Reine Margot, Presses de la Renaissance (Club Géant), 505 p.

Les Trois Mousquetaires, Le Livre de poche classique, 667, 799 p.

BASSAN F., CHEVALLEY S., Alexandre Dumas et la Comédie-Française, Lettres modernes, Minard (Bibliothèque de littérature et d'histoire, n° 15), 322 p.

BOUVIER-AJAM M., *Alexandre Dumas ou Cent ans après*, Les Éditeurs français réunis, 229 p.

DECAUX A., « Alexandre Dumas et l'histoire », *B.A.A.A.D.*, 2, p. 3-5, 1972.

GIVENCHY A. de, « Bal costumé donné par Alexandre Dumas », *B.A.A.A.D.*, 2, p. 18.

INFUSINO G., *Alessandro Dumas giornalista a Napoli*, Naples, ed. del Delfino, 256 p.

JOUBERT J., « A propos d'une lettre d'Alexandre Dumas à Victor Hugo », *B.A.A.A.D.*, 2, p. 17.

LAMAZE J. de, *Alexandre Dumas père*, Pierre Charron (Les Géants), 136 p.

LORGEN H. de, « La dame de Monsoreau était du Maine », *La Province du Maine*, p. 229-233, juillet-septembre.

NARDIS L. de, « Un caso di mitologia romantica. *Le Comte de Monte-Cristo* », in *L'usignolo e il fantasma... Saggi francesi sulla civilta dell' Ottocento*, Milan, Varese, p. 13-17.

NEAVE C., « Un peu d'histoire », *B.A.A.A.D.*, 2, p. 19-20.

ULLRICOVA M., « *Roméo et Juliette* de Dumas », *Philologica Pragensia*, XV, p. 193-212, 1972.

VAN MAANEN W., « *Kean* : from Dumas to Sartre », *Neophilologus*, LVI, p. 221-230.

1973

DUMAS A., *Le Chevalier de Maison-Rouge*, Presse de la Renaissance (Club Géant), 508 p.

Le Collier de la Reine, Presses de la Renaissance (Club Géant), 508 p.

Le Comte de Monte-Cristo, Le Livre de poche classique, n⁰ˢ 1119, 1134, 1155, 1972, 598.

La Reine Margot, préface de Jean-François Josselin, Gallimard, Folio, 411, 691 p.

Les Trois Mousquetaires, Gallimard, Folio, n⁰ˢ 526, 527, préface de Roger Nimier, 448, 448 p. (nouv. éd. : 1985).

ALDRIGDE O., « The vampire theme. Dumas and the English stage », *Revue des langues vivantes*, Bruxelles, LXXIV, p. 312-324.

BABB V. G., *La Technique du récit dans l'œuvre romanesque de Dumas père*, thèse de 3ᵉ cycle, université de Paris IV, 122 f. dact.

CHEVALLEY S., « Une collaboration Molière », *Comédie-Française*, 19, p. 21-22, mai.

CLUNY C.-M., « Dumas, l'histoire, l'imaginaire et le diable », *Magazine littéraire* (ML), 72, p. 11-14.

DETROUSSEL H., « Dumas a-t-il été initié à la franc-maçonnerie ? », *B.A.A.A.D.*, 3, p. 26-27.

GAUDU F., « Les Dumas de la Pailleterie, seigneurs de Bielleville-en-Caux », *Revue des Sociétés savantes de Haute-Normandie*, p. 39-62, 1ᵉʳ trimestre.

HENRY G., « Le Marquis de Monte-Cristo ou la véritable aventure des ancêtres d'Alexandre Dumas », *B.A.A.A.D.*, 3, p. 5-7.

HOFFMANN L.-F., *Le Nègre romantique, personnage littéraire et obsession collective*, Payot, p. 238-246.

JAN I., *Alexandre Dumas romancier*, Les Éditions ouvrières (La Butte-aux-Cailles), 165 p.

JOUBERT J., « Revue des autographes. Henri Heine et Alexandre Dumas », *B.A.A.A.D.*, 3, p. 20.

LAHJOMRI A., *L'Image du Maroc dans la littérature française*, Alger, S.N.E.D., p. 75-83.

LAMAZE J. de, « Alexandre Dumas, témoin de son temps », *Mémoires de la Fédération des Sociétés d'histoire et d'archéologie de l'Aisne*, XIX, p. 125-133.

LAURENT J., « Il m'est arrivé d'être ingrat », *M.L.*, 72, p. 9-10.

LELIÈVRE R., « Le *Don Juan* de Dumas », in *Missions et démarches de la critique. Mélanges offerts au professeur J.A. Vier*, Klincksieck, p. 537-550.

MAURIAC C., « Dumas, la politique et l'histoire », *Le Figaro littéraire*, 1410, 17, 26 mai.

PIA P., « La maison Dumas et Cie », *M.L.*, 72, p. 22-24.

SCHNEIDER C., « Alexandre Dumas et l'histoire », *B.A.A.A.D.*, 3, p. 21-25.

SIGAUX G., « Balsamo, la magie et le XVIIIᵉ siècle », *M.L.*, 72, p. 17-18.

TOUTTAIN P.-A., « Dumas fantastique », *M.L.*, 72, p. 19-21.

« Le château de Monte-Cristo », *M.L.*, 72, p. 21.

1974

BOREL J., « Réflexion à propos du roman-feuilleton », *EUR*, n° 542, juin, p. 162-166.

DUMAS A., *Georges*, édition présentée, établie et annotée par Léon-François Hoffmann (« Dumas et les noirs », p. 7-23), Gallimard, Folio, 567, 493 p.

Théâtre complet, textes présentés et annotés, inédits trouvés et établis par Fernande Bassan. I. *Comment je devins auteur dramatique, Ivanhoé, La Chasse et l'Amour, La Noce et l'Enterrement, Fiesque de Lavagna, Henri III et sa Cour*, Lettres modernes, Minard, 587 p.

Les Mille et Un Fantômes, introduction par Hubert Juin, U.G.E., 10/18, n° 911.

Les Trois Mousquetaires, Novocom, 388 p.

DECAUX A., « Quand Alexandre Dumas construisait le château de Monte-Cristo », *Les Monuments historiques de France*, 1, p. 103-105.

ENGEL, « La figure de Coligny dans la littérature », *Actes du colloque Coligny*, p. 377-388.

GOIMARD J., « Quelques structures formelles du roman populaire », *EUR*, n° 542, juin, p. 19-30.

HOYOUX J., « La mort de d'Artagnan au siège de Maastricht », *Bulletin de la société royale Le Vieux Liège*, p. 250-252 (avril-juin).

JONGUÉ S., « Histoire et fiction chez Alexandre Dumas », *EUR*, n° 542, juin, p. 94-101.

KNIBIEHLER Y. et RIPOLL R., « Les premiers pas du feuilleton : chronique historique, nouvelle, roman », *EUR*, n° 542, juin, p. 7-19.

KOUAYATE L., « A propos d'une réédition : *Georges* par Alexandre Dumas », *L'Afrique littéraire et artistique*, décembre, p. 48-49.

LANDRU R., « Les ancêtres d'Alexandre Dumas », *Mémoires de la Fédération d'histoire et d'archéologie de l'Aisne*, XXI, p. 139-144, 1974.

LÉONI A., MOUILLAUD G., RIPOLL R., « Feuilleton et révolution. *Ange Pitou* », *E.U.R.*, 542, p. 101-118, juin.

MESTRE L., « Le vrai visage de M. d'Artagnan », *Le Club français de la médaille*, bulletin, 45, p. 88-92 (4ᵉ trimestre).

SEBBAR-PIGNON L., « Dans la lignée romantique », *Quinzaine littéraire*, 193, p. 22, 1ᵉʳ septembre.

TOUTTAIN P.-A., « Mathias Sandorf au château de Monte-Cristo », *Cahiers de l'Herne*, 35, p. 308-310.

VAN HERP J., « Alexandre Dumas et le voyage au centre de la terre », *Cahiers de l'Herne*, 35, p. 305-307.

VIAL A., « Ce qui restera de Dumas père », *R.H.L.F.*, LXXIV, p. 1015-1031.

1975

DUMAS A., *Théâtre complet, II*, fasc. 6 : *Christine, ou Stockholm, Fontainebleau et Rome,* éd. F. Bassan, Lettres modernes, Minard, 186 p.

Le Château d'Eppstein, U.G.E., 10/18 (L'Aventure insensée), 270 p.

Vingt Ans après, préface de Dominique Fernandez, Gallimard, Folio, 682, 683 ; 544 p., 544 p.

BELLOUR R., « L'énonciateur », *Recherches poétiques*, I, p. 75-92.

BEYLIE C., « Les échecs habituels des cinéastes dans l'évocation du XVIIe siècle », *Le XVIIe aujourd'hui*, p. 141-160.

CERATI M., « Monsieur de Villenave, enragé collectionneur, vu par Alexandre Dumas », *B.A.A.A.D.*, 4, p. 28-30, 1975 ; 5, p. 14-16, 1976.

CERF M., *Le Mousquetaire de la plume, La vie d'un grand critique dramatique, Henri Bauër, fils d'Alexandre Dumas, 1851-1915*, avant-propos de Jean Savant, Académie d'histoire.

DENIS J.-E., « Alexandre Dumas père et la franc-maçonnerie », *B.A.A.A.D.*, 4, p. 31.

DETROUSSEL H., « Saint-Luc et Dumas », *B.A.A.A.D.*, 4, p. 21-22.

GALLERIA A.-M., « Su alcune fonti dell'*Estudiante de Salamanca* », *Quaderni ibero-americani*, 45-46, p. 231-240, 1974/1975.

GIVENCHY A., de « Louise Michel prend la défense d'Alexandre Dumas », *B.A.A.A.D.*, 4, p. 28-30.

JOUBERT J., « Revue des autographes », poème de Parfait à A.D., *B.A.A.A.D.*, 4, p. 19-20.

MÖLLER J., « Captain Channer and Alexandre Dumas père », *Notes and Querries*, octobre, p. 437.

NEUSCHÄFER H.-J., « Supermans gesellschaftlicher Auftrag. Über die Bedeutung historisch-ideologischer Faktoren in der Wirkung des Actionsromans. Am Beispiel des Grafen von Monte-Cristo. Die Problematik der Trivialliteratur », *Actes du congrès de Sarrebruck* (27-29 avril 1974), Sarrebruck, p. 113-135, 165-166.

SCHOPP C., « *La Tour de Nesle* et la censure », B.A.A.A.D., 4, p. 15-18.

1976

DUMAS A., *La Tulipe noire*, Four LO (Bien lire).

Le Chevalier de Maison-Rouge, Charpentier (Lecture et loisir).

BEM J., « D'Artagnan et après. Lecture symbolique et historique de la "trilogie" de Dumas », *Littérature*, 22, p. 13-29, mai.

DECAUX A., « ... face à Dumas : "Il est permis de violer l'Histoire" », *Historia*, 354, p. 28-43.

« Talma ou l'agent du destin », *B.A.A.A.D.*, 5, p. 4-5.

DETROUSSEL H., « État civil d'Alexandre Dumas », *B.A.A.A.D.*, 5, p. 11.

« Rougeville et Dumas », *B.A.A.A.D.*, 5, p. 41-42.

GERMINAT J., « Alexandre Dumas et la presse », *B.A.A.A.D.*, 5, p. 43-44.

GIVENCHY A., de, « Une œuvre peu connue d'Alexandre Dumas », *B.A.A.A.D.*, 5, p. 27.

HAMLET-METZ M., « Karl-Ludwig Sand en France : une mise au point », *Studi Francesi*, septembre-décembre, p. 531-533.

HENRY G., « Le grand-père d'Alexandre Dumas. Alexandre-Antoine Davy de La Pailleterie était-il franc-maçon ? », *B.A.A.A.D.*, 5, p. 17-22.

Monte-Cristo ou l'Extraordinaire Aventure des ancêtres d'Alexandre Dumas, préface d'Alain Decaux, librairie académique Perrin, 187 p.

JUIN H., *Lecture du XIXᵉ siècle*, U.G.E., 10/18, 1032, p. 144-184.

JULIEN B., « *Tit Coq* et *Antony*. Analogie des structures, des personnages et des destins », *Mélanges offerts au professeur Paul Wyazynski*, éditions de l'université d'Ottawa, p. 121-136.

LENÔTRE T., *Aventures de jeunesse d'après les Mémoires d'Alexandre Dumas*, éditions G.P. (Super 1000), 1976, 251 p.

LEVRON J., « *La Dame de Monsoreau :* les erreurs de Dumas », *Historia*, 364, p. 110-117, mars.

MARINETTI A., « Death, resurrection and fall in Dumas' *Comte de Monte-Cristo* », *French Research*, literature series, III, p. 168-176, décembre.

NEUSCHÄFER H.-J., *Popularromane im 19. Jahrhundert. Von D bis Z.* (UTB 524), Munich, W. Fink.

« Abenteuersehnsucht und Sekuritätsbedürfniss. Der gesellschaftliche Auftrag des Grafen von Monte-Cristo. Zur Wirkungsweise des Aktionromans. »

PERRIN J.-C., *Les Trois Mousquetaires et les Mémoires de d'Artagnan*, Larousse (Textes pour aujourd'hui).

PIA P., « Alexandre Dumas et ses œuvres », *Carrefour*, 29 janvier, p. 12-13.

RIVIÈRE M., « Les Quatre Mousquetaires d'Alexandre Dumas à la lumière de la caractérologie », *La Caractérologie*, 19, p. 93-102.

SAADA J., « A propos de la femme dans l'œuvre d'Alexandre Dumas », *B.A.A.A.D.*, 5, p. 12-13.

SCHOPP C., « Lettre de jeunesse », *B.A.A.A.D.*, 5, p. 32-35.

STOWE R. S., *Alexandre Dumas père*, Boston, Twayne Publishers, 164 p.

THOMASSEAU J.-M., « Dumas au Maroc », *B.A.A.A.D.*, 5, p. 38-40.

ULLRICHOVA M., *En suivant les traces d'Alexandre Dumas père en Bohême*, Academia, Prague, 341 p.

1977

DUMAS A., *La Regina Margot*, préface de Luigi Baciolo, Turin, Fogola (La Piazza universale), XXXVI, 523 p.

Trois Maîtres, préface d'André Ferminger, Ramsay, 288 p.

Les Trois Mousquetaires, Hachette (La Galaxie).

BASSAN F., « La meilleure comédie de Dumas père : *Kean ou Désordre et génie* », *Revue d'histoire du théâtre*, I, p. 71-78 (janvier-mars).

BLONDIN A., « Un bahut renaissance », in *Certificats d'études*, La Table ronde, p. 121-140.

GEIGER M., « Louis Boulanger, ami et illustrateur d'Alexandre Dumas », *Mémoires de l'académie des sciences, arts et belles-lettres de Dijon*, CXXII, p. 319-328, années 1973-1975.

« L'inspiration littéraire dans l'œuvre du peintre-graveur Louis Boulanger », *Bulletin de la Société des Amis des musées de Dijon*, années 1973-1975, p. 62-67.

GRIVEL C., « Le fond du texte. Alexandre Dumas : Berlick, Berlock (exercice de lecture progressive) », *Rapports Het Franse Boek*, 3, p. 105-148.

JOUBERT J., « Revue des autographes : contrat Nerval-Dumas, une lettre de Florence », *B.A.A.A.D.,* 6, p. 31.

LAMAZE J. de, « La marquise », *B.A.A.A.D.,* 6, p. 6-14.

LANDRU R., *A propos d'Alexandre Dumas. Les aïeux. Le général. Le Bailli. Premiers amis,* Vincennes, chez l'auteur, 215 p.

LAUT E., « Alexandre Dumas journaliste et collaborateur au *Petit Journal* », *B.A.A.A.D.,* 6, p. 38-41.

ROSSI A., « Fucini e Dumas », *Paragone,* XXVIII, P. 99-101, juin.

SAADA J., « A propos d'un roman trop peu connu d'Alexandre Dumas sur lady Hamilton : *Souvenirs d'une favorite* », *B.A.A.A.D.,* 6, p. 18-20.

SCHLOZ G., « Degenstück ohne Bemäntelung. Die Bochumer Theaterversion der *Drei Musketieren* von Dumas », *Deutsche Zeitung,* 40, 23 septembre.

SCHOPP C., « Billets d'août 1830 d'Alexandre Dumas à Mélanie Waldor », *B.A.A.A.D.,* 6, p. 14-18.

WILSON R., *Le Général Dumas, soldat de la liberté,* préface de Christiane Neave, Ranvoze-Sainte-Foy, Québec, éditions Quisqueya, 286 p.

1978

DUMAS A., *Aventures de Lyderic, grand forestier de Flandre,* Copernic (Mythes et épopées), 160 p.

Le Comte de Monte-Cristo, Gallimard (Le Rayon d'or), 669 p.

Le Capitaine Pamphile, introduction et notes d'Emmanuel Fraisse, Lausanne, L'Age d'homme (Romantiques), 218 p.

La Route de Varennes, nouvelles éditions Baudinière, préface d'Alain Decaux, 203 p.

Romans du XVIᵉ siècle, *Les Deux Diane,* éd. Gilbert Sigaux, Club de l'honnête homme, 2 vol.

Romans du XVIᵉ siècle, *La Reine Margot* (éd. Gilbert Sigaux), Club de l'honnête homme, 2 vol.

BÄCKVALL H., « Un écho du Gotland dans la littérature française du siècle dernier », *Studia Neophilologica,* 50, p. 113-122.

BASSAN F., « État présent des travaux sur le théâtre d'Alexandre Dumas », *B.S.A.A.D.,* 7, p. 15-18.

BELLOUR R., « Le souffle au cœur », *L'Arc,* 71, p. 163 (1ᵉʳ trimestre).
« Un jour la castration », *L'Arc,* 71, p. 9-23.

BONNET J., « Où le lecteur découvre comment et pourquoi il arrive que des qualités sans héros dissimulent un héros sans qualités », *L'Arc,* 71, p. 76-81.

BROCHIER J.-J., « Mangez-moi et adorez-moi », *L'Arc,* 71, p. 91-93.

CÉRATI M., « Dumas et Garibaldi », *B.S.A.A.D.,* 7, p. 30-31, 1978 ; 8, p. 30-31, 1979.

CERTAU M. de, « Quiproquo », *L'Arc,* 7, p. 29-33.

CLÉMENT C., « Un homme, quelques femmes, et deux enfants », *L'Arc,* 71, p. 29-33.

DECAUX A., « Alexandre Dumas et l'histoire », *B.S.A.A.D.,* 7, p. 4-6.

GREAVES R., « Éthopées : Dumas et Nadar », *L'Arc,* 71, p. 89-90.

Lascault G., « Commencements de Dumas », *L'Arc*, 71, p. 4-8.

Molino J., « Dumas et le roman mythique », *L'Arc*, 71, p. 56-69.

Munro D., *Alexandre Dumas. A Bibliography of Works Translated into English to 1910*, Avant-propos de Dugald Mac Arthur. New York, London, Garland (Garland reference Library of Humanities 10).

Pingaud B., « *Vingt Ans après* », *L'Arc*, 71, p. 94-95.

Sigaux G., « Du fait divers au mythe », *L'Arc*, 71, p. 82-88.

Stevenson R.-L., « Un roman de Dumas », *L'Arc*, 71, p. 70-75.

Stockmar X., *Alexandre Dumas à Berne*, précédé de *Pour saluer Dumas*, de P.O. Walzer, Porrentruy, éditions du Pré-Carré, 65 p.

Touttain P.-A., « Autour de Dumas père et de Jules Verne. Du *Comte de Monte-Cristo* à *Mathias Sandorf* », *B.S.A.A.D.*, 7, p. 7-15.

Venault P., « L'histoire et son roman », *L'Arc*, 71, p. 34-39.

1979

Dumas A., *Le Roi des Taupes et sa fille ; Tiny la vaniteuse ; La Jeunesse de Pierrot*, G.P. Rouge et or (Dauphine), 188 p.

Le Chevalier de Maison-Rouge, Gallimard (1000 Soleils d'or), 528 p.

Gabriel Lambert ou le Bagnard de l'Opéra, Autres (L'Aventure), 192 p.

Quinze Jours au Sinaï. Impressions de voyage, éditions Aujourd'hui (Les Introuvables), 299 p.

Romans du XVIe siècle, *La Dame de Monsoreau*, éd. Gilbert Sigaux, Club de l'honnête homme, 2 vol.

Romans du XVIe siècle, *Les Quarante-Cinq*, éd. Gilbert Sigaux, Club de l'honnête homme, 2 vol.

Adler A., *Dumas und die Böse Mutter. Uber zehn historische Romans*, Berlin, Eric Schmidt (Studienreihe Romania).

Bassan F., « Alexandre Dumas et la Hongrie », *B.S.A.A.D.*, 8, p. 20-22.

Bluche F., « Le Dieu de *Monte-Cristo* et de *Jane Eyre*. Un christianisme sans Christ ? », *Revue d'histoire et de philosophie religieuses*, LIX, 2, p. 161-186.

Cavalieri P.M.A., « Sulle trace di Dumas », *Culture française*, Bari, XXVI, p. 38-40.

Compagnoli R., « Il voyage come discorso specifico : Dumas a Livorno », *Micromegas*, IV, 3, p. 59-91.

Covo J., « Alexandre Dumas, le Mexique et les nègres », in *Travaux de l'Institut d'études hispaniques et portugaises de l'université de Tours* (Études hispaniques, 2), p. 47-58.

Davidson A., « Dumas chef extraordinaire », *The Virginian Quarterly*, LV ; p. 490-500.

Hemmings F.W.J., *The King of Romance*, Londres, Hamish Hamilton, 256 p.

Henry G., « Alexandre Dumas et ses ancêtres de Saint-Domingue », *B.S.A.A.D.*, 8, p. 12-17.

« La légende de Monte-Cristo », *Miroir de l'histoire*, décembre, p. 72-77.

« Monte-Cristo ou l'extraordinaire aventure des ancêtres d'Alexandre Dumas à Saint-Domingue », *Héraldique et généalogie*, mars-avril, p. 90-93.

JOUBERT J., « Revue des autographes, Dumas au ministre de l'Intérieur », *B.S.A.A.D.*, 8, p. 26-27.

KLOTZ V., « Apoteosi, passione e azione nel *Conte di Montecristo* di Dumas. Costruzione estetica e attrativa psicologica sociale di un populare romanzo d'avventure », in *Trivialliteratura di massa e di consumo*. Trieste, Edizione Lint.

« Dumas. *Der Graf von Monte-Cristo* », in *Abenteuerromane*. Munich, Vienne, Carl Hanser, p. 59-85.

KOPPEN E., « Christliche Mythen bei Alexandre Dumas und Karl May », in *Mythos und Mythologie in der deutschen Literatur des 19. Jahrhunderts*, publié par Helmut Koopmann. Francfort/Main, V. Klostermann, p. 199-211.

LACASSIN F., « L'abbé Faria ou pèlerinage au Lourdes de la littérature populaire », in *Passagers clandestins*, U.G.E., 10/18, 1319.

LAFFARGUE A., *Promenades en Gascogne. Visites chez d'Artagnan et autres Mousquetaires gascons et béarnais*, Marsolas, Edit. CTR, 1979.

RONTUS P., « Le château d'If », *Monuments historiques*, 103, p. 81-96, juin.

RICHER J., « A propos de Madame Dumas », *B.S.A.A.D.*, 8, p. 29.

SAADA J., « A propos de *Georges*, Alexandre Dumas face au racisme », *B.S.A.A.D.*, 8, p. 6-11.

SCHOPP C., « Dumas, adolescent poète », *B.S.A.A.D.*, 8, p. 18-19.

STOWE R.S., « Dumas père et le drame historique : de *Henri III* à *Charles VII* », *Nineteenth-Century French Studies*, VII, p. 175-177, 1978/1979 (printemps-été).

TRISTANI J.-L., « Une épopée indo-européenne au XIXᵉ siècle », *Critique*, XXXV, p. 315-333.

1980

DUMAS A., *Acté*, éditions France-Empire, 252 p.

Les Alpes de la Grande Chartreuse à Chamonix, présentation d'Emmanuel Fraisse, Encre (Tourisme littéraire), 274 p. (éd. : Encre, Itinéraires, 1984, 226 p.).

Le Collier de la Reine, Gallimard (1000 Soleils or).

Le Docteur mystérieux, présentation de Nicolas Wagner, Paris - Genève, Slatkine, XI, 312 p. (Ressources).

La Forêt enchantée. Saint Népomucène et le savetier. Les Mains géantes. L'Homme sans larmes, éd. Francis Lacassin, G.P. Rouge et or (Dauphine), 188 p. (n. éd. : Bibliothèque Rouge et or, n° 5 : 1986).

Histoire d'un mort racontée par lui-même, choix, préface et bibliographie par Francis Lacassin, U.G.E. (Les Maîtres de l'étrange et de la peur), 265 p.

Les Mille et Un Fantômes, présentation de Nicolas Wagner, Paris - Genève, Slatkine Reprints (Ressources), XI, 221 p.

Théâtre complet, II, fasc. 7, *Antony* (éd. F. Bassan), Lettres modernes, Minard (Bibliothèque introuvable), 114 p.

Le Trou de l'Enfer, présentation de Nicolas Wagner, Paris - Genève, Slatkine Reprints (Ressources), XIII, 364 p.

BÄCKVALL H., « Pièces de théâtre de Dumas père représentées à Stockholm », *Neophilological,* LII, p. 161-166.

BASSAN F., « Alfred de Vigny et Alexandre Dumas », *B.S.A.A.D.,* 9, p. 20-21 (déjà publié in *R.H.L.F.,* LXXIX, p. 96-97).

CÉRATI M., « Eugène de Mirecourt et Dumas », *B.S.A.A.D.,* 9, p. 30-33.

DERCHE R., « Nerval poète vu par Alexandre Dumas », *Cahiers de l'Herne,* 37, p. 201-221.

DIJOL P.M., « Alexandre Dumas et le Masque de Fer », *B.S.A.A.D.,* 9, p. 8-13.

DUMAS A., Lettre à Gérard de Nerval : « D'Alexandre Dumas à Gérard de Nerval, 14 novembre 1853 », dans *Cahiers Gérard de Nerval,* n° 3, p. 41.

FERNANDEZ D., *Le Promeneur amoureux de Venise à Syracuse,* Plon, 351 p.

FROSSART M., « Le baron Dermoncourt », *Fédération des Sociétés d'histoire et d'archéologie. Mémoires,* XXV, p. 162-178.

HIRDT W., « Dumas », in *Französische Literatur des 19. Jahrhunderts. II. Realismus und l'Art pour l'Art,* publié par Wolf-Dieter Lange, Heidelberg, Quelle und Meyer (Uni-Taschen Bücher, 943), p. 230-240. Traduction : *Ensayos sobre narrativa francesa contemporanea,* Barcelone, Caracas, Editional Alfa, 1984, trad. de Rafael de la Vega.

JOUBERT J., « Revue des livres et autographes », *B.S.A.A.D.,* 9, p. 28-29.

KALBFLEISCH T., *Alexandre Dumas. Un manuscrit inédit...,* mémoire dactylographié, université de Louvain, septembre.

MERCIER A., « Alexandre Dumas sur les chemins d'A.-L. Constant : Eliphas Levi et Alphonse Esquiros », *B.S.A.A.D.,* 9, p. 16-19.

POISSON G., « La recette de la tranche d'anchois », *B.S.A.A.D.,* 9, p. 35-36.

PIPPIDJI A., « Countess Dash and Alexandre Dumas in Moldavia », *Revista de istoria si teoria Literara,* avril, juin, p. 235-244 ; juillet-septembre, p. 447-455.

SCHÄRER K., « A Alexandre Dumas. L'auteur et son miroir », *Cahiers de l'Herne,* 37, p. 223-236.

SCHOPP C., « Apollinaire et Dumas », *Revue des lettres modernes,* 576, 81 ; p. 171-172.

« Le débutant et le ministre : une lettre de Dumas à M. de Martignac », *B.S.A.A.D.,* 9. p. 14-15.

Un début dans la vie littéraire : la correspondance d'Alexandre Dumas et de Mélanie Waldor (1827-1831), textes réunis, présentés et annotés par Claude Schopp, thèse de 3ᵉ cycle, université de Paris X-Nanterre, 1979/1980, 548 p.

SWITZER R., « Cellini, Berlioz, Dumas and the foundry », *Nineteenth-Century French Studies,* printemps-été, p. 252-257.

TAUSSAT R., « Jules Verne et Dumas », *B.S.A.A.D.,* 9, p. 22-23.

1981

DUMAS A., *Le Chevalier de Maison-Rouge,* Four L.O., 656 p.

Histoire de la vie politique et privée de Louis-Philippe, préface de Henri Montaigu, Olivier Orban.

Histoire d'un casse-noisettes, Four L.O., 182 p.

Le Comte de Monte-Cristo, édition présentée et annotée par Gilbert Sigaux, Gallimard, N.R.F. (Bibliothèque de la Pléiade), 1476 p.

Romans du XVIIᵉ siècle, *Les Trois Mousquetaires,* éd. Gilbert Sigaux, Club de l'honnête homme, 2 vol.

Romans du XVIIᵉ siècle, *Vingt Ans après,* éd. Gilbert Sigaux, Club de l'honnête homme, 2 vol.

Romans du XVIIᵉ siècle, *Le Vicomte de Bragelonne,* éd. Gilbert Sigaux, Club de l'honnête homme, 1981-1982, 6 vol.

Un voyage à la lune; Pierre et son oie; Le Sifflet enchanté; L'Égoïste, éd. Francis Lacassin, G.P. Rouge et Or (Dauphine), 186 p.

BASSAN F., « Lettres de Dumas père conservées à la Pierpont Morgan Library à New York », *B.B.,* II, p. 172-194.

BÈGUE P., « Inventaire après décès du général Dumas », *B.S.A.A.D.,* 10, p. 13-17.

DECAUX A., « Genèse des *Trois Mousquetaires* », *B.S.A.A.D.,* 10, p. 4-10.

D'HULST L., « Le voyage allemand de Nerval et Dumas en 1838 », *Études nervaliennes et romantiques,* Presses universitaires de Namur, p. 53-57.

FITZLYON A., « In romantic vein », *The Times Literary Supplement,* 17 avril, p. 447.

JOUBERT J., « Revue des livres et autographes », *B.S.A.A.D.,* 10, p. 28-29.

LACOSTE-VEYSSEYRE C., *Les Alpes romantiques,* Slatkine, 4ᵉ partie, chap. II, p. 594-613 (Bibliothèque du voyage en Italie, 4).

MUNRO D., *Alexandre Dumas père. A Bibliography of Works Published in French, 1825-1900,* avant-propos de Alain Decaux, New York, Londres (Garland Reference Library of the Humanities, 257), 394 p.

PETITFILS J.-C., *Le Véritable d'Artagnan,* J. Tallandier.

SCHOPP C., « Bolleros, romance d'Alexandre Dumas », *B.S.A.A.D.,* 10, p. 20.

« Adèle et Aglaë, ou la recherche du temps perdu », *B.S.A.A.D.,* 10, p. 21-25.

« Leçon d'orthographe », *B.S.A.A.D.,* 10, p. 26-27.

« Le tombeau d'Honoré de Balzac », *L'Année balzacienne,* éditions Garnier frères, 2, p. 245-253.

« Les excursions de Dumas sur les bords du Rhin », *Études nervaliennes et romantiques,* Presses universitaires de Namur, p. 59-71.

« Le docteur Vallerand de La Fosse », *Études nervaliennes et romantiques,* presses universitaires de Namur, III, p. 117-121.

1982

DUMAS A., *Les Garibaldiens : Révolution de Sicile et de Naples*, Laffitte reprints, 328 p., préface de Max Gallo.

Impressions de voyage en Suisse, 1861, Maspero.

Alexandre Dumas à Tunis. Impressions de voyage, présentées, annotées par Moncef Charfeddine, préface de Mohamed Yalaoui, Tunis, les éditions Ibn Charaf, 150.

Les Trois Mousquetaires, édité par Bernard Noël, École des loisirs (Les Classiques abrégés), 224.

Les Trois Mousquetaires, Magnard (Le Temps d'un livre, 30-31).

Les Trois Mousquetaires, Vingt Ans après, postface de P. Chevalier, Laffont (Bouquins), 1180 p. D.

Les Trois Mousquetaires, Laffitte J. (Approches Répertoire, 14), 168 p. D.

La Tulipe noire, adaptation, Dargaud (Lecture et loisirs, 6), 82 p.

BASSAN F., « L'*Hamlet* d'Alexandre Dumas père et Paul Meurice — Évolution d'une adaptation de 1846 à 1896 », *Australian Journal of French Studies*, XIX, I, p. 27.

« Napoléon Bonaparte ou trente ans de l'Histoire de France », *B.S.A.A.D.*, II, p. 10-13.

BENMANSOUR A., *L'Espace dans la dramaturgie d'Alexandre Dumas*, thèse de 3ᵉ cycle, université Mohammed V, Rabat.

BÄCKVALL H., *Relations de Dumas père et fils avec la Suède*, Kungl. Vitterhets historie och antikvitets Akademien, Filologiskt arkiv, 28. Stockholm, Almqvist och Wiksell International, 39 p.

BÖKER U., « Ein unbekannter Beitrag A. Dumas zur Gattung der Detektivgeschichte : *Catherine Blum* (1854) », *Romanische Forschungen*, XCIV, p. 255-260.

COUSINAT HARO M.-C., « Alexandre Dumas en Russie : un carnet de voyage inconnu », in *Le Génie de la forme : mélanges de littérature offerts à Jean Mourot*, Nancy, Presses universitaires de Nancy, XV, p. 467-476.

KRAKOVITCH O., « Manuscrits des pièces d'Alexandre Dumas et procès-verbaux de censure de ces pièces conservées aux Archives nationales », *R.H.L.F.*, 4, p. 638-646 (juillet-août).

HENRY G., *Le Secret de Monte-Cristo ou les Aventures des ancêtres d'Alexandre Dumas*, nouvelle édition entièrement revue et complétée, Condé-sur-Noireau, éditions Ch. Corlet.

MARTIN R., « Présence de Cicéron sur les tréteaux français ou les métamorphoses d'un grand homme », in *Présence de Cicéron*, actes du colloque... Tours, septembre 1982, Les Belles-Lettres, 1984.

MILLER N., « *La Femme au collier de velours* : Dumas korrigiert Charles Nodier », *Lendemains*, VII, p. 25-26, 35-51.

NEAVE C., « Les prédictions faites à Joséphine », *B.S.A.A.D.*, II, p. 37-40.

SCHOPP C., *Lettres d'Alexandre Dumas à Mélanie Waldor*, textes réunis, présentés et annotés par C.S., Presses universitaires de France (Centre de recherches, d'études et d'éditions de correspondances du XIXᵉ siècle de l'université de Paris Sorbonne), 205 p.

«Une mère : Laure Labay», *B.B.*, IV, p. 543-546.

«Le neveu de César : Dumas devant l'ascension de Louis-Napoléon», *B.S.A.A.D.*, II, p. 20-34.

«Napoléon en Égypte», *B.S.S.A.D.*, II, p. 35-36.

«Histoire de Monte-Cristo (I. Un bœuf nommé Porthos ; II. L'arbre de la Liberté à Saint-Germain-en-Laye ; III. Naissance, décès à Monte-Cristo)», *B.S.A.A.D.*, II, p. 41-45.

«Calendrier dumasien, 1827, 1828, 1829», *B.S.A.A.D.*, II, p. 49-55.

TADIÉ J.-Y., «Dumas», in *Le Roman d'aventures*, P.U.F. (Écriture), p. 29-68.

1983

DUMAS A, *La Bouillie de la comtesse Berthe*, Casterman, 96 p.

Le Chevalier de Maison-Rouge, Dargaud (Archer vert).

A travers la Belgique, préface de Pierre de Boisdeffre, Entente (Impressions de voyage), 180 p.

Les Trois Mousquetaires, Hachette (Grandes Œuvres), 388 p.

La Tulipe noire, éd. Simon René, Nathan, 188 p.

BASSAN F., «Le théâtre complet de Dumas père. Problèmes d'une édition», *C.D.*, 12, p. 6-10.

«Les relations entre Dumas et ses publics», *Société des professeurs français en Amérique*, bulletin 1982-1983.

«Écrivains et artistes en 1830. Dumas, fiche établie par F.B.», *Romantisme*, 39, p. 172.

Correspondance d'Alexandre Dumas (Huntington Library, Bibliothèque publique et universitaire de Genève ; annotations Fernande Bassan et Claude Schopp), *C.D.*, 12, p. 44-49.

CORDIÉ C., «Dumas», *Cultura e Scuola*, 85, p. 92-98, janvier-mars.

COVENSKY É., «Les débuts de Dumas père au théâtre : *Henri III et sa Cour, Antony* et *La Tour de Nesle*», *Revue d'histoire du théâtre*, XXV, p. 329-337.

DOMANGE M., «L'envers de La Colombe : ce qu'est vraiment devenu le comte de Moret», *C.D.*, 12, p. 36-43.

GODENNE R., «Lire les nouvelles d'Alexandre Dumas», *C.D.*, 12, p. 4-5.

MUNRO D., «Two missing works of Alexandre Dumas père *(Le Comte de Moret, Pietro Tasca)*», *Bulletin of the John Rylands University Library of Manchester*, 3, p. 198-212, 1983/1984.

PICARD M., «Pouvoirs des feuilletons, ou d'Artagnan anonyme», *Littérature*, XIII, 50, p. 55-76, mai.

SAUREL R., «Kean-Dumas-Sartre et Jean-Claude Drouot dans le palais des mirages», *Les Temps modernes*, XXXIX ; p. 166-181.

SCHOPP C., «La galerie de Florence. Esquisses pour un livre rare», *C.D.*, 12, p. 11-21.

«Une aventure d'amour, ou la double aventure sentimentale», *C.D.*, 12, p. 22-35.

« Histoire de Monte-Cristo. Dumas dans ses meubles », *C.D.*, 12, p. 52-59.

« Calendrier dumasien (1830-1831) », *C.D.*, 12, p. 69-79.

THIBAUDEAU J., *Alexandre Dumas, le prince des Mousquetaires*, Hachette (collection Échos personnages), 160 p.

UBERSFELD A., « Alexandre Dumas père et le drame bourgeois », *Cahiers de l'Association internationale des études françaises*, 35, p. 121-139, 280.

1984

DUMAS A., *Acté*, introduction, notes, commentaires : Claude Aziza, Presses Pocket (Grands romans historiques), 250 p.

Le Corricolo, préface de Jean-Noël Schifano, éditions Desjonquères (Les Chemins de l'Italie), 517 p.

Voyage dans les Alpes, Nathan (Grands Textes).

Les Trois Mousquetaires, Gallimard (1000 Soleils), 748 p.

Les Trois Mousquetaires, Lito (Club, 10/15).

La Tulipe noire, Amitié (Les Maîtres de l'aventure).

BÄCKVALL H., *Documents inédits français conservés dans un château suédois*, Stockholm, Almqvist og Wiksell International (Utgina i samverkan med nyfilologiska sällskapet i Stockholm, 7), 15 p.

« Dumas dans un récit suédois du XIX< siècle », *C.D.*, 13, p. 30-34.

BASSAN F., SCHOPP C., « Correspondance d'A. Dumas », lettres de la Société des Amis d'A.D., de la Bibliothèque historique de Paris, de la collection Eugène Rossignol, annotations : F.B., C.S., *C.D.*, 13, p. 56-63.

COLLET A., « Stendhal et Dumas en 1835 », *Stendhal Club*, XXVI, p. 23-27, 1983-1984.

FELKAY N., « *La Méditerranée* d'Alexandre Dumas », *C.D.*, 13, p. 17-24.

GOETSCHEL M.-T., « De Coblence à Mayence, voyager, écrire, lire », *C.D.*, 13, p. 25-28.

GRANER M., « Un roman tombe dans l'histoire : Dumas adaptateur de Michelet dans *Ange Pitou* et *La Comtesse de Charny* », in *Récit et histoire*, études réunies par Jacques Bessière, P.U.F. (université de Picardie, Centre d'études du roman et du romanesque), p. 61-74.

MOLLIER J.-Y., *Michel et Calmann-Lévy ou la naissance de l'édition moderne, 1836-1891*, Calmann-Lévy, p. 280-286, *passim*.

MANSUI A., « Dumas et la maison de Savoie », in *Mélanges à la mémoire de Franco Simone*, III, France et Italie dans la culture européenne, XIX<, XX< siècle, Genève, Slatkine (bibliothèque Franco Simone, 8), p. 371-379.

NEAVE C., « Le château d'If dans tous ses états », *C.D.*, 13, p. 64-75.

« Adolphe de Leuven » (1802-1884), *C.D.*, 13, p. 76-79.

OLIVIER-MARTIN Y., « Physique des mémoires imaginaires. A propos de Dumas et de Courtilz de Sandras », *E.U.R.*, 662-663, p. 110-121, juin-juillet.

PREISS A., « Dumas », in *Dictionnaire des littératures de langue française*, Bordas, I, p. 686-699.

RAYMOND E., « Dumas à la Grande Chartreuse », in *Les Heures dauphinoises des écrivains français*, Didier, Richard, p. 77-80.

SCHOPP C., « Les amours de Marie. Dix lettres inédites de Marie Dorval à A. Dumas », *R.H.L.F.*, VI, p. 918-934.

« Alexandre Dumas : le Simplon et la Lombardie, Album de voyage », présenté et annoté par C.S., *C.D.*, 13, p. 4-16.

« Pour saluer une réédition, *Le Corricolo* », *C.D.*, 13, p. 28-29.

« Alexandre Dumas : la Suisse revisitée. Notes de voyage », présentées et annotées par C.S., *C.D.*, 13, p. 35-55.

« Un duel manqué pour George Sand », *Les Amis de George Sand*, 5, p. 13-19.

TULARD J., « Alexandre Dumas et la police de son temps », *Historia*.

1985

DUMAS A., *Le Comte de Monte-Cristo*, Hatier (Œuvres et thèmes), édition abrégée.

La Dame de Monsoreau, éditions J'ai lu, n° 1841, 634 p.

Une aventure d'amour : un voyage en Italie suivi de Lettres inédites de Caroline Ungher à Alexandre Dumas, préface de Dominique Fernandez, textes établis, présentés et annotés par Claude Schopp, Plon, 298 p.

Vingt ans après, Hachette-Jeunesse (Grandes Œuvres), 2 vol., 390 et 389 p.

ARCHIMBAULT P. J., « *Une Amazone*, a Manuscript of Alexandre Dumas père », *Syracuse University Library Associates Courier*, vol. 20, 2, p. 91-93.

AVNI O., ROSENTHAL J., « The Semiotic of Transactions : Mauss, Lacan and *The Three Musketeers* », *Modern Language*, vol. 100, 4, septembre, p. 728-757. Traduction française : AVNI O., « Ils courent, ils courent les ferrets : Mauss, Lacan et *Les Trois Mousquetaires* », *Poétique*, vol. 16, 62, 1986, p. 215-265.

BASSAN F., « Alexandre Dumas juge *Les Misérables* », *C.D.*, 14, p. 72-74.

LUCE L.-F., « Dumas' *Kean*, an adaptation by Jean-Paul Sartre », *Modern Drama*, XXVIII, p. 355-361.

MUNRO D., *Dumas. A secondary Bibliography of French and English Sources to 1983*, New York, London, Garland, XI, 173 p.

RICHER J.-J., *Production de l'intérêt romanesque dans un roman à succès : l'exemple du « Comte de Monte-Cristo » d'Alexandre Dumas*, thèse de doctorat de 3ᵉ cycle, université de Lille III, mai.

SCHOPP C., *Alexandre Dumas. Le génie de la vie*, Mazarine (Biographie) ; traduction américaine : *Alexandre Dumas. Genius of life*, translated by A.J. Koch, New York, Toronto, Franklin Watts, 1988.

« Documents pour l'histoire d'une amitié [Hugo-Dumas] », *C.D.*, 14, p. 4-71.

« Calendrier dumasien. 1833 », *C.D.*, 14, p. 104-112.

1986

DUMAS A., *Les Cenci*, large vision de l'Outaouais, 146 p.

La Comtesse de Saint-Géran, large vision de l'Outaouais, 154 p.

Murat, large vision de l'Outaouais, 194 p.

Mes Mémoires, textes choisis par Isabelle Chanteur, préface de Alain Decaux, présentation et notes de Claude Schopp, Plon (Les Mémorables), 1034 p.

Les Trois Mousquetaires, avec une notice biographique et littéraire, des notes explicatives par Evelyne Amon et Yves Bonati, Classiques Larousse, 1986, 304 p.

Un âne qui a peur du feu et de l'eau, présentation d'Henri Lucas, Larousse (Classique junior), 48 p.

BASSAN F., « Le cycle des Trois Mousquetaires — du roman au théâtre », *Studia neohilologica*, 2, p. 243-249.

« Deux lettres de Dumas père à Eugène de Nordhausen », *Revue d'histoire de la France*, 5, p. 887-891.

BIET C., BRIGHELLI J.-P., RISPAIL J.-L., *Alexandre Dumas ou les Aventures d'un romancier*, Gallimard (Découvertes. Littérature), 208 p.

GRIVEL C., « Alexandre Dumas : le bas-narrer », in *Richesses du roman populaire*, édité par René Guise et Hans-Jörg Neuschäfer, publication du Centre de recherches sur le roman populaire de l'université de Nancy II et du Romantisches Institut de l'université de Sarrebrück, p. 293-314.

NEAVE D. S., « Bibliographie. Alexandre Dumas (1802-1870) et Alexandre Dumas fils (1824-1895). Éditions originales », *C.D.*, 15, p. 3-51.

PARGER A., « Alexandre Dumas et le comte de Moret », *La Revue du Moret*, 2, p. 43-45.

QUEFFELEC L., « Inscription de la femme au XIXe siècle : le cas du roman-feuilleton sous la monarchie de Juillet », *Revue d'histoire de la France*, 2, p. 189-206.

RIVAIS Y., *Milady, mon amour*, Jean Picollec.

SCHOPP C., *L'Exil et la mémoire. Alexandre Dumas à Bruxelles, 1852-1853*, thèse d'État sous la direction de C. Pichois, université de la Sorbonne Nouvelle-Paris III, 853 p. (microfilm 86.12.3052 Lille-thèses).

« Hugo et Dumas. Les chocs d'une amitié », *Historia*, 466, p. 74-81.

1987

Dumas on food, selections from *Le Grand Dictionnaire de cuisine*, translation by Alan and Jane Davidson, Oxford, New York, Oxford U.P., 327 p.

BACKVALL H., « Dumas père et la langue espagnole », *Studia Neophilologica*, 59, p. 249-261.

BASSAN F., « Dumas père et l'histoire. A propos du drame *La Reine Margot* », *Revue d'histoire du théâtre*, 4, p. 384-392.

GUENOT H., « Le Théâtre et l'Événement. La représentation dramatique du siège de Toulon (août 93) », in *Littérature et Révolution française. L'inscription de l'histoire dans les Œuvres directement ou indirectement inspirées de la Révolution française*, Les Belles-Lettres (Annales littéraires de l'université de Besançon, 354), p. 261-291.

HOFER H., « Expérience musicale et empire romanesque : Hoffmann musicien chez J. Janin, Champfleury et A. Dumas », in *E.T.A. Hoffmann et la musique*, actes du colloque international de Clermont-Ferrand, présentés par Alain Montandon, Berne, Francfort-sur-le-Main, New York, Paris, Lang, p. 303-314.

POISSON G., *Monte-Cristo, un château de roman*, préface d'Alain Decaux, Marly-le-Roi, éditions Champflour, 122 p.

SCHOPP C., « Journal de campagne. Dumas candidat dans l'Yonne », *1848, révolutions et mutations au XIXᵉ siècle. Bulletin de la Société d'histoire de la révolution de 1848 et des révolutions du XIXᵉ siècle*, p. 51-66.

« De Kean à Dumas », *Historia*, 485, mai, p. 28-35.

TRANOUEZ P., « *Cave Filium !* Étude du cycle des *Mousquetaires* », *Poétique*, 71, septembre, p. 321-331.

1988

DUMAS A., *Le Speronare*, éditions Dejonquières, 492 p.

La Trilogie de la guerre de Religion. *La Reine Margot. La Dame de Monsoreau. Les Quarante-Cinq*, préface par Claude Schopp, Le Mercure de France (Mille Pages), 1671 p.

ANNENKOFF P., *Souvenirs de Pauline Annenkoff*, avec en annexe les souvenirs de sa fille Olga et des documents d'archives de la famille, préface de V. Poroudominski, Moscou, éditions du Progrès, 355 p. Édition russe : *Vospominania Polini Annenkovoï*, Krasnoïarskoé Knijnoé Isdatielstvo, 1977.

BELLOUR R., « Dumas, l'homme d'une image », *M.L.*, 258, octobre, p. 54.

FAITROP-PORTA A. C., « Alexandre Dumas. *Le Comte de Monte-Cristo* », in *I Vivoli ed il popolo nella narrativa francese di sogetto romano (1800-1960)*, Rome, Edizioni Rugantino, p. 25-29.

HAMEL R., *Dumas insolite*, Montréal, Guérin (Carrefour. Guérin littérature), 124 p.

HARE J., « Amusing travels in footsteps of Alexandre Dumas », *The Ottawa Citizen*, July 23, p. C-2.

Italies. Anthologie des voyageurs français aux XVIIIᵉ et XIXᵉ siècles, préface, chronologie, notices biographiques, bibliographie établies par Yves Hersant, Robert Laffont (Bouquins), p. 291-296, 434-442, 580-603, 652-653, 670-675, 716-719, 736-738, 746-747, 755-757, 784-790, 795-798, 865-866, 874-878, 883-889, 918-921, 933-937, 981-983, 990-992, 996-999, 1011, 1023-1026, 1062-1063.

MACDERMOTT E. A., « Classical allusions in "The Count of Monte-Cristo" », *Classical and Modern Literature*, vol. 8, number 2, Winter : 93-103.

NIZIERS G., *Parents et enfants dans « Le Comte de Monte-Cristo »*, mémoire de maîtrise (dactylographié), université de Lyon III.

SCHOPP C., « Dumas-Hetzel ou l'Invention d'un collaborateur », in *Pierre-Jules Hetzel. Un éditeur et son siècle*, ACL Édition, Société Crocus, p. 79-91.

« Le Roman historique. Dossier : Claude Schopp », *Textes et Documents pour la classe (TDC)*, 528, 24 mai.

« Érection de la guillotine. Montage et démontage », *Digraphe*, 45, septembre, p. 58-63.

1989

DUMAS A., *La Comtesse de Charny*, introduction et adaptation de Jean-Marie Bretagne, Le Livre de poche, 539 p.

Le Cycle romanesque d'Alexandre Dumas sur la Révolution, Bruxelles, éditions Complexe. — 1 : *Le Chevalier de Maison-Rouge*, préface de Georges Lenôtre, XIII-558 p. — 2, 3, 4, 5 : *Joseph Balsamo*, préface, postface de Gilbert Sigaux, XIX-451, 465, 475, 487 p. — 6, 7 : *Le Collier de la reine*, préface de Gilbert Sigaux, XVII-554, 558 p. — 8, 9 : *Ange Pitou*, préface de Gilbert Sigaux, XIX-467, 466 p. — 10, 11, 12, 13 : *La Comtesse de Charny*, préface de Gilbert Sigaux, XIII-558, 568, 567, 558 p.

De Paris à Cadix. Impressions de voyage, François Bourin, 718 p.

En Russie. Impressions de voyage, François Bourin, 718 p.

Mes Mémoires (1801-1833), Robert Laffont (Bouquins), 2 vol., 1218, 1497 p. — I, préface de Claude Schopp, correspondance d'A. Dumas relative à *Mes Mémoires*, avant-propos de Pierre Josserand, variantes et notes de Pierre Josserand. — II, *Quid* d'A. Dumas par Dominique Frémy et Claude Schopp, bibliographie établie par Claude Schopp.

Préludes poétiques, édités et annotés par Claude Schopp, C.D., 16, éditions Champflour, 120 p.

René Besson, un témoin de la révolution, préface d'Alain Decaux, introduction de Claude Schopp, François Bourin, 427 p. (édition originale : 600 exemplaires sur beau papier, éditions Champflour).

Romans de la Révolution, introduction et pièces annexes par Claude Schopp, préface par Jean Tulard, Chez Tallandier. — I, II, III, *Joseph Balsamo*, XXX-437, 403, 389 p. — IV, V, *Le Collier de la reine*, 382, 403 p. — VI, *Ange Pitou*, 530 p.

Théâtre complet, textes présentés et annotés, inédits trouvés et établis par Fernande Bassan, 8 (tome II), *Napoléon Bonaparte ou Trente ans de l'histoire de France*, Lettres Modernes, Minard, p. [301]-537.

Les Trois Mousquetaires, images de Christophe Rouil, Hachette-Jeunesse (Verte aventure. Aventure héroïque, n°s 907, 908, H10), 2 vol., 279, 279 p.

Voyage en Calabre, préface de Claude Schopp, éditions Complexe (Le Regard littéraire), 301 p.

BELLOUR R., *Mademoiselle Guillotine. Cagliostro, Dumas, Œdipe et la Révolution française*, La Différence, 261 p.

JEAN M., « Alexandre Dumas à Toulon en 1835 » (séance publique du 5 février 1988), *Bulletin de l'Académie du Var* : 13-39.

MARTIN D., « D'un "certain phénomène" de la lecture, ou Nerval et l'autobiographie impossible : "à propos" d'Alexandre Dumas », *Cahiers Gérard de Nerval*, 11 : 33-40.

PLAZAOLA J., *Le Baron Taylor. Portrait d'un homme d'avenir*, Fondation Taylor [troisième partie, chap. VII : « Alexandre Dumas et les premiers succès romantiques », p. 363-394, et *passim*].

QUEFFÉLEC L., *Le Roman-feuilleton au XIXᵉ siècle*, Presses universitaires de France (Que sais-je ?).
« L'auteur en personne dans le roman populaire : Dumas, Sue », *Tapis-Franc*, 2, hiver : 7-27.

RODINSON M., « Le seigneur bourguignon et l'esclave sarrazin » [*Charles VII chez ses grands vassaux*], in *La Fascination de l'Islam*, seconde édition, La Découverte, p. 143-198.

SCHOPP C., « Dumas. Les Romans de la révolution dans le *Drame de la France* », actes du colloque de Mont-Saint-Martin (25, 26 février 1989) : Roman, roman populaire, Révolution française, *La Littérature populaire*, 11, été-automne 1989, p. 47-55.

TRANOUEZ P., « Relecture. L'Air des bijoux dans *Les Trois Mousquetaires* », *L'École des lettres*, 13/14, 18 juin, p. 49-57.

TUITOU H., *L'Image de la Révolution française dans trois romans d'Alexandre Dumas père : « Ange Pitou », « Le Chevalier de Maison-Rouge », « Les Compagnons de Jéhu »*, thèse de doctorat de 3ᵉ cycle, université de Lyon II, février.

1990

DUMAS A., *Mémoires d'un médecin* (*Joseph Balsamo. Le Collier de la reine. Ange Pitou, La Comtesse de Charny*), *Le Chevalier de Maison-Rouge*, préface générale..., préface..., dictionnaire, index des lieux, documents, bibliographie... par Claude Schopp, Robert Laffont (Bouquins), 3 vol., 1453, 1211, 1619 p.
Histoire de mes bêtes, préface d'André Bourin ; *Recettes de chasse*, préface de Pierre Jamet ; *La Vie au désert*, préface de Nicole Manuello, Actes-Sud/Hubert Nyssen (Écrire la chasse), 3 vol. sous coffret, 187, 173, 217 p.
Ingénue, édition présentée par Daniel Baruch, François Bourin, 555 p.
Romans de la Révolution, pièces annexes par Claude Schopp, Chez Tallandier. — VII, VIII, IX, *La Comtesse de Charny,* 423, 447, 420 p. — X, *Le Chevalier de Maison-Rouge,* 373 p. — XI, XII, *Les Blancs et les Bleus*, 353, 359 p.
Romans du grand siècle d'A. Dumas, introduction et pièces annexes par Claude Schopp, préface par Jacques Laurent. — I, II, *Les Trois Mousquetaires,* 265, 353 p.
Sur Gérard de Nerval. Nouveaux Mémoires, préface et établissement du texte par Claude Schopp, éditions Complexe (Le Regard littéraire), 295 p.

AUTRAND M., « Le roman d'Alexandre Dumas à l'épreuve de la Révolution », *R.H.L.F.,* 4-5, juillet-octobre : 679-691 (Révolution et littérature, 1789-1914).

BASSAN F., « Le cadre médiéval dans *La Tour de Nesle* d'Alexandre Dumas », *Bulletin de la Société des professeurs français en Amérique,* 1989-1990 : 3-13.

BERTIÈRE S., « Le Coadjuteur et son double : Retz inspirateur d'A. Dumas dans la trilogie des *Mousquetaires* », *Travaux de littérature,* III : 169-177 (Mélanges N. Hepp).

BRIX M., « Nerval et le *Plutarque drôlatique* », *R.H.L.F.,* 6, octobre/décembre : 959-965.

CHAVOUTIER L., « Alexandre Dumas et la Maison de Savoie » [suivi de pages choisies], *L'Histoire de la Savoie,* n° 100, décembre.

DESCOTES M., « Dumas père dramaturge en face du mythe de Napoléon », in *Mythologies du romantisme. Domaine français et anglo-américain,* actes du colloque de Clermont-Ferrand (10 et 11 mars 1989), *La Licorne,* 18.

HAMEL R. et MÉTHÉ P., *Dictionnaire Dumas. Index analytique et critique des personnages et des situations dans l'œuvre du romancier,* Montréal, Guérin littérature, 979 p.

HEMPEL-LIPSCHUTZ I., « Et in Alhambra ego : F. R. de Chateaubriand, P. Mérimée, T. Gautier et A. Dumas père », in *L'Orient de Théophile Gautier* [colloque international, château de Monte-Cristo, Port-Marly, 16, 17, 18, 19 mai 1990, présentation de P. Laubriet], *Bulletin de la Société Théophile Gautier,* n° 12, vol. II, p. 353-398.

KIM DONG-YOON, *L'Éthique d'Alexandre Dumas dans la trilogie des Mousquetaires,* thèse de doctorat, université d'Aix-Marseille I, juin.

LECOURS R., « Un inédit d'Alexandre Dumas », *La Presse* (Canada), n° 110, 10 février.

MUND-DOPCHIE M. et HUBERT P., « *L'Orestie* d'Alexandre Dumas et ses modèles antiques », *Les Études classiques,* janvier : 63-81.

QUEFFÉLEC L., « Figuration de la violence dans le roman de l'avant à l'après 1789 : Sade, Rétif, Dumas », *R.H.L.F.,* 4-5, juillet-octobre : 663-678 (Révolution et littérature, 1789-1914).

SCHOPP C., « Dumas critique dramatique », *Nineteenth-Century French studies,* vol. 18, n° 3-4, Spring-Summer : 348-362 (*Le Siècle inépuisable : mélanges offerts à Fernande Bassan*).

« Alexandre Dumas (1802-1870). *Les Trois Mousquetaires. 1844* », in *En Français dans le texte. Dix Siècles de lumière par le livre,* Bibliothèque nationale, n° 263 : 249.

THOMASSEAU J.-M., « Les Girondins et la Révolution dans le théâtre romantique [*Le Chevalier de Maison-Rouge*] », *Revue française d'histoire du livre,* n° 66-67, 1er et 2e trimestres, 83-98.

TRANOUEZ P., « *Le Comte de Monte-Cristo* ou l'initiation par les gouffres », *L'École des lettres,* 8, 1er février : 41-53 ; 9, 1er mars : 39-55.

1991

DUMAS A., *Les Bords du Rhin*, introduction de Dominique Fernandez, *Dumas sur les bords du Rhin* par Claude Schopp, chronologie de Jacques Suffel, Flammarion (GF 592), 534 p.

Les Grands romans d'Alexandre Dumas, *Les Mousquetaires*, édition établie par Claude Schopp, Robert Laffont (Bouquins), 3 vol., 1388, 892, 1026 p. — I, *Les Trois Mousquetaires. Vingt ans après*, préface, dictionnaire, documents... par Claude Schopp. — II, *Le Vicomte de Bragelonne*, « Dumas baroque » par Dominique Fernandez. — III, *Le Vicomte de Bragelonne*, documents, bibliographie et index des lieux établis par Claude Schopp.

L'Ile de Feu [« Dumas exotique, Dumas fantastique »/« Contribution à une bibliographie d'Alexandre Dumas père. Liste alphabétique des titres d'œuvres » par Bernard Goorden], Bruxelles, éditions « Recto-Verso », [1991], 193 p. (collection « Ides... et autres », volume n° 63, publication du Centre de documention de l'Étrange), reproduction de l'édition A. Le Vasseur (Alexandre Dumas illustré), illustrations de Bertall, Gustave Doré, Gerlier, Roux, etc.

Le Midi de la France. Impressions de voyages, préface de Claude Schopp, François Bourin, 407 p.

Narcisse et Hyacinthe. Correspondance amoureuse avec Hyacinthe Meinier, préface et établissement du texte par Claude Schopp, François Bourin, 63 p.

Romans de la Révolution, pièces annexes par Claude Schopp, Chez Tallandier. — XIII, XIV, *Les Compagnons de Jéhu* [*Blanche de Beaulieu*], 349, 313 p.

Romans du grand siècle d'A. Dumas, introduction et pièces annexes par Claude Schopp, préface par Jacques Laurent. — III, IV, *Vingt ans après*, 2 vol., 369, 375 p. — V, VI, VII, *Le Vicomte de Bragelonne*, 3 vol., 346, 335, 357 p.

Une année à Florence. Impressions de voyage, préface de Claude Schopp, 269 p.

HAMEL N., « L'horizon oriental de Monte-Cristo. Lecture prismatique d'un roman d'aventures », in *D'un Orient l'autre*, CNRS, vol. I, Configurations, p. 233-263.

MAURIN G., *Les Grands Écrivains*, volume IV, *Dostoïevski, Dumas, Éluard, Fitzgerald, Flaubert, France, Gautier, Giono*, France-Loisirs (Les cent plus grands écrivains choisis par l'Académie Goncourt) : Dumas, p. 28-43, texte de Gilbert Maurin.

NEAVE C. et D., *Iconographie d'Alexandre Dumas père. Gravures, dessins, photographies, portraits et caricatures*, éd. par C. et. D. N. [Introduction, Jacques Laurent ; « Images pour une image », C. Schopp], Marly-le-Roi, éditions Champflour, [éditions Tallandier], 160 p.

NET M., « Figure(s) du père et identités. Notes sur le roman dumasien *Le Gentilhomme de la montagne* », *Tapis-Franc*, 4, automne, 15-23.

1992

DUMAS A., *Les Compagnons de Jéhu*, précédé de *Dumas, l'histoire et le roman* par Jacques Laurent, P.O.L., 2 vol., IV-366, 372 p.

La Femme au collier de velours, avant-propos de Nata Minor, Aix-en-Provence, éditions Alinea (L'Intemporelle), 217 p.

Les Grands romans d'Alexandre Dumas. *La Reine Margot. La Dame de Monsoreau. Les Quarante-Cinq*, suivi de *Théâtre* (*La Reine Margot. La Dame de Monsoreau*), édition établie par Claude Schopp, Robert Laffont (Bouquins), 2 vol., 1399, 1020 p. — I, *La Reine Margot. La Dame de Monsoreau*, préface de Claude Schopp, Dictionnaire (personnages des romans de Dumas, personnes et personnages cités), documents et études par Claude Schopp. — II, *Les Quarante-Cinq*, suivi de *Théâtre* (*La Reine Margot. La Dame de Monsoreau*), documents, index des lieux et bibliographie établis par Claude Schopp.

Othon l'Archer. Chronique des bords du Rhin, présenté par Claude Schopp, Flammarion/Père Castor (Castor-poche ; senior), 221 p.

Le Roman de Violette, édition établie et présentée par Claude Schopp, Mercure de France, XXXII-162 p.

Romans du grand siècle d'A. Dumas, introduction et pièces annexes par Claude Schopp, préface par Jacques Laurent, Chez Tallandier. — VIII, IX, X, *Le Vicomte de Bragelonne*, vol. 4, 5, 6, 354, 369, 331 p.

CHARRON H., *Alexandre Dumas et Clémence Badère. Histoire d'une controverse*, établie et commentée par H. C., Marly-le-Roi, éditions Champflour, 111 p. (*C.D.*, 19).

MILLIARD S., « L'errant magnifique. D'Edmond Dantès au comte de Monte-Cristo », *Elseneur*, 7, 109-125.

Le Mousquetaire, lettre d'information de la Société des Amis d'Alexandre Dumas, bureaux : château de Monte-Cristo, 1, avenue du Président-Kennedy, Port-Marly, 1re année, no 1, 5 juin ; no 2, 18 décembre, 8 p.

NEAVE D. S., *Index alphabétique des textes d'Alexandre Dumas publiés dans* L'Independente *(1860-1874), journal fondé par Alexandre Dumas*, C.D., hors-série, Marly-le Roi, éditions Champflour, 1992, 44 p.

PASSOS G. P., « Machado de Assis, leitor de A. Dumas e V. Hugo », *Revue de l'Institut des études brésiliennes*, [San Paulo, Instituto de brasileiros], no 34, p. 73-85.

1993

DUMAS A., *Le Comte de Monte-Cristo*, édition établie par Claude Schopp (préface, Dictionnaire, documents, index des lieux et bibliographie), Robert Laffont (Bouquins), 1502 p.

Le Comte de Monte-Cristo, images de Christophe Rouil, Hachette-Jeunesse (Bibliothèque verte, 933-934. Aventures héroïques), 2 tomes, 316, 318 p.

Nouvelles contemporaines et autres nouvelles contemporaines, précédé de « L'Homme qui aimait les femmes », par Claude Schopp, P.O.L./La Collection, 274 p.

Romans du grand siècle d'A. Dumas, introduction et pièces annexes par Claude Schopp, préface par Jacques Laurent, Chez Tallandier. — XI, *La Tulipe Noire*, suivi de *Le Voyage en Hollande*, 325 p.

Les Trois Mousquetaires, éditions J'ai lu (Les Classiques, 3461/7), 730 p.

Les Trois Mousquetaires, préface de Francis Lacassin, éditions du Rocher ; Jean-Paul Bertrand éditeur (Les Grands Classiques), 703 p.

Les Trois Mousquetaires, préface et commentaires de Jacques Goimard, Pocket (Lire et voir les classiques), 850 p.

Alexandre Dumas, le baron Taylor et Adrien Dauzats, frères d'armes de la Révolution romantique, exposition à la fondation Taylor du 9 septembre au 30 octobre 1993 [catalogue], 15 p.

BASSAN F., « Le roman-feuilleton et Alexandre Dumas (1802-1870) », *Nineteenth-Century French studies*, vol. 22, n° 1-2, Fall-Winter : 100-111.

CALLET-BIANCO A.-M., *Le Roman cyclique chez Alexandre Dumas*, thèse de nouveau doctorat, sous la direction de Jean-Yves Tadié, université de Paris IV, littérature française, janvier 1993, 349 p. (dactylographié).

CANI I., « Les quatre mousquetaires et les quatre fonctions », *Romantisme*, n° 82, 4e trimestre 1993, p. 45-55.

ECO, *De Superman au surhomme*, Bernard Grasset : « Éloge de Monte-Cristo », p. 85-102 ; Grandeur et décadence du surhomme », p. 107-109, 112-118 ; également p. 18, 28-30, 32, 59, 62, 137.

HENRY G., *Alexandre Dumas en Normandie*, Charles Corlet éditions, 137 p.

JACOBS U., *Bibliographie. Alexandre Dumas in deutschen Ubersetzungen*, s.l., teil 1 und 2, 6 + 1 + 207 p.

Le Mousquetaire, lettre d'information de la Société des Amis d'Alexandre Dumas, 2e année, n° 3, 18 mai, 4 p.

[NEAVE D.S., BASSAN F., SCHOPP C.], *Inventaire du fonds Glinel, C.D.*, hors série, Marly-le-Roi, éditions Champflour, 1993, 27 p.

PICOT J.-P., « Le chef-d'œuvre et son double : *Le Comte de Monte-Christo* d'A. Dumas et *Mathias Sandorf* de Jules Verne », *Bulletin Jules Verne*, n° 108, 4e trimestre, p. 41-52.

ROSSO C., « *Il conte di Montecristo* o il mitto della vendetta perfetta », in *Parcours et rencontres : mélanges de langue, d'histoire et de littérature françaises offerts à Enea Balmas*, Klincksieck, II, p. 1313-1322.

SANGSUE D., « L'écrivain en héros de roman [Dumas/Nodier], in *Tombeaux Monuments*, Rennes, p. 53-66.

SCHOPP C., *Frères d'armes de la Révolution romantique*, lettres d'Alexandre Dumas au baron Taylor et à Adrien Dauzats, Fondation Taylor, 218 p.

SYLVAIN C., *Humeurs et humour d'Alexandre Dumas père*, Jacques Grancher (Humeurs et humour), 204 p.

TULARD J., « Qui se cache derrière les héros du *Comte de Monte-Cristo* ? », *Historia*, n° 561, septembre, p. 88-94.

ZIMMERMANN D., *Alexandre Dumas le Grand*, biographie, suivi de *Jacques Bonhomme*, un inédit d'Alexandre Dumas, Julliard, 736 p. [*Jacques Bonhomme*, p. 597-659].

1994

DUMAS A., *Antony*, précédé de « La préface d'*Antony* », par J.-B. Goureau, T.R. (La petite Vermillon), XXXVI-153 p.
Le Grand Dictionnaire de cuisine, Edit-France, 1994-1995, 5 vol. — I, *Gibiers & volailles*, préface de Régine Desforges, 240 p.
La Jeunesse des Mousquetaires, suivi de *Les Mousquetaires*, préface par J.-B. Goureau, T.R. (La petite Vermillon), 603 p.
Les Mille et un fantômes, Corps 9/éditions Limonaire, 559 p. [contient également *Le Lièvre de mon grand-père*].
Petit Dictionnaire de cuisine, introduction de Gilles et Laurence Laurendon, Payot (Les grands classiques de la gastronomie), 338 p.
La Reine Margot, édition établie par Jacques Bony, Flammarion (GF), 797 p.
La Reine Margot, éditions J'ai lu (Les Classiques, 3279/3), 694 p.
La Reine Margot, préface de Jacques Laurent, postface, notes et annexes d'Éliane Viennot, Le Livre de poche Classique, 667 p.
La Reine Margot, préface de Jean Tulard, Gallimard (Folio), 691 p. [même texte que l'édition de 1973].
La Reine Margot, préface de Francis Lacassin, Éditions du Rocher (Les Grands Classiques), V-573 p.
La Reine Margot [bibliographie, index des principaux personnages historiques], éditions Ramsay (Ramsay-cinéma), 643 p.
Théâtre complet, textes présentés et annotés, inédits trouvés et établis par Fernande Bassan, fasc. 9, *La Cour du roi Pétaud*, Lettres modernes, Minard, 79 p.

BENOIT C., JIMENEZ D., « La femme criminelle chez Dumas », in *Crime et châtiment dans le roman populaire français au XIXᵉ siècle*, colloque de Limoges, 1992.

BRIX M., « A propos d'une amitié "littéraire". Gérard de Nerval et Alexandre Dumas », *R.H.L.F.*, 6, novembre-décembre, p. 975-995.

FAITROP-PORTA, A.-C., « Les fausses notes de *L'Armonia* », *Études renaniennes*, nᵒ 98, 2ᵉ trimestre, p. 3-8.

GRIVEL C., LEBLANC G., *L'Aventure-cinéma et Alexandre Dumas*, Ville de Villers-Cotterêts, 1994, 73 p. [Charles Grivel, « Alexandre Dumas au cinéma, p. 11-20 ; « Le cinéma-théâtre d'Alexandre Dumas, p. 37-48 ; « Alexandre Dumas. Courir le voir, courir le dire, courir le faire » ; Gérard Leblanc, « La plume, le sexe, l'épée », p. 21-35].

GUERREIRO F., « Alexandre Dumas : a Voz do Fantasma », *Românica, revista de literatura*, Departemento de literaturas românicas, Lisboa, p. 197-210.

Le Mousquetaire, lettre d'information de la Société des Amis d'Alexandre Dumas, 3ᵉ année, nᵒ 4.

NEAVE C., CHARRON H., *Monte-Cristo. Château de Rêve*, Marly-le-Roi, éditions Champflour, 32 p. (*C.D.*, 20).

REAL E., «Le crime politique dans *Une fille du régent* d'Alexandre Dumas», in *Crime et châtiment dans le roman populaire français au XIXᵉ siècle*, colloque de Limoges, 1992, p. 259-269.

SCHOPP C., «L'accueil de *La Vie de Jésus* : Alexandre Dumas au secours de Renan», *Études renaniennes*, n° 97, 1ᵉʳ trimestre, p. 13-16.

«Dumas père», in *A Critical Bibliography of French Literature, XIXᵉ*, Syracuse University Press, chap. XVI, p. 548-555.

«Alexandre Dumas», in *Les Plus Beaux manuscrits des romanciers français*, dir. Annie Angremy, Robert Laffont (Bibliothèque nationale de France. La Mémoire de l'encre), p. 144-147 et 413.

TULARD J., «Alexandre Dumas : profession scénariste», *L'Histoire*, n° 176, avril, p. 66-68.

VAREILLE J.-C., *Le Roman populaire français (1789-1914)*, Limoges, Presses universitaires de Limoges/Nuit blanche.

VIENNOT E., «De la reine Marguerite à *La Reine Margot*», *L'École des lettres*, n° 13-14, juillet, p. 81-105.

1995

C.C.A. : Actes du colloque de Marly-le-Roi, organisé par Fernande Bassan et Claude Schopp, éditions Champflour/Société des Amis d'Alexandre Dumas

DUMAS A., *Ascanio*, préface de Dominique Fernandez, Christian de Bartillat, 508 p.

Causeries sur la mer, préface et notes de Claude Schopp, Marly-le-Roi, éditions Champflour, 144 p., texte inédit en volume.

La Chasse au chastre et autres nouvelles humoristiques, présentées par Daniel Zimmermann (*Histoire d'un Anglais qui avait pris un mot pour un autre*, *Comme Piron*, *Saint Joseph*, *Le Miracle de saint Janvier*, *Le Curé de Boulogne*, *Arabes et Français*, *Un cauchemar de Moquet*, *Le Voyage dans la lune*, *Bobino*, *La Chasse au chastre*), Actes-Sud (Babel), 307 p.

Le Comte de Monte-Cristo, introduction de François Tallandier, Le Livre de poche Classique, 798, 796 p.

Le Comte de Monte-Cristo, préface et commentaires par Catherine Eugène, Pocket, 564, 552, 713 p.

La Dame de Monsoreau, édition établie par Jacques Bony, G.F., 2 vol., 520, 476 p.

La Femme au collier de velours, Librio/Texte intégral (58), 159 p.

Le Fils de l'émigré, éd. Daniel Zimmermann, Actes-Sud.

Le Grand Dictionnaire de cuisine, Edit-France, 1994-1995, 5 vol. — II, *Viandes & légumes*, préface de Geneviève Dormann, 429 p. — III, *Poissons*, préface de Hervé Jaouen, 240 p. — IV, *Desserts*, préface d'Irène Frain, 240 p. — V, *Vins, boissons et fromages*, préface de Daniel Zimmermann.

Les Trois Mousquetaires. Le Comte de Monte-Cristo. Cent cinquante ans après, C.C.A, 271 p.

AUTRAND M., «*Les Trois Mousquetaires* au théâtre : *La Jeunesse des Mousquetaires*», *C.C.A.*, p. 9-19.

BACON C., *Dumas, ou le Roman de cape et d'appétit*, mémoire de maîtrise, sous la direction d'Arlette Michel, Paris IV-Sorbonne.

BAGULEY D., «L'hypernarrativité dumasienne : à propos des *Trois Mousquetaires*», *C.C.A.*, p. 74-81.

BARON P., «La reine Christine, d'Alexandre Dumas à Ibsen», *C.C.A.*, p. 200-207.

BASSAN F., «Les adaptations théâtrales du *Comte de Monte-Cristo*», *C.C.A.*, p. 94-101.

«Portraits de révolutionnaires dans les romans de Dumas. *Ange Pitou* et *La Comtesse de Charny*», *Francographies*, revue publiée par la Société des professeurs français et francophones d'Amérique, n° 3, nouvelle série, p. 63-70.

BAUDEAN C., «*La Reine Margot* et la pédagogie : une esthétique de la défaite ?», *Nineteenth-Century French studies*, n° 3-4, Spring-Summer, p. 349-365.

BEDNER J., «*Le Comte de Monte-Cristo* ou le roman comme rêve de toute-puissance», *C.C.A.*, p. 102-109.

BERNARD C., «Histoire et aventure : le retour des morts et le risque de mort dans *Les Compagnons de Jéhu*», *C.C.A.*, p. 208-215.

BRIX M., «Nerval et l'auteur des *Trois Mousquetaires*», *C.C.A.*, p. 82-93.

CALLET-BIANCO A.-M., «Du service de la Reine à celui du Roi : l'itinéraire de d'Artagnan dans *Les Trois Mousquetaires*», *C.C.A.*, p. 30-35.

CHRISTOUT F., «Les adaptations théâtrales et chorégraphiques des *Trois Mousquetaires* dans les spectacles récents», *C.C.A.*, p. 20-29.

COOPER B. T., «Le rôle des noms dans *Le Comte de Monte-Cristo*», *C.C.A.*, p. 110-117.

FAITROP-PORTA A.-C., «La réception critique des *Trois Mousquetaires* et du *Comte de Monte-Cristo* d'Alexandre Dumas père en Italie (1850-1994)», *C.C.A.*, p. 148-163.

FRIGERIO V., «*Le Comte de Monte-Cristo* : Surhomme bourgeois ou Unique ?», *C.C.A.*, p. 118-133.

GOIMARD J., «La bande des farceurs : l'humour dans *Les Trois Mousquetaires*», *C.C.A.*, p. 66-73.

GRIVEL C., «Alexandre Dumas : mal écrire, bien écrire», *C.C.A.*, p. 188-199.

GUÉRIN M., *Les Quatre Mousquetaires*, Rocher (Littérature).

GUERREIRO F., «L'amour et la mort en 1793 — le sublime de la Révolution chez Alexandre Dumas», *Ariane, revue d'études littéraires françaises*, 13, Lisboa, p. 45-74.

«[c.r. de] Alexandre Dumas, *Causeries sur la mer*», *Ibid*, 13, Lisboa, p. 183-185.

HOHMANN M., «Le sens du héros dans la trilogie des *Mousquetaires*», *C.C.A.*, p. 36-43.

JIMÉNEZ D., «93 vu par Dumas : le fantôme de la Monarchie, le fantasme de la guillotine», in *1793, Naixement d'un Nou Mon a l'Ombra de la republica*, Angels Santa, Marta Giné, Montserrat Parra (eds), Universitat de Lleida, p. 351-359.

«Las representaciones del teatro de Dumas padre en Valencia (1840-1852)», in *Teatro y Traduccion*, Universitat Pompeu Fabra, Barcelona, p. 151-162.

KATSIKAROS T., *La Présence de l'œuvre théâtrale d'Alexandre Dumas père en Grèce et dans l'espace grec*, mémoire de D.E.A., sous la direction d'Henri Tonnet, Institut national des langues et civilisations orientales.

KRAKOVITCH O., «Alexandre Dumas et la censure ou la comédie de *Qui perd gagne*», *C.C.A.*, p. 164-187.

MERCIER C., «Les auberges dans la trilogie des *Mousquetaires*», *C.C.A.*, p. 44-49.

Le Mousquetaire, lettre d'information de la Société des Amis d'Alexandre Dumas, 4ᵉ année, nᵒ 5.

MULON M., «Le paysage dans *Monte-Cristo*. Notes d'onomastique», *C.C.A.*, p. 216-220.

PARRA M., «Juliette Benzoni frente a Alejandro Dumas», in *1793, Naixement d'un Nou Mon a l'Ombra de la republica*, Angels Santa, Marta Giné, Montserrat Parra (eds), Universitat de Lleida, p. 371-377.

RAVINET O., «A. Cadot, éditeur d'Alexandre Dumas», *C.C.A.*, p. 223-226.

REAL E., «*Le Collier de la reine* : Jeux d'épée et de miroir», in *1793, Naixement d'un Nou Mon a l'Ombra de la republica*, Angels Santa, Marta Giné, Montserrat Parra (eds), Universitat de Lleida, p. 361-369.

SANTA A., «*Les Trois Mousquetaires*, texte inspirateur de *El Club Dumas* de Arturo Pérez-Reverte (1993)», *C.C.A.*, p. 50-59.

SCHOPP C., «Dumas et le comte de Monte-Cristo à l'Opéra», *C.C.A.*, p. 134-147.

«Traité entre A. Dumas et A. Cadot», *C.C.A.*, p. 227-231.

«A. Dumas, Correspondance générale pour 1844», *C.C.A.*, p. 233-271.

VIDAL N., *Personnages historiques et personnages fictifs dans «Joseph Balsamo» et «Le Collier de la reine» d'Alexandre Dumas*, mémoire de maîtrise, sous la direction de Françoise Mélonio et Claude Schopp, université de Paris X-Nanterre.

YON, J.-C., «Du roman feuilleton à la scène, les cas de Dumas et de Scribe», *C.C.A.*, p. 60-65.

1996

DUMAS A., *A propos de l'art dramatique*, texte établi, présenté et annoté par Claude Schopp, Mercure de France (Le Petit Mercure), 125 p.

Blanche de Beaulieu, texte établi, présenté et annoté par Jean Thibaudeau, Mercure de France (Le Petit Mercure), 93 p.

Delacroix, texte établi, présenté et annoté par Jean Thibaudeau, Mercure de France (Le Petit Mercure), 125 p.

Herminie, texte établi, présenté et annoté par Jean Thibaudeau, Mercure de France (Le Petit Mercure), 93 p.

Histoire d'un lézard : Souvenirs de Naples, texte établi, présenté et annoté par Claude Schopp, Mercure de France (Le Petit Mercure), 93 p.

L'Invitation à la valse, texte établi, présenté et annoté par Jean Thibaudeau, Mercure de France (Le Petit Mercure), 91 p.

Lettres sur la cuisine à un prétendu gourmand napolitain, texte établi, présenté et annoté par Claude Schopp, Mercure de France (Le Petit Mercure), 91 p.

Mes infortunes de garde national, texte établi, présenté et annoté par Claude Schopp, Mercure de France (Le Petit Mercure), 93 p.

Le Pays natal, texte établi, présenté et annoté par Claude Schopp, Mercure de France (Le Petit Mercure), 125 p.

La San Felice, établissement du texte, notes, postface, dictionnaire des personnages par Claude Schopp, Gallimard (Quarto), 1722 p.

Alexandre Dumas, un aventurier de Génie, CD-Rom, 350 pages-écran, Académia, 12, rue Blanche, 75009 Paris.

BARON P., « La parodie d'*Angèle* de Dumas père », *in* « La Réception critique de Dumas père », *Œuvres & Critiques*, Tübingen, Gunter Narr Verlag, XXI, I, p. 105-111.

BASSAN F., « L'accueil fait à *Richard Darlington* », *Œuvres & Critiques*, *op. cit.*, p. 55-61.

BRIX M., « Alexandre Dumas et l'histoire littéraire », *Œuvres & Critiques*, *op. cit.*, p. 15-21

CABANIS J., avant-propos à « Une pêche de nuit » (*Impressions de voyage en Suisse*), in *Les Trésors retrouvés de la Revue des Deux Mondes*, sous la direction de Bruno de Cessole et de Jeanne Caussé, préface de Emmanuel Le Roy-Ladurie, Flammarion/*Revue des Deux Mondes*, p. 63-75.

CAMPION P., « *Antony* d'Alexandre Dumas ou la scène de l'évidence », *Revue d'histoire du théâtre*, n° 4, p. 407-430.

CHRISTOUT F., « *Kean ou désordre et génie* », *Œuvres & Critiques, op. cit.*, p. 62-72.

COOPER B. T., « Parodie et pastiche : la réception théâtrale d'*Antony* », *Œuvres & Critiques, op. cit.*, p. 112-131.

FAITROP-PORTA A.-C., « La fortune des principaux romans de Dumas père, en Italie, entre 1844 et 1850 », *Œuvres & Critiques, op. cit.*, p. 22-42.

GRIVEL C., « Le cinéma-théâtre d'Alexandre Dumas », *Œuvres & Critiques, op. cit.*, p. 150-156.

GUERREIRO F., « Alexandre Dumas : repetiçao e fantasma », *Românica, revista de literatura*, Departemento de literaturas românicas, Lisboa, p. 71-83.

LEHTONEN M., « *Christine* et la vérité historique », *Œuvres & Critiques*, *op. cit.*, p. 73-90.

Le Mousquetaire, lettre d'information de la Société des Amis d'Alexandre Dumas, 5e année, n°s 6 et 7.

SANTA A., «Quelques considérations sur la réception d'Alexandre Dumas père en Espagne», *Œuvres & Critiques, op. cit.*, p. 43-54.

SCHOPP C., «*Les Mousquetaires* des enfants», *Œuvres & Critiques, op. cit.*, p. 132-149.

YON J.-C., «*Mademoiselle de Belle-Isle* face à la critique ou le retour équivoque de l'enfant prodigue», *Œuvres & Critiques, op. cit.*, p. 91-104.

1997

DUMAS A., *Causeries familières*, présentées et annotées par Claude Schopp, Fayard, 219 p.

César : biographie, préfacé et annoté par Jean-Pierre Néraudau. Les Belles Lettres, 464 p.

Le Meneur de loups, Les Belles Lettres (Le cabinet noir), 309 p.

Le Vampire, in MONTACLAIR, Florent, *Le Vampire dans la littérature et au théâtre. Du mythe oriental au motif romantique*, Presses du centre UNESCO de Besançon.

Le Vicomte de Bragelonne, édition présentée, établie et annotée par Jean-Yves Tadié, Gallimard (Folio, nos 3023-3025), 3 vol., 902, 897, 910 p.

ARNAUD A., «Alexandre Dumas père et fils : relations familiales et hommages posthumes», *Mémoires de la Fédération des Sociétés d'histoire et d'archéologie de l'Aisne*, tome XLII, p. 299-318.

DANTZIG C. (dir.), *Le Grand Livre de Dumas*, Les Belles Lettres, 272 p.

DE CESARE R., «Il viaggio di A. Dumas in Italia nel 1835», in *Aevum. Rassegna di scienze storiche linguistiche e filologiche*, Università cattolica del Sacro Cuore, Milano, Anno LXXI, settembre-dicembre, p. 801-860.

DRÉVILLON H., «De Courtilz de Sandras à Zévaco : figures du gentilhomme duelliste», in *Tapis-Franc*, revue du roman populaire, n° 8 (Histoire et roman populaire), p. 65-74.

DUC T., «Historiens et romanciers populaires sous la Monarchie de Juillet : le Vrai historique dans l'histoire romancée», in *Tapis-Franc*, revue du roman populaire, n° 8 (Histoire et roman populaire), p. 53-64.

GODENNE R., «Les textes courts d'Alexandre Dumas», in *Francofonia. Studi e ricerche sulle letterature di lingua francese*, 32, primavera, Firenze, Leo S. Olschki editore, p. 113-133.

GRELSAMER J.-G., «La rocambolesque et véridique histoire généalogique de Belle Krelsamer, maîtresse d'Alexandre Dumas», *Cercle de généalogie juive. Revue trimestrielle du Cercle de généalogie juive*, n° 51, t. 13, automne, p. 6-10.

KATSIKAROS T., *La Présence de l'œuvre théâtrale d'Alexandre Dumas père en Grèce et dans les régions héllénophones (XIXe et XXe siècles)*, Athènes, Archives hellénistiques historiques et littéraires, 133 p. (en grec).

«Le retour d'Orient d'Alexandre Dumas, Trébizonde-Constantinople-Syros-Le Pirée-Marseille (février-mars 1859) et la goëlette grecque

Monte Cristo», *Bulletin de liaison néo-héllénistique*, n° 15, Centre d'études balkaniques, Inalco, décembre, p. 61-69.

MOMBERT S., «Histoire d'histoires : Dumas et l'imaginaire historique populaire», in *Tapis-Franc*, revue du roman populaire, n° 8 (Histoire et roman populaire), p. 53-64.

Le Mousquetaire, lettre d'information de la Société des Amis d'Alexandre Dumas, 6ᵉ année, n° 8, 10 février, 4 p. ; n° 9, 16 juin, 4 p. ; n° 10, 16 décembre, 4 p.

SCHOPP C., *Alexandre Dumas. Le génie de la vie*, édition revue et augmentée, Librairie Arthème Fayard, 622 p.

«Balzac et Dumas, ou Ennemis et rivaux», in *Honoré de Balzac. Camins creuats*, Homenetge a Victor Siurana, Angels Santa (ed.) I, Universitat de Lleida, Pagès editors, p. 95-122.

1998

DUMAS A., *Georges*, présenté par Calixte Beyala, Éditions n° 1, 407 p.

Le Comte de Monte-Cristo, préface de Didier Decoin, L'Archipel.

Le Comte de Monte-Cristo, préface de Jean-Yves Tadié, édition établie et annotée par Gilbert Sigaux, Gallimard (Folio, nᵒˢ 3142-3143), 2 vol., 1454 p. + notes non paginées.

Le Comte de Monte-Cristo, préface et commentaires de Catherine Eugène, Pocket (Pocket classiques), 3 vol., 561, 550, 709 p.

Le Comte de Monte-Cristo, Le Livre de poche Jeunesse, 2 vol.

Le Comte de Monte-Cristo, présentation et bibliographie par Yael Azoulay, établissement du texte, notes et chronologie par Jacques Bony, Garnier-Flammarion.

Le Comte de Monte-Cristo, présentation, chronologie et dossier par Caecilia Pieri, Garnier-Flammarion (Étonnants classiques).

Le Comte de Monte-Cristo, présentation, dossier historique et littéraire établi par Claude Aziza, Presses de la Cité (Omnibus), 1256 p.

Louis XIII et Richelieu, préface de Jean-Pierre Néraudau, Les Belles Lettres, 320 p.

Les Mohicans de Paris, établissement du texte, notes, postface, diction-naire des personnages par Claude Schopp, Gallimard (Quarto), 2 vol., 2851 p.

Mon Dictionnaire de cuisine, Éditions 10/18 (Domaine français), 674 p.

La Royale Maison de Savoie : roman historique, présenté par Lucien Chavoutier, tome Iᵉʳ, *Emmanuel-Philibert ou la France et l'Italie au XVIᵉ siècle*, La Fontaine de Siloé (Les Savoisiennes), 520 p.

Le Vicomte de Bragelonne, dossier établi par Claude Aziza, Presses de la Cité (Omnibus), 1710 p.

AZIZA C., «Dumas en toutes lettres», *Nouvelle Revue pédagogique*, n° 2, octobre, p. 15-23.

BAGULEY D., «Dumas(s) Production», *Neo-Formalist Papers* (Studies in Slavic literature and poetic), edited by Joe Andrew and Robert Reid, Amsterdam-Atlanta, G.A., Rodopi, p. 316-328.

BASSAN F., « Le Théâtre d'Alexandre Dumas », in *Roman-Feuilleton et Théâtre. L'adaptation du roman-feuilleton au théâtre*, colloque de Cerisy-la-Salle, Presses du Centre européen de Besançon, p. 17-22.

« La Dame de Monsoreau de Dumas père : du roman au théâtre », in *Roman-Feuilleton et Théâtre...*, *op. cit.*, p. 23-34.

BERTHIER P., « Dumas l'immoral : quelques images du dramaturge dans la presse des années 1830 », *Dix-neuf Vingt*, revue de littérature moderne, n° 5, mars 1998, Dumas/Giono, p. 55-65.

BERTIÈRE S., « Le personnage d'Anne d'Autriche dans la trilogie des mousquetaires d'Alexandre Dumas », *Dix-neuf Vingt*, revue de littérature moderne, n° 5, mars 1998, Dumas/Giono, p. 67-77.

CALLET-BIANCO A.-M., « Dumas et ses *reliefs de festins* : Les Mousquetaires du roman à la scène », in *Roman-Feuilleton et Théâtre, op. cit.*, p. 35-45.

CHRISTOUT M.-F., « Le justicier à travers les représentations publiques de *Monte-Cristo* d'Alexandre Dumas et des *Mystères de Paris* d'Eugène Sue », in *Roman-Feuilleton et Théâtre, op. cit.*, p. 47-59.

COMPÈRE D., *Le Comte de Monte Cristo d'Alexandre Dumas. Lecture des textes*, Amiens, Encrage (Références), 115 p.

COOPER B. T., « *La Chasse au chastre* de Dumas père, ou la (pour)suite à demain », in *Roman-Feuilleton et Théâtre, op. cit.*, p. 91-102.

DUMASY-QUÉFFELEC L. R., « Roman dramatique et théâtre de la Révolution : *Création et rédemption* », *Dix-neuf Vingt*, revue de littérature moderne, n° 5, mars 1998, Dumas/Giono, p. 27-53.

FRIGERIO V., « Les deux visages de Gabriel Lambert — Le blanchissage de l'infamie de la page aux planches », in *Roman-Feuilleton et Théâtre, op. cit.*, p. 79-90.

GUERREIRO F., « Alexandre Dumas o romance da revoluçao », *Revista da Faculdade de Letras*, Lisboa, n° 23, 5e série, p. 213-227.

LE COUÉDIC S., « Mais où sont les drames d'antan ? *La Tour de Nesle* dans le roman et le drame populaire », in *Roman-Feuilleton et Théâtre, op. cit.*, p. 153-173.

MONTALCLAIR F., « A propos de quelques constantes de l'adaptation : Pixerécourt, Dumas-Nodier-Scribe, Verne et Zola », in *Roman-Feuilleton et Théâtre, op. cit.*, p. 329-352.

Le Mousquetaire, lettre d'information de la Société des Amis d'Alexandre Dumas, 7e année, n° 11, juillet, 4 p.

ROSSI E., « I tre Moschettieri, deux adaptations italiennes », in *Roman-Feuilleton et Théâtre, op. cit.*, p. 103-112.

SAILLARD D., « *Le Chevalier de Maison-Rouge* au théâtre (1847-1914). Comment représenter la révolution sur scène ? », in *Roman-Feuilleton et Théâtre, op. cit.*, p. 61-45.

SCHOPP C., « Le théâtre-roman d'Alexandre Dumas, ou métamorphoses du drame disgrâcié », in *Roman-Feuilleton et Théâtre. L'adaptation du roman-feuilleton au théâtre*, colloque de Cerisy-la-Salle, Presses du Centre européen de Besançon, p. 113-136.

«*Les Mohicans de Paris*, prologue à un roman de synthèse», *Dix-neuf Vingt*, revue de littérature moderne, n° 5, mars 1998, Dumas/Giono, p. 103-117.

«Alexandre Dumas. Bibliographie. 1988-1988», *Dix-neuf Vingt*, revue de littérature moderne, n° 5, mars 1998, Dumas/Giono, p. 11-26.

TADIÉ J.-Y., «*Le Comte de Monte-Cristo*, ou le merveilleux dans le quotidien», *Dix-neuf Vingt*, revue de littérature moderne, n° 5, mars 1998, Dumas/Giono, p. 79-101.

VILLANI J., «Sculpter l'éphémère. Quelques remarques sur le manuscrit d'*Antony*», *Romantisme*, n° 99, p. 91-103.

1999

DUMAS A., *Catherine Blum*, préface de Dominique Fernandez, Grasset (Les cahiers rouges), 269 p.

Le Chevalier d'Harmental, Alandis, 542 p.

Les Compagnons de Jéhu, France-Empire, 530 p.

Les Confessions d'une favorite : Vie de lady Hamilton, préface de Dominique Fernandez, postface de Claude Schopp, passage du Marais, 764 p.

Jacquot-sans-oreille, préface de Dominique Fernandez, Grasset (Les cahiers rouges), 166 p.

Les Louves de Machecoul, préface de Jean-Baptiste Baronian, éditions du Carrousel (Littératures), 720 p.

Les Médicis, préface de Claude Schopp, Phénix éditions, VI-240 p.

Les Poules de M. de Chateaubriand, présenté et préfacé par Daniel Zimmermann, Les Belles Lettres, 351 p.

La Royale Maison de Savoie : roman historique, présenté par Lucien Chavoutier, tome II : *Leone-Leona*, La Fontaine de Siloé (Les Savoisiennes), 400 p.

BASSAN F., «Dumas, père, Alexandre. [*Don Juan de Marana*]», in Pierre BRUNEL, *Dictionnaire de Don Juan*, Robert Laffont (Bouquins), p. 355-358.

«Dumas père adaptateur de Shakespeare», in *Dramaturgies romantiques*, textes réunis par Georges Zaragoza, Éditions universitaires de Dijon (Publications de l'université de Bourgogne), I, «Le drame romantique français», p. 51-69.

COMPÈRE D., «A la suite de Monte-Cristo [*La Main du défunt* de F. Le Prince]», *Le Rocambole*, n° 6, printemps, p. 87-92.

COOPER B. T., «Rewriting *Antony*», *Nineteenth-Century French Studies*, volume 27, n° 3 & 4, spring-summer 1999, p. 251-261.

«Tavernes et auberges : Éléments du spectacle romantique dans *Kean* et d'autres pièces de Dumas, Hugo et Musset», in *Dramaturgies romantiques*, *op. cit.*, I, «Le drame romantique français», p. 9-21.

FERNANDEZ D., *Les Douze Muses d'Alexandre Dumas*, Bernard Grasset, 326 p.

GARGUILO R., «Un genre majeur de la littérature populaire : Le roman de cape et d'épée», in *Ull Critic*, 4-5, «Roman populaire et/ou roman historique», Facultat de Lletres, Lleida, p. 85-103.

HENRY G., *Les Dumas. Le secret de Monte-Christo*, préface de Didier Decoin, éditions France-Empire, 314 p.

MÉCHOULAN H., «Alexandre Dumas et Paul Thiébault, général d'Empire, face au racisme», *Les Cahiers du judaïsme*, n° 6, hiver 1999-2000, p. 113-118.

Le Mousquetaire, lettre d'information de la Société des Amis d'Alexandre Dumas, 8e année, n° 12, 14 juin, 6 p.

RAZGONNIKOFF J., «Le drame romantique en coulisse : l'atmosphère de la Comédie-Française en 1828-1829», in *Dramaturgies romantiques*, *op. cit.*, I, «Le drame romantique français», p. 119-131.

SANTA A., «Le regard d'autrui : Alexandre Dumas et Mariano José de Larra», in *Dramaturgies romantiques*, *op. cit.*, I, «Le drame romantique français», p. 37-49.

SCHOPP C., «Historien et romancier. Pour une correspondance entre Alexandre Dumas et Jules Michelet», in *Ull Critic*, 4-5, «Roman populaire et/ou roman historique», Facultat de Lletres, Lleida, p. 137-154.

VILLANI J., «*Antony* : les enseignements d'une réécriture», in *Dramaturgies romantiques*, *op. cit.*, I, «Le drame romantique français», p. 23-36.

2000

DUMAS A., *Contes et légendes des grands chemins*, préface de Francis Lacassin, éditions Bartillat, 370 p.

La Femme au collier de velours, lecture accompagnée par Catherine Defigier [...], Gallimard (La bibliothèque Gallimard), 324 p.

Le Grand Dictionnaire de cuisine, éditions Phébus, 544 p.

Histoire de mes bêtes, préface de Francis Lacassin, illustrations de Fouriquier et Adrien Marie, éditions Phébus, 300 p.

Monseigneur Gaston Phoebus, édité par Pierre Tucoo-Chala, Biarritz/ Paris, Atlantica, 128 p.

Olympe de Clèves, établissement du texte, notes, postface, Dictionnaire des personnages par Claude Schopp, Dictionnaire du théâtre par Jacqueline Razgonnikoff et Claude Schopp, Gallimard (Quarto), 920 p.

Le Père La Ruine, texte établi et présenté par Jean-Louis Paul, éditions Ressouvenances, 246 p.

La Royale Maison de Savoie : roman historique, présenté par Lucien Chavoutier, tome III : *Charles-Emmanuel III : Mémoires de Jeanne d'Albret de Luynes, comtesse de Verrue, surnommée la dame de volupté*, La Fontaine de Siloé (Les Savoisiennes), 647 p.

CITATI P. *Sur le roman : Dumas, Dostoïevski, Woolf*, Bibliothèque nationale de France, 79 p.

KATSIKAROS T., *Alexandre Dumas et la Grèce*, Institut national des langues et civilisations orientales, thèse sous la direction de Henri Tonnet, soutenue le 7 novembre 2000, 417 p.

KUNTZ M., LIOURE F., « Autour d'un texte de Valéry Larbaud : *Le Palais de Cristal* [...] Un visiteur dynamique : Alexandre Dumas [extr. de *Le Monte-Cristo*, 2 juillet 1857] », *Cahiers des Amis de Valéry Larbaud*, n° 37, p. 31-38.

MILLIARD S., « Monte-Cristo à l'écran », in *De l'écrit à l'écran. Littératures populaires : mutations génériques, mutations médiatiques*, sous la direction de Jacques Migozzi, Limoges, Pilim (Littératures en marge), p. 633-644.

Le Mousquetaire, lettre d'information de la Société des Amis d'Alexandre Dumas, 9ᵉ année, janvier, « Alexandre Dumas vu par ses amis. An 2000 : La rose Monte-Cristo », numéro hors série, 16 p.

POUGET J.-P., *Édition critique du récit de voyage en Sicile d'Alexandre Dumas père intitulé Le Spéronare*, université de Paris IV-Sorbonne, thèse sous la direction de Pierre Brunel, soutenue le 28 novembre 2000, LIX-523 p.

SAILLARD D., « Deux adaptations paradoxales du *Chevalier de Maison-Rouge* : version Cottafavi et Barma », in *De l'écrit à l'écran, op. cit.*, p. 479-492.

SANTA A., « A la recherche de l'enfant : l'adaptation des *Trois Mousquetaires* en B.D. », in *De l'écrit à l'écran, op. cit.*, p. 513-520.

2001

DUMAS A., *Christine à Fontainebleau*, sous la direction de Claude Schopp, *C.D.*, 28, 350 p.

    Don Juan de Marana, ou la Chute d'un ange, mystère en cinq actes, en neuf tableaux, préface d'Olivier Ensefiat, Phénix éditions, I-XX, 313-412, XXVII-XLIV.

    Impressions de voyage. De Paris à Cadix.[Préface de Jean-Louis Augé et Gisèle Caumont. Illustrations inédites d'Eugène Giraud]. Musée Goya de Castres/Somogy éditions d'art, 333 p.

Alexandre Dumas, le voyage en Espagne [catalogue de l'exposition], musée Goya, Castres, 22 juin-21 octobre 2001, 60 p.

L'ARMINOT T., « Alexandre Dumas et J.-J. Rousseau : du roman historique au roman politique », in *Vérité et littérature au XVIIIᵉ siècle : mélanges rassemblés en l'honneur de Raymond Trousson*, par Paul Aron, Sophie Basch, Manuel Couvreur, Jacques Marx, Eric Van der Schueren, Valérie Van Crugten-Anfré, Honoré Champion, p. 163-179.

SCHOPP C., « Alfred de Vigny et Alexandre Dumas, ou les deux mousquetaires », *Association des Amis d'Alfred de Vigny*, *Bulletin*, n° 30, p. 28-64.

    « Saint-Germain-en-Laye et Port-Marly. Alexandre Dumas : instantanés d'une vie de château », in *Sur les pas des écrivains. Balade en Yvelines*, textes choisis par Marie-Noëlle Craissati, éditions Alexandrines, p. 146-153.

VASSILEV K., « Vengeance et récit dans *Le Comte de Monte-Cristo* », *French Forum*, vol. 26, n° 2 (Spring), p. 43-66.

2002

DUMAS A., *Antony*, édition présentée et établie par Pierre-Louis Rey, Gallimard (Folio).

Causeries, préface de Michel Arrous, Maisonneuve et Larose, 345 p.

Le Collier de la Reine, édition présentée, établie et annotée par Sylvie Thorel-Cailleteau, Gallimard (Folio. Classique, 3644), 1033 p.

Histoire d'un mort racontée par lui-même, huit nouvelles présentées par Guy Astic : *Histoire d'un mort racontée par lui-même, Les Bonnets de coton, Les Mille et Un Fantômes, Les Mariages du père Olifus, Le Quarantième Ours, Une légende de la forteresse de Saint-Pétersbourg, Les Étoiles commis voyageurs, Désir et Possession*, éditions du Seuil (Points. Points virgule, 37), 263 p.

Pauline, édition présentée et établie par Anne-Marie Callet-Bianco, Gallimard (Folio. Classique).

Viva Garibaldi ! Une Odyssée en 1860, texte établi, présenté et annoté par Claude Schopp, Fayard, 610 p.

SCHOPP C., « L'odyssée inachevée », in *Gustave Legray. 1820-1884*, sous la direction de Sylvie Aubenas, Bibliothèque nationale de France, p. 157-173.

TABLE DES MATIÈRES

Les folios en gras signalent les principaux thèmes.

laine et les Fortier **(113)**. Les enfants **(115)**, enfants reconnus : Alexandre (115), Marie-Alexandrine (120), enfants non reconnus (124).

Femme légitime **(126)**, noms (126), famille (126), portrait physique (126), portrait psychologique (127), grandes étapes de sa vie (127). Maîtresses **(131)**. Celles qui ont dit « non » (154).

Amis d'enfance et d'adolescence **(156)**. Amis de l'âge mûr **(157)**. Ennemis **(161)**. Dumas et ses interprètes **(163)**. Éditeurs de Dumas **(171)**.

La collaboration **(171)**, accusations (172), réponses de Dumas (173). Collaborateurs **(175)**.

Jugements sur Dumas **(202)**, Dumas jugé par Dumas (208). Commentaires **(209)** : dans les encyclopédies et les dictionnaires (209), dans les livres scolaires (210). À la mémoire d'A. Dumas **(210)**.

ACHEVÉ D'IMPRIMER POUR
LES ÉDITIONS ROBERT LAFFONT
SUR BOOKOMATIC
PAR MAURY EUROLIVRES
45300 MANCHECOURT

Imprimé en France